"十一五"国家重点图书

● 数学天元基金资助项目

俄罗斯数学
教材选译

微分几何与拓扑学习题集

Weifen Jihe Yu Tuopuxue Xitiji

（第2版）

□ A. C. 米先柯　Ю. П. 索洛维约夫　A. T. 福明柯　著

□ 王耀东　译

高等教育出版社·北京

图字：01－2009－0616号
Originally published in Russian in the title
Problems on the Differential Geometry and Topology
By A.S.Mishenko,Yu.P.Solov'ev,A.T.Fomenko

图书在版编目（CIP）数据

微分几何与拓扑学习题集．第2版／（俄罗斯）米先柯，（俄罗斯）索洛维约夫，（俄罗斯）福明柯著；王耀东译．—北京：高等教育出版社，2010.6（2021.2重印）

ISBN 978－7－04－028888－9

Ⅰ．①微… Ⅱ．①米… ②索… ③福… ④王… Ⅲ．①微分几何－研究生－习题 ②拓扑－研究生－习题 Ⅳ．①O186.1–44 ②O189–44

中国版本图书馆CIP数据核字(2010)第056478号

策划编辑 赵天夫 责任编辑 赵天夫 封面设计 张 楠
责任绘图 尹 莉 责任印制 刘思涵

出版发行	高等教育出版社	咨询电话	400–810–0598
社 址	北京市西城区德外大街4号	网 址	http://www.hep.edu.cn
邮政编码	100120		http://www.hep.com.cn
印 刷	北京新华印刷有限公司	网上订购	http://www.landraco.com
开 本	787×1092 1/16		http://www.landraco.com.cn
印 张	22.25	版 次	2010年6月第1版
字 数	400 000	印 次	2021年2月第3次印刷
购书热线	010–58581118	定 价	59.00元

物 料 号 28888－A0

《俄罗斯数学教材选译》序

从上世纪 50 年代初起, 在当时全面学习苏联的大背景下, 国内的高等学校大量采用了翻译过来的苏联数学教材. 这些教材体系严密, 论证严谨, 有效地帮助了青年学子打好扎实的数学基础, 培养了一大批优秀的数学人才. 到了 60 年代, 国内开始编纂出版的大学数学教材逐步代替了原先采用的苏联教材, 但还在很大程度上保留着苏联教材的影响, 同时, 一些苏联教材仍被广大教师和学生作为主要参考书或课外读物继续发挥着作用. 客观地说, 从解放初一直到文化大革命前夕, 苏联数学教材在培养我国高级专门人才中发挥了重要的作用, 起了不可忽略的影响, 是功不可没的.

改革开放以来, 通过接触并引进在体系及风格上各有特色的欧美数学教材, 大家眼界为之一新, 并得到了很大的启发和教益. 但在很长一段时间中, 尽管苏联的数学教学也在进行积极的探索与改革, 引进却基本中断, 更没有及时地进行跟踪, 能看懂俄文数学教材原著的人也越来越少, 事实上已造成了很大的隔膜, 不能不说是一个很大的缺憾.

事情终于出现了一个转折的契机. 今年初, 在由中国数学会、中国工业与应用数学学会及国家自然科学基金委员会数学天元基金联合组织的迎春茶话会上, 有数学家提出, 莫斯科大学为庆祝成立 250 周年计划推出一批优秀教材, 建议将其中的一些数学教材组织翻译出版. 这一建议在会上得到广泛支持, 并得到高等教育出版社的高度重视. 会后高等教育出版社和数学天元基金一起邀请熟悉俄罗斯数学教材情况的专家座谈讨论, 大家一致认为: 在当前着力引进俄罗斯的数学教材, 有助于扩大视野, 开拓思路, 对提高数学教学质量、促进数学教材改革均十分必要.《俄罗斯数学教材选译》系列正是在这样的情况下, 经数学天元基金资助, 由高等教育出版社组织出版的.

经过认真选题并精心翻译校订, 本系列中所列入的教材, 以莫斯科大学的教材为主, 也包括俄罗斯其他一些著名大学的教材. 有大学基础课程的教材, 也有适合大学高年级学生及研究生使用的教学用书. 有些教材虽曾翻译出版, 但经多次修订重版, 面目已有较大变化, 至今仍广泛采用、深受欢迎, 反射出俄罗斯在出版经典教材方面所作的不懈努力, 对我们也是一个有益的借鉴. 这一教材系列的出版, 将中俄数学教学之间中断多年的链条重新连接起来, 对推动我国数学课程设置和教学内容的改革, 对提高数学素养、培养更多优秀的数学人才, 可望发挥积极的作用, 并起着深远的影响, 无疑值得庆贺, 特为之序.

李大潜
2005 年 10 月

前　　言

这本《微分几何与拓扑学习题集》(下称《习题集》) 预期的目标是满足大学和高等师范学校的数学和力学专业的微分几何与拓扑学课程教学的需要. 无论在新大纲方面, 还是在数学的其他课程及物理和力学方面,《习题集》都力图反映微分几何与拓扑学课程的本质需求. 此外,《习题集》使得广大的数学工作者容易懂得在微分几何、拓扑学、代数和力学领域研究主要学问的新的科学方法.

《习题集》可以作为大学和高等师范学校的数学和力学专业的微分几何与拓扑学课程的习题课的基础. 无论在俄罗斯, 还是独联体国家——诸如白俄罗斯、乌克兰、哈萨克斯坦、土库曼斯坦、立陶宛——近年来预定这类习题集的定单纷至沓来.

本书还可以用来作为学习涉及近代几何及其在力学和数学物理中的应用的众多内容的多门专业课程的辅助读物.

《习题集》由两部分组成. 第一部分包含关于微分几何与拓扑学的标准章节的习题, 这些材料超过标准几何与拓扑学课程所要求的必须的最低限度的习题. 第二部分包含为深入掌握近代几何及其应用所需的习题.

书中涵盖下列题材: 曲线论 (包括渐屈线和渐伸线)、曲面论、坐标系、黎曼几何、古典度量 (球面, 罗巴切夫斯基平面上的, 等等)、拓扑空间、流形 (包括纤维丛 (空间)、相空间和构形空间初步)、二维曲面的拓扑、三维欧几里得空间中的二维曲面、李群和李代数 (包括低维李群及其经常用于力学的参数表示)、向量场和张量、微分形式 (包括积分和德拉姆理论)、联络和平行移动、测地线、曲率张量、代数拓扑基础 (欧拉示性数、向量场的指标、相交指数等).

书中同样包含与第一部分题材有关的补充习题, 以及涉及更深刻的微分几何与拓扑学问题新的题材的习题. 出现在第二部分的新题材包括: 计算机几何和拓扑学、运动学和几何、几何结构 (节、施蒂费尔流形和格拉斯曼流形等)、李导数、包装问题、平面上和空间里的组合几何、哈密顿力学基础.

本习题集是 2000 年再版的 A. C. 米先柯和 A. T. 福明柯的教科书《微分几何与拓扑学教程》的自然补充. 在相当大的程度上《习题集》以 A. C. 米先柯、Ю. П. 索洛维约夫和 A. T. 福明柯编写的《微分几何与拓扑学习题集》一书为基础, 后者在 1981 年由莫斯科大学出版社出版. 应当指出, 多年以后, 在 1998 年, A. A. 奥舍姆可夫制作了上述习题集的电子版本. 尔后在 1998—1999 年间在莫斯科大学数学力学系, 由微分几何及其应用教研室发起组织了特别的科学方法讨论班, 旨在编纂新的《微分几何与拓扑学习题集》. A. C. 米先柯、Ю. П. 索洛维约夫教授和 A. T. 福明柯院士领导了讨论班. 有鉴于此, 书的封面列出这三位为编著者. 但事实上,《习题集》的成书凝聚了在近代几何、拓扑、代数、力学及其应用诸多领域的许多著名学者和杰出专家的集体智慧: 俄罗斯科学院 B. B. 科兹洛夫院士、B. B. 费道尔丘科教授、A. B. 波尔希诺夫教授、Э. P. 罗则道尔恩教授、B. B. 特罗菲莫夫教授、A. A. 包里森科教授 (哈尔柯夫)、И. X. 撒比托夫教授、E. B. 特洛伊茨基教授、A. O. 伊万诺夫教授、A. A. 图日林教授、Г. B. 诺索沃斯基高级研究员、A. И. 沙伐莱维奇研究员、A. A. 奥舍姆可夫副教授、Ф. Ю. 鲍别兰斯基初级研究员、E. A. 库德里亚夫采娃助教.

讨论班事务、习题的拟定及其解答的最积极的参与者事实上是莫斯科大学数学力学系微分几何及其应用教研室的所有大学生和研究生. 我们对他们表示深深谢意.

在微分几何与拓扑学领域有不少习题集、教科书和教学参考书. 在书末我们列出了其中最著名的出版物的一个不大的目录.

应当指出, 近年出版的微分几何与拓扑学习题集的种类很少, 所以实际上业已青黄不接. 更早出版、印数较多的书也几乎售罄, 变得稀少. 此外, 某些书的内容已显陈旧, 需要更新. 这关系到数学课程大纲的完善, 也关系到使用和依赖微分几何与拓扑学方法的其他课程, 这些课程有了显著的改变, 并且加强了对于几何课程的要求. 所有这些使得《习题集》的出版显得格外迫切.

我们从广大 "名不见经传" 的数学界人士那里收集科学方法的素材. "名不见经传" 有种种原因, 主要的是以下几条. 首先, 许多习题出现在前面提到的讨论班的参加者的个人科学研究过程中. 其次, 有些习题产生于讨论班进程中互相切磋的结果. 最后, 相当大量的习题取自古老的数学文献, 它们散落在较早的书刊中而很少被提及, 当代的学生和教师也就无从知晓.

我们正是以这种方式搜集了科学方法的素材, 并形成了本《习题集》.

我们特别要指出: Φ. Ю. 鲍别兰斯基在准备本书出版过程中绝对不可估量的作用. 他在习题的整理、习题的条件和解答的审查, 乃至文本的排版等等方面所完成的工作纷繁浩大, 多亏他的不懈努力, 终于促成本书的问世.

A. C. 米先柯
Ю. П. 索洛维约夫
A. T. 福明柯
莫斯科, 莫斯科大学, 2000 年 5 月

第 2 版前言

《微分几何与拓扑学习题集》的第 2 版呈现在读者面前. 它的第 1 版于 2001 年由数学物理文献出版社 (Физматлит) 出版. 在随后的两年里, 为改进这本习题集我们做了很多积极的工作, 特别是莫斯科大学数学力学系微分几何及其应用教研室的各位同仁的积极参与. 我们考虑了在课堂上使用第 1 版的教师和学生的许多需求, 改正了已发现的印刷错误和不妥之处, 补充了新的习题. 这主要涉及习题集的第一部分, 这是在莫斯科大学数学力学系必修课程古典微分几何和微分几何与拓扑学的习题课上使用最多的部分. 我们还改变了某些节的结构并且补充了新的节, 力图更合理地按题材分配习题. 此外补充了许多插图, 以便提高直观性.

尽管微分几何是一门成熟的学科, 习题集的完善过程却不曾停顿. 我们的工作越是深入, 我们就发现越多既比较基本又最有教益、在习题集中非选不可的题目. 我们自觉中止了这个过程, 力求达到用合理的篇幅包含丰富的内容. 此外, 我们也清楚把现代几何的丰富宝藏都反映在一本书里实际上是不可能的. 虽然如此, 我们还是认为, 对于大学微分几何与拓扑学课程, 这一版的习题集不仅是最紧跟时代的, 其内容也是最完备的.

A. T. 福明柯[1]

Ф. Ю. 鲍别兰斯基

[1] A. T. 福明柯注: 特别要指出, Ф. Ю. 鲍别兰斯基对于准备本版的重要作用. 他不仅分析了大多数习题及其解答, 发现并改正了许多印刷错误和不妥之处, 而且提供了一系列非常有价值的优美的新习题.

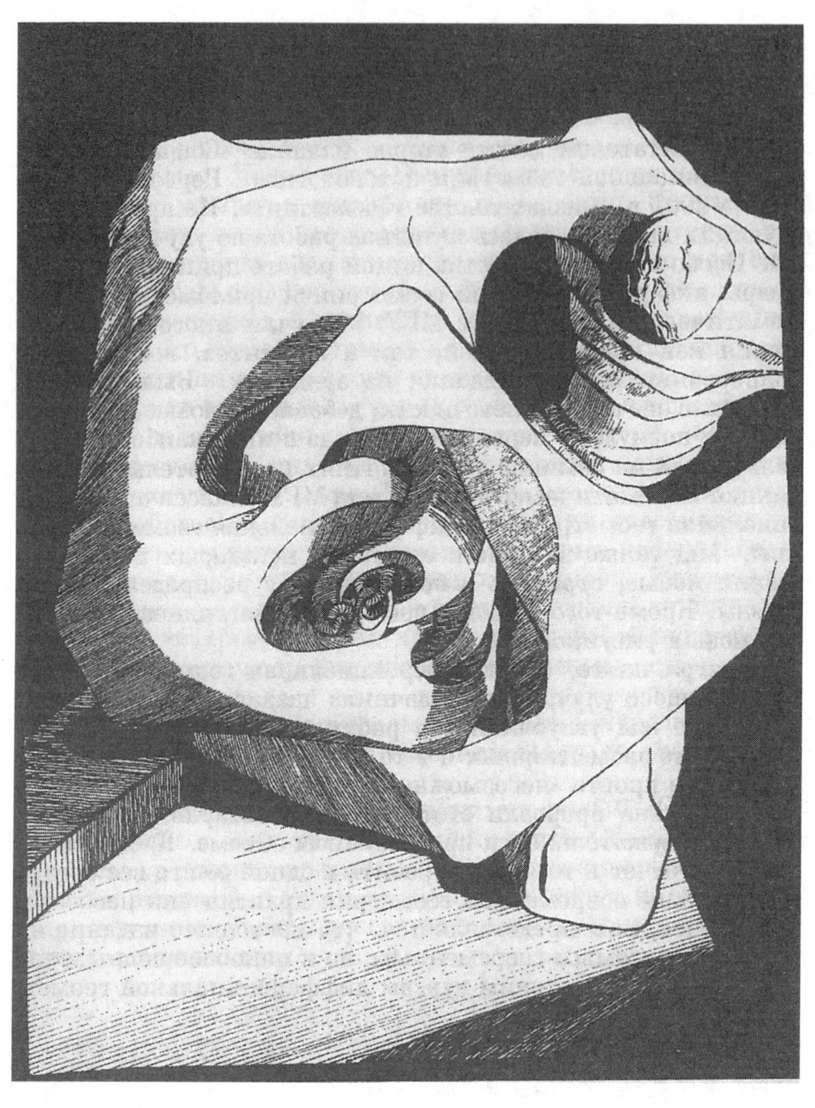

亚历山德罗夫球面: 二维球面到 $\mathbb{R}^3$ 中的拓扑嵌入, 在该嵌入下球面在 $\mathbb{R}^3$ 中的像将 $\mathbb{R}^3$ 分成两个开区域. 其中一个是球, 而另一个是非单连通的 (A. T. 福明柯绘制).

目　　录

第一部分

§1. 坐标系

我们观察空间 $\mathbb{R}^n$ 中的区域 U, 在其中给定了笛卡儿坐标 $(x^1,\ldots,x^n)$. 假设在另一个带坐标 $(q^1,\ldots,q^n)$ 的空间 $\mathbb{R}^n$ 中给定区域 V, 并且在区域 U 和 V 的点之间建立了相互的单值对应. 在这种情形下, 为了给定区域 U 的点, 我们可以利用数组 $(q^1,\ldots,q^n)$ —— 区域 V 对应点的笛卡儿坐标. 我们将称 $(q^1,\ldots,q^n)$ 是区域 U 的 *曲线坐标*, 如果:

1) 给出区域 U 和 V 的点之间的相互单值对应的函数

$$x^i = x^i(q^1,\ldots,q^n)$$

在区域 V 具有所有阶的导数;

2) 雅可比行列式 $J = \left|\dfrac{\partial x^i}{\partial q^j}\right|$ 在 V 的所有点异于 0.

注意, 在绝大多数的情形, 只需假定函数 $x^i(q^1,\ldots,q^n)$ 有直到三阶的连续导数.

从曲线坐标的定义推出反函数 $q^i(x^1,\ldots,x^n)$ 同样在区域 U 有所有阶的导数, 并且雅可比行列式 $J' = \left|\dfrac{\partial q^i}{\partial x^j}\right|$ 异于 0 (它等于 J^{-1}).

对于函数 $x^i = x^i(q^1,\ldots,q^n)$, $i=1,\ldots,n$, 同时考察它们会显得方便, 为此利用向量函数

$$\mathbf{r} = \mathbf{r}(q^1,\ldots,q^n), \quad 其中 \quad \mathbf{r} = (x^1,\ldots,x^n).$$

在区域 U 中, 条件 $q^i =$ 常数 定义了 n 组超曲面. 同一组的超曲面互不相交. 分属不同组的任意 $n-1$ 个坐标超曲面沿某一条曲线相交. 称这样的曲线为 *坐标曲线*.

向量 $\mathbf{r}_k = \dfrac{\partial \mathbf{r}}{\partial q^k}$ 沿坐标曲线的切线方向. 在区域 U 的每个点这些向量线性无关. 它们在

点 $M(q^1,\ldots,q^n)$ 的某个邻域中定义无穷小向量

$$d\mathbf{r}=\sum_{i=1}^{n}\mathbf{r}_i dq^i.$$

它的用曲线坐标表示的长度的平方由等式

$$ds^2=\langle d\mathbf{r},d\mathbf{r}\rangle=\left\langle \sum_{i=1}^{n}\mathbf{r}_i dq^i,\sum_{j=1}^{n}\mathbf{r}_j dq^j\right\rangle=\sum_{i,j=1}^{n}g_{ij}dq^i dq^j$$

确定, 其中 $\langle\cdot,\cdot\rangle$ 是 $\mathbb{R}^n$ 中的数量积.

数量 $g_{ij}=g_{ji}=\langle\mathbf{r}_i,\mathbf{r}_j\rangle$ 定义曲线坐标系 $(q^1,\ldots,q^n)$ 中的度量.

坐标系称为 *正交坐标系*, 如果它满足满足条件

$$g_{ij}=\langle\mathbf{r}_i,\mathbf{r}_j\rangle=\begin{cases}0, & i\neq j,\\ H_i^2, & i=j.\end{cases}$$

量 $H_i>0$ 称为拉梅 (Lamé) 系数. 它们等于向量 $\mathbf{r}_i$ 的长度:

$$H_i=|\mathbf{r}_i|=\sqrt{\left(\frac{\partial x^1}{\partial q^i}\right)^2+\left(\frac{\partial x^2}{\partial q^i}\right)^2+\cdots+\left(\frac{\partial x^n}{\partial q^i}\right)^2}.$$

在正交曲线坐标系中, 线性元的平方由下式表示:

$$ds^2=H_1^2(dq^1)^2+H_2^2(dq^2)^2+\cdots+H_n^2(dq^n)^2.$$

在习题 1.1–1.5 中, 对于下列曲线坐标系 (u_1,u_2):

a) 确定由笛卡儿坐标表达平面 $\mathbb{R}^2$ 的点的曲线坐标的公式, 及其逆;

b) 求曲线的长度;

c) 计算行列式

$$\begin{vmatrix}\dfrac{\partial x_1}{\partial u_1} & \dfrac{\partial x_1}{\partial u_2}\\ \dfrac{\partial x_2}{\partial u_1} & \dfrac{\partial x_2}{\partial u_2}\end{vmatrix},\quad \begin{vmatrix}\dfrac{\partial u_1}{\partial x_1} & \dfrac{\partial u_1}{\partial x_2}\\ \dfrac{\partial u_2}{\partial x_1} & \dfrac{\partial u_2}{\partial x_2}\end{vmatrix},$$

并且查明在 $\mathbb{R}^2$ 的哪些点, 其曲线坐标和笛卡儿坐标之间的相互单值对应遭破坏.

1.1. 由等式 $\dfrac{x_1}{a_1}+i\dfrac{x_2}{a_2}=u_1e^{iu_2}$ 定义的广义极坐标, 其中 $0\leqslant u_1<\infty$, $-\pi<u_2\leqslant\pi$, $a_1>0$, $a_2>0$. 在什么条件下, 这些坐标同普通极坐标一致?

1.2. 由等式 $x_1+iu_2=\operatorname{ch}(u_1+iu_2)$ 确定的椭圆坐标系, 其中 $0\leqslant u_1<\infty$, $-\pi<u_2\leqslant\pi$.

1.3. 由等式 $x_1+iu_2=(u_1+iu_2)^2$ 确定的抛物线坐标系, 其中 $-\infty<u_1<\infty$, $0\leqslant u_2<\infty$.

1.4. 由等式 $x_1 + ix_2 = \tanh\left(\dfrac{u_1 + iu_2}{2}\right)$ 确定的双极坐标系, 其中 $-\infty < u_1 < \infty$, $-\pi < u_2 \leqslant \pi$, 去掉点 $(u_1 = 0, u_2 = \pi) = (x_1 = x_2 = \infty)$, $(u_1 = +\infty) = (x_1 = 1,\ x_2 = 0)$, $(u_1 = -\infty) = (x_1 = -1,\ x_2 = 0)$.

1.5. 由等式 $x_1+ix_2 = (u_1+iu_2)^3$ 确定的坐标系, 其中 $u_2 \geqslant 0$, $u_1+u_2\sqrt{3} \geqslant 0$.

在习题 1.6–1.12 中, 对于空间 $\mathbb{R}^3$ 的下列曲线坐标系 (u_1, u_2, u_3),

a) 求坐标曲面和坐标曲线;

b) 计算行列式 $\left|\dfrac{\partial x_i}{\partial u_j}\right|$ 和 $\left|\dfrac{\partial u_i}{\partial x_j}\right|$, 并且确定在空间 $\mathbb{R}^3$ 的哪些点, 其曲线坐标和笛卡儿直角坐标之间的相互单值对应遭破坏;

c) 这些坐标系是否是正交坐标系?

1.6. 由等式

$$x_1 = a_1 u_1 \cos u_2, \quad x_2 = a_2 u_1 \sin u_2, \quad x_3 = u_3$$

定义的广义圆柱坐标系, 其中 $u_1 \geqslant 0, 0 \leqslant u_2 \leqslant 2\pi, -\infty < u_3 < \infty, a_1 > 0,\ a_2 > 0$ (参见图 1).

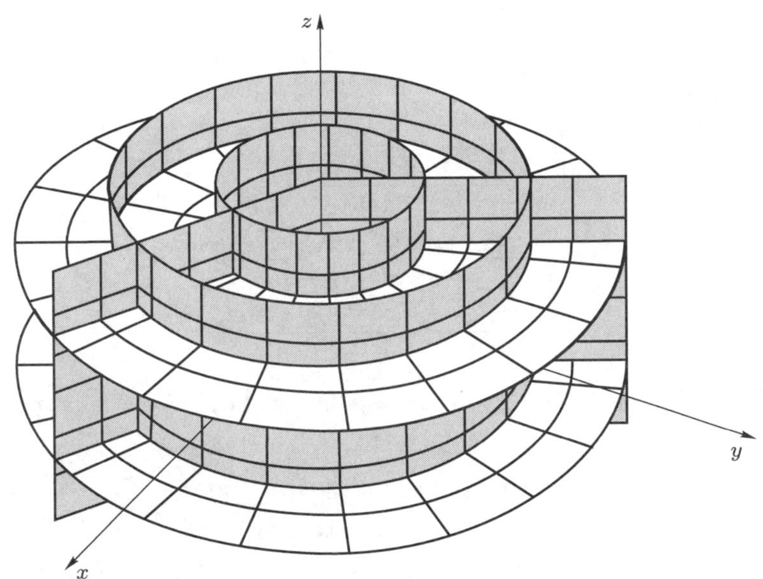

图 1 圆柱坐标系, $a_1 = a_2 = 1$

1.7. 由等式

$$x_1 = a_1 u_1 \sin u_2 \cos u_3, \quad x_2 = a_2 u_1 \sin u_2 \sin u_3, \quad x_3 = a_3 u_1 \cos u_2$$

定义的广义球面坐标系, 其中 $u_1 \geqslant 0$, $0 \leqslant u_2 < 2\pi$, $0 \leqslant u_3 < 2\pi$, $a_1 > 0$, $a_2 > 0$, $a_3 > 0$ (参见图 2).

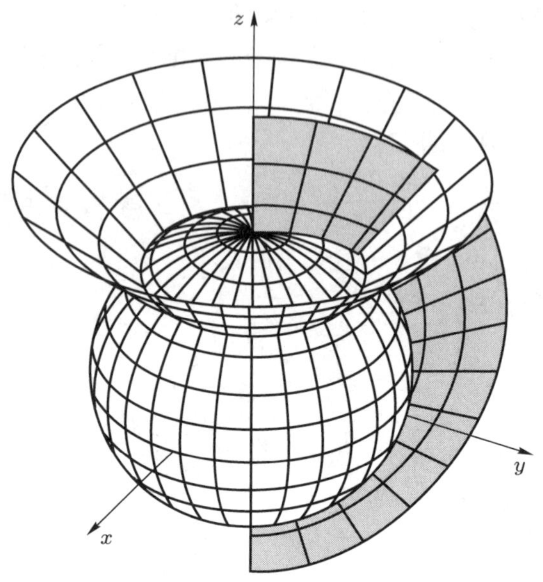

图 2 球面坐标系, $a_1 = a_2 = a_3 = 1$

1.8. 由等式

$$x_1^2 = \frac{(a_1 - u_1)(a_1 - u_2)(a_1 - u_3)}{(a_2 - a_1)(a_3 - a_1)},$$
$$x_2^2 = \frac{(a_2 - u_1)(a_2 - u_2)(a_2 - u_3)}{(a_3 - a_2)(a_1 - a_2)},$$
$$x_3^2 = \frac{(a_3 - u_1)(a_3 - u_2)(a_3 - u_3)}{(a_1 - a_3)(a_2 - a_3)}$$

定义的椭球面坐标系, 其中 $a_1 > a_2 > a_3 > 0$, $u_1 < a_3 < u_2 < a_2 < u_3 < a_1$ (参见图 3, 4).

1.9. 由等式 $x_1 = u_1 u_2 \cos u_3$, $x_2 = u_1 u_2 \sin u_3$, $x_3 = \dfrac{1}{2}\left(u_1^2 - u_2^2\right)$ 定义的抛物坐标系, 其中 $0 \leqslant u_1 < \infty$, $0 \leqslant u_2 < \infty$, $-\pi < u_3 \leqslant \pi$.

1.10. 由等式 $x_1 = \mathrm{sinh} u_1 \sin u_2 \cos u_3$, $x_2 = \mathrm{sinh} u_1 \sin u_2 \sin u_3$, $x_3 = \mathrm{cosh} u_1 \cos u_2$ 定义的退化椭球面坐标系, 其中 $0 \leqslant u_1 < \infty$, $0 \leqslant u_2 \leqslant \pi$, $-\pi < u_3 \leqslant \pi$ (参见图 5).

1.11. 由等式 $x_1 = \mathrm{cosh} u_1 \sin u_2 \cos u_3$, $x_2 = \cosh u_1 \sin u_2 \sin u_3$, $x_3 = \mathrm{sinh} u_1 \cos u_2$ 定义的退化椭球面坐标系, 其中 $0 \leqslant u_1 < \infty$, $0 \leqslant u_2 \leqslant \pi$, $-\pi < u_3 \leqslant \pi$ (参见图 6).

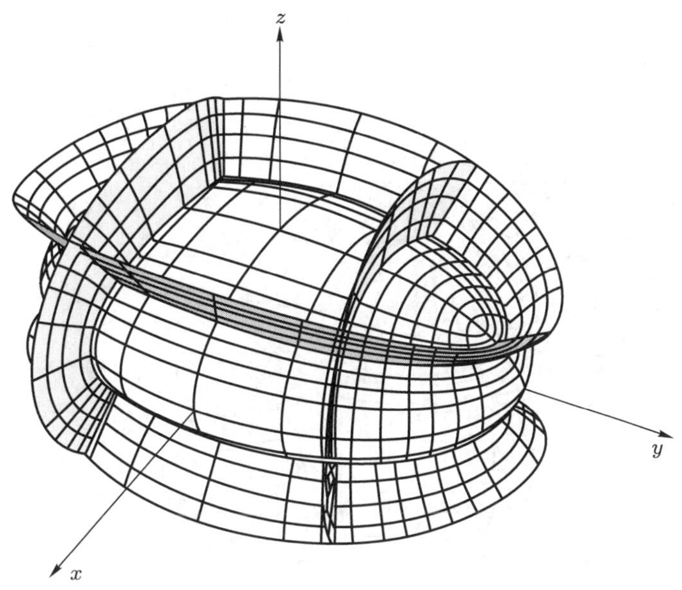

图 3 椭球面坐标系

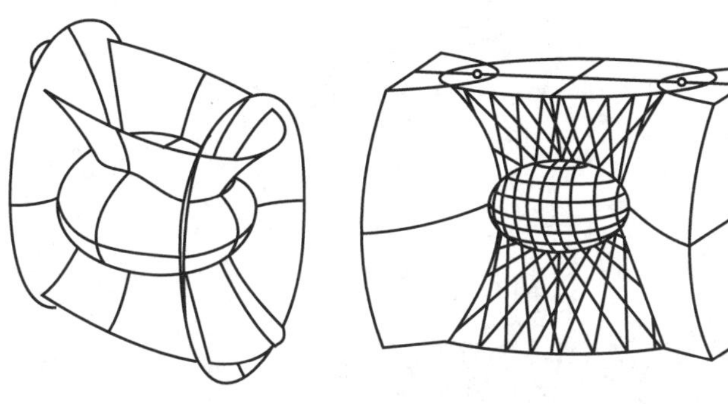

图 4 椭球面坐标系

1.12. 由等式

$$x_1 = \frac{\mathrm{sinh}u_1 \cos u_3}{\mathrm{cosh}u_1 - \cos u_2}, \quad x_2 = \frac{\mathrm{sinh}u_1 \sin u_3}{\mathrm{cosh}u_1 - \cos u_2}, \quad x_3 = \frac{\sin u_2}{\mathrm{cosh}u_1 - \cos u_2},$$

定义的圆环坐标系, 其中 $0 \leqslant u_1 < \infty$, $-\pi < u_2 \leqslant \pi$, $-\pi < u_3 \leqslant \pi$ (参见图 7).

1.13. 把表达式 $y\dfrac{\partial z}{\partial x} - x\dfrac{\partial z}{\partial y}$ 变换成新坐标 u, v, 它们与 x, y 由关系 $u = x$, $v = x^2 + y^2$ 联系. 检验前一个坐标系 u, v 到底是否是曲线坐标系. 指出它的定义域和值域.

1.14. 把下列表达式变换到极坐标 $x = r\cos\varphi$, $y = r\sin\varphi$:

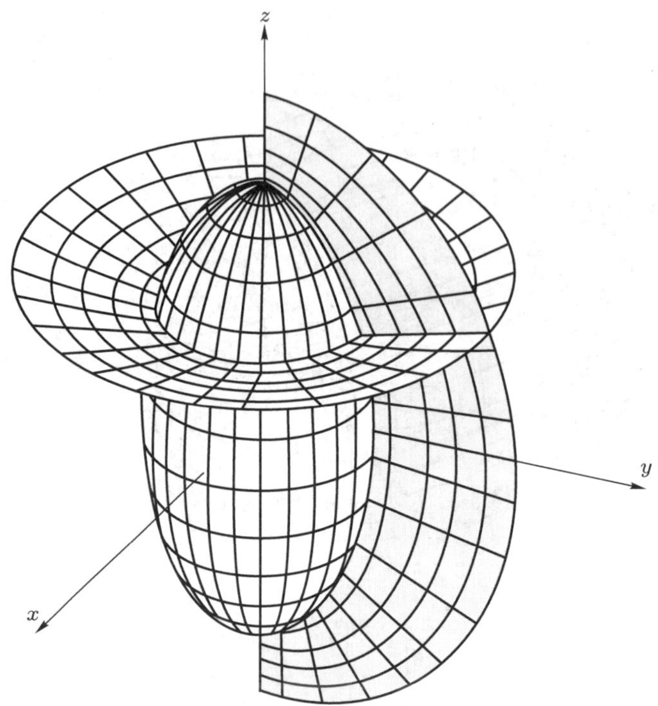

图 5　退化椭球面坐标系

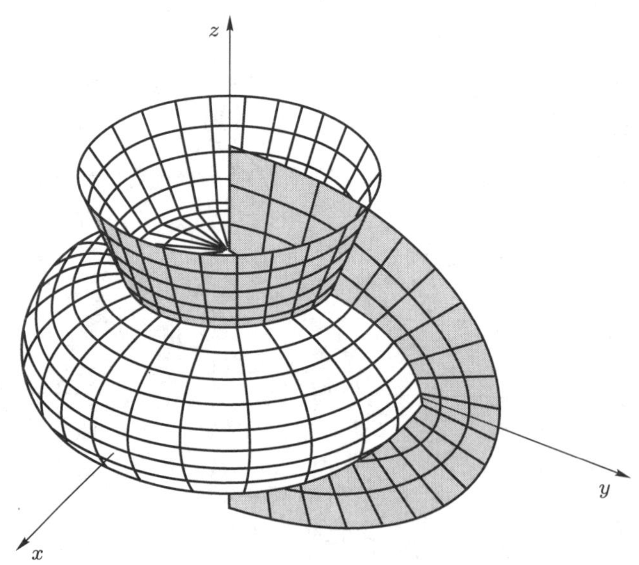

图 6　退化椭球面坐标系

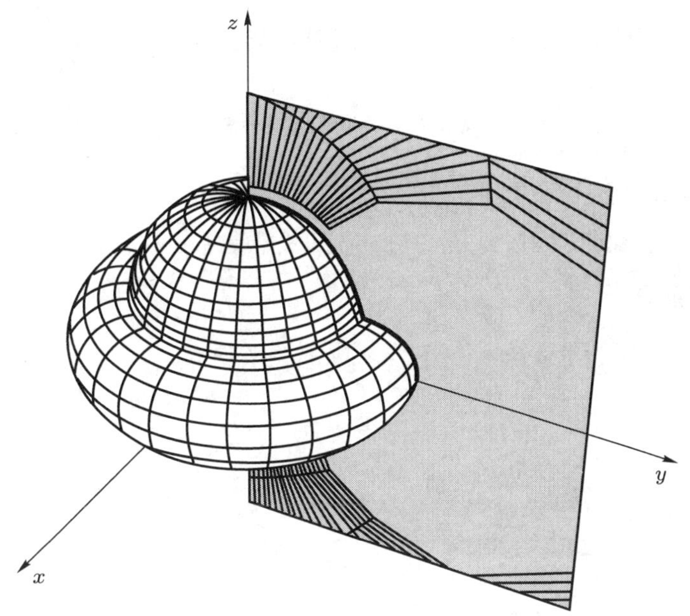

图 7 圆环坐标系

a) $x\dfrac{\partial u}{\partial y}-y\dfrac{\partial u}{\partial x}$; b) $x\dfrac{\partial u}{\partial x}-y\dfrac{\partial u}{\partial y}$;

c) $\left(\dfrac{\partial u}{\partial x}\right)^2+\left(\dfrac{\partial u}{\partial y}\right)^2$; d) $\dfrac{\partial^2 u}{\partial x^2}+\dfrac{\partial^2 u}{\partial y^2}$ (拉普拉斯算子).

1.15. 把表达式 $\dfrac{\partial^2 z}{\partial x^2}-a^2\dfrac{\partial^2 z}{\partial y^2}$ 变换到新坐标 u, v, 这里 $u=y+ax$, $v=y-ax$. 对于哪些 a 上述代换给出正则的坐标系?

1.16. 把表达式 $\dfrac{\partial^2 z}{\partial x^2}+\dfrac{\partial^2 z}{\partial y^2}+k^2z=0$ 变换到新坐标 u, v, 这里 $x=\dfrac{1}{2}(u^2-v^2)$, $y=uv$.

1.17. 把下列表达式变换到球面坐标 r, θ, φ, 它们与 x, y, z 由等式 $x=r\sin\theta\cos\varphi$, $y=r\sin\theta\sin\varphi$, $z=r\cos\theta$ 联系:

a) $\left(\dfrac{\partial V}{\partial x}\right)^2+\left(\dfrac{\partial V}{\partial y}\right)^2+\left(\dfrac{\partial V}{\partial z}\right)^2$; b) $\dfrac{\partial^2 V}{\partial x^2}+\dfrac{\partial^2 V}{\partial y^2}+\dfrac{\partial^2 V}{\partial z^2}$.

1.18. 设 $x=f(u,v)$, $y=\varphi(u,v)$ 是这样的坐标系, 使得 $\dfrac{\partial f}{\partial u}=\dfrac{\partial \varphi}{\partial v}$, $\dfrac{\partial f}{\partial v}=-\dfrac{\partial \varphi}{\partial u}$. 证明下列关系满足:

$$\frac{\partial^2 V}{\partial u^2}+\frac{\partial^2 V}{\partial v^2}=\left(\frac{\partial^2 V}{\partial x^2}+\frac{\partial^2 V}{\partial y^2}\right)\left(\left(\frac{\partial f}{\partial u}\right)^2+\left(\frac{\partial f}{\partial v}\right)^2\right).$$

1.19. 在圆柱坐标系 r, φ, z 下计算拉普拉斯算子 $\dfrac{\partial^2 V}{\partial x^2} + \dfrac{\partial^2 V}{\partial y^2} + \dfrac{\partial^2 V}{\partial z^2}$, 这里 $x = r\cos\varphi$, $y = r\sin\varphi$, $z = z$.

1.20. 指出当从笛卡儿坐标 x, y 过渡到极坐标 ρ, φ 时, 柯西–黎曼方程 $\dfrac{\partial u}{\partial x} = \dfrac{\partial v}{\partial y}$, $\dfrac{\partial u}{\partial y} = -\dfrac{\partial v}{\partial x}$ 取形式 $\dfrac{\partial u}{\partial \rho} = \dfrac{1}{\rho}\dfrac{\partial v}{\partial \varphi}$, $\dfrac{\partial v}{\partial \rho} = -\dfrac{1}{\rho}\dfrac{\partial u}{\partial \varphi}$.

1.21. 用这样的坐标系 u, v, 它与 x, y 的关系是 $w = z^2$, $w = x+iy$, $z = u+iv$, 计算拉普拉斯算子 $\dfrac{\partial^2 V}{\partial x^2} + \dfrac{\partial^2 V}{\partial y^2}$.

1.22. 用这样的坐标系 u, v, 它与 x, y 的关系是 $w = a\cosh z$, $w = x + iy$, $z = u + iv$, 计算拉普拉斯算子 $\dfrac{\partial^2 V}{\partial x^2} + \dfrac{\partial^2 V}{\partial y^2}$.

1.23. 用这样的坐标系 u, v, 它与 x, y 的关系是 $w = e^z$, $w = x+iy$, $z = u+iv$, 计算拉普拉斯算子 $\dfrac{\partial^2 V}{\partial x^2} + \dfrac{\partial^2 V}{\partial y^2}$.

§2. 曲线和曲面的方程

2.1. 点 M 在围绕点 O 匀速旋转的直线 ON 上匀速移动. 建立点 M 的方程 (阿基米德螺线).

2.2. 直线 OL 围绕点 O 以匀角速度旋转, 而点 M 在直线 OL 上移动, 其速度正比于距离 $|OM|$. 建立点 M 的轨迹的方程 (对数螺线).

2.3. 半径为 a 的圆沿直线无滑动地滚动, 点 M 在圆上的与中心距离为 d 处固定. 建立点 M 的轨迹的方程. 所得到的曲线, 当 $d = a$ 时称为 *旋轮线*, 当 $d < a$ 时称为 *短辐旋轮线*, 当 $d > a$ 时称为 *长辐旋轮线*.

2.4. 半径为 r 的圆周保持在半径为 R 的圆周外无滑动地滚动. 建立滚动圆周上的一个点的轨迹的方程 (*圆外旋轮线*).

2.5. 半径为 r 的圆周保持在半径为 R 的圆周内无滑动地滚动. 建立滚动圆周上的一个点的轨迹的方程 (*圆内旋轮线*).

2.6. 已知 $\mathbf{r}'(t) = \lambda(t)\mathbf{a}$, 其中 $\lambda(t) > 0$ 是连续函数, 而 $\mathbf{a}$ 是非零常向量. 求由方程 $\mathbf{r} = \mathbf{r}(t)$ $(c < t < d)$ 给定的曲线.

2.7. 已知 $\mathbf{r}''(t) = \mathbf{a}$, 其中 $\mathbf{a}$ 是非零常向量. 求由方程 $\mathbf{r} = \mathbf{r}(t)$ $(-\infty < t < \infty)$ 给定的曲线.

2.8. 设向量函数 $\mathbf{r}(t)$ 满足微分方程 $\mathbf{r}'' = \mathbf{r}' \times \mathbf{a}$, 这里 $\mathbf{a}$ 是常向量. 用 $\mathbf{a}$ 和 $\mathbf{r}'$ 表示下列量: a) $|\mathbf{r}' \times \mathbf{r}''|^2$; b) $(\mathbf{r}', \mathbf{r}'', \mathbf{r}''')$.

2.9. 平面曲线由方程 $\mathbf{r}(t) = (\varphi(t), t\varphi(t))$ 给定. 在什么条件下, 这个方程定义直线或其一部分.

2.10. 求函数 $r = r(\varphi)$, 其在平面极坐标系中定义直线的方程.

2.11. a) 证明质点 M 在中心力 $\mathbf{F} = F\mathbf{r}$ 的作用下描绘的轨迹位于经过坐标原点的固定平面上. 我们指出函数 F 可以既依赖于向量 $\mathbf{r}$ 的长度, 也依赖于 $\mathbf{r}$ 的方向.

b) 建立在这个平面上的质点 M 在极坐标系中的方程.

c) 指出对于由公式

$$\mathbf{F} = -k\frac{m\mathbf{r}}{r^3}$$

给出的中心力, 质点 M 沿二次曲线运动. 这里, m 是质点 M 的质量, 而 r 是向量 $\mathbf{r}$ 的长度, 并且 $k > 0$.

2.12. 在恒定磁场中的电子的运动由方程

$$\mathbf{r}'' = \mathbf{r}' \times \mathbf{H}, \quad \mathbf{H} = \text{常向量}$$

确定. 证明电子的轨迹是螺旋线.

2.13. 求由微分方程

$$\mathbf{r}' = \boldsymbol{\omega} \times \mathbf{r}$$

定义的曲线, 其中 $\boldsymbol{\omega}$ 是常向量.

2.14. 求由微分方程

$$\mathbf{r}' = \mathbf{e} \times (\mathbf{r} \times \mathbf{e})$$

定义的曲线, 其中 $\mathbf{e}$ 是单位长度的固定向量.

2.15. 求由微分方程

$$\mathbf{r}' = a\mathbf{e} + \mathbf{e} \times \mathbf{r}$$

定义的曲线, 其中 a 和 $\mathbf{e}$ 是常量.

2.16. 求由微分方程

$$\mathbf{r}' = \frac{1}{2}|\mathbf{r}|^2\mathbf{e} - \mathbf{r}\langle\mathbf{r}, \mathbf{e}\rangle$$

定义的曲线, 其中 $\mathbf{e}$ 是单位长度的固定向量.

2.17. 下列曲线相交成怎样的角?

$$x^2 + y^2 = 8, \quad y^2 = 2x.$$

2.18. 下列曲线相交成怎样的角?

$$x^2 + y^2 = 8x, \quad y^2 = \frac{x^3}{2 - x}.$$

2.19. 下列曲线相交成怎样的角?

$$x^2 = 4y, \quad y = \frac{8}{x^2 + 4}.$$

2.20. 求下列曲线的自然参数 (或长度):

a) $y = a\cosh(x/a)$——悬链线; b) $y = x^{3/2}$;

c) $y = x^2$; d) $y = \ln x$;

e) $r = a(1 + \cos\varphi)$; f) $\mathbf{r}(t) = (a(t - \sin t), a(1 - \cos t))$;

g) $\mathbf{r}(t) = (a(\cos t + t\sin t), a(\sin t - t\cos t))$;

h) $\mathbf{r}(t) = \left(\frac{a}{3}(2\cos t + \cos 2t), \frac{a}{3}(2\sin t + \sin 2t)\right)$;

i) $\mathbf{r}(t) = (a\cos^3 t, a\sin^3 t)$; j) $y = e^x$;

k) $\mathbf{r}(t) = \left(a\left(\ln \cot\frac{t}{2} - \cos t\right), a\sin t\right)$.

2.21. 求以下曲线的长度:

$$x = -f'(\alpha)\sin\alpha - f''(\alpha)\cos\alpha, \quad y = f'(\alpha)\cos\alpha - f''(\alpha)\sin\alpha.$$

2.22. 圆周 $x = a + b\cos v$, $z = b\sin v$ $(0 < b < a)$ 围绕 Oz 轴旋转. 建立旋转曲面的方程.

2.23. 一条直线与另一条直线相交成直角以常速度做平动, 同时围绕后者匀速转动. 建立运动直线描绘的曲面的方程. 这个曲面称为 *正螺旋面*.

2.24. 建立悬链线 $y = a\cosh\frac{x}{a}$ 围绕 Ox 轴旋转生成的曲面的方程. 这个曲面称为 *悬链面*.

2.25. 求曳物线

$$\rho = \left(a\ln\tan\left(\frac{\pi}{4} + \frac{t}{2}\right) - a\sin t, a\cos t\right), \quad -\frac{\pi}{2} < t < \frac{\pi}{2},$$

围绕其渐近线旋转生成的曲面的方程. 这个曲面称为 *伪球面*.

2.26. 在旋转圆环面上, 除去纬线和经线是平面上的圆周外, 还存在两族平面圆周, 称为 *维拉索* (Vilaso) *圆周*. 它们由跟环面切于两个点的切平面截环面而得到. 求这些圆周的方程, 验证它们都有同样的半径, 并且跟所有纬线以常数角度相交 (参见图 8).

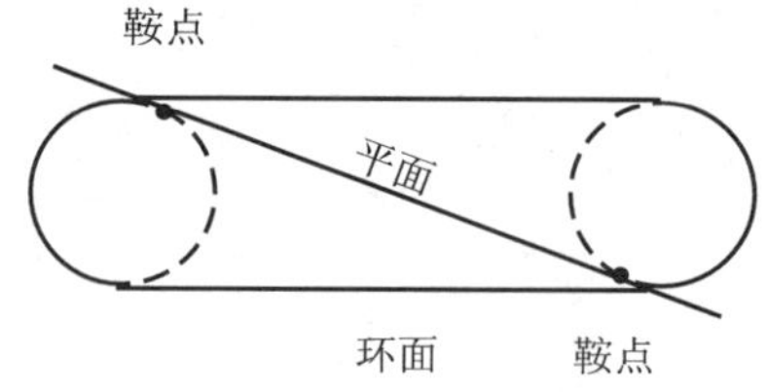

图 8

§3. 球面和罗巴切夫斯基平面上的经典度量, 它们的性质

3.1. 在下列坐标下计算 $\mathbb{R}^3$ 的标准单位球面上的度量:

a) 笛卡儿坐标 x, y;

b) 球面坐标 θ, φ;

c) 平面 $z = 0$ 上的笛卡儿坐标 u, v, 该平面是从球面的北极出发的球极平面投影下球面的像 (参见图 9);

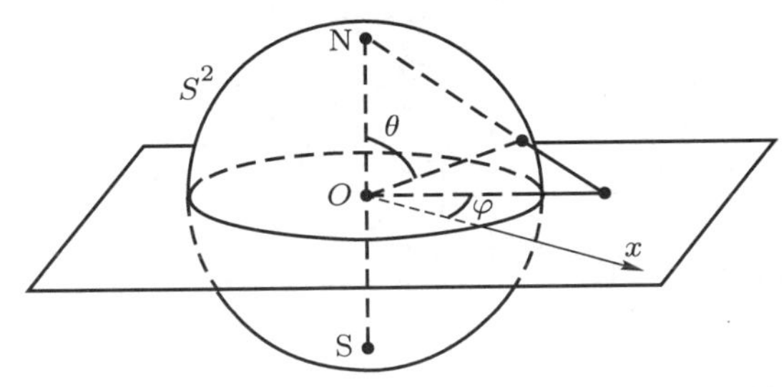

图 9 球极平面投影

d) 平面 $z = 0$ 上的极坐标 ρ, φ, 该平面是从球面的北极出发的球极平面投影下球面的像 (参见前一小题);

e) 平面 $z = 0$ 上的复坐标 $z = x + iy$, $\overline{z} = x - iy$, 该平面是从球面的北极出发的球极平面投影下球面的像.

3.2. 考察坐标为 t, x, y, 数量积为 $ds^2 = -dt^2 + dx^2 + dy^2$ 的伪欧几里得空间. 用下列坐标计算虚半径的伪球面 $-t^2 + x^2 + y^2 = -1$ 的度量:

a) 笛卡儿坐标 x, y;

b) 坐标 φ, χ, 这里 ρ, φ, χ 是在我们的伪欧几里得空间中的伪球面坐标;

c) 平面 $t = 0$ 上的笛卡儿坐标, 该平面是从伪球面的南极 $(0, 0, -1)$ 出发的球极平面投影下球面的像 (参见图 10);

d) 平面 $t = 0$ 上的极坐标 (r, φ), 该平面是从伪球面的南极 $(0, 0, -1)$ 出发的球极平面投影下球面的像;

e) 平面 $t = 0$ 上的复坐标 $z = x + iy$, $\overline{z} = x - iy$, 该平面是从伪球面的南极出发的球极平面投影下伪球面的像;

f) 借助把单位圆变换到上半平面的分式线性变换, 从上一小题的复坐标转换为在上半平面上的复坐标;

g) 对于前两小题, 绘出伪球面的两个连通分支在上述投影下的像;

h) 证明连接径向量为 $\mathbf{a}$ 和 $\mathbf{b}$ 的上半伪球面两个点的直线段的长度 ρ 由公式 $\cosh\rho = \langle \mathbf{a}, \mathbf{b} \rangle$ 给出, 其中的数量积是在伪欧几里得空间中计算的;

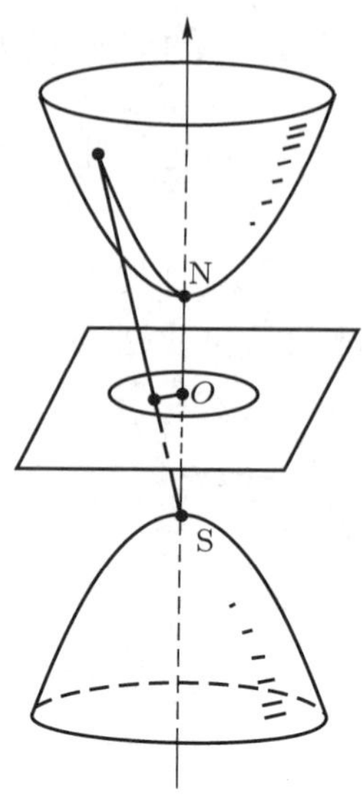

图 10 球极平面投影

i) 证明由径向量为 $\mathbf{a}$ 的上半伪球面的点到由条件 $\langle \mathbf{x}, \mathbf{e} \rangle = 0,\ |\mathbf{e}| = 1$ 定义的直线的距离由公式 $\sinh\rho = |\langle \mathbf{a}, \mathbf{e} \rangle|$ 给出, 这里的数量积是在伪欧几里得空间中计算的.

3.3. 指出, 在单位圆 (庞加莱模型)中和在上半平面上, 在罗巴切夫斯基度量的模型下, 相交曲线之间的夹角等于它们在欧几里得度量下的夹角.

3.4. 证明: 在球面 S^2 到平面的球极平面投影下, 任意圆周转换成直线或者圆周.

3.5. 指出表示度量的运动的分式线性变换的群:

a) 对于习题 3.1 e) ——同构于 $SU(2)/\{\pm E\}$;

b) 对于习题 3.2 e) ——同构于 $SU(1,1)/\{\pm E\}$;

c) 对于习题 3.2 f) ——同构于 $SL(2,\mathbb{R})/\{\pm E\}$.

3.6. 证明: 表示罗巴切夫斯基平面在其上半平面上的模型的度量的运动的分式线性变换的群由变换 $z \mapsto z + a$ 和 $z \mapsto -\dfrac{1}{z}$ 组成.

3.7. 考察罗巴切夫斯基平面上的任意直线 l_1 和 l_2, 它们分别过点 A_1, B_1 和 A_2, B_2 , 并且 A_1 到 B_1 的距离等于 A_2 到 B_2 的距离. 证明: 存在运动, 它变换

a) l_1 到 l_2;

b) l_1 到 l_2, 并且 A_1 到 A_2;

c) l_1 到 l_2, A_1 到 A_2, 并且 B_1 到 B_2.

3.8. 求上半平面的分式线性变换, 它是罗巴切夫斯基平面上的运动, 并且

变换

a) 直线 $x^2+y^2=1$ 到直线 $x=0$;

b) 直线 $(x-1)^2+y^2=4$ 和点 $(1,2)$ 到直线 $x=3$ 和点 $(3,2)$.

3.9. 设罗巴切夫斯基平面上点 $A_1, A_2, A_3, B_1, B_2, B_3$ 是这样的, 对于所有 i 和 j 有 $\rho(A_i, A_j)=\rho(B_i, B_j)$. 证明: 存在罗巴切夫斯基平面的唯一的运动, 把点 A_i 变换到 B_i, $i=1,2,3$. 由此推出罗巴切夫斯基平面的所有运动的群由变换 $z\mapsto z+a$, $z\mapsto -\dfrac{1}{z}$, $z\mapsto -\overline{z}$ 生成, 其中 $a\in\mathbb{R}$.

3.10. a) 证明: 在罗巴切夫斯基平面上存在唯一的过给定的点并且垂直于给定直线的一条直线.

b) 利用前一小题, 确定罗巴切夫斯基平面上关于直线的反射, 并且证明这个变换是运动.

c) 求关于直线

$$(x-1)^2+y^2=4$$

的反射的公式.

d) 求关于直线 $x=0$ 的反射的公式.

3.11. a) 指出用分式线性变换表示的运动可以分解成偶数个关于直线的反射的复合. 指出可以避免两个反射的情形.

b) 指出其余的运动, 即不能表示成分式线性变换的运动, 可以分解成奇数个关于直线的反射.

3.12. 证明: 罗巴切夫斯基平面到在上半平面上的模型的所有的等距的群由下列形式的变换组成:

$$z\mapsto\frac{az+b}{cz+d},\quad a,b,c,d\in\mathbb{R},\quad ad-bc=1;$$
$$z\mapsto\frac{a\overline{z}+b}{c\overline{z}+d},\quad a,b,c,d\in\mathbb{R},\quad ad-bc=-1.$$

3.13. 证明: 在复平面的任意分式线性变换 $z\mapsto\dfrac{az+b}{cz+d}$ 之下, 其中 $a,b,c,d\in\mathbb{C}$, $ad-bc\neq 0$, 圆周和直线变换到圆周或直线.

3.14. 证明: 对于扩展复平面上的任意两两不同的点 z_1, z_2, z_3 和两两不同的点 w_1, w_2, w_3, 存在唯一的分式线性变换, 映射 z_i 到 w_i, $i=1,2,3$.

3.15. 证明: 连接罗巴切夫斯基平面上任意两个点的直线段的长度小于任意连接这些点的其他曲线的长度 (参见图 11).

3.16. 证明: 经过罗巴切夫斯基平面上任意两个点有唯一的一条直线 (参见图 11).

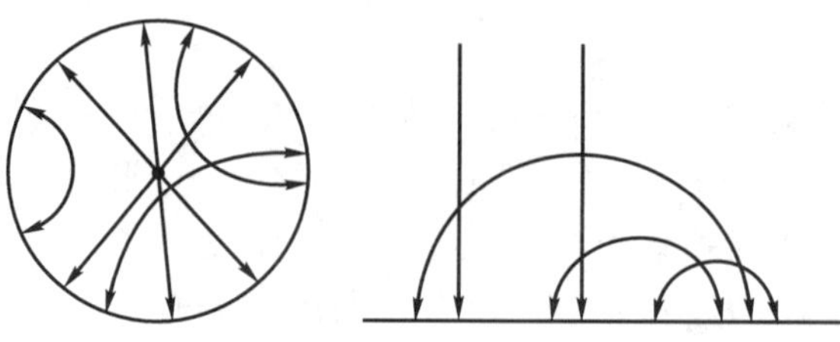

图 11 罗巴切夫斯基平面 (在单位圆盘和上半平面的模型上) 的直线

3.17. 证明: 在罗巴切夫斯基度量的单位圆盘和上半平面的模型中, 圆周映射到普通的圆周.

3.18. 在 a) 罗巴切夫斯基平面上, b) 半径为 1 的球面上, 求半径为 R 的圆盘的周长和面积. 同平面上的作比较.

3.19. a) 求在罗巴切夫斯基度量下, 在上半平面上的由方程

$$x^2 + (y-2)^2 = 1$$

给定的圆的中心.

b) 证明: 在球面到平面的球极平面投影下, 球面上的圆周变为圆周或直线.

c) 考察圆周 $x^2 + (y-2)^2 = 1$, 它是球面上的某个圆周在球极平面投影下的像 (参见前面). 取这个球面圆周在球面上的中心. 求它在平面上的像.

3.20. 在下列度量下求平面上线段 AB 的中点, 其中 $A = (0.5; 0.5)$, $B = (0.9; 0.3)$:

a) 上半平面上的罗巴切夫斯基平面的度量;

b) (在球极平面投影下的) 球面的度量.

3.21. 用角表示三角形 (参见图 12) 的面积: a) 在单位半径的球面上; b) 在罗巴切夫斯基平面上.

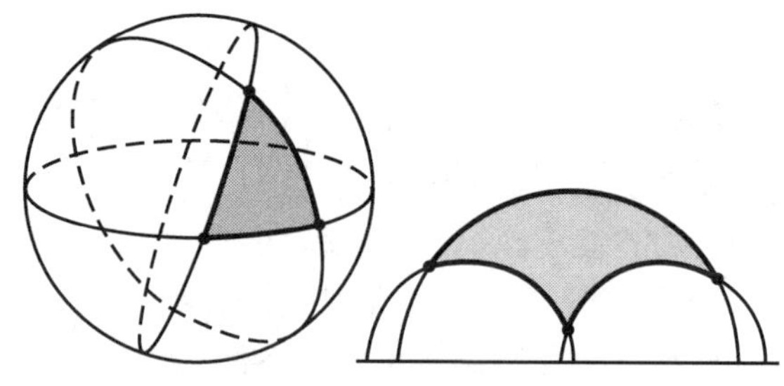

图 12 罗巴切夫斯基平面和球面上的三角形

3.22. 证明罗巴切夫斯基平面上的直角三角形的公式:

a) $\cosh c = \cosh a \cosh b$;　　b) $\sinh b = \sinh c \sin \beta$;

c) $\tanh a = \tanh c \cos \beta$;　　d) $\cosh c = \cot \alpha \cot \beta$;

e) $\cos \alpha = \cosh a \sin \beta$;　　f) $\tanh a = \sinh b \tan \alpha$,

这里 c 是直角的对边的长度.

3.23. 考察半径为 1 的球面上的直角三角形 ABC, 其中, $\angle C = \pi/2$, $\angle B = \beta$, $\angle A = \alpha$, $AC = b$, $AB = c$, $BC = a$. 证明下列关系:

a) $\cos c = \cos a \cos b$;　　b) $\cos \alpha = \cos a \sin \beta$;

c) $\sin a = \sin c \sin \alpha$;　　d) $\tan a = \tan c \cos \beta$;

e) $\cos c = \cot \alpha \cot \beta$;　　f) $\tan a = \sin b \tan \alpha$.

3.24. 证明罗巴切夫斯基平面的三角形的余弦定理:

a) $\sin \beta \sin \gamma \cosh a = \cos \alpha + \cos \beta \cos \gamma$;

b) $\cos \alpha \sinh b \sinh c = \cosh b \cosh c - \cosh a$.

3.25. 证明单位球面上的三角形的余弦定理:

a) $\cos a = \cos b \cos c + \sin b \sin c \cos \alpha$;

b) $\cos \alpha = -\cos \beta \cos \gamma + \sin \beta \sin \gamma \cos a$.

3.26. 证明正弦定理:

a) 对于罗巴切夫斯基平面:

$$\frac{\sinh a}{\sin \alpha} = \frac{\sinh b}{\sin \beta} = \frac{\sinh c}{\sin \gamma} = \frac{\sqrt{Q}}{\sin \alpha \sin \beta \sin \gamma},$$

其中 $Q = \cos^2 \alpha + \cos^2 \beta + \cos^2 \gamma + 2 \cos \alpha \cos \beta \cos \gamma - 1$;

b) 对于半径为 1 的球面: $\dfrac{\sin a}{\sin \alpha} = \dfrac{\sin b}{\sin \beta} = \dfrac{\sin c}{\sin \gamma}$.

3.27. 对于怎样的整数 n, 存在角度为 $2\pi/n$ 的正多角形: a) 在球面上; b) 在罗巴切夫斯基平面上?

3.28. 证明: 当且仅当交比 $w = \dfrac{z_3 - z_1}{z_2 - z_3} : \dfrac{z_4 - z_1}{z_2 - z_4}$ 是实数时, 复平面上的点 z_1, z_2, z_3, z_4 位于一个圆周 (或一条直线) 上.

3.29. 证明: 在罗巴切夫斯基平面上, 直角三角形的角 α 的正弦, 等于半径等于对边的圆周的周长与半径等于斜边的圆周的周长的比值. 对于球面亦如此.

3.30. 证明: 等边三角形的所有角: a) 在罗巴切夫斯基平面上小于 $\pi/3$; b) 在球面上大于 $\pi/3$.

3.31. 证明在上半平面的罗巴切夫斯基平面度量之下点 A 和 B (参见图 13) 间的距离的下列公式:

a) 如果它们的横坐标相等, 则 $\rho(A, B) = \left| \ln \dfrac{OB}{OA} \right|$, 这里 O 是连接它们的直线与横轴的交点;

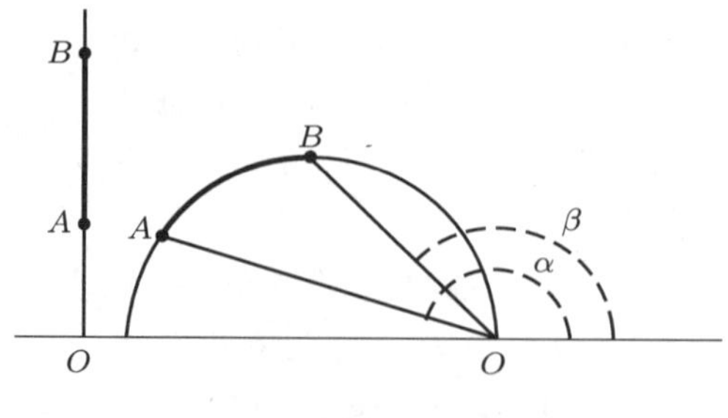

图 13

b) 如果它们的横坐标不等, 则 $\rho(A,B)=\left|\ln\dfrac{\tan\alpha}{\tan\beta}\right|$, 这里 O 是横轴与罗巴切夫斯基平面上过 A 和 B 的直线的交点, 而 α 和 β 分别是实轴的正方向与半直线 OA 和 OB 的夹角;

c) 在一般情形下, 如果 z_1, z_2 是上半平面上的任意点, 则

$$\rho(z_1,z_2)=\ln\left(\frac{1+|(z_1-\overline{z}_2)/(z_1-z_2)|}{-1+|(z_1-\overline{z}_2)/(z_1-z_2)|}\right),$$

或同样地,

$$\rho(z_1,z_2)=\ln\left(\frac{1+|(z_1-z_2)/(z_1-\overline{z}_2)|}{1-|(z_1-z_2)/(z_1-\overline{z}_2)|}\right).$$

3.32. 是否在任意三角形外都可以外接一个圆周: a) 在球面上; b) 在罗巴切夫斯基平面上?

3.33. 证明: 在罗巴切夫斯基平面上过角内部的一个点, 并不总可以引一条与角的两条边都相交的直线.

3.34. 比较正六边形的边长同其外接圆的半径: a) 在球面上; b) 在罗巴切夫斯基平面上?

3.35. 求边长为 a 的正三角形的面积: a) 在罗巴切夫斯基平面上 (参见图 14); b) 在球面上.

3.36. 求由方程

$$(x+1)^2+(y-5)^2=1$$

给定的圆盘的面积和圆周的周长:

a) 在罗巴切夫斯基平面上, 在上半平面的模型中;

b) 在球面上, 在球极平面投影的坐标中.

3.37. 用三角形的边长和内角表示其外接圆周的半径: a) 在罗巴切夫斯基平面上; b) 在球面上.

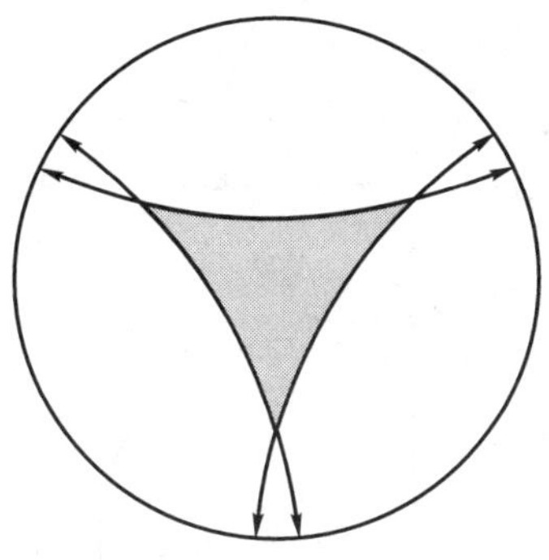

图 14 罗巴切夫斯基平面上的正三角形

§4. 曲线理论

一般地, 我们将假定平面曲线 $\mathbf{r}=\mathbf{r}(s)$ 的曲率 (其中 s 是自然参数) 由公式 $k=|\ddot{\mathbf{r}}|=|\dot{\mathbf{v}}|$ 定义. 此时曲线的法向量由公式 $\mathbf{n}=\dot{\mathbf{v}}/|\dot{\mathbf{v}}|$ 给定. 在 $k=0$ 的点它没有定义. 尤其是在拐点, 法向量场间断, 即左极限和右极限不等 (参见图 15).

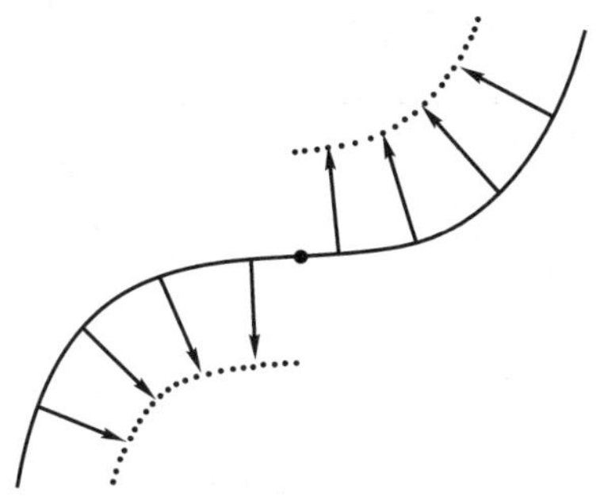

图 15

在关于曲线的整体性质的某些问题中, 利用连续的法向量场更方便些. 在这种情形下, 法向量场可以由速度向量沿正方向转动 $\pi/2$ 来定义. 特别地, 对于平面曲线, 在曲线上的每个点, 向量对 $\mathbf{v}(s)$, $\mathbf{n}(s)$ 组成平面上的正定向的标架. 弗雷内公式保持有效, 这时曲率可以是正的, 也可以是负的.

4.1. 计算下列曲线的曲率:

a) $y=\sin x$, 在顶点 (正弦曲线);

b) $y=a\cosh(x/a)$ (悬链线);

c) $r^2=a^2\cos 2\varphi$ (双纽线);

d) $r=a(1+\cos\varphi)$ (心脏线, 参见图 16);

e) $r = a\varphi$ (阿基米德螺线, 参见图 17);

f) $\mathbf{r}(t) = (a\cos^3 t, a\sin^3 t)$ (星形线, 参见图 18);

g) $\mathbf{r}(t) = (a(t-\sin t), a(1-\cos t))$ (旋轮线, 参见图 19).

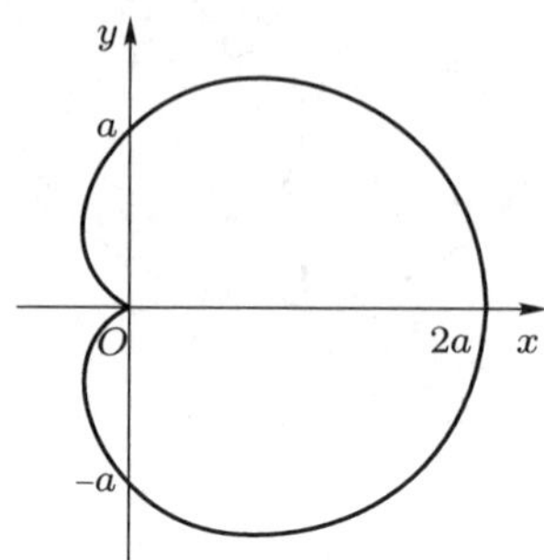

图 16 心脏线

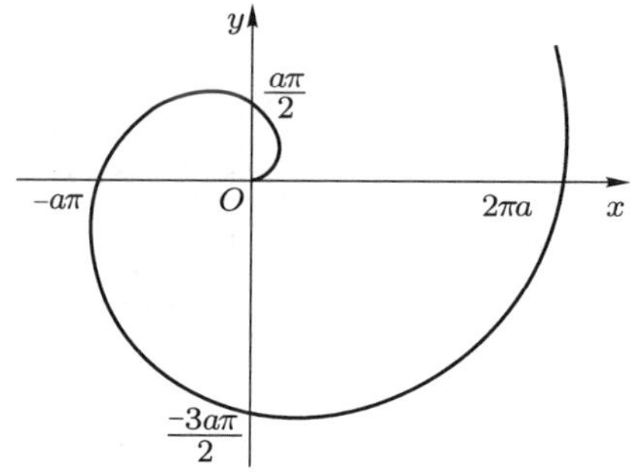

图 17 阿基米德螺线

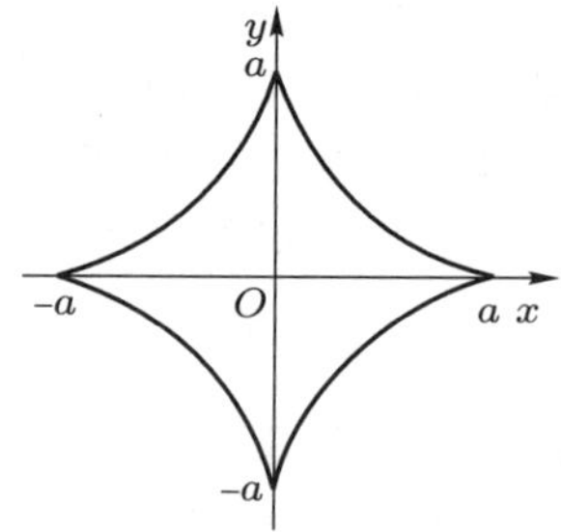

图 18 星形线

4.2. 对于在极坐标 (r,φ) 中由方程 $r^2 = 2a^2\cos 2\varphi$ 给定的伯努利双纽线, 计

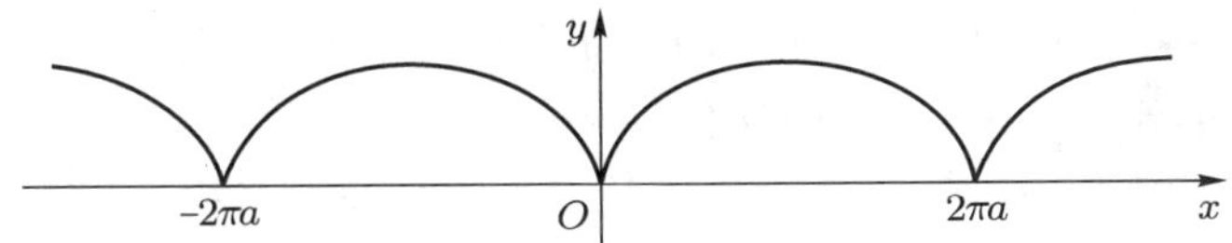

图 19 旋轮线

算积分

$$\int_\gamma k(s)ds \qquad \text{和} \qquad \int_\gamma |k(s)|ds,$$

其中 s 是弧长, 而 $k(s)$ 是曲率. 参见本节开头的说明.

4.3. 求半轴为 a 和 b 的椭圆在其顶点的曲率.

4.4. 求由方程 $F(x,y)=0$ 给定的曲线的曲率.

4.5. 曲线由微分方程 $P(x,y)dx+Q(x,y)dy=0$ 给定. 求它们的曲率.

4.6. 导出由极坐标方程 $r=r(\varphi)$ 给定的平面曲线的曲率公式.

4.7. 把螺旋线 (参见图 20)

$$\mathbf{r}(t)=(a\cos t, a\sin t, bt) \quad (b>0)$$

的参数 t 更换为自然参数.

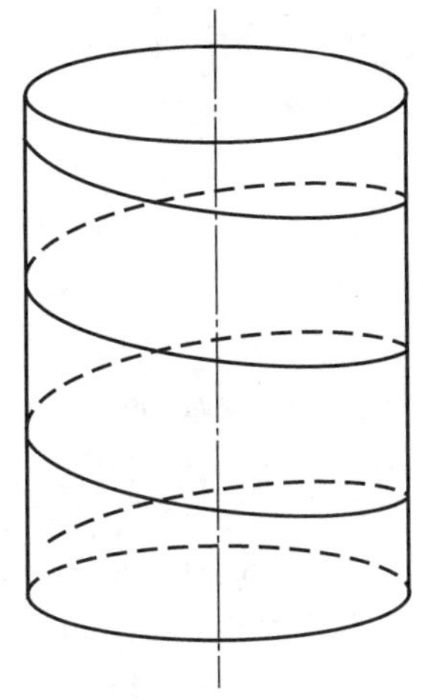

图 20 螺旋线

4.8. 把曲线

$$\mathbf{r}(t)=(e^t\cos t, e^t\sin t, e^t)$$

的参数 t 更换为自然参数.

4.9. 把曲线 $\mathbf{r}(t) = (\cosh t, \sinh t, e^t)$ 的参数 t 更换为自然参数.

4.10. 求下列曲线在任意点的曲率和挠率:

a) $\mathbf{r}(t) = (e^t, e^{-t}, t\sqrt{2})$;　　b) $\mathbf{r}(t) = (2t, \ln t, t^2)$;

c) $\mathbf{r}(t) = (e^t \sin t, e^t \cos t, e^t)$;　　d) $\mathbf{r}(t) = (3t - t^3, 3t^2, 3t + t^3)$;

e) $\mathbf{r}(t) = (\cos^3 t, \sin^3 t, \cos 2t)$.

4.11. 求由方程

$$x^2 + z^2 - y^2 = 1, \quad y^2 - 2x + z = 0$$

给定的曲线在点 $M(1,1,1)$ 的曲率和挠率.

4.12. 求由方程

$$x + \sinh x = \sin y + y, \quad z + e^z = x + \ln(1+x) + 1$$

给定的曲线在点 $M(0,0,0)$ 的曲率和挠率.

4.13. 导出计算由方程 $y = y(x)$, $z = z(x)$ 给定的曲线的曲率和挠率的公式, 并且求出这条曲线的弗雷内标架.

4.14. 给定曲线

$$\mathbf{r}(t) = (t^2, 1-t, t^3).$$

求弗雷内标架. 计算这条曲线的曲率和挠率.

4.15. a) 证明螺旋线的曲率和挠率是常数.

b) 确定螺旋线 $x = a\cos t$, $y = a\sin t$, $z = ht$ 对于 h 的怎样的值有最大的挠率.

c) 求螺旋线 (参见图 21)

$$\mathbf{r}(t) = (a\cos t, a\sin t, ht)$$

的弗雷内标架.

d) 求曲率 k 和挠率 $\varkappa$ 为常数的所有曲线.

4.16. 在什么条件下, 螺旋线的曲率中心位于曲线本身所在的圆柱面上?

4.17. 设 γ 是平面曲线. 用 S 表示由曲线 γ 和与某个固定点 $P \in \gamma$ 的切线距离为 h 的割线所包围的区域的面积. 用曲线的曲率表示 $\lim\limits_{h\to 0}(S^2/h^3)$.

4.18. 证明: 作用在 $\mathbb{R}^3$ 的向量上的算子 $Y\colon \mathbf{x} \to \mathbf{y} \times \mathbf{x}$ 可用反称矩阵表示. 注意, $\mathbf{y} \times \mathbf{x}$ 是向量 $\mathbf{x}$ 和 $\mathbf{y}$ 的向量积. 求这个矩阵的元素和向量 $\mathbf{y}$ 的坐标的关系. 证明: 对于任意反称矩阵, 可以找到向量 $\mathbf{y}$, 使得该矩阵定义的 $\mathbb{R}^3$ 上的线性算子有形式 $\mathbf{x} \to \mathbf{y} \times \mathbf{x}$. 向量 $\mathbf{y}$ 称为反称矩阵的达布向量.

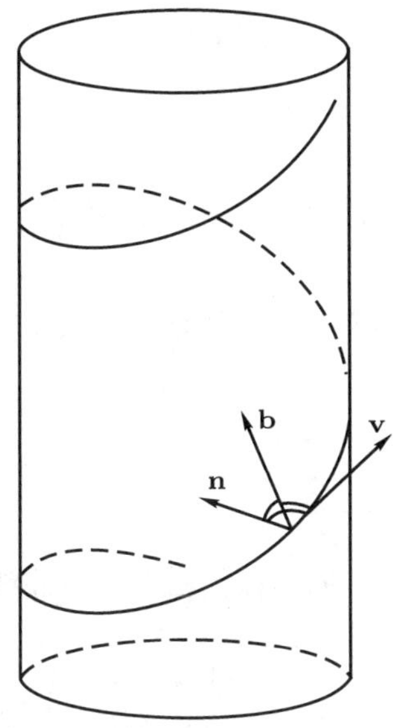

图 21 螺旋线的弗雷内标架

4.19. 设 Y, Z 是与向量 $\mathbf{y}, \mathbf{z}$ 作向量乘法的算子矩阵. 证明与向量 $\mathbf{y} \times \mathbf{z}$ 作向量乘法的算子矩阵等于 $[Y, Z] = YZ - ZY$.

4.20. 设正则空间曲线 $\mathbf{r}(s)$ 的曲率 k 在有限个点等于零. 假定在曲线上, 存在这样的光滑向量场 $\mathbf{n}^*(s)$, 使得在 $k \neq 0$ 的点它同 $\mathbf{n}(s)$ 或 $-\mathbf{n}(s)$ 重合, 这里 $\mathbf{n}(s)$ 是主法向量. 用公式 $\mathbf{b}^* = \mathbf{v} \times \mathbf{n}^*$ 定义 $\mathbf{b}^*(s)$, 再用公式 $\dot{\mathbf{v}} = k\mathbf{n}^*$, $\dot{\mathbf{b}}^* = -\varkappa\mathbf{n}^*$ (其中 $\mathbf{v} = \dot{\mathbf{r}}(s)$) 定义曲率 k 和挠率 $\varkappa$. 证明这时弗雷内公式在 $k = 0$ 的点也是成立的, 不过这时空间曲线的曲率的符号是交错的.

下列形式的方程之一称为平面曲线的自然方程:

1) $k = k(s)$,

2) $F(k, s) = 0$,

3) $k = k(t),\ s = s(t)$.

如果已知曲线的自然方程, 那么曲线的参数表示有形式

$$x = \int \cos\alpha(s)ds, \quad y = \int \sin\alpha(s)ds,$$

其中 $\alpha(s) = \int k(s)ds$.

4.21. 建立曲线的自然方程:

a) $x = a\cos^3 t,\ y = a\sin^3 t$; b) $y = x^{3/2}$;

c) $y = x^2$; d) $y = \ln x$;

e) $y = a\cosh\dfrac{x}{a}$; f) $y = e^x$;

g) $x = a\Big(\ln\tan\dfrac{t}{2} + \cos t\Big),\ y = a\sin t$;

h) $r = a(1+\cos\varphi)$;

i) $x = a(\cos t + t\sin t),\ y = a(\sin t - t\cos t)$;

j) $\mathbf{r}(t) = (a(t-\sin t), a(1-\cos t))$.

4.22. 已知曲线的自然方程, 求其参数方程 (以下 $R = 1/k$):

a) $R = as$; b) $\dfrac{s^2}{a^2} + \dfrac{R^2}{b^2} = 1$;

c) $Rs = a^2$; d) $R = a + \dfrac{s^2}{a}$;

e) $R^2 = 2as$.

4.23. 如果 s 是自然参数, 那么在什么条件下曲线有下列参数方程:

$$x = s, \quad y = y(s), \quad z = z(s)?$$

4.24. 考察往下凸的 "反转的" 旋轮线

$$x(t) = R(t+\pi+\sin t), \quad y(t) = R - R\cos t, \quad t \in [-\pi, \pi].$$

这里 $t = 0$ 对应旋轮线的最低点. 用 g 表示自由落体的加速度. 在旋轮线上放置一个质量为 m 的质点. 证明: 沿旋轮线运动的质点的摆动周期不依赖于其初始位置. 写出质点到最低点的距离所满足的微分方程.

4.25. 求平面曲线, 其切线同曲线的径向量构成常角 α.

4.26. 设 p 是径向量起点 O 到曲线 γ 在点 M 的切线的距离, 而 l 是从点 O 到点 M 的距离 (参见图 22). 证明:

$$k = \left|\frac{dp}{l\,dl}\right|.$$

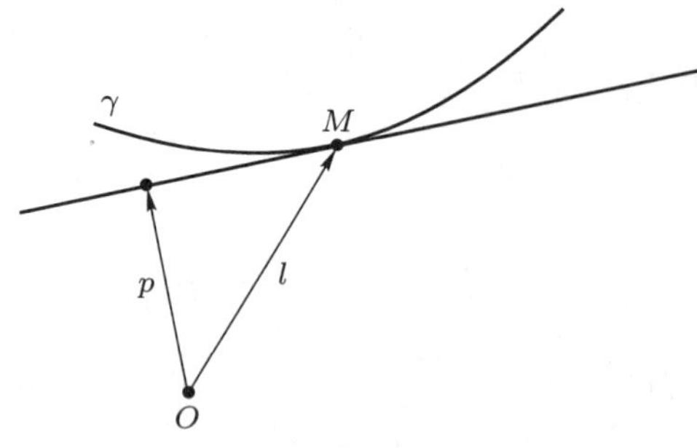

图 22

4.27. 设 γ 是光滑正则闭曲线. 证明:

$$\int_\gamma \mathbf{r}dk+\int_\gamma \varkappa\mathbf{b}ds=0.$$

4.28. 设平面光滑凸弧 L_1 与平面严格凸弧 L_2 相切, 并保持在它的凹的一侧. 证明在切点处, L_1 的曲率不小于 L_2 的曲率.

4.29. 设在曲线 $\mathbf{r}=\mathbf{r}(s)$ 的某个点 $\mathbf{r}_0=\mathbf{r}(s_0)$ 我们有: $k_0=k(s_0)\neq 0$, $\dot{k}(s_0)\neq 0$. 考察在给定曲线的这个点处的密切圆方程 $|\boldsymbol{\rho}-\mathbf{r}_0-R_0\mathbf{n}_0|=R_0$, $R_0=1/k_0$. 这里 $\boldsymbol{\rho}$ 是密切圆的点的径向量. 证明密切圆在给定点的邻域里穿越曲线, 即曲线的对应区间 $(s_0-\varepsilon,s_0)$ 的参数的小弧和对应区间 $(s_0,s_0+\varepsilon)$ 的参数的小弧, 位于密切圆的不同的侧 (参见图 23).

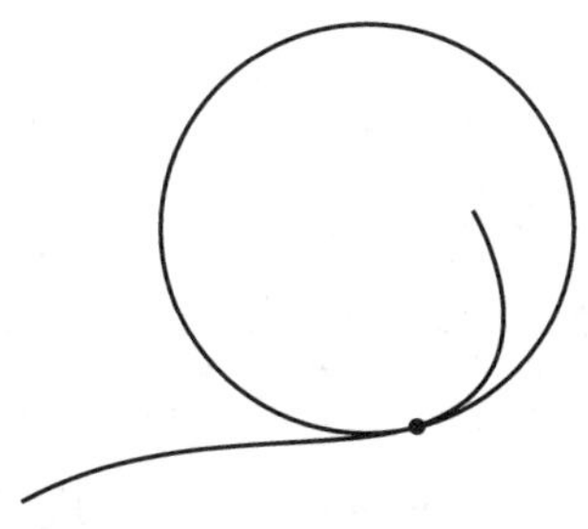

图 23 曲线和密切圆

说明 曲线和它的密切圆的切触的阶等于 3. 加在曲线上的条件保证在给定的点切触的阶刚好是 3, 而不会更高.

4.30. 曲线的某个点满足条件 $k_0\neq 0$, $\dot{k}_0=0$, $\ddot{k}_0\neq 0$. 证明在这个点的密切圆在这个点的充分小的邻域内不穿越曲线 (参见图 24).

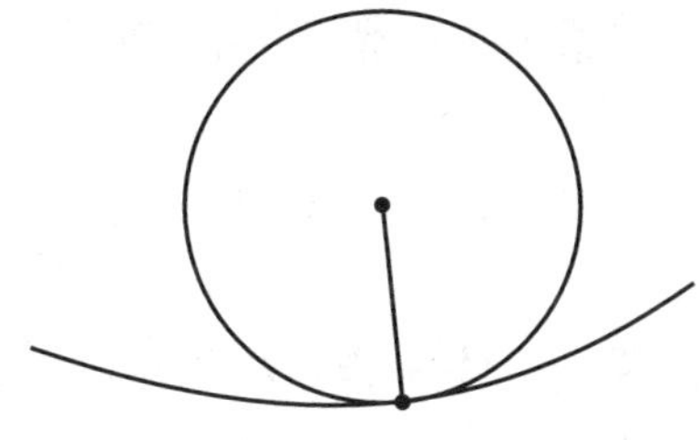

图 24 曲线和密切圆

4.31. 设 α 是常向量 $\mathbf{a}$ 和曲线的切向量之间的夹角 (参见图 25). 建立曲线的参数方程, 如果已经知道依赖关系:

a) $R = f(\alpha)$, 其中 R 是曲线的曲率半径;　　b) $\alpha = f(R)$;

c) $s = f(\alpha)$, 其中 s 是弧长;　　d) $\alpha = f(s)$.

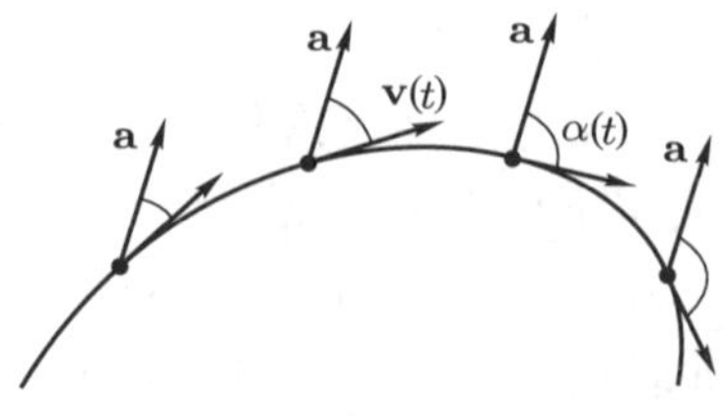

图 25

4.32. 球面被半径为其半径的一半并且通过球心的圆柱面截得的曲线称为维维亚尼曲线 (参见图 26).

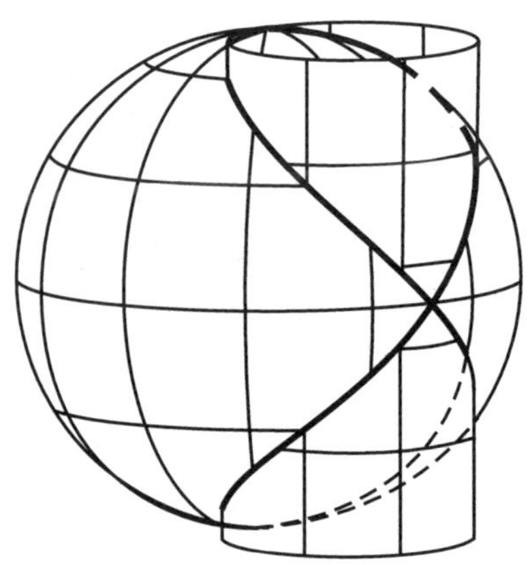

图 26　维维亚尼曲线

建立维维亚尼曲线的隐式方程和参数方程. 求切线、法平面、副法线、主法线、密切平面等的方程. 再求弗雷内标架、曲率和挠率.

4.33. 证明: 曲线

$$x^2 = 2az, \quad y^2 = 2bz$$

是平面曲线.

4.34. 证明: 如果在曲线 C 的某个点 M, 曲率和挠率异于零, 则曲线在其近于点 M 的部分分别位于密切平面的不同的侧.

4.35. 证明: 如果曲线的所有密切平面通过同一个点, 则曲线的每个双正则部分 (即在它的所有点 $k \neq 0$) 是平面曲线.

4.36. 用 $\mathbf{v}, \mathbf{n}, \mathbf{b}, k$ 和 $\varkappa$ 表示 $\dfrac{d}{ds}\mathbf{r}$, $\dfrac{d^2}{ds^2}\mathbf{r}$, $\dfrac{d^3}{ds^3}\mathbf{r}$.

4.37. 证明 $\left(\mathbf{v}, \mathbf{b}, \dfrac{d}{ds}\mathbf{b}\right) = \varkappa$, 其中 $(\cdot,\cdot,\cdot)$ 表示三个向量的混合积.

4.38. 计算 $\left(\dfrac{d}{ds}\mathbf{b}, \dfrac{d^2}{ds^2}\mathbf{b}, \dfrac{d^3}{ds^3}\mathbf{b}\right)$.

4.39. 证明 $\left(\dfrac{d}{ds}\mathbf{v}, \dfrac{d^2}{ds^2}\mathbf{v}, \dfrac{d^3}{ds^3}\mathbf{v}\right) = k^5\dfrac{d}{ds}\left(\dfrac{\varkappa}{k}\right)$.

4.40. 证明: 如果曲线的主法向量同向量 $\mathbf{e}$ 的方向构成常角, 则

$$\frac{d}{ds}\left(\frac{k^2+\varkappa^2}{k(d/ds)(\varkappa/k)}\right)+\varkappa=0;$$

反之, 如果上述关系满足, 则曲线的主法向量同某个向量构成定角. 求这个向量.

4.41. 证明: 如果曲线是双正则的 (即对于所有 s 有 $k(s)\neq 0$) 并且曲线的所有法平面包含向量 $\mathbf{e}$, 则给定的曲线是平面曲线.

4.42. 证明: 如果不是直线的曲线 γ 的所有密切平面包含同一个向量, 则曲线 (在曲线的任意双正则的连通部分) 是平面曲线.

4.43. a) 如果曲线正则, 并且 $k=0$, 则它是直线.

b) 证明: 如果 $\mathbf{b} =$ 常值, 则曲线是平面曲线. 写出这个平面的方程.

c) 证明: 如果在曲线的所有点 $k\neq 0$, 则当且仅当 $\varkappa$ 处处为零时, 曲线为平面曲线.

d) 举一个 $\varkappa\equiv 0$ 的非平面曲线的例子.

4.44. 证明: 如果曲线的密切平面有同样的倾斜 (即它们都垂直于某一个非零固定向量 $\mathbf{e}$), 则曲线是平面曲线.

4.45. 对于怎样的函数 $f(t)$, 曲线

a) $\mathbf{r}(t) = (e^t, 2e^{-t}, f(t))$;

b) $\mathbf{r}(t) = (a\cos t, a\sin t, f(t))$

是平面曲线?

4.46. 证明下列曲线是平面曲线, 并求它所在的平面:

a) $\mathbf{r}(t) = \left(\dfrac{1+t}{1-t}, \dfrac{1}{1-t^2}, \dfrac{1}{1+t}\right)$;

b) $\mathbf{r}(t) = (a_1t^2+b_1t+c_1,\ a_2t^2+b_2t+c_2,\ a_3t^2+b_3t+c_3)$.

4.47. 设 $\overline{s}$ 是曲线 $\mathbf{r}=\mathbf{r}(s)$ 的切向量球面像的长度 (参见图 27):

$$\overline{s}=\int_0^s|\mathbf{v}'(\sigma)|d\sigma.$$

a) 证明: $\dfrac{d\overline{s}}{ds}=k$.

b) 求切向量的球面像是正则曲线的充要条件.

c) 证明: 对于闭曲线, 成立不等式 $\displaystyle\int kds \geqslant 2\pi$.

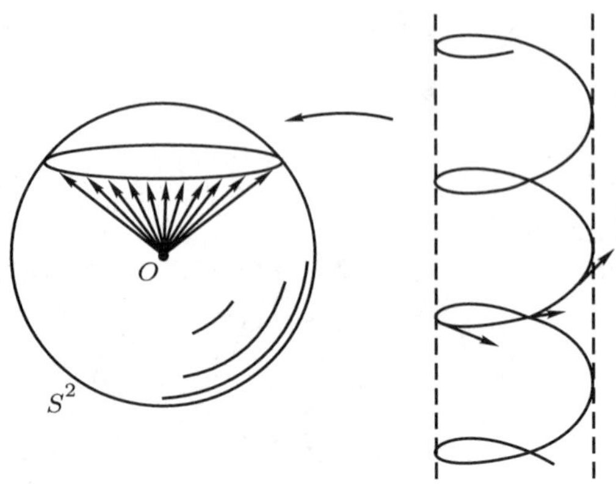

图 27　曲线的切向量的球面像

4.48. 设 s^* 是曲线 $\mathbf{r} = \mathbf{r}(s)$ 的法向量 (相应地, 副法向量) 球面像的长度. 证明:

$$\frac{ds^*}{ds} = \sqrt{k^2 + \varkappa^2} \quad (\text{相应地}, \ |\varkappa|).$$

球面曲线——这是这样的曲线 $\mathbf{r} = \mathbf{r}(t)$, 存在常向量 $\mathbf{m}$ 和实数 R 使得

$$\langle \mathbf{r}(t) - \mathbf{m}, \mathbf{r}(t) - \mathbf{m} \rangle = R^2.$$

4.49. 证明: 如果 $\mathbf{r}(s)$ 是用自然参数表示的曲线, $k \neq 0$, $\varkappa \neq 0$, 则当且仅当

$$\frac{\varkappa}{k} = \frac{d}{ds}\Big(\frac{dk/ds}{\varkappa k^2}\Big),$$

$\mathbf{r}(s)$ 是球面曲线.

4.50. 设非平面曲线 γ 有异于零的常曲率并且 $\varkappa \neq 0$. 考察它的曲率中心的集合 γ^*. 证明 γ^* 的曲率也是常数. 求 γ^* 的挠率.

设 $\mathbf{m}$ 是常向量, $\mathbf{r} = \mathbf{r}(s)$ 是某条曲线, $c(s) = |\mathbf{r}(s) - \mathbf{m}|^2$, 而 a 是某个正数. 称曲线 $\mathbf{r}(s)$ 在点 $s = s_0$ 有中心为 $\mathbf{m}$, 半径为 a 的 j 阶球面切触, 如果

$$c(s_0) = a^2, \quad c'(s_0) = c''(s_0) = \cdots = c^{(j)}(s_0) = 0, \quad c^{(j+1)}(s_0) \neq 0.$$

4.51. 如果 $k \neq 0$, 用 $\mathbf{v}, \mathbf{n}, \mathbf{b}, k, \varkappa$ 和它们的导数表示 (上面定义的) 函数 $c(s)$ 的前三阶导数.

4.52. 设 $\mathbf{r} = \mathbf{r}(s)$ 是用自然参数表示的曲线, $k \neq 0$, $\varkappa \neq 0$, $\rho = 1/k$, $\sigma = 1/\varkappa$. 假定 $\rho^2 + (\rho'\sigma)^2 = a^2 =$ 常数, $a > 0$. 证明曲线的像位于半径为 a 的球面上.

4.53. 证明: 曲线 $\mathbf{r}=\mathbf{r}(s)$ 在点 $s=s_0$ 有二阶或更高阶的球面切触, 当且仅当 $k(s_0)>0$, 并且球心的径向量由公式

$$\mathbf{m}=\mathbf{r}(s_0)+\frac{1}{k(s_0)}\mathbf{n}(s_0)+\lambda\mathbf{b}(s_0)$$

给定, 其中 λ 是任意数.

4.54. 设 $k(s_0)\neq 0$, $\varkappa(s_0)\neq 0$. 证明: 曲线 $\mathbf{r}=\mathbf{r}(s)$ 在点 $s=s_0$ 有三阶或更高阶的球面切触, 当且仅当球面的中心由公式

$$\mathbf{m}=\mathbf{r}(s_0)+\frac{1}{k(s_0)}\mathbf{n}(s_0)-\frac{k'(s_0)}{k^2(s_0)\,\varkappa(s_0)}\mathbf{b}(s_0)$$

给定, 而半径由下式给定:

$$R^*=\sqrt{\frac{1}{k^2}+\frac{(dk/ds)^2}{k^4\varkappa^2}}.$$

4.55. 证明: 球面上的任意闭曲线存在一个点, 在该点曲线的挠率等于 0.

4.56. 设光滑正则曲线在点 M 与某个圆周 Γ 相切, 其中心与曲率圆中心位于曲线弧的同一条法线上. 证明:

a) 如果在点 M 的邻域内曲线位于圆周 Γ 之外 (内), 则曲线的曲率半径不小 (大) 于圆周 Γ 的半径 R.

b) 如果曲线的曲率半径大 (小) 于 R, 则在 M 的某邻域内曲线在 Γ 外 (内).

c) 如果圆周 Γ 同曲率圆重合, 并且在点 M 曲率半径有局部极大值 (极小值), 则在 M 的邻域内曲线在圆周 Γ 之内 (外).

4.57. 设平面正则光滑简单闭曲线 L 处处有正曲率. 证明 L 整体是凸的. 在非负曲率的假设之下得到同样的断言.

4.58. 沿正则曲线运动的质点的速度的大小可以正比于从运动轨迹的起点算起的曲线长度吗?

§5. 黎曼度量

5.1. 计算下列曲面的第一基本形式:

a) $\mathbf{r}(u,v)=(a\cos u\cos v, a\sin u\cos v, a\sin v)$ (球面, 图 28);

b) $\mathbf{r}(u,v)=(a\cos u\cos v, b\sin u\cos v, c\sin v)$ (椭球面, 图 29);

c) $\mathbf{r}(u,v)=(av\cos u, bv\sin u, cv)$ (锥面, 图 30);

d) $\mathbf{r}(u,v)=(a\cos u, b\sin u, cv)$ (柱面, 图 31).

5.2. 计算下列曲面的第一基本形式 (这里 s 是曲线 $\boldsymbol{\rho}(s)$ 的自然参数):

a) $\mathbf{r}(s,\lambda)=\boldsymbol{\rho}(s)+\lambda\mathbf{e}$, $\mathbf{e}=$ 常数 (柱面, 图 32);

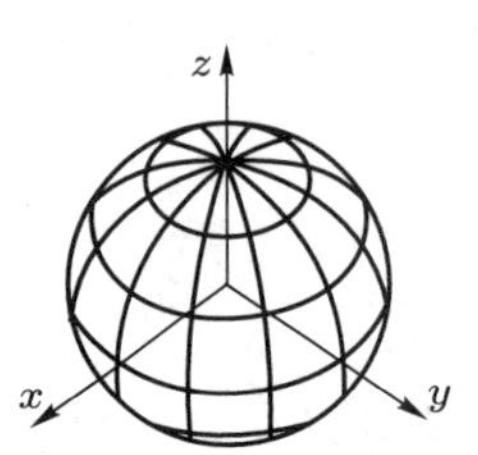

图 28 球面

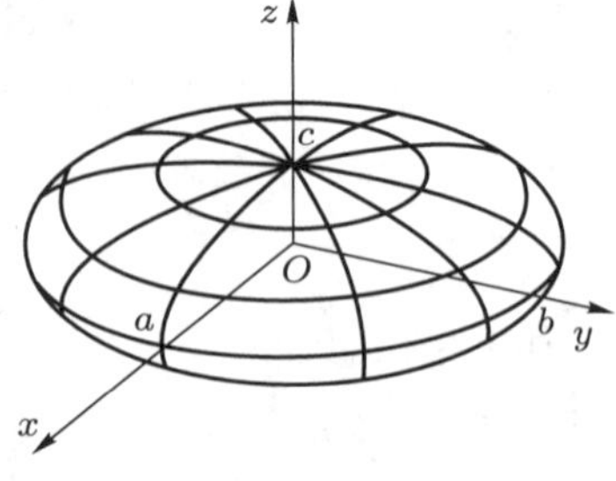

图 29 椭球面

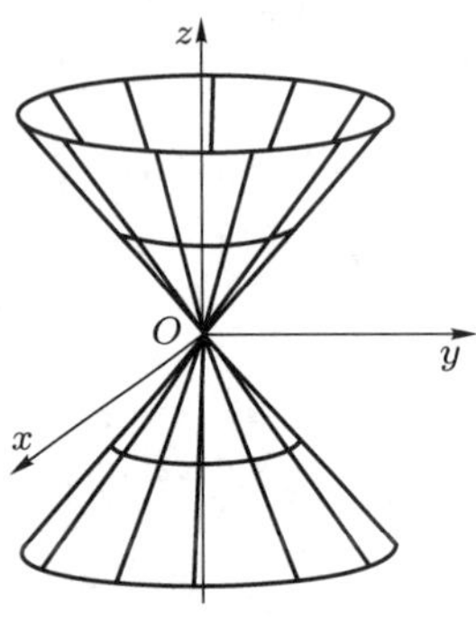

图 30 锥面

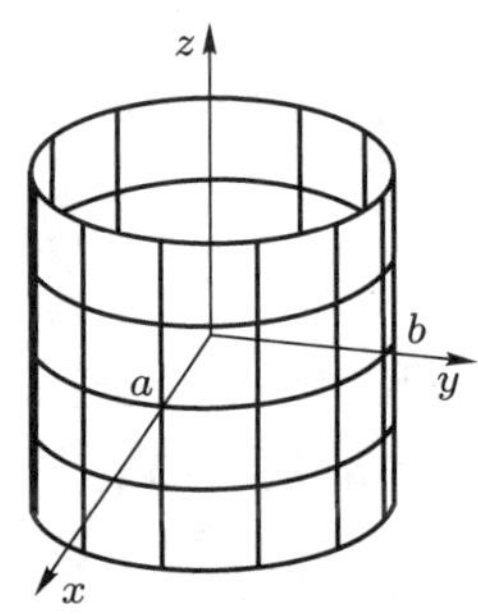

图 31 柱面

b) $\mathbf{r}(s,v)=v\boldsymbol{\rho}(s)$ (锥面);

c) $\mathbf{r}(s,\lambda)=\boldsymbol{\rho}(s)+\lambda\mathbf{e}(s)$ ($|\mathbf{e}(s)|=1$) (直纹面, 图 33);

d) $\mathbf{r}(s,\varphi)=\boldsymbol{\rho}(s)+\mathbf{n}(s)\cos\varphi+\mathbf{b}(s)\sin\varphi$ (管道曲面, 图 34);

e) $\mathbf{r}(u,v)=(\varphi(v)\cos u,\varphi(v)\sin u,\psi(v))$ (旋转曲面);

f) $\mathbf{r}(u,v)=((a+b\cos v)\cos u,(a+b\cos v)\sin u,b\sin v)$ (环面);

g) $\mathbf{r}(u,v)=(u\cos v,u\sin v,av)$ (正螺旋面);

h) $\mathbf{r}(s,\lambda)=\boldsymbol{\rho}(s)+\lambda\mathbf{n}(s)$ (主法线曲面);

i) $\mathbf{r}(s,\lambda)=\boldsymbol{\rho}(s)+\lambda\mathbf{b}(s)$ (副法线曲面);

j) $\mathbf{r}(z,\varphi)=\left(a\cosh\dfrac{z}{a}\cos\varphi,a\cosh\dfrac{z}{a}\sin\varphi,z\right)$ (悬链面, 图 35).

5.3. 求曲面

$$x=a\sin u\cos v,\quad y=a\sin u\sin v,\quad z=a\left(\ln\tan\frac{u}{2}+\cos u\right)$$

(贝尔特拉米伪球面) 的第一基本形式, 其中 $u\neq\pi/2$, $a=$ 常数 (参见图 36).

5.4. 求曲面 $x=u\cos v$, $y=u\sin v$, $z=u^2$ 上的曲线 $v=u+1$ 和 $v=3-u$ 之间的夹角.

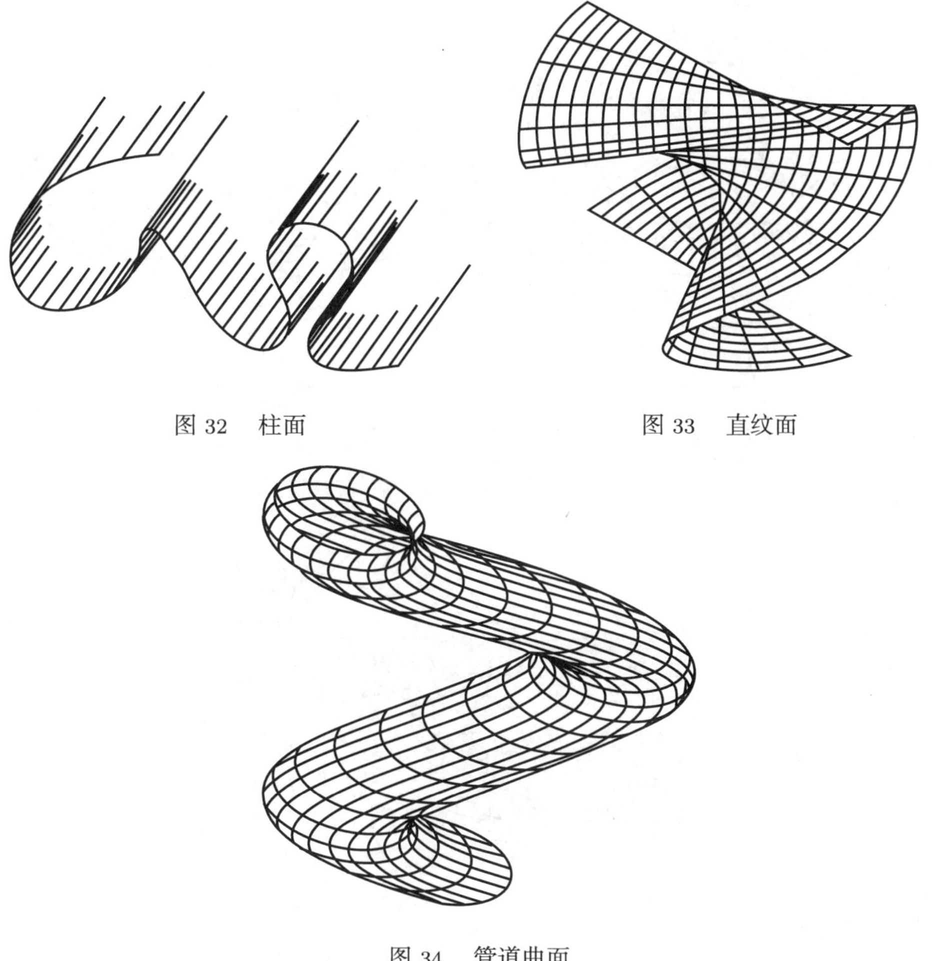

图 32 柱面　　图 33 直纹面

图 34 管道曲面

5.5. 在坐标为 (u, v) 的平面上给定度量 $ds^2 = du^2 + 2dv^2$. 求曲线 $v = 2u$ 和 $v = -2u$ 之间的夹角.

5.6. 在曲面 $(u\cos v, u\sin v, av)$ 上求相交曲线 (参见图 37)

$$u + v = 0, \quad u - v = 0$$

之间的夹角.

5.7. 在坐标为 (u, v) 的平面上, 如果度量由矩阵函数

$$G = \begin{pmatrix} 2 & 1 \\ 1 & 4 \end{pmatrix}$$

给定, 求曲线 $v = 2u + 1$ 和 $v = -2u + 1$ 之间的夹角.

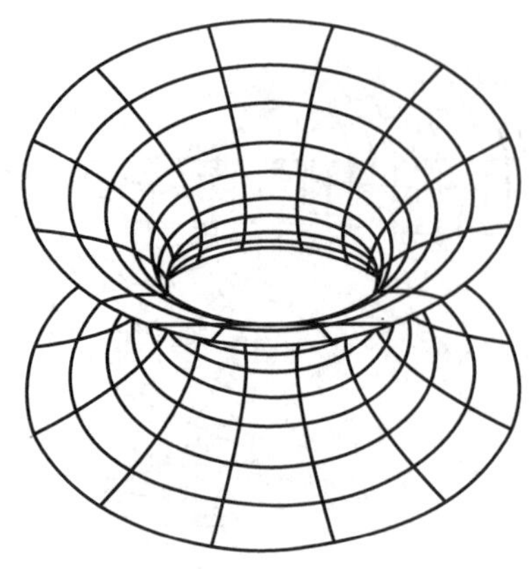

图 35 悬链面

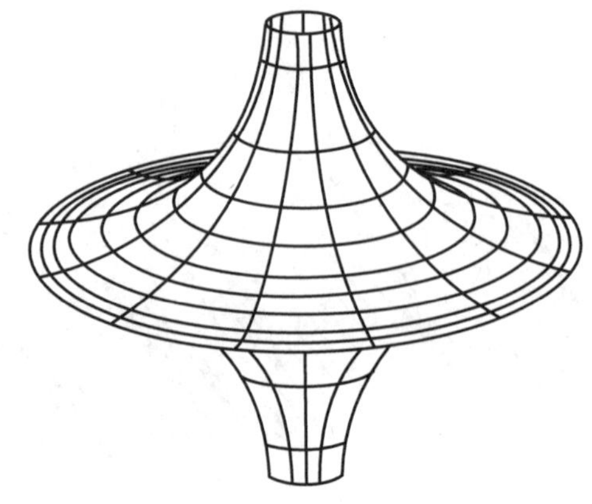

图 36 贝尔特拉米伪球面

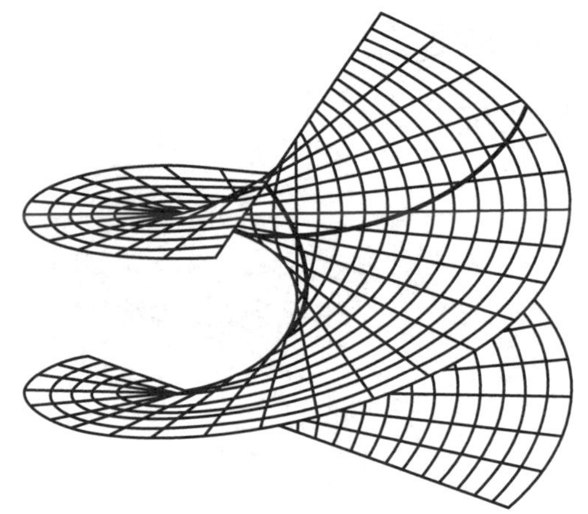

图 37 正螺旋面上的两条曲线

5.8. 验证在坐标为 (u,v) 的平面上, 矩阵值函数

$$G=\frac{R^2}{(1+u^2+v^2)^2}\begin{pmatrix}1+v^2 & -uv\\ -uv & 1+u^2\end{pmatrix}$$

给定一个度量. 求曲线 $u=v$ 的长度.

5.9. 验证矩阵值函数

$$G=\frac{R^2}{1-u^2-v^2}\begin{pmatrix}1-v^2 & uv\\ uv & 1-u^2\end{pmatrix}$$

在坐标为 (u,v) 的平面上的单位圆内给定一个度量.

a) 在这个度量下, 求曲线 $-1<u<1,\ v=0$ 的长度;

b) 在同一个度量下求曲线 S_α: $u^2+v^2=\alpha$ (α 为常数) 的长度. 求曲线 $v=ku$ 与曲线 S_α 相交成的角.

5.10. 验证矩阵值函数

$$G=\frac{R^2}{1-u^2-v^2}\begin{pmatrix}1-v^2 & -uv\\ -uv & 1-u^2\end{pmatrix}$$

在坐标为 (u,v) 的平面上的单位圆内给定一个度量.

在这个度量下求曲线 $-1<u<1,\ v=0$ 的长度;

5.11. 验证矩阵值函数

$$G=\frac{1}{(x^2+y^2)^4}\begin{pmatrix}4x^2+(x^2+y^2)^4 & 4xy\\ 4xy & 4y^2+(x^2+y^2)^4\end{pmatrix}$$

在坐标为 (x,y) 的平面上给定一个度量. 计算曲线 $x^2+y^2=\alpha$ 的长度, 这里 α 是某个固定的数. 计算这条曲线与曲线 $y=kx$ 相交所成的角.

5.12. 求正螺旋面

$$x=u\cos v,\quad y=u\sin v,\quad z=av$$

上的曲线 $u+2v=0$ 和 $4u-v=0$ 的交角.

5.13. 求曲面

$$x=u\Big(3v^2-u^2-\frac{1}{3}\Big),\quad y=v\Big(3u^2-v^2-\frac{1}{3}\Big),\quad z=2uv$$

上坐标曲线之间的夹角.

5.14. 求曲线的方程, 它平分旋转抛物面

$$x=u\cos v,\quad y=u\sin v,\quad z=\frac{1}{2}u^2$$

上的坐标曲线之间的夹角 (参见图 38, 39).

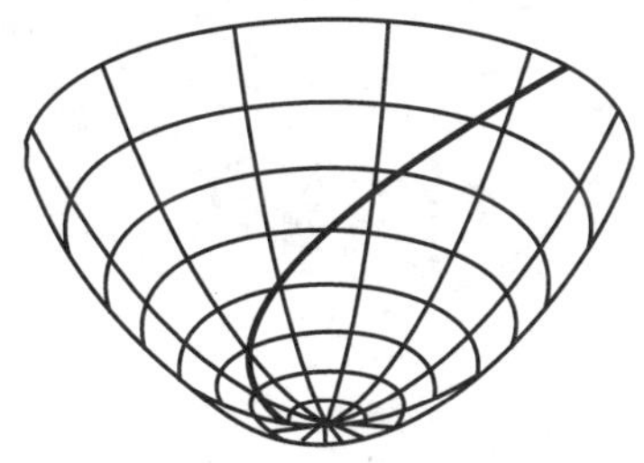

图 38

图 39 旋转抛物面上的曲线

5.15. 求曲面

$$x = u\cos v,\quad y = u\sin v,\quad z = a\ln\left(u + \sqrt{u^2 - a^2}\right)$$

上与曲线 $v=$ 常数相交成定角 θ 的曲线 (参见图 40).

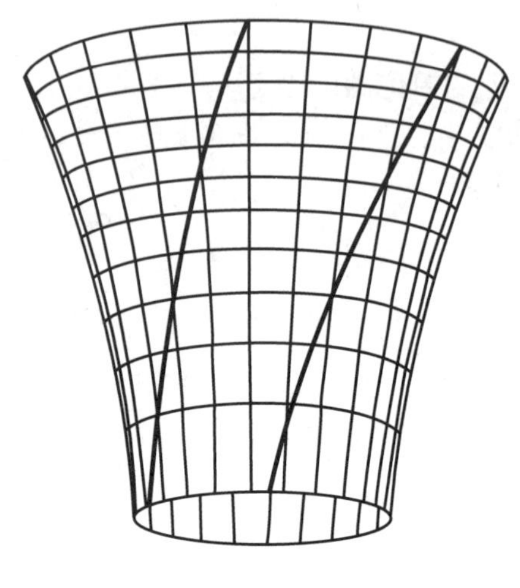

图 40　斜驶线

5.16. 求与双曲抛物面 $xy = az$ 的直母线相交成直角的曲线.

5.17. 位于球面上与所有经线相交成定角的曲线称为斜驶线 (参见图 41, 42). 建立斜驶线的方程. 求这条曲线在任意点的弗雷内标架的向量 $\mathbf{v}, \mathbf{n}, \mathbf{b}$, 计算它的曲率和挠率.

图 41　球面上的斜驶线

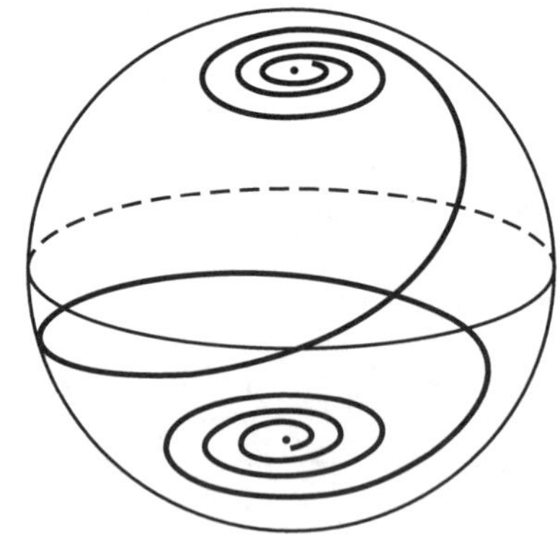

图 42　球面上的斜驶线

5.18. 在球面到平面的球极平面投影的极坐标中写出斜驶线方程.

5.19. 设曲面的第一基本形式有形式

$$ds^2 = du^2 + (u^2 + a^2)dv^2.$$

a) 求由相交曲线

$$u = \pm\frac{1}{2}av^2, \quad v = 1$$

构成的曲线三角形的周长;

b) 求这个曲线三角形的内角;

c) 计算由相交曲线

$$u = \pm av, \quad v = 1$$

构成的三角形的面积.

5.20. 给定曲面 $\mathbf{r}(u,v) = (u\sin v, u\cos v, v)$. 求:

a) 曲线三角形 $0 \leqslant u \leqslant \sinh v$, $0 \leqslant v \leqslant v_0$ (参见图 43) 的面积;

b) 这个三角形的边长;

c) 这个三角形的内角.

5.21. 球面二角形是由两个有公共端点的半大圆构成的图形 (参见图 44). 计算内角为 α 的球面二角形的面积.

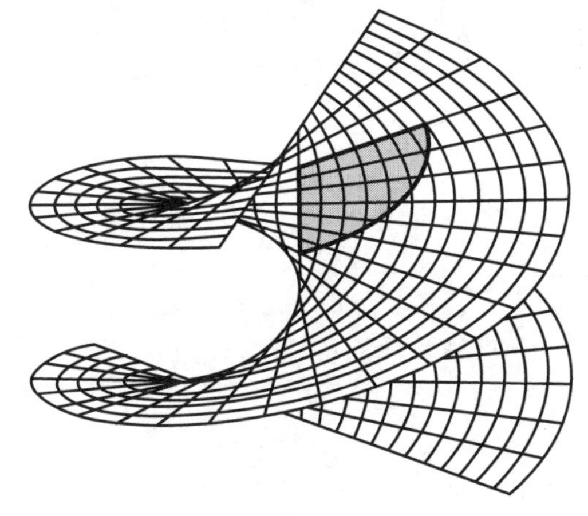

图 43　正螺旋面上的三角形

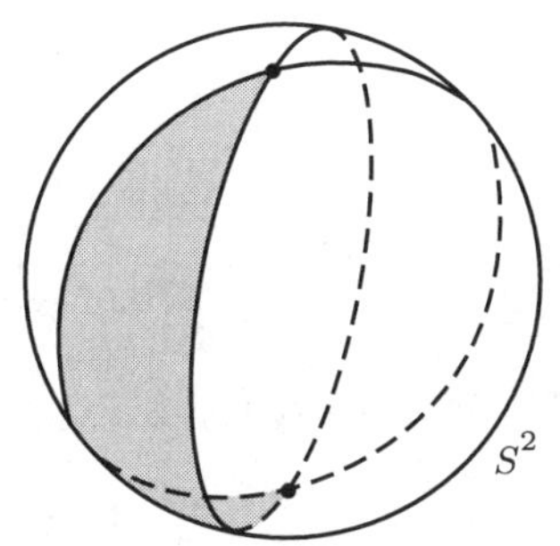

图 44　球面上的二角形

5.22. 圆周围绕它所在平面上的直线旋转得到环面. 圆周半径为 r, 圆心到直线的距离为 R, $R > r$. 求环面在诱导度量下的面积.

5.23. 证明: 共形并且保持面积的映射是局部等距的.

5.24. 在平面上固定一个点. 求平面的所有保持这个点不动的共形变换.

5.25. 求球面 S: $x^2+y^2+z^2=1$ 的变到自己、并保持其定向以及北极和南极不动的共形映射的一般形式.

5.26. 证明下列公式定义的双曲抛物面的形变保持面积:

$$\begin{cases} x=u, \\ y=v, \\ z=\dfrac{1}{2}(u^2-v^2) \end{cases} \mapsto \begin{cases} x=u, \\ y=v, \\ z=\dfrac{\sin t}{2}(u^2-v^2)+uv\cos t. \end{cases}$$

5.27. 证明: 局部等距于正螺旋面

$$\mathbf{r}(u,v)=(u\sin v, u\cos v, av)$$

的旋转曲面是悬链面.

说明　事实上, 更一般的事实成立: 在沿经线切开悬链面后, 得到的曲面像图 45 表明的那样变形为正螺旋面的部分.

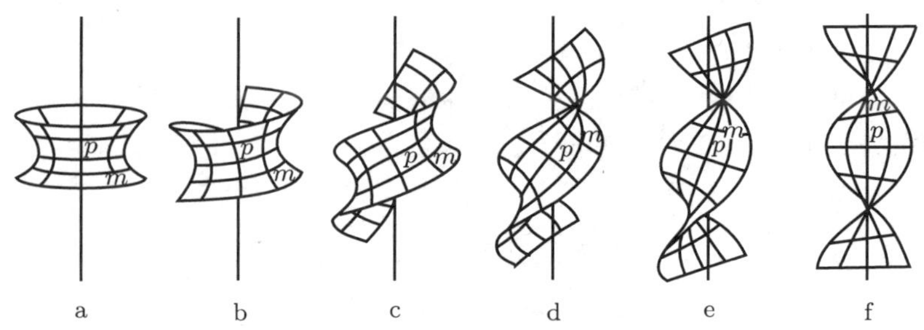

图 45　悬链面变形为正螺旋面

5.28. 证明: 螺旋曲面 (劈锥曲面)

$$x=\rho\cos v, \quad y=\rho\sin v, \quad z=\rho+v$$

可局部等距映射到旋转双曲面

$$x=r\cos\varphi, \quad y=r\sin\varphi, \quad z=\sqrt{r^2-1},$$

对应点由以下方程建立:

$$\varphi=v+\arctan\rho, \quad r^2=\rho^2+1.$$

5.29. 证明: 螺旋曲面

$$x=\rho\cos v, \quad y=\rho\sin\varphi, \quad z=a\left(\ln\frac{\rho}{a}+v\right)$$

局部等距映射到旋转曲面

$$x = r\cos\varphi, \quad y = r\sin\varphi, \quad z = a\sqrt{2}\ln(r + \sqrt{r^2 - a^2}).$$

5.30. 指出所有螺旋曲面

$$x = u\cos v, \quad y = u\sin v, \quad z = F(u) + av$$

可以局部等距映射到旋转曲面, 使得螺旋线的像是其纬线.

5.31. a) 证明: $\mathbb{R}^n$ 的任意等距映射 (即使是局部的) 由线性映射 $x \mapsto Ax + x_0$ 给定.

b) 在 a) 小题的条件下, 证明 A 是正交矩阵.

5.32. 证明: 任意柱面局部等距于平面.

5.33. 证明: 任意锥面局部等距于平面.

5.34. 是否存在由方程 $x^2 + y^2 = R^2$, $0 \leqslant z \leqslant H$ 给定的直圆柱面上的区域到凸锥面上任意一个区域的等距映射?

§6. 第二基本形式, 高斯曲率和平均曲率

在本书中, 主曲率的和称为平均曲率①.

6.1. 计算下列曲面的第二基本形式:

a) $\mathbf{r}(u,v) = (R\cos u\cos v, R\cos u\sin v, R\sin u)$ (球面);

b) $\mathbf{r}(u,v) = (a\cos u\cos v, a\cos u\sin v, c\sin u)$ (旋转椭球面);

c) $\mathbf{r}(u,v) = ((a + b\cos u)\cos v, (a + b\cos u)\sin v, b\sin v)$ (环面);

d) $\mathbf{r}(u,v) = \left(a\cosh\frac{u}{a}\cos v, a\cosh\frac{u}{a}\sin v, u\right)$ (悬链面);

e) $\mathbf{r}(u,v) = \left(a\sin u\cos v, a\sin u\sin v, a\left(\ln\tan\frac{u}{2} + \cos u\right)\right)$;

f) $\mathbf{r}(u,v) = (u\cos v, u\sin v, av)$ (正螺旋面);

g) $xyz = a^3$.

6.2. 证明: 在平面的任意参数表示下, 它的第二基本形式等于零.

6.3. 证明: 在球面的任意参数表示下, 它的第一基本形式正比于其第二基本形式.

6.4. 给定旋转曲面

$$\mathbf{r}(u,\varphi) = (x(u), \rho(u)\cos\varphi, \rho(u)\sin\varphi).$$

a) 求第二基本形式;

①有些书中平均曲率的定义是这里定义的平均曲率的二分之一. ——译者注

b) 求在曲面的任意点的高斯曲率 K. 说明 K 的符号对于经线凸向的依赖关系.

c) 计算在

$$\rho(u)=u, \quad x(u)=\pm\Big(a\ln\frac{a+\sqrt{a^2-u^2}}{u}-\sqrt{a^2-u^2}\Big), \quad a>0$$

这个特殊情形 (伪球面) 下的高斯曲率 K. 这个曲面也称为贝尔特拉米曲面.

证明: 贝尔特拉米曲面局部等距于罗巴切夫斯基平面.

d) 求在旋转曲面的任意点的平均曲率 H.

e) 在 $x(u)=u$ 这一特殊情形下, 选择函数 $\rho=\rho(u)$, 使得在整个曲面上 $H=0$.

f) 不计算其第二基本形式而求旋转曲面的主曲率.

6.5. 证明: 在抛物线围绕其准线旋转得到的曲面上, 主曲率之比是常值.

6.6. 证明: 高斯曲率和平均曲率恒等于零的曲面是平面或平面的一部分.

6.7. 给定带自然参数的曲线 $\boldsymbol{\rho}=\boldsymbol{\rho}(s)$, 其曲率 $k=k(s)\neq 0$ 和挠率 $\varkappa=\varkappa(s)\neq 0$. 设 $\mathbf{v}=\mathbf{v}(s)$ 是此曲线的单位切向量. 对于由给定曲线的切线构成的曲面, 即

$$\mathbf{r}(s,u)=\boldsymbol{\rho}(s)+u\mathbf{v}(s), \quad u>0,$$

求曲率 K 和 H.

6.8. 求以下曲面的高斯曲率和平均曲率:

a) $z=f(x,y)$; b) $z=f(\sqrt{x^2+y^2})$.

6.9. 求由方程 $F(x,y,z)=0$ 给定的曲面的高斯曲率和平均曲率.

6.10. 说明曲面

$$\mathbf{r}(u,v)=\big(\sqrt{u^2+a^2}\cos v, \sqrt{u^2+a^2}\sin v, a\ln\big(u+\sqrt{u^2+a^2}\big)\big)$$

是悬链面. 求它的第二基本形式.

6.11. 求曲面 $y=x\tan\dfrac{z}{a}$ 的主曲率半径.

6.12. 求以下曲面的主曲率半径:

$$x=\cos v-u\sin v, \quad y=\sin v+u\cos v, \quad z=u+v.$$

6.13. 计算如下螺旋曲面的高斯曲率和平均曲率:

$$x=u\cos v, \quad y=u\sin v, \quad z=u+v.$$

6.14. 计算如下曲面的高斯曲率和平均曲率:

$$x=3u+3uv^2-u^3, \quad y=v^3-3v-3u^2v, \quad z=3(u^2-v^2).$$

6.15. 求主曲率和主方向:

a) 正螺旋面 $(u\cos v,\ u\sin v,\ kv)$;

b) 悬链面 $\left(a\cosh\dfrac{u}{a}\cos v, a\cosh\dfrac{u}{a}\sin v, u\right)$;

c) 曲面 $z=xy$, 在点 $(1,1,1)$.

6.16. 对于曲面 (u^2+v^2,u^2-v^2,uv) 在点 P: $(u,v)=(1,1)$ 计算主曲率. 求在点 P 的沿曲线 $u=v^2$ 的法截线的曲率.

6.17. 设 $\mathbb{R}^3$ 中的曲面由函数 $\mathbf{r}(u,v)$ 给定. 考察表达式 $d\mathbf{n}^2=\langle d\mathbf{n},d\mathbf{n}\rangle$, 其中 $\mathbf{n}(u,v)$ 是曲面的单位法向量. 验证这个表达式是微分 du,dv 的二次型. 这个二次型称为曲面的 *第三基本形式*. 用第一和第二基本形式以及高斯曲率和平均曲率表示它.

6.18. 证明极小曲面的球面映射是共形的, 并且, 反之, 如果某个光滑正则球面映射是共形的, 则这个曲面或是极小曲面, 或是球面 (球面的一部分).

6.19. 证明: 在直纹面上, 或者处处 $K=0$, 或者处处 $K<0$. 此外, 证明: 在直纹面上 $K=0$, 当且仅当曲面是可展的.

6.20. 证明: 在不可展直纹面上, 当点沿母线趋于无穷远时曲面的高斯曲率趋于零.

6.21. 指出, 正螺旋面 (习题 6.1 f)) 的平均曲率等于零.

6.22. 设 S 是某个给定的曲面. 沿曲面 S 的法线同一侧取定长线段, 这些线段的端点描绘出一个曲面 S^*, 即曲面 S 的 "平行" 曲面 (参见图 46). 假定曲面 S 以形式 $\mathbf{r}=\mathbf{r}(u,v)$ 给定, 那么曲面 S^* 由形式

$$\boldsymbol{\rho}=\mathbf{r}(u,v)+a\mathbf{n}(u,v)$$

给定, 其中 $\mathbf{n}(u,v)$ 是 S 的单位法向量.

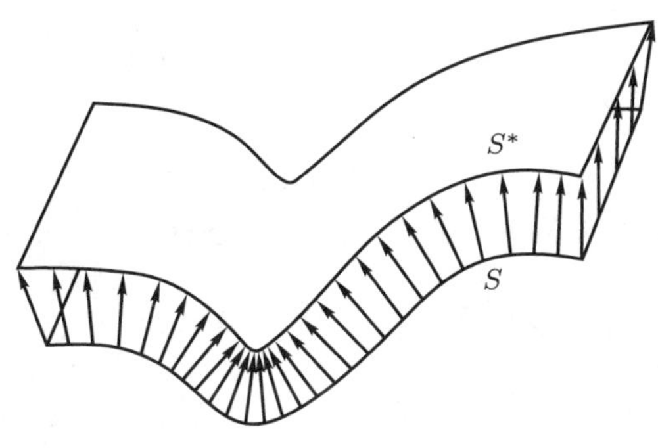

图 46 平行曲面

用曲面 S 的第一和第二基本形式表示曲面 S^* 的第一和第二基本形式. 证明两个曲面的平行性是相互的.

6.23. 对于线段的怎样的长度, 给定曲面的平行曲面是正则的?

6.24. 用曲面 S 的高斯曲率 K 和平均曲率 H 表示其 "平行曲面" S^* 的高斯曲率 K^*.

6.25. 用曲面 S 的高斯曲率 K 和平均曲率 H 表示其 "平行曲面" S^* 的平均曲率 H^*.

6.26. a) 证明: 平行的曲面的高斯曲率和平均曲率由下列关系联系:

$$\frac{H^2 - 4K}{K^2} = \frac{H^{*2} - 4K^*}{K^{*2}}.$$

b) 假定对于曲面 S, 比值 $H/K =$ 常数, 建立曲面 S 的 "平行曲面" S^* 作为极小曲面所满足的方程.

c) 给定有常平均曲率 H 的曲面. 在它的所有法线上放置长度为 $1/H$ 的线段. 证明: 用这种方式构造的 "平行于" 给定曲面的曲面的高斯曲率是常数.

d) 在有正的常高斯曲率的曲面的法线上放置长度为 $1/\sqrt{K}$ 的线段. 证明用这种方式构造的曲面的平均曲率是常数. 计算这个平均曲率.

6.27. 证明: 在平行曲面上的沿法线相互对应的点同时是脐点或不是脐点.

6.28. 证明: 如果闭曲面有非零常平均曲率和正高斯曲率, 则它是球面.

6.29. 证明: $H^2 \geqslant 4K$. 什么时候等式成立?

6.30. 设 $\mathbf{e}_1, \mathbf{e}_2$ 是曲面的某个点的正交单位长度的切向量. 证明

$$H = \mathbf{II}(e_1, e_1) + \mathbf{II}(e_2, e_2),$$

其中 $\mathbf{II}(\cdot,\cdot)$ 是曲面的第二基本形式.

6.31. 在曲面 $z = x^2$ 上求在点 $(2,2,4)$ 沿曲线 $y = x^2/2,\ z = x^2$ 的方向的法截线的曲率.

6.32. 在曲面 $z = 2x^2 + 9y^2$ 上求在坐标原点沿与 Ox 轴形成 $\pi/4$ 角的向量的方向的法截线的曲率.

6.33. 假定两个曲面 M_1 和 M_2 沿曲线 γ 相交. 设 k 是 γ 的曲率, λ_i 是 γ 在 M_i 上的法曲率, 而 θ 是 M_1 和 M_2 的法向量的夹角. 证明:

$$k^2 \sin^2\theta = \lambda_1^2 + \lambda_2^2 - 2\lambda_1\lambda_2\cos\theta.$$

6.34. 从椭圆可以投影成圆周这个事实出发, 借助默尼耶 (Meusnier) 定理和欧拉 (Euler) 公式求椭圆在它的顶点的曲率.

6.35. 证明: 在有正高斯曲率的曲面上的曲线的曲率无处为零.

6.36. 证明: 曲面上的点是圆点的充要条件是 $K \neq 0,\ 4K = H^2$.

6.37. 确定环面, 椭球面, 双曲面, 旋转抛物面的点的类型.

6.38. 确定下列曲面上的点的类型:

a) $z = a^2x^4 + b^2y^4$; b) $z = x^4 + y^4 + x^2y^2$; c) $y = x^4$.

6.39. 证明: 如果 $\mathbb{R}^3$ 中的曲面 $\mathbf{r}(u, v)$ 的度量表示成等温坐标, 即 $ds^2 = \Lambda^2(du^2 + dv^2)$, 则 $\Delta\mathbf{r} = -H\Lambda^2\mathbf{n}$, 这里 $\mathbf{n}$ 是曲面的单位法向量, 而 H 是曲面的平均曲率.

6.40. 证明: 如果 $\mathbb{R}^3$ 中的曲面是极小曲面, 则它的径向量对于等温坐标是调和函数.

6.41. 证明: 如果两个曲面的高斯曲率是常数并且相等, 那么它们局部等距.

6.42. 指出, 存在解析地微分同胚的解析曲面, 它们不等距, 但是在对应点的高斯曲率却相等. 换句话说, 两个曲面在对应点处高斯曲率相等甚至对它们局部等距都不是充分的.

6.43. 求光滑且正则的连通的旋转曲面, 它在关于坐标原点的中心对称变换下变到自己, 并且其高斯曲率是常数, $K = -1$.

在习题 6.44, 6.45, 6.47 中, 用 $g_{ij}dx^idx^j$ 表示曲面的第一基本形式, 而 $b_{ij}dx^idx^j$ 表示第二基本形式. 此外, (g^{ij}) 是矩阵 (g_{ij}) 的逆矩阵. 上下都出现的指标表示求和.

6.44. 满足条件 $g^{kl}b_{ik} = \delta_i^l$ 的曲面是什么曲面?

6.45. a) 证明: 第三基本形式的系数等于 $b_{ik}b_{jl}g^{kl}$.

b) 证明: $g^{ij}\gamma_{ij} = H^2 - 2K$, 其中 H 是曲面的平均曲率, K 是其高斯曲率, 而 γ_{ij} 是曲面的第三基本形式的系数.

6.46. 第一和第三基本形式成比例的曲面是什么曲面?

6.47. 证明曲面的平均曲率由公式 $H = g^{ij}b_{ij}$ 确定.

6.48. 设 $k_1, \ldots, k_m$ 是曲面在分割平面成角 $2\pi/m$ 的方向上的法曲率. 证明: $k_1 + \cdots + k_m = mH/2$.

6.49. 证明: 如果光滑正则曲面是由三族不同的直母线构成的, 则它是平面或平面上的一个区域.

6.50. 证明: 如果曲面是由两族不同的直母线构成的, 则它是二次曲面.

6.51. a) 证明: 如果在脐点的高斯曲率是零, 则它必定是平点.

b) 证明: 在负高斯曲率的曲面上没有脐点.

6.52. 证明: 曲面的平均曲率可以看做所有法曲率的积分平均, 即

$$H = \frac{1}{\pi}\int_0^{2\pi} k(\varphi)d\varphi,$$

其中 $k(\varphi)$ 是从一个主法向算起的方向 φ 的法曲率.

§7. 流形

7.1. 证明: $\mathbb{R}^{n+1}$ 中由方程 $x_0^2+x_1^2+\cdots+x_n^2=1$ 给定的 n 维球面 S^n 是光滑流形.

a) 构造图册, 图卡.

b) 构造图卡最少的图册.

c) 构造图卡最少的图册, 要求每个图卡同胚于圆盘.

d) 构造图卡最少的图册, 要求每个图卡同胚于圆盘, 而且任意个数的图卡的所有可能的非空交集同胚于圆盘.

7.2. 证明 2 维环面 T^2 是光滑流形, T^2 由位于平面 Oxz 上的和轴 Oz 不相交的圆周绕轴 Oz 旋转得到.

a) 构造图册, 图卡.

b) 构造图卡最少的图册.

c) 构造图卡最少的图册, 要求每个图卡同胚于圆盘.

d) 构造图卡最少的图册, 要求每个图卡同胚于圆盘, 而且任意个数的图卡的所有可能的非空交集同胚于圆盘.

7.3. 证明: n 维射影空间 $\mathbb{R}P^n$ 是光滑的 (和实解析的) 流形.

7.4. 证明: n 维复射影空间 $\mathbb{C}P^n$ 是光滑的 (和复解析的) 流形.

7.5. 证明:

a) 连续函数 $x_{n+1}=f(x_1,\ldots,x_n)$ 的图是光滑流形.

b) 光滑函数 $x_{n+1}=f(x_1,\ldots,x_n)$ 的图是 $\mathbb{R}^{n+1}$ 中的光滑子流形.

c) 举出连续函数 $x_{n+1}=f(x_1,\ldots,x_n)$ 的例子, 它的图不是 $\mathbb{R}^{n+1}$ 中的光滑子流形.

7.6. 在 $\mathbb{R}^2$ 的所有直线的集合上引入光滑流形结构. 证明: 这样得到的流形同胚于默比乌斯带.

7.7. 建立 S^2 和 $\mathbb{C}P^1$ 之间的微分同胚.

7.8. 证明: 公式

$$y^k=\frac{x^k}{\sqrt{\varepsilon^2-(x^1)^2-\cdots-(x^n)^2}},\quad k=1,\ldots,n,$$

$$x^k=\frac{y^k}{\sqrt{\varepsilon^2+(y^1)^2-\cdots-(y^n)^2}},\quad k=1,\ldots,n,$$

给出 $\mathbb{R}^n$ 和半径为 ε, 中心为空间 $\mathbb{R}^n$ 的坐标原点的球的互逆微分同胚.

7.9. 证明: 球面在切平面上以切点所对的球面的点为极点的球极平面投影, 除去投影的极点, 处处是微分同胚.

7.10. 证明: 光滑映射的复合的雅可比矩阵是其因子映射的矩阵的乘积.

7.11. 证明: 雅可比矩阵的秩不依赖于局部坐标系的选取.

7.12. 计算下列映射的雅可比矩阵的秩:

$$f\colon \mathbb{R}^2 \to \mathbb{R}^2, \quad f(x,y) = (x,0).$$

7.13. 证明: 从函数在某个图卡的光滑性可以推断出它在任意坐标系中的光滑性.

7.14. 设环面 $T^2 \subset \mathbb{R}^3$ 由圆周绕轴的旋转生成 (标准嵌入). 证明: 坐标 x, y, z 是环面 T^2 上的光滑函数.

7.15. 设 $T^2 \subset \mathbb{R}^3$ 标准嵌入到 $\mathbb{R}^3$ 中, 函数 $f\colon T^2 \to S^2$ 令每个点 $p \in T^2$ 对应 T^2 在点 p 的单位法向量. 用坐标写出映射 f. 证明 f 是光滑映射.

7.16. 映射 $f\colon S^2 \to \mathbb{R}P^2$ 令球面 S^2 上的点 p 对应经过坐标原点和点 p 的直线. 证明: f 是光滑映射. 用坐标写出映射 f.

7.17. 考察坐标为 (z,w) 的 $\mathbb{R}^4 = \mathbb{C}^2$. 设 M^2 是三维球面 $|z|^2 + |w|^2 = 1$ 和圆锥面 $|z| = |w|$ 的交集.

a) 证明: M^2 微分同胚于环面 T^2.

b) 证明: M^2 上的诱导度量局部是欧几里得度量.

c) 证明: 由不等式 $|z| \leqslant |w|$ 或 $|z| \geqslant |w|$ 分割成的三维球面 $|z|^2 + |w|^2 = 1$ 的每一部分微分同胚于实心环, 即 $S^1 \times D^2$.

7.18. 在 $\mathbb{R}^5$ 中考察由公式

$$x_1 = \frac{xy}{\sqrt{3}}, \quad x_2 = \frac{yz}{\sqrt{3}}, \quad x_3 = \frac{xz}{\sqrt{3}}, \quad x_4 = \frac{x^2 - y^2}{2\sqrt{3}}, \quad x_5 = \frac{x^2 + y^2 - 2z^2}{6}$$

给出的二维曲面, 其中 $x^2 + y^2 + z^2 = 1$. 它称为 韦罗内塞 (Veronese) 曲面. 证明: 韦罗内塞曲面是 $\mathbb{R}P^2$ 到 $\mathbb{R}^5$ 的光滑嵌入.

7.19. 证明: 群 $SO(2)$ 微分同胚于圆周. 什么样的流形微分同胚于 $O(2)$?

7.20. 证明: 群 $SO(3)$ 同胚于射影空间 $\mathbb{R}P^3$. 构造微分同胚.

7.21. 证明: $SO(3)$ 是所有三阶方阵的空间 $\mathbb{R}^9$ 的光滑子流形.

7.22. 证明: $\{(x_1, \ldots, x_n) \in \mathbb{C}^n\colon \sum x_i^2 = 0, \sum |x_i|^2 = 2\}$ 是单位半径的球面上的单位切向量的集合.

7.23. 证明: S^2 的单位切向量的集合同胚于 $SO(3)$. 构造微分同胚.

7.24. 把 $SO(3)$ 看做满足条件

$$\begin{vmatrix} a_{11}+1 & a_{12} & a_{13} \\ a_{21} & a_{22}+1 & a_{23} \\ a_{31} & a_{32} & a_{33}+1 \end{vmatrix} = 0$$

的矩阵 $A = (a_{ij})$ 的子集. 证明这个子集微分同胚于 $\mathbb{R}P^2$.

7.25. 证明: 方程 $x_1^2+x_2^2+x_3^2=0$ 在 $\mathbb{C}P^2$ 中给出微分同胚于 S^2 的子流形.

7.26. 证明: 群 $SU(2)$ 微分同胚于球面 S^3.

7.27. 证明: 群 $GL(n,\mathbb{R})$, $GL(n,\mathbb{C})$ 是光滑流形.

7.28. 群 $O(n)$ 可以看做 $\mathbb{R}^{n^2}$ 的子空间. 证明 $O(n)$ 位于半径为 $\sqrt{n}$ 的球面 S^{n^2-1} 上.

7.29. 考察 "复圆周" $X=\{(z_1,z_2)\in\mathbb{C}^2\colon\ z_1^2+z_2^2=1\}$. 证明空间 X 同胚于无界柱面.

7.30. 求群 $SO(3)$ 在点

$$\frac{1}{2}\begin{pmatrix}\sqrt{3} & 1 & 0\\ -1 & \sqrt{3} & 0\\ 0 & 0 & 2\end{pmatrix}$$

的切空间.

7.31. 求球面 $x^2+y^2+z^2=1$ 在点 $(-1/\sqrt{2},1/\sqrt{2},0)$ 的切向量 $(\sqrt{2},\sqrt{2},2)$ 的坐标:

a) 在球面坐标中;

b) 在球极平面投影的坐标中.

7.32. 求位于平面

$$x+2y-3z=0$$

上的单位球面的大圆的任意切向量的坐标:

a) 在球面坐标中;

b) 在球极平面投影的坐标中.

7.33. 对于带仿射图卡的投影平面 $\mathbb{R}P^2$, 求曲线 $\mathbf{r}(t)=(\cos t:\sin t:t)$ 当 $t=\pi/4$ 时的速度向量的坐标.

7.34. 证明: $\mathbb{R}^2$ 中的两个坐标轴的并集不是流形.

7.35. 平面上的下列曲线是光滑流形吗?

a) 三角形;

b) 有一个顶点作为唯一的公共点的两个三角形.

7.36. $\mathbb{R}^2$ 中的正方形边界和 8 字形是否是光滑子流形?

7.37. a) 证明: 当 $n\neq m$ 时 $\mathbb{R}^n$ 和 $\mathbb{R}^m$ 不微分同胚.

b) 证明: 不同维的光滑流形不微分同胚.

7.38. 举出光滑同胚不是微分同胚的例子.

7.39. 举出非豪斯多夫流形的例子.

对于流形上的两个光滑结构 (两个光滑图册), 如果其中一个图册的每一个图卡与另一个图册中的所有图卡相容, 并且反之亦然, 则称这两个光滑结构 (两个光滑图册) 是相容的.

7.40. 举出带两个不相容的光滑结构的流形的例子.

7.41. 证明: 流形上的两个光滑结构相容, 当且仅当对于这些光滑结构的光滑函数的空间重合.

7.42. 考察 $\mathbb{R}^1$ 上的下列映射 $\varphi_k\colon \mathbb{R}^1 \to \mathbb{R}^1$, $\varphi_k(x) = x^{2k-1}$, 其中 k 是正整数. 证明: 每个 k 都给出 $\mathbb{R}^1$ 上的定义域同整个 $\mathbb{R}^1$ 重合的图卡. 证明这些图卡两两不相容. 特别地, 这意味着, 由图卡 φ_k 给定的图册 A_k, 当 $l \neq k$ 时, 与图册 A_l 不相容. 似乎由此导出在 $\mathbb{R}^1$ 上存在两两不等价的光滑结构的无穷集合. 其实并非如此, 证明: 所有流形 $(\mathbb{R}^1, A_k)$ 两两微分同胚.

7.43. 证明: 任意光滑流形有这样的图册, 其每个图卡同胚于欧几里得空间.

7.44. 指出, 在平面 $\mathbb{R}^2$ 上, 可以引进光滑二维流形结构, 使得集合 $y = x^2$ 不是光滑一维子流形.

7.45. 证明: 光滑流形的乘积是光滑流形, 并且投影是光滑正则映射.

7.46. 证明: n 维复流形是 $2n$ 维的光滑实可定向流形.

7.47. 证明: 光滑流形 M^n 的边界是光滑的 $n-1$ 维流形. 同时, 可以取流形的图卡在其边界上的限制构成流形的边界的图册. 证明: 边界是可定向流形, 这不依赖于 M^n 是否可定向.

7.48. 证明: 圆周, 二维球面, 环面是可定向流形.

7.49. 检验下列流形是否可定向: a) 球面 S^n; b) 环面 T^n.

7.50. 证明: 默比乌斯带, 射影平面, 克莱因瓶是不可定向的流形.

7.51. 构造默比乌斯带到三维欧几里得空间的这样的浸入, 它的边界圆周标准地嵌入二维欧几里得空间.

7.52. 证明: 当且仅当自身不含默比乌斯带时二维流形是可定向的.

7.53. 证明: 默比乌斯带不同胚于线段和圆周的直积.

7.54. 证明: 当且仅当两个流形是可定向的时, 其乘积是可定向的.

7.55. 证明任意光滑流形上的黎曼度量的存在性定理: a) 借助单位分解; b) 借助惠特尼 (Whitney) 定理.

7.56. 设 $i\colon N \to M$ 是浸入, 而 g 是 M 上的黎曼度量. 证明: i^*g 是 N 上的黎曼度量. 为什么不是对于任意的光滑映射 i 相应的断言都成立?

7.57. a) 证明: 两个指环面像图 47 那样粘合构成的曲面同胚于去掉一个圆盘的环面.

b) 证明: 两个默比乌斯带像图 48 那样粘合构成的曲面同胚于带洞的默比乌斯带, 或带两个洞的射影平面.

c) 证明: 图 49 中的曲面同胚于有洞的环面.

d) 证明: 图 50 中的曲面同胚于有洞的克莱因瓶.

e) 证明: 图 51 中的曲面同胚于有洞的克莱因瓶.

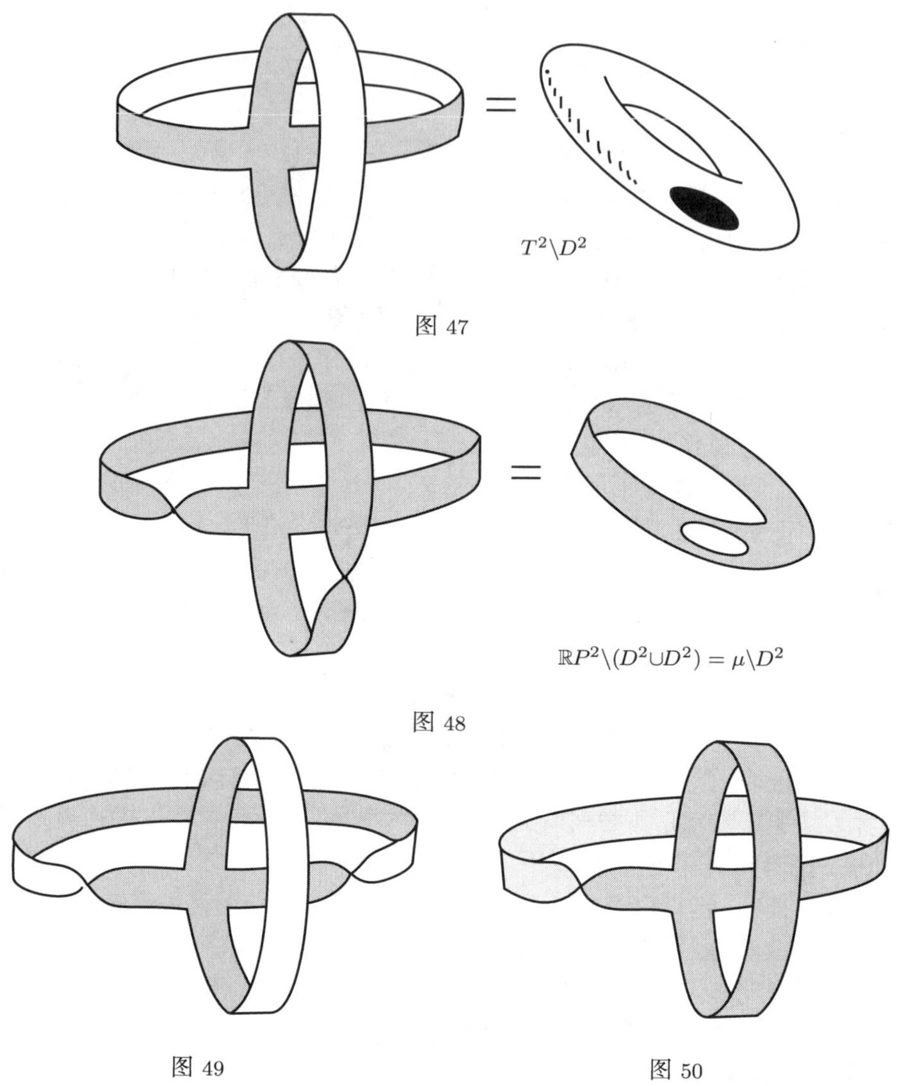

图 47

图 48

图 49

图 50

f) 图 52 中的曲面同胚于什么?

g) 图 53 中的曲面同胚于什么?

7.58. 证明: 撕去了气嘴部分的自行车轮胎 (带孔的环面) 可以把里面翻到外面.

7.59. 用两个平行平面截 $\mathbb{R}^3$ 中的标准旋转环面, 使得夹在它们之间的部分同胚于如图 54 所示的带边界的曲面. 证明这个曲面同胚于带两个洞的环面.

7.60. 证明: 图 55 中的曲面同胚于带两个洞的克莱因瓶.

7.61. 证明: 粘合上柄的平面同胚于粘合在一起的两个指环面 (参见图 56).

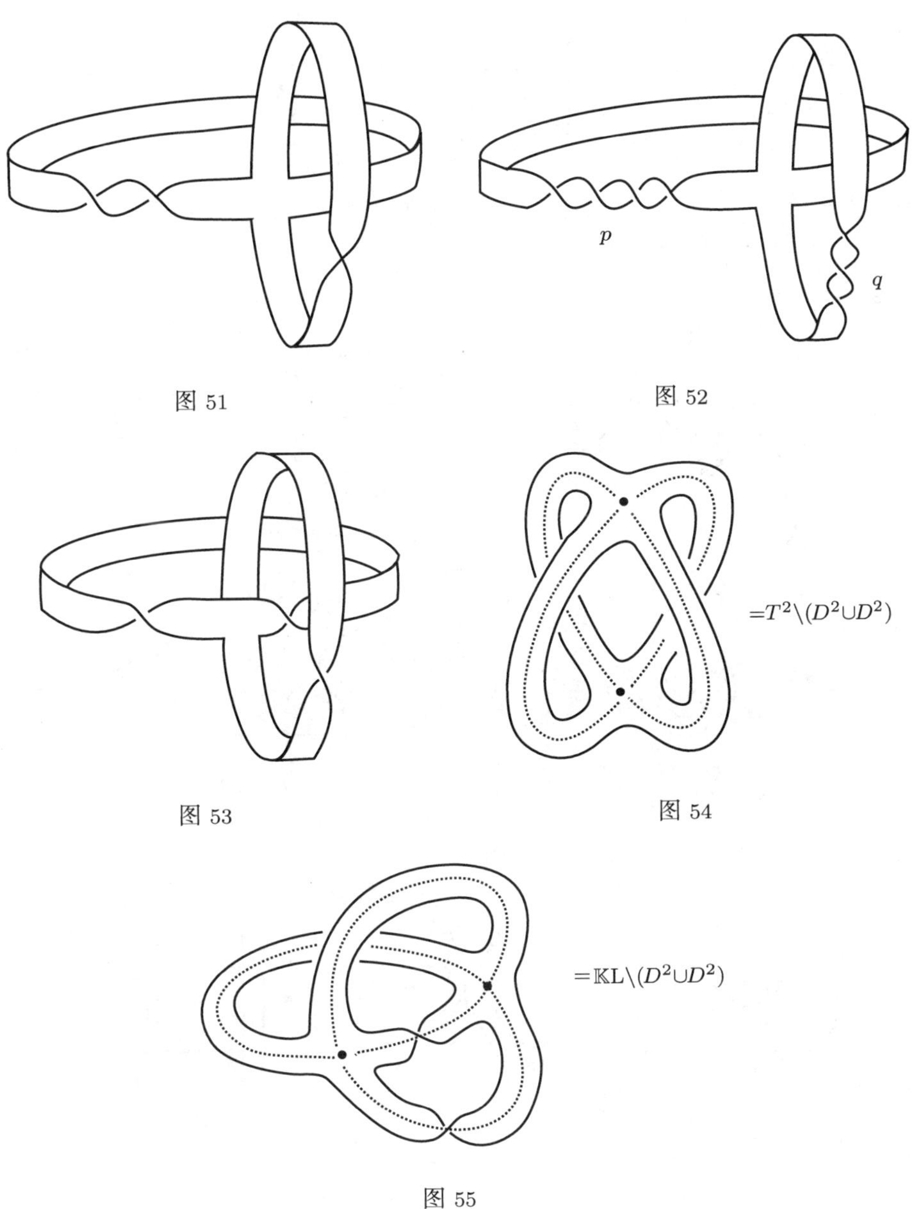

图 51

图 52

图 53

图 54

图 55

7.62. 证明: 图 57 中的三个曲面中有两个同胚于带三个洞的射影平面, 另一个同胚于带两个洞的克莱因瓶.

7.63. 在环面上做切口, 以便得到图 58 中的曲面.

7.64. 考察 $\mathbb{R}^3$ 中的两个曲面, 其上画有图 59 所示的曲线. 是否可以借助 $\mathbb{R}^3$ 里的曲面的没有自己交叉和破裂的光滑变形 (同痕), 使得一个曲面变到另一个,

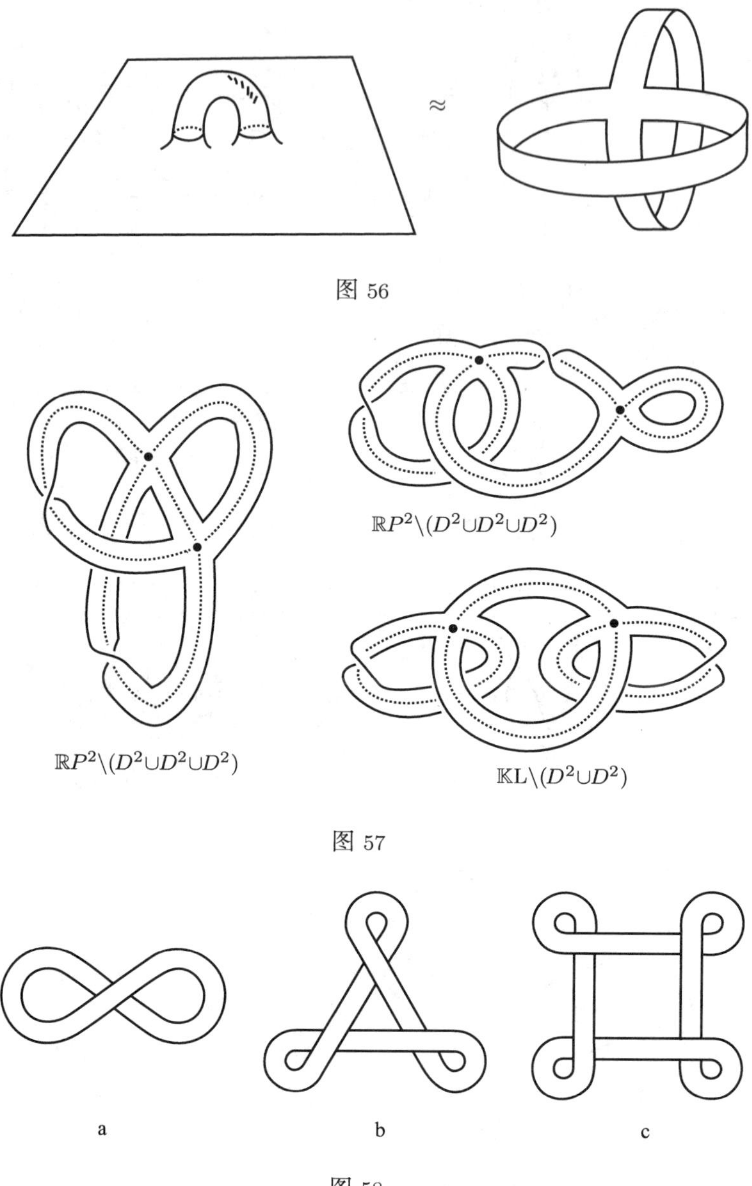

图 56

图 57

图 58

并且画在一个曲面上的曲线变到另一个曲面上的曲线.

7.65. 考察 $\mathbb{R}^3$ 中的两个曲面, 每个上画有图 60 所示的两条曲线. 是否可以借助 $\mathbb{R}^3$ 里的曲面的没有自己交叉和破裂的光滑变形 (同痕), 使得一个曲面变到另一个, 并且画在一个曲面上的曲线变到另一个曲面上的曲线.

7.66. 考察 "拓扑学生", 即带两个柄的球面.

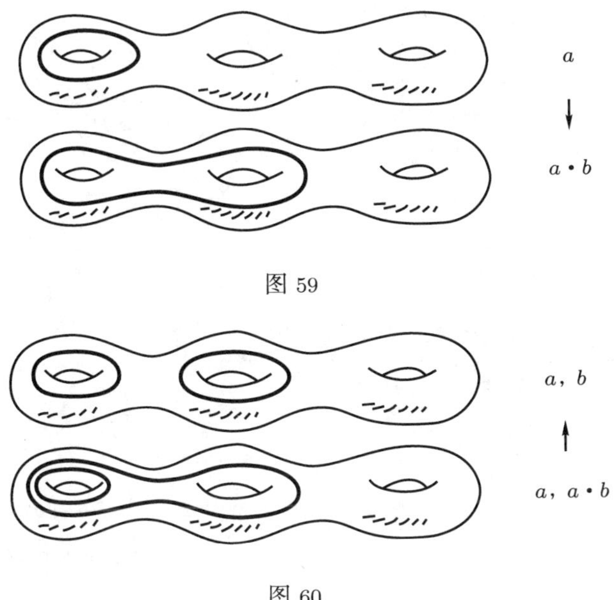

图 59

图 60

a) 拓扑学生可以通过光滑同痕解开其手吗 (参见图 61)?

图 61

b) 在一个柄上套上一个圆周 (腕上戴上表) 的条件下的同样问题, 参见图 62.

7.67. 说明, 直线到带笛卡儿坐标 (x, y) 的平面的映射是否是嵌入或浸入, 如果:

a) $x(t)=\dfrac{2+t^2}{1+t^2},\ y(t)=\dfrac{2t+t^2}{1+t^2}$; b) $x(t)=\dfrac{t^2}{t^2+1},\ y(t)=\dfrac{t^2+1}{t^2+2}$.

7.68. 说明, 在带笛卡儿坐标 (x, y, z) 的 $\mathbb{R}^3$ 中的由下列方程给定的集合是否是光滑子流形:

图 62

a) $x^2(z-1)+y^2z=0$; b) $z(x^2+y^2)^n=y^{2n}$.

7.69. 说明, 在带笛卡儿坐标 (x,y) 的 $\mathbb{R}^2$ 中的由下列方程给定的集合是否是光滑子流形:

a) $x^4+y^4=8xy^2$; b) $x^6+18x^3y-y^3=0$.

7.70. 考察带球极平面投影坐标 (x,y) 的二维球面 S^2. 如果集合 M 由下列方程给定, 其闭包 $\overline{M}$ 是否是 S^2 上的光滑子流形:

a) $y^2-x^3+2x^2-x=0$; b) $y^3-x^3+y-2x=0$;

c) $(x^2-y^2)^2-2x=0$; d) $(x^2-y^2)(x-y)+1=0$;

e) $(2x+y)^2(x+y)-x=0$.

§8. 张量

8.1. 确定下列张量的型:

a) $T_i=\dfrac{\partial f}{\partial x^i}$;

b) $T_{ij}=\dfrac{\partial^2 f}{\partial x^i\partial x^j}$ 在函数 f 的梯度为零的点;

c) T^i_j 是向量空间的线性算子的矩阵的分量;

d) T_{ij} 是向量空间上的双线性型的矩阵的分量.

8.2. 设

$$\delta^i_j=\begin{cases}0, & \text{如果 } i\neq j,\\ 1, & \text{如果 } i=j.\end{cases}$$

说明 δ^i_j 组成型为 $(1,1)$ 的张量. 还说明, 在每个坐标系中由公式

$$\delta_{ij} = \begin{cases} 1, & i = j, \\ 0, & i \neq j \end{cases}$$

给定的数 δ_{ij} 的集合不是 $(0,2)$ 型的张量.

8.3. 设 $\{\xi^{ij}\}$ 是 (2, 0) 型的张量. 证明满足条件 $\xi^{ij}\eta_{jk} = \delta^i_k$ 的数 η_{jk} 组成 (0, 2) 型的张量.

8.4. 设矩阵 $(g_{ij}(x))$ 是在某个坐标系 $x = (x^1, \ldots, x^n)$ 中的正定的非退化的对称矩阵. 证明: 它的所有这些性质对于任意正则变量变换保持不变.

8.5. 举例说明上下指标的转换这个运算不是张量运算.

8.6. 说明: 令张量 $T^{i_1\cdots i_p}_{j_1\cdots j_q}$ 对应由公式

$$S^{i_1\cdots i_p}_{j_1\cdots j_{q+1}} = \frac{\partial}{\partial x^{j_1}} T^{i_1\cdots i_p}_{j_2\cdots j_{q+1}}$$

给出的数 $S^{i_1\cdots i_p}_{j_1\cdots j_{q+1}}$ 的集合的运算不是张量运算.

8.7. 设 V^m_n 是所有 (m,n) 型张量的空间. 说明: 如果 $f\colon V^m_n \to V^p_q$ 是张量空间的线性映射, 那么映射的分量组成张量. 确定它的型.

8.8. 确定空间 V^m_n 的维数.

8.9. 指出, 任何 (2, 0) 型的张量可唯一分解为对称和反称张量之和. 举例说明对于 (3, 0) 型张量这个断言不成立.

8.10. 证明: 交错算子和对称算子是在张量空间的投影. 证明: 如果 $n > 2$, 这些算子的和不等于 1. 举出属于交错和对称算子的核的张量 (对于 $n > 2$) 的例子.

8.11. 证明: 指标置换的运算同交错运算和对称运算可交换.

8.12. 证明: 对于型为 $(0,k)$ 的任意张量, 这里 $k > 1$, 交错和对称 (任意次序的) 运算的复合给出零张量.

8.13. 设空间 V 的维数是 n. 确定反称张量的空间 $\Lambda^k V$ 的维数.

8.14. 设空间 V 的维数是 n. 确定对称张量的空间 $S^k V$ 的维数.

8.15. 写出秩为 0, 1, 2, 3, 4 的所有不变张量. 这里张量称为不变的, 如果它的分量对于任何坐标变换都是不变的.

8.16. 证明: $\mathbb{R}^3$ 中的混合积和向量积分别给出型为 $(0,3)$ 和 $(1,2)$ 的张量. 在任意基下写出它们的分量. 指出, 这些张量的分量由指标的下降运算和上升运算相联系.

8.17. 用算子 (c^i_j) 的特征多项式的系数表示 $\det c$, c^i_i, $c^j_i c^i_j$, $c^j_i c^k_j c^i_k$ 等等.

8.18. 把线性算子的行列式表示为施行一系列初等张量运算的结果.

8.19. 设给定数 $S^{i_1\cdots i_p}$ 的集合. 证明: 如果对于固定的 q, 数

$$S^{i_1\cdots i_p}T_{i_1\cdots i_q} \quad (q<p)$$

的集合对于张量 $T_{i_1\cdots i_q}$ 的任意选取都是张量, 则 $S^{i_1\cdots i_p}$ 也是张量.

8.20. 设 v_{ij} 是张量, 并且在某个坐标系中满足方程 $av_{ij}+bv_{ji}=0$ (a 和 b 是数), 那么这个方程在任意其他坐标系中也成立. 此外, 如果 $v_{ij}\neq 0$, 则或者 $a=b$, 或者 $a=-b$.

8.21. 设 g_{ij} 是矩阵张量. 证明: 如果张量 $g_{ij}P^j_k$ 和 $g_{ij}Q^j_k$ 是对称的, 则在缩并上指标后, 张量 $PQ+QP$ 是对称的, 而 $PQ-QP$ 是反称的.

8.22. 设 f 是带度量 g_{ij} 的黎曼流形 M 上的光滑函数. 证明: 分量由等式

$$v^i=g^{ij}\frac{\partial f}{\partial x^j}$$

给定的向量场 $\mathbf{v}=\mathrm{grad}\, f$ 垂直于函数 f 的等位面.

8.23. 设 A^i_j 是流形 M 上的 $(1,1)$ 型的张量场. 证明公式

$$N(\mathbf{X},\mathbf{Y})=A^2[\mathbf{X},\mathbf{Y}]-A[A\mathbf{X},\mathbf{Y}]-A[\mathbf{X},A\mathbf{Y}]+[A\mathbf{X},A\mathbf{Y}]$$

确定 $(1,2)$ 型的张量场 N^i_{jk}, 其中 $\mathbf{X},\mathbf{Y}$ 是 M 上的向量场.

如果给定算子 $A\colon V\to V$, 则可定义下列算子:

$$A^{\otimes k}\colon V^{\otimes k}\to V^{\otimes k},$$
$$\Lambda^{\otimes k}A\colon \Lambda^{\otimes k}V\to \Lambda^{\otimes k},$$
$$S^{\otimes k}\colon S^{\otimes k}V\to S^{\otimes k}.$$

8.24. 由 A 在 n 维空间 V 中的特征多项式的系数求 $\mathrm{tr}\Lambda^q A$.

8.25. 用算子 A 的迹和行列式表示量 $\mathrm{tr}A\otimes A$, $\mathrm{tr}A^{\otimes k}$, $\det A\otimes A$.

8.26. 证明: 对于 $\xi\in\Lambda^p(V)$, $\omega\in\Lambda^1(V)$, 等式 $\xi\wedge\omega=0$ 成立, 当且仅当对于某个 $\eta\in\Lambda^{p-1}(V)$ 有 $\xi=\omega\wedge\eta$.

8.27. 证明: 如果张量 T_{ijk} 关于前两个指标对称, 而关于后两个指标反对称, 则它等于零.

8.28. 证明: 如果 a_{ij} 是对称张量, 而 b^{ij} 是反称张量, 则 $a_{ij}b^{ij}=0$.

在以下的习题里, 向量 e_i 组成空间 V 的基, 而 e^i 组成对偶空间 V^* 的基, 即 $e^i(e_j)=\delta^i_j$.

8.29. 求张量 $e_2\otimes e^1+(e_1+3e_3)\otimes e^2$ 在二元组 $e^1+e^2+e^3$, $e_1+5e_2+4e_3$ 的值.

8.30. 求张量

$$(e^1 \otimes e^2 + e^2 \otimes e^3 + e^2 \otimes e^2) \otimes (e^1 \otimes e^1 \otimes (e^1 - e^3)) \\ - (e^1 \otimes e^1 \otimes (e^1 - e^3)) \otimes (e^1 \otimes e^2 + e^2 \otimes e^3 + e^2 \otimes e^2)$$

在元素组 e_1, $e_1 + e_2$, $e_2 + e_3$, e_2, e_2 的值.

8.31. $(2,3)$ 型张量 T 在基 (e_1, e_2, e_3) 下的所有坐标都是 1. 求这个张量在基

$$(\widetilde{e}_1, \widetilde{e}_2, \widetilde{e}_3) = (e_1, e_2, e_3) \begin{pmatrix} 1 & 2 & 3 \\ 0 & 1 & 2 \\ 0 & 0 & 1 \end{pmatrix}$$

下的坐标 $\widetilde{T}_{123}^{12}$.

8.32. 求坐标:

a) 张量 $e_1 \otimes e^1 \otimes e^2 + e_2 \otimes e^1 \otimes e^2$ 在基

$$(\widetilde{e}_1, \widetilde{e}_2) = (e_1, e_2) \begin{pmatrix} 1 & 1 \\ 2 & 3 \end{pmatrix}$$

下的坐标 $\widetilde{T}_{21}^{1}$.

b) 张量 $e_3 \otimes e_1 \otimes e^2 \otimes e^1 + e_1 \otimes e_2 \otimes e^3 \otimes e^3$ 在基

$$(\widetilde{e}_1, \widetilde{e}_2, \widetilde{e}_3) = (e_1, e_2, e_3) \begin{pmatrix} 1 & 0 & 0 \\ 2 & 1 & 0 \\ 3 & 2 & 1 \end{pmatrix}$$

下的坐标 $\widetilde{T}_{31}^{12}$.

8.33. 求张量的坐标:

a) $(e_1 + e_2) \otimes (e_1 - e_2)$;

b) $(e_1 + 2e_2) \otimes (e_1 + e_2) - (e_1 + e_2) \otimes (e_1 + 2e_2)$.

8.34. 求张量的缩并:

a) $(e_1 + 3e_2 - e_3) \otimes (e^1 - 2e^3 + 3e^4) - (e_1 + e_3) \otimes (e^1 - 3e^3 + e^4)$;

b) $e_1 \otimes (e^1 + e^2 + e^3 + 3e^4) + e_2 \otimes (e^1 + 2e^2 + 3e^3 + 4e^4) + 2e_3 \otimes (e^1 - e^2 - e^4)$.

8.35. 把由 $e_3 \otimes e^1$ 给定的线性算子作用到向量 $e_1 + e_2 + e_3 + e_4$ 上.

8.36. 张量 $(e_1 + e_2) \otimes (2e^1 - e^3)$ 给定线性算子 A. 哪个张量给定算子 A^2?

8.37. 由矩阵

$$\begin{pmatrix} 2 & 1 & 0 & 0 \\ 1 & 1 & 0 & 0 \\ 0 & 0 & 1 & 1 \\ 0 & 0 & 1 & 2 \end{pmatrix}$$

给定数量积. 上升和下降张量的指标:

a) $e_3 \otimes e^1 + e_4 \otimes e^2$;

b) $(e_3 + e_4) \otimes (e^1 + e^2) - e_3 \otimes (e^1 + e^3)$;

c) $T^i_j = \delta_{2i} + \delta_{4j}$.

§9. 向量场

9.1. 证明: 在流形的点 P 的切向量的三种定义的等价性:

a) (1, 0) 型的张量;

b) 在点 P 的光滑函数的微分;

c) 在点 P 相切的曲线的类.

9.2. 求函数 f 在点 P 沿向量 $\boldsymbol{\xi}$ 的方向导数:

a) $f = \sqrt{x^2 + y^2 + z^2}$; $P = (1, 1, 1)$, $\boldsymbol{\xi} = (2, 1, 0)$;

b) $f = x^2 y + xz^2 - 2$; $P = (1, 1, -1)$, $\boldsymbol{\xi} = (1, -2, 4)$;

c) $f = xe^y + ye^x - z^2$; $P = (3, 0, 2)$, $\boldsymbol{\xi} = (1, 1, 1)$;

d) $f = \dfrac{x}{y} - \dfrac{y}{x}$; $P = (1, 1)$, $\boldsymbol{\xi} = (3, 4)$.

9.3. 求函数 $f = 1/r$, $r = \sqrt{x^2 + y^2 + z^2}$ 沿它的梯度方向的导数.

9.4. 求函数 $f = yze^x$ 沿它的梯度方向的导数.

9.5. 设 ∇ 是 $\mathbb{R}^3$ 中的向量微分算子, 它的分量表示是 $\nabla = \left(\dfrac{\partial}{\partial x}, \dfrac{\partial}{\partial y}, \dfrac{\partial}{\partial z}\right)$. 证明:

a) $\operatorname{grad} F = \nabla F$; b) $\operatorname{div} \mathbf{X} = \langle \nabla, \mathbf{X} \rangle$; c) $\operatorname{rot} \mathbf{X} = \nabla \times \mathbf{X}$.

9.6. 证明公式

$$\operatorname{div}(u\mathbf{X}) = u \cdot \operatorname{div} \mathbf{X} + \langle \mathbf{X}, \operatorname{grad} u \rangle,$$

其中 $\mathbf{X}$ 是向量场, 而 u 是 $\mathbb{R}^3$ 中的函数.

9.7. 证明公式

$$\operatorname{rot}(u\mathbf{X}) = u \cdot \operatorname{rot} \mathbf{X} - \mathbf{X} \times \operatorname{grad} u.$$

9.8. 证明向量 $\mathbf{X} = u \operatorname{grad} v$ 正交于 $\operatorname{rot} \mathbf{X}$.

9.9. 证明:

a) $\operatorname{div}(\operatorname{rot} \mathbf{X}) = 0$;

b) $\operatorname{rot} \operatorname{rot} \mathbf{X} = \operatorname{grad} \operatorname{div} \mathbf{X} - \Delta \mathbf{X}$, 其中 $\Delta = \dfrac{\partial^2}{\partial x^2} + \dfrac{\partial^2}{\partial y^2} + \dfrac{\partial^2}{\partial z^2}$.

9.10. 设 $\mathbf{X} = (x, y, z)$. 证明:

a) $\operatorname{div} \mathbf{X} = 3$; b) $\operatorname{rot} \mathbf{X} = 0$;

c) $\operatorname{div}\dfrac{\mathbf{X}}{|\mathbf{X}|^3}=0$; d) $\operatorname{rot}\dfrac{\mathbf{X}}{|\mathbf{X}|^3}=0$; e) $\operatorname{grad}\dfrac{1}{|\mathbf{X}|}=-\dfrac{\mathbf{X}}{|\mathbf{X}|^3}$.

求这样的函数 φ, 使得 $\mathbf{X}=\operatorname{grad}\varphi$.

9.11. 说明, 作为光滑函数的微分算子, 向量场的换位子是向量场.

9.12. 考察 $\mathbb{R}^n$ 内的向量场 $\mathbf{V}_A$, 它在 x 取值 Ax, 这里 A 是某个 n 阶方阵. 这样的向量场称为线性的. 证明 $[\mathbf{V}_A,\mathbf{V}_B]=-\mathbf{V}_{[A,B]}$. 这里 $[A,B]=AB-BA$ 是矩阵的换位子.

9.13. 设 M 是一个流形, N 是它的子流形. 证明: 对于 M 上的任意向量场 $\mathbf{X}$ 和 $\mathbf{Y}$, 等式 $[\mathbf{X},\mathbf{Y}]|_N=[\mathbf{X}|_N,\mathbf{Y}|_N]$ 成立. 这里 $\mathbf{X}|_N$ 表示向量场 $\mathbf{X}$ 在子流形 N 上的限制.

9.14. 计算 S^3 $(x^2+y^2+z^2+w^2=1)$ 上的两个向量场的换位子, 在点 $(x,y,z,w)\in S^3$, 一个等于 $(y,-x,w,-z)$, 而另一个等于 $(z,w,-x,-y)$.

9.15. 设 φ_t 是对应向量场 $\boldsymbol{\xi}$ 的单参数微分同胚群. 证明:

$$[\boldsymbol{\xi},\boldsymbol{\eta}]=\frac{d}{dt}(\varphi_t^*(\boldsymbol{\eta})-\boldsymbol{\eta}).$$

9.16. 设 $\boldsymbol{\xi},\boldsymbol{\eta}$ 是向量场, f,g 是光滑函数. 证明公式

$$[f\boldsymbol{\xi},g\boldsymbol{\eta}]=fg[\boldsymbol{\xi},\boldsymbol{\eta}]-g\boldsymbol{\eta}(f)\boldsymbol{\xi}+f\boldsymbol{\xi}(g)\boldsymbol{\eta}.$$

9.17. 设 $\boldsymbol{\xi},\boldsymbol{\eta}$ 是向量场, 而 φ_t,ψ_t 是它们对应的单参数变换群. 证明: 如果 $[\boldsymbol{\xi},\boldsymbol{\eta}]=0$, 则变换 φ_t 同 ψ_t 可交换.

9.18. 构造下列平面向量场的积分轨道:

a) $\boldsymbol{\xi}=x\dfrac{\partial}{\partial x}+y\dfrac{\partial}{\partial y}$; b) $\boldsymbol{\xi}=y\dfrac{\partial}{\partial x}-x\dfrac{\partial}{\partial y}$;

c) $\boldsymbol{\xi}=x\dfrac{\partial}{\partial x}-y\dfrac{\partial}{\partial y}$; d) $\boldsymbol{\xi}=(x+y)\dfrac{\partial}{\partial x}+y\dfrac{\partial}{\partial y}$;

e) $\boldsymbol{\xi}=(x-y)\dfrac{\partial}{\partial x}+x\dfrac{\partial}{\partial y}$; f) $\boldsymbol{\xi}=x^2\dfrac{\partial}{\partial x}+y^2\dfrac{\partial}{\partial y}$.

9.19. 设 $\boldsymbol{\xi}$ 是二维环面 T^2 的角坐标中的常向量场. 说明在场 $\boldsymbol{\xi}$ 的坐标的怎样的条件下, 其积分轨道是闭曲线?

9.20. 推广上题到环面 T^n 的情形. 即设 $\boldsymbol{\xi}=(\xi^1,\ldots,\xi^n)$ 是环面 T^n 上的角坐标中的常向量场. 证明: 任意轨道的闭包同胚于环面 T^k, 这里 k 是在有理数域上线性无关的数 $\xi^1,\ldots,\xi^n$ 的个数.

9.21. 对于给定的向量场 $\mathbf{Y}$, 是否可以给出这样的 $(1,1)$ 型的张量场 A (算子的张量场), 使得对于所有向量场 $\mathbf{X}$ 等式 $A(\mathbf{X})=[\mathbf{Y},\mathbf{X}]$ 成立?

§10. 联络和平行移动

10.1. 证明下列断言.

a) 如果 Γ_{ij}^k 和 γ_{ij}^k 是某两个联络的系数, 那么 $\alpha\Gamma_{ij}^k + \beta\gamma_{ij}^k$ 也是某个联络的系数. 这里 α 和 β 是光滑函数, 并且 $\alpha + \beta = 1$.

b) 如果系数为 Γ_{ij}^k 和 γ_{ij}^k 的联络有同样的测地线, 则系数为 $\alpha\Gamma_{ij}^k + \beta\gamma_{ij}^k$ 的联络也与它们有同样的测地线. 这里 α 和 β 是光滑函数, 并且 $\alpha + \beta = 1$.

c) 两个联络 ∇ 和 $\widetilde{\nabla}$ 的系数的差 $\Gamma_{ij}^k - \widetilde{\Gamma}_{ij}^k$ 组成 $(1,2)$ 型张量, 并且任意 $(1,2)$ 型张量可以表示成这种形式. 如果把 $(1,2)$ 型张量加到联络的系数上, 则得到联络的系数.

10.2. 证明: 克罗内克记号 δ_j^i 的张量场对于任何联络沿任意曲线平行.

10.3. 证明: 张量场沿曲线的共变导数仅依赖于联络和场在此曲线上的值. 换句话说, 如果仅在曲线的点上给出张量场, 还是可以计算这个张量场沿曲线速度向量的共变导数.

10.4. 证明: 对于同时沿给定曲线平行移动的几个张量, 由它们经过张量的代数运算得到的张量也平行移动.

10.5. 设 $f\colon M \to M'$ 是黎曼流形间的等距, $x' = f(x)$, $x \in M$, $x' \in M'$. 分别给 M 和 M' 配备联络. 证明: 微分 $df\colon TM \to TM'$ 分别与 M 和 M' 上的平行移动 τ 和 τ' 可交换.

10.6. 给黎曼流形配备相应的对称的黎曼联络. 证明: 共变微分运算同指标的上升和下降的运算可交换.

10.7. 给定向量场, 其向量有相同的长度. 设流形配备了对称的黎曼联络. 证明: 这个向量场在任意方向的共变导数垂直于向量场.

10.8. 设 N 是 M 中的光滑子流形, γ 是 N 上的光滑曲线, $\boldsymbol{\xi}$ 是沿曲线 γ 与 N 相切的向量场. 证明公式

$$\widetilde{\nabla}_\gamma \boldsymbol{\xi} = \mathrm{pr}(\nabla_\gamma \boldsymbol{\xi}),$$

其中 ∇ 和 $\widetilde{\nabla}$ 分别是流形 M 和 N 上的对称黎曼联络 (认为 N 上配备了诱导度量), 而 pr 是在 N 的切空间上的正交投影.

10.9. 证明: 如果两个子流形

a) 在一个欧几里得空间中;

b) 在一个黎曼流形中,

沿某条曲线相切, 那么向量沿这条曲线在一个子流形中和另一个子流形中平行移动的结果重合 (参见图 63).

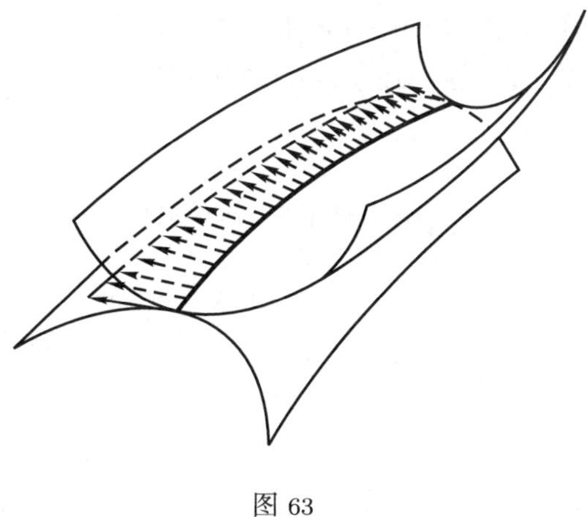

图 63

10.10. 给定度量为 g_{ij} 的曲面. 按定义令

$$\nabla\varphi = g^{ij}\nabla_i\varphi\nabla_j\varphi, \quad \nabla(\varphi,\psi) = g^{ij}\nabla_i\varphi\nabla_j\psi.$$

证明曲面上的曲线 $\varphi = \text{const}$ 和 $\psi = \text{const}$ 之间的角 θ 由以下等式确定:

$$\cos\theta = \frac{\nabla(\varphi,\psi)}{\sqrt{\nabla\varphi\nabla\psi}}.$$

10.11. 给定配备了联络 ∇ 的流形 M 和它的子流形 N. 证明下列条件的等价性:

a) 切于 N 的向量沿位于 N 上的曲线平行移动的结果得到切于 N 的向量;

b) 对于切于 N 的任意向量场 $\mathbf{X}$ 和 $\mathbf{Y}$, $\nabla_{\mathbf{X}}\mathbf{Y}$ 同样切于 N.

10.12. 在极坐标系中计算平面的欧几里得度量的克里斯托费尔符号.

10.13. 计算以下度量的克里斯托费尔符号:

$$ds^2 = \lambda(u,v)(du^2 + dv^2).$$

10.14. 如果度量由下列形式给出, 明确计算球面上的克里斯托费尔符号:

a) $ds^2 = d\theta^2 + \sin^2\theta d\varphi^2$;

b) $ds^2 = \dfrac{4(dx^2+dy^2)}{(1+x^2+y^2)^2}$; c) $ds^2 = \dfrac{4(dr^2+r^2d\varphi^2)}{(1+r^2)^2}$.

10.15. 如果度量由下列形式给出, 明确计算罗巴切夫斯基平面上的克里斯托费尔符号:

a) $ds^2 = \dfrac{dx^2+dy^2}{y^2}$; b) $ds^2 = \dfrac{4(dx^2+dy^2)}{(1-x^2-y^2)^2}$;

c) $ds^2 = \dfrac{4(dr^2+r^2d\varphi^2)}{(1-r^2)^2}$.

10.16. 明确计算 $\mathbb{R}^3$ 中球面坐标系中的克里斯托费尔符号.

10.17. 计算用以下形式给出的旋转曲面的克里斯托费尔符号:

$$\mathbf{r}(u,v)=(f(u)\cos v, f(u)\sin v, g(u)).$$

10.18. 计算用以下形式给出的贝尔特拉米伪球面的克里斯托费尔符号:

$$\mathbf{r}(u,v)=\left(a\sin u\cos v, a\sin u\sin v, a\left(\ln\tan\frac{u}{2}+\cos u\right)\right).$$

10.19. 求以下度量的克里斯托费尔符号:

$$ds^2=du^2+\sinh^2 u dv^2.$$

10.20. 求悬链面上的克里斯托费尔符号:

$$(x(u,v),y(u,v),z(u,v))=\left(a\cosh\frac{u}{a}\cos v, a\cosh\frac{u}{a}\sin v, u\right).$$

10.21. 求正螺旋面的克里斯托费尔符号:

$$(x(u,v),y(u,v),z(u,v))=(u\cos v, u\sin v, hv).$$

10.22. 计算 $\mathbb{R}^3$ 中的直圆柱面上的切向量在沿闭曲线平行移动后旋转怎样的角. 其结果依赖于曲线的形状吗?

10.23. 计算 $\mathbb{R}^3$ 中的直圆锥面上的切向量在沿闭曲线平行移动后旋转怎样的角. 建立对于曲线的形状的依赖性.

10.24. 以显式写出并且解出带度量 $ds^2=d\theta^2+\sin^2\theta d\varphi^2$ 的球面上的平行移动的方程:

a) 沿曲线 $\theta=\theta_0=\text{const}$, 即纬线;

b) 沿曲线 $\varphi=\varphi_0=\text{const}$, 即经线.

10.25. 说明球面上的切向量沿纬线平行移动后转动怎样的角.

10.26. 考察带标准度量的球面 S^2. 设向量 $\mathbf{X}$ 和 $\mathbf{Y}$ 分别在点 P 和 Q 切于 S^2, 并且 $\|\mathbf{X}\|=\|\mathbf{Y}\|$. 证明: 在 S^2 上存在端点为 P 和 Q 的光滑正则曲线, 使得向量 $\mathbf{X}$ 沿此曲线平行移动后得到向量 $\mathbf{Y}$.

10.27. 在旋转曲面上切向量沿纬线平行移动. 求向量在开始和结束位置之间的夹角.

10.28. a) 证明: 当沿旋转曲面的经线平行移动时, 切于纬线的向量移动的结果在周围的欧几里得空间中将平行于出发的向量 (图 64).

b) 在旋转曲面上切于经线的向量的平行移动必沿这条经线.

10.29. 切于正螺旋面

$$(u\cos v, u\sin v, hv)$$

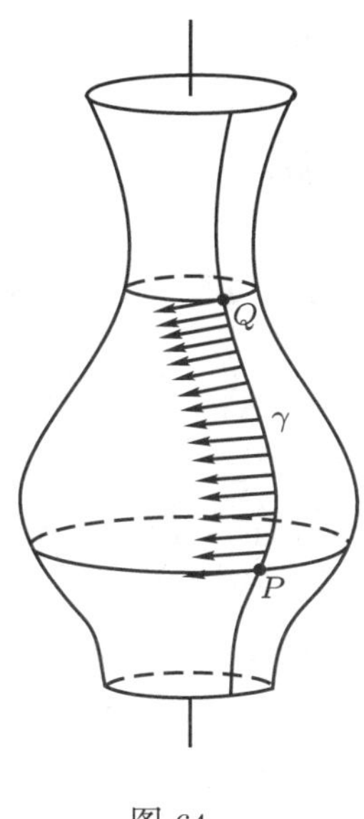

图 64

的向量沿螺旋线

$$(a\cos v, a\sin v, hv), \quad a = \text{const}, \quad 0 \leqslant v \leqslant 2\pi$$

的一转平行移动. 求出发和终结的向量之间 (空间中) 的夹角.

10.30. 以显式写出并且解出在以上半平面为模型的罗巴切夫斯基平面上的平行移动的方程:

a) 沿曲线 $x = x_0 = \text{const}$;

b) 沿曲线 $y = y_0 = \text{const}$.

10.31. 计算切于球面的向量沿闭曲线 γ 平行移动后转动怎样的角, 如果

a) γ 是纬线;

b) γ 由两条经线和赤道的夹在它们之间的部分组成;

c) γ 由两条经线和纬线的夹在它们之间的部分组成.

10.32. 求下列沿坐标曲线 $r = \text{const}$ 和 $\varphi = \text{const}$ 在极坐标系中给定的向量场的共变导数:

$$\mathbf{v}_1 = \left(\cos\varphi, -\frac{1}{r}\sin\varphi\right), \quad \mathbf{v}_2 = (0, 1), \quad \mathbf{v}_3 = (r, 1).$$

所有计算在极坐标系中进行.

10.33. 在平面上给定极坐标 r, φ. 求向量 $\mathbf{v}_0 = (v_0^1, v_0^2)$ 沿曲线 $r = 2$ 从点 $\varphi = 0$ 到点 $\varphi = \pi/2$ 的平行移动. 所有计算在极坐标系中进行.

10.34. a) 写出并且解出对于度量 $ds^2 = d\theta^2 + \sinh^2\theta d\varphi^2$ 向量沿曲线 $\theta = \mathrm{const}$ 的平行移动的方程.

b) 计算向量对于度量 $ds^2 = d\theta^2 + \sinh^2\theta d\varphi^2$ 沿曲线 $\theta = \mathrm{const}$ 在一次平行移动下转动的角.

10.35. 求向量沿一曲面上的空间曲线的平行移动, 该曲面由下列曲线组成:

a) 这条曲线的切线;

b) 这条曲线的法线;

c) 这条曲线的副法线.

10.36. 求确立单位半径的球面的切向量沿闭曲线 γ 平行移动后转动的角 α 和曲线 γ 所围区域的面积 S 之间的依赖关系的公式.

10.37. 求确立罗巴切夫斯基平面的切向量沿闭曲线 γ 平行移动后转动的角 α 和曲线 γ 所围区域的面积 S 之间的依赖关系的公式.

10.38. 求圆周上的所有联络. 对于圆周上的任意联络建立平行移动的公式.

10.39. 在带坐标 u^1, u^2 的平面上求仿射联络, 使得向量场 $\boldsymbol{\xi} = (e^{u^1}, 1)$, $\boldsymbol{\eta} = (0, e^{u^2})$ 对于它是共变常值的.

10.40. 算子 $\Delta f = \nabla^i\nabla_i f$ 称为拉普拉斯–贝尔特拉米算子, 其中 ∇ 是对称黎曼联络, $\nabla^i = g^{ij}\nabla_j$. 求旋转曲面上这个算子的显式公式.

10.41. 考察带相应的对称黎曼联络的黎曼流形. 定义函数 f 的梯度为向量场 $\mathrm{grad}\, f = g^{ij}\nabla_j f$, 而定义向量场的散度 $\mathrm{div}\, \mathbf{v}$ 为向量场 $\mathbf{v}$ 的共变导数的卷积 (它是 $(1,1)$ 型的): $\mathrm{div}\, \mathbf{v} = \nabla_i v^i$.

a) 证明: 在欧几里得空间中, 这样定义的梯度和散度跟通常的一致.

b) 证明: 在黎曼流形上, 拉普拉斯算子 $\mathrm{div}\,\mathrm{grad}\, f$ 同拉普拉斯–贝尔特拉米算子 Δf 一致.

10.42. 设在配备了无挠仿射联络的流形上给定了两个共变常向量场. 证明它们互相交换.

10.43. 证明下列等式 (其中 $g = \det(g_{ij})$):

a) $\Gamma^i_{ij} = \dfrac{1}{2g}\dfrac{\partial}{\partial x^j}\ln g = \dfrac{\partial}{\partial x^j}\ln\sqrt{g}$;

b) $\nabla_i T^i = \dfrac{1}{\sqrt{g}}\dfrac{\partial}{\partial x^j}(\sqrt{g}\, T^j)$;

c) $\nabla_i T^{ij} = \dfrac{1}{\sqrt{g}}\dfrac{\partial}{\partial x^i}(\sqrt{g}\, T^{ij}) + \Gamma^j_{kl}T^{kl}$;

d) 如果 $A^{ij} = -A^{ji}$, 则 $\nabla_i A^{ij} = \dfrac{1}{\sqrt{g}}\dfrac{\partial}{\partial x^i}(\sqrt{g}\, A^{ij})$.

10.44. 在平面上给定两个线性无关的带零换位子的向量场. 证明: 存在唯一的联络, 使得对于这个联络这两个向量场是共变常值的. 说明它是否是对称的.

举出非交换向量场的反例.

10.45. 在坐标为 (x,y) 的 $\mathbb{R}^2$ 中求区域, 使得在该区域内下列向量场线性无关:

a) $\mathbf{u}=(-y,x)$, $\mathbf{v}=(1,0)$;

b) $\mathbf{u}=(\cos x,\sin x)$, $\mathbf{v}=(-\sin x,\cos x)$;

c) $\mathbf{u}=\left(\dfrac{x}{r},\dfrac{y}{r}\right)$, $\mathbf{v}=\left(-\dfrac{y}{r},\dfrac{x}{r}\right)$, 其中 $r=\sqrt{x^2+y^2}$.

求联络的系数, 使得对于该联络这些向量场是共变常值的.

10.46. 考察坐标为 x^1,x^2,x^3 的空间 $\mathbb{R}^3$. 求 $\mathbb{R}^3$ 中的区域, 使得在该区域内下列向量场线性无关:

$$\mathbf{u}=(1,0,0),\quad \mathbf{v}=(0,1,0),\quad \mathbf{w}=(0,x^1,1).$$

求联络的系数, 使得对于该联络这些向量场是共变常值的.

§11. 二维曲面上的测地线

11.1. 证明: 欧几里得空间 $\mathbb{R}^3$ 中二维曲面上的测地线由下列性质之一完全刻画特征:

a) 在曲率异于零的各个点, 曲面的法线是曲线的主法线;

b) 在曲线的每个点, 它的测地曲率等于零;

c) 在曲线的每个点, 它的曲率等于沿这条曲线切线方向的法曲率的绝对值.

11.2. 设曲面上有一条直线. 证明这条直线是曲面上的测地线.

11.3. $\mathbb{R}^3$ 中的两个曲面沿曲线 l 相切. 证明: 如果 l 在一个曲面上是测地线, 则在另一个曲面上也是测地线.

11.4. 设两个曲面沿曲线 l 横截地相交, 并且 l 在每个曲面上是测地线. 证明这条曲线是直线.

11.5. 设在 $\mathbb{R}^3$ 中的曲面上运动的质点可沿曲面自由运动. 若使质点运动起来, 证明: 质点将沿测地线运动.

11.6. $\mathbb{R}^3$ 中的曲面上放着无重量的线, 这条线不能离开曲面, 不过可以在它上面自由滑动. 证明: 如果在曲面的两个点之间把线拉紧, 那么线沿测地线伸展 (假定只有张力和曲面的反作用力作用在线上).

11.7. 证明: $\mathbb{R}^3$ 中曲面 $\mathbf{r}=\mathbf{r}(u,v)$ 上的曲线 $u=u(s)$, $v=v(s)$ 的测地曲率可以按公式

$$k_g=\left|\left(\mathbf{m},\frac{d}{ds}\mathbf{r},\frac{d^2}{ds^2}\mathbf{r}\right)\right|$$

计算, 其中 $\mathbf{m}$ 是曲面的单位法向量.

11.8. a) 证明: $\mathbb{R}^3$ 中曲面 $\mathbf{r}=\mathbf{r}(u,v)$ 上的测地线 $u=u(s)$, $v=v(s)$ 的微分方程可以表示成形式 $\left(\mathbf{m}, \frac{d}{ds}\mathbf{r}, \frac{d^2}{ds^2}\mathbf{r}\right)=0$, 其中 $\mathbf{m}$ 是曲面的单位法向量.

b) 由此导出, 过曲面上的每个点沿每个方向恰好在曲面上引一条测地线.

11.9. 证明: 向量沿黎曼流形上的测地线平行移动时, 向量和测地线的切线之间的角保持常值.

11.10. 证明直线并且仅直线是平面上的测地线.

11.11. 设二维曲面 M 的坐标是 x^1, x^2, 克里斯托费尔符号是 Γ_{ij}^k. 求坐标曲线是 M 上的测地线的条件.

11.12. 证明: 对于任意联络 ∇, 存在无挠且具有相同测地线的联络 $\widetilde{\nabla}$.

11.13. 证明: 旋转曲面的经线是测地线.

11.14. 证明: 旋转曲面的纬线是测地线, 当且仅当在该纬线的各个点, 经线的切线平行于旋转轴.

11.15. 求二维球面的测地线.

11.16. 求 $\mathbb{R}^3$ 中的柱面的测地线 (参见习题 5.2 a)).

11.17. 证明: 在柱面 (不必是直圆柱面) 的每个点仅有一条闭测地线穿过.

11.18. 求圆锥面 $x^2+y^2=z^2$ 的测地线.

11.19. 求 $\mathbb{R}^3$ 中任意锥面的测地线 (参见习题 5.2 b)).

11.20. 证明: 在展开角 $\alpha<\pi$ 的 (无边界的) 无穷圆锥上, 从母线的一个给定的点出发的唯一的自交的测地线与这条母线相交的角是 $\frac{\pi-\alpha}{2}$ (参见图 65). 求这条测地线与自己的交角. 如果 $\alpha \geqslant \pi$, 则在这样的圆锥上没有自交的测地线.

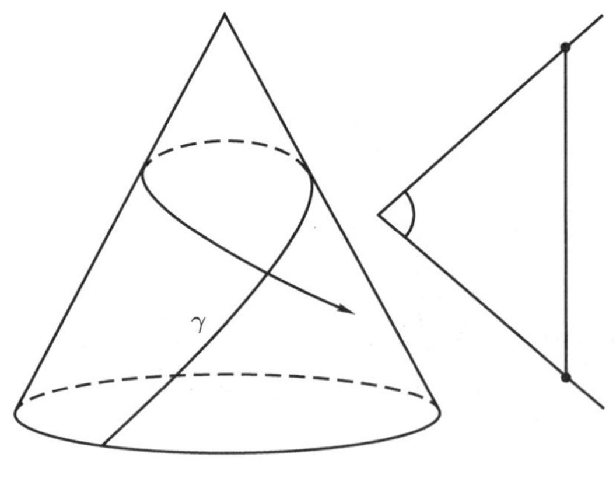

图 65

11.21. 证明: 第一基本形式为

$$ds^2 = v(du^2+dv^2)$$

的曲面的测地线是带笛卡儿坐标 u, v 的平面上的抛物线.

11.22. 求正螺旋面

$$\mathbf{r}(u, v) = (u\cos v, u\sin v, hv)$$

的测地线.

11.23. 证明: 第一基本形式为

$$ds^2 = (\varphi(u) + \psi(v))\,(du^2 + dv^2)$$

的 (刘维尔) 曲面上的测地线由方程

$$\frac{du}{\sqrt{\varphi(u) + a}} \pm \frac{dv}{\sqrt{\psi(v) - a}} = 0$$

定义, 其中 a 是任意常数.

11.24. a) 把旋转曲面

$$(\varphi(u)\cos v, \varphi(u)\sin v, \psi(u))$$

的度量化成习题 11.23 中给出的形式.

b) 求旋转曲面上的测地线.

11.25. 证明: 在度量为

$$ds^2 = (u^2 + \cos v + 2)(du^2 + dv^2)$$

的曲面上, 曲线 $v = \pi$ 是测地线.

11.26. 证明: 在旋转曲面

$$\mathbf{r}(t, \varphi) = (x(t)\cos\varphi, x(t)\sin\varphi, z(t))$$

上可以选择经线的参数 $\tau(t)$, 使得曲面的第一基本形式有形式 $ds^2 = \rho(\tau)(d\varphi^2 + d\tau^2)$. 说明 $\rho(\tau)$ 是曲面上的点 (τ, φ) 到旋转轴的距离. 写出测地线 $(\tau(s), \varphi(s))$ 的方程.

11.27. *克莱罗定理*. 证明旋转曲面的纬线的测地曲率半径 (测地曲率的倒数) 等于经线的切线夹在切点和曲面的轴之间的线段 (见图 66).

11.28. (克莱罗定理的另一个形式) 证明: 在旋转曲面上, 沿每条测地线, 纬线半径与测地线和经线夹角的正弦的乘积是常值 (见图 67).

11.29. 证明: 如果旋转曲面上的测地线跟所有遇到的纬线交成定角, 则它是经线, 或纬线, 或曲面是直圆柱面.

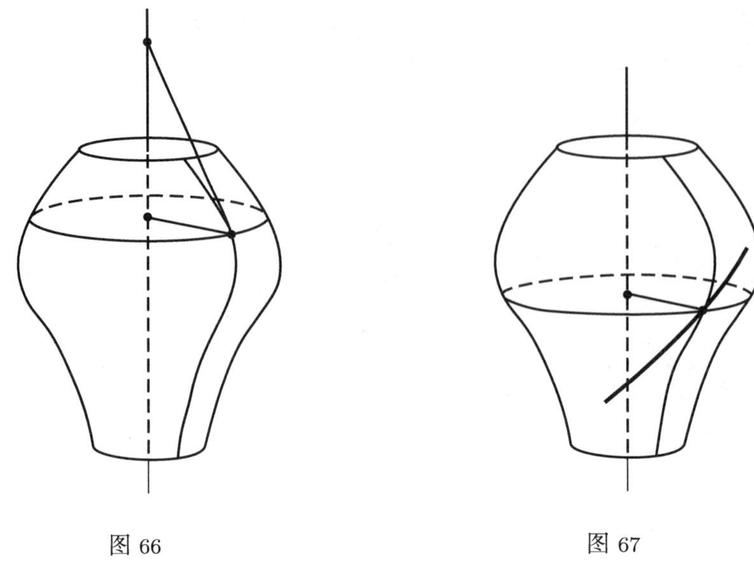

图 66　　图 67

11.30. 证明: 旋转曲面

$$16a^2(x^2+y^2)=z^2(2a^2-z^2)$$

上的所有测地线是闭曲线. 在柱坐标系 (r,φ,z) 中这个曲面的参数表示是

$$r=\frac{a}{4}\cos u,\quad z=a\left(\sin\frac{u}{2}-\cos\frac{u}{2}\right),\quad \varphi=v.$$

11.31. 举旋转曲面的例子, 在该曲面上存在闭测地线, 既不是经线, 也不是纬线. 旋转曲面还应该异于球面和上一个习题的曲面.

我们注意到, 事实上, 具有异于纬线和经线的测地线的曲面的例子并非个别: 许多旋转曲面具有这个性质.

11.32. 举出没有闭测地线的旋转曲面的例子.

11.33. “观察者” 在无穷远处, 即视线互相平行, 那么他所看到的椭球面的轮廓是否是它上面的测地线?

11.34. 考察黎曼流形上的从某个固定点 O 引出的一束测地线. 即在点 O 沿每个方向引出测地线. 在每条测地线上标出沿这条测地线与点 O 同样距离 R 的点. 所得到的点的集合称为半径为 R 的测地球面. 证明测地球面正交于测地半径, 即上述束中的所有测地线.

11.35. 求螺旋线

$$\mathbf{r}(t)=(a\cos t,a\sin t,ht)$$

的测地曲率:

a) 在正螺旋面 $(x(u,v),y(u,v),z(u,v))=(u\cos v,u\sin v,hv)$ 上;

b) 在圆柱面 $(x(u,v),y(u,v),z(u,v))=(a\cos v,a\sin v,u)$ 上.

11.36. 计算曲线 $u=\sinh v,\ 0\leqslant v\leqslant v_0$ 在正螺旋面

$$x=u\cos v,\quad y=u\sin v,\quad z=v$$

上的测地曲率.

11.37. 在度量为 $ds^2=du^2+\cosh^2 u dv^2$ 的曲面上求曲线 $v=\ln\cosh u$ 的测地曲率.

11.38. 证明: 如果曲面上的单参数曲线族的曲线是这样的, 族内任意两条曲线间的正交轨线的弧长彼此相等, 那么正交轨线是测地线.

11.39. 证明: 沿向量 $du\cdot\mathbf{r}_u+dv\cdot\mathbf{r}_v$ 的方向的测地线的挠率 $\varkappa$ 由下述公式给出:

$$-\varkappa=\frac{(LF-ME)du^2+(LG-NE)dudv+(MG-NF)dv^2}{(EG-F^2)(Edu^2+2Fdudv+Gdv^2)}.$$

11.40. 确定旋转曲面

$$(f(u)\cos v,f(u)\sin v,u)$$

的纬线和经线的测地曲率.

11.41. 求度量为 $ds^2=Edu^2+Gdv^2$ 的曲面的坐标曲线的测地曲率.

11.42. 设曲面由曲率为 $k(s)$ 的曲线的切线组成. 在切线上的切点两侧放置长度为 l 的线段. 确定切线曲面上这些线段的端点组成的曲线的测地曲率.

11.43. 证明: 在任意紧致黎曼流形上, 任意两个充分靠近的点可以用测地线连结, 并且有唯一的具有最小长度的测地线.

11.44. 证明: 与黎曼流形的某个等距变换的不动点集合的连通分支重合的光滑曲线是测地线.

11.45. a) 在平面度量中写出环面 T^2 的测地线.

b) 证明: 由粘合顶点为 $\{(0,0),(2,0),(1,0),(2,1)\}$ 的矩形与顶点为 $\{(0,0),(2,0),(1,1),(3,1)\}$ 的平行四边形得到的环面不等距.

c) 考察单位面积的和有公共底边的平行四边形. 说明在什么情形下, 由粘合这样的平行四边形得到的环面是等距的.

d) 写出环面 T^2 上的所有平面度量.

11.46. 证明: 在带罗巴切夫斯基度量 (庞加莱模型) 的开圆盘上, 测地线是圆盘的直径, 或跟圆盘边界交成直角的圆弧.

11.47. 证明: 在带罗巴切夫斯基度量的上半平面上, 测地线是竖直半直线和垂直于绝对形的圆弧, 这里绝对形即横轴.

11.48. 求形如

$$ds^2 = e^{2\lambda(u,v,w)}(du^2 + dv^2 + dw^2)$$

的黎曼度量, 使得曲线 $v = \text{const}$ 和 $w = \text{const}$ 是测地线 (使用这些曲线的适当参数表示).

11.49. 举出下列度量的例子:

a) 使得欧几里得平面非测地完备的度量;

b) 使得开圆盘测地完备的度量.

11.50. 给定常高斯曲率的曲面. 求一个公式, 使其建立起曲面的切向量沿闭曲线 γ 平行移动后的旋转角 α 和由曲线 γ 围成的区域的面积 S 之间的联系.

11.51. a) 求带闭准线的无穷柱面上的所有闭测地线.

b) 对于给定的两个点, 求连结它们的最短线.

c) 在什么情形下任意测地弧是其端点之间的最短线?

11.52. 研究圆锥面上的最短线与顶点的展开角之间的关系. 是否存在经过顶点的最短线?

11.53. 设闭曲面是带圆盘底面的直圆锥面. 这个曲面有奇线, 即其锥面和平面底面连接处的圆周. 针对两个给定点的位置, 写出连结这两个点的最短线: 两个点都在圆锥的侧面上; 两个点都在底面上; 一个在侧面上, 一个在底面上.

11.54. 写出立方体表面和四面体表面上的连结两个点的最短线. 探讨它对于点在曲面上的位置的依赖性.

考察黎曼流形 M 的点 P. 对于向量 $\mathbf{v} \in T_PM$, 用 $\gamma_{\mathbf{v}}(t)$ 表示这样的测地线, $\gamma_{\mathbf{v}}(0) = P$, 并且 $\gamma_{\mathbf{v}}'(0) = \mathbf{v}$. 对于使 $\gamma_{\mathbf{v}}(1)$ 有定义的 $\mathbf{v} \in T_PM$, 用公式 $\exp_P(\mathbf{v}) = \gamma_{\mathbf{v}}(1)$ 定义 *测地指数映射*.

11.55. a) 证明: 映射 $\exp_P$ 给定空间 $T_P(M)$ 的零元的某个邻域 V 和点 P 在 M 内的某个邻域 U 之间的一个微分同胚. 这样一来, $\exp_P$ 确定邻域 $U \subset M$ 内的某个坐标系, 称为 *法坐标系*.

b) 指出, 在中心在点 P 的法坐标下, 度量矩阵是单位矩阵, 而克里斯托费尔符号在点 P 等于零.

c) 考察标准二维球面上的法坐标系. 法坐标系的最大定义域形状怎样.

§12. 曲率张量

12.1. 计算带任意度量的一维流形的曲率张量.

12.2. 计算下列黎曼流形的数量曲率:

a) $\mathbb{R}^3$ 中半径为 R 的球面 S^2;

b) 作为旋转曲面 (见习题 6.1 b)) 嵌入到 $\mathbb{R}^3$ 中的环面 T^2;

c) 由方程 $|z|^2+|w|^2=1$ 和 $|z|=|w|$ 给定的嵌入到 $\mathbb{R}^4=\mathbb{C}^2(z,w)$ 中的环面 T^2;

d) 罗巴切夫斯基平面 (见习题 3.2 和 3.3);

e) $\mathbb{R}^3$ 中的直圆锥面;

f) $\mathbb{R}^3$ 中的圆柱面;

g) $\mathbb{R}^{n+1}$ 中半径为 R 的球面 S^n.

h) 贝尔特拉米曲面 (见习题 6.4 c)).

12.3. 证明: 二维流形的黎曼度量是局部欧几里得度量, 当且仅当它的曲率张量恒等于零.

12.4. 在球面坐标中计算球面 S^2 的曲率张量.

12.5. 设 $ds^2=\lambda(x,y)(dx^2+dy^2)$. 用函数 $\lambda(x,y)$ 及其导数以显式表示这个度量的数量曲率.

12.6. 设 M 是 $\mathbb{R}^n$ $(n>2)$ 中的流形. 设 $x\in M$, 而 P 是 T_xM 的二维子空间. 用公式

$$\sigma(P)=\langle R(\mathbf{e}_1,\mathbf{e}_2)\mathbf{e}_2,\mathbf{e}_1\rangle$$

定义数 $\sigma(P)$, 其中 $\mathbf{e}_1,\mathbf{e}_2$ 是平面 P 内的标准正交基.

数 $\sigma(P)$ 称为曲面 M 在二维平面 P 的方向 *截面曲率*, 或者说, 在二维方向 P 的截面曲率.

a) 证明: $\sigma(P)$ 不依赖于 P 的标准正交系.

b) 证明: 如果 $n=2$, 则截面曲率 $\sigma(P)$ 与曲面 M^2 在点 x 的高斯曲率一致.

c) 设 P 是 T_xM 的二维子空间. 证明公式

$$\sigma(P)=R(V),$$

其中 $R(V)$ 是二维曲面 V 的高斯曲率, 而 V 由这样的测地线组成, 它在点 x 的切向量在平面 P 内.

12.7. 设 S^n 是带诱导度量的 n 维球面 $x_1^2+\cdots+x_{n+1}^2=r^2$.

a) 证明: 球面 S^n 的曲率张量按公式

$$R(\mathbf{X},\mathbf{Y})\mathbf{Z}=\frac{1}{r^2}\left(\langle\mathbf{Y},\mathbf{Z}\rangle\mathbf{X}-\langle\mathbf{X},\mathbf{Z}\rangle\mathbf{Y}\right)$$

计算, 其中 $\mathbf{X},\mathbf{Y},\mathbf{Z}$ 是球面的切向量.

b) 证明: 球面 S^n 的截面曲率是常值, 对于所有 x, $\sigma(P)=1/r^2$.

c) 证明: 度量

$$ds^2 = \frac{4}{1 + K(y_1^2 + \cdots + y_n^2)^2}\,(dy_1^2 + \cdots + dy_n^2)$$

有常截面曲率.

12.8. a) 求度量为 $ds^2 = du^2 + G(u,v)dv^2$ 的曲面的克里斯托费尔符号.

b) 求具有下列度量的曲面的高斯曲率:

$$ds^2 = du^2 + G(u,v)dv^2.$$

12.9. 求具有下列度量的曲面的高斯曲率:

$$ds^2 = du^2 + 2\cos\omega(u,v)dudv + dv^2.$$

12.10. a) 证明: 对于二维曲面, 里奇张量正比于度量张量. 求比例系数.

b) 证明: 在三维流形上等式

$$R_{lmnk} = g_{ln}R_{mk} - g_{lk}R_{mn} - g_{mn}R_{lk} + g_{mk}R_{ln} - \frac{1}{2}\,(g_{ln}g_{mk} - g_{lk}g_{mn})R$$

成立, 其中 R_{lm} 是里奇张量, 而 R 是数量曲率.

12.11. 证明等式:

a) $\nabla^i\Big(R_{ij} - \dfrac{1}{2}Rg_{ij}\Big) = 0$;

b) 对于二维流形, $R_{ij} - \dfrac{1}{2}Rg_{ij} = 0$.

12.12. 设 ∇ 是关于标准欧几里得度量的 $\mathbb{R}^3$ 的典范联络. 考虑新的算子

$$\widetilde{\nabla}_{\mathbf{X}}\mathbf{Y} = \nabla_{\mathbf{X}}\mathbf{Y} + \frac{1}{2}\mathbf{X} \times \mathbf{Y}.$$

证明这是联络. 求它的挠率张量和曲率张量.

12.13. 设 M 是配备了联络的流形, x 是 M 的一个固定点. 设 $Q = \{-1 < u, v < 1\}$ 是正方形, $\mathbf{X}, \mathbf{Y}, \mathbf{Z} \in T_xM$. 再设 $f\colon Q \to M$ 是这样的光滑映射, $f(0,0) = x$, $df(\partial/\partial u) = \mathbf{X}$, $df(\partial/\partial v) = \mathbf{Y}$. 对于 $|t| < 1$, 考虑沿道路 $x \to f(t,0) \to f(t,t) \to f(0,t) \to x$ 的平行移动 τ. 证明:

$$R(\mathbf{X},\mathbf{Y})\mathbf{Z} = \lim_{t\to 0}\frac{1}{t^2}\,(\tau^{-1}\mathbf{Z} - \mathbf{Z}).$$

12.14. 求下列度量的曲率张量的分量 R_{1212}:

a) $ds^2 = du^2 + u^2dv^2$;

b) $ds^2 = du^2 - u^2dv^2$;

c) $ds^2 = a^2(d\theta^2 + \cos^2\theta d\varphi^2),\ a = \text{const}.$

12.15. 满足关系 $R_{ij} = \lambda(x)g_{ij}$ 的黎曼流形称为爱因斯坦空间. 证明:

a) 对于爱因斯坦空间, 等式 $\lambda(x) = R(x)/n$ 成立, 其中 R 是数量曲率, 而 n 是流形的维数;

b) 任意二维流形是爱因斯坦空间.

12.16. 证明: 当 $n > 2$ 时, 爱因斯坦空间的数量曲率是常值.

12.17. 黎曼流形上的爱因斯坦张量由公式

$$G_{ij} = R_{ij} - \frac{R}{2}g_{ij}$$

定义. 证明 $\nabla_k G_i^k = 0$, 其中 $G_i^k = g^{kl}G_{li}$.

12.18. 证明: 如果在 n 维流形上有 n 个共变常值的在每个点线性无关的向量场, 则它有零曲率张量.

12.19. 设维数 $n > 2$ 的流形在每个点的截面曲率是常值的, 即不依赖于二维方向. 这样的流形通常称为 *常曲率* 空间. 证明: 在常曲率空间中, 截面曲率 K 和数量曲率 R 由关系 $K = \dfrac{R}{n(n-1)}$ 相联系.

12.20. 证明: 常曲率空间是爱因斯坦空间. 由习题 12.16 得到, 在常曲率空间中, 当 $n > 2$ 时, 数量曲率是常值, 并且截面曲率既不依赖于点, 也不依赖于二维方向.

12.21. 证明: 在常曲率空间中, 任何对称非退化的共变常值 $(0, 2)$ 型张量的形式是 $a_{ij} = \lambda g_{ij},\ \lambda = \text{const}$.

12.22. 证明: 在度量为

$$ds^2 = 2du^1du^4 + (u^4)^2(du^2)^2 + 2du^2du^3$$

的四维流形上, 曲率张量是共变常值的, 而里奇张量是零.

12.23. 证明: 如果黎曼流形的曲率张量是共变常值的, 并且流形的维数大于 2, 则空间有常曲率.

12.24. 证明: 在 $\mathbb{R}^3$ 中的二维曲面上, 曲率张量的分量可表示成形式

$$R_{ijkl} = K(g_{il}g_{jk} - g_{ik}g_{jl}),$$

其中 K 是高斯曲率.

12.25. 证明: 在某个坐标系中, 克里斯托费尔符号等于零, 当且仅当联络的挠率张量 S_{ij}^k 和曲率张量 R_{ijk}^l 恒等于零.

§13. 微分形式和德拉姆上同调

在这一节中, 称张量

$$\mathbf{v}_1 \wedge \cdots \wedge \mathbf{v}_p = \sum_{\sigma \in S_p} (-1)^\sigma \mathbf{v}_{\sigma(1)} \otimes \cdots \otimes \mathbf{v}_{\sigma(p)}$$

为向量 $\mathbf{v}_1, \ldots, \mathbf{v}_p \in V$ 的外积, 这里 $\dim V = n$, S_p 是 p 个元素的置换群, 而 $(-1)^\sigma$ 是置换 σ 的符号.

按照这个定义, 外形式 $\mathbf{e}^1 \wedge \cdots \wedge \mathbf{e}^n$ 在向量组 $\mathbf{v}_1, \ldots, \mathbf{v}_n$ 的值等于张在 $\mathbf{v}_1, \ldots, \mathbf{v}_n$ 上的平行多面体的体积. 这里 $\mathbf{e}^1, \ldots, \mathbf{e}^n$ 是 V 的对偶空间 V^* 的一组基.

13.1. 证明: 如果向量 $\mathbf{v}_1, \ldots, \mathbf{v}_p \in V$ 线性相关, 则对于任意形式 $T \in \Lambda^p(V^*)$ 有

$$T(\mathbf{v}_1, \ldots, \mathbf{v}_p) = 0.$$

13.2. 证明: 如果形式 $\varphi_1, \ldots, \varphi_p \in V^*$ 线性相关, 则 $\varphi_1 \wedge \cdots \wedge \varphi_p = 0$.

13.3. a) 在极坐标系中写出线性形式 $\omega = f(x^2 + y^2)(xdx + ydy)$.

b) 在极坐标系中写出 $\omega = \sqrt{x^2 + y^2}\, dx \wedge dy$.

c) 在球面坐标系中写出形式 $\omega = xdx + ydy + zdz$.

d) 在球面坐标系中写出形式

$$\omega = \frac{xdy \wedge dz + ydz \wedge dx + zdx \wedge dy}{(x^2 + y^2 + z^2)^{3/2}}.$$

e) 在柱面坐标系中写出前一小题中的形式.

f) 在球面坐标系中写出形式 $\omega = dx \wedge dy \wedge dz$.

13.4. 设映射 $\varphi\colon \mathbb{R}^4 \to \mathbb{R}^4$ 由公式

$$y^1 = x^1 - x^2x^3x^4, \quad y^2 = x^2 - x^1x^3x^4,$$
$$y^3 = x^3 - x^1x^2x^4, \quad y^4 = x^4 - x^1x^2x^3$$

给定, 计算形式 $\varphi^*\omega$, 如果

a) $\omega = y^1dy^1 + y^2dy^2 + y^3dy^3 + y^4dy^4$;

b) $\omega = dy^1 \wedge dy^2 + dy^3 \wedge dy^4$;

c) $\omega = dy^1 \wedge dy^2 \wedge dy^3 \wedge dy^4$.

13.5. 设映射 $\varphi\colon \mathbb{R}^2 \setminus \{0\} \to \mathbb{R}^2 \setminus \{0\}$ 由公式

$$(x, y) \mapsto \left(\frac{x}{\sqrt{x^2 + y^2}}, \frac{y}{\sqrt{x^2 + y^2}}\right)$$

给定, 计算形式 $\varphi^*\omega$, 如果

a) $\omega = xdx + ydy$; b) $\omega = xdy - ydx$;

c) $\omega = (x^2 - y^2)dy - 2xydx$.

13.6. 设映射 $\varphi\colon \mathbb{R}^n \setminus \{0\} \to \mathbb{R}^n \setminus \{0\}$ 由公式

$$\varphi(x) = \frac{x}{\|x\|}$$

给定, 其中 $x = (x^1, \ldots, x^n)$. 对于形式

$$\omega = \sum_{k=1}^{n} (-1)^{k+1} x^k dx^1 \wedge \cdots \wedge \widehat{dx^k} \wedge \cdots \wedge dx^n,$$

求 $\varphi^*\omega$, 并且证明 $d(\varphi^*\omega) = 0$.

13.7. 设 $\omega = \dfrac{xdy - ydx}{x^2 + y^2}$, 求 $\varphi^*\omega$, 如果映射 φ 由下列公式给定:

a) $\varphi\colon (x, y) \mapsto (e^x \cos y, e^x \sin y)$;

b) $\varphi\colon (x, y) \mapsto (\cosh y \cos x, -\sinh y \sin x)$;

c) $\varphi\colon (x, y) \mapsto (x^2 - y^2, 2xy)$.

13.8. 设 $\varphi_1, \ldots, \varphi_n \in V^*$; $\mathbf{v}_1, \ldots, \mathbf{v}_n \in V$. 证明:

$$(\varphi_1 \wedge \cdots \wedge \varphi_n)(\mathbf{v}_1, \ldots, \mathbf{v}_n) = \det(\varphi_i(\mathbf{v}_j)).$$

13.9. 证明: 在局部坐标为 $(x^1, \ldots, x^n)$, 由函数 g_{ij} 的集合给定黎曼度量的定向流形上, 形如 $\sqrt{\det(g_{ij})}\, dx^1 \wedge \cdots \wedge dx^n$ 的表达式是微分形式, 可以确切地定义在整个流形上. 这个形式称为 *体积形式*.

13.10. 证明: 微分形式的外微分运算可以表示成对于流形上任意对称联络的共变梯度运算和交错运算的复合.

13.11. 计算下列微分形式的外微分:

a) $z^2 dx \wedge dy + (z^2 + 2y) dx \wedge dz$;

b) $13xdx + y^2 dy + xyzdz$;

c) $(x + 2y^3)\left(dz \wedge dx + \dfrac{1}{2} dy \wedge dx\right)$;

d) $(xdx + ydy)/(x^2 + y^2)$;

e) $(ydx - xdy)/(x^2 + y^2)$;

f) $f(x^2 + y^2)(xdx + ydy)$;

g) fdg, 其中 f 和 g 是光滑函数;

h) $f(g(x^1, \ldots, x^n))dg(x^1, \ldots, x^n)$.

13.12. 证明嘉当公式

$$(d\omega)(\mathbf{X}, \mathbf{Y}) = \mathbf{X}(\omega(\mathbf{Y})) - \mathbf{Y}(\omega(\mathbf{X})) - \omega([\mathbf{X}, \mathbf{Y}]),$$

其中 ω 是一次微分形式; $\mathbf{X},\mathbf{Y}$ 是向量场. 如果外积由公式

$$\mathbf{v}_1\wedge\cdots\wedge\mathbf{v}_p=\frac{1}{p!}\sum_{\sigma\in S_p}(-1)^{\sigma}\mathbf{v}_{\sigma(1)}\wedge\cdots\wedge\mathbf{v}_{\sigma(p)}$$

定义, 嘉当公式怎样改变?

13.13. 证明前一个习题的下列推广 (也称为嘉当公式):

a) 如果 ω 是 2 次形式, 则

$$\begin{aligned}d\omega(\mathbf{X},\mathbf{Y},\mathbf{Z})=&\mathbf{X}\omega(\mathbf{Y},\mathbf{Z})-\mathbf{Y}\omega(\mathbf{X},\mathbf{Z})+\mathbf{Z}\omega(\mathbf{X},\mathbf{Y})\\&-\omega([\mathbf{X},\mathbf{Y}],\mathbf{Z})+\omega([\mathbf{X},\mathbf{Z}],\mathbf{Y})-\omega([\mathbf{Y},\mathbf{Z}],\mathbf{X}).\end{aligned}$$

b) 如果 ω 是 p 次形式, 则

$$\begin{aligned}d\omega(\mathbf{X}_1,\ldots,\mathbf{X}_{p+1})=&\sum_{i=1}^{p+1}(-1)^{i+1}\mathbf{X}_i\omega(\mathbf{X}_1,\ldots,\widehat{\mathbf{X}}_i,\ldots,\mathbf{X}_{p+1})\\&+\sum_{1\leqslant i<j\leqslant p+1}(-1)^{i+j}\omega([\mathbf{X}_i,\mathbf{X}_j],\mathbf{X}_1,\ldots,\widehat{\mathbf{X}}_i,\ldots,\widehat{\mathbf{X}}_j,\ldots,\mathbf{X}_{p+1}).\end{aligned}$$

设 ω 是 p 次微分形式. 对于向量场 $\mathbf{X}$, 用 $i_{\mathbf{X}}\omega$ 表示 $(p-1)$ 次微分形式, 它在 $\mathbf{X}_1,\ldots,\mathbf{X}_{p-1}$ 的值是

$$i_{\mathbf{X}}\omega(\mathbf{X}_1,\ldots,\mathbf{X}_{p-1})=\omega(\mathbf{X},\mathbf{X}_1,\ldots,\mathbf{X}_{p-1}).$$

形式 $i_{\mathbf{X}}\omega$ 称为形式 ω 和场 $\mathbf{X}$ 的 *内积*.

13.14. 设 ω 是 p 次形式, 而 $\mathbf{X}_0,\ldots,\mathbf{X}_p$ 是向量场. 证明

$$\begin{aligned}&(i_{\mathbf{X}_0}d\omega)(\mathbf{X}_1,\ldots,\mathbf{X}_p)+(di_{\mathbf{X}_0}\omega)(\mathbf{X}_1,\ldots,\mathbf{X}_p)\\&=\mathbf{X}_0\omega(\mathbf{X}_1,\ldots,\mathbf{X}_p)-\sum_i\omega(\mathbf{X}_1,\ldots,[\mathbf{X}_0,X_i],\ldots,\mathbf{X}_p).\end{aligned}$$

13.15. 设 $\mathbf{X}$ 是向量场, 而 ω_1 和 ω_2 是微分形式. 证明

$$i_{\mathbf{X}}(\omega_1\wedge\omega_2)=(i_{\mathbf{X}}\omega_1)\wedge\omega_2+(-1)^r\omega_1\wedge i_{\mathbf{X}}\omega_2,$$

其中 r 是形式 ω_1 的次.

设在向量空间 $\mathbb{R}^n$ 中给定数量积. 引进以下两个运算. 第一个运算, 令每个向量 $\mathbf{X}$ 对应线性型 $\omega=V(\mathbf{X})$, 使得 $\langle\mathbf{X},\mathbf{Y}\rangle=V(\mathbf{X})(\mathbf{Y})$. 第二个运算, 令每个半线性反对称的 p 次形式 ω 以下列方式对应 $(n-p)$ 次形式 $*(\omega)$. 设 $\omega_1,\ldots,\omega_n$ 是线性形式的标准正交基, $\omega=f\omega_{i_1}\wedge\cdots\wedge\omega_{i_p}$, 则 $*(\omega)=(-1)^{\sigma}f\omega_{j_1}\wedge\cdots\wedge\omega_{j_{n-p}}$, 这里 σ 是置换

$$\begin{pmatrix}1&\cdots&p&p+1&\cdots&n\\i_1&\cdots&i_p&j_1&\cdots&j_{n-p}\end{pmatrix}$$

的奇偶性. 这个运算通常称为 "星运算".

我们注意到, 第一个运算就是熟知的空间 V 和空间 V^* 之间的线性同构; 而第二个运算建立了 p 次外形式和 $(n-p)$ 次外形式之间的同构.

13.16. 假定 $\mathbb{R}^3$ 的度量为 $ds^2=\lambda_1 dx^2+\lambda_2 dy^2+\lambda_3 dz^2$, 这里 λ_i 是光滑函数, 以显式写出对于在 $\mathbb{R}^3$ 中给定的 k-形式 $(k=0,1,2,3)$ 实施运算 $*$ 的结果.

13.17. 证明: $*(*T)=(-1)^{k(n-k)}T$.

13.18. 证明: 在空间 $\mathbb{R}^3$ 中, 对于向量场下列公式成立:

a) $\operatorname{grad} F=V^{-1}(dF)$; b) $\operatorname{div}\mathbf{X}=*d*V(\mathbf{X})$;

c) $\operatorname{rot}\mathbf{X}=V^{-1}*dV(\mathbf{X})$.

13.19. 考察带欧几里得度量的 $\mathbb{R}^3$. 证明 2 次形式 $V(\mathbf{X}_1)\wedge V(\mathbf{X}_2)$ 在向量对 $\mathbf{Y}_1$ 和 $\mathbf{Y}_2$ 的值可以用下述公式计算:

$$V(\mathbf{X}_1)\wedge V(\mathbf{X}_2)(\mathbf{Y}_1,\mathbf{Y}_2)=\det(\langle\mathbf{X}_i,\mathbf{Y}_j\rangle).$$

13.20. 说明, 格林公式, 斯托克斯公式和高斯–奥斯特格拉茨基公式都是微分形式的一般斯托克斯公式的特殊情形.

13.21. 导出在由曲面 Σ 包围的体积 V 上的积分公式:

a) $\displaystyle\iiint\limits_V(\varphi\Delta\psi+\langle\operatorname{grad}\varphi,\operatorname{grad}\psi\rangle)\,dV=\iint\limits_\Sigma\varphi\frac{\partial\psi}{\partial\mathbf{n}}d\sigma$;

b) $\displaystyle\iiint\limits_V(\varphi\Delta\psi-\psi\Delta\varphi)\,dV=\iint\limits_\Sigma\Big(\varphi\frac{\partial\psi}{\partial\mathbf{n}}-\psi\frac{\partial\varphi}{\partial\mathbf{n}}\Big)d\sigma$,

其中 $\partial/\partial\mathbf{n}$ 是沿 Σ 的外法向导数.

13.22. 在球面坐标系中求函数的梯度:

a) $u(r,\theta,\varphi)=r^2\cos\theta$; b) $u(r,\theta,\varphi)=3r^2\sin\theta+e^r\cos\varphi-r$;

c) $u(r,\theta,\varphi)=\cos\theta/r^2$.

13.23. 证明:

$$\operatorname{div}\mathbf{v}=\partial_i v^i+v^i\partial_i\ln\sqrt{|g|}=\frac{1}{\sqrt{|g|}}\,\partial_i(\sqrt{|g|}\,v^i).$$

13.24. 计算平面上向量场的散度: a) 在极坐标系中; b) 在椭圆坐标系中; c) 在抛物坐标系中 (见习题 1.1, 1.2, 1.3).

13.25. 计算三维空间中向量场的散度: 在球面坐标系中; 在柱面坐标系中.

13.26. 求从一个坐标卡过渡到另一个时联络形式

$$\omega_k^i=\Gamma_{jk}^i du^j$$

的变换规律. 我们注意, 联络形式一般说来不构成整体定义的微分形式.

13.27. 设在流形 M 上给定了联络. 此时在每个坐标系中定义 1-形式 $\gamma = \Gamma^i_{ki} du^k$.

a) 证明: 2-形式 $d\gamma$ 在这个流形上确切定义, 即不依赖于坐标系的选取.

b) 证明: 当作雅可比行列式为 J 的坐标变换时, 对于形式 γ 要加上 $d(\ln J)$.

c) 证明: 对于黎曼联络,

$$\gamma = d \ln \sqrt{\det(g_{ij})}.$$

13.28. 设 M^n 是度量为 g_{ij} 的黎曼流形, 证明: 体积形式

$$\sqrt{\det(g_{ij})}\, dx^1 \wedge \cdots \wedge dx^n$$

关于 M^n 上的黎曼联络的共变导数等于零.

13.29. 设 $\mathbf{F}$ 是带光滑边界 ∂W 的三维区域 W 内的向量场, $\mathbf{n}$ 是 ∂W 的单位法向量. 证明:

$$\int_W (\operatorname{div} \mathbf{F}) dx dy dz = \int_{\partial W} \langle \mathbf{n}, \mathbf{F} \rangle d\sigma,$$

其中 $d\sigma$ 是 ∂W 上的面积元素, 而 $\langle \mathbf{n}, \mathbf{F} \rangle$ 是数量积.

13.30. 在前一个习题的条件下证明:

$$\int_S \langle \operatorname{rot} \mathbf{F}, \mathbf{n} \rangle d\sigma = \int_{\partial S} (f_1 dx_1 + f_2 dx_2 + f_3 dx_3),$$

其中, S 是带光滑边界 ∂S 的光滑曲面, 而 $\mathbf{F} = (f_1, f_2, f_3)$.

13.31. 从斯托克斯公式导出柯西关于留数的定理.

13.32. 设 p 和 q 是变量 $z^1, \ldots, z^n$ 的多项式; k, l 是实数. 设存在这样的微分形式 w, 使得 $dp \wedge w = pdz$, $dw = ldz$, $dq \wedge w = kqdz$, 证明 $d(p^{-k-l} qw) = 0$. 这里 $dz = dz^1 \wedge \cdots \wedge dz^n$.

13.33. 设 $\omega = \omega_{ij} dx^i \wedge dx^j$ 是流形上非退化的 2-形式, a^{kl} 是其逆张量, 即 $a^{kl} \omega_{li} = \delta^k_i$. 证明下列两个条件等价:

a) 形式 ω 是闭的;

b) 由张量 a^{kl} 给定的光滑函数空间上的运算

$$\{f, g\} = a^{kl} \frac{\partial f}{\partial x^k} \frac{\partial g}{\partial x^l}$$

满足雅可比恒等式.

13.34. 设 $\mathbf{X}_1, \ldots, \mathbf{X}_n$ 是 n 维流形上的线性无关向量场, $\omega^1, \ldots, \omega^n$ 是其对偶 1-形式, 即 $\omega^i(\mathbf{X}_j) = \delta^i_j$. 证明公式

$$d\omega^k = -\frac{1}{2} c^k_{ij} \omega^i \wedge \omega^j,$$

其中光滑函数 c_{ij}^k 由 $[\mathbf{X}_i, \mathbf{X}_j] = c_{ij}^k \mathbf{X}_k$ 定义.

13.35. 证明: 如果在流形上存在最高次的非退化形式, 则流形是可定向的.

13.36. 设 $\omega = \omega_{ij} dx^i \wedge dx^j$ 是流形 M 上非退化的 2-形式. 证明流形 M 的维数是偶数, 并且下列公式成立:

$$\underbrace{\omega \wedge \cdots \wedge \omega}_{n\text{次}} = \pm \frac{1}{n!} \sqrt{\det(\omega_{ij})}\, dx^1 \wedge \cdots \wedge dx^{2n}.$$

其中 $\dim M = 2n$.

13.37. 设在流形上存在非退化的 2-形式, 证明流形是可定向的.

13.38. 设 θ, φ 是球面上的标准坐标. 下列微分形式是否在这个球面上是光滑的:

$$d\theta, \quad d\varphi, \quad \cos\theta d\theta, \quad \sin\theta d\theta, \quad \cos\theta d\varphi, \quad \sin\theta d\varphi, \quad d\theta \wedge d\varphi?$$

在什么情形下可以对于这些形式使用斯托克斯公式?

13.39. 设 Ω 是微分 p-形式, ω 是不等于零的微分 1-形式. 证明: Ω 可表示成形式 $\Omega = \theta \wedge \omega$, 当且仅当 $\Omega \wedge \omega = 0$.

13.40. 设在流形 M 上给定了非退化的 2-形式. 证明: 在 M 上存在 $(1,1)$ 型的张量场 J, 满足条件 $J^2 = -E$, 即 $J_k^i J_m^k = -\delta_m^i$. 这样的场称为 M 上的殆复结构.

13.41. 指出, 有界形式

$$\omega = \frac{xdy - ydx}{z^2}$$

在任何中心在原点的锥面上是闭形式.

13.42. 计算形式 $\Omega = x^2 dy \wedge dz + y^2 dz \wedge dx + z^2 dx \wedge dy$ 在曲面 $x = u + v$, $y = u - v$, $z = uv$ 上的积分, 其中 (u, v) 属于区域 $D = \{-1 < u < 1, -1 < v < 1\}$. 认为坐标系 u, v 是正定向的.

13.43. 在柱面和球面坐标系中写出 $\mathbb{R}^3 - \{0\}$ 中的外微分形式:

$$\Omega = \frac{xdy \wedge dz + ydz \wedge dx + zdx \wedge dy}{(x^2 + y^2 + z^2)^{3/2}}.$$

一光滑曲面相互单值并且光滑地从坐标原点投影到单位球面上, 证明: 这个形式在该曲面上的积分等于投影的面积.

13.44. 考虑形式

$$\omega = \frac{xdy - ydx}{x^2 + y^2}.$$

计算 $d\omega$ 和 $\displaystyle\int_{x^2+y^2=1} \omega$. 由此推出形式 ω 是闭的, 但在 $\mathbb{R}^2 \setminus \{0\}$ 中不是恰当微分.

13.45. 设

$$\omega = \frac{xdy \wedge dz + ydz \wedge dx + zdx \wedge dy}{(x^2 + y^2 + z^2)^{3/2}}$$

计算 $d\omega$. 指出在半空间 $z > 0$ 中存在 1-形式 θ, 使得 $d\theta = \omega$. 指出在 $\mathbb{R}^3 \setminus \{0\}$ 中不存在 1-形式 θ, 使得 $d\theta = \omega$.

13.46. 证明: 流形 M 的有界闭 (恰当) 形式是子流形 $N \subset M$ 的闭 (恰当) 形式.

13.47. 证明: $H^0(\mathbb{R}) = \mathbb{R}$, 而当 $i \neq 0$ 时, $H^i(\mathbb{R}) = 0$.

13.48. 计算任意光滑流形的 0 维德拉姆上同调群.

13.49. 指出, $\mathbb{R}^n$ 上的任意 n 阶形式是恰当的.

13.50. *庞加莱引理*. 证明:

$$H^*(\mathbb{R}^{n+1}) = H^*(\mathbb{R}^n).$$

证明可以依照下列方案进行. 设 $i\colon \mathbb{R}^n \to \mathbb{R}^n \times \mathbb{R}^1$ 由公式 $i\colon x \mapsto (x, 0)$ 给定, 而 $p\colon \mathbb{R}^n \times \mathbb{R}^1 \to \mathbb{R}^n$ 由公式 $p\colon (x, t) \mapsto x$ 给定. 因为 $p \circ i = 1\colon \mathbb{R}^n \to \mathbb{R}^n$, 故 $p^* \circ i^* = 1\colon H^*(\mathbb{R}^n) \to H^*(\mathbb{R}^n)$. 如果指出 $p^* \circ i^*\colon H^*(\mathbb{R}^{n+1}) \to H^*(\mathbb{R}^{n+1})$ 也是恒等映射, 就将导出 $p^*\colon H^*(\mathbb{R}^n) \to H^*(\mathbb{R}^{n+1})$ 和 $i^*\colon H^*(\mathbb{R}^{n+1}) \to H^*(\mathbb{R}^n)$ 是互逆的同构. 用下列方式定义映射 $S\colon \Omega^p(\mathbb{R}^n \times \mathbb{R}^1) \to \Omega^{p-1}(\mathbb{R}^n \times \mathbb{R}^1)$. 形式 $\omega \in \Omega^p(\mathbb{R}^n \times \mathbb{R}^1)$ 唯一地表示成和的形式 $\omega = \omega_1 + \omega_2$, 其中 ω_1 中不出现 dt, 而 ω_2 中出现 dt, ω_2 有形式 $p^*\theta \cdot f(x, t)dt$, 其中 $\theta \in \Omega^{p-1}(\mathbb{R}^n)$. 令 $S(\omega) = p^*\theta \int_0^t f(x, t)dt$.

a) 证明: $(dS - Sd)\omega = (-1)^{p-1}\omega$, 其中 p 是形式 ω 的次.

b) 证明: 映射

$$1 - p^* \circ i^*\colon \Omega^*(\mathbb{R}^n \times \mathbb{R}^1) \to \Omega^*(\mathbb{R}^n \times \mathbb{R}^1)$$

把闭形式转换为恰当形式. 由此导出 $p^* \circ i^*\colon H^*(\mathbb{R}^n \times \mathbb{R}^1) \to H^*(\mathbb{R}^n \times \mathbb{R}^1)$ 是恒等映射.

13.51. 设 $f_t\colon X \times [0, 1] \to Y$ 是光滑映射, 而 ω 是 Y 上的微分形式, $d\omega = 0$. 证明对于 X 上的适当的形式 Ω 有

$$f_0^*(\omega) - f_1^*(\omega) = d\Omega.$$

13.52. 证明: 如果 $f\colon X \to Y$ 是同伦等价, 即存在映射 $g\colon Y \to X$, 使得 $f \circ g \sim \mathrm{id}_Y$, 且 $g \circ f \sim \mathrm{id}_X$, 则 $f^*\colon H^*(Y) \to H^*(X)$ 是同构.

13.53. 证明: 如果流形 X 是可缩的, 那么对于任何闭形式 ω (即 $d\omega = 0$) 方程 $d\Omega = \omega$ 可解.

13.54. 证明: 光滑闭 n 维定向流形的 n 维上同调群是非平凡的.

13.55. 设 M 是闭紧致辛流形, 即在 M 上存在非退化闭 2-形式 $\omega = \omega_{ij}dx^i \wedge dx^j$. 证明: 流形 M 的第二个上同调群非平凡.

13.56. 设 $M = M_1 \cup M_2$ 是两个维数相同的流形的非连通的和. 证明: 对于所有 p 有直和分解 $H^p(M) = H^p(M_1) \oplus H^p(M_2)$.

13.57. 设 $M = M_1 \cup M_2$, 其中 M_1 和 M_2 是开子流形, 并且 $M_1 \cap M_2$ 微分同胚于 $\mathbb{R}^n$. 证明: 对于 $p > 0$, 有 $H^p(M) = H^p(M_1) \oplus H^p(M_2)$.

13.58. a) 证明: 在 $M^n \times \mathbb{R}^m$ 上的闭形式 ω 是恰当的, 当且仅当对于某个 $t \in \mathbb{R}^m$, 形式 ω 在 $M^n \times \{t\}$ 上的限制是恰当形式.

b) 举出这样的流形 M^n 和微分形式 $\omega \in \Omega^p(M^n \times \mathbb{R}^m)$ 的例子, 对于所有 $t \in \mathbb{R}^m$, ω 在 $M^n \times \{t\}$ 上的限制是闭的, 但形式 ω 自身不是闭的.

13.59. a) 证明: 形式 $\omega \in \Omega^1(S^1)$ 是恰当的, 当且仅当 $\displaystyle\int_{S^1} \omega = 0$.

b) 证明: 形式 $\omega \in \Omega^n(S^n)$ 是恰当的, 当且仅当 $\displaystyle\int_{S^n} \omega = 0$.

13.60. 证明: 形式 $\omega \mapsto \displaystyle\int_{S^n} \omega$ 给出同构 $H^n(S^n) = \mathbb{R}$.

13.61. 计算 S^n 的上同调群.

13.62. 计算下列空间的上同调群:

a) 环面 T^2;

b) 缺 k 个点的平面 $\mathbb{R}^2$;

c) 克莱因瓶;

d) 射影空间 $\mathbb{R}P^2$;

e) 缺 k 个点的 $\mathbb{R}^n$.

13.63. 证明: 在球面 S^n $(n > 1)$ 上, 不存在在每个点都非零的 1-形式.

13.64. 设 M 是闭流形, 在它上面存在非退化的闭 2-形式. 证明: $\dim H^2(M) > 0$.

13.65. a) 设 $\mathbf{X}_1, \mathbf{X}_2, \mathbf{X}_3$ 是球面 S^3 上的两两交换的向量场. 证明: 它们不可能在球面的所有的点都线性无关.

b) 举出球面 S^3 上的两个向量场的例子, 它们是互相交换的, 并且在球面的每个点都线性无关.

13.66. 布劳威尔定理.

a) 证明: 不存在使球面 S^{n-1} 的点保持不动的连续映射 $r\colon \overline{D}^n \to \partial\overline{D}^n = S^{n-1}$. 为此考察 r 和 $i\colon S^{n-1} \to \overline{D}^n$ (S^{n-1} 到球 D^n 的边界球面的嵌入) 的复合和它在球面的上同调群内诱导的映射. 这里 $\overline{D}^n$ 是闭球.

b) 证明: 球 $\overline{D}^n$ 到自身的所有连续映射必定具有不动点.

13.67. 考察球面 S^2 和它上面的赤道 S^1. 证明: 不存在使 S^1 保持不动的连续映射 $S^2 \to S^1$.

13.68. a) 证明: 不存在这样的连续映射 $f\colon S^2 \to S^1$, 使得对于所有 $x \in S^2$ 有 $f(-x) = -f(x)$.

b) 设 $f\colon S^2 \to \mathbb{R}^2$ 是这样的连续映射, 使得对于所有 $x \in S^2$ 有 $f(-x) = -f(x)$. 证明: 存在点 $x \in S^2$, 在该点 $f(x) = 0$.

13.69. 设 M 是带边界 ∂M 的定向流形. 证明: 不存在在边界上不动的连续映射 $M \to \partial M$. 证明可以仿布劳维尔定理的证明进行.

§14. 拓扑

14.1. 证明: 拓扑空间 X 的子集 Y 的内部 $\operatorname{Int} Y$ 的两个定义的等价性:

a) $\operatorname{Int} Y$ 是空间 Y 的所有内点的集合, 所谓内点, 是连同自己的某个邻域一起含于 Y 内的点.

b) $\operatorname{Int} Y$ 是包含于 Y 内的最大开集, 即

$$\operatorname{Int} Y = \bigcup_{U \in \tau(X), U \subseteq Y} U.$$

14.2. 证明: 拓扑空间 X 的子集 Y 的闭包 $\overline{Y}$ 的两种定义的等价性:

a) $\overline{Y}$ 是集合 Y 的所有接触点的集合, 所谓接触点是这样的点, 其所有邻域内有 Y 的点.

b) $\overline{Y}$ 是包含 Y 的最小闭集, 即

$$\overline{Y} = \bigcap_{F\text{是闭集}, F \supseteq Y} F.$$

14.3. 证明: $\operatorname{Int} Y$ 是开集, 而 $\overline{Y}$ 是闭集.

14.4. 证明:

a) Y 是开集, 当且仅当 $Y = \operatorname{Int} Y$;

b) Y 是闭集, 当且仅当 $Y = \overline{Y}$.

14.5. 证明: $\overline{A \cup B} = \overline{A} \cup \overline{B}$. 说明 $\overline{A \cap B}$ 可能与 $\overline{A} \cap \overline{B}$ 不一致.

14.6. 说明 $\operatorname{Int}(A \cup B)$ 可能与 $\operatorname{Int} A \cup \operatorname{Int} B$ 不一致. 证明: $\operatorname{Int}(A \cap B) = \operatorname{Int} A \cap \operatorname{Int} B$.

14.7. 设 $G \subset \mathbb{R}^1$ 是直线上的开集. 证明 G 是不交开区间的并集.

14.8. 证明: 线段 $[0,1]$ 上的康托尔集是闭集.

14.9. 设集合 X 由三个点组成. 写出它上面的所有拓扑. 它们当中有多少是豪斯多夫空间? 多少连通空间? 多少道路连通空间?

14.10. 证明: 在豪斯多夫拓扑空间中, 所有单点子集是闭的.

14.11. 证明: 两个豪斯多夫拓扑空间的拓扑乘积是豪斯多夫空间.

14.12. 证明: 拓扑空间 X 是豪斯多夫空间, 当且仅当对角集 $\Delta = \{(x_1, x_2) \mid x_1 = x_2\}$ 在 $X \times X$ 内是闭的.

14.13. 设 X 是无穷集. 规定它的有限子集是闭集. 检验我们得到非豪斯多夫拓扑.

14.14. 设 X 是度量空间. 证明: 每个单点集是闭集.

14.15. 证明: 度量拓扑空间满足豪斯多夫分离公理.

14.16. 平面 (直线) 上的两个不相交的闭集之间的距离总大于零, 正确吗?

度量空间 X 到自身的映射 $f\colon X \to X$ 称为压缩映射, 如果存在实常数 $\lambda < 1$, 使得对于任意两个点 $x, y \in X$ 有 $\rho(f(x), f(y)) \leqslant \lambda\rho(x, y)$.

14.17. 证明: 度量空间的任何压缩映射是连续的.

14.18. 证明: 完备度量空间到自身的压缩映射必定具有不动点, 并且它是唯一的.

14.19. 举例说明, 习题 14.18 中的完备性条件不能取消.

14.20. 证明: 对于任意紧统 $K \subset \mathbb{R}^n$, 存在实函数 f, 使得 $K = f^{-1}(0)$.

14.21. 举出度量空间的例子, 其中存在两个球, 半径大的球严格包含在半径小的球内.

14.22. 设 (X, ρ_X) 和 (Y, ρ_Y) 是度量空间. 在 $X \times Y$ 上定义下列 "距离":

$$\rho_{\max}((x_1, y_1), (x_2, y_2)) = \max(\rho_X(x_1, x_2), \rho_Y(y_1, y_2)),$$
$$\rho_2((x_1, y_1), (x_2, y_2)) = (\rho_X^2(x_1, x_2) + \rho_Y^2(y_1, y_2))^{1/2},$$
$$\rho_+((x_1, y_1), (x_2, y_2)) = \rho_X(x_1, x_2) + \rho_Y(y_1, y_2).$$

证明:

a) 这些是 $X \times Y$ 上的度量;

b) 在 $X \times Y$ 上对应于它们的拓扑一致.

14.23. 证明: 拓扑空间连续映射 $f\colon X \to Y$ 的下列定义的等价性: 映射 f 连续, 当且仅当

a) 对于任何开集 $U \subset Y$, 逆像 $f^{-1}(U) \subset X$ 也是开集;

b) 对于任何闭集 $F \subset Y$, 逆像 $f^{-1}(F) \subset X$ 也是闭集;

c) 对于任何点 $x \in X$ 和它的像 $f(x) \in Y$ 的任何邻域 U, 存在点 x 的邻域 V, 使得 $f(V) \subseteq U$;

d) 在 Y 是豪斯多夫空间的条件下, f 的图, 即集合 $\{(x, y)\colon f(x) = y\}$ 在 $X \times Y$ 内是闭集.

14.24. 设 $f\colon E \to F$, $E = A \cup B$, $A = \overline{A}$, $B = \overline{B}$, 那么 f 连续, 当且仅当 $f|_A$ 和 $f|_B$ 都连续. 如果 $A \neq \overline{A}$, 一般这不成立, 试举例说明.

14.25. 证明: 如果 $f_n\colon X \to Y$ 是连续映射的序列, 而 f_n 一致收敛到 f (这里, X 和 Y 是度量空间), 那么 f 连续.

14.26. 设映射 $f\colon X \to X$ 连续, 而拓扑空间 X 是豪斯多夫空间. 证明: 映射 f 的不动点的集合 $\{x \in X\colon f(x) = x\}$ 是闭集. 举例说明, 豪斯多夫空间的条件不能取消.

14.27. 设拓扑空间 Y 是豪斯多夫空间, 而映射 $f\colon X \to Y$ 和 $g\colon X \to Y$ 连续. 证明: 集合 $\{x \in X\colon f(x) = g(x)\}$ 是闭的. 说明, 豪斯多夫空间的条件不能取消.

14.28. 设 A 是拓扑空间 X 内的处处稠密的子集, 而 Y 是豪斯多夫空间. 再设连续映射 $f\colon X \to Y$ 和 $g\colon X \to Y$ 使得 $f|_A = g|_B$. 证明: 对于所有 $x \in X$, $f(x) = g(x)$.

14.29. 证明: 直线上的所有闭集是自己的某个可数子集的闭包.

14.30. 构造度量空间 X 的这样的例子, 它的某个子集 $Y \subset X$ (指明 Y) 是闭的和有界的但不是紧统.

14.31. 设映射 $f\colon E \to F$ 是连续的满射, 且 E 是紧致的. 证明 F 是紧致的.

14.32. 证明: 正方体 I^n 是紧致空间.

14.33. 证明: n ($n < \infty$) 维球面是紧致的. 对于 $n = \infty$, 这成立吗?

14.34. 设 $X \subset Y$, 而 Y 是紧致空间. 证明: X 是紧致空间, 当且仅当 X 是闭空间.

14.35. 指出, 3×3 正交矩阵的群是紧致拓扑空间.

14.36. 证明: n 维欧几里得空间的正交变换的群是紧致拓扑空间.

14.37. 说明 $GL(n, \mathbb{R})$, $SL(n, \mathbb{R})$, $SL(n, \mathbb{C})$, $U(n)$, $SU(n)$, $SO(n)$ 是否是紧致的.

14.38. 设 X 是紧致的, Y 是度量空间, $f\colon X \to Y$ 是连续映射. 证明: f 是一致连续映射.

14.39. 设 A 和 B 是某个拓扑空间的连通子集, 并且 $A \cap \overline{B} \neq \emptyset$. 证明 $A \cup B$ 是连通的.

14.40. 证明: 如果 E, F 是连通的, 则 $E \times F$ 是连通的.

14.41. 设 $f\colon X \to Y$ 是连续映射, 它的像同 Y 重合. 证明: 如果 X 是连通 (道路连通) 的, 则 Y 也是连通 (道路连通) 的.

14.42. 证明:

a) 区间 $0 < x < 1$, $0 \leqslant x \leqslant 1$, $0 \leqslant x < 1$ 是连通和道路连通的;

b) 如果 $A \subset \mathbb{R}^1$ 是连通的, 则 A 有形式 $a < x < b$, $a \leqslant x \leqslant b$, $a < x \leqslant b$ 或 $a \leqslant x < b$, 其中 a, b 可以取 $\pm\infty$.

14.43. 证明: 正方体 I^n 和球面 S^n 是连通的.

14.44. 设 X 是紧致连通度量空间. 是否可以用连续的道路连结它的任意两个点?

14.45. 证明: $SO(n)$ 是连通拓扑空间; $O(n)$ 由两个连通分支组成. 证明: $U(n)$, $SU(n)$ 是连通拓扑空间.

14.46. 证明: 群 $GL(n, \mathbb{C})$ 看做所有 $n \times n$ 复矩阵空间的子集是连通开子集.

14.47. 证明: 行列式为正的 $n \times n$ 实矩阵群 $GL^+(n, \mathbb{R})$ 是连通拓扑空间.

14.48. 证明: $n \times n$ 实非退化矩阵的群 $GL(n, \mathbb{R})$ 是由两个连通分支组成的拓扑空间.

14.49. 证明: 拓扑空间的连通子集的闭包是连通的.

14.50. 设 A 和 B 是拓扑空间 X 的子集. 如果 $A \cup B$ 和 $A \cap B$ 是连通的, 则 A 和 B 也是连通的, 这正确吗? 回答关于道路连通的类似问题.

14.51. 设 A 和 B 同时是拓扑空间的闭集, 或开集. 如果 $A \cup B$ 和 $A \cap B$ 是连通的, 则 A 和 B 也是连通的.

14.52. a) 证明: 从拓扑空间的给定子集通过取闭包和取内部可得到的不同的子集不多于七个. 举出 $\mathbb{R}^1$ 的子集的例子, 从它刚好得到七个不同的子集.

b) 证明: 从拓扑空间的给定子集通过取闭包和取补集可得到不多于 14 个不同的子集.

14.53. 设 Y 是 X 的连通 (道路连通) 子空间. 研究内部 $\operatorname{Int} Y$ 和边界 $\partial Y = \overline{Y} \setminus \operatorname{Int} Y$ 的连通性 (道路连通性).

14.54. 证明: 如果 X 是连通紧致空间, 而 $f\colon X \to \mathbb{R}^1$ 是连续映射, 则 f 的像是闭区间.

14.55. 设 A 是 $\mathbb{R}^n$ 的开子集. 证明下列条件等价:

a) A 是连通的;

b) A 是道路连通的;

c) A 的任意两个点可以用由有限个线段组成的完全在 A 内的折线连结.

14.56. 证明: 下列集合 A 连通, 但不是道路连通的.

a) A 由函数 $y = \sin \dfrac{1}{x}$ $(x \neq 0)$ 的图像和线段 $\{(0, y)\colon y \in [-1, 1]\}$ (笛卡儿坐标) 组成.

b) A 由圆周 $r = 1$ 和螺线 $r = e^{-1/\varphi}$ $(\varphi > 0)$ 组成.

14.57. 举出两个度量空间 X 和 Y 以及映射 $f\colon X \to Y$ 和 $g\colon Y \to X$ 的例子, f 和 g 都是相互单值和连续的, 但 X 和 Y 不同胚.

我们提醒, 相互单值意味着映射同时是满射和单射.

14.58. 举出两个同胚拓扑空间的连续的双射映射 $f\colon X\to Y$ 但非同胚映射的例子.

14.59. 证明: 开圆盘 $x^2+y^2<1$ 和平面 $\mathbb{R}^2(x,y)$ 同胚. 证明: 开正方形 $\{|x|<1, |y|<1\}$ 和平面 $\mathbb{R}^2(x,y)$ 同胚. 证明: 开区间 $0<x<1$ 和开正方形 $\{|x|<1, |y|<1\}$不同胚.

14.60. 证明: 立方体 $\{|x_i|\leqslant 1, i=1,2,\ldots,n\}$ 和球 $\left\{\sum\limits_{i=1}^{n} x_i^2\leqslant 1\right\}$ 同胚. 证明: 开立方体和开球微分同胚.

14.61. 证明: 球 $\left\{\sum\limits_{i=1}^{n} x_i^2\leqslant 1\right\}$ 和上半球面 $\left\{\sum\limits_{i=1}^{n+1} x_i^2=1,\ x_{n+1}\geqslant 0\right\}$ 同胚.

14.62. 证明: 椭球面 $\left\{\sum\limits_{i=1}^{n+1}\dfrac{x_i^2}{a_i^2}=1\right\}$ 同胚于球面 S^n.

14.63. 开区间 $0\leqslant x\leqslant 1$ 和字母 T 是否同胚?

14.64. 证明: 开区间 $(-1,1)$ 同胚于直线 $(-\infty,\infty)$. 证明: 任意两个开区间同胚.

14.65. 球和球面是否同胚?

14.66. 证明下列同胚:

a) $\mathbb{R}^n\setminus\mathbb{R}^k\approx S^{n-k-1}\times\mathbb{R}^{k+1}$;　　b) $S^n\setminus S^k\approx S^{n-k-1}\times\mathbb{R}^{k+1}$.

14.67. 证明空间的同胚:

$$\mathbb{R}^3\setminus S^1 \quad 和 \quad \mathbb{R}^3\setminus(\{y=z=0\}\cup\{(1,1,1)\}).$$

14.68. 证明:

a) 空间 $\mathbb{R}^1$ 和 $\mathbb{R}^2$ 不同胚;

b) 空间 $\mathbb{R}^1$ 和 $\mathbb{R}^n$ $(n>1)$ 不同胚.

14.69. 证明: 对于任何拓扑空间 X, 它的平方 $X\times X$ 不同胚于 $\mathbb{R}$.

14.70. 设 $f\colon D^2\to D^2$ 是同胚. 证明: 此时边界圆周映射到边界圆周.

14.71. 证明: 球面 S^2 不同胚于 $\mathbb{R}^2$ 的任何子空间.

14.72. 确定曲面的类型, 曲面分别由按照下列字的示意粘合六边形的边而得到:

a) $abca^{-1}b^{-1}c^{-1}$;　　b) $abca^{-1}b^{-1}c$.

14.73. 考察由两个同心球面包围的球壳. 一条拓扑虫在球壳中从一个边界球面边咬边穿行在球壳中, 其通路像图 68 所示的那样打结. 确定包围所得到的空间体的曲面的类型.

14.74. 给出俄文字母表的同胚分类.

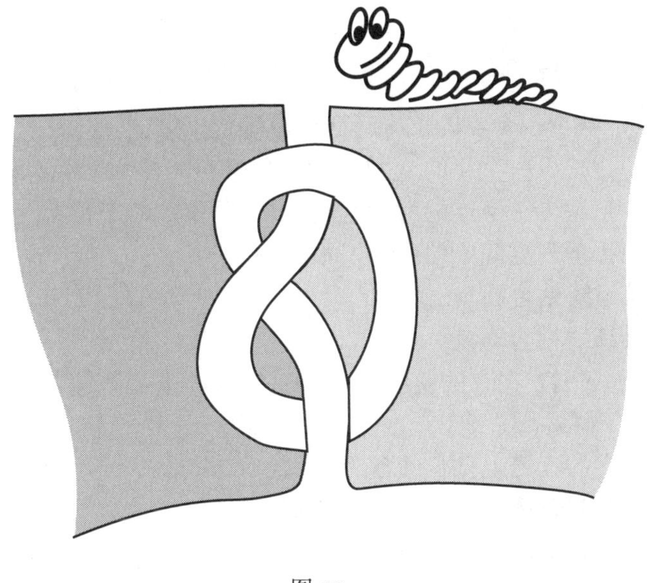

图 68

§15. 同伦, 映射度和向量场的指标

15.1. 证明: $f\colon X\to Y$ 与到点映射①同伦, 如果

a) $X=\mathbb{R}^n$; b) $Y=\mathbb{R}^n$.

15.2. 设 f 是从单位闭区间 $[0,1]$ 到自身的映射, 并且 $f(0)=0$, $f(1)=1$. 证明: 存在这样的同伦, 它使闭区间端点保持不动, 且把映射 f 变换到恒等映射.

15.3. 向量空间 $\mathbb{R}^n$ 可以在自身之内收缩到点吗?

15.4. 设空间 X 在自身之内收缩到点. 证明带相同端点的两个道路彼此同伦 (同伦使端点保持不动).

15.5. 证明: 在球面 S^n 上, 这里 $n>1$, 任意两个道路同伦 (端点相同时, 同伦保持端点不动).

15.6. 给出俄文字母表的同伦分类.

15.7. a) 证明: 二维平面圆环同伦等价于圆周.

b) 证明: 默比乌斯带同伦等价于圆周.

15.8. a) 证明: 从平面去掉原点得到的空间 $\mathbb{R}^2\setminus\{0\}$ 同伦等价于圆周.

b) 证明: $\mathbb{R}^n\setminus\{x_1,\ldots,x_k\}$, 其中 $x_1,\ldots,x_k$ 是 $\mathbb{R}^n$ 的不同的点, 同伦等价于 $n-1$ 维的 k 个球面的束.

我们回忆: 连通空间 $X_1,\ldots,X_k$ 的 *束* 的定义. 在每个空间中取一个点 $p_i\in X_i$. 在不连

①同伦于常值映射的映射称为到点映射. ——译者注

通的并集 $X_1 \cup X_2 \cup \cdots \cup X_k$ 中, 把点 $p_1, \ldots, p_k$ (仅仅是它们) 等同为一个点. 这样得到的空间称为空间 $X_1, \ldots, X_k$ 的束, 记为 $X_1 \vee X_2 \vee \cdots \vee X_k$.

15.9. 证明: 缺少一个点的二维环面同伦等价于束 $S^1 \vee S^1$.

15.10. 说明, 缺少一个点的 n 维环面同伦等价于什么.

15.11. 说明, 缺少一个点的射影空间 $\mathbb{R}P^n$ 同伦等价于什么.

15.12. 说明, 下列空间 (见图 69) 同伦等价于什么:

a) 环面, 其经线粘合圆盘;

b) 环面, 其纬线粘合圆盘;

c) 环面 $(e^{i\varphi}, e^{i\psi})$, 在它的轨线 $(e^{2\pi it/p}, e^{2\pi it/q})$ 上粘合圆盘, 其中 p, q 是互素整数;

d) 球面, 在它的赤道上粘合圆盘;

e) 球面, 在它上面叠合两个点;

f) 球面, 在它上面叠合 p 个点.

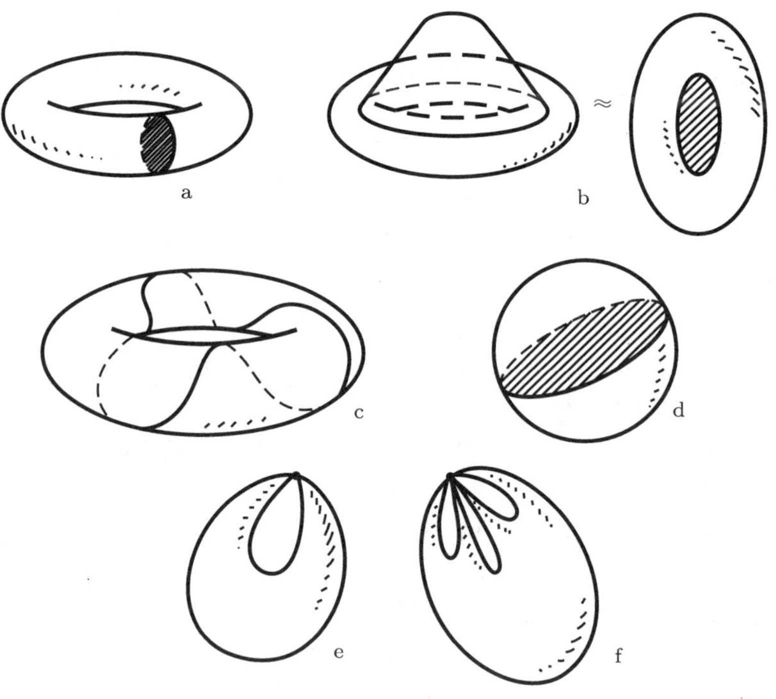

图 69

15.13. 考察道路连通的充分好的空间 (比如流形) X 和 Y. 在每一个上任意取 k 个两两不同的点 $x_1, \ldots, x_k \in X$ 和 $y_1, \ldots, y_k \in Y$. 对于 $i = 1, \ldots, k$ 叠合

点 x_i 和 y_i. 证明这样得到的空间 (见图 70) 同伦等价于 $X \vee Y \vee S^1 \vee \cdots \vee S^1$, 其中圆周 S^1 出现 $k-1$ 次.

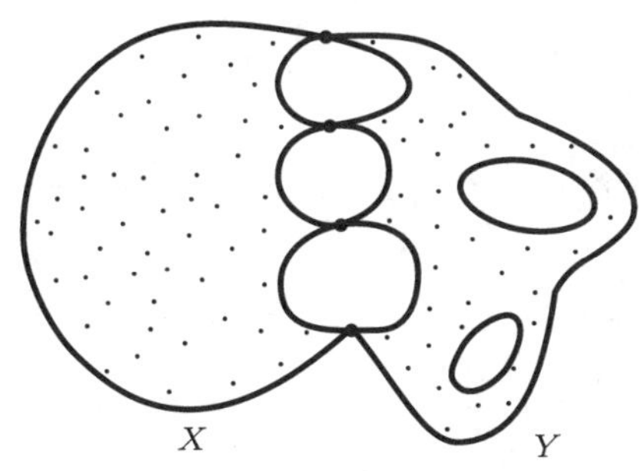

图 70

15.14. 证明下列同伦等价:

a) $\mathbb{R}^n \setminus \mathbb{R}^k \sim S^{n-k-1}$;

b) $S^n \setminus S^k \sim S^{n-k-1}$;

c) $\mathbb{R}^n \setminus S^1 \sim S^{n-k-1} \vee S^{n-1}$;

d) 在 $\mathbb{R}^n$ 中考察维数分别为 $k_1, \ldots, k_j$ 的两两不相交的仿射子空间 $\Pi^{k_1}, \ldots, \Pi^{k_j}$. 空间 $\mathbb{R}^n \setminus (\Pi^{k_1} \cup \cdots \cup \Pi^{k_j})$ 同伦等价于球面的怎样的束?

e)* 在 S^n 上考察两两不相交的球面 $S^{k_1}, \ldots, S^{k_j}$. 空间 $S^n \setminus (S^{k_1} \cup \cdots \cup S^{k_j})$ 同伦等价于球面的怎样的束?

15.15. 证明: 任意向量场同伦于零向量场.

15.16. 证明: 在连通流形上, 在带孤立奇点的向量场的类中, 带若干个孤立奇点的向量场同伦于带一个奇点的向量场.

15.17. 证明: 如果在同伦下 (在带孤立奇点的场的类中) 向量场 $\mathbf{v}$ 的两个奇点 X_1 和 X_2 合并成一个, 则它的指标等于指标和 $\operatorname{ind}_{X_1}\mathbf{v} + \operatorname{ind}_{X_2}\mathbf{v}$.

15.18. 对于下面一系列复解析函数 $f(z)$, 在 $\mathbb{R}^2$ 上描绘流

$$\mathbf{v}_1 = \operatorname{grad} \operatorname{Re} f(z), \quad \mathbf{v}_2 = \operatorname{grad} \operatorname{Im} f(z)$$

的积分轨道的分布的定性图.

求流 $\mathbf{v}_1, \mathbf{v}_2$ 的奇点.

研究奇点的稳定性.

描绘在球面 S^2 (完备的平面 $\mathbb{R}^2$: $S^2 = \mathbb{R}^2 \cup \{\infty\}$) 上的流 $\mathbf{v}_1, \mathbf{v}_2$ 的轨道的定性图.

描述这些向量场在 $z=0$ 的奇性在起始函数 $f(z)$ 小的摄动下的衰减过程, 对于在摄动中得到的函数 $g(z)$, 向量场 $\mathbf{v}_1, \mathbf{v}_2$ 的所有奇点是非退化的:

a) $f(z) = z^n$ (n 是整数);　b) $f(z) = z + \frac{1}{z}$ (儒可夫斯基函数);

c) $f(z) = z + \frac{1}{z^2}$;　d) $f(z) = \frac{z+1}{z-2}$;

e) $f(z) = \ln z$;　f) $f(z) = \ln \frac{z-a}{z-b}$;

g) $f(z) = z^4(2(z-5)^2 + 12z^6)$ (在点 $z = 0$ 的邻域内研究);

h) $f(z) = z^3(z-1)^{100}(z-2)^{900}$;　i) $f(z) = 2z - \ln z$;

j) $f(z) = 1 + z^4(z^4-4)^{44} \cdot (z^{44}-44)^{444}$ (在点 $z = 0$ 的邻域内研究);

k) $f(z) = \frac{1}{100} \ln \left(\frac{z-2i}{z-4}\right)^3$;　l) $f(z) = \frac{1}{z^2+2z-1}$;

m) $f(z) = \frac{2}{z} + 21 \ln(z^2)$;　n) $f(z) = z^5 + 2 \ln z$;

o) $f(z) = 2 \ln(z-1)^2 - \frac{4}{3} \ln(z+10i)^3$;　p) $f(z) = \frac{1}{z^3} - \frac{1}{3(z-i)^3}$;

q) $f(z) = \left(2 + \frac{5i}{2}\right) \ln \frac{4z-2}{64z+i}$;　r) $f(z) = \left(1 - \frac{i}{2}\right)^4 \ln \left(\frac{18z-i}{10z+1}\right)^2$.

15.19. 求向量场 $\operatorname{grad} \operatorname{Re} f(z)$ 和 $\operatorname{grad} \operatorname{Im} f(z)$ 的奇点的指标, 其中

a) $f(z) = z^n$;　b) $f(z) = z^{-n}$;　c) $f(z) = \ln z$;

d) $f(z) = z + \frac{1}{z}$;　e) $f(z) = \ln \frac{z-a}{z-b}$.

15.20. 证明: 在所有连通紧致闭流形上存在恰好有一个奇点的光滑向量场. 求这个点作为向量场的奇点的指标.

15.21. 设某个非紧致流形 M 是某个紧致闭流形的开区域. 证明 M 上存在没有奇点的向量场.

15.22. 在下列定向曲面上构造恰好具有两个奇点的向量场:

a) 球面;

b) 环面;

c) 带 g 个环柄的球面.

15.23. 在下列曲面上构造有一个奇点的光滑向量场:

a) 球面;

b) 环面;

c) 双环面;

d) 带 g 个环柄的球面;

e) 射影平面;

f) 克莱因瓶;

g) 带 k 条默比乌斯带的球面.

求这些奇点的指标.

15.24. 证明: 向量场沿曲面上的闭曲线的 (旋转) 指标, 在不通过向量场的奇点的同伦下, 保持不变.

15.25. 证明: 如果向量场在围道内没有奇点, 则向量场沿闭曲线的指标等于零.

15.26. 证明: 向量场沿闭曲线的指标等于向量场在围道内奇点的指标的和.

15.27. 证明:

a) 在球面 S^2 上;

b) 在射影平面 $\mathbb{R}P^2$ 上,

不存在没有奇点的光滑向量场.

15.28. 证明: 在克莱因瓶上存在没有奇点的光滑向量场. 证明: 对于克莱因瓶上任意两个光滑向量场, 存在这样的点, 在该点它们线性相关.

15.29. 求向量场 $\mathbf{X}$ 在超曲面 Γ 上的度:

a) $\boldsymbol{\xi} = A\begin{pmatrix} x \\ y \end{pmatrix}$, 其中 $A \in SO(2)$, 而 Γ: $\dfrac{x^2}{a^2} + \dfrac{y^2}{b^2} = 1$;

b) $\boldsymbol{\xi} = A_z(\varphi)\begin{pmatrix} x \\ y \\ z \end{pmatrix}$, 其中 $A_z(\varphi)$ 是绕 Oz 轴旋转角 φ 的矩阵, 而 Γ: $\dfrac{x^2+y^2}{a^2} + \dfrac{z^2}{b^2} = 1$.

15.30. 求向量场 $\mathbf{X}$ 在超曲面 Γ 上的度:

a) $\mathbf{X} = \left(x^2 + y^2 - 1, \dfrac{x^2}{4} + 4y^2 - 1\right)$, Γ: $5x^2 - 6xy + 5y^2 - 3 = 0$;

b) $\mathbf{X} = (2z^2 - y^2 - 4, 2x^2 + z^2 - 1, x^2 + y^2 + z^2 - 1)$, Γ: $x^2 + \dfrac{y^2}{9} + z^2 = 1$;

c) $\mathbf{X} = (y^2 + 3z^2 - x^2 - 4, x^2 + 2y^2 + z^2 - 1, x^2 - y^2 + 2)$, Γ: $x^2 + y^2 + z^2 = 9$.

15.31. 证明: 两个向量场在任意 2 维闭曲面上的指标相等. 对于任意维数的流形这个断言正确吗?

15.32. 设 $\mathbf{v}(x)$ 是 $\mathbb{R}^2$ 上的光滑向量场; L 是平面 $\mathbb{R}^2$ 上自相交的光滑围道; j_L 是向量场 $\mathbf{v}(x)$ 对于围道 L 的指标; J 是向量场 $\mathbf{v}$ 和 L 内切的切点数; E 是向量场 $\mathbf{v}$ 和 L 外切的切点数. 证明: 如果场与围道的切点个数和围道个数有限, 则 $j_L \leqslant (2 + J - E)/2$.

15.33. 考察黎曼流形 M^n 上的向量场 $\mathbf{v} = \operatorname{grad} f$, 这里 f 是光滑函数. 设 $x_0 \in M^n$ 是场 $\mathbf{v}$ 的孤立奇点, 即 $\mathbf{v}(x_0) = 0$. 设函数 f 的黑塞矩阵 $\left(\dfrac{\partial^2 f}{\partial x_i \partial x_j}\right)$ 在点 x_0 是非退化的矩阵, 并且它的指数 (负特征值的个数) 等于 λ. 证明 $\operatorname{ind}_{x_0}\mathbf{v} = (-1)^\lambda$.

15.34. 设 $M^{n-1} \subset \mathbb{R}^n$ 是光滑超曲面, 而 ζ: $M^{n-1} \to S^{n-1}$ 是高斯映射. 设

l 是过原点和点 $x \in S^{n-1}$ 的直线. 考察由 M^{n-1} 在 l 上的正交投影给定的高度函数 $f_l\colon M^{n-1} \to \mathbb{R}$.

a) 证明: f_l 的所有临界点是在高斯映射 ζ 下点 x 和 $-x$ 的原像.

b) 证明: 函数 f_l 在临界点的黑塞矩阵与映射 ζ 在同样的点计算的雅克比矩阵一致.

15.35. 设 $A \in GL(n,\mathbb{R})$. 求向量场的奇点和它们的指标, 向量场在点 $x \in \mathbb{R}^n$ 的值等于:

a) Ax, b) $Ax + x_0$, 其中 $x_0 \in \mathbb{R}^n$.

15.36. 求映射 $f\colon S^1 \to S^1$, $f(z) = z^k$, $z \in S^1 \subset \mathbb{C}$, $|z| = 1$ 的临界点和临界值. 求它的映射度.

15.37. a) 求映射 $f\colon S^2 \to S^2$ 的临界点和临界值, 其中 $f(z) = z^3 + 3z^2 + 3z + 1$, 这里的 S^2 是扩充复平面, 即 $S^2 = \mathbb{C} \cup \{\infty\}$. 求它的映射度.

b) 对于 $f(z) = z^3 - 3z^2 - 9z + 27$ 做同样的事情.

c) 考察一般情形 $f(x) = z^n + a_1 z^{n-1} + \cdots + a_n$, $a_k \in \mathbb{C}$, $k = 1, \ldots, n$.

15.38. a) 求由公式 $f(z) = \dfrac{z^2+4}{z+1}$ 给定的映射 $f\colon S^2 \to S^2$ 的临界点和临界值, 求它的映射度.

b) 对于 $f(z) = \dfrac{z^2+4}{z^3+2z^2+5}$ 做同样的事情.

c) 对于复系数多项式 $P(z) = z^n + a_1 z^{n-1} + \cdots + a_n$, $Q(z) = z^m + b_1 z^{m-1} + \cdots + b_m$, 考察一般情形 $f(z) = P(z)/Q(z)$.

15.39. a) 对于由公式 $A \mapsto A^7$ 给定的 $SO(2) \to SO(2)$ 的映射, 求其临界点和临界值. 求其映射度.

b) 对于由同一公式给定 $O(2) \to O(2)$ 的映射做同样的事情.

c) 由公式 $A \mapsto A^3$ 给定 $SU(2) \to SU(2)$ 的映射. 求它的临界点, 临界值和映射度.

d) 由公式 $A \mapsto A^3$ 给定 $SO(3) \to SO(3)$ 的映射. 求它的临界点, 临界值和映射度.

e) 对于映射 $A \to A^k$ 解问题 a)–d).

15.40. 设 X, Y 和 Z 是可定向光滑闭流形, 而 $f\colon X \to Y$, $g\colon Y \to Z$ 是光滑映射. 证明 $\deg(g \circ f) = \deg g \cdot \deg f$.

15.41. 设 M_1, M_2, N_1, N_2 是可定向光滑闭流形, 并且 $\dim M_1 = \dim N_1$, $\dim M_2 = \dim N_2$. 设 $f_1\colon M_1 \to N_1$, $f_2\colon M_2 \to N_2$ 是光滑映射. 证明:

$$\deg(f_1 \times f_2) = \deg f_1 \cdot \deg f_2,$$

其中 $f_1 \times f_2\colon M_1 \times M_2 \to N_1 \times N_2$.

15.42. 设 $f\colon X\to Y$ 是同伦等价, 并且 X 和 Y 是同维数的可定向光滑闭流形, 则 $\deg f=\pm 1$.

15.43. 证明: 如果 $f\colon M\to N$ 同伦于到点映射, 则 f 必定有临界点. 这里 M 和 N 是同维数的可定向光滑闭流形.

15.44. 证明: 维数不同的可定向闭流形不可能是同伦等价的.

15.45. a) 证明: 可定向闭流形是不可收缩的.

b) 取消关于可定向性的假设, 上面的断言还正确吗?

15.46. 设 $f\colon S^n\to S^n$ 是中心对称的.

a) 计算 $\deg f$.

b) 证明: 对于奇数 n, 映射 f 同伦于恒等映射.

15.47. 设 $f\colon S^n\to S^n$ 是连续映射, 并且 n 是偶数. 证明: 存在点 $x\in S^n$, 在该点 $x=f(x)$ 或 $x=-f(x)$.

15.48. 设在球面 S^2 上给定两个这样的函数 f 和 g, $f(x)=-f(\tau x)$ 且 $g(x)=-g(\tau x)$, 其中 τ 是对于球心的对称. 证明: f 和 g 有公共零点.

15.49. 设在球面 S^2 上给定连续函数 $f(x)$ 和 $g(x)$. 证明: 必定存在点 $x\in S^2$, 使得 $f(x)=f(\tau x)$ 且 $g(x)=g(\tau x)$, 其中 τ 是对于球心的对称.

15.50. 设 $f\colon S^n\to S^n$ 是这样的连续映射, 对于任何 $x\in S^n$ 都有 $f(x)\neq -x$. 证明:

a) $\deg f=1$;

b) 如果 n 是偶数, 则存在 $x\in S^n$, 使得 $f(x)=x$.

15.51. 证明: 没有不动点的映射 $f\colon S^n\to S^n$ 同伦于球面的中心对称 $\tau\colon x\mapsto -x$.

15.52. 设映射 $f\colon S^n\to S^n$ 的映射度是 $2k+1$. 证明: 存在球面的一对对径点, 在 f 作用下变为对径点, 即 $f(-x)=-f(x)$.

15.53. 设 $f\colon X\to S^n$, $g\colon X\to S^n$ 是两个连续映射. 证明: 如果对于所有的点 x, 点 $f(x)$ 和 $g(x)$ 不是对径的, 则映射 f 和 g 同伦.

15.54. 我们提醒, 对于 $n=2k+1$, 流形 $\mathbb{R}P^n$ 可定向. 求典范映射 $f\colon S^{2k+1}\to\mathbb{R}P^{2k+1}$ 的映射度.

15.55. 证明: 任何从 S^{2k+1} 到 $\mathbb{R}P^{2k+1}$ 的光滑映射的映射度是偶数.

15.56. 给出以显式表示的映射 $f\colon S^n\to S^n$ 的例子, 其映射度是 k.

15.57. 证明: 在球面 S^{2k+1} 上不存在没有奇点的偶的切向量场 (即 $\mathbf{v}(x)=\mathbf{v}(-x)$).

15.58. a) 证明: 不存在这样的从向量空间 $\mathbb{R}^3$ 到自身的连续映射 A, 对于所有 $x\in\mathbb{R}^3$, 向量 x 和 $A(x)$ 正交.

b) 对于 $\mathbb{R}^4$ 回答同样的问题.

15.59. 设 M^2 是 $\mathbb{R}^3$ 内的闭嵌入曲面. 又设 $f\colon M^2 \to S^2$ 是法映射 (即高斯映射). 再设 ω 和 ω' 分别是球面 S^2 上和曲面 M 上的面积形式. 证明 $f^*(\omega) = K\omega'$, 这里 K 是曲面 M 的高斯曲率. 还证明

$$2\deg f = \frac{1}{2\pi}\int_M K\omega',$$

并且等于 M 的欧拉示性数.

15.60. a) 构造环面 T^2 到球面 S^2 的映射度为 1 的光滑映射. 对于典型嵌入到 $\mathbb{R}^3$ 中的环面和球面从几何上描述该映射.

b) 构造从环面 T^2 到球面 S^2 上的映射度为 k 的光滑映射.

c)* 说明是否存在从球面 S^2 到环面 T^2 的映射度为 1 的映射.

d)* 对于怎样的 g_1 和 g_2, 存在从 M_{g_1} 到 M_{g_2} 上的映射度为 1 的光滑映射? 其中 M_g 是闭可定向的 g 类曲面 (带 g 个环柄的球面).

e)* 对于怎样的 g_1 和 g_2 , 存在从 M_{g_1} 到 M_{g_2} 上的映射度非零的光滑映射?

15.61. 证明: 两个 $S^1 \to S^1$ 的光滑映射同伦, 当且仅当它们的映射度相等.

15.62. *霍普夫定理*. 设 M^n 是闭可定向流形. 证明: 两个 $M^n \to S^n$ 的映射同伦, 当且仅当它们有同样的映射度.

15.63. 构造不同伦于到点映射的 0 映射度的映射的例子.

15.64. 设 $P_n(z) = z^n + a_1z^{n-1} + \cdots + a_n$ 是复系数的 n 次多项式. 它给定球面 S^2 到自身的映射, 这里 S^2 看做扩充复平面 $\mathbb{C} \cup \{\infty\}$.

a) 证明: 公式

$$H_1(z,t) = z^n + (1-t)(a_1z^{n-1} + \cdots + a_n)$$

($t \in [0,1]$) 给出从上述映射到映射 $z \mapsto z^n$ 的同伦.

b) 设 $a_n \neq 0$. 考察映射

$$H_2(z,t) = (1-t)(z^n + a_1z^{n-1} + \cdots + a_{n-1}z) + a_n,$$

它是最初给定的映射到映射 $z \mapsto a_n$ 的同伦, 后者显然有零映射度. 因此, 多项式 $P_n(z)$ 没有复根. 找出论证中的错误.

第二部分

---

§16. 坐标系 (补充习题)

在习题 16.1–16.4 中, 对于以下列举的空间 $\mathbb{R}^3$ 的几个曲线坐标系 u_1, u_2, u_3,

a) 求坐标曲面和坐标曲线;

b) 计算行列式

$$\left|\frac{\partial x_i}{\partial u_j}\right|, \quad \left|\frac{\partial u_i}{\partial x_j}\right|,$$

并且确定在哪些点曲线坐标和直角笛卡儿坐标之间的相互单值对应遭破坏;

c) 确定这些坐标系是否是正交的?

16.1. 由等式

$$x_1 = \frac{a\sinh u_1}{\cosh u_1 - \cos u_2}, \quad x_2 = \frac{a\sin u_2}{\cosh u_1 - \cos u_2}, \quad x_3 = u_3$$

定义的双极坐标系, 其中 a 是常数因子.

16.2. 由等式

$$x_1 = \frac{c\sin u_1\cos u_3}{\cosh u_2 - \cos u_1}, \quad x_2 = \frac{c\sin u_1\sin u_3}{\cosh u_2 - \cos u_1}, \quad x_3 = \frac{c\sinh u_2}{\cosh u_2 - \cos u_1}$$

定义的双球面坐标系, 其中 c 是常数因子, $0 \leqslant u_1 < u_2$, $-\infty < u_2 < \infty$, $-\pi < u_3 \leqslant \pi$.

16.3. 由等式

$$x_1 = cu_1u_2, \quad x_2 = c\sqrt{(u_1^2-1)(1-u_2^2)}\cos u_3,$$

$$x_3 = c\sqrt{(u_1^2-1)(1-u_2^2)}\,\sin u_3$$

定义的伸长球面坐标系, 其中 $|u_1| \geqslant 1$, $-1 \leqslant u_2 \leqslant 1$, $0 \leqslant u_3 < 2\pi$, c 是常数因子.

16.4. 由等式

$$x_1 = cu_1u_2\sin u_3, \quad x_2 = c\sqrt{(u_1^2-1)(1-u_2^2)}, \quad x_3 = cu_1u_2\cos u_3$$

定义的扁平球面坐标系, 其中 $|u_1| \geqslant 1$, $-1 \leqslant u_2 \leqslant 1$, $0 \leqslant u_3 < 2\pi$, c 是常数因子.

16.5. 变换表达式

$$y^2\frac{\partial^2 V}{\partial x^2} - 2xy\frac{\partial^2 V}{\partial x\partial y} + x^2\frac{\partial^2 V}{\partial y^2} - x\frac{\partial V}{\partial x} - y\frac{\partial V}{\partial y} + V$$

到由 $x = r\cos\varphi$, $y = r\sin\varphi$ 定义的极坐标系 r, φ 中的表达式.

16.6. 变换表达式

$$\frac{\partial^2 V}{\partial x^2} + 2xy^2\frac{\partial V}{\partial x} + 2(y-y^3)\frac{\partial V}{\partial y} + x^2y^2V = 0$$

到由 $x = uv$, $y = \dfrac{1}{v}$ 定义的新坐标系 u, v 中的表达式. 求这个坐标系的定义域和值域.

16.7. 在坐标系 (u, v) 中计算拉普拉斯算子 $\dfrac{\partial^2 V}{\partial x^2} + \dfrac{\partial^2 V}{\partial y^2}$, 其中 $w = \ln\ln z$, 而 $w = x + iy$, $z = u + iv$.

16.8. 在坐标系 (u, v) 中计算拉普拉斯算子 $\dfrac{\partial^2 V}{\partial x^2} + \dfrac{\partial^2 V}{\partial y^2}$, 其中 $w = \ln\ln\dfrac{z-z_1}{z-z_2}$, 而 $w = x + iy$, $z = u + iv$.

16.9. 在坐标系 (u, v) 中计算拉普拉斯算子 $\dfrac{\partial^2 V}{\partial x^2} + \dfrac{\partial^2 V}{\partial y^2}$, 其中 $w = z^3 - 3z^2 + 1$, 而 $w = x + iy$, $z = u + iv$.

§17. 曲线和曲面: 方程和参数表示

在本节的习题中, 通常我们称曲线 $\mathbf{r} = \mathbf{r}(t)$ 是光滑的, 如果向量函数 $\mathbf{r}(t)$ 所有阶的导数存在并且连续. 但在某些习题中我们明确指出光滑的类, 即

曲线称为 C^n 类光滑的, 简称 C^n 光滑的, 如果它具有参数表示 $\mathbf{r} = \mathbf{r}(t)$, 这里向量函数 $\mathbf{r}(t)$ 有直到 n 阶的连续导数.

曲线 $\mathbf{r} = \mathbf{r}(t)$ 称为解析的, 如果它具有收敛的幂级数展开.

17.1. a) 举出一个具有解析的参数表示却并非正则的曲线的例子.

b) 证明: 具有解析的参数表示的曲线仅有这样的孤立点, 在该点速度向量跳跃地转动角 π.

c) 证明: 如果光滑曲线不具有解析参数表示, 那么在它的奇点, 速度向量的转动角可以是任意的. 构造相应的例子.

17.2. 证明: 如果曲线由圆周到 $\mathbb{R}^n$ $(n \geqslant 2)$ 的解析映射定义, 那么它的正则性只可能在有限个点遭到破坏.

17.3. 把函数 $y = |x|$ 的图像表示成下列类型的曲线:

a) 对于任意给定的自然数 n, 有 C^n 光滑但非 C^{n+1} 光滑的参数表示;

b) 有 C^∞ 光滑的参数表示;

c) 指出, 对于它不存在解析参数表示.

17.4. 设平面曲线由映射 $x = t^k$, $y = t^n$ $(k \leqslant n)$ 给定, 其中 k 和 n 是自然数, $t \in (-1, 1)$. 研究对于怎样的 k 和 n, 曲线是

a) 正则的, 但在任意正则参数表示中是非解析的;

b) 正则解析的;

c) 在任意光滑参数表示中是非正则的.

在 a) 小题和 b) 小题中, 给出相应的正则表示的例子. 在所有三种情形中, 描绘曲线在坐标原点邻域中的示意图.

17.5. 设空间的分段正则曲线由两个平面弧组成. 整体上曲线的最大可能的光滑性怎样?

17.6. 求伯努利双纽线 $(x^2 + y^2)^2 = a^2(x^2 - y^2)$ 的正则解析表示.

17.7. 双纽线能否在光滑曲线类中形变成没有自相交的曲线.

17.8. 设 γ 是某个平面曲线, M 是 γ 的点, xOy 是在曲线所在平面上的直角坐标系. 用 T 和 N 表示这个曲线的切线和法线同 Ox 轴的交点, 而 P 是 M 在 Ox 轴上的投影 (见图 71).

a) 求曲线 γ 的方程, 如果线段 PN 等于常值 a.

b) 求曲线 γ 的方程, 如果线段 PT 等于常值 a.

c) 求曲线 γ 的方程, 如果线段 MN 等于常值 a.

17.9. 求具有常值切线长度 $MT = a$ (见图 72) 的曲线 γ 的方程. 这样的曲线称为 *曳物线*.

17.10. 任意射线 OE 交圆周

$$x^2 + \left(y - \frac{a}{2}\right)^2 = \frac{a^2}{4},$$

于点 D, 交过 O 的对径点 T 的切线于 E. 过点 D 和 E 分别引平行于 Ox 轴和 Oy 轴的直线到交点 M. 建立由 M 组成的曲线 (阿涅西 (Agnesi) 箕舌线) 的方程 (见图 73). 描绘这个曲线.

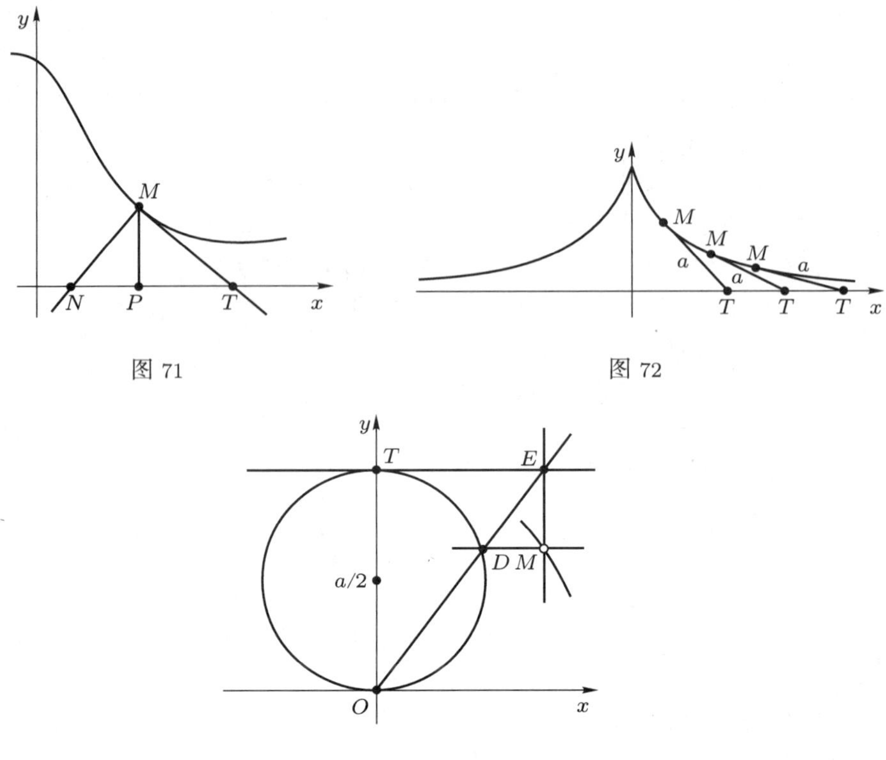

图 71

图 72

图 73 阿涅西簸舌线

17.11. 设 γ 是闭光滑曲线. 证明: 对于任意向量 $\mathbf{a}$, 存在点 $x \in \gamma$, 在该点 γ 的切线垂直于 $\mathbf{a}$.

17.12. 设两个点在空间这样运动, 它们之间的距离保持常值. 证明: 它们的速度在连结这两个点的直线上的投影相等.

17.13. 证明: 如果某个闭区间 $[a, b]$ 上的向量函数 $\mathbf{r}(t)$ 连同其导数连续, 并且向量 $\mathbf{r}$ 和 $\mathbf{r}'$ 平行, 同时 $\mathbf{r}' \neq 0$ 且 $\mathbf{r} \neq 0$, 则向量函数 $\mathbf{r} = \mathbf{r}(t)$ 的速端曲线是直线上的一个线段.

17.14. 设在闭区间 $[a, b]$ 上给定光滑向量函数 $\mathbf{r}(t)$, 并且对于所有 $t \in [a, b]$, 导数 $\mathbf{r}'$ 和 $\mathbf{r}''$ 异于零, 此外, 它们是共线的, 即对于所有 $t \in [a, b]$, 向量 $\mathbf{r}'$ 和 $\mathbf{r}''$ 平行. 证明: 这个向量函数的速端曲线是直线上的一个线段.

17.15. 一个刚性的杆在平面上运动, 其端点描绘出曲线 $\mathbf{r}_1(t)$ 和 $\mathbf{r}_2(t)$. 求其定瞬心的方程. 过杆的端点垂直于端点的速度方向的直线的交点的集合称为 *定瞬心*.

17.16. 考察上题描述的杆的运动. 相对于运动杆的瞬时转动中心的集合称为 *动瞬心*. 如果给定杆的端点的运动规律分别为 $\mathbf{r}_1(t)$和 $\mathbf{r}_2(t)$, 建立动瞬心的方程.

17.17. 设平面运动 (即等距) 由刚性杆在平面上的运动给定. 证明: 此时点的线速度由关系 $\mathbf{v} = \omega[\mathbf{r}]$ 定义, 其中 $\mathbf{r}$ 是所考察的点 $M(R)$ 的相对于瞬时转动中心的径向量 (见习题 17.15, 17.16), 而 $[\mathbf{r}]$ 是由 $\mathbf{r}$ 沿逆时针方向转动 $\pi/2$ 的角得到的向量. 用 $\mathbf{r}_1$ 和 $\mathbf{r}_2$ 表示 ω, 并且求点 $M(R)$ 的速度 $\mathbf{v}$ (见图 74).

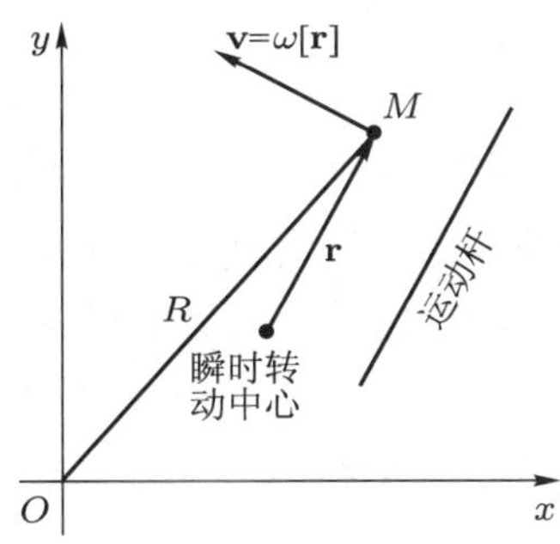

图 74 刚性杆的运动

17.18. 建立下列曲线的切线和法线的方程:

a) $\mathbf{r}(t) = (a\cos t, b\sin t)$ (椭圆);

b) $\mathbf{r}(t) = \left(\dfrac{a}{2}\left(t+\dfrac{1}{t}\right), \dfrac{b}{2}\left(t-\dfrac{1}{t}\right)\right)$ (双曲线);

c) $\mathbf{r}(t) = (a\cos^3 t, a\sin^3 t)$ (星形线);

d) $\mathbf{r}(t) = (a(t-\sin t), a(1-\cos t))$ (旋轮线);

e) $\mathbf{r}(t) = \left(\dfrac{1}{2}t^2 - \dfrac{1}{4}t^4, \dfrac{1}{2}t^2 + \dfrac{1}{3}t^3\right)$, 在点 $t=0$;

f) $\mathbf{r}(t) = (a\varphi\cos\varphi, a\varphi\sin\varphi)$ (阿基米德螺线).

17.19. 证明: 星形线

$$x^{2/3} + y^{2/3} = a^{2/3}$$

的由坐标轴截得的切线的长度等于 a (见图 75).

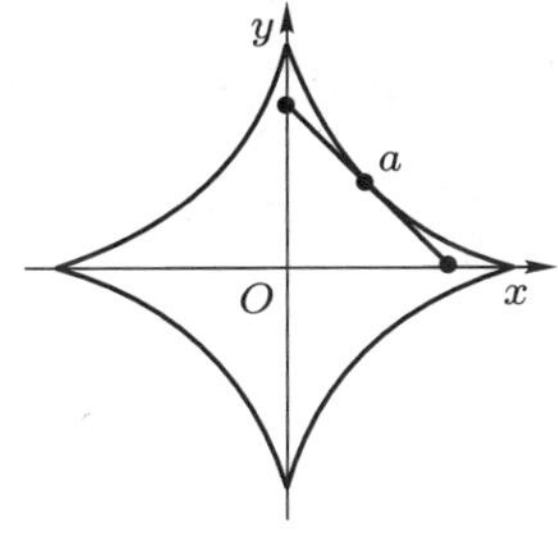

图 75 星形线

17.20. 证明: 在极坐标系中由方程

$$r = a(1+\cos\varphi), \quad r = a(1-\cos\varphi)$$

给定的心脏线在异于极点的交点正交.

17.21. 求连结椭圆的共轭直径的一对端点的直线的族的包络.

17.22. 求从直角边截下常面积的三角形的直线的族的包络.

17.23. 求从给定的抛物线截下给定面积的抛物弓形的直线的族的包络.

17.24. 求从给定角的边截下常周长的三角形的直线的族的包络.

17.25. 求以某个圆周的平行弦作为直径的圆周的族的包络.

17.26. 求有公共主轴以及给定的半轴和的椭圆的族的包络.

17.27. 在平面上放置一个圆周形状的镜子. 一束平行光投射在它上面, 求反射光线的包络. 这条曲线称为 *焦散线*.

17.28. 求有给定面积和公共主轴的椭圆族的包络.

17.29. 求中心在椭圆上并且过其一个焦点的圆周族的包络.

17.30. 求中心在曲线 $\mathbf{r} = \mathbf{r}(t)$ 上半径为 a 的圆周族的包络.

17.31. 设向量函数 $\mathbf{r}(t)$ 在闭区间 $[a, b]$ 上定义, 连续并且两次可微. 再设在这个区间的每个点, 向量 $\mathbf{r}'$ 和 $\mathbf{r}''$ 不共线. 求曲线 $\mathbf{r} = \mathbf{r}(t)$ 的法线的包络.

17.32. 假定发光点在圆周上, 求圆周反射的光线的包络.

17.33. 对于曲线

$$\mathbf{r}(t) = (t^3 - t^2 - 5,\ 3t^2 + 1,\ 2t^3 - 16),$$

写出 $t = 2$ 对应的点的切线和法平面.

17.34. 求下列曲线在点 $A(3, -7, 2)$ 的切线和法平面:

$$\mathbf{r}(t) = (t^4 + t^2 + 1,\ 4t^3 + 5t + 2,\ t^4 - t^3).$$

17.35. 求下列曲线在点 $A(2, 0, -2)$ 的切线和法平面:

$$\mathbf{r}(t) = (t^2 - 2t + 3,\ t^3 - 2t^2 + t,\ 2t^3 - 6t + 2).$$

17.36. 建立 $\mathbb{R}^3$ 中如下两个曲面的横截交线的切线和法平面的方程:

$$F_1(x, y, z) = 0, \quad F_2(x, y, z) = 0.$$

17.37. 求螺旋线

$$x = 3a\cos t, \quad y = 3a\sin t, \quad z = 4at$$

从它同平面 xOy 的交点到任意点 $M(t)$ 的弧长.

17.38. 求曲线

$$x = a(t - \sin t), \quad y = a(1 - \cos t), \quad z = 4a\cos\frac{t}{2}$$

在它与平面 xOy 的两个相邻交点之间的一段的弧长.

17.39. 求曲线

$$x^3 = 3a^2y, \quad 2xz = a^2$$

在平面 $y = a/3$ 和 $y = 9a$ 之间的弧长.

17.40. 求闭曲线的弧长:

$$x = \cos^3 t, \quad y = \sin^3 t, \quad z = \cos 2t.$$

17.41. 在曲线 $\mathbf{r} = \mathbf{r}(t)$ 的每个点给定切向量 $\mathbf{T} = \mathbf{T}(t) \neq \mathbf{0}$. 函数 $\mathbf{r}(t)$ 在闭区间 $[a, b]$ 上定义, 连续并且有连续的导数 $\mathbf{r}'(t)$. 函数 $\mathbf{T}(t)$ 在闭区间 $[a, b]$ 上连续. 证明: 在给定的曲线上可以引进这样的参数表示, 使得 $\dfrac{d\mathbf{r}}{dt} = \mathbf{T}$. 换句话说, 对于曲线的适当参数表示, 曲线的充分好的切向量场, 可以成为其速度场.

17.42. 求 $\mathbb{R}^3$ 中给定的直线族

$$\mathbf{r} = \boldsymbol{\rho}(u) + \lambda\mathbf{e}(u) \quad (|\mathbf{e}| = 1)$$

具有包络的充分必要条件. 求该包络.

17.43. 建立柱面的参数方程, 其准线是曲线 $\boldsymbol{\rho} = \boldsymbol{\rho}(u)$, 而其母线平行于向量 $\mathbf{e}$.

17.44. 建立锥面的方程, 其顶点在径向量 $\boldsymbol{\rho}(t)$ 的起点, 其准线是曲线 $\boldsymbol{\rho} = \boldsymbol{\rho}(t)$.

17.45. 建立由给定的曲线 $\boldsymbol{\rho} = \boldsymbol{\rho}(t)$ 的切线组成的曲面方程. 这样的曲面称为 *可展曲面*.

17.46. 半径为 a 的圆周在移动, 其中心在给定的曲线 $\boldsymbol{\rho} = \boldsymbol{\rho}(s)$ 上运动, 而圆周所在的平面在每一时刻都是曲线的法平面. 这里为了简化答案的书写, 在曲线上取自然参数. 建立圆周描绘的曲面的方程.

17.47. 平面曲线 $x = \varphi(v)$, $z = \psi(v)$ 绕 Oz 轴旋转. 建立旋转曲面的参数方程. 考察特殊情形, 其经线由方程 $x = f(z)$ 给定.

17.48. 建立由螺旋线的主法线组成的曲面的方程.

17.49. 建立给定的曲线 $\boldsymbol{\rho} = \boldsymbol{\rho}(s)$ 的主法线族构成的曲面的方程.

17.50. 直线这样运动, 它同给定圆周的交点 M 沿该圆周运动, 直线保持在圆周在交点的法平面内, 并且转动等于角 $\widehat{MOM_0}$ 的角, 这就是沿给定圆周运动的点所经过的角, 其中 M_0 是 M 的初始位置. 建立运动直线所描绘的曲面, 认为运动直线的初始位置是 Ox 轴, 圆周由方程 $x^2+y^2=a^2,\ z=0$ 给定.

17.51. 给定两条曲线 $\mathbf{r}=\mathbf{r}(u)$ 和 $\boldsymbol{\rho}=\boldsymbol{\rho}(v)$. 建立其端点在给定曲线上的线段的中点所描绘的曲面的方程. 这样的曲面称为 *平移曲面*.

17.52. 设给定: 平面 (准平面), 不平行于它的直线 (准直线) 和某条曲线 (准曲线). 经过准曲线的每个点引平行于准平面并且和准直线相交的直线. 我们认为曲面是直线运动时扫描出来的. 这样的曲面称为 *劈锥曲面* (见图 76). 如果给定: 准平面 yOz, 准直线 $y=0,\ z=h$ 以及准曲线 $\dfrac{x^2}{a^2}+\dfrac{y^2}{b^2}=1,\ z=0$ (椭圆), 建立劈锥曲面的方程.

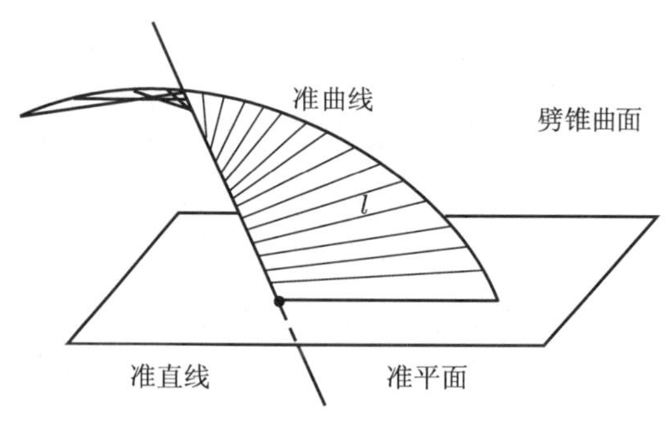

图 76　劈锥曲面

17.53. 建立劈锥曲面方程, 其准直线、准平面和准曲线分别由以下方程给定:

a) $x=a,\ y=0$;　　b) $z=0$;　　c) $y^2=2pz,\ x=0$.

17.54. 由平行于某个平面的直线组成的曲面称为 *拟柱面* (见图 77). 拟柱面可以由 (位于它上面的) 两条准曲线和 (与母线平行的) 准平面给定. 拟柱面的特殊情形是在习题 17.52 和 17.53 中描述的 *劈锥曲面*. 拟柱面转化为劈锥曲面, 如果准曲线之一是直线. 如果其准曲线是圆周 $x^2+z^2-2ax=0,\ y=0$ 和 $y^2+z^2-2ay=0,\ x=0$, 而准平面是平面 xOy, 建立拟柱面的方程.

17.55. 设在 $\mathbb{R}^3$ 中给定曲线 $\boldsymbol{\rho}=\boldsymbol{\rho}(u)$, 并且在它的每个点给定向量 $\mathbf{a}(u)$. 由参数方程

$$\mathbf{r}(u,v)=\boldsymbol{\rho}(u)+v\mathbf{a}(u)$$

给定的曲面称为 *直纹面*. 经过曲线的点 $\boldsymbol{\rho}(u)$ 沿向量 $\mathbf{a}(u)$ 的方向的直线称为直纹面的 *直母线*. 我们指出, 劈锥曲面和拟柱面都是直纹面.

建立直纹面方程, 其母线平行于平面 $y-z=0$, 并且与抛物线 $y^2=2px,\ z=0$ 和 $z^2=-2px,\ y=0$ 相交.

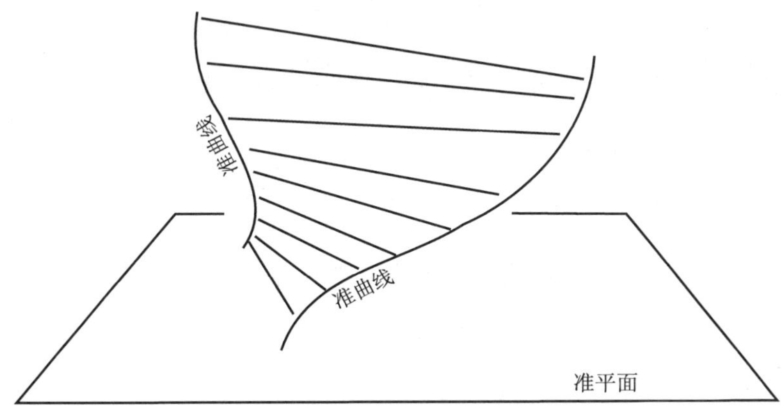

图 77 拟柱面

17.56. 建立直纹面的方程, 其母线与 Oz 轴和曲线 $xyz = a^3$, $x^2 + y^2 = b^2$ 相交, 并且平行于平面 xOy.

17.57. 建立直纹面的方程, 其母线与直线 $r = \mathbf{a} + u\mathbf{b}$ 和曲线 $\boldsymbol{\rho} = \boldsymbol{\rho}(v)$ 相交, 并且垂直于向量 $\mathbf{n}$.

17.58. 建立直纹面的方程, 其母线平行于平面 xOy, 并且与以下两个椭圆相交:

$$\frac{y^2}{b^2} + \frac{z^2}{c^2} = 1, \quad x = a; \qquad \frac{y^2}{c^2} + \frac{z^2}{b^2} = 1, \quad x = -a.$$

17.59. 建立直纹面的方程, 其母线与曲线 $\boldsymbol{\rho} = (u, u^2, u^3)$ 相交, 平行于平面 xOy, 并且和轴 Oz 相交.

17.60. 建立由直线组成的曲面的方程, 直线平行于平面 $x + y + z = 0$, 并且与轴 Oz 和圆周 $\boldsymbol{\rho} = (b, a\cos u, a\sin u)$ 相交.

17.61. 建立由直线组成的曲面的方程, 直线与圆周 $x^2 + z^2 = 1$, $y = 0$ 以及直线 $y = 1$, $z = 1$ 和 $x = 1$, $z = 0$ 相交.

17.62. 建立由螺旋线 $\boldsymbol{\rho}(v) = (a\cos v, a\sin v, bv)$ 的切线组成的曲面的方程. 这样的曲面称为 *可展螺旋面*.

17.63. 建立锥面方程, 其顶点是 $(0, 0, -c)$, 而准线是平面 $z = 0$ 上的曲线 $(x^2 + y^2)^2 = a^2(x^2 - y^2)$.

17.64. 在平面 π 上给定直线 AB 和曲线 $\boldsymbol{\rho} = \boldsymbol{\rho}(u)$. 曲线 $\boldsymbol{\rho}$ 在平面 π 上这样均匀移动, 其上每个点平行于 AB 运动. 同时平面 π 绕 AB 均匀转动. 建立曲线 $\boldsymbol{\rho}$ 描绘的曲面. 这个曲面称为 *螺旋形曲面*. 特殊情形是正螺旋面. 这时 $\boldsymbol{\rho} = \boldsymbol{\rho}(u)$ 是正交于 AB 的直线.

17.65. 设 $\mathbf{r} = \mathbf{r}(u)$ 是曲率异于零的曲线. 过它的每个点引法平面, 并且在这个平面上画中心在曲线 $\mathbf{r}=\mathbf{r}(u)$ 上并且有给定半径 a 的圆周, 这里 $a>0$, $ak<1$. 这些圆周在空间中扫描出管筒形状的曲面 S. 这样的曲面称为 *管状面* 或 *筒状面*.

a) 建立曲面 S 的方程.

b) 证明: 曲面 S 的任意法线与曲线 $\mathbf{r}=\mathbf{r}(u)$ 相交, 并且垂直于这条曲线的速度向量.

17.66. 求曲面 S, 已经知道它的法线都过一个给定的点 O.

17.67. 证明: 由坐标平面和曲面

$$x=u, \quad y=v, \quad z=\frac{a^3}{uv}$$

的切平面相交构成的四面体的体积不依赖于曲面上的切点的选取.

17.68. 证明: 由曲面

$$x=u^3\sin^3 v, \quad y=u^3\cos^3 v, \quad z=(a^2-u^2)^{3/2}$$

的切平面在坐标轴上截得的线段长度的平方和是常值.

17.69. 证明: 劈锥曲面

$$x=u\cos v, \quad y=u\sin v, \quad z=a\sin 2v$$

的切平面沿椭圆与此劈锥曲面相交.

17.70. 证明曲面 $z=xf(y/x)$ 的切平面经过同一个点.

17.71. 建立正螺旋面

$$\mathbf{r}(u,v)=(v\cos u, v\sin u, ku)$$

的切平面和法线的方程.

17.72. 建立下列曲面的切平面方程:

$$xyz=a^3.$$

17.73. 设曲面由曲线 γ 的切线组成. 证明: 这个曲面在 γ 的同一条切线上的所有的点有同样的切平面.

17.74. 设曲面由曲线 γ 的主法线组成. 建立在这个曲面的任意点的切平面和法线的方程.

17.75. 建立由曲线 γ 的副法线组成的曲面的切平面和法线的方程.

17.76. 证明: 旋转曲面的法线同经线的主法线重合, 并且与转动轴相交.

17.77. 证明: 如果曲面的所有法线与同一条直线相交, 则它是旋转曲面.

17.78. 直纹面 (见习题 17.55 中的定义) 称为 可展的, 如果曲面在任意直母线上的所有点的切平面是同一个. 证明: 直纹面

$$\mathbf{r}(u,v)=\boldsymbol{\rho}(u)+v\mathbf{a}(u)$$

是可展的, 当且仅当

$$(\mathbf{r}',\mathbf{a},\mathbf{a}')=0.$$

17.79. 任意可展曲面可以分解成下列几个部分: 1) 平面部分; 2) 柱面部分; 3) 锥面部分; 4) 非平面曲线的切线组成的图形部分. 在后一情形中的曲线称为脊线.

17.80. 求椭球面族

$$\alpha^2\Big(\frac{x^2}{a^2}+\frac{y^2}{b^2}+\frac{z^2}{c^2}\Big)=1$$

的包络和脊线, 其中 α 是族的参数.

17.81. 求球面族的包络, 球面以平行于椭圆

$$\frac{x^2}{a^2}+\frac{y^2}{b^2}=1,\quad z=0$$

的长轴的弦作为直径.

17.82. 求球面族的包络及其脊线, 球面的直径是圆周

$$x^2+y^2-2x=0,\quad z=0$$

的过坐标原点的弦.

17.83. 两个抛物线放在垂直平面上, 并且有公共的顶点和在顶点的公共切线. 求与两个抛物线相切的平面族的包络.

17.84. 求常半径的中心在给定曲线 $\boldsymbol{\rho}=\boldsymbol{\rho}(s)$ 上的球面族的包络 (管状曲面).

17.85. 求常半径的中心在给定曲线 $\boldsymbol{\rho}=\boldsymbol{\rho}(s)$ 上的球面族的脊线.

17.86. 求半径为 a 的中心在圆周

$$x^2+y^2=b^2,\quad z=0$$

上的球面的包络和脊线.

17.87. 求过坐标原点、中心在曲线

$$\mathbf{r}(u)=(u^3,u^2,u)$$

上的球面族的包络和脊线.

17.88. 求具有给定半轴和为

$$a+b+c=l$$

的椭球面族

$$\frac{x^2}{a^2}+\frac{y^2}{b^2}+\frac{z^2}{c^2}=1$$

的包络.

17.89. 求曲面, 其切平面从坐标轴上截下的线段的长度的平方和等于 a^2.

17.90. 求曲面, 其切平面从坐标角截下的四面体的体积是常值 a^3.

17.91. 求平面族

$$x\alpha^2+y\alpha+z=0$$

的包络和脊线, 其中 α 是族的参数.

17.92. 求平面族

$$x\sin\alpha-y\cos\alpha+z=\alpha C$$

的包络和脊线, 其中 α 是族的参数.

17.93. 求给定曲线的密切圆族的包络, 特征线和脊线.

17.94. 求给定曲线的法平面族的包络, 特征线和脊线.

17.95. 求平面族

$$\langle \mathbf{r},\mathbf{n}\rangle+D=0,\quad \mathbf{n}=\mathbf{n}(u),\quad D=D(u),\quad |\mathbf{n}|=1$$

的特征线, 包络和脊线, 其中 u 是族的参数.

17.96. 求过两个抛物线

$$y^2=4ax,\quad z=0;\quad x^2=4ay,\quad z=b$$

的可展曲面.

17.97. 证明: 曲面

$$x=\cos v-(u+v)\sin v,\quad y=\sin v+(u+v)\cos v,\quad z=u+2v$$

是可展曲面.

17.98. 证明: 曲面

$$x=u^2+\frac{v}{3},\quad y=2u^3+uv,\quad z=u^4+\frac{2u^2v}{3}$$

是可展曲面.

17.99. 给定抛物面

$$x = 2au\cos v, \quad y = 2bu\sin v, \quad z = 2u^2(a\cos^2 v + b\sin^2 v),$$

其中 a 和 b 是常数. 确定在曲面上的曲线的方程, 使得沿此曲线的曲面的切平面和平面 xOy 构成常值角.

说明, 这个切平面族的特征线同 z 轴构成常值角. 求包络的脊线.

17.100. 求可展曲面的脊线, 此曲面沿和柱面 $x^2 = by$ 的交线与曲面 $az = xy$ 相切.

17.101. 说明, 经过圆周 $x^2 + y^2 = a^2$, $z = 0$ 和 $x^2 + z^2 = b^2$, $y = 0$ 的可展曲面与平面 $x = 0$ 相交于等轴双曲线.

§18. 曲线论 (补充习题)

18.1. 计算曲线的曲率:

a) $\begin{cases} x(t) = a(1+m)\cos mt - am\cos(1+m)t, \\ y(t) = a(1+m)\sin mt - am\sin(1+m)t \end{cases}$ (圆外旋轮线);

b) $x^2y^2 = (a^2 - y^2)(b + y)^2$ (蚌线).

18.2. 计算下列曲线的曲率:

a) $y = -\ln\cos x$;

b) $x = 3t^2$, $y = 3t - t^3$, 在 $t = 1$;

c) $x = a(\cos t + t\sin t)$, $y = a(\sin t - t\cos t)$, 在 $t = \pi/2$;

d) $x = a(2\cos t - \cos 2t)$, $y = a(2\sin t - \sin 2t)$.

18.3. 求在极坐标系中给定的下列曲线的曲率:

a) $r = a\varphi$; b) $r = a\varphi^k$; c) $r = a^\varphi$, 在 $\varphi = 0$.

18.4. 求下列曲线的曲率:

a) $y = \sin x$; b) $y = \sinh x$; c) $y = \cosh x$;

d) $y = \tan x$; e) $y = \tanh x$; f) $y = \coth x$.

18.5. 确定下列曲线的曲率:

$$x = t - \sin t, \quad y = 1 - \cos t, \quad z = 4\sin\frac{t}{2}.$$

18.6. 求平面曲线的参数方程[①]:

a) $s^2 + 9R^2 = 16a^2$; b) $s^2 + R^2 = 16a^2$; c) $R^2 + a^2 = a^2e^{-2s-a}$.

① s 为弧长, R 为曲率半径. ——译者注

18.7. 证明: 如果曲线的点的坐标满足关系

$$\frac{(x^2+y^2+z^2-a^2)(dx^2+dy^2+dz^2)}{(xdx+ydy+zdz)^2}=1,$$

则曲线的切线也切于球面 $x^2+y^2+z^2=a^2$.

18.8. 证明: 曲线

$$\mathbf{r}(t)=\left(\frac{1}{2}(\sin t+\cos t),\frac{1}{2}(\sin t-\cos t),e^{-t}\right)$$

的切线沿圆周 $x^2+y^2=1$ 与平面 xOy 相交.

18.9. 设 O 是椭圆的中心, A 是一个半轴的端点 $(OA=a)$, B 是另一个半轴的端点 $(OB=b)$. 考察这样的点 C, $CAOB$ 是矩形. 从 C 引 AB 的垂线, 此垂线与 AO 交于点 P, 与 OB 交于点 Q. 证明: P 是椭圆在顶点 A 的曲率中心, 而 Q 是在 B 的曲率中心.

18.10. 写出曲线 $\mathbf{r}(u)=(u^2,u,u^3-20)$ 在点 $A(9,3,7)$ 的密切平面的方程.

18.11. 证明: 曲线

$$\mathbf{r}(u)=(au+b,cu+d,u^2)$$

在所有的点有同样的密切平面.

18.12. 建立曲线

$$y^2=x,\quad x^2=z$$

在点 $(1,1,1)$ 的密切平面, 主法线和副法线的方程.

18.13. 在曲线

$$x(t)=t-\sin t,\quad y(t)=1-\cos t,\quad z(t)=4\sin\frac{t}{2}$$

的每个点沿主法线的正方向放置长度等于曲线在此点的曲率的四倍的线段. 求线段端点所描绘的曲线的密切平面的方程.

18.14. 给定螺旋线

$$\mathbf{r}(t)=(a\cos t,a\sin t,bt).$$

建立切线, 法平面, 副法线, 密切平面, 主法线的方程.

18.15. 给定曲线

$$\mathbf{r}(t)=(t^2,1-t,t^3).$$

建立在点 $t=1$ 的切线, 法平面, 副法线, 密切平面, 主法线的方程.

18.16. 证明: 如果

a) 正则光滑曲线的所有密切平面彼此平行, 则曲线是平面曲线;

b) 正则光滑曲线的所有密切平面有公共点, 则曲线是平面曲线;

c) 曲线的所有切线垂直于同一个方向, 则曲线是平面曲线;

d) 曲线的所有法平面平行于同一个方向, 则曲线是平面曲线.

18.17. 证明: 在曲线的挠率异于零的点的邻域内, 以下几个断言成立. 在两种情形下, 确定相对于从所考察的点算起的弧长曲线与这些平面的偏离的主项 d 是怎样的:

a) 曲线与密切平面相交, 位于它的两侧;

b) 曲线位于其从切平面的一侧.

18.18. 计算曲线的曲率半径和挠率:

$$x^3 = 3a^2y, \quad 2xz = a^2.$$

18.19. 给定曲线

$$\mathbf{r}(u) = (v\cos u, v\sin u, kv),$$

其中 $v = v(u)$. 证明: 曲线位于圆锥面上. 确定函数 $v(u)$, 使得此曲线与圆锥的母线相交成定角 θ.

18.20. 切线与固定方向构成定角的空间曲线称为 广义螺旋线 或 斜坡线. 证明: 曲线是广义螺旋线, 当且仅当满足下列条件之一:

a) 主法线垂直于一个固定方向;

b) 副法线与固定方向构成定角;

c) 曲率与挠率之比是常数;

d) 曲线的所有从切平面平行于某条直线 (我们提醒, 在曲线的给定点的从切平面经过此点, 并且垂直于主法线);

e) $\left(\dfrac{d}{ds}\mathbf{v}, \dfrac{d^2}{ds^2}\mathbf{v}, \dfrac{d^3}{ds^3}\mathbf{v}\right) = 0$; f) $\left(\dfrac{d}{ds}\mathbf{b}, \dfrac{d^2}{ds^2}\mathbf{b}, \dfrac{d^3}{ds^3}\mathbf{b}\right) = 0$;

g) 向量

$$\frac{\mathbf{v}/k + \mathbf{b}/\varkappa}{\sqrt{1/k + 1/\varkappa}} = \frac{\varkappa\mathbf{v} + k\mathbf{b}}{\sqrt{k^2 + \varkappa^2}}$$

是定向量.

18.21. 证明: 曲线

$$x = a\int \sin\alpha(t)dt, \quad y = a\int \cos\alpha(t)dt, \quad z = ht$$

是广义螺旋线.

18.22. 证明: 曲线 $x^2 = 3y$, $2xy = 9z$ 是广义螺旋线. 求与曲线的切线构成定角的向量.

18.23. 对于怎样的参数值 a, b 和 c, 曲线 $\mathbf{r}(t) = (at, bt^2, ct^3)$ 是广义螺旋线?

设给定曲线 $\mathbf{r} = \mathbf{r}(s)$, 这里 s 是自然参数. 曲线 $\rho = \dot{\mathbf{r}}(s)$ 放置在中心在坐标原点的单位半径的球面上, 称为曲线的 *切球面像*. 类似地定义 *主法球面像* 和 *副法球面像*. 例如, 根据定义立即知道, 曲线 $\mathbf{r} = \mathbf{r}(s)$ 是广义螺旋线, 当且仅当它的切球面像是圆弧.

18.24. 证明: 广义螺旋线的副法球面像是圆周.

18.25. 求螺旋线

$$\mathbf{r}(t) = (a\cos t, a\sin t, bt)$$

的切球面像, 主法球面像和副法球面像.

18.26. 设 $\mathbf{r} = \mathbf{r}(s)$ 是自然参数表示的曲线.

a) 证明: 曲线 $\mathbf{r} = \mathbf{r}(s)$ 的切球面像退化为一点, 当且仅当 $\mathbf{r} = \mathbf{r}(s)$ 是直线.

b) 证明: 曲线 $\mathbf{r} = \mathbf{r}(s)$ 的副法球面像退化为一点, 当且仅当 $\mathbf{r} = \mathbf{r}(s)$ 是平面曲线.

c) 证明: 主法球面像不可能是一个点.

18.27. 设 $\mathbf{r} = \mathbf{r}(s)$ 是自然参数表示的曲线, 并且 $k\varkappa \neq 0$. 证明: 切球面像的切线平行于对应参数 s 的同一个值的点的副法球面像的切线.

18.28. 设 $\mathbf{r} = \mathbf{r}(s)$ 是自然参数表示的曲线. 证明: 如果曲线的切球面像位于过坐标原点的平面上, 则曲线 $\mathbf{r} = \mathbf{r}(s)$ 是平面曲线.

18.29. 指出, 在平面反演变换下, 给定曲线的密切圆变换为此曲线的像的密切圆. 这时假定反演中心不与曲线和密切圆的切点重合.

我们提醒, *球面曲线*是这样的曲线 $\mathbf{r} = \mathbf{r}(t)$, 对于它存在常向量 $\mathbf{m}$ 和常实数 R, 使得 $|\mathbf{r}(t) - \mathbf{m}| = R$.

18.30. 设 $\mathbf{r} = \mathbf{r}(t)$ 是正则曲线, 又设 $\mathbf{r} = \mathbf{r}(t)$ 的所有法平面都过定点 $\mathbf{a}$. 证明: $\mathbf{r} = \mathbf{r}(t)$ 是球面曲线.

18.31. 证明:

$$\mathbf{r}(t) = (-\cos 2t, -2\cos t, \sin 2t)$$

是球面曲线.

提示. 指出, 点 $(-1, 0, 0)$ 位于所考察的曲线的每个法平面上. 见习题 18.30.

18.32. 利用前一个习题的结果, 证明: 曲线 $\mathbf{r} = \mathbf{r}(s)$ 位于球面上, 当且仅当存在实常数 A 和 B, 使得

$$k\left(A\cos\int_0^s \varkappa ds + B\sin\int_0^s \varkappa ds\right) \equiv 1.$$

18.33. 如果曲线 γ 和 γ^* 之间存在相互单值的对应, 使得在对应点的主法线 (作为仿射直线) 重合, 则称它们是 贝特朗曲线 (见图 78).

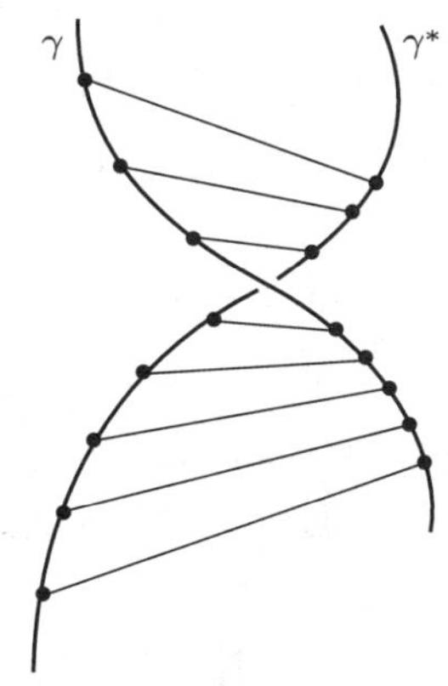

图 78 贝特朗曲线

这意味着连结两曲线对应点的线段对于两条曲线都是主法线上的线段.

证明贝特朗曲线 γ 和 γ^* 的下列性质:

a) 对应点之间的距离是常值;

b) 贝特朗曲线中的每一条的曲率和挠率由关系

$$ak + b\varkappa = 1$$

联系, 其中 a 和 b 是两个常数. 对于每条曲线各有自己的常数 a 和 b.

c) γ 和 γ^* 在对应点的切线构成定角.

18.34. a) 证明: 平面上的任意两个同心圆周组成一对贝特朗曲线.

b) 设

$$\mathbf{r}_1(t) = \frac{1}{2}\Big(\frac{1}{\cos t} - t\sqrt{1-t^2}, 1-t^2, 0\Big),$$
$$\mathbf{r}_2(t) = \frac{1}{2}\Big(\frac{1}{\cos t} - t\sqrt{1-t^2} - t, 1-t^2+t\sqrt{1-t^2}, 0\Big).$$

证明: $\mathbf{r}_1(t)$ 和 $\mathbf{r}_2(t)$ 组成一对贝特朗曲线.

18.35. 证明: 如果曲线 γ 的曲率和挠率有线性依赖关系 $ak + b\varkappa = 1$, 这里 a 和 b 是异于零的数, 则存在这样的曲线 γ^*, 使得 γ 和 γ^* 组成一对贝特朗曲线.

18.36. 证明: 对于常曲率的曲线, 必定可以找到第二条曲线, 同它一起组成一对贝特朗曲线.

18.37. 证明: 曲线 $\mathbf{r}(t)$ 是贝特朗曲线, 当且仅当它可以由向量方程

$$\mathbf{r}(t) = a\int \mathbf{e}(t)dt + c\int \mathbf{e}(t)\times\mathbf{e}'(t)dt$$

给定, 其中 $\mathbf{e}(t)$ 是这样的向量函数, $|\mathbf{e}(t)|=1$ 且 $|\mathbf{e}'(t)|=1$.

18.38. 设 $\mathbf{r}=\mathbf{r}(t)$ 是正则光滑曲线, 并且 $\varkappa\neq 0$. 证明: $\mathbf{r}(t)$ 是普通螺旋线, 当且仅当至少存在两条不同的曲线, 其中的每一条同 $\mathbf{r}(t)$ 组成一对贝特朗曲线.

18.39. 证明: 如果在两条不同的曲线 γ 和 γ^* 的点之间可以建立相互单值的对应, 使得在对应点的副法线 (作为仿射直线) 重合, 则这些曲线是平面的.

18.40. 设对于光滑曲线 γ 存在这样的曲线 γ^*, 使得 γ 的主法线是 γ^* 的在对应点的副法线. 证明: 曲线 γ 的曲率和挠率满足关系 $k=\lambda(k^2+\varkappa^2)$, 这里 λ 是某个常数.

18.41. 设在曲线 γ_1 和 γ_2 的点之间可以建立这样的对应, 使得在对应点的切线平行. 证明: 在曲线的对应点的曲率和挠率之比的绝对值相等. 同样证明: 在对应点的法线 (副法线) 平行.

18.42. 设在曲线 γ_1 和 γ_2 的点之间可以建立这样的对应, 使得在对应点, γ_1 的切线平行于 γ_2 的副法线. 证明: 在对应点, γ_1 的副法线平行于 γ_2 的切线, 并且两条曲线的主法线互相平行. 此外证明: 它们的曲率和挠率的绝对值成反比, 即 $\dfrac{k_1}{k_2}=\dfrac{|\varkappa_2|}{|\varkappa_1|}$.

曲率 $k>0$ 的平面简单闭曲线称为 *卵形线*. 正则平面曲线的 *顶点* 是这样的点, 在该点 k 有相对最大值或最小值.

设 $\mathbf{r}(s)$ 是卵形线, 而 P 是 $\mathbf{r}(s)$ 上的点, 则存在点 P', 卵形线在该点的切向量与在点 P 的切向量反向, 即 $\mathbf{v}(P')=-\mathbf{v}(P)$. 在点 P 和 P' 的切线平行. 这样的点 P' 显然唯一, 它称为点 P 的 *相对点*.

在相对点 P 和 P' 的切线之间的距离称为卵形线在点 $P=\mathbf{r}(s)$ 的 *宽度* $w(s)$.

我们称卵形线有 *常宽度*, 如果它在点 P 的宽度是常数, 即不依赖点 P 的选取.

18.43. 证明: 顶点概念不依赖于参数表示.

18.44. 设 $\mathbf{r}=\mathbf{r}(s)$ 是卵形线, 则至少在四个点向量 $\mathbf{v}''$ 平行于 $\mathbf{v}$.

18.45. **四顶点定理**. 证明: 任意卵形线至少有四个顶点.

18.46. 证明: 如果取消闭条件, 四顶点定理不成立,

18.47. 证明: 如果 $\mathbf{r}(s)$ 是常宽度 w 的卵形线, 则其长度是 πw.

18.48. 设 $\mathbf{r}=\mathbf{r}(s)$ 是常宽度卵形线. 证明: 连结两个相对点 P 和 P' 的直线垂直于在点 P 和 P' 的切线.

18.49. 设 $\mathbf{r}(s)$ 是常宽度的平面曲线. 证明: 在相对点的曲率半径 $1/k$ 之和是不依赖于点的选取的常数.

18.50. 设 $\mathbf{r}(s)$ 是长度为 L 的用自然参数给定的卵形线. 用 θ 表示水平线和切向量 $\mathbf{v}(s)$ 相交的夹角.

a) 证明: 映射 θ: $[0,L]\to[0,2\pi]$ 是一一对应. 证明: 映射 $\mathbf{r}\circ\theta^{-1}$ 是卵形线的光滑参数表示.

b) 设 $\boldsymbol{\rho}(\theta)$ 是卵形线的这样的参数表示, 使得 $\mathbf{r}(s)=\boldsymbol{\rho}(\theta(s))$ (见前一小题). 证明: $\mathbf{r}(s)$ 的相对点 $\mathbf{R}(s)=\boldsymbol{\rho}(\theta(s)+\pi)$.

c) 证明: 曲线 $\mathbf{R}(s)$ 是正则的.

18.51. 设 $\boldsymbol{\rho}(\theta)$ 是以上题中的角 θ 为参数表示的卵形线. 又设 $w(\theta)$ 是卵形线在点 $\boldsymbol{\rho}(\theta)$ 的宽度. 证明:

$$\int_0^{2\pi} w d\theta = 2L,$$

其中 L 是卵形线的长度.

18.52. 设 $\boldsymbol{\rho}(\theta)$ 是以角 θ 为参数表示的卵形线; $k(\theta)$ 和 $w(\theta)$ 分别是其曲率和宽度. 证明:

$$\frac{d^2w}{d\theta^2}+w=\frac{1}{k(\theta)}+\frac{1}{k(\theta+\pi)}.$$

18.53. 证明: 曲线 γ 在点 M 的曲率等于 γ 在点 M 的密切平面上的投影的曲率.

18.54. 用原来的曲线的曲率和挠率表示其渐伸线的曲率和挠率.

18.55. 广义螺旋线的渐伸线是平面曲线. 广义螺旋线的定义见习题 18.20.

从点 O 引给定曲线的切线的垂线, 垂足的集合称为空间曲线关于点 O 的 *垂足曲线*.

18.56. 求曲线 $\mathbf{r}=\mathbf{r}(t)$ 的垂足曲线的方程.

18.57. 求螺旋线 $\mathbf{r}(t)=(a\cos t, a\sin t, ht)$ 关于坐标原点的垂足曲线. 证明: 它位于以下单叶双曲面上:

$$\frac{x^2}{a^2}+\frac{y^2}{a^2}-\frac{h^2z^2}{a^4}=1.$$

18.58. 设曲线 $\mathbf{r}=\mathbf{r}(t)$ 的曲率为常数. 证明: 密切球面和密切圆有同样的半径.

18.59. 证明: 半径为 R 的球面上的曲线的曲率不可能大于 R.

18.60. 证明: 在球面上的非平面正则光滑曲线不可能有常曲率.

18.61. 求具有常挠率的球面曲线曲率的一般形状.

18.62. 证明: 球面曲线由作为弧长的函数的曲率或挠率确定.

18.63. a) 证明: 球面上存在常非零挠率的曲线.

b) 证明: 球面上不存在有恒正或恒负非零挠率的闭正则曲线.

c) 由上一小题推出, 球面上有非零定号挠率的曲线不可能是闭的. 问题是常挠率的球面曲线延伸 “多远”: 它的长度是否必定有限, 或者它的长度无穷并且稠密地缠绕球面吗?

18.64. 证明: 如果曲线由自然参数 s 的方程 $\mathbf{r}=\mathbf{r}(s)$ 给定, 则密切球面中心的径向量由公式 $\boldsymbol{\rho}=\mathbf{r}+R\mathbf{n}+\dfrac{\dot{R}}{\varkappa}\mathbf{b}$, 给定, 而密切球面的半径等于

$$R_s=\sqrt{R^2+\frac{\dot{R}^2}{\varkappa^2}}.$$

18.65. 求曲线的密切圆:

a) $\mathbf{r}(t)=(t-\sin t,1-\cos t,\sin t)$, 在 $t=0$;

b) $\mathbf{r}(t)=(2t,\ln t,t^2)$, 在 $t=1$.

18.66. 求曲线 $\mathbf{r}(t)=(t,t^2,t^3)$ 在点 $t=0$ 的密切球面的半径.

18.67. 求下列曲线在任意点的密切球面的半径:

a) $\mathbf{r}(t)=(a\cos t,a\sin t,ht)$; b) $\mathbf{r}(t)=(e^t,e^{-t},t\sqrt{2})$;

c) $\mathbf{r}(t)=(e^t\sin t,e^t\cos t,e^t)$.

18.68. 证明: 曲线的密切平面交密切球面于同一点的密切圆.

18.69. 求螺旋线

$$\mathbf{r}(t)=(a\cos t,a\sin t,ht)$$

的密切球面中心的几何位置.

18.70. 证明: 若密切球面的半径是常数, 则曲线或位于球面上, 或有常曲率.

18.71. 设曲线 γ_1 和曲线 γ_2 的每一个都是另一个的密切球面的中心的几何位置. 证明: 曲线 γ_1 和 γ_2 的曲率是常数并且相等, 它们的密切平面互相垂直, 而在对应点的挠率的乘积等于曲率的平方.

18.72. 证明: 如果曲线在每个点与其密切平面有三阶切触, 则这条曲线是平面曲线.

18.73. 考察所有可能的过平面正则曲线 γ 的给定点的二阶曲线. 说明: 它们之中有唯一的一条与曲线 γ 有四阶切触. 用曲线 γ 的曲率 $k(s)$ 确定这条二阶曲线的类型和参数.

18.74. 从坐标原点向平面曲线 $\mathbf{r}=\mathbf{r}(s)$ 射出一束光线. 建立反射光线的包络 (焦散线) 的方程.

18.75. 如果平面曲线由任意参数的形如 $\mathbf{r}=\mathbf{r}(t)$ 的方程给定, 曲线相对于坐标原点的焦散线的方程具有怎样的形式?

18.76. 方向向量为 $\mathbf{e}$ ($|\mathbf{e}|=1$) 的平行光线投射到由方程 $\mathbf{r}=\mathbf{r}(s)$ 给定的平面曲线上. 建立给定曲线的反射光线的包络 (焦散线) 的方程. 考察这样的情形, 曲线由任意参数的方程 $\mathbf{r}=\mathbf{r}(t)$ 给定, 以及由方程 $y=f(x)$ 给定.

18.77. 设 $\mathbf{r}_1\colon[0,a]\to\mathbb{R}^2$ 是自然参数表示的曲线段, 而 $\mathbf{r}_2(s)$ 是曲线

$$\mathbf{r}_2(s)=\mathbf{r}_1(s)+(a_0-s)\mathbf{v}(s),$$

其中 $\mathbf{v}(s)$ 是 $\mathbf{r}_1(s)$ 的切向量, $a_0 > a$ 是某个常数. 说明, $\mathbf{r}_2(s)$ 在每个点的切线正交于 $\mathbf{v}(s)$.

我们注意, 曲线 $\mathbf{r}_1$ 是曲线 $\mathbf{r}_2$ 的 *渐屈线*, 而曲线 $\mathbf{r}_2$ 则是曲线 $\mathbf{r}_1$ 的 *渐伸线*.

18.78. 求下列曲线的渐屈线, 渐伸线和曲率半径:

a) $\dfrac{x^2}{a^2}+\dfrac{y^2}{b^2}=1$;　　b) $\dfrac{x^2}{a^2}-\dfrac{y^2}{b^2}=1$;

c) $x^2-2py=0$;　　d) $\begin{cases} x=a(t-\sin t),\\ y=a(1-\cos t);\end{cases}$

e) $r=a(1+\cos\varphi)$ (在极坐标系中);　　f) $y=a\cosh\dfrac{x}{a}$;

g) $r=a\varphi$ (在极坐标系中);　　h) $r=2a^2\cos 2\varphi$ (在极坐标系中);

i) $r^m=a^m\cos m\varphi$ (在极坐标系中), 其中 m 是某个正整数;

j) $r=a\cot\varphi$ (在极坐标系中).

18.79. 求对数螺线 $r=a^{\varphi}$ 的渐屈线. 证明: 这是同样的螺线, 不过围绕极点转动了某个角. 求这个角.

18.80. 放在平面 xOy 上的从坐标原点引出的射线绕点 O 均匀转动. 在射线上的点 M 沿射线这样运动, 其速度正比于距离 OM. 在这些条件下:

a) 导出动点的轨迹在以 O 为极点的极坐标中的方程;

b) 说明, 在得到的曲线 (称为伯努利对数螺线) 上切向量同径向量构成定角;

c) 对数螺线的这个性质是其特征性质;

d) 趋于自己的极点 O 的螺线的长度是有限的;

e) 写出对数螺线的带自然参数的方程;

f) 对数螺线的曲率半径正比于从其极点算起的弧长, 而这个性质同样是对数螺线的特征性质;

g) 给定的对数螺线的渐屈线合同于螺线自身;

h) 求对数螺线方程 $r=e^{a\varphi}$ 中参数 a 的值, 使得对于这个值, 对数螺线的渐屈线跟自己重合, 即它是自己的法线的 *包络*.

i) 每个对数螺线是平面的线性变换的运动群 G 的轨道, G 由带相似系数 $t>0$ 的相似变换和随平面的一个角为 $\alpha=\ln t$ 的旋转 (相似中心和旋转中心皆在螺线的公共极) 组成;

j) 对于螺线弧 $r=e^{\varphi}$, $\varphi_1\leqslant\varphi\leqslant\varphi_2$, 指出群 G 的元素, 它把此弧变换成同一螺线的起点的极坐标为 $\varphi=\varphi_1+\pi$, $r=e^{\pi+\varphi_1}$ 的弧; 弧的像是否有与原来的弧同样的张角 $\varphi_2-\varphi_1$?

18.81. 求椭圆的渐屈线的奇点. 过平面的任意点可以引椭圆的几条法线?

18.82. 求圆周的渐伸线.

18.83. 求施泰纳 (Steiner) 曲线

$$x = 2r\cos\frac{t}{3} + r\cos\frac{2t}{3}, \quad y = 2r\sin\frac{t}{3} - r\sin\frac{2t}{3}$$

在任意点的曲率半径. 施泰纳曲线是由半径为 r 的圆周在半径为 $3r$ 的圆周内滚动而生成的圆内旋轮线.

18.84. 证明: 施泰纳曲线的渐屈线是施泰纳曲线, 相似于原曲线, 并且相似系数是 3. 同时这个渐屈线相对于原曲线旋转 $\pi/3$.

18.85. 求星形线的渐屈线. 证明: 它的渐屈线是星形线, 以相似系数 2 相似于原曲线, 并且相对于原曲线旋转角 $\pi/2$. 我们指出, 星形线是半径为 r 的圆周在半径为 $4r$ 的圆周内滚动而生成的圆内旋轮线. 进而, 本题中表述的星形线的性质类似于施泰纳曲线 (见上题) 的性质.

18.86. 半径为 r 的圆周在半径为 R 的圆周内滚动生成圆内旋轮线, 针对不同的比值 R/r 研究圆内旋轮线 (见习题 18.84 和 18.85).

18.87. 求笛卡儿叶形线

$$x = \frac{3at}{1+t^3}, \quad y = \frac{3at^2}{1+t^3}$$

的渐屈线.

18.88. 一平面曲线的曲率等于其渐屈线 (在对应点) 的曲率, 求其曲率.

18.89. 由曲线的自然方程建立其渐屈线的自然方程.

18.90. 由曲线的自然方程建立其渐伸线的自然方程.

18.91. 证明下列断言:

a) 渐屈线的切线是原曲线的法线;

b) 曲线的切线族的任意正交曲线是原曲线的渐伸线;

c) 渐屈线的弧长等于原曲线对应点的曲率半径之差的绝对值;

d) 渐屈线的曲率半径等于

$$\frac{1}{2}\frac{d(R^2)}{ds},$$

其中 R 是原曲线的曲率半径.

18.92. 设非平面曲线具有非零常曲率, 又设它的挠率异于零. 考察这条曲线的曲率中心的集合. 把得到的曲线记做 γ^*. 证明: 曲线 γ^* 的曲率是常数. 求 γ^* 的挠率.

18.93. 设光滑曲线 C 由方程 $\mathbf{r} = \mathbf{r}(t)$ 给定, 这里 $\mathbf{r}(t)$ 定义在闭区间 $[a, b]$ 上. 设在某个点 M 导数 $\mathbf{r}', \mathbf{r}'', \mathbf{r}'''$ 不共面. 证明: 曲线 C 在点 M 的密切平面穿过曲线 C.

18.94. 设光滑曲线 C 由方程 $\mathbf{r}=\mathbf{r}(t)$ 给定, 这里 $\mathbf{r}(t)$ 定义在闭区间 $[a,b]$ 上. 设在某个点 $M(t)$ 向量 $\mathbf{r}'(t)$ 不平行于向量 $\mathbf{r}''(t)$. 计算极限

$$\lim_{\Delta t\to 0}\frac{d}{|\Delta t|^3},$$

其中 d 是点 $M(t+\Delta t)$ 到曲线 C 在点 $M(t)$ 的密切平面的距离. 考察曲线由带自然参数的方程 $\mathbf{r}=\mathbf{r}(s)$ 给定的特殊情形.

18.95. 证明: 在 $K<0$ 的曲面上的渐近曲线的挠率等于 $\pm\sqrt{-K}$.

18.96. 设旋转曲面的曲率是严格负的. 在此曲面上是否存在闭渐近曲线?

设 $\mathbf{r}=\mathbf{r}(s)$ $(s\in[0,a])$ 是平面分段正则 C^2 类由自然参数表示的参数曲线. 称数

$$i_{r(s)}=\frac{\int_0^a kds+\sum_{i=0}^{n-1}\Delta\theta_i}{2\pi}$$

为这条曲线的旋转指标 (数), 其中 k 是曲线的曲率, s_i $(0\leqslant i\leqslant n-1)$ 是非正则点, $\mathbf{v}^-(s_i)=\lim\limits_{s\to s_i^-}\mathbf{v}(s)$, $\mathbf{v}^+(s_i)=\lim\limits_{s\to s_i^+}\mathbf{v}(s)$, $\Delta\theta_i$ 是向量 $\mathbf{v}^-(s_i)$ 和 $\mathbf{v}^+(s_i)$ 之间的夹角 (见图 79).

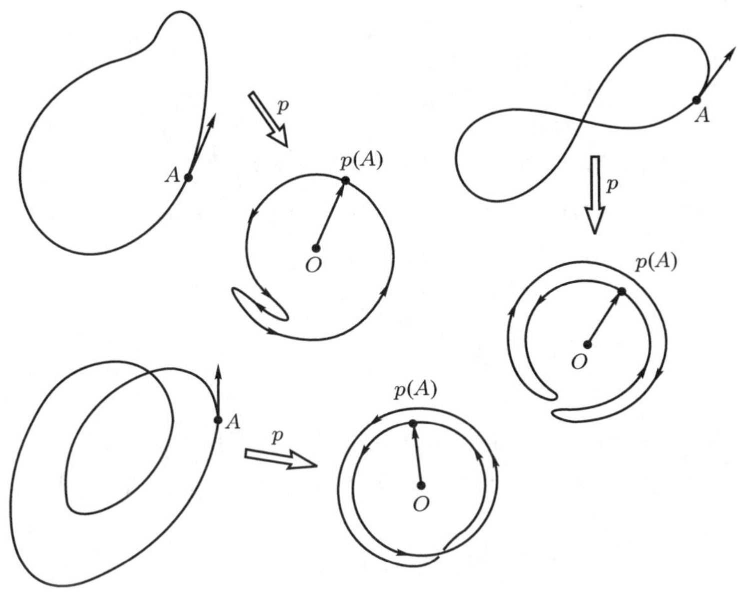

图 79　曲线的旋转指标

18.97. 计算由下列方程给定的曲线的旋转指标:

a) $\mathbf{r}(t)=(a+\rho\cos t,\rho\sin t),\ 0\leqslant t\leqslant 2\pi,\ |a|<\rho;$

b) $\mathbf{r}(t)=(a+\rho\cos t,\rho\sin t),\ 0\leqslant t\leqslant 2\pi,\ 0<\rho<|a|;$

c) $\mathbf{r}(t)=(\rho\cos 2t,-\rho\sin 2t),\ 0\leqslant t\leqslant 2\pi,\ \rho>0$;

d) $\mathbf{r}(t)=\left(\frac{1}{2}\cos t,\sin t\right),\ 0\leqslant t\leqslant 2\pi$;

e) $\mathbf{r}(t)=(2\cos t,-\sin t),\ 0\leqslant t\leqslant 6\pi$;

f) $\mathbf{r}(t)=(\cos t,\sin^2 t),\ 0\leqslant t\leqslant 2\pi$.

18.98. 设 $\gamma\subset\mathbb{R}^2$ 是闭曲线 (不必是简单的, 即允许自相交). 证明:

$$l^2\geqslant 4\pi\int_{\mathbb{R}^2}\omega(x)dx,$$

其中函数 $\omega(x)$ 是曲线 γ 围绕点 x 的旋转指标.

18.99. 证明: 如果 $\mathbf{r}(s)$ 是简单闭正则平面曲线, 则这条曲线的切线像 v: $[0,L]\to S^1$ 是到上的映射.

18.100. 证明: 如果 $\mathbf{r}=\mathbf{r}(s)$ 是正则闭曲线, 则它的切球面像不可能位于任何开半球面上.

18.101. 证明: 正则闭曲线的切球面像不可能位于任何闭半球面上, 例外的情形是, 切球面像是界定半球面的大圆.

18.102. 设 γ 是单位球面 S^2 上的光滑闭曲线. 证明: 它包含在开半球面上, 如果:

a) 曲线 γ 的长度 l 严格小于 2π;

b) 曲线 γ 的长度等于 2π, 但是曲线不是两个大半圆周的并集.

对于由自然参数表示的长度为 L 的空间曲线 $\mathbf{r}=\mathbf{r}(s)$, 数 $\int_0^L \varkappa ds$ 称为它的 全挠率. 我们注意到, 上面对于沿曲线的自然参数定义的 $\mathbb{R}^3$ 中的曲线的全曲率和全挠率可以用任意参数 $t=t(s)$ 计算. 这时, 比如对于挠率的表达式有形式

$$\int_a^b \varkappa(t)\left|\frac{d\mathbf{r}}{dt}\right|dt,$$

其中 $a=t(0),\ b=t(L)$.

18.103. 利用习题 18.100–18.102 的结果证明下列断言: 闭简单曲线 γ 的全曲率不小于 2π, 并且当且仅当 γ 是平面凸曲线时, 它等于 2π (芬切尔 (Fenchel) 定理).

18.104. 设 γ 是空间闭曲线. 假定对于某个实数 $R>0$ 有 $0\leqslant k\leqslant 1/R$. 证明曲线 γ 的长度 l 满足不等式 $l\geqslant 2\pi R$.

18.105. 计算椭圆

$$r(t)=(2\cos t,\sin t,0)\quad(0\leqslant t\leqslant 2\pi)$$

的切球面像. 考虑到芬切尔定理, 关于这个像可以说什么?

考察 $\mathbb{R}^3$ 中的二维标准单位球面 S^2. 球面的定向大圆的集合与同一球面 S^2 的点的集合一一对应. 这个对应以下列方式建立. 每个大圆必须对应垂直于圆周平面并且以坐标原点为起点的单位正法向量的端点. 这里, 法向量称为正的, 如果沿图示的大圆方向旋转, 右手拔塞钻正是沿该法向量的方向前进 (见图 80).

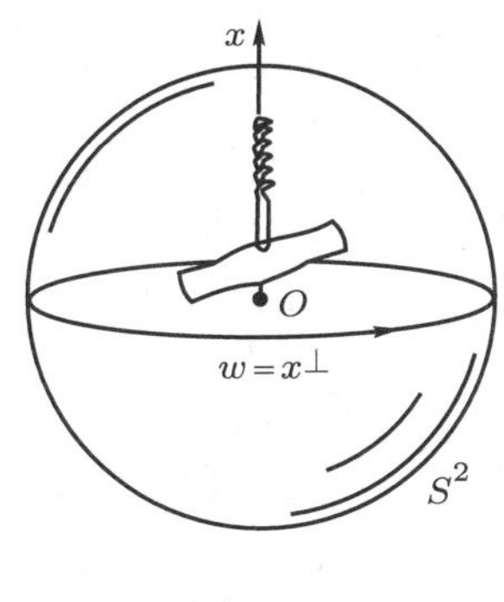

图 80

我们将把定向大圆集合对应的 S^2 的点的集合的测度称为定向大圆集合的测度.

如果 $x \in S^2$, 则用 $w = x^\perp$ 表示对应于点 x 的定向大圆. 对于球面上的正则曲线 γ, 用 $n_\gamma(x)$ 表示 $\gamma \cap x^\perp$ 中点的数目 (可能是无穷). 我们注意 $n_\gamma(x)$ 不依赖于参数的选取.

18.106. 设 γ 是球面 S^2 上的长度为 l 的曲线. 证明: 与 γ 相交的定向大圆集合的测度等于 $4l$. 换言之, $\displaystyle\int_{S^2} n_\gamma(w)d\sigma = 4l$ (克罗夫顿 (Crofton) 公式).

$\mathbb{R}^3$ 中的闭简单曲线 γ 称为 *不打结的*, 如果存在一一映射 $g\colon D^2 \to \mathbb{R}^3$ (D^2 是单位圆盘), 它把圆盘 D^2 的边界 S^1 映射到曲线 γ 的像. 在相反的情形, 曲线称为 *打结的*.

18.107. 证明: 如果 γ 是简单打结正则曲线, 则它的全曲率大于或等于 4π.

18.108. 利用克罗夫顿公式证明: 对于空间任意闭正则曲线, 它的全曲率 $\displaystyle\int_\gamma k(s)ds$ 不小于 2π (芬切尔定理的特殊情形).

18.109. 设对于闭光滑正则曲线 γ, 其副法球面像不自交. 证明: 此时对于曲线 γ 的定向曲率成立不等式

$$-2\pi < \int_0^l k(s)ds < 2\pi,$$

其中 l 是 γ 的弧长. 由此推出曲线 γ 的曲率必然改变符号.

18.110. 证明: 对于任意实数 r 存在这样的闭曲线 γ, 使得它的全挠率 $\displaystyle\int_\gamma \varkappa ds$ 等于 r.

18.111. 证明: 对于闭曲线 γ, 如果它由形如 $\mathbf{r} = \mathbf{r}(s)$ 的方程给定, 并且位

于球面上, 则它的全挠率 $\int_\gamma \varkappa ds$ 等于零.

18.112. 设 M 是 $\mathbb{R}^3$ 中这样的曲面, 使得对于所有位于 M 上的闭曲线 γ 有 $\int_\gamma \varkappa ds = 0$. 证明: M 是平面或球面的一部分.

18.113. 证明: 对于任意球面闭曲线 γ, 积分 $\int_\gamma \frac{\varkappa}{k} ds$ 等于零.

18.114. 求在曲面 $\mathbf{r} = (u\cos v, u\sin v, av)$ 上的曲线 $u = \text{const}$ 的测地曲率.

18.115. 求度量为

$$ds^2 = \frac{dx^2 + dy^2}{y^2}$$

的上半平面中的曲线 $ax + by + c = 0$ 的测地曲率.

18.116. 证明: 如果平面闭正则曲线的每条法线把它分成两个相等的部分, 则这条曲线是圆周.

18.117. 证明下列断言: 周期为 S 的周期函数 $k(s)$ 是某条平面闭曲线的曲率函数, 当且仅当下列两个等式成立:

$$\int_0^S \cos\left(\int_0^s k(t)dt + C\right) ds = 0, \quad \int_0^S \sin\left(\int_0^s k(t)dt + C\right) ds = 0,$$

其中 C 是某个常数.

从定点 O 到曲线在点 $\mathbf{r}(t)$ 的曲线的变动切线的距离 $h(t)$ 称为平面曲线 $\mathbf{r} = \mathbf{r}(t)$ 的 *支撑函数*.

18.118. 设给定平面凸曲线. 此时可以取角 α 作为曲线的参数, 这个角由在曲线的点的切线同平面上的一个定方向构成. 证明: 对于这条曲线的曲率半径成立公式

$$R(\alpha) = h(\alpha) + h''(\alpha),$$

其中 $h(\alpha)$ 是支撑函数.

18.119. 证明: 由平面凸正则闭曲线 γ 界定的区域的面积等于 $\frac{1}{2}\int_\gamma h(t)dt$, 这里 $h(t)$ 是给定曲线的支撑函数.

18.120. 设平面凸正则闭曲线 L 界定面积为 S 的区域. 设 R 是外接圆的半径, 而 r 是内接圆的半径. 证明下列不等式:

a) $L^2 - 4\pi S \geqslant 0$;

b) $L^2 - 4\pi S \geqslant \pi^2(R-r)^2$;

c) $L^2 - 4\pi S \geqslant \pi^2\left(\frac{1}{r} - \frac{1}{R}\right)^2$;

d) $L^2 - 4\pi S \geqslant L^2\left(\frac{R-r}{R+r}\right)^2$;

e) $\frac{L - \sqrt{L^2 - 4\pi S}}{2\pi} \leqslant r \leqslant R \leqslant \frac{L + \sqrt{L^2 - 4\pi S}}{2\pi}$,

并且仅当曲线是圆周时等号成立.

18.121. 证明: 只有四个顶点的卵形线与任意圆周最多有四个交点.

18.122. 证明: 如果卵形线交某个圆周于 $2n$ 个点, 则它至少有 $2n$ 个顶点.

18.123. 设 γ 是常曲率的空间曲线, 而 γ^* 是它的曲率中心的集合. 证明: 曲线 γ^* 与 γ 有同样的曲率. 再证明: 曲线 γ 是曲线 γ^* 的曲率中心的集合.

18.124. 证明: 密切球面有常半径当且仅当曲线或在球面上, 或有常曲率.

18.125. 证明: 由形式

$$\mathbf{r}(s) = \frac{1}{\varkappa}\int_0^s \Big(\mathbf{b}(t) \times \frac{d\mathbf{b}}{dt}(t)\Big)dt$$

给定的空间曲线的挠率是常数 $\varkappa$. 这里 $\mathbf{b}(t)$ 是单位球面上的任意曲线, 而 $\varkappa$ 是任意非零实数.

反之, 任意有异于零的常挠率 $\varkappa$ 的空间曲线对于适当的曲线 $\mathbf{b}(t)$ 可以表示成上述形式.

18.126. 证明: 任意非常曲率的曲线, 如果满足关系

$$\Big(\frac{d(1/k)}{ds}\Big)^2 = \varkappa^2\Big(R^2 - \frac{1}{k^2}\Big),$$

则它位于半径为 R 的球面上.

18.127. 证明: 如果曲线位于球面上, 那么它的曲率和挠率满足关系

$$\frac{\varkappa}{k} + \frac{d}{ds}\Big(\frac{1}{\varkappa}\frac{d}{ds}\Big(\frac{1}{k}\Big)\Big) = 0.$$

反之, 如果某条曲线的曲率和挠率满足这个关系, 则曲线位于一个球面上.

18.128. 如果空间曲线的曲率和挠率不是零, 则曲线是球面曲线, 当且仅当

$$\frac{\varkappa}{k} = \frac{d}{ds}\Big(\frac{1}{\varkappa k^2}\frac{d}{ds}k\Big).$$

如果令 $\rho = \dfrac{1}{k}$, $\sigma = \displaystyle\int \varkappa ds$, 那么方程可以写成下列形式:

$$\frac{d^2\rho}{d\sigma^2} + \rho = 0.$$

18.129. 证明: 对于位于球面上的一般位置的曲线, 前三个习题中的关系等价 (同时参见习题 4.52).

18.130. 证明: 对于任意数 A, 存在这样的双正则闭曲线, 使得 $\displaystyle\int_\gamma \varkappa ds \geqslant A$.

我们提醒, 曲线称为双正则的, 如果 $\dot{\mathbf{r}} \neq 0$, 并且 $\ddot{\mathbf{r}} \neq 0$.

18.131. 如果平面曲线同张在它的两个端点的弦一起围成一个凸区域, 则当卷曲曲线时, 即以带同样曲率的空间曲线代替它时, 弦的长度增加.

18.132. 设 γ 是正则光滑闭曲线. 证明: 曲线曲率为零的点的所有切线方向的集合, 其角测度为零; 切于曲线多于一点 (切点具有非零曲率) 的方向, 只有有限个.

18.133. 证明雅可比定理: 如果闭曲线的主法球面像没有自交点, 则它分球面成面积相等的两部分.

§19. 黎曼度量 (补充习题)

19.1. 证明: 在罗巴切夫斯基平面上的直角三角形内, 从斜边的中点引到一条直角边的垂线小于另一条直角边的一半.

19.2. 设三个点 A, B, C 属于一条直线, 而点 D 不属于它. 证明在下述情况下, 线段 DA, DB, DC 的中点不在一条直线上:

a) 在球面上; b) 在罗巴切夫斯基平面上.

我们提醒, 在欧几里得平面上这个事实不成立 (参见图 81).

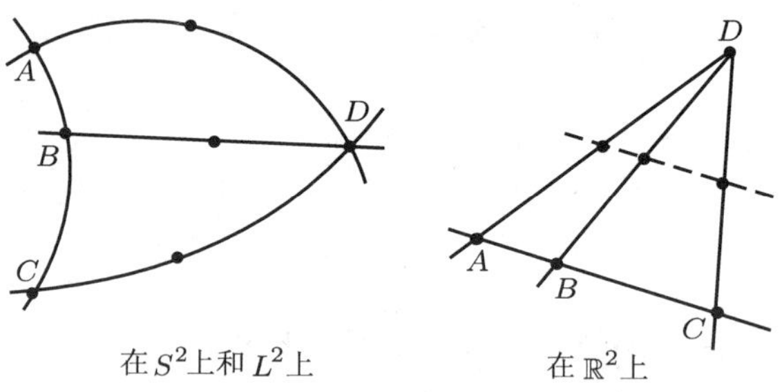

图 81

19.3. 考察罗巴切夫斯基平面在半径为 1 的开圆上的庞加莱模型, 其度量是

$$ds^2 = \frac{4}{(1 - u^2 - v^2)^2}\,(du^2 + dv^2).$$

考察由方程 $v = 0$ 给定的圆的直径. 如所周知, 它是罗巴切夫斯基平面上的直线. 求这条直线的等距线.

19.4. 对于罗巴切夫斯基平面在上半平面的模型, 求由直线界定的三角形的面积:

a) $x = -a,\ x = a,\ x^2 + y^2 = a^2;$

b) $x = a,\ x = 2a,\ (x - a)^2 + y^2 = a^2;$

c) $x = 0,\ x = a/2,\ x^2 + y^2 = 4a^2;$

d) $x=0,\ x=a/2,\ x^2+y^2=a^2$;

e) $x=-a,\ x=a,\ x^2+y^2=4a^2$;

f) $x=-a,\ x=a,\ x^2+y^2=2a^2$;

g) $x=a,\ x=b,\ (x-a)^2+y^2=2b^2$.

19.5. 对于罗巴切夫斯基平面在上半平面的模型, 求顶点为 $(-2,2)$, $(0,2)$, $(2,2)$ 的三角形的面积.

19.6. 对于罗巴切夫斯基平面在上半平面的模型, 求由直线 $x=0$, $x=a$, $y=a/2$, $y=a$ 所界定的四边形的面积.

19.7. 对于罗巴切夫斯基平面在上半平面的模型, 求顶点为 $(0,a\sqrt{12})$, $(0,2a)$, (a,a), $(a,a\sqrt{3})$ 的四边形的面积.

19.8. 带沿经线的截口的贝尔特拉米伪球面等距于带罗巴切夫斯基度量 (庞加莱模型) 的圆内的怎样的区域? (没有截口的) 贝尔特拉米伪球面的万有覆叠空间等距于怎样的区域?

说明. 在沿经线切开时, 贝尔特拉米伪球面等距于罗巴切夫斯基平面上的区域, 这个区域的边界称为 *极限圆* (参见图 82).

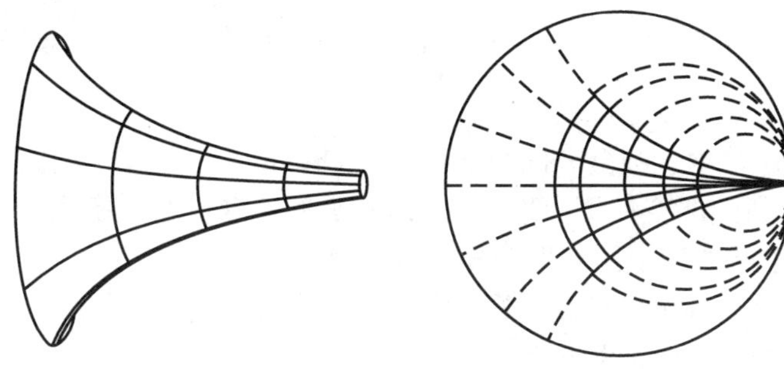

图 82

19.9. 考察在上半平面的模型中的罗巴切夫斯基平面的具有同一个给定不动点 $x_0\in\mathbb{R}$ 的形如 $z\mapsto\dfrac{az+b}{cz+d}$ 的等距的集合 G. 求罗巴切夫斯基平面的任意一个点在 G 作用下的轨道.

19.10. 考察在上半平面的模型中的罗巴切夫斯基平面的具有同样的两个给定不动点 $x_1,x_2\in\mathbb{R}$ 的形如 $z\mapsto\dfrac{az+b}{cz+d}$ 的等距的集合 G. 求罗巴切夫斯基平面的任意一个点在 G 作用下的轨道.

19.11. 求分式线性变换 $w=\dfrac{az+b}{cz+d}$, 对于它:

a) 上半平面映射到自身, 并且 $w(0)=1$, $w(1)=2$, $w(2)=\infty$;

b) 上半平面映射到单位圆, 并且 $w(i)=0,\ \arg w'(i)=-\pi/2$;

c) 上半平面映射到单位圆, 并且 $w(-1)=1,\ w(0)=i,\ w(1)=-1$;

d) 单位圆映射到下半平面, 并且 $w(1)=1,\ w(i)=0,\ w(-i)=-1$;

e) 单位圆映射到上半平面, 并且 $w(-1)=\infty,\ w(1)=0,\ w(i)=1$;

f) 单位圆映射到自身, 并且 $w(1/2)=0,\ \arg w'(1/2)=\pi/2$.

19.12. 考察罗巴切夫斯基平面上的三角形 ABC, 其外接圆的直径是边 AB. 证明: 对于三角形 ABC, 成立等式 $\angle C=\angle A+\angle B$.

19.13. 考察罗巴切夫斯基平面上的边长为 a,b,c 的三角形. 设 r 是内切圆半径, l_a 和 m_a 分别是引到边 a 的角平分线和中线, 边 a 的对角是 α. 证明等式:

a) $\tanh l_a=\dfrac{2\sinh b\sinh c\cos(\alpha/2)}{\sinh(b+c)}$;

b) $\cosh m_a=\dfrac{\cosh[(b+c)/2]\cosh[(b-c)/2]}{\cosh(a/2)}$;

c) $\tanh^2 r=\dfrac{\sinh(p-a)\sinh(p-b)\sinh(p-c)}{\sinh p}$, 其中 $p=\dfrac{1}{2}(a+b+c)$.

19.14. 考察由公式

$$(x,y)\mapsto\left(\frac{x}{\sqrt{1-x^2-y^2}+1},\ \frac{y}{\sqrt{1-x^2-y^2}+1}\right)$$

给定的中心在原点的单位圆的变换.

a) 证明: 这时单位圆微分同胚映射到自身.

b) 计算在所给的变换下, 罗巴切夫斯基平面的度量所转换到的度量.

c) 求 b) 小题的度量的克里斯托费尔符号.

d) 计算按 b) 小题的度量沿单位圆的弦的平行移动.

e) 求 b) 小题的度量的测地线.

19.15. 在单位圆 $x^2+y^2<1$ 内考察由矩阵

$$\frac{1}{1-x^2-y^2}\begin{pmatrix}1-y^2 & xy\\ xy & 1-x^2\end{pmatrix}$$

给出的度量. 证明: 变换

$$x=x'\cos\alpha-y'\sin\alpha,\quad y=x'\sin\alpha+y'\cos\alpha$$

是这个度量的运动变换.

19.16. 证明: 由平面 $a_ix+b_iy+c_iz=d_i\ (i=1,2)$ 给定的在中心为坐标原点的单位球面 S^2 上的圆周之间的交角 φ 按下列公式计算:

$$\cos\varphi=\frac{a_1b_1+a_2b_2+c_1c_2-d_1d_2}{\sqrt{a_1^2+b_1^2+c_1^2-d_1^2}\sqrt{a_2^2+b_2^2+c_2^2-d_2^2}}.$$

19.17. 计算 $\mathbb{R}^3$ 中曲面的第一基本形式:

a) $\mathbf{r}(u,v)=\left(\frac{a}{2}\left(v+\frac{1}{v}\right)\cos u, \frac{b}{2}\left(v+\frac{1}{v}\right)\sin u, \frac{c}{2}\left(v-\frac{1}{v}\right)\right)$ (单叶双曲面);

b) $\mathbf{r}(u,v)=\left(a\frac{uv+1}{v+u}, b\frac{v-u}{v+u}, c\frac{uv-1}{v+u}\right)$ (单叶双曲面);

c) $\mathbf{r}(u,v)=\left(\frac{a}{2}\left(v-\frac{1}{v}\right)\cos u, \frac{b}{2}\left(v-\frac{1}{v}\right)\sin u, \frac{c}{2}\left(v+\frac{1}{v}\right)\right)$ (双叶双曲面);

d) $\mathbf{r}(u,v)=(v\sqrt{p}\cos u, v\sqrt{q}\sin u, v^2/2)$ (椭圆抛物面);

e) $\mathbf{r}(u,v)=((u+v)\sqrt{p}, (u-v)\sqrt{q}, 2uv)$ (双曲抛物面)

f) $\mathbf{r}(u,v)=(a\cos u, b\sin u, v)$ (椭圆柱面);

g) $\mathbf{r}(u,v)=\left(\frac{a}{2}\left(u+\frac{1}{u}\right), \frac{b}{2}\left(u-\frac{1}{u}\right), v\right)$ (双曲柱面).

在下面的习题 19.18 和 19.19 中, 证明所考察的曲面是二次曲面, 并且确定其类型.

19.18. 求曲面的第一基本形式:

$$x=a\cosh u\cos v, \quad y=a\cosh u\sin v, \quad z=c\sinh u, \quad a,c=\text{const}.$$

19.19. 求曲面的第一基本形式:

$$x=a\sinh u\cos v, \quad y=a\sinh u\sin v, \quad z=c\cosh u, \quad a,c=\text{const}.$$

19.20. 证明: 通过适当选取旋转曲面上的曲线坐标, 其第一基本形式可以化简为形式

$$ds^2=du^2+G(u)dv^2.$$

19.21. 把球面, 环面, 悬链面和贝尔特拉米伪球面的第一基本形式化简为形式

$$ds^2=du^2+G(u)dv^2.$$

19.22. 曲面上的曲线坐标系称为 *等温* (有时称为 *共形*) 坐标系, 如果在这个坐标系中的第一基本形式有形式

$$ds^2=\lambda(u,v)(du^2+dv^2).$$

求贝尔特拉米伪球面上的等温坐标系.

19.23. 如果曲面的第一基本形式可以化简为形式

$$ds^2=(f(u)+g(v))\,(du^2+dv^2),$$

则称它为 *刘维尔曲面*. 证明: 局部等距于旋转曲面的曲面是刘维尔曲面.

19.24. 证明: 任意旋转曲面可以局部共形映射到平面.

19.25. 证明: 度量 $ds^2 = dx^2 + f(x)dy^2$ $(0 < f(x) < \infty)$ 可以化简到形式

$$ds^2 = g(u,v)(du^2 + dv^2)$$

(等温坐标).

19.26. 对于旋转曲面

$$x = f(r)\cos\varphi, \quad y = f(r)\sin\varphi, \quad z = g(r),$$

其中 $u \in (a,b)$, $\varphi \in [0,2\pi]$, 求等温坐标 (u,v), 其中 $\rho = \sqrt{u^2+v^2}$ 是 r 的函数. 特别地, 对于悬链面

$$x = \cosh z\cos\varphi, \quad y = \cosh z\sin\varphi, \quad z = z,$$

求它在这样的等温坐标中的径向量的表示.

19.27. 在坐标为 x, y 的平面上给定矩阵值函数 $F(x,y)$. 验证函数 F 定义黎曼度量. 求在其中度量有形式 $du^2 + G(u)dv^2$ 的坐标:

a) $F(x,y) = \begin{pmatrix} 1+2x^2 & 4xy \\ 4xy & 1+2y^2 \end{pmatrix}$;

b) $F(x,y) = \begin{pmatrix} 1+16x^2(x^2+y^2)^2 & 16xy(x^2+y^2)^2 \\ 16xy(x^2+y^2)^2 & 1+16y^2(x^2+y^2)^2 \end{pmatrix}$;

c) 在单位圆中, $F(x,y) = \dfrac{1}{1-x^2-y^2}\begin{pmatrix} 1-y^2 & xy \\ xy & 1-x^2 \end{pmatrix}$;

d) $F(x,y) = \dfrac{1}{(x^2+y^2)^4}\begin{pmatrix} 4x^2+(x^2+y^2)^4 & 4xy \\ 4xy & 4y^2+(x^2+y^2)^4 \end{pmatrix}$.

19.28. 证明: 在任意实解析曲面 M^2 上可以引进局部等温坐标.

19.29. 证明: 球面到平面的任意共形映射是球面到自身的运动和球面到这个平面的球极平面投影的复合 (参见图 83).

19.30. 地球曲面的麦卡托投影以下列方式定义. 在地图上引入这样的直角坐标 (x,y), 地图上的任意直线对应地球曲面上的常方位角 (罗盘指针的固定位置) 的曲线 (参见图 84).

a) 证明: 地球上球面坐标为 (θ,φ) 的点的麦卡托投影对应地图上坐标为 $x=\varphi$, $y = \ln\cot(\theta/2)$ 的点.

b) 在麦卡托投影的坐标 x, y 中写出球面的度量.

19.31. 求狭义相对论中的速度的二维空间的度量.

19.32. 在前一个习题中引进坐标变换 $v \to \tanh\chi$ (v 是动点的速度).

19.33. 在单位圆的极坐标系中写出前一题的度量.

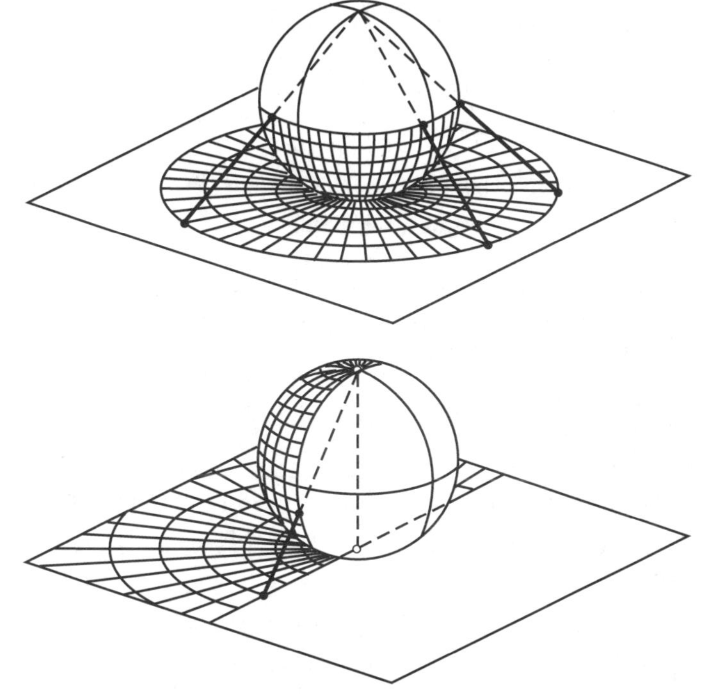

图 83 球面到平面的球极平面投影

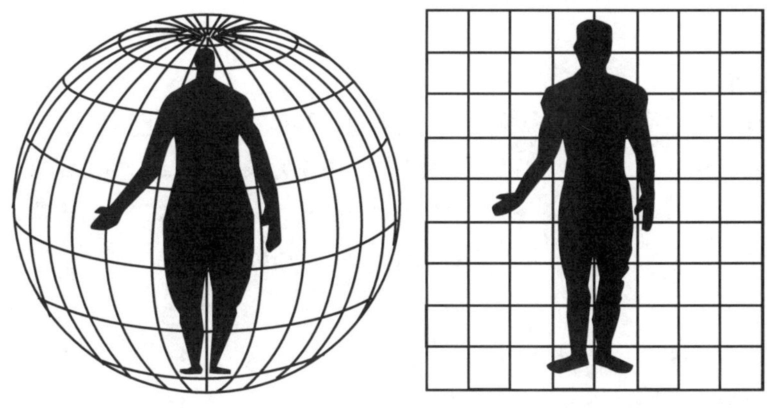

图 84 麦卡托投影

19.34. 证明: 在二次曲面类中任意非零曲率的二次曲面唯一决定自身的度量, 甚至是局部地决定. 我们说曲面 S 唯一决定自身的度量, 如果任意等距于它的曲面从 S 通过 (可能要和关于镜面的反射复合的) 运动而得到.

19.35. 设在平面上给定两个等距的区域, 证明它们是合同的.

19.36. 证明: 在球面上的两个等距的区域, 一个总可以从另一个通过空间的旋转得到, 即它们合同.

19.37. 设在柱面上给定两个等距区域. 它们必定在 $\mathbb{R}^3$ 中合同吗? 指出柱面上的任意两个等距的区域在 $\mathbb{R}^3$ 中合同应满足的条件.

19.38. 考察贝尔特拉米伪球面上的所有可能的内蕴半径同为 r 的圆. 说明, 这些圆哪些在 $\mathbb{R}^3$ 中是合同的, 哪些不是合同的.

19.39. 度量 $ds^2 = \frac{a}{r^2}(dx^2+dy^2)$ 和 $ds^2 = \frac{b}{r^2}(dx^2+dy^2)$, $a \neq b$, $0 < r^2 = x^2+y^2 < \infty$ 是否等距? 求它们中的每一个在 $\mathbb{R}^3$ 中柱面上的实现.

19.40. 证明: 三维空间的任意曲面可以经过 “出口” 弯曲到四维空间.

19.41. 证明: 两个同胚于圆环的完全柱面等距, 当且仅当它们的垂直于母线的平面截口有同样的长度.

19.42. 构造柱面 $x = R\cos\varphi$, $y = R\sin\varphi$, $z = z$, $0 \leqslant \varphi \leqslant 2\pi$, $-\infty \leqslant z \leqslant +\infty$ 上的区域 $\varphi_1 \leqslant \varphi \leqslant \varphi_2$, $z_1 \leqslant z \leqslant z_2$ 到任意具有已知参数的直圆锥上的等距的区域的等距映射.

19.43. 给出开单位圆内的完备欧几里得度量的例子.

19.44. 证明: 紧致完备局部凸曲面是整体凸的.

19.45. 证明: 单连通局部欧几里得二维流形整体等距于具有标准度量

$$dx^2 + dy^2$$

的欧几里得平面.

19.46. 证明: 在圆内不可能给出等温形式的完备欧几里得度量.

19.47. 在变量 (x, y) 的某个变化区域中给定系数 $E(x) > 0$, $G(y) > 0$ 连续的度量

$$ds^2 = E(x)dx^2 + G(y)dy^2,$$

证明:

a) 这个度量是局部欧几里得的;

b) 如果这个度量给在闭单连通区域中, 则它可以连续延拓到区域的凸包的内部;

c) 如果这个度量给在多连通区域中, 则它可以连续延拓到区域的外边界的凸包所界定的区域内;

d) 这个度量整体上是欧几里得的, 即它的定义域可以整体上等距映射到具有标准度量 $du^2 + dv^2$ 的欧几里得平面内.

在关于区域和系数的怎样的条件下, 这个度量是完备的?

19.48. 给定度量

$$ds^2 = \frac{1}{(1-r)^p}\,dr^2 + \frac{r^2}{(1-r)^q}\,d\varphi^2.$$

a) 认为 r, φ 是 x, y 平面上的极坐标, 证明这个度量在整个圆 D: $x^2+y^2=r^2<1$ 内是非退化的.

b) 求所有从坐标原点出发的测地线, 并且确定对于 p 和 q 的怎样的值这个度量在圆 D 内是完备的.

c) 证明这个度量仅当 $p=4$, $q=2$ 时是局部欧几里得度量, 并且对于这样的 p 和 q 求它的到具有标准度量的欧几里得平面的等距映射.

19.49. 具有径向量 $x=u\cos v$, $y=u\sin v$, $z=hv+f(u)$ 的曲面称为一般螺旋面.

a) 验证, 在 v 在长度为 2π 的某个区间上变化对应的部分, 一般螺旋面被通过 Oz 轴的平面截得的截口由合同于曲线 $z=f(x)$, $y=0$ 的曲线组成.

b) 证明: 当 $h=0$ 时一般螺旋面变为旋转曲面, 而当 $f(u)$ 为常数时一般螺旋面变为螺旋面.

c) 证明布尔定理: 一般螺旋面的度量等距于形式如

$$ds^2 = dU^2 + G(U)d\varphi^2$$

的在旋转曲面上实现的度量, 即任意一般螺旋面局部等距于某一个旋转曲面, 并且反之, 任意旋转曲面在其除极点之外的任意点的一个邻域内局部等距于某个一般螺旋面.

d) 布尔定理可以变得更精细: 一般螺旋面可叠加在某个旋转曲面上, 即保持度量连续变形, 或者说, 弯曲成旋转曲面.

e) 一般螺旋面 S 允许沿自身滑动弯曲, 即存在由径向量的对应规律 S_t: $\mathbf{r}(u,v;t)=\mathbf{r}(u,v+t)$ 表示的形变映射 S_t: $S\to S_t$, 它把曲面 S 上的点转换为同一曲面上的另一个点, 并且保持度量. 这时, 在 S 上的两个点之间的距离等于它们在 S_t 上的像之间的距离. 证明: 这个弯曲是*平凡的*, 即它由整个曲面在空间内像刚体那样运动而得到.

19.50. 证明: 如果曲面允许沿自身滑动弯曲, 则它的度量等距于旋转曲面的度量.

19.51. 把椭球面 $\dfrac{x^2}{a^2}+\dfrac{y^2}{b^2}+\dfrac{z^2}{c^2}=1$ 表示成参数形式

$$x=uf(v)\cos v,\quad y=uf(v)\sin v,\quad z=g(u),$$

其中

$$f(v)=\frac{ab}{\sqrt{a^2\sin^2 v+b^2\cos^2 v}},\quad g(u)=c\sqrt{1-u^2}.$$

以这样的方式选取函数 $\psi(v)$, 使得带参数 t 的形变

$$x = u\sqrt{f^2 - t^2}\cos\psi, \quad y = u\sqrt{f^2 - t^2}\sin\psi, \quad z = \int\sqrt{g'^2 + t}\,du$$

是椭球面的某个部分的弯曲. 在椭球面的怎样的区域, 对于小的 t, 这个形变是伸展的?

§20. 高斯曲率和平均曲率

在习题 20.1–20.4 中求曲面的第二基本形式.

20.1. a) $\mathbf{r}(u,v) = (a\cosh u\cos v, a\cosh u\sin v, c\sinh u)$;

b) $\mathbf{r}(u,v) = (a\sinh u\cos v, a\sinh u\sin v, c\cosh u)$;

20.2. $\mathbf{r}(u,v) = (u\cos v, u\sin v, u^2)$.

20.3. $\mathbf{r}(u,v) = (R\cos v, R\sin v, u)$.

20.4. $\mathbf{r}(u,v) = (u\cos v, u\sin v, ku)$.

20.5. 证明: 如果 $f(v)$ 是导数异于零的任意光滑函数, 则直圆锥面

$$x = u\cos v, \quad y = u\sin v, \quad z = f(v)$$

的两个主曲率有不同的符号.

20.6. 求给定曲线的副法线组成的曲面的高斯曲率和平均曲率.

20.7. 求给定曲线的主法线组成的曲面的高斯曲率和平均曲率.

20.8. 验证, 对于旋转环面, 全高斯曲率等于零, 而全平均曲率异于零, 即

$$\iint K dS = 0, \quad \iint H dS \neq 0.$$

我们提醒, $\iint K dS = 0$ 对于任意环面成立.

20.9. 求如下曲面的曲率线:

$$x = \frac{a}{2}(u - v), \quad y = \frac{b}{2}(u + v), \quad z = \frac{uv}{2}.$$

20.10. 求如下正螺旋面的曲率线:

$$x = u\cos v, \quad y = u\sin v, \quad z = av.$$

20.11. 证明: 当螺旋面

$$x = u\cos v, \quad y = u\sin v, \quad z = av$$

等距叠合到悬链面

$$x=\sqrt{u^2+a^2}\cos v,\quad y=\sqrt{u^2+a^2}\sin v,\quad z=a\ln\left(u+\sqrt{u^2+a^2}\right)$$

时, 曲率线对应为渐近曲线.

20.12. 求曲面

$$\mathbf{r}(s,u)=\boldsymbol{\rho}(s)+f(u)\mathbf{a}+g(u)(\mathbf{v}(s)\times\mathbf{a})$$

的曲率线, 其中 $\mathbf{v}(s)=\dot{\boldsymbol{\rho}}(s)$, $|\mathbf{v}(s)|=1$, $\langle\mathbf{v}(s),\ \mathbf{a}\rangle=0$, $|\mathbf{a}|=1$, $\mathbf{a}$ 是常向量.

20.13. 由方程 $\boldsymbol{\rho}=\boldsymbol{\rho}(s)$ 给定平面曲线 γ, 其中 s 是自然参数; $k=k(s)$ 是它的曲率, $0<k<1/a$; $\mathbf{n}$ 是 γ 的主法向量, $\mathbf{b}$ 是曲线 γ 所在平面的单位法向量. 由方程

$$\mathbf{r}(s,\varphi)=\boldsymbol{\rho}(s)+a\mathbf{n}(s)\cos\varphi+a\mathbf{b}\sin\varphi$$

给定曲面 S.

a) 验证曲面 S 正则.

b) 求曲面 S 的高斯曲率.

c) 求曲面 S 的平均曲率.

d) 求曲面 S 的曲率线.

20.14. 求曲面

$$\mathbf{r}(s,\varphi)=\boldsymbol{\rho}(s)+a\mathbf{n}(s)\cos\varphi+a\mathbf{b}(s)\sin\varphi$$

的曲率线, 其中 $\mathbf{n}$ 和 $\mathbf{b}$ 是曲线 $\boldsymbol{\rho}=\boldsymbol{\rho}(s)$ 的单位主法向量和副法向量, s 是自然参数, 其曲率 $k(s)<1/a$, 挠率为 $\varkappa(s)$.

20.15. 求如下曲面的曲率线:

$$\mathbf{r}(u,v)=\left(u\left(3v^2-u^2-\frac{1}{3}\right),v\left(3u^2-v^2-\frac{1}{3}\right),2uv\right).$$

20.16. 假设曲面的第一基本形式是

$$ds^2=Edu^2+Gdv^2.$$

证明:

$$K=-\frac{1}{2\sqrt{EG}}\left\{\frac{\partial}{\partial v}\left(\frac{\partial E/\partial v}{\sqrt{EG}}\right)+\frac{\partial}{\partial u}\left(\frac{\partial G/\partial u}{\sqrt{EG}}\right)\right\}.$$

20.17. 求关于某个坐标系的曲面的高斯曲率, 在此坐标系中, 曲面的第一基本形式是

$$ds^2=du^2+G(u,v)dv^2.$$

20.18. 求曲面的高斯曲率, 其第一基本形式是

$$ds^2 = B(u,v)(du^2 + dv^2).$$

20.19. 求曲面的高斯曲率, 其第一基本形式是

$$ds^2 = du^2 + e^{2u}dv^2.$$

20.20. 证明: 二维曲面的高斯曲率 K 仅由其度量表示, 即可由第一基本形式的系数以及它们的导数表示. 由此得到高斯曲率在曲面的等距变换下不变.

20.21. 是否可以选取 λ, φ, ψ, 使得曲面

$$\mathbf{r}(u,\theta) = (\varphi(u)\cos\lambda\theta, \varphi(u)\sin\lambda\theta, \psi(u))$$

的高斯曲率是 1 ?

a) 求不同于球面的例子.

b) 描述所有这样的曲面 (参见习题 6.4).

20.22. 是否可以选取 λ, φ, ψ, 使得曲面

$$\mathbf{r}(u,\theta) = (\varphi(u)\cos\lambda\theta, \varphi(u)\sin\lambda\theta, \psi(u))$$

的高斯曲率是 -1? 求不同于伪球面的例子.

20.23. 证明: 任意常负曲率的曲面属于下列三个类型之一:

1) 明金 (Миндинг, Minding) 线轴 (看起来像中国灯笼);

2) 明金陀螺, 在转动轴上有尖点;

3) 贝尔特拉米伪球面.

对应这三种类型曲面的母线画在图 85, 86 中.

20.24. 证明: 每个旋转曲面 (闭的或带沿纬线的边界) 允许在旋转曲面类中弯曲, 纬线映射到纬线, 并且保持面积形式.

20.25. 证明: 在空间 $\mathbb{R}^3$ 中的投影映射下, 曲面的点是椭圆点, 双曲点或平点的性质保持不变.

20.26. 证明: 任意二次曲面的所有点有同样的类型 (椭圆, 双曲或抛物).

20.27. 设在等温坐标 (u,v) 中曲面由形式如

$$x = \operatorname{Re} F_1(w), \quad y = \operatorname{Re} F_2(w), \quad z = \operatorname{Re} F_3(w)$$

的方程给定, 其中 $F_k(w)$ $(k=1,2,3)$ 是复变量 $w = u + iv$ 的解析函数. 这样的表示称为*魏尔斯特拉斯表示*.

a) 为了使曲面是极小曲面, 这些函数应当满足什么样的必要与充分条件?

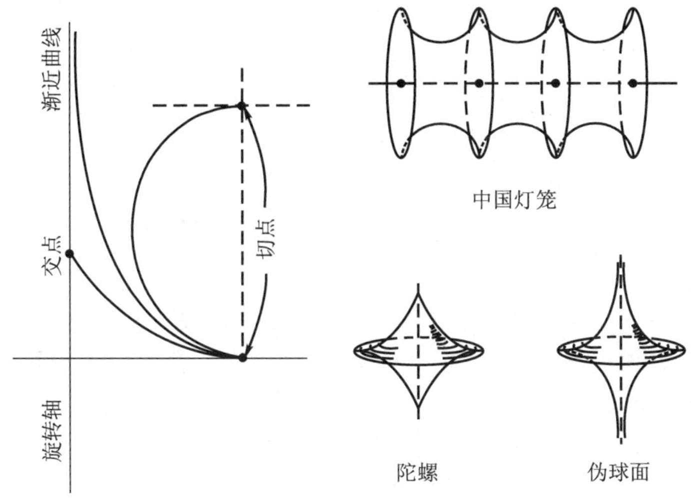

图 85

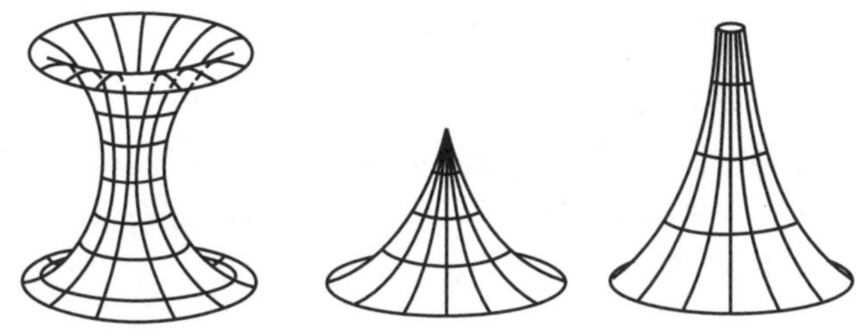

图 86 明金线轴, 明金陀螺, 贝尔特拉米伪球面

b) 计算这个极小曲面的度量形式.

20.28. 设由魏尔斯特拉斯表示 (见习题 20.27) 给定的极小曲面 M 经形如

$$x = \operatorname{Re}\left(F_1(w)e^{it}\right), \quad y = \operatorname{Re}\left(F_2(w)e^{it}\right), \quad z = \operatorname{Re}\left(F_3(w)e^{it}\right)$$

的带形变参数 t 的形变 M_t. 证明下列断言的正确性:

a) 这个形变是曲面 M 的弯曲. 特别地, 所有曲面 M_t 是互相等距的;

b) 弯曲在极小曲面类中发生;

c) 所有曲面在等距中的对应点有平行的法线.

20.29. 由习题 20.28 中的公式定义的极小曲面称为 *伴随的*. 证明: 如果极小曲面的弯曲在极小曲面类中发生, 则仅在伴随极小曲面族中发生.

20.30. 考察曲面 M:

$$x = u - \frac{4}{3}u^3 + 4uv^2, \quad y = v - \frac{4}{3}v^3 + 4u^2v, \quad z = 2(u^2 - v^2)$$

和它的形变 M_t:

$$x = u - \left(\frac{4}{3}u^3 - 4uv^2\right)\cos 2t + \left(4u^2v - \frac{4}{3}v^3\right)\sin 2t,$$

$$y = v + \left(\frac{4}{3}u^3 - 4uv^2\right)\sin 2t + \left(4u^2v - \frac{4}{3}v^3\right)\cos 2t,$$

$$z = 2(u^2 - v^2)\cos t - 4uv\sin t.$$

证明: 这个形变是弯曲, 并且初始曲面 M 和它的所有形变 M_t 是极小曲面. 对于参数的怎样的值, 曲面 M_t 是曲面 $M_{t'}$ 的镜面像 (关于平面的反射)?

20.31. 设曲面 M 是这样的, 存在到其中心对称像 M^* 的连续弯曲. 在这种情形下, 就说 M *可叠加* 在 M^* 上. 证明: M 也可叠加在自己 (关于平面的反射) 的镜面像上.

20.32. 证明: 极小曲面可叠加在自己的镜面像上.

20.33. 证明: 在常高斯曲率的曲面上的两个任意点的邻域有三参数的把一个邻域映射到另一个邻域的等距映射的族. 我们指出, 这时这些邻域的中心不必一个转换为另一个.

20.34. 证明: 不存在这样的曲面: 在其上两个任意点的邻域有恰好两个参数的一个邻域映射到另一个邻域的等距映射的族 (参见上一个习题). 我们指出, 有恰好一个参数的等距族的曲面存在. 非常高斯曲率的旋转曲面是这样的曲面.

20.35. 证明: 如果两个等距的曲面在等距对应的点有平行的法线, 则它们的平均曲率或相等, 或异号.

20.36. 证明: 如果两个等距的曲面在等距对应的点有平行的法线, 并且至少有一个曲面的平均曲率不等于零, 则这两个曲面合同. 如果两个曲面都是极小曲面, 那么它们可以是不合同的. 此外, 任意极小曲面允许这样的弯曲, 使得在等距下的对应点保持法线方向.

20.37. 设已知两个度量 $ds^2 = g_{ij}du^idu^j$ 和 $d\sigma^2 = \gamma_{ij}d\xi^id\xi^j$ $(1 \leqslant i, j \leqslant n)$ 局部等距. 导出等距 $f\colon (u) \to (\xi)$ 应当满足的方程组, 其中 (u) 和 (ξ) 表示在给定度量的两个区域的对应点的邻域. 考察 $n = 2$ 这个特殊情形, 并且指出在这种情形未知映射的求解归结为解拟线性方程组.

20.38. 在参数为 (u, v) 的平面上给定度量

$$ds^2 = e^{-2u^2}(du^2 + dv^2).$$

证实这是正高斯曲率的度量, 它不可能在 $\mathbb{R}^3$ 中的任何凸曲面上实现.

20.39. a) 验证度量

$$ds^2 = \frac{du^2 + dv^2}{-Kr^2(A + \ln(1/r))^2}$$

有常高斯曲率 $K < 0$, 其中 $r^2 = u^2 + v^2$.

b) 这个度量在圆环 $0 < r < e^A$ 内完备吗?

20.40. a) 验证度量

$$ds^2 = \frac{a^2 r^{2a-2}}{(1 - Ar^{2a})^2}(du^2 + dv^2)$$

有常高斯曲率 $K < 0$, 其中 $r^2 = u^2 + v^2$, 而 $A = -K/4$.

b) 设 $a > 0$, 那么 a) 小题的度量在圆环 $0 < r < (1/A)^{1/(2a)}$ 中是完备的吗?

c) 考察 a) 小题的两个度量: 一个对应 $a > 0$, 另一个对应 $a < 0$. 确定这两个度量都存在的最大区域, 并且检验这些度量在这些区域内是否等距?

20.41. a) 验证度量

$$ds^2 = \frac{a^2}{\left(r\sqrt{-K}\,(A\sin(a\ln r) + B\cos(a\ln r))\right)^2}(du^2 + dv^2)$$

有常高斯曲率 $K < 0$, 其中 $r^2 = u^2 + v^2$, 而 $A^2 + B^2 = 1$.

b) 确定 a) 小题的度量存在的最大区域, 并且检验它在这些区域里是否完备.

20.42. 对于前三个习题中的度量, 求它们的在 $\mathbb{R}^3$ 中的形如 $x = f(r)\cos n\varphi$, $y = f(r)\sin n\varphi$, $z = g(r)$ 的旋转曲面内的等距浸入, 其中 $u = r\cos\varphi$, $v = r\sin\varphi$. 描述这些度量的浸入区域对于整参数值 n 的依赖性.

20.43. 考察由一个旋转曲面沿转动轴平行移动得到的曲面族. 设旋转曲面 M, 它有同样的转动轴, 并且跟族中的曲面的交角为直角. 证明: 在这族曲面与曲面 M 的交点, 族中的曲面和曲面 M 的高斯曲率绝对值相等而符号相反.

§21. 著名二维曲面的参数表示

在这一节, 要求验证在习题中所指出的公式给出著名曲面的嵌入或浸入的参数表示.

21.1. 由参数方程

$$\mathbf{r}(\theta,\varphi) = ((1+\cos 2\theta)\cos 2\varphi, (1+\cos 2\theta)\sin 2\varphi, \sin 2\theta\sin\varphi)$$
$$(-\pi/2 \leqslant \theta \leqslant \pi/2,\ 0 \leqslant \varphi \leqslant 2\pi)$$

给定的带奇点的曲面是射影平面 $\mathbb{R}P^2$ 的一个模型 (参见图 87). 描述这个曲面的奇点.

证明: 球面

$$\mathbf{r}(\theta,\varphi) = (\cos\theta\cos\varphi, \cos\theta\sin\varphi, \sin\theta)$$

二重覆叠这个曲面. 求球面的一对点和 $\mathbb{R}P^2$ 的点之间用参数 θ, φ 表达的对应.

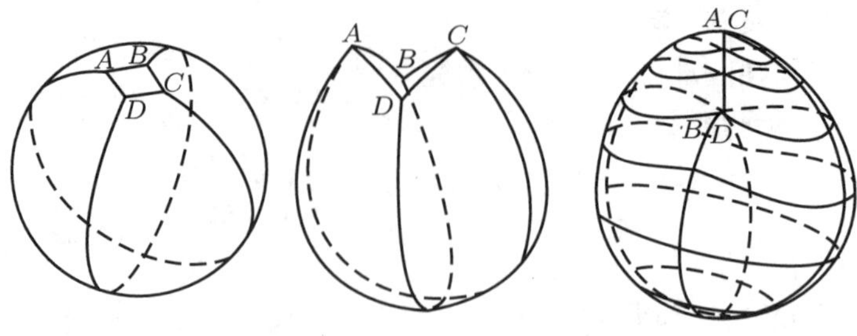

图 87　射影平面由正方形粘合得到

我们指出, 如果从所描述的射影平面模型切割下不大的平面圆盘, 那么留下的部分是默比乌斯带的模型. 它称为 *交叉灯罩* (参见图 88). 灯罩的自交叉线对应 $\varphi = 0$. $(\theta, \varphi) = (0, 0)$ 和 $\theta = \pi/2$ 是尖点 (参见图 89).

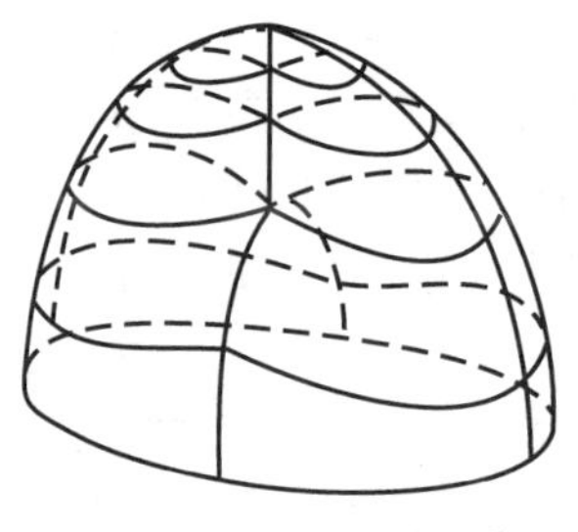

图 88　交叉灯罩

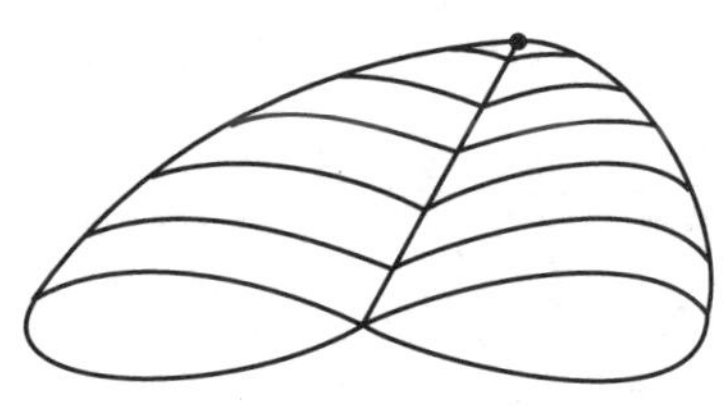

图 89　尖点的邻域

21.2. 我们提醒, 射影平面的一个模型是 $\mathbb{R}^3$ 中的博伊 (Boy) 曲面 (参见图 90, 91).

图 90　博伊曲面——射影平面在 $\mathbb{R}^3$ 中的浸入

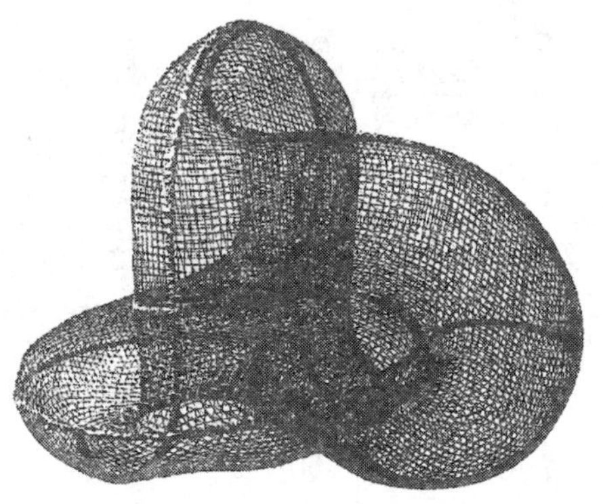

图 91 “透明” 博伊曲面. 在这里更清晰地看到自交点的集合如何安置

博伊曲面的阿佩里 (Apéry) 参数表示:

$$\mathbf{r}(\theta,\varphi)=A\begin{pmatrix}r_1\cos 2\varphi\\ r_1\sin 2\varphi\\ 1\end{pmatrix}+B\begin{pmatrix}r_2\cos\varphi\\ -r_2\sin\varphi\\ 0\end{pmatrix},$$

$$A=\frac{\cos^2\theta}{1-b\sin 3\varphi\sin 2\theta},\quad B=\frac{\sin\theta\cos\theta}{1-b\sin 3\varphi\sin 2\theta},$$

这里 $r_1=\sqrt{2}/3,\ r_2=2/3$. 当 $1/\sqrt{6}<b<1$ 时, 曲面上没有尖点.

证明: 标准球面两重覆叠映射到这个参数曲面.

图 92, 93 显示了博伊曲面的构造.

图 92 从默比乌斯带构造博伊曲面过程的开始

图 93　从默比乌斯带构造博伊曲面过程的完成

21.3. 设 θ, φ 是 S^2 上的球面坐标 (角 θ 从水平平面开始计算). 证明: 公式

$$\mathbf{r}(\theta, \varphi) = (w, x, y, z),$$
$$w(\theta, \varphi) = \cos^2\theta\cos 2\varphi, \quad x(\theta, \varphi) = \sin 2\theta\cos\varphi,$$
$$y(\theta, \varphi) = \sin 2\theta\sin\varphi, \quad z(\theta, \varphi) = \cos^2\theta\sin 2\varphi$$

给出射影平面到 $\mathbb{R}^4$ 的嵌入.

21.4. 证明: 下列向量函数给出克莱因瓶到 $\mathbb{R}^3$ 中的浸入 (参见图 94).

a) $\mathbf{r}(u, v) = (R_x, R_y, R_z^2)$, 其中 R_x, R_y, R_z 是下列向量函数的笛卡儿坐标:

$$\mathbf{R}(u, v) = \mathbf{R}_0(u) + \rho(u)(\mathbf{e}_1\cos v + \mathbf{e}_2\sin v),$$

这里,

$$\mathbf{R}_0(u) = (a\sin 2u, 0, b\cos u)^\top,$$

$$\mathbf{e}_1(u) = (b\sin u, 0, 2a\cos 2u)^\top/|\mathbf{R}_0'|, \quad \mathbf{e}_2 = (0, 1, 0)^\top.$$

换句话说, $\mathbf{e}_1$ 和 $\mathbf{e}_2$ 是正交于 $\mathbf{R}_0'$ 的单位向量,

$$\rho = \rho_0 + \rho_1\sin^{2n}(u - u_0).$$

这里, 比如可以取

$$a = 1/4, \quad b = 1, \quad \rho_0 = 0.1, \quad \rho_1 = 0.6, \quad u_0 = 0.3, \quad n = 4.$$

b) 还有一个参数表示, 其中的 a 是一个实数:

$$\mathbf{r}_a(u, v) = \begin{pmatrix} \left(a + \cos\frac{u}{2}\sin v - \sin\frac{u}{2}\sin 2v\right)\cos u \\ \left(a + \cos\frac{u}{2}\sin v - \sin\frac{u}{2}\sin 2v\right)\sin u \\ \sin\frac{u}{2}\sin v + \cos\frac{u}{2}\sin 2v \end{pmatrix}.$$

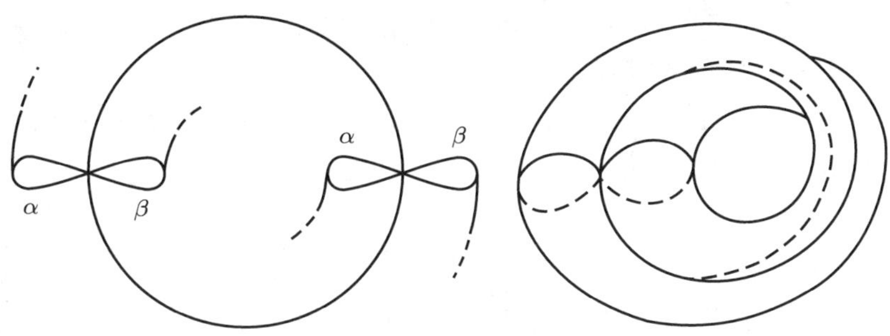

图 94 克莱因瓶的浸入

21.5. 证明: 下列向量函数给出默比乌斯带在 $\mathbb{R}^3$ 中的参数表示:

$$\mathbf{r}(t,\varphi)=\left(\left(1+t\sin\frac{\varphi}{2}\right)\cos\varphi,\left(1+t\sin\frac{\varphi}{2}\right)\sin\varphi,t\cos\frac{\varphi}{2}\right).$$

证明: 对于 $t\in(-1/2,1/2)$, 这个映射是嵌入.

21.6. 我们以圆周和开区间的斜 (卷) 积给定开默比乌斯带. 圆周称为轴向圆周, 而开区间的长度称为默比乌斯带的宽度 (参见图 95).

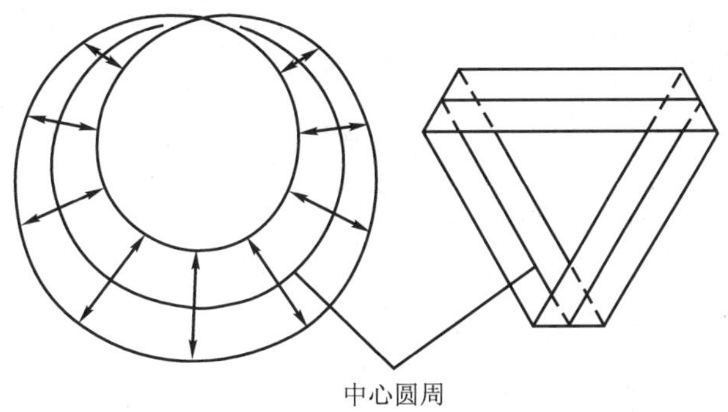

图 95 $\mathbb{R}^3$ 中的默比乌斯带

a) 证明: 带平面度量的无穷宽度的默比乌斯带不能嵌入到 $\mathbb{R}^3$ 中.

b) 求使得存在默比乌斯带到 $\mathbb{R}^3$ 中的等距嵌入时的轴向圆周长度与默比乌斯带的宽度之比的最大值.

21.7. 证明: 如下 $\mathbb{R}^3$ 中的代数曲面是交叉灯罩, 即默比乌斯带的模型:

$$(k_1x^2+k_2y^2)(x^2+y^2+z^2)-2z(x^2+y^2)=0,$$

其中 $k_1\neq k_2$. 证明: 可以用下列参数表示这个曲面:

$$x=\frac{\cos\theta\cos\varphi}{k_1\cos^2\varphi+k_2\sin^2\varphi},\quad y=\frac{\cos\theta\sin\varphi}{k_1\cos^2\varphi+k_2\sin^2\varphi},\quad z=\frac{1+\sin\theta}{k_1\cos^2\varphi+k_2\sin^2\varphi}.$$

a) 这时需要证明: 第一个 (代数) 方程给定 *曲面*, 即上面指出的参数表示实际上给出了这个方程的 *所有* 解的集合.

b) 证明: 所指出的公式给出了奇点之外的光滑正则参数表示. 求奇点.

c) 检验, 对于这个参数表示, 正方形 $-\pi/2 \leqslant \theta \leqslant \pi/2$, $0 \leqslant \varphi \leqslant \pi$ 粘合到默比乌斯带中.

21.8. 证明: 公式 $x = u^2 - v^2$, $y = uv$, $z = uw$, $t = vw$ 给定球面 $u^2 + v^2 + w^2 = 1$ 到 $\mathbb{R}^4$ 中的正则浸入. 我们指出, 在这个映射下, 球面的相对的点转换到同一个点, 故生成从 $\mathbb{R}P^2$ 到 $\mathbb{R}^4$ 中的正则映射. 证明: 这时得到射影平面到 $\mathbb{R}^4$ 中的嵌入.

§22. $\mathbb{R}^3$ 中的曲面

22.1. 证明: 如果 $\mathbb{R}^3$ 中的曲面在某个点的高斯曲率 $K > 0$, 则曲面局部地位于曲面在这个点的切平面的一侧.

22.2. 设两个曲面 M_1 和 M_2 在某个公共点与同一个平面相切. 再设这时在这个点的某个邻域内两个曲面位于切平面的同一侧, 并且曲面 M_1 整体位于曲面 M_2 的内侧 (参见图 96). 证明: 对于高斯曲率, 非严格不等式 $K_1 \geqslant K_2$ 成立. 这个事实是局部的.

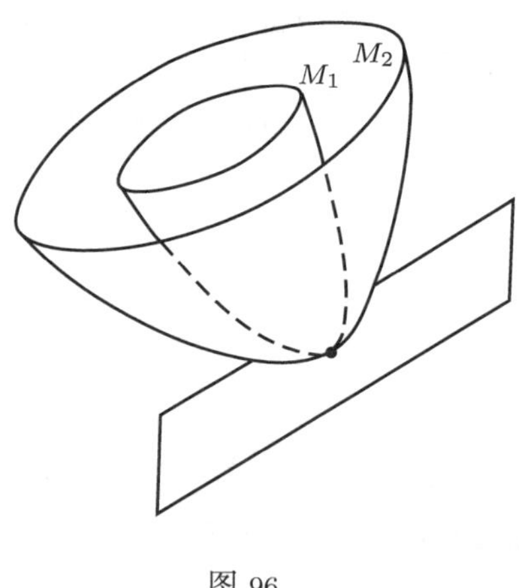

图 96

22.3. 默比乌斯带是否可以在 $\mathbb{R}^3$ 中以高斯曲率处处为正的光滑曲面的形式实现?

22.4. 默比乌斯带是否能够以单值投影到任何平面上的光滑曲面的形式嵌入到 $\mathbb{R}^3$ 中?

22.5. a) 证明: 不可定向 (闭的或带边界的) 曲面不可能浸入到 $\mathbb{R}^3$ 中, 使得在它的每个点, 或者高斯曲率 K 是正的, 或者高斯曲率 K 是零, 但平均曲率异于零.

b) 构造平坦 (即带局部欧几里得度量) 的默比乌斯带到 $\mathbb{R}^3$ 中的嵌入. 说明为什么这样的嵌入的存在跟前一小题不矛盾.

22.6. 证明: $\mathbb{R}^3$ 中的光滑闭曲面总有

a) 高斯曲率不小于零的点;

b) 高斯曲率严格大于零的点.

22.7. a) 证明: 负高斯曲率的光滑闭曲面不可能浸入到 $\mathbb{R}^3$ 中.

b) 证明: 非正高斯曲率的光滑闭曲面不可能浸入到 $\mathbb{R}^3$ 中.

c) 证明: 平坦环面不可能光滑地和等距地浸入到 $\mathbb{R}^3$ 中.

22.8. a) 证明: 在亏格不小于 2 的光滑定向浸入到 $\mathbb{R}^3$ 中的曲面上, 必定可以找到点, 在该点的高斯曲率严格小于 0.

b) 设环面 (或克莱因瓶) 光滑浸入到 $\mathbb{R}^3$ 中. 证明: 此时必存在点, 在该点 $K < 0$.

22.9. 证明: 极小曲面在其每个非平点的邻域内的球面映射共形.

22.10. 证明下列断言:

a) 在默比乌斯带上存在常正高斯曲率的度量. 这是不能等距进入到 $\mathbb{R}^3$ 中的度量的例子 (参见 22.3 题).

b) 在默比乌斯带上可以引进常负高斯曲率的度量.

22.11. 常负高斯曲率度量的默比乌斯带是否可以等距嵌入到 $\mathbb{R}^3$ 中?

22.12. 默比乌斯带是否可以作为旋转曲面上的区域在 $\mathbb{R}^3$ 中得以实现?

22.13. 我们考察对于 z 轴的旋转曲面, 并且在其上引进群 $\mathbb{Z}/2$: $(x,y,z) \to (-x,-y,z)$ 的作用. 按照这个作用求曲面的商空间, 就得到新的带度量的曲面.

考察旋转单叶双曲面的例子, 并且把用上述方式得到的商曲面作为旋转曲面在 $\mathbb{R}^3$ 中的等距实现.

22.14. 求第一基本形式为

$$ds^2 = du^2 + Gdv^2$$

的曲面

$$\mathbf{r} = \mathbf{r}(u,v) \quad (u_1 < u < u_2,\ v_1 < v < v_2)$$

的球面像的面积.

22.15. 求椭圆抛物面的球面像的面积.

22.16. 求下列曲面的高斯映射的像:

a) 单叶双曲面;

b) 双叶双曲面;

c) 悬链面.

22.17. 求作为旋转曲面以标准方式在 $\mathbb{R}^3$ 中实现的环面的球面像.

22.18. 证明: 双叶双曲面的半支的球面像的面积小于 2π.

22.19. 研究下列凸曲面的球面像:

a) 卵形面, 即光滑闭凸曲面. 证明: 它的球面像覆盖整个球面, 如果卵形面是严格凸的, 则其球面映射是一一的;

b) 抛物面 $z = x^2 + y^2$;

c) 光滑延拓到无穷切线的曲线 $z = x^2$, $z \leqslant a$ 绕 Oz 轴旋转得到的曲面. 说明, 由于 a 的选取, 这个曲面的球面像可以在球面上填满一个任意面积 $S < 2\pi$.

22.20. 构造有严格正高斯曲率的完备曲面的例子, 使其球面像有小于 2π 的面积.

22.21. 证明: 存在从旋转曲面到平面的共形映射, 使得经线和纬线变为平面上的直线.

22.22. 证明: 存在从旋转曲面到平面的共形映射, 使得经线变为经过坐标原点的直线, 而纬线变为中心在坐标原点的圆周.

22.23. 计算积分 $\iint\limits_M |K| dS$, 其中 K 是曲面 M 的高斯曲率, 如果 M 是:

a) 椭球面;

b) 椭圆抛物面;

c) 环面.

22.24. 在球面上切下一个由两条纬线和两条经线界定的矩形. 对应经线的边界按照粘贴的线段长度的相等来等同, 这样得到同胚于环形的流形 M. 验证在 M 上得到的度量是解析的, 并且得到了 M 在 $\mathbb{R}^3$ 中形式为旋转曲面的嵌入.

22.25. 在前一个习题的条件下, 经线弧的等同导致拓扑地得到默比乌斯带. 指出所得到的在默比乌斯带上常正曲率的度量将是光滑的.

22.26. 求所有常负高斯曲率 $K = -1$ 的旋转曲面, 它们称为明金曲面. 指出在带罗巴切夫斯基度量的单位圆 (庞加莱模型) 上的等距于明金曲面 (在沿经线切割后) 的区域以及它们的万有覆叠空间.

22.27. 求所有常平均曲率的旋转曲面.

§23.　二维曲面的拓扑

在这一节, 我们将考察曲面的有限个闭多角形的剖分, 这些多角形相交在公共边或公共顶点. 如果剖分中的任意两个多角形或者不相交, 或者沿一条公共边或一个公共顶点相交, 则这个分割称为*恰当的*. 曲面的三角形剖分称为*三角剖分*. 后面, 在本节中, 用 V 表示顶点数, 用 E 表示边数, 用 F 表示面 (多角形) 数. 数 $V-E+F$ 称为曲面 M 的 欧拉示性数 $\chi(M)$. 这个数不依赖于曲面的剖分的选取, 因而是曲面的拓扑不变量.

23.1. 构造球面, 环面, 投影平面的任意一个三角剖分, 并且求这些曲面的欧拉示性数.

23.2. 从球面的欧拉示性数 $\chi(S^2)=2$ 这个事实, 推导出恰好存在 5 种正多面体 (参见图 97). 我们提醒, 曲面的剖分称为 组合恰当的, 如果它的所有的面有同样数目的边, 而且在每个顶点引出同样数目的边.

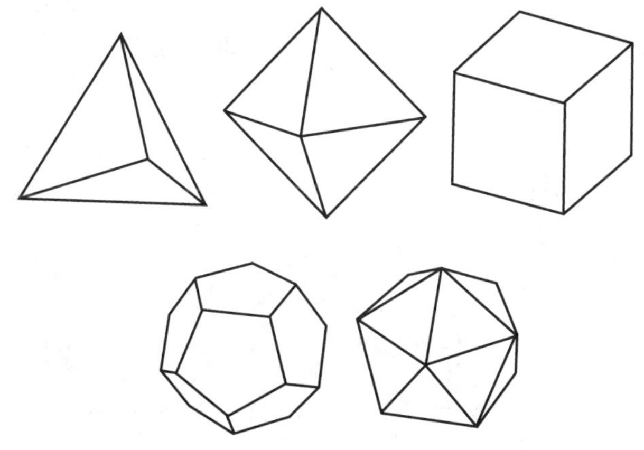

图 97 正四面体, 正八面体, 正方体, 正十二面体, 正二十面体

23.3. 证明: 二维闭曲面 M 的恰当三角剖分的顶点数满足估计

$$V \geqslant \frac{7+\sqrt{49-24\chi(M)}}{2}.$$

特别地, 环面的恰当三角剖分含有不少于 7 个的顶点, 而 $\mathbb{R}P^2$ 的三角剖分不少于 6 个.

23.4. 引进恰当三角剖分的例子:

a) 在带 7 个顶点的环面上;

b) 在带 6 个顶点的射影平面上.

23.5. 证明: 环面的恰当三角剖分的三角形的最小数目等于 14. 构造这样的最小三角剖分的例子. 同前一个习题的例子作比较.

23.6. a) 说明, 环面有多少个带最少顶点的恰当三角剖分. 环面有多少个带最少三角形的三角剖分? 是否存在环面的恰当三角剖分, 在一种意义下是最少的, 在另一种意义下却不是?

b) 对于射影平面回答所有这些问题.

23.7. 证明希伍德 (Heawood, P. J.) 不等式: 对于除球面和克莱因瓶之外的所有二维闭曲面有

$$\operatorname{col}(M) \leqslant \frac{7+\sqrt{49-24\chi(M)}}{2}.$$

这里用 col(M) 表示曲面 M 的色数, 即给曲面的剖分着色, 要求带公共边的多角形有不同的颜色时, 所必需的颜色的数目, 对于克莱因瓶和球面关于这个不等式可以说些什么?

23.8. 证明: $\operatorname{col}(M_g)=\operatorname{col}(M_g^k)$, $\operatorname{col}(N_\alpha)=\operatorname{col}(N_\alpha^k)$. 这里 M_g 是带 g 个环柄的球面, N_α 是带 α 个默比乌斯带的球面, M_g^k 是带 g 个环柄并且剜去 k 个不相交的圆盘的球面, 而 N_α^k 是带 α 个默比乌斯带并且剜去 k 个不相交的圆盘的球面 (参见图 98).

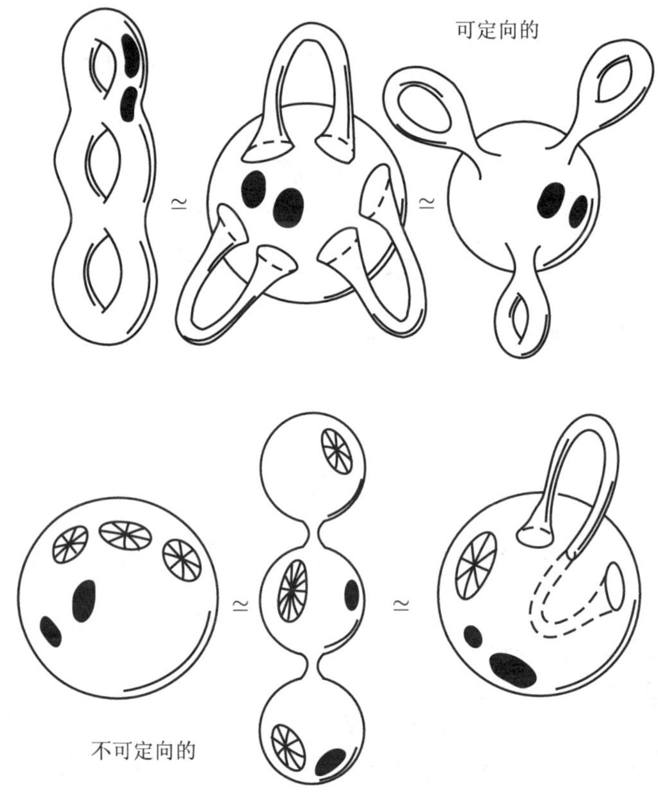

图 98　带边界的二维曲面

23.9. 引进射影平面上的地图的这样的例子, 它不允许 5 种颜色的着色.

23.10. 证明: 作曲面的连通和的运算不依赖于边界圆周的粘合方式, 即不依赖于粘合时它们的定向的选择.

23.11. 证明 $T^2\#\mathbb{R}P^2=\mathbb{R}P^2\#\mathbb{R}P^2\#\mathbb{R}P^2$. 这里用 $X\#Y$ 表示曲面 X 和 Y 的连通和.

23.12. 把克莱因瓶切割成两个默比乌斯带.

23.13. 切割双环面 (带两个环柄的球面), 以得到连通的平面八角形.

23.14. 切割带三个环柄的球面, 以得到连通的平面十二角形, 其所有顶点表示曲面的一个点.

23.15. 证明: 曲面 X 和 Y 的连通和 $X\#Y$ 可定向, 当且仅当两个曲面都可定向.

23.16. 证明:

$$\chi(X\#Y)=\chi(X)+\chi(Y)-2.$$

23.17. 证明:

$$\chi(M_g)=2-2g,\quad \chi(N_\alpha)=2-\alpha.$$

23.18. 证明:

$$\chi(S^2\setminus kD^2)=2-k.$$

这里 $S^2\setminus kD^2$ 表示从球面剜去 k 个不相交的圆盘.

23.19. 如果球面剖分为 n 角形, 而在每个顶点都是有 k 条边相交, 则

$$\frac{1}{n}+\frac{1}{k}=\frac{1}{2}+\frac{1}{E}.$$

一个图, 如果其 $m+n$ 个顶点分成 m 个和 n 个元素的不相交的两个族, 并且一个族的每个顶点同另一个族的每个顶点有唯一的边连结, 图中再没有其他的边, 则称这个图为 " m 屋 n 井" 图.

23.20. 证明: 在球面 (平面) 上不可能这样安置下列图, 使得任意两条不同的边至多在公共顶点相交:

a) "3 屋 3 井" 图;

b) 带五个顶点的图, 其每一对不同的顶点有唯一的边连结.

23.21. 证明: "3 屋 3井" 图可以无自交地安置在射影平面 (默比乌斯带) 上.

23.22. 证明: 环面的组合恰当的剖分由三角形, 四角形或六角形构成 (组合恰当的剖分的定义参见习题 23.2).

23.23. 设闭球面 Q 组合恰当地剖分为六角形, 并且在每个顶点引出四条边. 证明: 如果顶点数是奇数, 则 Q 不可定向.

23.24. 设在闭曲面上有三条有公共端点的曲线 p, q 和 r, 它们两两没有公共内点. 如果沿曲线 $p\cup q$, $q\cup r$ 或 $r\cup p$ 之中的一条切割, 留下的曲面 Q 是连通的, 那么至少对于其余两条曲线中的一条, 同样的性质也成立.

23.25. 证明: 如果在不可定向闭曲面 N_α 上剜出一个小洞, 那么所得到的曲面可以不自交地放置在空间 $\mathbb{R}^3$ 中.

23.26. 证明: "4 屋 4 井" 图不可能不自交地放置在射影平面上, 但是可以放置在环面上.

23.27. 证明: 如果 "m 屋 n 井" 图可以不自交地放置在曲面 Q 上, 则

$$\chi(Q) \leqslant m + n - \frac{mn}{2}.$$

§24. 曲面上的曲线

考察 $\mathbb{R}^3$ 中的二维曲面 M^2, 其参数表示是 $\mathbf{r}(u,v)$, 而第二基本形式是 $Ldu^2+2Mdudv+Ndv^2$. 在 M^2 上考察两个曲线族. 这两个族称为共轭的, 如果在每个点 P, 第一族和第二族过此点的曲线的方向对于第二基本形式是共轭的. 更确切地说, 设在点 P, 第一族的曲线的方向是 (ξ_1,η_1), 而第二族的是 (ξ_2,η_2), 那么共轭性的条件可以表述成形式

$$L\xi_1\xi_2 + M(\xi_1\eta_2 + \xi_2\eta_1) + N\eta_1\eta_2 = 0.$$

如果第一族的曲线已知, 那么这个条件就给出共轭族的曲线所满足的微分方程.

曲面 M^2 上的曲线 $(u(t),v(t))$ 称为 *渐近的*, 如果在其每个点曲线的速度向量对于曲面的第二基本形式有渐近方向. 对应的微分方程可以写成形式

$$L(u')^2 + 2Mu'v' + N(v')^2 = 0.$$

渐近曲线由下列条件确定: 曲面沿渐近曲线的法曲率等于零.

曲线 $(u(t),v(t))$ 称为曲面 M^2 的曲率线, 如果在它的每个点的速度向量有主方向. 在曲面的每个不是脐点的点有两个主方向, 它们是共轭的, 并且是正交的. 如果 (ξ_1,η_1) 和 (ξ_2,η_2) 是有主方向的向量, 那么它们满足下面两个方程:

$$E\xi_1\xi_2 + F(\xi_1\eta_2 + \xi_2\eta_1) + G\eta_1\eta_2 = 0,$$
$$L\xi_1\xi_2 + M(\xi_1\eta_2 + \xi_2\eta_1) + N\eta_1\eta_2 = 0.$$

由此得到

$$\begin{vmatrix} \xi_1^2 & -\xi_1\eta_1 & \eta_1^2 \\ E & F & G \\ L & M & N \end{vmatrix} = 0.$$

特别地, 曲线 $(u(t),v(t))$ 是曲率线, 当且仅当它满足微分方程

$$\begin{vmatrix} (u')^2 & -u'v' & (v')^2 \\ E & F & G \\ L & M & N \end{vmatrix} = 0.$$

24.1. 给定曲面

$$x = u + v, \quad y = u^2 + v^2, \quad z = 2uv$$

和在它上面的曲线族 $u^2 - cv^2 = c$. 求与它共轭的曲线族的微分方程.

24.2. 设 σ 是曲面, l 是直线, $\{\gamma_1\}$ 是过 l 的平面在曲面上的截口的族, 而 $\{\gamma_2\}$ 是顶点在 l 上的圆锥和曲面的切点所在的曲线的族. 说明族 $\{\gamma_1\}$ 和 $\{\gamma_2\}$ 组成共轭网.

24.3. 在曲面

$$x = u\cos v, \quad y = u^2 \sin v, \quad z = hv$$

上给定 v 曲线的族. 求共轭族.

24.4. 求带这样的共轭网的曲面 $z = f(x, y)$, 其共轭网投影到平面 xOy 上的笛卡尔坐标系的坐标直线网.

24.5. 证明: 如果一个曲面到另一个曲面的映射, 使得一个曲面的每个共轭网对应到另一个的正交网, 则这时一个曲面的第二基本形式的系数与另一个曲面的第一基本形式的系数成比例.

24.6. 求单叶双曲面

$$\frac{x^2}{a^2} + \frac{y^2}{b^2} - \frac{z^2}{c^2} = 1$$

的渐近曲线.

24.7. 求曲面

$$z = f(x) - f(y)$$

的渐近曲线, 并且以如下方式确定函数 f, 使得一个渐近曲线族的曲线正交于另一个渐近曲线族的曲线.

24.8. 求曲面 $z = xy^3 - yx^3$ 的过点 $(1, 2, 6)$ 的渐近曲线.

24.9. 求悬链面的渐近曲线.

24.10. 说明, 在正螺旋面上, 一族渐近曲线由直线组成, 而另一族由螺旋线组成.

24.11. 证明:

a) 坐标曲线 $u = \text{const}$ 是渐近曲线, 当且仅当第二基本形式的系数 N 为零;

b) 为了由渐近曲线组成坐标网, 必须并且只需第二基本形式的系数 L 和 N 为零.

24.12. 证明: 如果曲面是极小曲面, 那么它上面的渐近曲线正交.

24.13. 证明: 在平面上, 任何曲线都是渐近曲线, 并且反之, 在其上的任何曲线都是渐近曲线的曲面是平面的部分.

24.14. 证明: 如果曲面上的渐近曲线是平面曲线, 则它是抛物线或直线.

24.15. 求曲面的渐近曲线, 该曲面由螺旋线的弦的中点组成.

24.16. 设旋转曲面的高斯曲率严格小于零. 证明: 在它上面不存在闭渐近曲线.

24.17. 设曲面由曲线 γ 的主法线组成. 证明: 曲线 γ 是该曲面的渐近曲线.

24.18. 证明: 如果曲面的渐近曲线相交成定角, 则曲面的高斯曲率与平均曲率的平方成比例.

24.19. 求曲面

$$(u\cos v, u\sin v, a\cos\lambda v)$$

的渐近曲线, 其中 a 和 λ 是常数.

24.20. 求曲面

$$(3u+3v, 3u^2+3v^2, 2u^3+2v^3)$$

的渐近曲线.

24.21. 求曲面 $z = y\cos x$ 的渐近曲线.

24.22. 求双曲抛物面

$$\frac{x^2}{a^2} - \frac{y^2}{b^2} = 2z$$

的参数表示, 使得坐标曲线是渐近曲线.

24.23. 证明: 曲线

$$\gamma_1(t) = (t, a, a^2t), \quad \gamma_2(t) = (t, b/t^2, b^2/t^3)$$

是曲面 $z = xy^2$ 上的渐近曲线.

24.24. 证明: 如果曲面上的坐标网是渐近曲线网, 则成立等式

$$\frac{\partial \ln|K|}{\partial u} = 2\frac{FE_v - EG_u}{EG-F^2}, \quad \frac{\partial \ln|K|}{\partial v} = 2\frac{FG_u - GE_v}{EG-F^2},$$

其中 K 是曲面的高斯曲率.

24.25. 证明: 常负高斯曲率的曲面的渐近曲线组成切比雪夫网, 并且反之, 如果曲面上的渐近曲线网是切比雪夫网, 则曲面的高斯曲率是常数. 网称为*切比雪夫网*, 如果由网的曲线组成的四角形的对边的长度相等.

24.26. *贝尔特拉米–恩尼珀定理*. 证明: 如果不同族的渐近曲线在其公共点有异于零的曲率, 则它们的挠率符号相反, 而绝对值相等. 此外, 在这个点渐近曲线的挠率的平方等于高斯曲率的绝对值.

24.27. 两个曲面相交成直角. 证明: 如果两个曲面的交线在一个曲面上是渐近曲线, 则在另一个曲面上是测地线, 反之亦然.

24.28. 求正螺旋面的曲率线.

24.29. 求任意柱面上的曲率线.

24.30. 求任意锥面上的曲率线.

24.31. 证明: 平面和球面上任意曲线是曲率线. 反之, 如果在曲面上, 任意曲线都是曲率线, 则此曲面是平面或球面 (或它们的一部分).

24.32. *刘维尔定理*. 证明: 在空间到自身的共形映射下, 球面 (平面) 对应到球面或平面.

24.33. 证明: 如果坐标网由曲率线组成, 则曲面的主曲率由下列公式给定:

$$k_1 = \frac{L}{E}, \quad k_2 = \frac{N}{G}.$$

24.34. *罗德里克定理*. 证明: 曲面 $\mathbf{r} = \mathbf{r}(u, v)$ 上的曲线 γ 是曲率线, 必须并且只需沿曲线满足等式

$$d\mathbf{m} = -kd\mathbf{r},$$

这里 $\mathbf{m}$ 是曲面的单位法向量, 而 k 是曲面沿曲线 γ 的法曲率.

24.35. 证明:

a) 如果两个曲面沿某条曲线相交成常角, 并且这条曲线在一个曲面上是曲率线, 则它在另一个曲面上也是曲率线.

b) 如果两个曲面沿一条曲线相交, 此曲线是两个曲面的曲率线, 则曲面沿此曲线交成常角.

24.36. *迪潘定理*. 给定三族曲面

$$f_1(x, y, z) = \text{const}, \quad f_2(x, y, z) = \text{const}, \quad f_3(x, y, z) = \text{const},$$

雅可比行列式

$$\frac{D(f_1, f_2, f_3)}{D(x, y, z)} \neq 0.$$

设曲面两两交成直角. 这族曲面称为曲面的三正交系. 证明: 不同族的曲面的交线在每个曲面上是曲率线.

24.37. 证明: $\mathbb{R}^3$ 中的每个曲面可以包含在三正交系内.

24.38. 设给定沿曲线正交的两族曲面, 这些曲线是两族的曲面的曲率线. 证明: 存在第三族曲面同给定的曲面族组成曲面的三正交系.

24.39. 曲面 M_1 和 M_2 称为平行的, 如果一个曲面的法线作为仿射直线是另一个曲面的法线. 曲面 M_1 和 M_2 的位于同一条法线上的点称为对应点. 证明: 在这样的对应之下, 曲率线变为曲率线.

24.40. 证明: 在空间到自身的共形映射下, 原像曲面上的曲率线映射到像曲面上的曲率线.

24.41. 设 γ 是曲面 M 上的曲率线, 并且曲线 γ 的法曲率是异于零的常值 k_n. 证明: 曲面沿曲线 γ 与半径为 $1/k_n$ 的某个球面相切.

24.42. 证明: 螺旋面局部等距对应到悬链面时 (参见习题 5.27), 它的渐近曲线变为曲率线, 而曲率线变为渐近曲线.

24.43. 证明: 曲面上的测地线是曲率线, 当且仅当这条曲线是平面曲线.

24.44. 证明: 如果曲面上的所有测地线是平面曲线, 则曲面或者是平面, 或者是球面.

24.45. a) 设在两个二次曲面上的区域沿边界的公共弧粘合, 使得整体曲面是 C^1 光滑曲面. 证明: 粘合处的曲线是平面曲线. 是否任意两个二次曲面都允许这样的粘合.

b) 设在两个二次曲面 S_1 和 S_2 上的区域沿边界的公共弧粘合, 整体上构成 C^2 类光滑曲面 S. 此时 S_1 和 S_2 作为二次曲面一致. 换句话说, 所粘合的区域是同一个二次曲面上的邻接的区域, 于是 S 事实上是解析的.

24.46. 如果不可展直纹曲面是 C^n $(n \geqslant 2)$ 光滑类的, 则在它上面可以引入渐近曲线参数表示 (此时母线是一族坐标线), 在这个表示下曲面有 C^{n-1} 类的光滑性.

24.47. 设直纹面在某个渐近曲线参数表示下是 C^1 光滑的. 证明: 在它上面可引进 C^1 光滑的渐近曲线参数表示, 在此表示下, 准线正交于与它相交的母线.

24.48. 描述曲面的度量, 其内蕴坐标 u 和 v 是坐标曲线的自然参数.

24.49. 描述这样的曲面, 它上面曲率线的坐标同时是曲率线的自然参数.

24.50. 描述这样的曲面, 它上面的曲率线是测地线.

24.51. 如果在光滑正则不可展直纹曲面 M 上, 存在直线段与所有母线相交, 则在 M 上可以引进内蕴坐标, 使得渐近曲线可以通过积分法求得.

24.52. 证明: 不可展直纹光滑正则曲面不可能有常高斯曲率.

24.53. 证明: 直纹极小曲面中除去平面外, 只能是正螺旋面.

24.54. 证明: 除平面和正螺旋面外的直纹面不可能有常平均曲率.

24.55. 证明: 具有常高斯曲率的唯一极小曲面是平面.

24.56. 称 $\mathbb{R}^n$ $(n \geqslant 3)$ 中的曲面具有 *常外在几何*, 如果其任意两个点在 $\mathbb{R}^n$ 中有合同的邻域.

a) 说明, $\mathbb{R}^3$ 中仅平面、球面和直圆柱面 (或它们上面的区域) 是具有常外在几何的曲面.

b) 说明, $\mathbb{R}^4$ 中的曲面

$$x_1 = R_1 \cos u, \quad x_2 = R_1 \sin u, \quad x_3 = R_2 \cos v, \quad x_4 = R_2 \sin v$$

(其中 $0 \leqslant u, v \leqslant 2\pi$, 而 R_1 和 R_2 是常数) 同胚于环面, 有零高斯曲率, 并且具

有常外在几何. 这个曲面称为 *克利福德广义环面*. 它还可以用另一个方式给定. 把 $\mathbb{R}^4$ 与坐标为 z, w 的复空间 $\mathbb{C}^2$ 等同, 那么克利福德广义环面可作为三维球面 $|z|^2+|w|^2=1$ 和锥面 $|z|=|w|$ 的交而得到. 我们指出克利福德广义环面上的诱导度量是平坦的.

c) 说明, $\mathbb{R}^5$ 中的曲面

$$x_1=\frac{xy}{\sqrt{3}},\quad x_2=\frac{yz}{\sqrt{3}},\quad x_3=\frac{xz}{\sqrt{3}},$$

$$x_4=\frac{x^2-y^2}{2\sqrt{3}},\quad x_5=\frac{x^2+y^2-2z^2}{6}$$

在条件 $x^2+y^2+z^2=1$ 之下是射影平面在 $\mathbb{R}^5$ 中的同胚嵌入, 它有常外在几何. 这个曲面称为 *韦罗内塞曲面*.

24.57. 证明: 如果曲面上的渐近曲线同时是测地线, 则它是直线.

24.58. 证明: 曲面的曲线是渐近曲线这个性质在周围空间的射影变换下是不变的.

24.59. 证明: 如果曲面包含直线, 则这条直线是曲面的渐近曲线.

24.60. 证明: 曲面的渐近曲线由正交网组成, 当且仅当曲面是极小曲面.

24.61. 证明: 如果曲面上的渐近曲线由抛物点组成, 则这条曲线是平面曲线, 并且它所在平面是曲面在此曲线的所有点的切平面. 反之亦真. 如果曲面上的平面曲线所在的平面是曲面在此曲线的所有点的切平面, 则这条曲线是由抛物点组成的渐近曲线.

24.62. 证明: 如果曲率线 L 是渐近曲线, 则曲面沿 L 的高斯曲率等于零, 并且曲线 L 是平面曲线.

24.63. 证明: 在负高斯曲率的曲面上渐近曲线的副法线同曲面的法线重合.

24.64. 证明: 如果在异于直纹面的曲面的形变下, 一族的所有渐近曲线重新变换为渐近曲线, 则曲面保持合同于自身.

24.65. 证明: 对于非可展直纹面, 不存在等距变换, 使得原曲面上的渐近曲线变为新曲面上的渐近曲线.

24.66. 证明: 如果在常高斯曲率 $K=-1$ 的曲面上, 坐标曲线 $u=\text{const}$ 和 $v=\text{const}$ 是曲面上的渐近曲线, 则在这个坐标下, 第一基本形式的形式为 $ds^2=du^2+2\cos\omega du dv+dv^2$, 这里 ω 是渐近曲线之间的夹角.

24.67. 证明: 在前一个习题的条件下, 角 ω 满足 "正弦–戈登方程" $\omega''_{uv}=\sin\omega$.

24.68. 证明: 如果在负高斯曲率的曲面上, 等距坐标 (u,v) 同时是渐近的, 则曲面是满足条件 $M=\text{const}$ 的极小曲面.

24.69. 证明: 在具有负高斯曲率的单连通曲面上, 没有闭渐近曲线.

§25. 流形 (补充习题)

我们提醒, 流形称为 闭的, 如果它是紧致的和没有边界的.

25.1. 证明: 群 $SL(n,\mathbb{R})$ 和 $SL(n,\mathbb{C})$ 分别是实和复的 n 阶方阵空间的光滑子流形. 求它们的维数. 求这些矩阵群的连通分支的个数.

25.2. 证明: 群 $SO(n)$ 是所有 n 阶矩阵的空间 $\mathbb{R}^{n^2}$ 的光滑子流形. 求这个群的维数和连通分支的个数.

25.3. 证明: $U(n)$, $SU(n)$ 是所有 n 阶复方阵的空间 $\mathbb{C}^{n^2}$ 的光滑子流形. 求这些群的维数和连通分支的个数.

25.4. 证明: 矩阵的映射 $A \mapsto e^A$ 是作为原像的零矩阵的邻域和作为像的单位矩阵的邻域的光滑同胚. 证明逆映射由对应 $B \mapsto \ln B$ 给定.

25.5. 证明: 在习题 25.1–25.3 所列举的每个群中, 作为矩阵 A 的邻域 U_A 内的局部坐标系, 可以取矩阵 $\ln(A^{-1}X)$ 的某个笛卡儿坐标. 说明, 在这个坐标系下, 坐标变换的函数是 C^∞ 类的光滑函数.

25.6. 证明: 射影空间 $\mathbb{R}P^n$ 是群 $\mathbb{Z}_2$ 在球面 S^n 上的某个作用下的商空间 $S^n/\mathbb{Z}_2$. 求这个作用.

25.7. 证明: 复射影空间 $\mathbb{C}P^n$ 是群 S^1 在球面 S^{2n+1} 上的某个作用下的商空间 S^{2n+1}/S^1. 求这个作用.

25.8. 在 $\mathbb{R}^n$ 中构造这样的 (C^∞ 类的) 光滑函数 f, 使得在半径为 1 的球上 $f=1$, 在半径为 2 的球外 $f=0$, 并且 $0 \leqslant f \leqslant 1$.

25.9. 设 M 是流形, $p \in U \subset M$, U 是点 p 的邻域. 证明: 存在这样的光滑函数 f, 满足 $0 \leqslant f \leqslant 1$, $f(p)=1$, 并且在 $M \setminus U$ 内 $f(x)=0$.

25.10. 设 M 是流形, $A=\overline{A}$ 是闭子集, $U \supset A$ 是开区域. 证明: 存在这样的光滑函数 f, 满足 $0 \leqslant f \leqslant 1$, $f|_A = 1$ 和 $f|_{M\setminus U} = 0$.

25.11. (惠特尼 (Whitney) 定理的弱形式) 证明: 紧致光滑流形 M^n 可嵌入到适当维数 $N<\infty$ 的欧几里得空间 $\mathbb{R}^N$.

25.12. 证明: 光滑紧致流形 M 上的光滑函数可以表示对于某个嵌入 $M \subset \mathbb{R}^N$ 的坐标.

25.13. 证明: 球面的乘积作为余维数为 1 的子流形嵌入 $\mathbb{R}^N$ 中.

25.14. 证明: 如果 $\dim X < \dim Y$, 而 $f\colon X \to Y$ 是光滑映射, 则映射 f 的像同 Y 不重合.

25.15. a) 证明: 2 维光滑闭流形可浸入到 $\mathbb{R}^3$ 中.

b) 证明: 2 维光滑闭定向流形可嵌入到 $\mathbb{R}^3$ 中.

c) 证明: 2 维光滑闭不可定向流形可嵌入到 $\mathbb{R}^4$ 中, 但是不能嵌入到 $\mathbb{R}^3$ 中.

25.16. 惠特尼定理. 证明: 光滑闭流形 M^n 可嵌入到欧几里得空间 $\mathbb{R}^{2n+1}$ 中, 并且可浸入到 $\mathbb{R}^{2n}$ 中.

附注 利用习题 25.11. 然后以这样的方式取投影方向: 使得在其投影上自相交和奇点得以避免. 参见图 99.

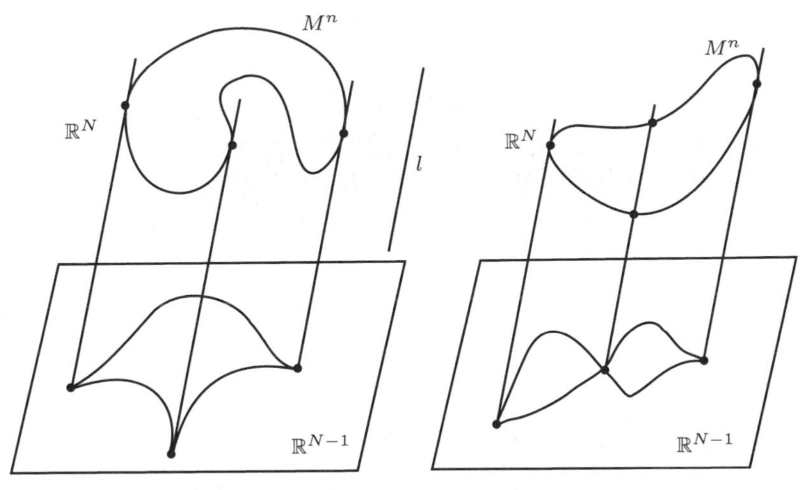

图 99

25.17. 举出流形到 $\mathbb{R}^n$ 中的浸入的例子, 要求流形同其像一一对应, 但这个浸入不是嵌入.

25.18. 证明: 对于紧致流形, 嵌入必定是它到其像上的同胚.

25.19. 举出这样的嵌入的例子, 其像不是子流形.

25.20. 设 M 是带边界 ∂M 的流形. 证明: 流形 M 可以这样嵌入到欧几里得空间 $\mathbb{R}^{N+1}$ 的半空间 $(x_{N+1} \geqslant 0)$ 中, 使得 ∂M 位于子空间 $(x_{N+1} = 0)$ 中.

25.21. 设边界 ∂M 由两个紧致连通集组成: $\partial M = M_1 \cup M_2$, $M_1 \cap M_2 = \emptyset$. 证明: 流形 M 可以嵌入到 $\mathbb{R}^N \times [0,1]$ 中, 并且使得 M_1 位于 $\mathbb{R}^N \times 0$ 中, 而 M_2 位于 $\mathbb{R}^N \times 1$ 中.

25.22. 证明: 非紧光滑流形 M^n (没有边界) 可嵌入到欧几里得空间 $\mathbb{R}^{2n+1}$ 中, 并且可浸入到 $\mathbb{R}^{2n}$ 中.

25.23. 考察图 161 中所表现的克莱因瓶的平分 (参见解答). 我们将提升包含这个曲面的边界 Γ 的平面, 同时使边界 Γ 像图 100 所指出的那样形变. 在形变后得到的圆周上粘合一个圆盘. 证明: 这样得到的曲面 (包含原来的部分克莱因瓶, Γ 形变的迹和圆盘) 是 $\mathbb{R}P^2$ 在 $\mathbb{R}^3$ 中的浸入. 证明: 曲面 M 是博伊曲面 (参见习题 21.2).

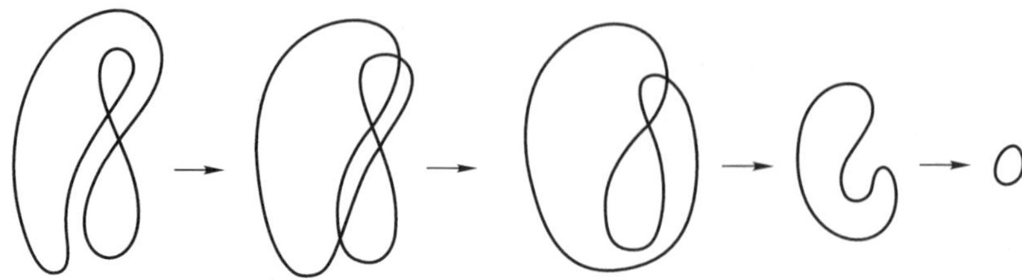

图 100

25.24. 描绘在上题中所构造的 $\mathbb{R}P^2$ 在 $\mathbb{R}^3$ 中的浸入的自相交点的集合. 指出这些点的重数, 即在曲面的这个自相交点有几个叶相交.

25.25. 考察前两个习题中所描绘的 $\mathbb{R}P^2$ 到 $\mathbb{R}^3$ 中的浸入. 用 $i(\mathbb{R}P^2)$ 表示 $\mathbb{R}P^2$ 在 $\mathbb{R}^3$ 中的像. 在不是曲面的自相交点的每个点 $x \in i(\mathbb{R}P^2)$ 考察长度为 2ε 的正交于 $i(\mathbb{R}P^2)$ 的以 x 为中心的线段, 这里 ε 充分小. 由于 i 是光滑映射, 得到的正交线段族可以补充定义到每个自相交点. 同时, 在每个点得到恰好与点的重数相等个数的线段. 在 $\mathbb{R}^3$ 中考察由所有正交线段的端点组成的集合. 证明: 这个集合是二维球面在某个到 $\mathbb{R}^3$ 中的光滑浸入下的像.

设 $f\colon X \to Y$ 是光滑流形的光滑映射, $M \subset Y$ 是光滑子流形. 称映射 f 沿子空间 M 是横截的, 如果对于任意点 $x \in f^{-1}(M)$, 流形 Y 的切空间 $T_{f(x)}(Y)$ 是流形 M 的切空间 $T_{f(x)}(M)$ 与流形 X 的切空间的像 $df(T_x(X))$ 的和 (通常不是直和). 流形 X 内的子空间 M_1 和 M_2 是横截相交的, 如果其中一个的嵌入沿另一个子空间是横截的 (参见图 101).

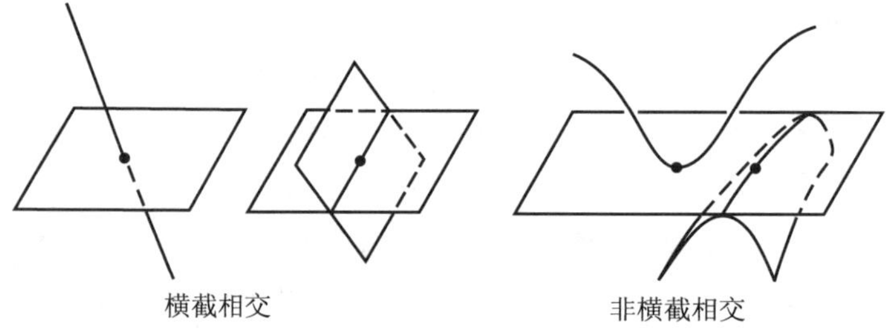

图 101

25.26. 设 $f\colon X^n \to Y^n$ 是紧致闭流形 X 到与之有相同维数 n 的流形 Y 内的光滑映射. 设 y_0 是映射 f 的正则值. 证明: $f^{-1}(y_0)$ 由有限个点组成.

25.27. 证明: 如果 $y \in Y$ 是映射 $f\colon X \to Y$ 的正则值, 则 f 是沿 y 横截的映射.

25.28. 证明: 横截相交的定义不依赖于在对 M_1 和 M_2 中次序的选择.

25.29. 证明: 如果 $f\colon X\to Y$ 是沿 $M\subset Y$ 的横截映射, 则原像 $f^{-1}(M)$ 是流形 X 内的子流形. 计算 $f^{-1}(M)$ 的维数.

25.30. 证明: $\mathbb{R}^2$ 中任意有自相交的闭弧经过微小的运动可以转换为 $\mathbb{R}^3$ 中没有自相交的简单闭弧.

25.31. 说明下列流形是否横截相交:

a) $\mathbb{R}^3$ 中的 xy 平面和 z 轴;

b) $\mathbb{R}^3$ 中的 xy 平面以及张在向量 $(3,2,0)$ 和 $(0,4,-1)$ 上的平面;

c) 乘积空间 $V\times V$ 中的子空间 $V\times\{0\}$ 和乘积空间 $V\times V$ 的对角集;

d) 矩阵空间中的所有对称和反对称矩阵;

25.32. 说明, 对于 a 的哪些值曲面 $x^2+y^2-z^2=1$ 和 $x^2+y^2+z^2=a$ 横截相交.

25.33. 说明: 欧几里得空间 $\mathbb{R}^n$ 中的所有 k 个向量的标准正交组的集合 $V_{n,k}$ 具有光滑流形结构. 求它的维数. 证明: $V_{n,1}=S^{n-1}$, $V_{n,n}=O(n)$.

25.34. 说明: 欧几里得空间 $\mathbb{R}^n$ 中的所有 k 维子空间的集合 $G_{n,k}$ 具有光滑流形结构. 求它的维数. 指出 $G_{n,1}=\mathbb{R}P^{n-1}$.

25.35. 设 $f\colon S^n\to\mathbb{R}P^n$ 是点 $x\in S^n$ 对应 $\mathbb{R}^{n+1}$ 中的过这个点 x 和原点的直线的映射. 证明: f 是光滑的, 并且所有点都是其正则点.

25.36. 设 $f\colon SO(n)\to S^{n-1}$ 使每个正交矩阵对应其第一列. 证明: 映射 f 是光滑的, 并且所有点都是其正则点. 求原像 $f^{-1}(y)$.

25.37. 设 $f\colon U(n)\to S^{2n-1}$ 使得每个酉矩阵对应其第一列. 证明: 映射 f 是光滑的, 并且所有点都是其正则点. 求原像 $f^{-1}(y)$.

25.38. 设 $f\colon V_{n,k}\to V_{n,s}$ $(s\leqslant k)$ 是使得 k 个向量的标准正交组对应其前 s 个向量的映射. 证明: 每个点对于映射 f 都是正则的. 说明, 原像 $f^{-1}(y)$ 同胚于流形 $V_{n-s,k-s}$.

25.39. 设 $f\colon O(n)\to G_{n,k}$ 是使每个正交矩阵对应其前 k 列生成的子空间的映射. 证明: 对于映射 f, 所有点都是正则点. 说明, 原像 $f^{-1}(y)$ 同胚于流形 $O(n-k)\times O(k)$.

25.40. 设 $f\colon X\times Y\to M$ 是光滑映射, $m_0\in M$ 是正则点. 考察映射族 $f_y\colon X\to M$, $f_y(x)=f(x,y)$. 证明: 对于几乎所有的参数值 y, 即当 y 跑遍 Y 中的一个处处稠密的开子集时, 点 m_0 是映射 f_y 的正则点.

25.41. 解问题 25.40, 点 m_0 改为子流形 $N\subset M$, 而正则性条件改为映射沿子流形 N 的横截性.

25.42. 设 $\mathbb{R}^n$ 中的曲面 M 由方程 $f(x_1,\dots,x_n)=c$ 给定, 这里 $n\geqslant 3$ (比如 $n=3$), c 是光滑函数 f 的正则值. 证明: 这时 M 是可定向曲面.

25.43. 验证下列流形是否是可定向的:

a) 群 $GL(n,\mathbb{R})$; b) 群 $U(n)$; c) 群 $SO(n)$.

25.44. 证明: 射影空间 $\mathbb{R}P^n$ 恰好对于奇数 n 是可定向的.

25.45. 证明: 复射影空间 $\mathbb{C}P^n$ 可定向.

25.46. 证明: 任意复解析流形可定向.

25.47. 证明: 流形的切丛空间是流形, 并且总是可定向的.

25.48. 证明: T^*M 是流形. 它是否是可定向的?

25.49. 证明: n 维黎曼流形 M 的切丛的纤维中的单位球面的并集是 $(2n-1)$ 维的光滑流形. 证明: 这个流形是 M 上的纤维为 S^{n-1} 的丛.

25.50. 证明: 平面环形, 克莱因瓶和环面是丛空间.

25.51. 证明: 在可收缩基上的丛是平凡的, 即它是基与纤维的直积.

25.52. 证明: 圆周, 欧几里得空间和环面是可平行化的流形.

25.53. 证明: 可平行化流形可定向. 特别地, 射影平面和克莱因瓶的切丛是非平凡的.

25.54. 证明: 若在二维闭流形上挖去一个点, 则得到的流形是可平行化的.[①]

25.55. 证明: 当且仅当 n 维流形上具有 n 个线性无关的光滑向量场, 此流形是可平行化的.

25.56. 证明: 在其上定义了李群结构的流形是可平行化的.

25.57. 证明: 球面 S^2 不是可平行化的.

25.58. 举出流形的光滑映射的一个例子, 光滑正则曲线在此映射下的像在某些点失去正则性.

25.59. 证明: 在点 $A \in M^n$ 线性无关的向量 $\mathbf{a}_1, \ldots, \mathbf{a}_k$ $(k \leqslant n)$ 可作为流形的某个坐标卡的基向量, 即存在点 A 邻域中的这样的坐标系 $(x^1, \ldots, x^n)$, 使得

$$\left.\frac{\partial}{\partial x^i}\right|_A = \mathbf{a}_i, \quad 1 \leqslant i \leqslant k.$$

25.60. 证明: 流形上的在点 A 不等于零的向量场 $\mathbf{a}$, 对于包含点 A 的某个坐标卡是基向量.

25.61. 考察流形 M^n 上的在点 $A \in M^n$ 的某个邻域中线性无关的向量场 $\mathbf{a}_1, \ldots, \mathbf{a}_k$, $k \leqslant n$, 对于所有 i 和 j, 满足 $[\mathbf{a}_i, \mathbf{a}_j] = 0$. 证明: 在点 A 的某个邻域中可以给定这样的坐标 $(x^1, \ldots, x^n)$, 使得

$$\mathbf{a}_i = \frac{\partial}{\partial x^i}, \quad 1 \leqslant i \leqslant k.$$

25.62. 证明: 2 维定向曲面有复结构.

25.63. 证明: 乘积 $S^1 \times S^{2n-1}$, $S^{2n-1} \times S^{2n-1}$ 有复结构.

① 同 29.34 题 a), b). ——译者注

25.64. 正高斯曲率的奇数维闭黎曼流形可定向.

25.65. 设 $f\colon X \to Y$ 是闭流形间的光滑映射. 又设 f 是满射, 并且 Y 的每个点都是正则点. 证明: 对于任意点 $y \in Y$, 它的充分小的邻域 $U(y)$ 的原像同胚于直积 $U(y) \times f^{-1}(y)$, 即 f 是丛映射. 特别地, 如果 Y 是连通流形, 则纤维 $f^{-1}(y)$ 两两微分同胚.

函数 $w = f(z^1, \ldots, z^n)$ 称为 全纯的, 其中 $z^k = x^k + iy^k$, 如果它连续可微, 并且在每个点 $(z^1, \ldots, z^n)$, 它的微分是复线性型.

25.66. 说明, 如果 $f(z^1, \ldots, z^n)$ 是全纯函数, 则

$$\frac{\partial \mathrm{Re} f}{\partial x^k} = \frac{\partial \mathrm{Im} f}{\partial y^k}, \quad \frac{\partial \mathrm{Im} f}{\partial x^k} = -\frac{\partial \mathrm{Re} f}{\partial y^k}.$$

25.67. 设 $w^j = f^j(z^1, \ldots, z^n)$ 是把 $\mathbb{C}^n$ 映射到 $\mathbb{C}^m$ 的全纯向量函数. 求其实雅可比矩阵和复雅可比矩阵之间的关系.

25.68. 证明: 全纯映射 $f\colon \mathbb{C}^n \to \mathbb{C}^n$ 构成局部坐标系, 当且仅当其复雅可比行列式异于零.

25.69. 证明: S^2 上存在复解析结构. 用显式描述其最简单的图册.

25.70. 证明: 复射影空间 $\mathbb{C}P^n$ 上存在复解析结构. 用显式描述其最简单的图册.

§26. 张量分析

26.1. 设 V_1 和 V_2 是线性空间. 证明同构

$$\Lambda^k(V_1 \oplus V_2) = \bigoplus_{i+j=k} \Lambda^i(V_1) \otimes \Lambda^j(V_2),$$
$$S^k(V_1 \oplus V_2) = \bigoplus_{i+j=k} S^i(V_1) \otimes S^j(V_2).$$

26.2. 证明:

$$T^{[i_1}_{j_1} \cdots T^{i_p]}_{j_p} = T^{[i_1}_{[j_1} \cdots T^{i_p]}_{j_p]} = T^{i_1}_{[j_1} \cdots T^{i_p}_{j_p]}.$$

26.3. 证明: 如果 $v^{[i_1 i_2 i_3} v^{j_1 j_2] j_3} = 0$, 则 $v^{[i_1 i_2 i_3} v^{j_1] j_2 j_3} = 0$.

26.4. 如果对于任意选取的反变向量 u, 三秩共变张量满足条件

$$T_{ijk} = T_{jik}, \quad T_{ijk} u^i u^j u^k = 0,$$

则张量的分量满足条件

$$T_{ijk} + T_{jki} + T_{kij} = 0.$$

26.5. 证明: 如果对于任意选取的满足条件 $v^\alpha w_\alpha = 0$ 的张量 v^α和 w_α, 关系

$$u^\gamma_{\alpha\beta} v^\alpha v^\beta w_\gamma = 0$$

都成立, 则

$$u^\gamma_{(\alpha\beta)} = s_{(\alpha}\delta^\gamma_{\beta)},$$

其中 s_α 是某个张量.

26.6. 证明: 如果空间 V 的维数大于 2, 则 $\Lambda^2(\Lambda^2 V) \neq \Lambda^4 V$.

26.7. 证明: 如果对于所有 $q > 0$ 有 $\operatorname{tr} \Lambda^q A = 0$, 则算子 A 是幂零的.

26.8. 设在 n 维空间 V 中给定了线性算子 A. 如果算子 $\Lambda^{n-1} A$ 在空间 $\Lambda^{n-1} V$ 中是非零的, 则它或者非退化, 或者秩为 1.

26.9. 证明: 如果算子 A 是对角的, 则算子 $A^{\otimes k}$ 也是对角的.

26.10. 证明: 张量 $A_{ij} = a_i b_j$ 的秩等于 1, 而张量 $a_i b_j + a_j b_i$ 的秩等于 2.

26.11. 为了使张量 A_{ij} 的形式是 $A_{ij} = a_i b_j$, 它应当满足什么条件?

26.12. 证明: 如果张量 T_{ijk} 按照前两个指标对称, 则

$$T_{(ijk)} = \frac{1}{3}(T_{ijk} + T_{jki} + T_{kij}).$$

26.13. 证明: 如果张量 T_{ijk} 按照前两个指标反称, 则

$$T_{[ijk]} = \frac{1}{3}(T_{ijk} + T_{jki} + T_{kij}).$$

26.14. 给定张量 a_{ij} 和 b^{klm}, 通过一个乘积和卷积构造秩为 1, 3 和 5 的张量. 它们有多少个?

26.15. 设张量 T_{ijkl} 具有性质

$$T_{hijk} + T_{hikj} = 0, \quad T_{hijk} + T_{hjki} + T_{hkij} = 0.$$

a) 证明: 如果 $T_{hijk} - T_{hjik} = 0$, 则 $T_{hijk} = 0$.

b) 证明: 如果 $T_{hijk} + T_{hjik} = 0$, 则 $T_{hijk} = 0$.

26.16. 证明: 如果对于任意张量 (向量) u^j, 秩为 3 的张量 T^h_{ij} 满足条件

$$T^h_{ij} = T^h_{ji}, \quad T^h_{ij} u^i u^j = 0,$$

则张量 T^h_{ij} 是零.

26.17. 证明: 如果张量 $T_{i_1 \cdots i_m}$ 满足条件: 对于任意张量 (向量) 组 u^i,

$$T_{i_1 \cdots i_m} u^{i_1} \cdots u^{i_m} = 0,$$

则 $T_{(i_1\cdots i_m)}=0$.

设 $\varphi\colon U\to V$ 是欧几里得空间的区域间的同胚. 设在 V 上的 (p,q) 型张量场在坐标 $(x)=(x^1,\ldots,x^n)$ 下有分量 $T^{i_1\cdots i_p}_{j_1\cdots j_q}$. 显然, 复合 $(x\circ\varphi)$ 在 U 上定义曲线坐标. 在 U 上用以下公式定义这个坐标系下的张量场 φ^*T:

$$(\varphi^*T)^{i_1\cdots i_p}_{j_1\cdots j_q}=T^{i_1\cdots i_p}_{j_1\cdots j_q}\circ\varphi.$$

设 $\mathbf{X}$ 是光滑向量场, 而 T 是某个光滑张量场. 场 $\mathbf{X}$ 定义单参数群 φ_t (我们提醒, φ_t 由微分方程 $\dfrac{d}{dt}\varphi_t(P)|_{t=0}=\mathbf{X}(P)$ 定义). 由公式

$$L_{\mathbf{X}}T(P)=\lim_{t\to0}\frac{(\varphi_t^*T)(P)-T(P)}{t}$$

定义张量场 T 沿向量场 $\mathbf{X}$ 的李导数.

26.18. 证明: 如果张量场 T 的型是 $(0,0)$, 即是光滑函数, 则 $\varphi^*T=T\circ\varphi$.

26.19. 证明: 如果张量场 T 的型是 $(1,0)$, 即是向量场, 则

$$(\varphi^*T)(P)=(d\varphi|_P)^{-1}T(\varphi(P)).$$

26.20. 证明: 如果张量场 ξ 的型是 $(0,1)$, 即是余向量场, 则

$$(\varphi^*\xi)(P)=(d\varphi|_P)^*\xi(\varphi(P)).$$

这里 $d\varphi|_P\colon T_PU\to T_{\varphi(P)}V$ 是映射 φ 在点 $P\in U$ 的微分, 而 $(d\varphi|_P)^*\colon T^*_{\varphi(P)}V\to T^*_PU$ 是余切空间的余切映射.

26.21. 证明: 运算 $T\mapsto\varphi^*T$ 保持张量场的代数运算: 和, 乘函数, 张量积, 卷积.

26.22. 设 $\mathbf{X}$ 和 $\mathbf{Y}$ 是区域 V 内的向量场, 而 $\varphi\colon U\to V$ 是微分同胚. 证明:

$$[\varphi^*X,\varphi^*Y]=\varphi^*[\mathbf{X},\mathbf{Y}].$$

26.23. 证明: 李导数是线性运算.

26.24. 证明: 如果 T 和 S 是张量场, 而 $\mathbf{X}$ 是向量场, 则

$$L_{\mathbf{X}}(T\otimes S)=L_{\mathbf{X}}T\otimes S+T\otimes L_{\mathbf{X}}S.$$

26.25. 证明: 李导数与卷积可交换.

26.26. 证明: 如果 $\mathbf{X}$ 是向量场, 而 f 是光滑函数, 则 $L_{\mathbf{X}}f=\mathbf{X}f$.

26.27. a) 设 $(x^1,\ldots,x^n)$ 是区域 U 内的局部坐标, 而 $\mathbf{X}$ 是用坐标 (x) 表示的分量为 $(X^1,\ldots,X^n)$ 的向量场. 证明:

$$(L_X dx)^i=\frac{\partial X^i}{\partial x^k}\,dx^k.$$

b) 证明: 对于余向量 $\xi = \xi_i dx^i$ 成立公式:

$$L_{\mathbf{X}}\xi = \Big(X^k \frac{\partial \xi_i}{\partial x^k} + \xi_k \frac{\partial X^k}{\partial x^i}\Big) dx^i.$$

26.28. 证明: 如果 $\mathbf{X}$ 和 $\mathbf{Y}$ 是向量场, 则 $L_{\mathbf{X}}\mathbf{Y} = [\mathbf{X}, \mathbf{Y}]$.

26.29. 对于 (p, q) 型的张量场建立求李导数的公式.

26.30. 证明: 对于微分形式 ω 和向量场 $\mathbf{X}$ 等式 $dL_{\mathbf{X}}\omega = L_{\mathbf{X}}d\omega$ 成立.

26.31. 证明:

$$L_{\mathbf{X}}\omega = i_{\mathbf{X}}d\omega + di_{\mathbf{X}}\omega,$$

其中 ω 是微分形式, 而 $\mathbf{X}$ 是向量场.

26.32. 对于向量场 $\mathbf{X}$ 和 $\mathbf{Y}$, 证明公式:

a) $[L_{\mathbf{X}}, i_{\mathbf{Y}}] = i_{[\mathbf{X},\mathbf{Y}]}$;　　b) $[L_{\mathbf{X}}, L_{\mathbf{Y}}] = L_{[\mathbf{X},\mathbf{Y}]}$.

§27. 流形上的测地线

27.1. 证明: 位于曲面 $\mathbf{r} = \mathbf{r}(u, v)$ 上的曲线 $u = u(s)$, $v = v(s)$ 的测地挠率按公式

$$\varkappa_g = (\dot{\mathbf{r}}, \dot{\mathbf{m}}, \mathbf{m})$$

计算, 其中 $\mathbf{m}$ 是曲面的单位法向量.

27.2. 证明下列断言: 曲面上的曲线是曲率线, 当且仅当它在每个点的测地挠率等于零.

27.3. 求可展曲面的测地线.

27.4. 证明: 与曲面的曲率线相切的曲线的测地挠率在切点等于零.

27.5. 证明: 每条异于直线的平面测地线是曲面的曲率线.

27.6. 证明: 在度量为 (g_{ij}) 的流形 M 上的测地线方程可以在余切丛 T^*M 中写成哈密顿形式:

$$\frac{dp_i}{dt} = -\frac{\partial H}{\partial x^i}, \quad \frac{dx^i}{dt} = \frac{\partial H}{\partial p_i},$$

其中 $(x^1, \ldots, x^n, p_1, \ldots, p_n)$ 是在余切丛上的标准坐标, $H(p, x) = \dfrac{1}{2} g^{ij}(x) p_i p_j$. 此外, $p_i = g_{ij}\dot{x}^j$, 其中 $\dot{x}^j$ 是测地速度向量.

27.7. 考察具有黎曼度量的曲面. 在它上面有两种类型的曲线: 达布圆周和高斯圆周. 曲面上有常测地曲率的曲线称为 *达布圆周*. 沿测地线测得的到一定点距离相等的点的集合称为 *高斯圆周* (测地圆周). 证明: 当且仅当曲面是常高斯曲率的曲面时, 达布圆周的集合同高斯圆周的集合重合.

27.8. 证明: 如果二维曲面上的任意高斯圆周的周长等于 $2\pi R$, R 是测地半径, 则此曲面局部等距于平面.

27.9. a) 证明: 在紧致单连通流形 M^n 上总存在一对共轭点.

b) 如果 M^n 不是单连通的, 将会怎样?

c) 考察流形上从一个点引出的测地线束. 在其中的每条测地线上都可以找到共轭点吗?

27.10. 描述其上所有测地线都是闭曲线的所有旋转曲面.

27.11. a) 证明: 在直纹曲面上任意母线线段是其端点间的最短线.

b) 证明更一般的事实: 在有负高斯曲率的完备单连通曲面上, 任意测地线的弧在其端点之间是最短的.

27.12. 给出具有公共测地线的两个非等距的黎曼流形的例子. 如果存在从一个流形到另一个流形的微分同胚, 使得测地线对应测地线, 则称两个流形具有公共测地线.

27.13. 证明: 所有紧致闭曲面是测地完备的.

以下的习题是针对矩阵李群的. 后面有一节将考虑完全一般的李群, 即带光滑型群结构的光滑流形.

在这一节为了使叙述充分简洁, 我们仅限于考察其实现是种种矩阵群的李群. 这样的李群称为 *矩阵李群*. 考虑一般线性群 $GL(n,\mathbb{R})$, 这是元素为实数的 $n\times n$ 非退化矩阵群. 它是所有 $n\times n$ 实矩阵即 (等同于) 欧几里得空间 $\mathbb{R}^{n^2}$ 的开区域. 考察在 $\mathbb{R}^{n^2}$ 中以形式

$$\langle X,Y\rangle=\operatorname{tr}(X\cdot Y^{\top})$$

给出的通常欧几里得度量, 其中 $Y^{\top}$ 是转置矩阵. 这个度量在群 $GL(n,\mathbb{R})$ 和其所有子群上诱导黎曼度量. 群 G 上的这样的度量称为 *基灵* (Killing) *度量*. 可以同样考察群 $GL(n,\mathbb{C})$ 的情形, 这里黎曼度量由下列公式给定:

$$\langle X,Y\rangle=\operatorname{Re}\operatorname{tr}(X\cdot\overline{Y}^{\top}).$$

形式如 $\{e^{tX}\colon t\in\mathbb{R}\}$ 的子群是矩阵群 G 的单参数 (一维) 子群, 其中 X 是群 G 在其单位矩阵 E 处的切空间内的任意矩阵.

我们提醒, 矩阵群在单位矩阵处的切空间 L 附加上一个双线性反对称运算 $[X,Y]=XY-YX$ 就成为李代数, 特别地, 它满足雅可比恒等式

$$[[X,Y],Z]+[[Z,X],Y]+[[Y,Z],X]=0.$$

其中, XY 是通常的矩阵乘法. 运算 $[X,Y]$ 称为 *交换子*. 在矩阵群 G 的李代数 L 上由公式

$$\operatorname{Ad}_g(X)=gXg^{-1},\quad \operatorname{ad}_X(Y)=[X,Y]$$

定义线性算子 Ad_g 和 ad_X, 其中 $g\in G,\ X,Y\in L$.

群 G 上的向量场 $\mathbf{V}$ 称为左不变的 (右不变的), 如果它在群的所有左 (右) 移动下变为自身. 这样的场单值地定义在单位矩阵的值, 即李代数 L 的某个向量 X. 这个场用 L_X (相应地, R_X) 表示.

27.14. a) 证明: 算子 ad_X 是李代数 L 的微分, 即

$$\mathrm{ad}_X([Y,Z]) = [\mathrm{ad}_X(Y), Z] + [Y, \mathrm{ad}_X(Z)].$$

证明: 这个公式等价于雅可比恒等式.

b) 证明: 上面在群 $GL(n,\mathbb{R})$ 的任意子群 G 上定义的黎曼度量是双不变的, 即 G 上的左移动和右移动是它的等距.

c) 对于群 $GL(n,\mathbb{C})$ 的子群证明 b) 中的类似结论.

d) 证明: 对于任意 $X \in L$, 算子 ad_X 对于基灵度量是反对称的:

$$\langle \mathrm{ad}_X(Y), Z\rangle = -\langle Y, \mathrm{ad}_X(Z)\rangle.$$

e) 证明: 对于任意 $g \in G$, 算子 Ad_g 保持基灵度量, 即 $\langle \mathrm{Ad}_g(X), \mathrm{Ad}_g(Y)\rangle = \langle X, Y\rangle$.

27.15. 设 G 是矩阵群, L 是它的李代数. 对于左不变向量场 L_X, L_Y, 通过

$$\nabla_{L_X} L_Y = \frac{1}{2} L_{[X,Y]} = \frac{1}{2}[L_X, L_Y]$$

在群 G 上引进联络 ∇. 我们指出, 根据本题的 a) 小题, 这个公式不仅在左不变向量场上而且在群 G 的任意向量场上单值地定义了联络.

a) 证明: 上面引进的公式单值地定义了克里斯托费尔符号 Γ^i_{jk}.

b) 证明: 群 G 上的这个联络对称并且同基灵度量相容.

c) 证明: 一切具有上面描述的黎曼度量的矩阵群 G 的单参数子群, 并且仅仅它们, 是 G 上的经过单位矩阵的测地线. 证明: G 上的所有其他的测地线由单参数子群的右 (左) 移动得到.

d) 证明: 本习题定义的矩阵群 G 的联络的曲率张量 R 在左不变向量场 L_X, L_Y 和 L_Z 上由公式

$$R(L_X, L_Y)L_Z = -\frac{1}{4} L_{[[X,Y],Z]},$$

$$\langle R(L_X, L_Y)L_Z, L_W\rangle = -\frac{1}{4}\langle [X,Y],[Z,W]\rangle$$

给出. 我们指出, 这些公式对于在群 G 上的任意向量场上给定曲率张量 R 是充分的.

e) 证明: 从上面指出的关系单值地得到曲率张量的分量 R^i_{jkl}.

27.16. 证明: 指数映射 exp: $L \to G$ 是李代数 L 的零矩阵的某个邻域到群 G 的单位矩阵的某个邻域的微分同胚.

27.17. a) 对于群 $SL(2,\mathbb{R})$, 导出计算指数映射的显式公式.

b) 说明, 对于群 $SL(2,\mathbb{R})$, 指数映射不是 "到上" 映射.

c) 研究群 $SL(2,\mathbb{C})$ 的情形.

d) 证明: 对于连通紧群 G, 指数映射总是 "到上" 映射.

§28. 曲率张量

28.1. 计算具有双侧不变度量的群 $SO(n)$ 的数量曲率.

28.2. 设在 n 维黎曼空间取定线性无关向量 $\mathbf{X}_1, \ldots, \mathbf{X}_n$. 令 $g_{ij} = \langle \mathbf{X}_i, \mathbf{X}_j \rangle$ 和 $[\mathbf{X}_i, \mathbf{X}_j] = c_{ij}^k \mathbf{X}_k$. 设 $\nabla_{\mathbf{X}_j} \mathbf{X}_i = \Gamma_{ij}^k \mathbf{X}_k$, 用 g_{ij} 和 c_{ij}^k 表示 Γ_{ij}^k.

28.3. 证明: n 维流形的曲率张量有 $n^2(n^2-1)/12$ 个代数无关分量. 换句话说, 一般形式的曲率张量除 "已知的" 对称性外, 没有其他的对称性.

28.4. 在什么条件下对称的联络 ∇ 是黎曼联络, 即存在黎曼度量 g_{ij}, 使得 $\nabla_k g_{ij} \equiv 0$?

28.5. a) 证明: 在 N 维流形上, 数量

$$\begin{aligned} C_{lmnk} = R_{lmnk} &- \frac{1}{N-2}(g_{ln}R_{mk} - g_{lk}R_{mn} - g_{mn}R_{lk} + g_{mk}R_{ln}) \\ &+ \frac{R}{(N-1)(N-2)}(g_{ln}g_{mk} - g_{lk}g_{mn}) \end{aligned}$$

的集合是张量. 张量 C_{mlk}^n 称为 外尔 (Weyl) 张量.

b) 证明: 它同曲率张量有同样的代数性质, 此外, 满足 $N(N+1)/2$ 个条件 $C_{mlk}^l = 0$.

c) 证明: 带同样外尔张量的两个黎曼度量共形等价.

28.6. a) 说明, 在 n $(n \geqslant 3)$ 维流形上从度量张量 g_{ij} 和它的曲率张量 R_{ijkl} 可以构造 $n(n-1)(n-2)(n-3)/12$ 个代数无关的数量.

b) 说明, 对于 $n=3$, 这样的数量是数量曲率 R, 卷积 $R_{ij}R^{ij}$ 和 $\dfrac{\det R_{ij}}{\det g_{ij}}$, 其中 R_{ij} 是里奇 (Ricci) 张量.

28.7. 证明: 如果黎曼流形的曲率张量恒等于零, 则沿曲线 γ 平行移动的结果在端点不动的条件下不依赖于道路 γ 的同伦.

28.8. a) 如果在单连通黎曼流形上 $R_{jkl}^i = 0$, 则 $TM^n = M^n \times \mathbb{R}^n$, 其中 TM 是流形 M 的切丛. 换句话说, 在这种情形下, 切丛是平凡的, 而流形本身是可平行化的.

b) 阐明在非单连通情形发生什么.

28.9. 证明: 在黎曼流形的任意点 x, T_xM 中的任意方向是里奇张量的主方向, 当且仅当 M 是爱因斯坦空间.

28.10. 说明, 下列度量有常高斯曲率, 求这个曲率:

a) $ds^2 = du^2 + dv^2$; b) $ds^2 = du^2 + \cos^2\dfrac{u}{a}\,dv^2$; c) $ds^2 = du^2 + \cosh\dfrac{u}{a}\,dv^2$,

其中 a 是不等于零的常数.

28.11. 证明: 一般形式的仿射联络满足比安基 (Bianchi) 恒等式 $\nabla_{[l}R^i_{km]j} = S^p_{[lk}R^i_{m]pj}$.

28.12. 设 $\omega^i_j = \Gamma^i_{kj}du^k$ 是联络形式, 而

$$\Omega^i_j = \frac{1}{2}R^i_{kmj}du^k \wedge du^m$$

是联络的曲率形式. 证明它们满足嘉当结构方程

$$\Omega^i_j = d\omega^i_j + \omega^i_k \wedge \omega^k_j.$$

28.13. 指出, 比安基公式可以写成形式

$$d\Omega^i_j = \Omega^i_k \wedge \omega^k_j - \omega^i_k \wedge \Omega^k_j.$$

28.14. 固定任意的无挠的仿射联络. 在某个点 O 的邻域 U 中取坐标 $(x^1, \ldots, x^n)$, 而点 O 的坐标是 $(x^1_0, \ldots, x^n_0)$. 令

$$x^{k'} = (x^k - x^k_0) + \frac{1}{2}\Gamma^k_{ij}(x^i - x^i_0)(x^j - x^j_0)$$

在 U 中引进新的坐标 $(x^{1'}, \ldots, x^{n'})$. 证明: 在新的坐标系中, 点 O 有零坐标, 并且克里斯托费尔符号在点 O 成为零. 这样的坐标系称为*测地坐标系*.

28.15. 验证, 在点 O 的测地坐标系中, 曲率张量的分量和它的共变导数的值由下列公式给出:

$$R^h_{ij\cdot k}(O) = \frac{\partial \Gamma^h_{ki}(O)}{\partial x^j} - \frac{\partial \Gamma^h_{ji}(O)}{\partial x^k},$$

$$\nabla_l R^h_{ij\cdot k}(O) = \frac{\partial^2 \Gamma^h_{ki}(O)}{\partial x^j \partial x^l} - \frac{\partial^2 \Gamma^h_{ji}(O)}{\partial x^k \partial x^l}.$$

28.16. a) 利用前一个题, 验证比安基公式的正确性:

$$\nabla_m R^n_{ikl} + \nabla_l R^n_{imk} + \nabla_k R^n_{ilm} = 0.$$

b) 证明关于里奇张量 R^l_m 和数量曲率 R 的等式:

$$\nabla_l R^l_m = \frac{1}{2}\frac{\partial R}{\partial x_m}.$$

28.17. 设 H_1, H_2, H_3 是 $\mathbb{R}^3$ 中的某个曲线坐标系的拉梅系数. 证明关系:

$$\frac{\partial}{\partial s}q^1\left(\frac{1}{H_1}\frac{\partial H_2}{\partial s}q^1\right)+\frac{\partial}{\partial s}q^2\left(\frac{1}{H_2}\frac{\partial H_1}{\partial s}q^2\right)+\frac{1}{H_3^2}\frac{\partial H_1}{\partial s}q^3\frac{\partial H_2}{\partial s}q^3=0;$$

$$\frac{\partial}{\partial s}q^2\left(\frac{1}{H_2}\frac{\partial H_3}{\partial s}q^2\right)+\frac{\partial}{\partial s}q^3\left(\frac{1}{H_3}\frac{\partial H_2}{\partial s}q^3\right)+\frac{1}{H_1^2}\frac{\partial H_2}{\partial s}q^1\frac{\partial H_3}{\partial s}q^1=0;$$

$$\frac{\partial}{\partial s}q^3\left(\frac{1}{H_3}\frac{\partial H_1}{\partial s}q^3\right)+\frac{\partial}{\partial s}q^1\left(\frac{1}{H_1}\frac{\partial H_3}{\partial s}q^1\right)+\frac{1}{H_2^2}\frac{\partial H_3}{\partial s}q^2\frac{\partial H_1}{\partial s}q^2=0;$$

$$\frac{\partial^2 H_1}{\partial q^2\partial q^3}=\frac{1}{H_3}\frac{\partial H_3}{\partial s}q^2\frac{\partial H_1}{\partial s}q^3+\frac{1}{H_2}\frac{\partial H_1}{\partial s}q^2\frac{\partial H_2}{\partial s}q^3;$$

$$\frac{\partial^2 H_2}{\partial q^3\partial q^1}=\frac{1}{H_1}\frac{\partial H_1}{\partial s}q^3\frac{\partial H_2}{\partial s}q^1+\frac{1}{H_3}\frac{\partial H_2}{\partial s}q^3\frac{\partial H_3}{\partial s}q^1;$$

$$\frac{\partial^2 H_3}{\partial q^1\partial q^2}=\frac{1}{H_2}\frac{\partial H_2}{\partial s}q^1\frac{\partial H_3}{\partial s}q^2+\frac{1}{H_1}\frac{\partial H_3}{\partial s}q^1\frac{\partial H_1}{\partial s}q^2.$$

28.18. 证明: 满足前一个题的关系的光滑函数

$$H_1(q^1,q^2,q^3),\quad H_2(q^1,q^2,q^3),\quad H_3(q^1,q^2,q^3)$$

对于某个变换

$$x_s=x_s(q^1,q^2,q^3)\quad (s=1,2,3)$$

是拉梅系数.

28.19. 证明: 具有非正曲率的完备黎曼流形的基本群不含有限阶的元素. 设 M 是具有严格负曲率的完备黎曼流形, 证明 $\pi_1(M)$ 具有下列性质: 如果两个元素可交换 (即 $ab=ba$, 其中 $a,b\in\pi_1(M)$), 则 a 和 b 属于一个循环子群.

28.20. 证明: 带严格正曲率并且维数是偶数的闭定向黎曼流形 M^n 单连通.

28.21. a) 证明: 任意具有常正曲率 γ 的紧致闭黎曼流形等距于球面 S^2 或 $\mathbb{R}P^n$ (半径为 $1/\sqrt{\gamma}$).

b) 设 M^n 是紧致闭单连通的完备黎曼流形, 而道路 $C(l)$ 是对于某个点 $l\in M^n$ 的第一共轭点的集合. 证明: 如果 M^n 是对称空间, 则补集 $M^n\setminus C(l)$ 同胚于开圆盘.

28.22. 证明: 带正曲率的 m 维完备非紧致黎曼流形微分同胚于 $\mathbb{R}^m$, 这里 $m=2$ 或 $m\geqslant 5$.

28.23. 设 x,y 是标准球面 S^2 的邻近的两个点, 又设 $f(z)$ 是顶点为 x,y,z 的测地三角形的面积.

a) 函数 $f(z)$ 是球面 S^2 上的调和函数吗?

b) 研究 n 维球面的情形 (此时 $f(z)$ 是测地单纯形的体积, 该单纯形的一个边固定, 而 z 是自由顶点).

c) 研究罗巴切夫斯基平面上的同样的问题.

28.24. 证明: 如果 M^n 是完备单连通黎曼流形, n 是奇数, 并且在 M^n 上存在这样的点 p, p 的第一共轭点的集合正则并且有常阶数 k, 则 $k=n-1$, 并且 M^n 同胚于球面 S^n (点的阶是其重数).

§29. 向量场

29.1. 求函数 $f=\ln(x^2+y^2)$ 在点 $P=(1,2)$ 沿曲线 $y^2=4x$ 的方向导数.

29.2. 求函数 $f=\arctan(y/x)$ 在点 $P=(2,-2)$ 沿曲线 $x^2+y^2-4x=0$ 的方向导数.

29.3. 求函数 f 在点 P 沿曲线 γ 的方向导数:

a) $f=x^2+y^2,\ P=(1,2),\ \gamma\colon\ x^2+y^2=5;$

b) $f=2xy+y^2,\ P=(\sqrt{2},1),\ \gamma\colon\ \dfrac{x^2}{4}+\dfrac{y^2}{2}=1;$

c) $f=x^2-y^2,\ P=(5,4),\ \gamma\colon\ x^2-y^2=9;$

d) $f=\ln(xy+yz+xz),\ P=(0,1,1),\ \gamma\colon\ x=\cos t,\ y=\sin t,\ z=1;$

e) $f=x^2+y^2+z^2,\ P=(0,R,\pi a/2),\ \gamma\colon\ x=R\cos t,\ y=R\sin t,\ z=at.$

29.4. 求函数 $f=\dfrac{x^2}{a^2}+\dfrac{y^2}{b^2}+\dfrac{z^2}{c^2}$ 在任意点 $P=(x,y,z)$ 沿这个点的径向量方向的导数.

29.5. 求函数 $f=f(x,y,z)$ 沿函数 g 的梯度方向的导数.

29.6. 设 $\mathbf{v}(x,y,z)$ 是绕某个轴旋转的刚体的速度场. 证明:

a) $\operatorname{div}\mathbf{v}=0;$

b) $\operatorname{rot}\mathbf{v}=2\mathbf{w}$, 其中 $\mathbf{w}$ 是角速度向量.

29.7. 设 $\mathbf{X}=(x,y,z)$, $\mathbf{Y}$ 是常向量场. 证明: $\operatorname{rot}(\mathbf{Y}\times\mathbf{X})=2\mathbf{Y}$.

29.8. 证明: $\operatorname{rot}\operatorname{grad}F=0$.

29.9. 证明公式

$$\Delta(FG)=F\Delta G+G\Delta F+2\langle\operatorname{grad}F,\operatorname{grad}G\rangle.$$

29.10. 解方程 $\operatorname{rot}\mathbf{X}=\mathbf{Y}$:

a) $\mathbf{Y}=(1,1,1);$

b) $\mathbf{Y}=(2y,2z,0);$

c) $\mathbf{Y}=(0,0,e^x-e^y);$

d) $\mathbf{Y}=(6y^2,6z,6x);$

e) $\mathbf{Y}=(3y^2,-3x^2,-(y^2+2x));$

f) $\mathbf{Y}=(0,2\cos xz,0);$

g) $\mathbf{Y}=\Big(-\dfrac{y}{x^2+y^2},\dfrac{x}{x^2+y^2},0\Big);$

h) $\mathbf{Y}=(ye^{x^2},2yz,-(2xyze^{x^2}+z^2)).$

29.11. 证明: 紧致流形上的每个光滑向量场对应单参数微分同胚群 φ_t, 其轨道切于给定向量场.

29.12. 设 V 是向量场的有限维线性空间, 相对于换位子是闭的, 即对于 $\boldsymbol{\xi},\boldsymbol{\eta}\in V$ 有 $[\boldsymbol{\xi},\boldsymbol{\eta}]\in V$. 证明: V 是李代数.

29.13. 在前一个习题里, 指出, 对应代数 V 的单连通李群 G 作用在紧致流形上, 并且每个场 $\boldsymbol{\xi}\in V$ 给出群 G 内的一维子群, 其作用轨道切于向量场 $\boldsymbol{\xi}$.

29.14. 设 P,Q 是圆盘 $D^n\subset\mathbb{R}^n$ 中的任意两个点. 求空间 $\mathbb{R}^n$ 的这样的微分同胚 φ, 使得 $\varphi(P)=Q$, 如果 $x\notin D^n$, 则 $\varphi(x)=x$.

29.15. a) 在标准球面 S^3 上构造在每个点线性无关的三个光滑向量场.

b) 以显式求由球面的径向量乘以虚四元数 i,j,k 得到的场的轨道. 这里将球面 S^3 看做单位长度的四元数的集合.

29.16. 证明: 在流形上每个光滑同胚的单参数群对应点的轨道的速度场.

29.17. 在非紧流形上引进向量场的例子, 其轨道不是由任何单参数变换群产生的.

29.18. a) 证明: 对于开球 $\mathring{D}^n$ 的任意两个点 x_1 和 x_2, 存在球到自身的微分同胚 φ, 对调点 x_1 和 x_2, 即 $\varphi(x_1)=x_2$ 并且 $\varphi(x_2)=x_1$.

b) 证明: 对于任意两个点 $x_1,x_2\in\mathring{D}^n$, 存在这样的单参数的微分同胚 φ_t, 使得 φ_0 是恒等映射, 并且 $\varphi_1(x_1)=x_2$.

c) 设 X 是光滑连通流形, x_0,x_1 是任意两个点. 求这样的单参数的微分同胚 φ_t, 使得 φ_0 是恒等映射, 并且 $\varphi_1(x_0)=x_1$. 证明: 不失一般性, 可以认为在某个紧致集外, 所有映射 φ_t 恒等.

29.19. 设有限群 G 光滑作用在光滑流形 X 上. 证明: 如果群 G 的作用是自由的 (即每个点 $x\in X$ 仅对于群 G 的单位元的作用保持不动), 则商空间 X/G 是流形.

29.20. 设 $f(z)$ 是单变量复解析函数. 证明: 向量场 $\operatorname{grad}\operatorname{Re}f(z)$, $\operatorname{grad}\operatorname{Im}f(z)$ 的奇点 (零点) 与导数 $f'(z)$ 的零点重合.

29.21. 求与流 $\mathbf{v}_2(x)$ 正交的流 $\mathbf{v}_1(x)$ 的积分轨线, 其中 $\mathbf{v}_2(x)=\operatorname{grad}f(x)$, $x\in\mathbb{R}^n$, $f(x)$ 是角 AxB 的值. 这里 A,B 是平面 $\mathbb{R}^2$ 的定点, 而 x 是动点.

29.22. 证明: 无旋场 $\mathbf{v}=(P,Q)$, 其中 P,Q 是平面 $\mathbb{R}^2$ 上的流的分量, 是有势场, 即对于某个光滑函数 f 有 $\mathbf{v}=\operatorname{grad}f(x,y)$. 如果流还是不可压缩的, 即 $\operatorname{div}\mathbf{v}=0$, 关于函数 f 可以说什么?

29.23. 设向量场 $\boldsymbol{\xi}$ 满足条件 $\operatorname{div}\boldsymbol{\xi}=0$. 说明, 沿积分轨线的位移算子是酉算子.

29.24. 求环面 T^2 上的无奇点的向量场的所有同伦类. 同伦应当经过无奇点的向量场的类.

29.25. 证明: 如果 2 维环面上向量场 $\mathbf{X}$ 在无奇点的向量场内同伦于场 $\dfrac{\partial}{\partial\varphi_1}$,

则它有周期轨道.

29.26. 求光滑闭曲面 M^2 上的线性无关的切向量场的最大个数.

29.27. 设 m, n 是环面 T^2 上的向量场的回转数, $\lambda = (m, n)$. 证明对于这个场, 存在 λ 个周期解 (闭轨道).

29.28. *庞加莱–本迪克松定理*. 设在平面的某个区域给定向量场. 在这个区域固定不含向量场的奇点的某个紧致集 K. 如果在 K 内存在这样的点, 使得向量场从这个点出发的积分轨线不离开 K, 则在 K 内必定存在向量场的周期轨线.

29.29. 设平面上的点 P 对于向量场的某个轨线是渐近的, 即它属于这个轨线的闭包. 证明: 经过 P 的轨线对于上述轨线是渐近的.

29.30. 证明: 仅有孤立奇点的向量场的集合道路连通.

29.31. 证明: 闭流形上的向量场的奇点的指标的和在光滑形变下不变.

29.32. 证明: 向量场 $\mathbf{v}(x) = (x^1, -x^0, x^3, -x^2)$ 的所有轨线的集合同胚于球面 S^2, 其中

$$x = (x^0, x^1, x^2, x^3) \in S^3\colon\ (|x| = 1) \subset \mathbb{R}^4.$$

求与霍普夫丛 $S^3 \to S^2$ 的联系. 这个向量场如何与四元数联系?

29.33. 令

$$\frac{\partial}{\partial z} = \frac{1}{2}\Big(\frac{\partial}{\partial x} - i\frac{\partial}{\partial y}\Big), \quad \frac{\partial}{\partial \overline{z}} = \frac{1}{2}\Big(\frac{\partial}{\partial x} + i\frac{\partial}{\partial y}\Big).$$

指出, 当且仅当对于所有 k 有 $\dfrac{\partial}{\partial \overline{z}^k}(f) \equiv 0$, 函数 f 全纯 (还可以参考习题 25.66).

29.34. a) 证明: 任意二维定向流形在去掉一个点后变为可平行化的.

b) 这个断言对于不可定向曲面是否成立?

c) 是否可以使得不可定向曲面 (带边界或不带边界) 在从它去掉点和嵌入的圆周之后成为可平行化的?

29.35. a) 在二维闭曲面上构造恰好有三个临界点的光滑函数.

b) 对于怎样的曲面这样的函数可以是莫尔斯函数 (这意味着它的所有临界点都是非退化的) (见图 102)?

29.36. a) 在二维闭曲面上构造恰好有四个临界点的光滑函数.

b) 对于怎样的曲面这样的函数可以是莫尔斯函数 (这意味着它的所有临界点都是非退化的) (见图 103)?

§30. 变换群

30.1. 设有限群 G 光滑地作用在流形 X 上, $x_0 \in X$ 对于群 G 的任意元素的作用都是不动点. 证明: 在点 x_0 的邻域内可以建立局部坐标系, 使得在这个坐标系中群 G 的作用是线性的.

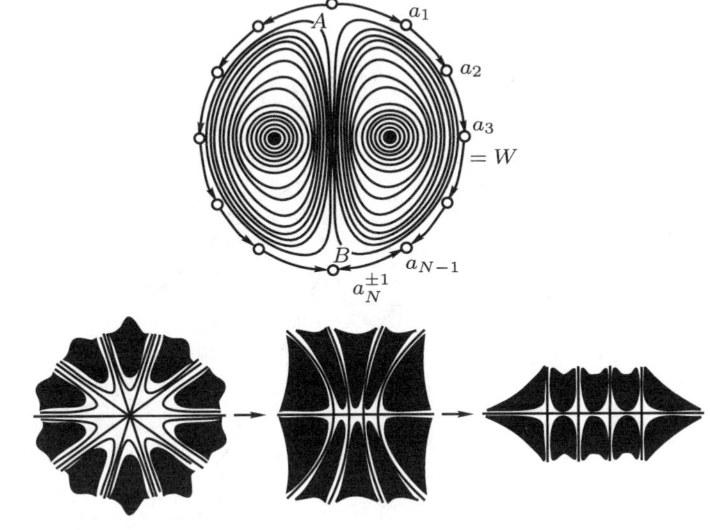

图 102

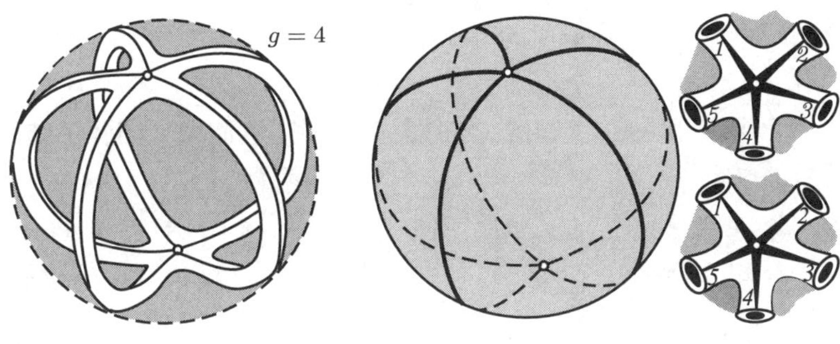

图 103

30.2. 推广上一个习题到任意紧致李群的情形.

30.3. 证明: 光滑流形上有限群 G 的作用的所有不动点的集合是光滑 (一般地说, 不同维数的) 子流形的并集.

30.4. 设 G 是李群. 证明: 群 G 的借助左 (右) 移动的在自身上的作用是光滑的.

30.5. 设李群 G 通过内自同构作用在自身上. 证明: 不动点的集合同群 G 的中心重合.

30.6. 证明: 欧几里得空间的等距群由正交变换和平行移动构成 (见图 104). 在这个插图中, 标架 $Oxyz$ 固定, 而与飞机刚性联系的标架 $O'x'y'z'$ 借助欧几里得空间的等距得到.

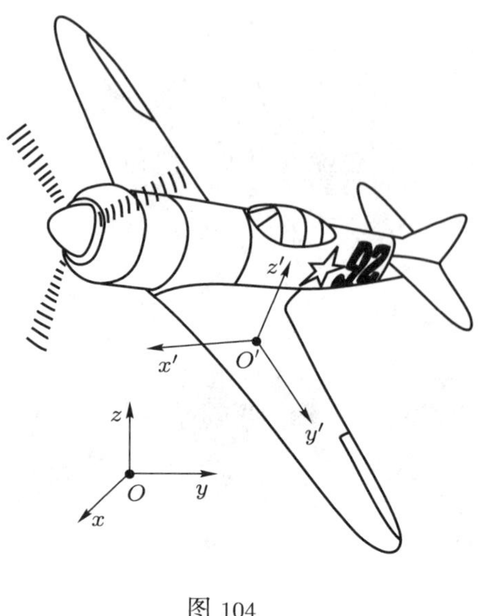

图 104

30.7. 证明: 标准 n 维球面的等距群同构于 $(n+1)$ 维欧几里得空间的正交变换群.

30.8. 证明: 李群 $Sp(1)$ 和 $SU(2)$ 同构. 证明: 它们微分同胚于球面 S^3. 建立与四元数的联系.

30.9. a) 在四元数空间 $\mathbb{H}$ 中给出形式如 $L_A\colon x \mapsto Ax$ 的线性变换, 其中 $x, A \in \mathbb{H}$, 并且 A 的模等于 1. 证明: 所有线性变换 L_A 的集合组成同构于 $SU(2)$ 的群.

b) 在四元数的空间 $\mathbb{H}$ 中考察由公式 $L_{A,B}\colon x \mapsto AxB$ 给定的线性变换, 其中 $x, A, B \in \mathbb{H}$, 而 A 和 B 的模等于 1. 证明: 所有这些变换的集合组成同构于 $SO(4)$ 的群.

c) 证明: $SO(4)$ 同构于商群 $S^3 \times S^3/\mathbb{Z}_2$, 其中 S^3 配备了群结构 $SU(2) \cong Sp(1)$.

d) 对于任意 n, 求 $SO(n)$的基本群. 首先考察 $n=3$ 和 $n=4$ 的情形.

30.10. 用 $A_z(\varphi)$, $A_y(\varphi)$, $A_x(\varphi)$ 分别表示下列矩阵:

$$\begin{pmatrix} \cos\varphi & \sin\varphi & 0 \\ -\sin\varphi & \cos\varphi & 0 \\ 0 & 0 & 1 \end{pmatrix}, \quad \begin{pmatrix} \cos\varphi & 0 & \sin\varphi \\ 0 & 1 & 0 \\ -\sin\varphi & 0 & \cos\varphi \end{pmatrix}, \quad \begin{pmatrix} 1 & 0 & 0 \\ 0 & \cos\varphi & \sin\varphi \\ 0 & -\sin\varphi & \cos\varphi \end{pmatrix}.$$

显然, 这些是相对于对应坐标轴旋转的矩阵. 任意矩阵 $A \in SO(3)$ 可以表示成相

对于两个轴的三个旋转的形式

$$A = A_i(\varphi)A_j(\theta)A_i(\psi),$$

这里, 指标 i 和 j 在集合 $\{x, y, z\}$ 中取值, 并且 $i \neq j$. 图 105 对应矩阵 A 乘积形式 $A_z(\varphi)A_x(\theta)A_z(\psi)$ 的表示.

角 φ, θ, ψ 称为 欧拉角.

a) 对于欧拉角的选取有多少不同的变形?

b) 证明: 欧拉角几乎在整个群 $SO(3)$ 上是局部正则坐标. 求 $SO(3)$ 中的这样的矩阵的集合, 对于它欧拉角不是正则坐标.

c) 求 $SO(3)$ 上的基灵矩阵通过欧拉角的表达式.

d) 求群 $SO(3)$ 的体积.

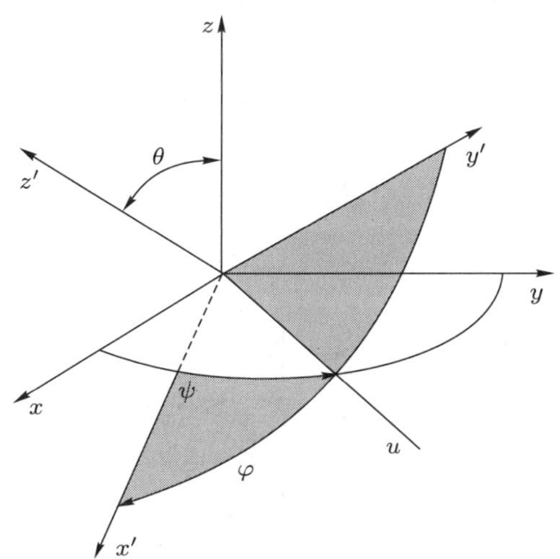

图 105 欧拉角, u 轴是平面 Oxy 和 $Ox'y'$ 的交

30.11. 不仅仅欧拉角可以用作群 $SO(3)$ 的坐标. 事实上, 任意矩阵 $A \in SO(3)$ 可以表示成形式

$$A = A_i(\varphi)A_j(\theta)A_k(\psi),$$

其中 i, j, k 在集合 $\{x, y, z\}$ 中取各种值. 在这种情形下角 φ, θ 和 ψ 称为 飞行角 (见图 106).

a) 对于飞行角的选取有多少不同的变形?

b) 证明: 飞行角几乎在整个群 $SO(3)$ 上是局部正则坐标. 求 $SO(3)$ 中的这样的矩阵的集合, 对于它飞行角不是正则坐标.

c) 求 $SO(3)$ 上的基灵度量通过飞行角的表达式.

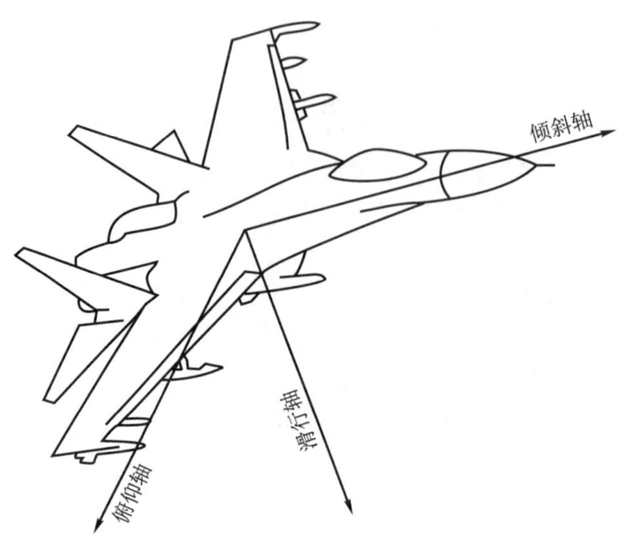

图 106　飞行角是相对于所指出的轴的旋转角

30.12. 证明: $O = \dfrac{1+A}{1-A}$ 是 $\mathbb{R}^3$ 中的正交变换. 求它的转动轴、旋转角和欧拉角, 如果

a) $A = \begin{pmatrix} 0 & 1 & 2 \\ -1 & 0 & -3 \\ -2 & 3 & 0 \end{pmatrix}$,　　b) $A = \begin{pmatrix} 0 & -1 & 3 \\ 1 & 0 & 1 \\ -3 & -1 & 0 \end{pmatrix}$,

c) $A = \begin{pmatrix} 0 & 2 & 2 \\ -2 & 0 & 2 \\ -2 & -2 & 0 \end{pmatrix}$,　　d) $A = \begin{pmatrix} 0 & 3 & -1 \\ -3 & 0 & 2 \\ 1 & -2 & 0 \end{pmatrix}$.

30.13. 求转动轴和旋转角, 如果正交变换的所有欧拉角等于

a) $\pi/3$;　　b) $\pi/4$.

30.14. a) 证明: 李群 $SO(n)$, $SU(n)$, $U(n)$, $Sp(n)$ 连通.

b) 证明: 群 $O(n)$ 有两个连通分支.

c) 求伪欧几里得空间 $\mathbb{R}^n_1$ 的运动群的连通分支的个数.

d) 证明: 群 $SL(2,\mathbb{R})/\{\pm E\}$ 连通.

30.15. 用和所有 $n \times n$ 的复方阵等同的欧几里得空间 (酉矩阵和反埃尔米特矩阵自然嵌入到这个空间) 中的子空间实现群 $U(n)$ 和它的李代数 $u(n)$.

a) 证明: $U(n) \subset S^{2n^2-1}$, 其中球面 S^{2n^2-1} 标准嵌入到 $\mathbb{R}^{2n^2} = \mathbb{C}^{n^2}$ 并且半径为 $\sqrt{n}$.

b) 证明: 在作为 S^{2n^2-1} 中子流形的群 $SU(n)$ 上诱导的黎曼度量与群 $SU(n)$

上的双不变的基灵度量一致.

c) 求作为空间 $\mathbb{C}^{n^2}$ 中的子流形的交 $U(n)\cap u(n)$.

30.16. 对于群 $O(n)$ 和 $Sp(n)$ 提出并解决类似的问题.

30.17. 证明: 黎曼流形的所有等距的群是光滑流形, 即是李群. 通过黎曼流形的维数估计其维数的上界.

30.18. 列举直线 $\mathbb{R}^1$ 的变换的所有有限李群.

30.19. 求复平面内保持圆盘 $|z|\leqslant 1$ 的所有分式线性变换的群. 证明: 这个群同构于群 $SL(2,\mathbb{R})/\mathbb{Z}_2$. 也等距于所有的保持 $\mathbb{R}^3(x,y,t)$ 内的形式 $dx^2+dy^2-dt^2$ 的所有变换的群. 建立同罗巴切夫斯基几何的联系.

30.20. 证明: 等距于罗巴切夫斯基平面 (带常高斯曲率的标准度量) 的群的单位元的连通分支同构于 $SL(2,\mathbb{R})/\mathbb{Z}_2$. 求罗巴切夫斯基平面的运动群的连通分支的总数.

30.21. 证明: 由一个在二维球面上速度的模为常数的滑动质点组成的系统的相空间微分同胚于 $\mathbb{R}P^3$.

30.22. 物质球夹在两个平行的切平面之间. 在平面保持平行并保持它们之间的距离运动时, 球在切点无滑动的情形下转动. 考虑球的所有这样的由上平面的运动所诱导的位移, 球的在下平面的接触点在下平面上描绘出闭轨线, 即接触点返回到出发时的位置. 由球的这样的运动可以得到群 $SO(3)$ 的怎样的部分 (在返回到出发点之后球的转动的确定)?

30.23. 求商群 G/G_0, 其中 G 是带标准度量的罗巴切夫斯基平面的运动群, 而 G_0 是单位元的连通分支. 指出这个标准度量的所有共形变换.

30.24. 求直线 $\mathbb{R}^1$ 的仿射变换群的所有离散子群.

30.25. 证明: 李群 G 上的左不变向量场与群 G 在单位元的切空间 $T_e(G)$ 的向量一一对应.

30.26. 证明: 李群 G 上的两个左不变向量场的换位子仍是左不变向量场, 即换位子运算把空间 $T_e(G)$ 转换成李代数.

30.27. 设 $\boldsymbol{\xi}$ 是左不变向量场, φ_t 是与它对应的单参数变换群. 证明对于任意 t, φ_t 是右移动, 即 $\varphi_t(g)=gh_t$, 其中 h_t 是群 G 的某个元素.

设 G 是李群, $x^1,\ldots,x^n$ 是在单位元的邻域内的局部坐标系 (单位元的坐标是零). 这时, 乘法运算诱导向量函数 $\mathbf{q}=\mathbf{q}(x,y)=xyx^{-1}y^{-1}$, $x=(x^1,\ldots,x^n)$, $y=(y^1,\ldots,y^n)$. 函数 $\mathbf{q}=\mathbf{q}(x,y)$ 的泰勒展开有形式

$$q^i=\sum_{j,k}c^i_{jk}x^jy^k+\varepsilon^i_3,$$

其中 ε_3^i 是相对于坐标 x^i, y^i 的三阶小量. 双线性表达式

$$\zeta^i = \sum_{j,k} c^i_{jk} \xi^j \eta^k$$

在群 G 的单位元的切向量上定义某个运算. 这个运算表示为 $\boldsymbol{\zeta} = [\boldsymbol{\xi}, \boldsymbol{\eta}]$, $\boldsymbol{\zeta}$ 称为向量 $\boldsymbol{\xi}$ 和 $\boldsymbol{\eta}$ 的换位子. 这样一来, 切空间 $T_e(G)$ 就成为代数, 称为 *李群 G 的李代数*.

30.28. 证明李代数 L 具有下列性质:

a) $[\boldsymbol{\xi}, \boldsymbol{\eta}] = -[\boldsymbol{\eta}, \boldsymbol{\xi}]$;

b) 雅可比恒等式

$$[[\boldsymbol{\xi}, \boldsymbol{\eta}], \boldsymbol{\zeta}] + [[\boldsymbol{\eta}, \boldsymbol{\zeta}], \boldsymbol{\xi}] + [[\boldsymbol{\zeta}, \boldsymbol{\xi}], \boldsymbol{\eta}] = 0.$$

30.29. 验证: 如果把向量 $\boldsymbol{\xi}$ 看做 (右) 左不变向量场, 则李代数 L 中的运算变为李群 G 上的向量场的交换子.

30.30. 设 $\mathbf{x}(t)$, $\mathbf{y}(t)$ 是经过群 G 的单位元的两条曲线, 并且 $\boldsymbol{\xi} = \dfrac{d\mathbf{x}}{dt}(0)$, $\boldsymbol{\eta} = \dfrac{d\mathbf{y}}{dt}(0)$. 证明:

$$[\boldsymbol{\xi}, \boldsymbol{\eta}] = \frac{d}{dt}\big(\mathbf{x}(\sqrt{t})\mathbf{y}(\sqrt{t})\mathbf{x}^{-1}(\sqrt{t})\mathbf{y}^{-1}(\sqrt{t})\big)|_{t=0}.$$

30.31. 设 $\gamma(t)$ 是李群的单参数子群, 假设 γ 与自身相交. 证明: 存在这样的数 $L > 0$, 使得对于所有 $t \in \mathbb{R}$ 有 $\gamma(t + L) = \gamma(t)$. 由此特别得到李群的任意单参数子群看做一维李群同胚于直线或圆周.

附注　非紧致单参数子群可能相当复杂地嵌入到李群, 例如, 形如在某些维数的环面上的无理的或稠密的缠绕.

30.32. 设群 G 是紧致连通李群. 说明, 每个点 $x \in G$ 属于某个单参数子群.

30.33. 设群 G 是光滑作用在流形 M 上的紧致群. 证明: 在 M 上存在这样的黎曼度量, 对于这个度量 G 是等距群.

30.34. 证明: 交换的连通李群局部地等距于有限维向量空间.

30.35. 证明: 紧致交换连通李群同构于环面.

30.36. 证明: 交换连通李群同构于向量空间上的环面的乘积.

30.37. 设李群 G 是矩阵群 $GL(n, \mathbb{C}) \subset \mathbb{C}^{n^2} = \mathrm{End}(n, \mathbb{C})$ 的子群. 指出, 在看做 $\mathrm{End}(n, \mathbb{C})$ 的子空间的群 G 的李代数 L 中, 换位子运算同通常的矩阵的换位子一致, 即 $[\boldsymbol{\xi}, \boldsymbol{\eta}] = \boldsymbol{\xi}\boldsymbol{\eta} - \boldsymbol{\eta}\boldsymbol{\xi}$, 其中 $\boldsymbol{\xi}, \boldsymbol{\eta} \in L$.

30.38. 描述下列矩阵李群的李代数:

$$SL(n, \mathbb{C}),\ SL(n, \mathbb{R}),\ U(n),\ O(n),\ O(n, m),\ Sp(n).$$

30.39. 证明: 有限群不可能有效地作用在 $\mathbb{R}^n$ 上①.

§31. 微分形式

31.1. 计算位于半径为 R 的球面上的曲线 $x = x(s),\ y = y(s),\ z = z(s)$ 的测地曲率 k_g, 并由此导出下列求球面上由闭曲线 L 界定的区域的面积 S 的公式:

$$S = \left(2\pi \pm \oint_L \sqrt{k^2 - \frac{1}{R^2}}\, ds\right) R^2.$$

这里 k 是曲线的曲率. 提请注意, 在求积分时要考虑测地曲率 $k_g = \sqrt{k^2 - \dfrac{1}{R^2}}$ 的符号. 即, 如果测地曲率向量指向区域内部, 取负号 "$-$", 相反的情形取正号 "$+$". 用公式 $k_g = (\mathbf{r}', \mathbf{r}'', \mathbf{n})/|\mathbf{r}'|^3$ 计算测地曲率时这是自动成立的 (见习题 11.7).

31.2. 在下列情形求 $\displaystyle\int_M \omega$:

a) $\omega = (x+y)dx + (x-y)dy,\ M\colon \dfrac{x^2}{a^2} + \dfrac{y^2}{b^2} = 1;$

b) $\omega = (2a-y)dx + xdy,\ M\colon x = a(t - \sin t),\ y = a(1-\cos t),\ 0 \leqslant t \leqslant 2\pi;$

c) $\omega = (y^2 - z^2)dx + 2yzdy - x^2dz,\ M\colon x = t,\ y = t^2,\ z = t^3,\ 0 \leqslant t \leqslant 1;$

d) $\omega = ydx + zdy + xdz,\ M\colon x = a\cos t,\ y = a\sin t,\ z = bt,\ 0 \leqslant t \leqslant 2\pi;$

e) $\omega = (y+z)dx + (x+z)dy + (x+y)dz,$
$M\colon x = a\sin^2 t,\ y = 2a\cos t\sin t,\ z = a\cos^2 t,\ 0 \leqslant t \leqslant 2\pi;$

f) $\omega = (y-z)dx + (z-x)dy + (x-y)dz,\ M\colon x^2 + y^2 = a^2,\ \dfrac{x}{a} + \dfrac{z}{h} = 1;$

g) $\omega = (y^2+z^2)dx + (x^2+z^2)dy + (x^2+y^2)dz,$
$M\colon x^2 + y^2 + z^2 = 2Rx,\ x^2 + y^2 = Rx;$

h) $\omega = (y-z)dy\wedge dz + (z-x)dz\wedge dx + (x-y)dx\wedge dy,\ M\colon x^2+y^2+z^2 = 1;$

i) $\omega = xdy\wedge dz + ydz\wedge dx + zdx\wedge dy,\ M\colon x^2+y^2+z^2 = a^2;$

j) $\omega = \dfrac{dy\wedge dz}{x} + \dfrac{dz\wedge dx}{y} + \dfrac{dx\wedge dy}{z},\ M\colon \dfrac{x^2}{a^2} + \dfrac{y^2}{b^2} + \dfrac{z^2}{c^2} = 1.$

曲面由外法向量定向. 在 a) 小题, 曲线按逆时针定向, 在 f) 和 g) 小题, 如果从 Ox 轴的正方向看, 沿逆时针方向.

31.3. 对于下列闭曲面 Σ, 计算曲面积分 $\displaystyle\iint_\Sigma \varphi\frac{\partial\psi}{\partial n}\,d\sigma$:

a) $\varphi = z^2,\ \psi = x^2 + y^2 - z^2,\ \Sigma$ 界定区域: $x^2 + y^2 + z^2 \leqslant 1,\ y \geqslant 0;$

① 群 G 有效地作用在 $\mathbb{R}^n$ 上是指: 若 $g \in G,\ g \neq e$, 则对于任意 $x \in \mathbb{R}^n$ 有 $gx \neq x$.
——译者注

b) $\varphi = 2x^2,\ \psi = x^2+z^2,\ \Sigma$ 界定区域: $x^2+y^2 \leqslant 1,\ 0 \leqslant z \leqslant 1$;

c) $\varphi = \psi = (x+y+z)/\sqrt{3},\ \Sigma$ 是球面 $x^2+y^2+z^2=r^2$;

d) $\varphi = 1,\ \psi = e^x \sin y + e^y \sin x + z,\ \Sigma$ 是三轴椭球面 $\dfrac{x^2}{a^2}+\dfrac{y^2}{b^2}+\dfrac{z^2}{c^2}=1$,

这里 $\dfrac{\partial}{\partial n}$ 表示曲面沿外法向的导数.

31.4. 求下列柱坐标中函数的梯度:

a) $u = \rho^2 + 2\rho\cos\varphi - e^z \sin\varphi$; b) $u = \rho\cos\varphi + z\sin^2\varphi - e^\rho$.

31.5. 对于柱坐标中的向量场, 求 div$\mathbf{X}$:

a) $\mathbf{X} = (\rho, z\sin\varphi, e\varphi\cos z)$; b) $\mathbf{X} = (\varphi\arctan\rho, 2, -z^2e^z)$.

31.6. 对于球坐标中的向量场

$$\mathbf{X} = \left(r^2, -2\cos^2\varphi, \frac{\varphi}{r^2+1}\right),$$

求散度.

31.7. 求球坐标中下列向量场的旋度:

a) $\mathbf{X} = (2r+\alpha\cos\varphi, -\alpha\sin\theta, r\cos\theta)$, α 为常数;

b) $\mathbf{X} = (r^2, 2\cos\theta, -\varphi)$.

31.8. 验证, 球坐标 (r,θ,φ) 中的下列向量场是有势的:

a) $\mathbf{X} = (2\cos\theta/r^3, \sin\theta/r^3, 0)$; b) $\mathbf{X} = (f(r), 0, 0)$.

31.9. 求柱坐标 (ρ,φ,z) 中下列向量场的位势:

a) $\mathbf{X} = (1, 1/\rho, 1)$; b) $\mathbf{X} = (\rho, \varphi/\rho, z)$;

c) $\mathbf{X} = (\varphi z, z, \rho\varphi)$; d) $\mathbf{X} = \left(e^\rho\sin\varphi, \dfrac{e^\rho\cos\varphi}{\rho}, 2z\right)$;

e) $\mathbf{X} = (\varphi\cos z, \cos z, -\rho\varphi\sin z)$.

31.10. 求球坐标 (r,θ,φ) 中下列向量场的位势:

a) $\mathbf{X} = (\theta, 1, 0)$; b) $\mathbf{X} = \left(2r, \dfrac{1}{r}, \dfrac{1}{r}\sin\theta\right)$;

c) $\mathbf{X} = (\varphi^2/2, \theta/r, \varphi/\sin\theta)$; d) $\mathbf{X} = (\cos\varphi\sin\theta, \cos\varphi\cos\theta, -\sin\varphi)$;

e) $\mathbf{X} = \left(e^r\sin\theta, \dfrac{e^r\cos\theta}{r}, \dfrac{2\varphi}{(1+\varphi^2)r\sin\theta}\right)$.

31.11. 在球坐标中计算向量场

$$\mathbf{X} = (r, 0, (R+r)\sin\theta)$$

沿圆周 $\{r=R,\ \theta=\pi/2\}$ 的环量.

31.12. 计算向量场沿柱坐标中给定的曲线 L 的线积分, 如果:

a) $\mathbf{X} = (z, \rho\varphi, \cos\varphi)$, L 是直线段 $\{\rho=a,\ \varphi=0,\ 0 \leqslant z \leqslant 1\}$;

b) $\mathbf{X} = (\rho, 2\rho\varphi, z)$, L 是半圆周 $\{\rho=1,\ z=0,\ 0 \leqslant \varphi \leqslant \pi\}$;

c) $\mathbf{X}=(e^{\rho}\cos\varphi,\rho\sin\varphi,\rho)$, L 是螺旋线 $\{\rho=R,\ z=\varphi,\ 0\leqslant\varphi\leqslant 2\pi\}$;

d) $\mathbf{X}=(z,\rho z,\rho)$, L 是圆周 $\{\rho=1,\ z=0\}$;

e) $\mathbf{X}=\{\rho\sin\varphi,-\rho^2 z,\rho^2\}$, L 是圆周 $\{\rho=R,\ z=R\}$;

f) $\mathbf{X}=(z\cos\varphi,\rho,\varphi^2)$, L: $\{\rho=\sin\varphi,\ z=1\}$.

31.13. 计算向量场 $\mathbf{X}$ 沿球坐标中给定的曲线 L 的线积分, 如果:

a) $\mathbf{X}=(4r^3\tan\varphi/2,\theta\varphi,\cos^2\varphi)$, L: $\{\varphi=\pi/2,\ \theta=\pi/4,\ 0\leqslant r\leqslant 1\}$;

b) $\mathbf{X}=(\sin^2\theta,\sin\theta,r\varphi\theta)$, L: $\{\varphi=\pi/2,\ r=1/\sin\theta,\ \pi/4\leqslant\theta\leqslant\pi/2\}$;

c) $\mathbf{X}=(r\theta,0,r\sin\theta)$, L: $\{r=1,\ \theta=\pi/4,\ 0\leqslant\varphi\leqslant 2\pi\}$;

d) $\mathbf{X}=(r\sin\theta,\theta e^{\theta},0)$, L: $\{r=\sin\varphi,\ \theta=\pi/2,\ 0\leqslant\varphi\leqslant\pi\}$;

e) $\mathbf{X}=(0,0,r\varphi\theta)$, L 界定半圆盘 $\{r\leqslant R,\ \varphi=\pi/4\}$ 的周线;

f) $\mathbf{X}=(r,0,(R+r)\sin\theta)$, L: $\{r=R,\ \theta=\pi/2\}$;

g) $\mathbf{X}=(e^r\cos\theta,2\theta\cos\varphi,\varphi)$, L: $\{r=1,\ \theta=0,\ 0\leqslant\varphi\leqslant\pi\}$.

31.14. 求向量场 $\mathbf{X}$ 通过柱坐标中给定的曲面 S 的流量, 如果:

a) $\mathbf{X}=(\rho,-\cos\varphi,z)$, S 界定区域 $\{\rho\leqslant 2,\ 0\leqslant z\leqslant 2\}$;

b) $\mathbf{X}=(\rho,\rho\varphi,-2z)$, S 界定区域 $\{\rho\leqslant 1,\ 0\leqslant\varphi\leqslant\pi/2,\ -1\leqslant z\leqslant 1\}$.

31.15. 求向量场 X 通过球坐标中给定的曲面 S 的流量, 如果:

a) $\mathbf{X}=(1/r^2,0,0)$, S 围绕坐标原点;

b) $\mathbf{X}=(r,r\sin\theta,-3r\varphi\sin\theta)$, S 界定区域 $\{r\leqslant R,\ \theta\leqslant\pi/2\}$;

c) $\mathbf{X}=(r^2,0,R^2\cos\varphi)$, S: $\{r=R\}$;

d) $\mathbf{X}=(r,0,0)$, S 界定区域 $\{r\leqslant R,\ \theta\leqslant\pi/2\}$;

e) $\mathbf{X}=(r^2,0,R^2 r\sin\theta\cos\varphi)$, S 界定区域 $\{r\leqslant R,\ 0\leqslant\phi\leqslant\pi/2,\ \theta\leqslant\pi/2\}$.

31.16. 证明: 李群上的双不变形式是闭的.

§32. 同伦论

32.1 表示成胞腔复形的形式:

a) 环面;

b) 克莱因瓶;

c) 胞腔复形 K 上的纬垂.

32.2. 证明: 球面 S^∞ 和球 D^∞ 是胞腔空间.

32.3. 证明: CW 复形的拓扑在所有特征映射是连续的拓扑中是最弱的.

32.4. 证明: CW 复形上的函数连续, 当且仅当它在每一个有限子复形上连续.

32.5. 证明: 带张在经线上的圆盘的环面同伦等价于束 $S^1\vee S^2$.

32.6. 证明: 带张在经线上和纬线上的圆盘的环面同伦等价于球面 S^2.

32.7. 推广习题 32.5 和 32.6 到任意 $S^k \times S^{n-k}$ 的情形.

32.8. 证明: 空间的同伦等价性:

$$(X \times S^n)/(X \vee S^n) \sim \Sigma^n X.$$

32.9. 证明: 同伦等价性:

a) $\Sigma(X \vee Y) \sim \Sigma X \vee \Sigma Y$;

b) $\Sigma(X \wedge Y) \sim \Sigma(X \times Y)/(\Sigma X \vee \Sigma Y)$.

32.10. 设 $P(X; A, B)$ 是起点在 A 中, 终点在 B 中的道路空间. 设 $A \subset B$. 证明: $P(X; A, B)$ 包含同伦于 A 的子空间.

32.11. 设 $f\colon X \to \Sigma$ 是单纯复形的连续映射, $Y \subset X$ 是子复形, 在 Y 上映射 f 是单纯的. 证明: 存在复形 X 的使 Y 保持不动的重分, 映射 f 同伦于某个单纯映射 q, 并且在 Y 上同伦于常映射.

32.12. 设 X 是单纯复形, S_x 是顶点为 x 的星形. 证明: 星形 S_x 的任意两个单纯形沿某个边界相交.

32.13. 证明: 单纯复形的单纯映射连续.

32.14. 设 X 是单纯复形, $\varepsilon > 0$. 证明: 存在复形 X 的这样的重分, 使得每一个新的单形的直径小于 ε.

32.15. 证明: 一维胞腔复形是 $K(\pi, 1)$ 型的空间, 其中 π 是自由群.

32.16. 证明: 可收缩空间同伦等价于点.

32.17. 证明: 任意两个 $K(\pi, 1)$ 型的空间弱同伦等价.

32.18. 证明:

a) $S^n \wedge S^k = S^{n+k}$;

b) S^n/S^k 同伦等价于 $S^n \vee S^{k+1}$;

c) $S^n \setminus S^k$ 同伦等价于 S^{n-k-1};

d) $S^n \setminus S^k$ 微分同胚于 $S^{n-k-1} \times \mathbb{R}^{k+1}$.

32.19. 证明: CW 复形上的函数连续, 当且仅当它在每一个有限子复形上连续.①

32.20. 证明: 如果两个拓扑空间的乘积同胚于任意一个拓扑空间上的纬垂, 则或者两个因子是收缩的, 或者其中的一个缩减为一个点.

32.21. 设空间 X 可收缩到子空间 Y, 并在 Y 上同伦不动 (是常值). 证明: X 中的任意端点在 Y 中的道路同伦于完全位于 Y 中的道路 (同伦在端点保持不动).

32.22. 证明: 所有连通胞腔复形同伦等价于带一个顶点的胞腔复形.

① 同 32.4 题. ——译者注

32.23. 证明: 球面 S^{n-1} 可以表示成带公共边界 $S^r \times S^{n-r-1}$ 的并集形式 $(S^r \times D^{n-r}) \cup (D^{r+1} \times S^{n-r-1})$.

32.24. 考察欧几里得空间 $\mathbb{R}^n$ 中的标准球面 S^{n-1} 和两个嵌入其中的球面

$$S^{r-1} = \{x_{r+1} = \cdots = x_n = 0\}, \quad S^{n-r-1} = \{x_1 = \cdots = x_r = 0\}.$$

证明: 任意一对点 $y \in S^{r-1}$, $x \in S^{n-r-1}$ 可以用与这两个球面没有其他交点的唯一大圆弧连结.

32.25. 求射影欧几里得空间 $\mathbb{R}P^3$ 中的闭单叶双曲面 $\Gamma = \{x^2 + y^2 - z^2 = 1\}$ 的拓扑类型.

32.26. 沿中线截断嵌入到 $\mathbb{R}^3$ 中的默比乌斯带. 这样得到的流形是否可定向? 重复截断过程若干次. 描述所得到的不连通流形, 并且求任意两个连通分支的环绕数 (见图 107).

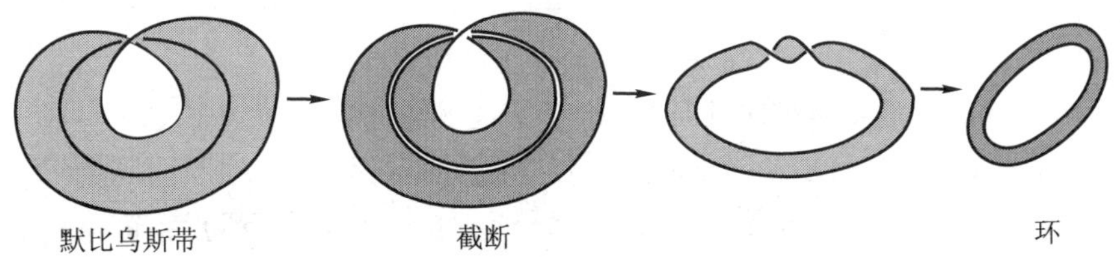

图 107

32.27. 证明: 无重根的三阶多项式的空间同伦等价于球面 S^3 中的三叶线的补集. 构造以显式表示的形变.

32.28. 考察 $\mathbb{R}^3$ 中两个缠绕的圆周 S_1^1 和 S_2^1 (见图 108). 给出群 $\pi_1(\mathbb{R}^3 \setminus (A \cup B), x_0)$ 中关系 $aba^{-1}b^{-1} = 1$ 的几何证明.

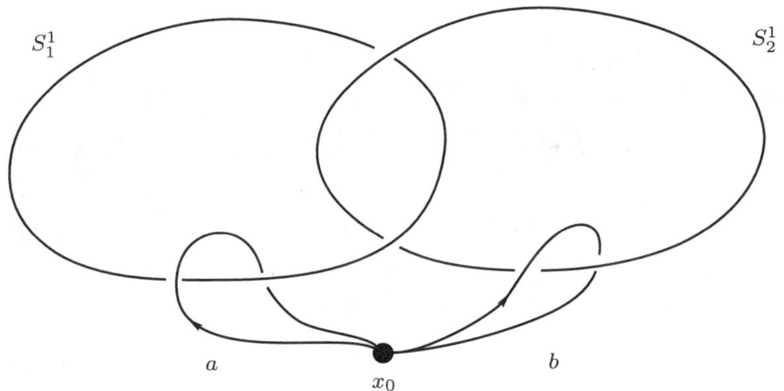

图 108

32.29. $\mathbb{R}P^2$ 看做对径点等同的球面. 用 a 表示 $\mathbb{R}P^2$ 中这样的道路, 它在球面上用连结球面的两个对径点的大圆的弧表示. 给出群 $\pi_1(\mathbb{R}P^2)$ 中关系 $a^2=1$ 的几何证明.

32.30. 考察 $\mathbb{C}^n$ 中坐标两两不同的点的集合. 指出所得到的空间有艾伦伯格–马可林复形的类型 $K(\pi,1)$.

32.31. 构造两个同伦不等价的空间 X_1, X_2 和一一连续映射 $f\colon X_1\to X_2$, $g\colon X_2\to X_1$ 的例子.

32.32. 用 $\{X,Y\}$ 表示所有从空间 X 到空间 Y 的连续映射的集合. 设 $h\colon X\to X'$ 是连续映射, 而对应 $\Phi\colon\{X',Y\}\to\{X,Y\}$ 由公式 $\Phi(a)=ah$ 定义. 证明: Φ 将同伦映射对应为同伦映射.

32.33. 证明下列同伦等价成立:

$$\Sigma(S^n\times S^m)\sim S^{n+1}\vee S^{m+1}\vee S^{n+m+1}.$$

32.34. 证明: 无穷维球面 S^∞ 沿自身收缩到点.

32.35. 证明: 连通有限图同伦等价于圆周的束 $\vee S^1$.

32.36. 设映射 $p\colon X\to Y$ 满足覆叠同伦公理. 证明: 点的原像同伦等价.

32.37. 设空间 X 收缩到其道路连通子空间 A. 证明: 空间 X 道路连通.

32.38. 在空间 X 中取定点 x_0 和 x_1. 设 Y 是起点在 x_0 经过点 x_1 的道路的空间. 证明: 空间 Y 是可缩的.

32.39. 证明: 所有道路的空间 $P(X;X,X)$ 收缩到 $X\subset P(X;X,X)$, 并且在 X 上不动.

32.40. 设给定空间序列 $X_n\subset X_{n+1}$, 并且 X_{n+1} 保持在 X_n 上不动收缩到 X_n. 证明: 空间

$$X=\bigcup_n X_n$$

收缩到 X_0 并且在 X_0 上不动.

32.41. 证明: 所有开 n 维流形同伦等价于 $n-1$ 维复形.

32.42. 证明: 如果空间 X 沿自身收缩到子空间 A 并且在 A 上不动, 则 A 同伦等价于 X.

32.43. 考察下列空间 X (它们显然是胞腔复形). 用 M_2 表示通常的带同胚于圆周的边界 ∂M_2 的默比乌斯带. “三重” 默比乌斯带这样构造: 设 T 由位于同一个平面上的夹角相等的三个等长的线段组成. 在乘积 $T\times I$ 内把子空间 $T\times 0$ 和 $T\times 1$ 扭转 $2\pi/3$ 后再把它们等同. 得到的空间 M_3 的边界同样同伦于圆周. 空间 X 从 M_2 和 M_3 通过把线段 $I_1\subset\partial M_2$ 和 $I_2\subset\partial M_3$ 等同而得到. 证明: ∂X 是空间 X 的 (非形变的) 收缩核.

32.44. 确定集合 $\pi(S^1 \times S^1, S^2)$ 和 $\pi(S^k \times S^{n-k}, S^n)$.

32.45. 对于拓扑空间 X, 用 $\mathrm{Cat}_1(X)$ (相应地, $\mathrm{Cat}_2(X)$) 表示使得 $X = \cup_i X_i$ 并且嵌入 $X_i \subset X$ 同伦于常映射 (相应地, X_i 可收缩) 的闭子集 X_i 的最小数. 求 $\mathrm{Cat}_1(\mathbb{R}P^n)$ 和 $\mathrm{Cat}_2(\mathbb{R}P^n)$.

32.46. 对于带三个等同的点的球面 K, 计算 $\mathrm{Cat}_1(K)$ 和 $\mathrm{Cat}_2(K)$.

32.47. 设 M^2 是亏格为 h 的紧致闭定向 2 维流形, 即 M^2 是带 h 个柄的球面 S^2. 精确到同伦型求 $\Sigma^2 M^2$ (二重纬垂).

32.48. 在 $\mathbb{R}P^n$ 内考察带非齐次坐标 $x_1, \ldots, x_n$ 的标准图卡. 求下列集合的同伦类型:

a) $\mathbb{R}P^n \setminus \check{S}^k$, 其中 $\check{S}^k = \{x_1^2 + \cdots + x_{k+1}^2 = 1,\ x_{k+2} = \cdots = x_n = 0\}$;

b) $\mathbb{R}P^n \setminus \check{M}_q^k$, 其中 $\check{M}_q^k = \{x_1^2 + \cdots + x_k^2 - x_{k+1}^2 - \cdots - x_{k+q}^2 - 1 = 0,\ x_{k+q+1} = \cdots = x_n = 0\}$;

c) $\check{S}^k$;

d) $\check{M}_q^k$.

32.49. 在开流形 $\mathbb{R}^n \times S^{n-k}$ 内考察小的球 D^n, 并且把它贴入到射影空间 $\mathbb{R}P^n$, 即将球的边界 $S^{n-1} = \partial D^n$ 上的点 x 和 $-x$ 等同. 证明: 这样得到的空间同伦等价于 $\mathbb{R}P^{n-1} \vee S^{n-k}$.

32.50. 给定拓扑流形 M^n, 它的边界是拓扑流形 P^{n-1}. 已知边界 P^{n-1} 沿流形 M^n 收缩到点.

a) 证明: 流形收缩到点.

b) 证明: 如果流形 P^{n-1} 单连通, 则流形 M^n 同胚于圆盘 D^n (假定 P^{n-1} 沿 M^n 收缩到点).

c) 构造这样的偶 (M^n, P^{n-1}) 的例子, 使得流形 P^{n-1} 沿流形 M^n 收缩到点, 但是 M^n 不同胚于圆盘 D^n. 作为推论, 证明 $\pi_1(P^{n-1}) \neq 0$.

32.51. 求空间 $\mathbb{C}^n \setminus \Delta$ 的同伦型, 其中 $\Delta = \cup_{i,j} \Delta_{ij}$, $\Delta_{ij} = \{x \in \mathbb{C}^n \mid x_i = x_j\}$.

32.52. 计算有多少映射 (精确到同伦):

a) $\mathbb{R}P^n \to \mathbb{R}P^n$; b) $\mathbb{C}P^n \to \mathbb{C}P^n$; c) $\mathbb{R}P^{n+1} \to \mathbb{R}P^n$;

d) $\mathbb{C}P^{n+1} \to \mathbb{C}P^n$; e) $\Sigma\mathbb{R}P^n \to \mathbb{R}P^n$; f) $\Sigma\mathbb{C}P^n \to \mathbb{C}P^n$;

g) $\Sigma\mathbb{R}P^n \to \mathbb{R}P^{n+1}$; h) $\Sigma\mathbb{C}P^n \to \mathbb{C}P^{n+1}$.

32.53. a) 设空间 X 和 Y 连通. 证明:

$$\mathrm{Cat}\,(\mathrm{join}(X, Y)) = \min\,(\mathrm{Cat}(X), \mathrm{Cat}(Y))\,,$$

其中符号 Cat 表示柳斯捷尔尼克–施尼莱尔曼范畴 (习题 32.45 记号中的 Cat_1).

b) 求 $\mathrm{Cat}(S^1 \times S^2)$.

32.54. 设空间 X_i $(1 \leqslant i \leqslant N)$ 道路连通, $X = X_1 \times X_2 \times \cdots \times X_N$. 证明:

$$\mathrm{Cat}(X_i) \leqslant \mathrm{Cat}(X) \leqslant 1 + \sum_{i=1}^{N} (\mathrm{Cat}(X_i) - 1).$$

32.55. a) 计算 $\mathrm{Cat}(\mathbb{R}P^n)$, $\mathrm{Cat}(T^n)$, $\mathrm{Cat}(S^m \times S^n)$.

b) 证明: 如果球面 S^n 被 q 个闭集 $V_1, V_2, \ldots, V_q$ (不必是连通的) 覆盖, 这里 $q \leqslant n$, 则至少存在一个这样的集合 V_i, 它含有球面 S^n 上的两个对径点 x 和 $-x$.

32.56. 设 $M \subset \mathbb{R}^n$ 是欧几里得空间的任意子集 (例如, 光滑子流形), 又设 $\mathbb{R}^n \subset \mathbb{R}^{n+1}$ 是标准嵌入. 证明以下同伦等价成立: $\mathbb{R}^{n+1} \setminus M \simeq \Sigma(\mathbb{R}^n \setminus M)$.

32.57. *柳斯捷尔尼克–施尼莱尔曼范畴和复形 (或流形) 的上同调长度之间的联系.* 设 M^n 是光滑紧致连通闭流形. 考察环 $H^*(M^n; G)$, 这里 $G = \mathbb{Z}$, 如果 M^n 是可定向的; $G = \mathbb{Z}_2$, 如果 M^n 是不可定向的. 用 $l(M^n; G)$ 表示这样的最大整数 l: 对于这个整数, 存在环 $H^*(M^n; G)$ 的元素 $x_1, x_2, \ldots, x_l$ $(\mathrm{deg} x_a > 0,\ 1 \leqslant a \leqslant l)$, 它们在环 $H^*(M^n; G)$ 中的乘积 $x_1 \wedge x_2 \wedge \cdots \wedge x_{l(M^n;G)} \neq 0$. 数 $l(M^n; G)$ 称为流形 M^n 的 *上同调长度*. 证明

$$\mathrm{Cat}(M^n) \geqslant l(M^n; G).$$

32.58. 证明: 对于任意道路连通的拓扑空间 X 和它的任意一个点 x_0, 群 $\pi_1(\Omega X, x_0)$ 是阿贝尔群.

32.59. 证明: 每个可收缩空间单连通.

32.60. 证明: 群 $\pi_1(\bigvee_A S^1)$ 是具有生成元 A 的自由群.

32.61. 如果 Y_1 和 Y_2 同伦等价, 则成立同构 $\pi_1(Y_1) \cong \pi_1(Y_2)$ 和 $\pi_k(Y_1) \cong \pi_k(Y_2)$, $k \geqslant 2$.

32.62. 证明: $\pi_1(X \vee Y) = \pi_1(X) * \pi_1(Y)$, 其中 $\pi_1(X) * \pi_1(Y)$ 是群 $\pi_1(X)$ 和 $\pi_1(Y)$ 的自由乘积.

32.63. 求三瓣纽结在 $\mathbb{R}^3$ (同样在球面 S^3) 中的补集的基本群, 并且证明纽结 "解不开", 即不存在欧几里得空间 (或球面) 到自身的同胚, 使得三瓣纽结变为标准嵌入的没有纽结的圆周, 即平凡纽结.

32.64. 求 $\mathbb{R}^3$ 中这样给定的纽结 Γ 的补集的基本群: 映射成纽结的圆周放置在二维的标准嵌入的环面 $T^2 \subset \mathbb{R}^3$ 上, 在环面上它环绕环面的纬线 p 次, 经线 q 次, 并且数 p 和 q 互素. (三瓣纽结可以表示成这样的纽结 Γ, 这里 $p = 2$, $q = 3$.) 特别注意两个数 p 和 q 互素的条件起什么作用.

32.65. 设 $X = Y \underset{W}{\cup} Z$, 其中 Y, Z, W 是有限 CW 复形, $W = Y \cap Z$ 道路连通, 用 $X = Y \underset{W}{\cup} Z$ 表示由 Y 和 Z 沿公共子集粘合得到的复形. 如果群

$\pi_1(Y)$, $\pi_1(Z)$, $\pi_1(W)$ 已知, 计算群 $\pi_1(X)$. 特别, 考察 W 不连通的情形.

32.66. 给定任意的具有有限个生成元和有限个关系的群 G. 证明: 存在有限复形 X, 它的基本群同构于 G. 是否可以取有限维流形, 比如四维流形, 作为这样的复形 X.

32.67. 计算群 $\pi_1(X)$, 这里 X 是三个圆周的集束.

32.68. 构造二维复形 X, 它的基本群等于 $\mathbb{Z}/p\mathbb{Z}$. 对于怎样的 p, 可以取二维光滑闭紧致流形作为这样的复形?

32.69. 求带三个柄的二维球面的基本群. 说明, 这个群是否是交换的, 求它的交换子群. 求二维环面的基本群.

32.70. 设单纯复形 X 有 N 个一维单纯形. 证明: 它的基本群有不多于 N 个的生成元.

32.71. 证明 $\pi_1(X) = \pi_1(X_2)$, 其中 X 是 CW 复形, 而 X_2 是它的二维骨架, 即所有维数为 1 和 2 的胞腔的并集.

32.72. 求 $\pi_2(X)$, 其中 $X = S^1 \vee S^2$. 这个群是否是有限生成的?

32.73. 求 "8 字形" (两个圆的集束) 的基本群.

32.74. 设 f 是 X 中的道路; $a \in \pi_1(X, x_0)$, $f(0) = x_0$. 证明: 存在这样的道路 g, 使得 $g(0) = x_0$, $g(1) = f(1)$, 并且 $fg^{-1} \in a$.

32.75. 设 X 是道路连通空间. 证明: 对于任意两个点 $x, y \in X$, 群 $\pi_1(X, x)$ 同构于群 $\pi_1(X, y)$.

32.76. 求 $\pi_1(X)$ 和 $\pi_n(X)$, 其中 X 是集束 $S^1 \vee S^n$.

32.77. 证明: 如果 X 是一维 CW 复形, 则 $\pi_1(X)$ 是自由群.

32.78. 证明: 群 $G = \mathbb{Z} \oplus \mathbb{Z} \oplus \mathbb{Z} \oplus \mathbb{Z}$ 不可能是任何 3 维流形的基本群.

32.79. 求 $\pi_1(P_g)$, 这里 P_g 是亏格为 g 的 2 维可定向紧致闭曲面.

32.80. 求 $\pi_1(TP_g)$, 其中 TP_g 是亏格为 g 的曲面的线性元素的流形.

32.81. 构造带离散群作用的覆叠空间, 求克莱因瓶的基本群.

32.82. 设 P 是带非空边界的 2 维曲面 (开曲面). 证明: $\pi_1(P)$ 是自由群.

32.83. 证明: 如果 X 是 CW 复形, 则 $\pi_1(X)$ 是这样的群, 其生成元是一维胞腔, 而关系的完全集由 2 维胞腔的边界定义.

32.84. 设 G 是带单位元的连续广群. 证明: G 对于所有维数都是同伦广单群. 作为推论, $\pi_1(G)$ 是阿贝尔群.

32.85. 设 X 是带单位元的广群, $G \subset \pi_1(X)$ 是子群. 证明:

a) 在 $\widehat{X}_G$ 中可以引进这样的乘法, 使得 $p_G\colon \widehat{X}_G \to X$ (其中 $p_G\colon \widehat{X}_G \to X$ 是覆叠空间 $\widehat{X}_G$ 到 X 上的投影) 成为同胚;

b) 如果 X 是群, 则 $\widehat{X}_G$ (关于子群 G 的覆叠空间) 同样是群. 考察例子 $\mathbb{Z}_2 \to \mathrm{Spin}(n) \to SO(n)$, $n > 2$.

32.86. 证明下列同构成立:

$$\pi_n(\underbrace{S^n \vee \cdots \vee S^n}_{k\text{次}}) \cong \underbrace{\pi_n(S^n) \oplus \cdots \oplus \pi_n(S^n)}_{k\text{次}}.$$

32.87. 证明: 对于任意 CW 复形 X, 当 $i > 1$ 时, 群 $\pi_i(X)$ 是交换的.

32.88. 用例子说明, 切除公理对于群 $\pi_i(X,Y)$ 不成立 (对于一般 (上) 同调论它是成立的), 即存在这样的偶 (X,Y), 使得

$$\pi_i(X,Y) \neq \pi_i(X/Y).$$

32.89. 证明: 对于任意的道路连通空间 Y 和任意点 $x_0 \in Y$, 同构 $\pi_k(Y,x_0) \cong \pi_{k-1}(\Omega_{x_0}Y, w_{x_0})$ 成立, 其中 w_{x_0} 是在点 x_0 的常回路.

32.90. 证明: $\pi_1(\mathbb{R}P^n) = \mathbb{Z}_2$, $n > 1$, 并且 $\pi_k(\mathbb{R}P^n) = \pi_k(S^n)$, $n \geqslant 1$, $k > 1$, 其中 $\mathbb{R}P^n$ 是实射影空间.

32.91. 证明下列断言:

a) 如果 A 是空间 X 中收缩到点 $x_0 \in A$ 的子空间 (X 和 A 都是 CW 复形), 则对于 $n \geqslant 1$, 同态 $i_*\colon \pi_n(A,x_0) \to \pi_n(X,x_0)$ 是平凡的, 并且对于 $n \geqslant 3$ 有分解

$$\pi_n(X,A,x_0) \cong \pi_n(X,x_0) \oplus \pi_{n-1}(A,x_0);$$

b) 如果 $i\colon X\vee Y \to X\times Y$ 是嵌入, 则有正合列 $\pi_g(X\vee Y) \xrightarrow{i_*} \pi_g(X\times Y) \to 0$.

32.92. 证明: $\pi_1(\mathbb{C}P^n) = 0$; $\pi_2(\mathbb{C}P^n) = \mathbb{Z}$, $n > 0$; $\pi_k(\mathbb{C}P^n) = \pi_k(S^{2n+1})$, $k \geqslant 2$.

32.93. 证明: 如果 CW 复形 X 没有维数 1 到 k (含) 的胞腔, 则对于 $i \leqslant k$ 有 $\pi_i(X) = 0$.

32.94. 设 X, Y 是 CW 复形. 证明:

$$\pi_i(X \times Y) = \pi_i(X) \oplus \pi_i(Y).$$

求 $\pi_1(X \times Y)$ 在 $\pi_i(X \times Y)$ 上的作用. 构造 $X \times Y$ 上的万有覆叠空间.

32.95. 求同伦群 $\pi_q(S^n)$, $0 \leqslant q \leqslant n$, 并证明 $\pi_n(S^n) = \mathbb{Z}$, 其中 S^n 是球面.

32.96. 证明: 对于 $i \geqslant 3$ 有 $\pi_i(S^3) = \pi_i(S^2)$, 作为推论, 证明: $\pi_3(S^2) = \mathbb{Z}$.

32.97. 证明:

a) $\pi_1(SO(3)) = \mathbb{Z}_2$, $\pi_2(SO(3)) = \pi_2(SO) = 0$, 其中 $SO = \varinjlim SO(n)$;

b) $\pi_3(SO(4)) = \mathbb{Z}$, $\pi_1(U) = \mathbb{Z}$, $\pi_2(U) = 0$, 其中 $U = \varinjlim U(n)$ (嵌入 $U(n) \subset U(n+1)$ 和 $SO(n) \subset SO(n+1)$ 是标准的);

c) $\pi_3(SO(5)) = \mathbb{Z}$.

32.98. 求群 $\pi_g(S^1 \vee S^1)$, $g \geqslant 0$.

32.99. 求下列情形的群 $\pi_1(X)$, $\pi_n(X)$ 和群 $\pi_1(X)$ 在群 $\pi_n(X)$ 上的作用:

a) $X = \mathbb{R}P^n$;

b) $X = S^1 \vee S^n$;

c) $X = \partial B(\xi^{n+1})$, 其中 $B(\xi^{n+1})$ 是在 S^1 上的圆盘的非平凡 $O(n+1)$ 丛的空间.

32.100. 如果映射 $f\colon (X, A) \to (Y, B)$ 对于所有的 k 建立同构 $\pi_k(X) \approx \pi_k(Y)$ 和 $\pi_k(A) \approx \pi_k(B)$, 则它对于所有 k 建立同构 $\pi_k(X, A) \approx \pi_k(Y, B)$.

32.101. 计算群 $\pi_{n-k}(V^{\mathbb{R}}_{n,k})$, 其中 $V^{\mathbb{R}}_{n,k}$ 是实斯蒂弗尔 (Stiefel) 流形.

32.102. 证明: 随着 k 的增长, 群 $\pi_k(S^n)$ 从某个 k 开始不可能是平凡的.

32.103. 证明: $\pi_3(S^2) = \mathbb{Z}$; 当 $n \geqslant 3$ 时, $\pi_{n+1}(S^n) = \mathbb{Z}_2$.

32.104. 求 $\pi_3(S^2 \vee S^2)$, $\pi_3(S^1 \vee S^2)$, $\pi_3(S^2 \vee S^2 \vee S^2)$.

32.105. 计算偶 $(\mathbb{C}P^2, S^2)$ 的第一相对同伦群, 其中嵌入 $S^2 \cong \mathbb{C}P^1 \subset \mathbb{C}P^2$ 是标准的.

32.106. 证明下列断言:

a) 如果 3 维紧致闭流形 M^3 单连通, 则 M 同伦等价于球面 (即 M^3 是同伦球面);

b) 如果 M^n 是光滑紧致闭流形, 并且对于 $i \leqslant [n/2]$, 有$\pi_i(M^n) = 0$, 则 M^n 同伦等价于球面 S^n.

32.107. 构造 3 维闭紧致流形 M^3 的例子, 使得 M^3 是同调球面 (即和 S^3 有同样的整同调), 但是 $\pi_1(M^3) \neq 0$. 构造有限生成并且与自己的第一换位子子群重合的群 G 的例子.

32.108. 证明: 映射的同伦类的集合 $[S^n, X]$ 同构于群 $\pi_n(X, x_0)$ 在 $\pi_1(X, x_0)$ (X 是连通复形) 的作用下共轭元素类的集合.

32.109. 计算 $\pi_2(\mathbb{R}^2, X)$, 其中 $\mathbb{R}^2$ 是平面, X 是嵌入到 2 维平面的 "8 字形".

32.110. 当 $i \leqslant 2n+1$ 时, 计算 $\pi_i(\mathbb{C}P^n)$.

32.111. 设 $\pi_n(X) = 0$, 又设有限群 G 在 X 和 Y 上的作用没有不动点. 证明: 存在与群 G 的作用可交换的映射 $f\colon Y \to X$, 并且精确到同伦 f 是唯一的.

32.112. 证明: $[\mathbb{C}P^2, S^2] = \pi_4(S^2)$, 其中 $[X, Y]$ 是从 X 到 Y 的映射的同伦类的集合.

32.113. 设 (X, A) 是拓扑空间偶, 其中 X 道路连通, 并且 $X \supset A$. 设 Λ 是空间 X 中起点在固定点 x_0, 终点在子空间 A 中的道路的集合. 证明: $\pi_g(X, A, a) = \pi_{g-1}(\Lambda, \lambda_a)$, 其中 λ_a 是从 x_0 到 $a \in A$ 的任意道路.

32.114. 证明: 下列条件等价于 n-连通性:

a) 对于 $q \leqslant n$, $\pi_0(S^q, X)$ 由一个元素构成 (点映射);

b) 任意连续映射 $S^q \to X$ 可以延拓成圆盘上的连续映射 $D^{q+1} \to X$, $q \leqslant n$.

32.115. 证明: $\pi_0(X, \Omega\Omega Z)$ 是阿贝尔群, 其中 X, Z 是拓扑空间, ΩZ 是空间 Z 的闭路空间. 证明: ΩZ 是 H-空间.

32.116. 设 A 是 X 的收缩核. 证明: 当 $n \geqslant 1$ 时, 对于任意点 $x_0 \in A$, 由嵌入

$$i_*\colon\ \pi_n(A, x_0) \to \pi_n(X, x_0)$$

诱导的同态是单态射, 并且当 $n \geqslant 2$ 时, 确定下列直和分解:

$$\pi_n(X, x_0) \cong \pi_n(A, x_0) \oplus \pi_n(X, A, x_0).$$

32.117. 证明: $\pi_0(\Sigma\Sigma Z, X)$ 是阿贝尔群. 建立与 $\pi_0(Z, \Omega\Omega X)$ 的联系.

32.118. 设 $TS^n \to S^n$ 是球面 S^n 上的标准切丛, 计算其相伴纤维丛的正合同伦序列中的同态 $\partial_*\colon\ \pi_n(S^n) \to \pi_{n-1}(S^{n-1})$.

32.119. 设 $f\colon\ X \to Y$ 是连续映射 $(f(x_0) = y_0)$. 证明: 诱导映射 $f_*\colon\ \pi_n(X, x_0) \to \pi_n(Y, y_0)$ 是群的同态.

32.120. 设 $Y \to X$ 是带固定点 x_0, y_0 和纤维 F 的丛, 并且 F_0 是在点 x_0 的纤维, $y_0 \in F_0$. 证明: $\pi_n(Y, F_0; y_0) \cong \pi_n(X, x_0)$.

32.121. 设 E, X 是拓扑空间, X 是道路连通的, $p\colon\ E \to X$ 是这样的连续映射, 使得对于任意 $x \in X$, $y \in p^{-1}(x)$, 下列同构成立:

$$p_*\colon\ \pi_i(E, p^{-1}(x), y) \to \pi_i(X, x), \quad i \geqslant 0.$$

(对于 $i = 0, 1$, 没有附加群结构的集合的同构成立). 证明: 对于任意的点 x_1 和 x_2, 拓扑空间 $p^{-1}(x_1)$ 和 $p^{-1}(x_2)$ 弱同伦等价.

32.122. 对于偶 (X, A), 证明同伦群序列的正合性:

$$\cdots \to \pi_i(A) \to \pi_i(X) \to \pi_i(X, A) \to \pi_{i-1}(A) \to \cdots.$$

32.123. 证明: 如果 X 是欧几里得空间中余维数为 1 的光滑紧致闭子流形, 则 X 是可定向的.

32.124. 证明: 如果紧致闭流形的基本群是平凡的, 则流形是可定向的. 证明: 如果流形 X 不是可定向的, 则在 $\pi_1(X)$ 内有指数为 2 的子群.

32.125. 证明: 如果 X 是不可定向空间, 则纬垂 ΣX 不是流形.

32.126. 证明: 任意奇数维定向闭流形的欧拉示性数 $\chi(X)$ 是平凡的①.

32.127. 举出

a) 双侧嵌入到另一个 (高一维) 流形的不可定向流形的例子;

b) 单侧嵌入到另一个流形的可定向流形的例子.

① 即欧拉示性数等于零. ——译者注

32.128. 设 X_1 和 X_2 是两个实心环, $f\colon \partial X_1 \to \partial X_2$ 是微分同胚, $M_f^3 = X_1 \cup_f X_2$. 指出这样的微分同胚, 它使得流形 M_f^3 微分同胚于

a) S^3; b) $S^2 \times S^1$; c) $\mathbb{R}P^3$.

32.129. 沿用前一个习题的记号. 考察映射 $f_*\colon \pi_1(\partial X_1) \to \pi_1(\partial X_2)$, 即 $f_*\colon \mathbb{Z}\oplus\mathbb{Z} \to \mathbb{Z}\oplus\mathbb{Z}$ 是由实心环 X_1 和 X_2 的微分同胚诱导的. 同态 f_* 显然由整数矩阵

$$\begin{pmatrix} a & b \\ c & d \end{pmatrix}$$

给定. 证明: 这个矩阵是么模的, 并且通过 f_* 的矩阵计算流形 M_f^3 的基本群.

32.130. 设 X^n 是 (一个复变量的) 没有重根的多项式 $f_n(z)$ 的空间. 求群 $\pi_k(X^n)$.

32.131. 证明: 一个有限 CW 复形同伦等价于某个带边流形.

§33. 覆叠空间和纤维丛

33.1. 设 $p\colon X \to Y$ 是这样的覆叠映射, 使得 $p_*(\pi_1(X, x_0))$ 是群 $\pi_1(Y, y_0)$ 的正规子群, $p(x_0) = y_0$. 证明: 所有元素 $\alpha \in \pi_1(Y, y_0)$ 生成覆叠的同胚 φ, 即 $p\varphi(x) = p(x)$.

33.2. 设 $p\colon X \to Y$ 是覆叠映射, $p(x_0) = y_0$. 证明: $p_*\colon \pi_1(X, x_0) \to \pi_1(Y, y_0)$ 是同态.

33.3. 设 $p\colon X \to Y$ 是覆叠映射, $p(x_0) = y_0$. 证明: 诱导映射 $p_*\colon \pi_1(X, x_0) \to \pi_1(Y, y_0)$ 是单同态.

33.4. 设 $p\colon Y \to X$ 是覆叠映射, $\pi_1(Y) = 0$. 证明: 每个元素 $\alpha \in \pi_1(X)$ 定义空间 Y 到自身的这样的同胚, $\alpha\colon Y \to Y$, 使得图表

$$\begin{array}{ccc} Y & \xrightarrow{\alpha} & Y \\ p \searrow & & \swarrow p \\ & X & \end{array}$$

是交换的.

33.5. 设 $p\colon X \to Y$ 是覆叠映射, Y 是连通的, $F = p^{-1}(y_0)$ 是点 $y_0 \in Y$ 的原像, $x_0 \in F$. 证明: 如果 $\pi_1(X, x_0) = 0$, 则在 F 与 $\pi_1(Y, y_0)$ 之间有一一对应.

33.6. 设 $p\colon X \to Y$ 是覆叠映射, $F\colon I^2 \to Y$ 是连续映射, 其中 I^2 是正方形, $f\colon I^1 \to X$ 也是连续的, 并且 $pf(t) = F(t, 0)$. 证明: 存在唯一的连续映射 $G\colon I^2 \to X$, 使得 $G(t, 0) = f(t)$, 并且 $pG(t, s) = F(t, s)$.

33.7. 设 $p\colon X \to Y$ 是覆叠映射, f, g 是 X 上的道路, $f(0) = g(0)$. 又设 $pf(1) = pg(1)$, 并且道路 pf 和 pg 同伦. 证明: $f(1) = g(1)$.

33.8. 设 $p: X \to Y$ 是覆叠映射, f, g 是 X 上的道路, $f(0) = g(0)$. 如果 $pf(1) = pg(1)$, 是否必有 $f(1) = g(1)$?

33.9. 设 $p: X \to Y$ 是覆叠映射, f, g 是 Y 上的道路, $\overline{f}, \overline{g}$ 是 X 上的道路, 使得 $p\overline{f} = f$, $p\overline{g} = g$, $\overline{f}(0) = \overline{g}(0)$. 证明: 如果 f 和 g 同伦, 则 $\overline{f}$ 和 $\overline{g}$ 同伦.

33.10. 设 $p: X \to Y$ 是覆叠映射, f 是 Y 内的道路, x_0 是 X 内的点, 使得 $p(x_0) = f(0)$. 证明: 存在唯一的在 X 内的道路 g, 使得 $pg = f$.

33.11. 证明: 任意覆叠映射是在塞尔 (Serre) 意义下的丛映射.

33.12. 证明: 所有 2 叶覆叠空间正则. 怎样的纯代数事实对应这个断言?

33.13. 构造双环面 (带两个柄的球面) 的 3 叶非正则覆叠空间.

33.14. 设 M^2 是不可定向紧致光滑闭流形. 证明: 存在 2 叶覆叠映射 $p: M_+^2 \to M^2$, 其中 M_+^2 是可定向流形, 把 M_+^2 表示成显式形式. 不可定向流形的基本群具有什么性质?

33.15. 构造具有纤维 $\mathbb{Z}_2$ 的覆叠映射 $p: S^n \to \mathbb{R}P^n$, 并且证明:

a) $\mathbb{R}P^n$ 当 $n = 2k-1$ 时可定向, 而当 $n = 2k$ 时不可定向.

b) $\pi_1(\mathbb{R}P^n) = \mathbb{Z}_2$; 当 $n > 1$, $i > 1$ 时, 有 $\pi_i(\mathbb{R}P^n) = \pi_i(S^n)$.

33.16. 证明: 覆叠空间是正则的, 当且仅当它的位于基上的同一个道路之上的所有道路都是闭的, 或者都不是闭的.

33.17. 设 $p: \widehat{X} \to X$ 是覆叠映射. 证明: 在 X 中的所有道路由 $\widehat{X}$ 内的道路经过覆叠映射得到, 而后一个道路精确到原像中的道路的起点的选取是唯一的, 并且投影 p 的重数在基的所有点是相同的.

33.18. 构造圆周上的所有的覆叠映射, 并且证明: $\pi_1(S^1) = \mathbb{Z}$; 当 $i \geqslant 2$ 时, $\pi_i(S^1) = 0$.

33.19. 构造具有纤维 $\mathbb{Z}_{k-1}$ 的正则覆叠映射 $p: P_k \to P_2$, 其中 $k > 2$, 而 P_k 是带 k 个柄的球面.

33.20. 构造 $\bigvee\limits_A S^1$ 上的万有覆叠, 并且证明: 当 $i > 1$ 时, $\pi_i(\bigvee\limits_A S^1) = 0$. 求 $\pi_1(\bigvee\limits_A S^1)$.

33.21. 构造覆叠映射 $\varphi: \widehat{X} \to P_2$ (双环面), 使得 $\widehat{X}$ 收缩到球面, 并且作为推论证明:

a) P_2 上的万有覆叠空间是收缩的, 并且 $P_2 \sim K(\pi, 1)$;

b) 如果 M^2 是 2 维闭流形, 并且 $\pi_1(M^2)$ 是无限群, 则 $M^2 \sim K(\pi, 1)$ (同伦等价).

33.22. 建立 P_k (带 k 个柄的球面) 的万有覆叠空间和罗巴切夫斯基平面之间的联系.

33.23. 证明: 环面 T^2 的所有覆叠空间是正则的, 并且求出它们. 构造 T^2 的不等价但是同胚的两个覆叠空间的例子.

33.24. 环面 T^2 可否覆叠映射到

a) 球面; b) 射影平面?

33.25. 射影平面 $\mathbb{R}P^2$ 可否覆叠映射到环面?

33.26. 设 X 是有限复形. 求任意子群 $G \subset \pi_1(X)$, 欧拉示性数 $\chi(G)$ 和 $\chi(\widehat{X}_G)$ 之间的联系, 其中 $\widehat{X}_G$ 是由子群 $G \subset \pi_1(X)$ 构造的覆叠空间.

33.27. 构造环面 P_1 (带柄的球面) 和克莱因瓶 N_2 (带两个默比乌斯带的球面) 的万有覆叠空间; 计算 P_1 和 N_2 的同伦群. 环面 P_1 可否 2 叶地和正则地覆叠映射到克莱因瓶 N_2? 如果可以, 给出覆叠映射, 并且计算在覆叠的单态射下 $\pi_1(P_1)$ 在 $\pi_1(N_2)$ 中的像.

33.28. 证明: 如果 $\pi_1(M^n) = 0$ 或者 $\pi_1(M^n)$ 是单群, 或者 $\pi_1(M^n)$ 是阶 $p \neq 2$ (p 是素数) 的有限群, 则流形 M^n 是可定向的.

33.29. 在球面 S^7 上以显式形式构造 7 个光滑线性无关的向量场. 利用八元数代数 (格雷夫斯–凯莱 (J. T. Graves–A. Cayley) 数). 构造这些向量场的积分轨线.

33.30. 证明: 如果 $\mathbb{R}^n$ 中给定 k 个线性算子 $A_1, \ldots, A_k$, 使得 $A_i^2 = -E$ 和 $A_iA_j + A_jA_i = 0$ (对于所有 i, j) 成立, 则在球面 $S^{n-1} \subset \mathbb{R}^n$ 上可以给定 k 个线性无关的向量场.

33.31. 如果纤维丛的基和纤维的同伦群的秩是有限的, 则纤维丛空间的同伦群的秩也是有限的, 并且纤维丛空间的 q 维同伦群的秩不超过基和纤维的 q 维同伦群的秩的和.

33.32. 证明: X 上的万有覆叠空间是所有其他覆叠空间的覆叠空间.

33.33. 证明: 标准纤维丛 $EX \xrightarrow{\Omega X} X$ (塞尔纤维丛) 是局部平凡纤维丛, 其中 X 是流形.

33.34. 设纤维丛 $p\colon E \to B$ 存在截面 $\chi\colon B \to E$, 并且 $e_0 = \chi(b_0)$. 证明: 对于 $n \geqslant 1$, 映射 p_* 是满态射, 且对于 $n \geqslant 2$, 它定义直和分解

$$\pi_n(E, e_0) = \pi_n(B, b_0) \oplus \pi_n(F, e_0).$$

33.35. 证明: 如果基和纤维的所有同伦群是有限的, 则纤维空间的同伦群也有限, 并且其阶不超过基和纤维的同样维数的同伦群的阶的乘积.

33.36. 设 EX 是 X 上的所有从一个固定点出发的道路的空间, 而 ΩX 是 X 上的闭路空间. 定义映射 $p\colon EX \to X$ 是这样的映射, 道路对应其终点. 证明: $p\colon EX \to X$ 满足覆叠同伦公理, 即是塞尔意义下的纤维丛, 并且它的纤维是 Ω_X. 这里所述的纤维丛有时称为塞尔纤维丛.

33.37. 证明: 如果 $p_{1,2}\colon \widehat{X}_{1,2} \to X$ 是覆叠映射, 并且 $\mathrm{Im}(p_1)_* = \mathrm{Im}(p_2)_*$, 则 $(\widehat{X}_1, p_1, X)$ 和 $(\widehat{X}_2, p_2, X)$ 按纤维同胚. 这里 $\mathrm{Im}(p_i)_* \subset \pi_1(X)$.

33.38. 证明: 在所有连通复形 X 上存在覆叠映射 $p\colon \widehat{X}\to X$, 使得 $\pi_1(\widehat{X})=0$. 这个覆叠空间称为万有覆叠空间.

33.39. 证明: 球面 S^n 上具有道路连通结构群 G 的向量丛的集合同构于 $\pi_{n-1}(G)$.

33.40. 举出不存在正合同调序列的纤维丛的例子.

33.41. 设 $p\colon E\to B$ 是具有纤维 F 和基 B 的局部平凡纤维丛, 并且 F 和 B 是有限复形. 证明: $\chi(E)\leqslant\chi(B)\cdot\chi(F)$.

33.42. 质点以模为常值的速度沿下述曲面运动: a) 环面 T^n; b) 球面 S^n. 求这些系统的相空间.

33.43. 设 $p\colon E\to B$ 是具有道路连通的基 B 和纤维 F 的纤维丛. 设 $\widetilde{\mathrm{Cat}}=\mathrm{Cat}-1$ 是约化柳斯捷尔尼克–施尼雷尔曼 (Lusternik–Schnirelmann) 范畴, 即 $\widetilde{\mathrm{Cat}}\,(点)=0$. 证明:

$$\widetilde{\mathrm{Cat}}(E)\leqslant\widetilde{\mathrm{Cat}}_E(F)\cdot\widetilde{\mathrm{Cat}}(B)+\widetilde{\mathrm{Cat}}(B)+\mathrm{Cat}_E(F),$$

其中 $\mathrm{Cat}_E(F)$ 是纤维 F 相对于 E 的相对范畴.

33.44. 证明: 如果 $p\colon X\to Y$ 是塞尔意义下的纤维丛, 则 p 是满射.

33.45. 证明: 如果 $p\colon X\to Y$ 是塞尔意义下的纤维丛, 则对于任意 $y_1,y_2\in Y$, $p^{-1}(y_1)$ 和 $p^{-1}(y_2)$ 同伦等价.

33.46. 证明: 流形 M 的线性元素的流形是具有基 M 的纤维丛.

33.47. 证明: 任意局部平凡纤维丛 (斜积) 是塞尔意义下的纤维丛.

33.48. 证明: 空间 X 的具有固定起点的道路空间 EX 是以 X 为基的塞尔意义下的纤维丛.

33.49. 证明: 拓扑空间的直积 $X\times Y$ 连同在因子之一上的投影是塞尔意义下的纤维丛.

33.50. 设 $p\colon X\to Y$ 是覆叠映射, $p(x_0)=y_0$, f, g 是这样的道路, 使得 $f(0)=g(0)=y_0$; $f(1)=g(1)$. 设 $fg^{-1}\in p_*(\pi_1(X,x_0))$. 设 $\hat f$, $\hat g$ 是这些道路在覆叠映射下的像. 证明: $\hat f(1)=\hat g(1)$.

33.51. 表示环面 T^2 成形式 $T^2=\{g\}$, 其中

$$g=\begin{pmatrix} e^{i\varphi_1} & 0\\ 0 & e^{i\varphi_2}\end{pmatrix}.$$

考虑下列等价关系 R:

a) $(e^{i\varphi_1},e^{i\varphi_2})R(-e^{i\varphi_1},e^{-i\varphi_2})$;

b) $(e^{i\varphi_1},e^{i\varphi_2})R(-e^{i\varphi_1},-e^{-i\varphi_2})$;

c) $(e^{i\varphi_1},e^{i\varphi_2})R(e^{-i\varphi_1},e^{-i\varphi_2})$.

求空间 $X=T^2/R$, 并且计算像 $f_*(\pi_1(T^2))\subset\pi_1(X)$, 其中 $f\colon T^2\to X=T^2/R$ 是与关系 R 关联的投影. f 是否是覆叠映射?

33.52. 存在多少下列形式的纤维丛?

a) $T^3\to S^1$, 其中 T^3 是 3 维环面;

b) $T^n\to S^1$, 其中 T^n 是 n 维环面 (考察纤维丛时精确到同伦等价).

33.53. 设 $C=A*B$ 是任意群 A 和 B 的自由积. 证明: 对于任意子群 $M\subset C$, 成立等式 $M=A_1*B_1*F$, 其中 $A_1\subset A$, $B_1\subset B$, F 是自由群. 利用覆叠映射给出拓扑的证明.

33.54. 设 G 是单连通紧致李群, 而 $\sigma\colon G\to G$ 是任意对合自同构 (即 $\sigma^2=1$). 令

$$H=\{g\in G\mid\sigma(g)=g\},$$

$$V=\{g\in G\mid\sigma(g)=g^{-1}\}.$$

证明: $G=VHV$, 即任意元素 $g\in G$ 允许形式如

$$g=vhv\quad(v\in V,\ h\in H)$$

的表示. 证明 $V\equiv G/H$ (齐性空间).

33.55. 已知下列构造 (嘉当). 设 $\sigma\colon G\to G$ 是紧致连通李群的任意对合自同构. 令

$$H=\{g\in G\mid\sigma(g)=g\},$$

$$V=\{g\in G\mid\sigma(g)=g^{-1}\},$$

则 $V\cong G/H$, 并且 $V\subset G$ 是全测地子流形, 而 V 是对称空间. 子空间 V 称为对称空间 G/H 的嘉当模型. 任意对称空间都有嘉当模型 (并且几乎总是单值确定的).

a) 证明: 由公式 $p(g)=g\sigma(g^{-1})$ 给定的投影 $p\colon G\to V$ 给出主丛 $0\to H\to G\to G/H\to 0$.

b) 设 V 是嘉当模型, 又设 $\pi_1(V)=0$, $e\in G$, $e\in V$, e 是 G 的单位元. 证明: 如果点 $x\in V$ 与 e 沿测地线 $\gamma(t)\subset V$ 在群 G 内共轭, 则点 x 沿 γ 与 e 在流形 $V\subset G$ 自身内共轭.

33.56. 计算亏格为 g 的 2 维流形 M_g 的同伦群 $\pi_i(M_g)$, $i\geqslant 1$.

33.57. 设 M^2 是亏格为 g 的紧致闭定向 2 维流形. 求 Σ^2M^2 的同伦型.

33.58. 设 $S^1\times S^1\subset\mathbb{R}^3$ 是环面到欧几里得空间的标准嵌入. 证明: 不存在偶 $(\mathbb{R}^3,S^1\times S^1)$ 到自身的同胚, 其在环面上的限制由矩阵

$$\begin{pmatrix}0&1\\-1&0\end{pmatrix}$$

定义.

33.59. 设 π 是 2 维曲面的基本群, $f\colon \pi \to \pi$ 是满态射. 证明: f 是同构.

33.60. 用三种本质上不同的方法证明: 在球面 S^2 上不存在没有奇点的 (即在每个点都异于零的) 连续向量场.

33.61. 设 $p\colon X \to Y$ 是二叶覆叠映射. 证明: 此时在 Y 上的任意道路刚好由两条道路覆叠映射到它.

33.62. 构造正交群 $SO(n)$ 的万有覆叠空间.

33.63. 证明: 任意亏格 $g \geqslant 2$ 的二维闭定向光滑流形可以局部等距覆叠映射到 (赋予了标准负常曲率度量的) 罗巴切夫斯基平面. 换句话说, 证明: 所指出的类型的曲面的基本群可以表示成罗巴切夫斯基平面的等距群内的离散子群, 具体实现这种表示.

特别, 由此推出: 二维紧致闭定向光滑流形可以赋予常负曲率的黎曼度量.

33.64. 怎样的空间可以覆叠映射到克莱因瓶?

33.65. 设 S_g 是带 g 个柄的球面. 怎样的 S_h 可以覆叠映射到 S_g?

33.66. 证明: 对于任意紧致不可定向二维流形恰好有一个紧致二维定向流形二叶覆叠映射到它.

33.67. 证明: 贝尔特拉米曲面 (常负曲率的曲面, 标准嵌入到 $\mathbb{R}^3$ 中) 可以无穷叶地并且局部等距地覆叠映射到位于罗巴切夫斯基平面上的某个区域. 求这个区域. 证明: 它同胚于圆盘. 求对应这个覆叠映射的群.

33.68. 二维环面是否可二叶覆叠映射到克莱因瓶?

33.69. 计算当围绕 $w = \sqrt[n]{z}$ 的分支点 (点 0) 环绕时生成的代数函数 $w = \sqrt[n]{z}$ 的黎曼曲面的叶的置换群.

§34. 临界点, 映射度, 莫尔斯理论

34.1. 设 $f, g\colon S^n \to S^n$ 是单纯映射. 证明:

a) 最高维数的单形的每个内点的原像由同样个数的带定向符号的点组成.

b) 如果 f, g 同伦, 则原像的带定向符号的点的个数相同.

c) 如果原像的带定向符号的点的个数相同, 则映射 f 和 g 同伦.

34.2. 证明: 闭球 D^n 到自身的连续映射总有不动点.

34.3. 设 $f\colon SU(n) \to SU(n)$ 是光滑映射, $f(g) = g^k$, 求 $\deg f$.

34.4. 设 $f\colon M^n \to \mathbb{R}^p$ 是连通紧致定向闭 n $(n < p)$ 维流形在 $\mathbb{R}^p$ 中的光滑浸入. 设 $v(f)$ 是这个映射的法丛, 而 $Sv(f)$ 是相关联的球面的纤维丛, 即 $Sv(f) = \partial v(f)$ 是子流形 $f(M^n) \subset \mathbb{R}^p$ 某个充分小的管状邻域的边界. 设 $T\colon Sv(f) \to S^{p-1}$ 是通常的高斯 (球面) 映射.

如果已知流形 M^n 的欧拉示性数, 求映射度 $\deg T$ $(\dim Sv(f)=p-1)$. $\deg T$ 是否依赖于 M^n 浸入到 $\mathbb{R}^p$ 中的方式? 如果 M^n 不可定向将会怎样? 特别, 考察 $p=n+1$ 的情形.

34.5. 已知亏格为 g 的 2 维定向闭紧致流形 M^2 可以嵌入到欧几里得空间 $\mathbb{R}^3(x,y,z)$. 求函数 $f(p)=z$ $(p\in i(M^2))$ 的鞍点 (一般说来, 是退化的) 的最少个数, 其中 i 是是嵌入, 而 f 是高度函数.

34.6. 证明: 光滑流形上光滑函数的非退化临界点是孤立的.

34.7. 设 $f(x)$ 是亏格为 g 的 2 维紧致定向曲面 (带 g 个柄的球面) 上的函数, 它有有限个临界点, 并且都是非退化的. 证明: 极小值点个数减去鞍点个数加上极大值点个数等于 $2-2g$.

34.8. 设 $f\colon M^n\to\mathbb{R}$ 是光滑流形上的光滑函数. 证明: 函数 f 的几乎每个值正则.

34.9. 证明: 定义在光滑紧致流形上的光滑函数 $f(x)$ 的奇异 (临界) 点的交错和 (假设所有奇异性都是非退化的) 不依赖于函数 (交错和理解为 $\sum\limits_{\lambda=0}^{n}(-1)^{\lambda}m_{\lambda}$, 其中 $n=\dim M$, λ 是临界点的指标, m_λ 是指标为 λ 的临界点的个数).

34.10. 设 $f(x)$ 是单变量 x 的复解析函数. 证明: 函数 $S^2\to S^2$ 的临界值的集合有零测度.

34.11. 设 $M_c^n=\{x\mid f(x)=c\}$. 证明: 如果 M_c^n 不含有函数 f 的临界点, 则 M_c^n 是子流形, 并且在 M^n 内 $\operatorname{codim}M_c^n=1$.

34.12. 证明: 光滑函数的退化临界点的概念不依赖于含有这个点的局部图卡的选取.

34.13. 证明: 对于标准嵌入环面 $T^2\subset\mathbb{R}^3$ (围绕 Oz 轴的旋转曲面), 正交于环面 T^2 的旋转轴的坐标 x 仅有非退化临界点.

34.14. a) 构造 $\mathbb{R}P^n$ 和 $\mathbb{C}P^n$ 上仅有非退化临界点的函数, 并且使得在所有临界点, 函数值是不同的.

b) 构造 $\mathbb{R}P^n$ 和 $\mathbb{C}P^n$ 上的函数, 使得 $f(x_\lambda)=\lambda=\operatorname{ind}(x_\lambda)$, 其中 x_λ 是指标为 λ 的非退化临界点.

34.15. 设 $F(x,y)$ 是 $\mathbb{R}^n$ 上的非退化双线性型. 考虑光滑函数 $f(x)=F(x,x)$, 其中 $|x|=1$, 即 $f(x)$ 是球面 $S^{n-1}\subset\mathbb{R}^n$ 上的函数. 设 $\lambda_0\leqslant\lambda_1\leqslant\cdots\leqslant\lambda_{n-1}$ 是形式 F 的所有特征值 (我们提醒, 所有 λ_i $(0\leqslant i\leqslant n-1)$ 是实数).

证明: λ_i 是函数 $f(x)$ 在球面 S^{n-1} 上的临界值. 求函数 $f(x)$ 的所有临界点. 证明: $\lambda_i=\inf\limits_{S^i}\{\max\limits_{x\in S^i}f(x)\}$, 其中 S^i 是球面 S^{n-1} 上的 i 维赤道.

34.16. 证明: 如果点 p 是光滑流形上的光滑函数 $f(x)$ 的非退化临界点, 则存在这样的局部坐标系, 使得函数 $f(x)$ 在点 p 的邻域内在这个坐标系中表示成非退化二次型.

34.17. 证明: 如果 M_c 是流形 M 上的函数的非临界等位面 (即等位超曲面 $f(x)=c=\text{const}$ 不含有 $f(x)$ 的临界点), 则 M_c 的邻域微分同胚于 $M_c \times I$.

34.18. 如果 M_{c_1} 和 M_{c_2} 是相继的临界等位面, 则在它们之间的部分微分同胚于 $M_c \times I$, 其中 $c_1 < c < c_2$.

34.19. 如果在 M_{c_1} 和 M_{c_2} 之间没有临界等位面 (即等位超曲面 $f(x) = \text{const}$ 不带临界点), 并且 M_{c_1} 和 M_{c_2} 也是非临界的, 则它们微分同胚.

34.20. a) 在任意紧致定向 2 维光滑流形 M^2 上构造光滑函数 $f(x)$, 使得它有一个极小值点, 一个极大值点 (都是非退化的) 和一个可能是退化的临界点. 求在这样的函数和 M^2 的形式如某个多值解析函数的黎曼曲面的表示之间的关联. 说明在不可定向 2 维流形 M^2 (例如, 射影平面 $\mathbb{R}P^2$) 的情形的状况如何.

b) 在任意紧致流形 M^2 上构造这样的光滑函数, 它仅有非退化临界点; 它恰好有一个极大值点, 恰好有一个极小值点和 s 个鞍点 (求数值 s). 还要求构造的函数在所有鞍点取同样的函数值. 研究不可定向的情形. 指出与本题 a) 小题的联系, 构造所有鞍点到一个退化临界点的汇.

设 X 是豪斯多夫空间. 对于我们来说, 感兴趣的基本上是 X 为光滑流形的情形. 设 f 是 X 上的连续函数. 定义函数 f 的里布 (Reeb) 图 $\Gamma = \Gamma_f$ 如下. 在 X 上引进下列等价关系. 空间 X 的点 x_1 和 x_2 称为是等价的, 如果 $f(x_1) = f(x_2)$, 并且 x_1 和 x_2 属于集合 $f^{-1}(c)$ 的同一个连通分支, 其中 $c = f(x_1) = f(x_2)$. X 的关于这个等价关系的商空间称为函数 f 的里布图. 容易看出, Γ 是一维图. 这时, 其悬挂顶点 (1 度顶点) 对应函数 f 的局部最小值和最大值, 而其余的顶点 (度数大于 1 的) 对应函数 f 的 “鞍” 临界值. 图 109 中呈现了标准嵌入到 $\mathbb{R}^3$ 中的环面和双环面上的高度函数的里布图 (在曲面图的左侧).

现在设 f 是流形上的光滑函数. 那么它的里布图对于函数 f 的临界等位面的结构可以添加补充信息. 我们通过二维曲面 M 上的莫尔斯函数 f 的例子说明如何做到这一点. 设 $c \in \mathbb{R}$ 是函数 f 的任意临界值. 这时 $f^{-1}(c)$ 可能含有函数 f 的若干个临界点. 考察原像 $f^{-1}([c-\varepsilon, c+\varepsilon])$, 其中 $\varepsilon > 0$ 是这样的数, 使得在线段 $[c-\varepsilon, c+\varepsilon]$ 上除 c 外再没有其他临界值.

容易看到, $f^{-1}([c-\varepsilon, c+\varepsilon])$ 是带边界的二维曲面, $f^{-1}([c-\varepsilon, c+\varepsilon])$ 的边界是圆周的并集. 在其上 f 等于 $c+\varepsilon$ 的圆周称为 *正的*, 而如果在其上 f 等于 $c-\varepsilon$, 则该圆周称为 *负的*. 曲面在其边界上具有这种补充结构后称为 *原子*.

在里布图内把原子的顶点用函数 f 的对应临界值代替, 我们就得到有关函数的临界点的补充信息的图. 这样的图称为 *分子* (图 109 中曲面右侧的图).

34.21. a) 在环面 T^2 上构造恰好带四个临界点的莫尔斯函数, 使得两个鞍点位于一个临界等位线上. 在正方形上描绘这个函数的等位线, 环面是由粘合该正方形的边得到的. 描绘这个函数的分子.

b) 把这样的函数表示成适当嵌入到 $\mathbb{R}^3$ 中的环面上的高度函数.

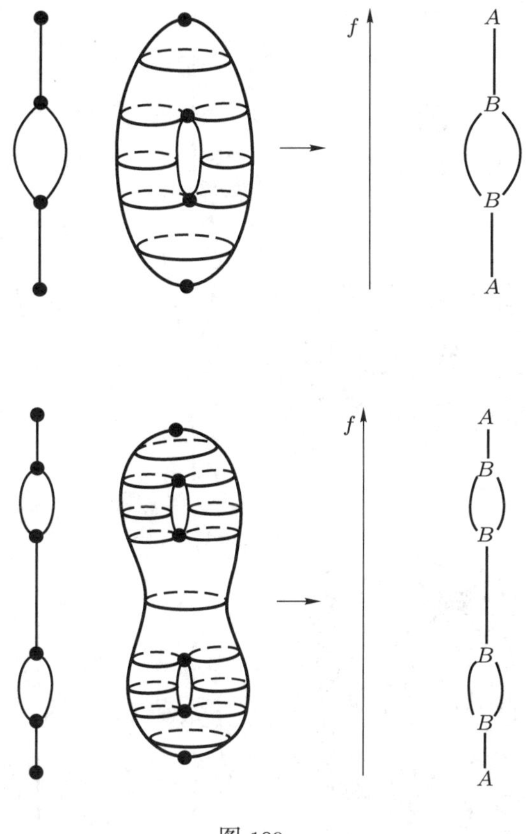

图 109

34.22. 构造克莱因瓶上的带四个临界点的和四个不同的临界值的莫尔斯函数. 在正方形上描绘这个函数的等位线, 克莱因瓶是由粘合该正方形的边得到的. 描绘对应的原子和分子.

34.23. 构造克莱因瓶上的带四个临界点的和三个不同的临界值的莫尔斯函数. 在正方形上描绘这个函数的等位线, 克莱因瓶是由粘合该正方形的边得到的. 描绘对应的原子和分子.

34.24. 构造射影平面 $\mathbb{R}P^2$ 上带三个临界点的和三个不同的临界值的莫尔斯函数. 在正方形上描绘这个函数的等位线, 粘合该正方形的边得到 $\mathbb{R}P^2$. 描绘对应的原子和分子.

34.25. 在球面、环面、射影平面和克莱因瓶上构造具有图 110–112 上所指出的原子 (鞍临界等位线的邻域) 和分子的莫尔斯函数. 在正方形上描绘这个函数的等位线, 粘合该正方形的边得到所考察的曲面.

复杂度1
可定向的
1
A
A
A
球面
2
A
A
B
B
A
球面
$\widetilde{1}$
A
$\widetilde{B}_2$
$\widetilde{B}_2$
A
射影平面
不可定向的
复杂度2
可定向的
1
A
C_1
C_1
A
球面

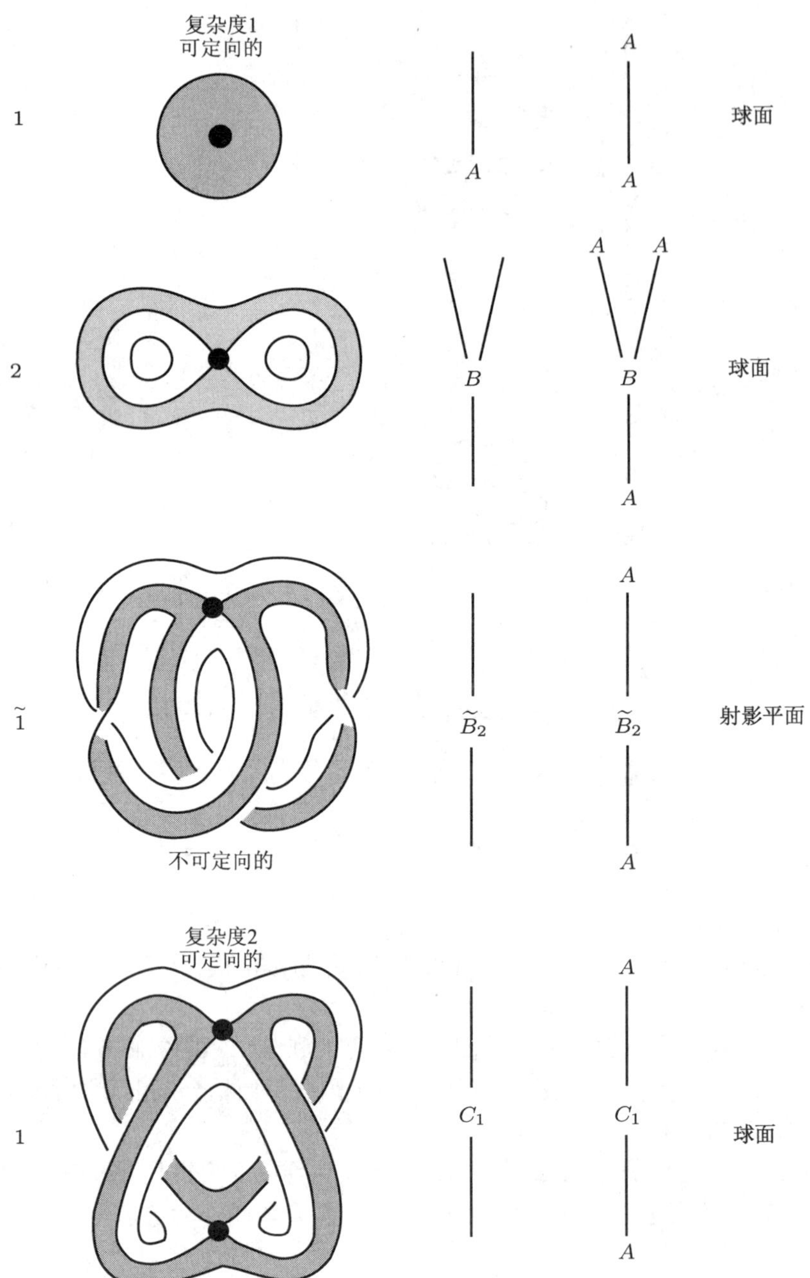

图 110

2
$\widetilde{C}_2$
A A
$\widetilde{C}_2$
A A
球面
3
D_1
A A A
D_1
A
球面
4
D_2
A A
D_2
A A
球面
不可定向的
$\widetilde{1}$
$\widetilde{C}_2$
A
$\widetilde{C}_2$
A
克莱因瓶

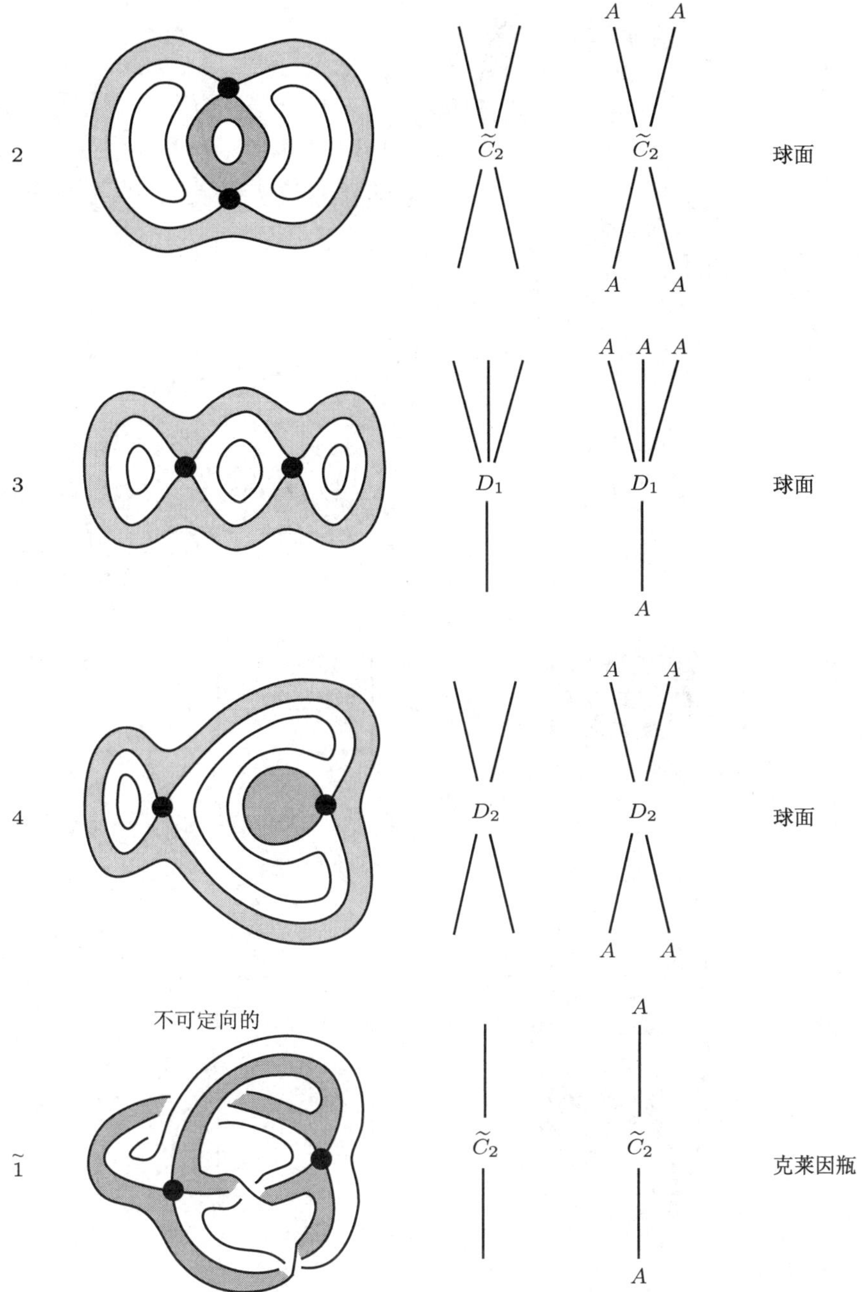

图 111

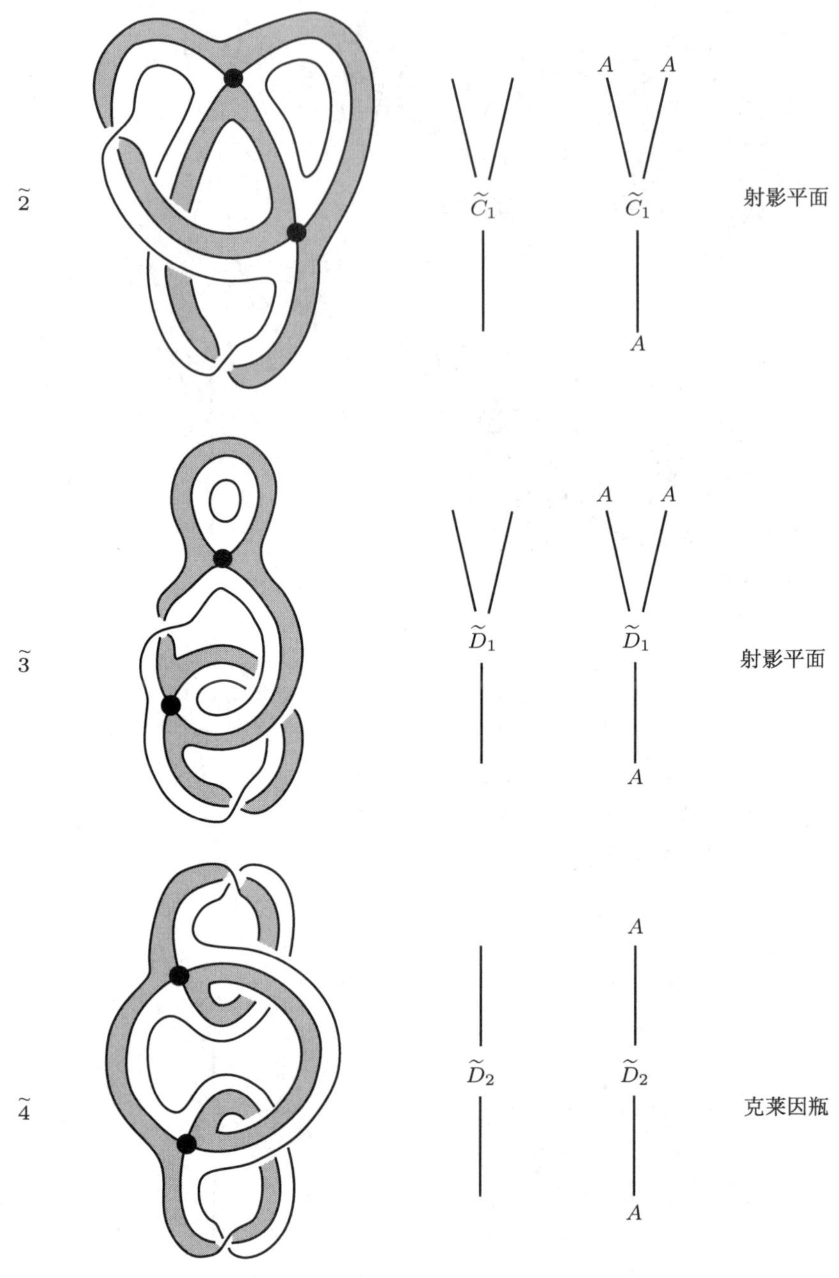

图 112

§35.　最简单的变分问题

35.1. 证明: 光滑黎曼流形 M^n 上的作用泛函 $E[\gamma] = \int_0^1 |\dot{\gamma}|^2 dt$ 的极值轨线

(其中 $\gamma(t)$ 是 M^n 上的光滑轨线, $0 \leqslant t \leqslant 1$, $\dot{\gamma}$ 是 $\gamma(t)$ 的速度向量) 是测地线.

35.2. 建立长度泛函 $L[\gamma]=\int_0^1 |\dot{\gamma}|dt$ 和作用泛函 $E[\gamma]=\int_0^1 |\dot{\gamma}|^2dt$ 的极值轨线之间的联系. 证明: $E[\gamma]$ 的任意极值函数 $\gamma_0(t)$ 是 $L[\gamma]$ 的极值函数. 证明: 如果 $s_0(t)$ 是 $L[\gamma]$ 的极值函数, 则利用在 $s_0(t)$ 中作变量替换 $t=t(\tau)$ 的方法可以转换这个轨线成为 $E[\gamma]$ 的极值函数.

35.3. 设

$$S[f]=\int_D \sqrt{EG-F^2}dudv$$

是对应于定义在有界区域 $D=D(x,y)\subset \mathbb{R}^2(x,y)$ 上的每个光滑函数 $z=f(x,y)$ 的泛函 (此处 x,y,z 是 $\mathbb{R}^3$ 中的笛卡儿坐标), 这是函数 $f(x,y)$ 的图的面积. 证明: 函数 f_0 对于泛函 S 的极值性等价于条件 $H=0$, 这里 H 表示看做 $\mathbb{R}^3$ 的光滑子流形的 $z=f_0(x,y)$ 的图的平均曲率.

35.4. 对于 $\mathbb{R}^n$ 中的 $n-1$ 维图 $x^n=f(x^1,\ldots,x^{n-1})$ 的情形, 证明在前一个习题中所表述的断言.

35.5. 证明: 作用泛函 $E[\gamma]$ 和长度泛函 $L[\gamma]$ 由关系 $(L[\gamma])^2\leqslant E[\gamma]$ 联系, 并且当且仅当 $\gamma(t)$ 是测地线时等式成立.

35.6. 证明: 面积泛函

$$S[\mathbf{r}]=\int_D \sqrt{EG-F^2}dudv$$

(其中 $\mathbf{r}=\mathbf{r}(u,v)$ 是 $\mathbb{R}^3$ 中光滑地依赖于 (u,v) 的径向量) 和狄里克雷泛函

$$D[\mathbf{r}]=\int_D \frac{E+G}{2}dudv$$

由关系 $S[\mathbf{r}]\leqslant D[\mathbf{r}]$ 联系.

35.7. 三维欧几里得空间中给定二维曲面 M^2 的径向量 $\mathbf{r}(u,v)$ 称为 调和的, 如果 $\mathbf{r}(u,v)$ 是狄里克雷泛函

$$D[\mathbf{r}]=\int_D \frac{E+G}{2}dudv$$

的极值函数. 证明: 如果由某个径向量函数 $\mathbf{r}(u,v)$ 给定的曲面 M^2 的平均曲率等于 0, 则在曲面的每个点的邻域内可以引进局部坐标 (p,q), 用它表示的径向量 $\mathbf{r}(p,q)$ 是调和的.

35.8. 构造调和径向量 $\mathbf{r}(u,v)$ 的例子, 使得由它描绘的曲面 $M^2\subset\mathbb{R}^3$ 不是极小的 (即使得 $H\neq 0$).

35.9. 维尔丁格 (Wirtinger) 不等式. 设 H 是 $\mathbb{C}^n$ 中的埃尔米特对称正定形式, 设 $\alpha\colon \mathbb{C}^n \to \mathbb{R}^{2n}$ 是 $\mathbb{C}^n$ 的实化, 此时

$$H \to H^R = \begin{pmatrix} S & A \\ -A & S \end{pmatrix},$$

其中 $H = S + iA$, S, A 是实矩阵, $S^\top = S$, $A^\top = -A$, $\overline{H}^\top = H$.

形式 S 给定 $\mathbb{R}^{2n}$ 中的欧几里得内积; 形式 A 在 $\mathbb{R}^{2n}$ 中给定外 2-形式 $\omega^{(2)}$. 为了简单, 可以认为 $\omega^{(2)} = \sum\limits_{k=1}^{n} dz^k \wedge d\bar{z}^k$. 考察形式

$$\Omega^{(2r)} = \frac{1}{r!}\underbrace{\omega \wedge \cdots \wedge \omega}_{r\text{个}}, \quad r \leqslant n.$$

a) 若 $\omega_1, \ldots, \omega_{2n}$ 是 $\mathbb{R}^{2n} \cong \mathbb{C}^n$ 中对于内积 $S = \operatorname{Re} H$ 的任意标准正交基, 则

$$|\Omega^{(2r)}(\omega_1, \ldots, \omega_{2r})| \leqslant 1,$$

并且

$$|\Omega^{(2r)}(\omega_1, \ldots, \omega_{2r})| = 1$$

当且仅当向量 $\omega_1, \ldots, \omega_{2r}$ 生成的平面 $L(\omega_1, \ldots, \omega_{2r})$ 是 $\mathbb{R}^{2n} \cong \mathbb{C}^n$ 中的复子空间.

b) 设 $W^r \subset \mathbb{C}^n$ ($r < n$, r 是复维数) 是 $\mathbb{C}^n$ 中的复子空间 (如果 W^r 是代数子空间, 那么容许奇点在 W^r 中). 设 V^{2r} 是 $\mathbb{C}^n$ 中的实子空间, 使得 $V \cup W = \partial Z^{2r+1}$, 其中 Z^{2r+1} 是 $\mathbb{C}^n$ 中的实 $2r+1$ 维子流形, 其边界是 $V \cup W$. 设 $K = V \cap W$, 则 $\operatorname{vol}_{2r}(V \setminus K) \geqslant \operatorname{vol}_{2r}(W \setminus K)$.

附注 这个断言意味着复空间 $\mathbb{C}^n$ 中的复子流形 W 是最小子流形, 即对于任意 "扰动" V, $2r$ 维体积 (vol_{2r}) 不减小.

c) 证明: 如果把 $\mathbb{C}^n$ 换成任意凯勒 (Kähler) 流形, 即配备了非退化闭 2-形式 $\omega^{(2)}$ 的复流形, 断言 b) 保持正确.

35.10. 在 $\mathbb{R}^n(x^1, \ldots, x^n)$ 中考察形如 $F(x^1, \ldots, x^n)$ 的函数和泛函

$$J[F] = \int_D |\operatorname{grad} F| d\sigma^n,$$

其中 D 是函数 F 的定义域. 设 F_0 是泛函 J 的极值函数. 证明: 看做 $\mathbb{R}^n(x^1, \ldots, x^n)$ 中的超曲面的等位面 $F_0(x^1, \ldots, x^n) = \text{const}$ 是局部极小曲面.

35.11. 设 $n(x, y)$ 是充满透明的各向同性但不均匀物质的二维平面的折射率. 光线的轨线是向量场 $\operatorname{grad} n(x, y)$ 的积分曲线. 证明: 它们是以下度量的测地线:

$$ds^2 = n(x, y)(dx^2 + dy^2).$$

§36. 一般拓扑学

36.1. 设 $M = X \times Y$, 其中 X, Y 是拓扑空间. 称 M 的子集是开集, 如果它是 X 和 Y 的开子集的乘积, 或者是任意个数的这种集的并集. 证明: 这样定义的开集族满足在集合 M 定义拓扑的所有公理.

36.2. 证明: 如果空间 X 和 Y 是豪斯多夫空间, 此外, X 还是局部紧致的, 则对于任意空间 T, 空间 $H(X \times Y, T)$ 和 $H(Y, H(X, T))$ 同胚, 其中 $H(X, Y) = Y^X$.

36.3. 证明: 存在康托尔不连续集到自身的对调两个给定点的同胚.

36.4. 设 X 是局部道路连通的度量空间. 证明: 如果 X 是连通的, 则 X 是道路连通的.

36.5. 设 $A \cap B \neq \emptyset$, $X = A \cup B$. 证明: 如果 A 和 B 是连通空间, 则 X 是连通空间.

36.6. 证明: n 维立方体的汉明 (Hamming) 度量不能嵌入到 $\mathbb{R}^n$ 中, 即不存在这样的嵌入, 使得汉明度量由标准欧几里得度量诱导而得到 (立方体仅仅被看做自己的顶点的集合, 即看做离散集合, 此时对于立方体的顶点 a 和 b, 距离 $p(a, b)$ 是两个点的相异的坐标的个数).

36.7. 证明: 作为拓扑空间的酉矩阵群 $U(n)$ 同胚于 (作为拓扑空间的) 直积 $S^1 \times SU(n)$.

36.8. 证明: $n \times n$ 的实非退化矩阵群 $GL(n, \mathbb{R})$ 是有两个连通分支的拓扑空间.

36.9. 证明: 任意有限 CW 复形可以嵌入到 (充分大维数的) 有限维欧几里得空间 $\mathbb{R}^N$.

36.10. 如果取紧致光滑闭流形 M^n 作为 CW 复形, 则上题陈述的结果可以精确化.

a) 证明: M^n 可以嵌入到欧几里得空间 $\mathbb{R}^{2nk}$, 其中 k 是组成 M^n 的覆盖的开球 D^n 的个数.

b) 证明: M^n 可以嵌入到欧几里得空间 $\mathbb{R}^{nk}$, 其中 k 是 a) 小题中定义的数.

36.11. 证明: 任意单纯复形是充分大维数的单形的子复形. 特别地, 它可以嵌入到欧几里得空间, 使得在每个复形上嵌入是线性的.

36.12. 设 $f\colon M^2 \to S^2$ 是闭光滑紧致流形 M^2 到 S^2 上的 C^2 映射, 并且 f 是开映射 (任意开集的像是开集) 和有限重的 (每个点 $x \in S^2$ 的原像是有限个点组成的). 证明: M^2 微分同胚于球面 S^2. 关于类似的映射 $f\colon M^n \to S^n$ 可以谈论什么?

设 X 是拓扑空间. 用 $\exp X$ 表示空间 X 的所有非空闭子集的集合. 对于开集 $U_1, \ldots, U_k$

$\subset X$, 令

$$O\langle U_1, \ldots, U_k\rangle = \left\{F \in \exp X \middle| F \subset \bigcup_{i=1}^{k} U_i,\ F \cap U_i \neq \emptyset,\ \forall\ i\right\}.$$

36.13. 证明: 形式如 $O\langle U_1, \ldots, U_k\rangle$ 的集合组成某个拓扑的基. 这个拓扑称为 *菲托里斯* (Vietoris) *拓扑*. 赋予了菲托里斯拓扑的集合 $\exp X$ 称为空间 X 的 (闭集合的) *超空间*.

36.14. 设 X 是 T_1 空间. 证明: 把点 x 转换为 $\{x\}$ 的恒等嵌入 $X \subset \exp X$ 是拓扑嵌入.

36.15. 设 X 是 T_1 空间, 则 X 是正则空间当且仅当 $\exp X$ 是豪斯多夫空间.

36.16. 证明: 对于 T_1 空间 X, 下列断言等价: a) X 是正规的; b) $\exp X$ 是完全正则的; c) $\exp X$ 是正则的.

设 n 是自然数. 用 $\exp_n X$ 表示 X 的由不多于 n 个点组成的非空闭子集. 将认为恒等嵌入 $\exp_n X \subset \exp X$ 是拓扑嵌入, 即认为 $\exp_n X$ 赋予了菲托里斯拓扑.

36.17. 证明: 如果 X 是豪斯多夫空间, 则 $\exp_n X$ 在 $\exp X$ 内是闭的.

36.18. 证明: 如果 X 是 T_1 空间, 并且 $\exp_1 X$ 在 $\exp_2 X$ 内是闭的, 则 X 是豪斯多夫空间.

用 $\pi_n\colon X^n \to \exp_n X$ 表示将点 $(x_1, \ldots, x_n)$ 变为它的坐标的集合 $\{x_1, \ldots, x_n\}$ 的映射 (假定 X 是 T_1 空间).

36.19. 证明: 映射 π_n 是连续的. 它是商映射. 事实上有更进一步的断言, 即集合 $V \subset \exp_n X$ 是开的, 当且仅当 $\pi_n^{-1}(V)$ 是开的.

这样一来, 超空间 $\exp_n X$ 借助下面的等价关系定义的商群从空间 X 的 n 次幂得到: 点 $(x_1, \ldots, x_n)$ 等价于点 $(x'_1, \ldots, x'_n)$, 当且仅当集合 $\{x_1, \ldots, x_n\}$ 和 $\{x'_1, \ldots, x'_n\}$ 重合.

有鉴于此, 超空间 $\exp_n X$ 称为空间 X 的 *超对称 n 次幂*.

与刚描述的乘积 X^n 上的等价关系一起, 还可以用自然的方式产生其他的对称. 在 X^n 上作用了充当坐标置换的自由群 S_n. 现在要用更一般的方式, 设 G 是群 S_n 的子群. 在 X^n 上用下列方式定义等价关系 $\sim_G$: $(x_1, \ldots, x_n) \sim_G (x'_1, \ldots, x'_n)$ 当且仅当存在置换 $\sigma \in G$ 使得 $x_i = x'_{\sigma(i)}$.

商空间 X^n/G 用 $SP^n_G X$ 表示, 并且称为空间 X 的 *G 对称幂*.

如果 $G = \{e\}$, 则 $SP^n_G X = X^n$.

如果 $G = S_n$, 则 $SP^n_G X$ 用 $SP^n X$ 表示, 并且称为空间 X 的 *对称 n 次幂*.

自然投影 $X^n \to X^n/G$ 将用 π^n_G 表示. 如果 $G = S_n$, 则 $\pi^n_G = \pi^n$.

36.20. 证明: 如果 $G' \subset G$, 则存在唯一的映射 $\pi^n_{G'G}\colon SP^n_{G'} X \to SP^n_G X$, 满足条件

$$\pi^n_{G'G} \circ \pi^n_{G'} = \pi^n_G.$$

36.21. 证明: 映射 π_G^n 既是开的, 又是闭的.

36.22. 证明: 映射 $\pi_{G'G}^n$ 既是开的, 又是闭的.

由于超对称关系强于对称关系, 存在唯一映射

$$q_n\colon\ SP^nX \to \exp_n X,$$

使得 $\pi_n = q_n \circ \pi^n$.

36.23. 证明: 映射 q_n 是商映射.

现在返回超空间. 将紧致豪斯多夫空间简称为 *紧统*.

36.24. 证明: 如果 X 是紧统, 则 $\exp X$ 也是紧统.

36.25. 证明: 如果 X 是紧统, 则 $\exp_n X$ 也是紧统.

36.26. 证明: 如果 X 是紧统, 则 $SP_G^n X$ 也是紧统.

36.27. 证明: 在菲托里斯拓扑的定义中 (在紧致的 X 的情形), 作为基集合可以取形式如 $O\langle U_1, \ldots, U_k\rangle$ 的集合, 其中 $U_1, \ldots, U_k$ 取遍空间 X 的某个基.

用 wX 表示空间 X 的 *权*, 即空间 X 的基的最小基数.

36.28. 证明: 如果 X 是无穷的紧统, 则

$$wX = w\exp X = w\exp_n X = wSP_G^n X.$$

设 (X, ρ) 是有界度量空间. 用 ρ_H 表示在 $\exp X$ 上的下列距离函数:

$$\rho_H(F_1, F_2) = \inf\{\varepsilon > 0 \mid F_1 \subset O_\varepsilon F_2,\ F_2 \subset O_\varepsilon F_1\},$$

其中 $O_\varepsilon A$ 表示围绕集合 A 的开 ε-球.

36.29. 证明: 函数 ρ_H 是集合 $\exp X$ 上的度量, 它在 $X = \exp_1 X$ 上与度量 ρ 一致.

函数 ρ_H 称为由度量 ρ 生成的豪斯多夫度量.

36.30. 证明: 在 $\exp_n X$ 上的豪斯多夫度量生成菲托里斯拓扑.

36.31. 证明: 如果空间 X 是可度量的, 则 $SP_G^n X$ 同样是可度量的.

36.32. 证明: 如果 (X, ρ) 是度量紧统, 则在 $\exp X$ 上的豪斯多夫度量生成菲托里斯拓扑.

36.33. 证明: 如果 X 是度量紧统, 则 $\exp X$, $\exp_n X$, $SP_G^n X$ 也是度量紧统.

用 H^n 表示 $\mathbb{R}^n$ 中的 n 维闭半空间, 即 $H^n = \{x \mid x_1 > 0\}$. 用 $X(n)$ 表示空间 X 的 *整 n 次幂*, 即

$$X(n) = SP_{\mathbb{Z}_n}^n X,$$

其中 $\mathbb{Z}_n$ 是 S_n 的具有母元

$$\begin{pmatrix}1 & 2 & \cdots & n\\ n & 1 & \cdots & n-1\end{pmatrix}$$

的循环子群.

在习题 36.34–36.46 中, 验证距离拓扑空间的同胚性:

36.34. $\exp_2 I \approx I^2$.

36.35. $\exp_2 H^1 \approx H^2$.

36.36. $\exp_2 \mathbb{R} \approx H^2$.

36.37. $\exp_2 S^1$ 同胚于默比乌斯带.

36.38. $I(3) \approx I^3$.

36.39. $SP^3(I) \approx I^3$.

36.40. $\exp_3 I \approx I^3$.

36.41. $H^1(3) \approx H^3$.

36.42. $SP^3(H^1) \approx H^3$.

36.43. $\exp_3 H^1 \approx H^3$.

36.44. $\mathbb{R}(3) \approx \mathbb{R}^3$.

36.45. $SP^3(\mathbb{R}) \approx H^3$.

36.46. $\exp_3(\mathbb{R}) \approx \mathbb{R}^3$.

36.47. 证明: 空间 $\exp_3(S^1)$ 是单连通的.

36.48. 证明: 空间 $SP^3(S^1)$ 不是单连通的.

36.49. 证明: 空间 $S^1(3)$ 不是单连通的.

在习题 36.50–36.58 中建立拓扑空间的同胚性:

36.50. $S^1(3) \approx S^1 \times S^2$.

36.51. $SP^3(S^1) \approx S^1 \times I^2$.

36.52. $\exp_3(S^1) \approx S^3$.

36.53. $\exp_4 I \not\subset \mathbb{R}^4$.

36.54. $\exp_4 I$ 不是拓扑流形.

36.55. $SP^n I \approx I^n$, $n \geqslant 4$.

36.56. $SP^n H^1 \approx H^n$, $n \geqslant 4$.

36.57. $SP^n \mathbb{R} \approx H^n$, $n \geqslant 4$.

36.58. $SP^n S^1 \approx \begin{cases} S^1 \rtimes I^{n-1}, & n \text{ 是偶数},\\ S^1 \times I^{n-1}, & n \text{ 是奇数}.\end{cases}$

这里, 用 $S^1 \rtimes I^{n-1}$ 表示 S^1 上的带纤维 I^{n-1} 的唯一非平凡纤维丛.

36.59. 证明: 空间 $M(4)$ 无论对于怎样的拓扑流形 M 都不是拓扑流形.

36.60. 证明: 空间 $\exp_3 M^2$ 不是拓扑流形.

在习题 36.61–36.66 中建立拓扑空间的同胚性:

36.61. $SP^n I^2 \approx I^{2n}$.

36.62. $SP^n H^2 \approx H^{2n}$.

36.63. $SP^n \mathbb{R}^2 \approx \mathbb{R}^{2n}$.

36.64. $SP^n S^2 \approx \mathbb{C}P^n$

36.65. $SP^n(\mathbb{R}^2 \setminus \{0\}) \approx (R^2 \setminus \{0\}) \times \mathbb{R}^{2n-2}$.

36.66. $SP^n(S^1 \times I) \approx S^1 \times I^{2n-1}$.

部分习题的答案和解答

第一部分

1.1. a) $x_1 = a_1 u_1 \cos u_2$, $x_2 = a_2 u_1 \sin u_2$; b) 见图 113; c) $a_1 a_2 u_1$, $\dfrac{1}{a_1 a_2 u_1}$, 在原点 $x_1 = x_2 = 0$ 一一对应遭破坏.

1.2. a) $x_1 = \cos u_2 \cosh u_1$, $x_2 = \sin u_2 \sinh u_1$; b) 见图 114;

c) $\sinh^2 u_1 + \sin^2 u_2$, $\dfrac{1}{\sinh^2 u_1 + \sin^2 u_2}$.

1.3. a) $x_1 = u_1^2 - u_2^2$, $x_2 = 2u_1 u_2$; b) 见图 115; c) $4(u_1^2 + u_2^2)$, $\dfrac{1}{4(u_1^2 + u_2^2)}$.

1.4. a) $x_1 = \dfrac{\sinh u_1}{\cos u_2 + \cosh u_1}$, $x_2 = \dfrac{\sin u_2}{\cos u_2 + \cosh u_1}$; b) 见图 116;

c) $\dfrac{1}{(\cos u_2 + \cosh u_1)^2}$, $(\cos u_2 + \cosh u_1)^2$.

1.5. a) $x_1 = u_1^3 - 3u_1 u_2^2$, $x_2 = 3u_1^2 u_2 - u_2^3$; b) $9(u_1^2 + u_2^2)^2$, $\dfrac{1}{9(u_1^2 + u_2^2)^2}$.

1.6. b) $a_1 a_2 u_1$, $\dfrac{1}{a_1 a_2 u_1}$, 在 $x_1 = x_2 = 0$ 一一对应遭破坏; c) 如果 $a_1 \neq a_2$, 不是正交坐标系, 如果 $a_1 = a_2$, 则是正交坐标系.

1.7. b) $a_1 a_2 a_3 u_1^2 \sin u_2$, $\dfrac{1}{a_1 a_2 a_3 u_1^2 \sin u_2}$, 当 $x_1 = x_2 = 0$ 时一一对应遭破坏;

c) 如果 $a_1 \neq a_2$, 不是正交坐标系, 如果 $a_1 = a_2$, 则是正交坐标系.

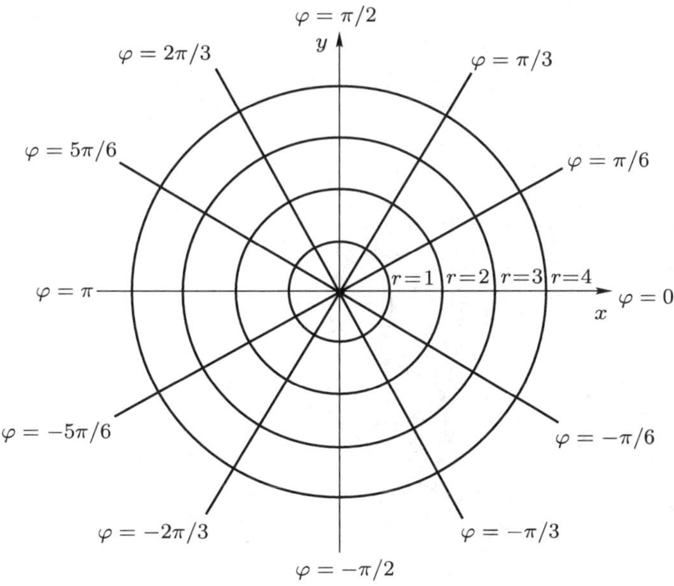

图 113 极坐标系, $a_1 = a_2 = 1,\ x_1 = x,\ x_2 = y,\ u_1 = r,\ u_2 = \varphi$

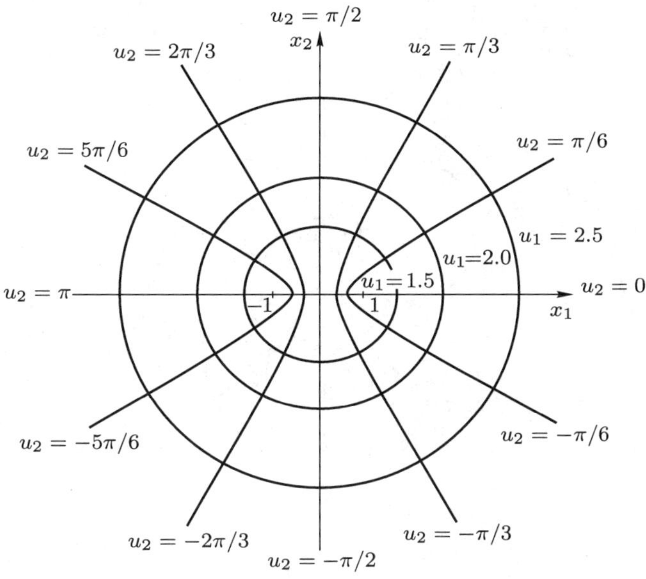

图 114 椭圆坐标系

1.8. b) $\dfrac{(u_1-u_2)(u_3-u_1)(u_2-u_3)}{8\sqrt{-\prod_{i,j=1}^{3}(a_i-u_j)}}$, $\dfrac{8\sqrt{-\prod_{i,j=1}^{3}(a_i-u_j)}}{(u_1-u_2)(u_3-u_1)(u_2-u_3)}$; c) 是.

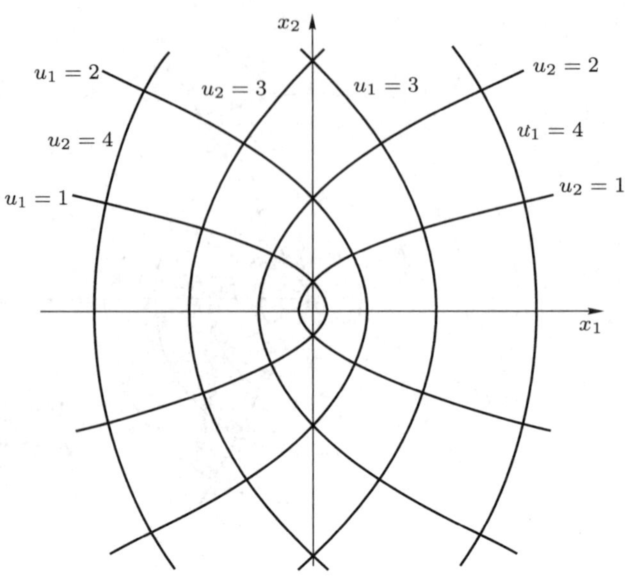

图 115　抛物线坐标系

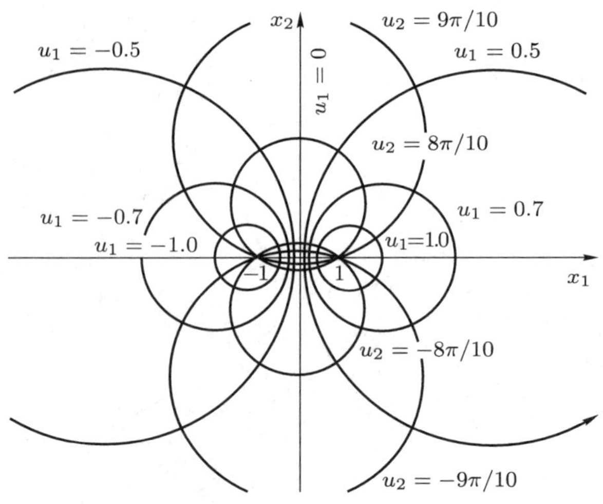

图 116　双极坐标系

1.9. b) $u_1^3u_2 + u_2^3u_1$, $\dfrac{1}{u_1^3u_2 + u_2^3u_1}$, 当 $x_1 = x_2 = 0$ 时一一对应遭破坏;

c) 是.

1.10. b) $\sinh u_1 \sin u_2(\sinh^2 u_1 + \sin^2 u_2)$, $\dfrac{1}{\sinh u_1 \sin u_2(\sinh^2 u_1 + \sin^2 u_2)}$;

c) 是.

1.11. b) $\cosh u_1 \sin u_2(\sinh^2 u_1 - \sin^2 u_2)$, $\dfrac{1}{\cosh u_1 \sin u_2(\sinh^2 u_1 - \sin^2 u_2)}$;

c) 是.

1.12. b) $\dfrac{\sinh u_1}{(\cosh u_1 - \cos u_2)^3}$, $\dfrac{(\cosh u_1 - \cos u_2)^3}{\sinh u_1}$; c) 是.

1.13. $\sqrt{v-u^2}\dfrac{\partial z}{\partial u}$. 定义域: $y>0$; 值域: $v>u^2$.

1.14. a) $\dfrac{\partial u}{\partial \varphi}$; b) $r\cos 2\varphi\dfrac{\partial u}{\partial r} - \sin 2\varphi\dfrac{\partial u}{\partial \varphi}$; c) $\left(\dfrac{\partial u}{\partial r}\right)^2 + \dfrac{1}{r^2}\left(\dfrac{\partial u}{\partial \varphi}\right)^2$;

d) $\dfrac{\partial^2 u}{\partial r^2} + \dfrac{1}{r^2}\dfrac{\partial^2 u}{\partial \varphi^2} + \dfrac{1}{r}\dfrac{\partial u}{\partial r}$.

1.15. $-4a^2\dfrac{\partial^2 z}{\partial u\partial v}$, $a\neq 0$.

1.16. $\dfrac{\partial^2 z}{\partial u^2} + \dfrac{\partial^2 z}{\partial v^2} + (u^2+v^2)k^2 z = 0$.

1.17. a) $\left(\dfrac{\partial V}{\partial r}\right)^2 + \dfrac{1}{r^2}\left(\dfrac{\partial V}{\partial \theta}\right)^2 + \dfrac{1}{r^2\sin^2\theta}\left(\dfrac{\partial V}{\partial \varphi}\right)^2$;

b) $\dfrac{\partial^2 V}{\partial r^2} + \dfrac{1}{r^2}\dfrac{\partial^2 V}{\partial \theta^2} + \dfrac{1}{r^2\sin^2\theta}\dfrac{\partial^2 V}{\partial \varphi^2} + \dfrac{\cot\theta}{r^2}\dfrac{\partial V}{\partial \theta} + \dfrac{2}{r}\dfrac{\partial V}{\partial r}$.

1.18.

$$\frac{\partial^2 V}{\partial u^2} = \frac{\partial^2 V}{\partial x^2}\left(\frac{\partial f}{\partial u}\right)^2 + \frac{\partial^2 V}{\partial y^2}\left(\frac{\partial f}{\partial v}\right)^2 - 2\frac{\partial^2 V}{\partial x\partial y}\frac{\partial f}{\partial u}\frac{\partial f}{\partial v} + \frac{\partial V}{\partial x}\frac{\partial^2 f}{\partial u^2} - \frac{\partial V}{\partial y}\frac{\partial^2 f}{\partial v\partial u},$$

$$\frac{\partial^2 V}{\partial v^2} = \frac{\partial^2 V}{\partial x^2}\left(\frac{\partial f}{\partial v}\right)^2 + \frac{\partial^2 V}{\partial y^2}\left(\frac{\partial f}{\partial u}\right)^2 + 2\frac{\partial^2 V}{\partial x\partial y}\frac{\partial f}{\partial u}\frac{\partial f}{\partial v} + \frac{\partial V}{\partial x}\frac{\partial^2 f}{\partial v^2} + \frac{\partial V}{\partial y}\frac{\partial^2 f}{\partial u\partial v},$$

$$\frac{\partial^2 f}{\partial u^2} + \frac{\partial^2 V}{\partial v^2} = 0.$$

1.19. $\dfrac{\partial^2 V}{\partial r^2} + \dfrac{1}{r^2}\dfrac{\partial^2 V}{\partial \varphi^2} + \dfrac{\partial^2 V}{\partial z^2} + \dfrac{1}{r}\dfrac{\partial V}{\partial r}$.

1.20. 提示　利用公式

$$\frac{\partial u}{\partial x} = \frac{\partial u}{\partial \rho}\cos\varphi - \frac{\sin\varphi}{\rho}\frac{\partial u}{\partial \varphi},\quad \frac{\partial u}{\partial y} = \frac{\partial u}{\partial \rho}\sin\varphi + \frac{\cos\varphi}{\rho}\frac{\partial u}{\partial \varphi},$$

$$\frac{\partial v}{\partial x} = \frac{\partial v}{\partial \rho}\cos\varphi - \frac{\sin\varphi}{\rho}\frac{\partial v}{\partial \varphi},\quad \frac{\partial v}{\partial y} = \frac{\partial v}{\partial \rho}\sin\varphi + \frac{\cos\varphi}{\rho}\frac{\partial v}{\partial \varphi}.$$

1.21. $\dfrac{1}{4(u^2+v^2)}\left(\dfrac{\partial^2 V}{\partial u^2} + \dfrac{\partial^2 V}{\partial v^2}\right)$.

1.22. $\dfrac{1}{a^2(\sinh^2 u + \sin^2 v)}\left(\dfrac{\partial^2 V}{\partial u^2} + \dfrac{\partial^2 V}{\partial v^2}\right)$.

1.23. $e^{-2u}\left(\dfrac{\partial^2 V}{\partial u^2} + \dfrac{\partial^2 V}{\partial v^2}\right)$.

2.1. $r = a\varphi$.

2.2. $r = r_0 e^{k\varphi}$, 其中 $\varphi = \omega t$.

2.3. $x = at - d\sin t,\ y = a - d\cos t$.

2.4. $x = (R+r)\cos\dfrac{rt}{R} - r\cos\dfrac{(R+r)t}{R},\ y = (R+r)\sin\dfrac{rt}{R} - r\sin\dfrac{(R+r)t}{R}$.

2.5. $x = (R-mR)\cos mt + mR\cos(t-mt)$,

$y = (R-mR)\sin mt - mR\sin(t-mt),\ m = r/R$. 比较习题 2.4.

2.6. 所求的曲线方程是

$$\mathbf{r}(t) = \mu(t)\mathbf{a} + \mathbf{b},$$

其中 $\mathbf{b}$ 是常向量, $\mu(t)$ 是函数 $\lambda(t)$ $(c < t < d)$ 的原函数.

几何上下列情形是可能的 $(t_0 \in (c, d))$:

曲线是与向量 $\mathbf{a}$ 共线的直线, 如果 $\displaystyle\int_c^{t_0} \lambda(t)dt$ 和 $\displaystyle\int_{t_0}^{d} \lambda(t)dt$ 都发散;

曲线是与向量 $\mathbf{a}$ 共线的射线, 如果 $\displaystyle\int_c^{t_0} \lambda(t)dt$ 收敛, $\displaystyle\int_{t_0}^{d} \lambda(t)dt$ 发散;

曲线是与向量 $-\mathbf{a}$ 共线的射线, 如果 $\displaystyle\int_c^{t_0} \lambda(t)dt$ 发散, $\displaystyle\int_{t_0}^{d} \lambda(t)dt$ 收敛;

曲线是与向量 $\mathbf{a}$ 共线的开线段, 如果 $\displaystyle\int_c^{d} \lambda(t)dt$ 收敛.

2.7. 所求的曲线方程是

$$\mathbf{r}(t) = \frac{t^2}{2}\mathbf{a} + t\mathbf{b} + \mathbf{c},$$

其中 $\mathbf{b}$ 和 $\mathbf{c}$ 是任意的常向量. 如果 $\mathbf{a}$ 和 $\mathbf{b}$ 线性无关, 则这个方程 (对于固定的 $\mathbf{b}, \mathbf{c}$) 给定以方向向量 $\mathbf{a}$ 为轴的抛物线. 如果 $\mathbf{a}$ 和 $\mathbf{b}$ 线性相关, 则得到平行于 $\mathbf{a}$ 的描绘两次的射线.

2.8. a) $|\mathbf{r}'|^2\,|\mathbf{r}' \times \mathbf{a}|^2$;　b) $-\langle \mathbf{r}', \mathbf{a}\rangle |\mathbf{r}' \times \mathbf{a}|^2$.

2.9. $\mathbf{r}' = (\varphi', \varphi + t\varphi'),\ \mathbf{r}'' = (\varphi'', 2\varphi' + t\varphi''),\ |\mathbf{r}' \times \mathbf{r}''| = 2\varphi'^2 - \varphi\varphi''$.

给定的方程定义直线, 当且仅当 $2\varphi'^2 - \varphi\varphi'' = 0$. 解这个方程, 求得 $\varphi = \dfrac{a}{1+bt}$, 其中 a 和 b 是常数.

2.10. 用 r 表示向量 $\mathbf{r}$ 的长度. 设向量 $\mathbf{e}$ 由公式 $\mathbf{r} = r\mathbf{e}$ 定义. 此时 $\dfrac{d\mathbf{r}}{d\varphi} = r'\mathbf{e} + r\dfrac{d\mathbf{e}}{d\varphi}$. 由于 $\mathbf{e} = (\cos\varphi, \sin\varphi)$, 故 $\dfrac{d\mathbf{e}}{d\varphi} = (-\sin\varphi, \cos\varphi)$, 即 $\dfrac{d\mathbf{e}}{d\varphi}$ 由 $\mathbf{e}$ 旋转角度

$\frac{\pi}{2}$ 而得到. 由 $\mathbf{e}$ 旋转 $\frac{\pi}{2}$ 而得到的向量用 $\mathbf{f}$ 表示. 因此, $\frac{d\mathbf{r}}{d\varphi}=r'\mathbf{e}+r\mathbf{f}$. 进而,

$$\frac{d^2\mathbf{r}}{d\varphi^2}=r''\mathbf{e}+2r'\mathbf{f}-r\mathbf{e}=(r''-r)\mathbf{e}+2r'\mathbf{f},$$

$$\left|\frac{d\mathbf{r}}{d\varphi}\times\frac{d^2\mathbf{r}}{d\varphi^2}\right|=\begin{vmatrix} r' & r \\ r''-r & 2r' \end{vmatrix}=2r'^2-rr''+r^2=0.$$

令 $r'=\omega$, 我们得到

$$r''=\frac{d\omega}{d\varphi}=\frac{d\omega}{dr}r'=\omega\frac{d\omega}{dr},$$

$$2\omega^2-\omega r\frac{d\omega}{dr}+r^2=0,\quad \frac{2\omega^2}{r^2}-\frac{\omega}{r}\frac{d\omega}{dr}+1=0.$$

令 $\omega^2=p$, $r^2=q$, 则有 $dp/dq=2p/q+1$. 解这个方程, 求得 $p=aq^2-q$, 或 $\omega^2=ar^4-r^2$, $r'=r\sqrt{ar^2-1}$. 在这个方程中作变量替换 $1/r=\xi$, 易得

$$\frac{1}{r}=C_1\sin(\varphi+C_2),$$

其中 C_1,C_2 是任意常数.

直线经过极点的情形留给读者考察.

2.11. a) 考察向量 $\mathbf{r}(t)\times\mathbf{r}'(t)$. 它的导数等于 $\mathbf{r}(t)\times\mathbf{r}''(t)$. 根据牛顿第二定律 $F=m\mathbf{r}''(t)$, 这里 m 是质点 M 的质量. 由此,

$$\frac{d}{dt}(\mathbf{r}(t)\times\mathbf{r}'(t))=\mathbf{r}(t)\times\frac{\mathbf{F}}{m}.$$

按照条件有 $\mathbf{F}=F\mathbf{r}$, 由此, $\frac{d}{dt}(\mathbf{r}(t)\times\mathbf{r}'(t))=0$. 于是向量 $\mathbf{r}(t)\times\mathbf{r}'(t)$ 是常向量. 因此质点 M 的运动在某个正交于 $\mathbf{r}(t)\times\mathbf{r}'(t)$ 的平面上进行.

b) $u^2\left(\frac{d^2u}{d\varphi^2}+u\right)=-\frac{F}{mc^2}$, $u=\frac{1}{r}$, $c=\text{const}$.

c) 我们用 $\mathbf{a}$ 表示常向量 $\mathbf{r}(t)\times\mathbf{r}'(t)$. 这里用 r 表示向量 $\mathbf{r}$ 的长度. 我们有

$$\mathbf{a}\times\mathbf{r}''=\mathbf{a}\times\frac{\mathbf{F}}{m}=-\frac{k}{r^3}\mathbf{a}\times\mathbf{r}=-\frac{k}{r^3}(\mathbf{r}\times\mathbf{r}')\times\mathbf{r}=-k\frac{r\mathbf{r}'-r'\mathbf{r}}{r^2}=-k\frac{d}{dt}\left(\frac{\mathbf{r}}{r}\right).$$

在所有情形下我们用记号 r' 表示的是 $\frac{dr}{dt}$, 而非 $\left|\frac{d\mathbf{r}}{dt}\right|$. 这样一来,

$$\frac{d}{dt}\left(\mathbf{a}\times\mathbf{r}'+k\frac{\mathbf{r}}{r}\right)=0.$$

积分即得

$$\mathbf{a}\times\mathbf{r}'+k\frac{\mathbf{r}}{r}=\mathbf{b}=\text{常向量}.$$

在这个等式两端与 $\mathbf{r}$ 作数量积, 并且注意到 $\langle \mathbf{a}\times\mathbf{r}', \mathbf{r}\rangle = \langle \mathbf{a}, \mathbf{r}'\times\mathbf{r}\rangle = -|\mathbf{a}|^2$, 我们有 $-|\mathbf{a}|^2 + k|\mathbf{r}| = \langle \mathbf{b}, \mathbf{r}\rangle$. 我们提醒, 运动是在垂直于向量 $\mathbf{a}$ 的平面内进行的 (因为从关系 $\mathbf{r}\times\mathbf{r}' = \mathbf{a}$ 推出 $\langle \mathbf{a}, \mathbf{r}\rangle = 0$). 在这个平面上引进极坐标系, 其极点是径向量起点, 而极轴方向正是沿向量 $\mathbf{b}$ 的方向. 我们得到 $-|\mathbf{a}|^2 + k|\mathbf{r}| = |\mathbf{b}|\,|\mathbf{r}|\cos\varphi$, 由此推出 $|\mathbf{r}| = |\mathbf{a}|^2/(k - |\mathbf{b}|\cos\varphi)$, 这是二次曲线. 于是特别得知向量 $\mathbf{b}$ 沿求得的二次曲线的轴的方向.

2.12. 引进笛卡儿直角坐标系, 取 Oz 轴与向量 $\mathbf{H}$ 共线. 此时 $\mathbf{r} = x\mathbf{i}+y\mathbf{j}+z\mathbf{k}$, 而给定的微分方程取下列形式:

$$x'' = ay', \quad y'' = -ax', \quad z'' = 0, \quad \text{其中 } a = |\mathbf{H}|.$$

从关系 $z'' = 0$ 求得 $z = C_1 t + C_2$; 从关系 $x'' = ay'$, $y'' = -ax'$ 求得

$$x = C_3\cos at + C_4\sin at + C_5, \quad y = -C_3\sin at + C_4\cos at + C_6.$$

当 $C_1 \neq 0$ 时这是螺旋线族, 其轴与向量 $\mathbf{H}$ 共线; 当 $C_1 = 0$ 时我们得到圆周族, 它们位于正交于向量 $\mathbf{H}$ 的平面上.

2.13. 圆周, 其中心在经过径向量的起点并且与向量 $\boldsymbol{\omega}$ 共线的直线上, 而这个圆周所在的平面垂直于上述直线.

2.14. 直线, 沿着它垂直于向量 $\mathbf{e}$ 的平面同包含过坐标原点并且与 $\mathbf{e}$ 共线的直线的平面相交.

2.15. 引进笛卡儿直角坐标系, 取 Oz 轴与向量 $\mathbf{e}$ 共线. 此时 $a\mathbf{e} + \mathbf{e}\times\mathbf{r} = -y\mathbf{i} + x\mathbf{j} + a\mathbf{e}$, 并且给定的微分方程具有形式 $x' = -y$, $y' = x$, $z' = a$. 从关系 $x' = -y$, $y' = x$ 求得 $x^2 + y^2 = C_1$, 这是圆柱族, 圆柱的轴为过径向量的起点并且与向量 $\mathbf{e}$ 共线的直线. 进而,

$$\frac{dx}{dz} = -\frac{y}{a}, \quad \frac{dy}{dz} = \frac{x}{a},$$

由此得到

$$\frac{xdy - ydx}{dz} = \frac{x^2 + y^2}{a}, \quad a\frac{xdy - ydx}{x^2} = \left(1 + \frac{y^2}{x^2}\right)dz,$$

$$\frac{ad(y/x)}{1 + y^2/x^2} = dz, \quad z + C_2 = a\arctan\frac{y}{x},$$

这是以上述圆柱的轴为轴的正螺旋面族. 积分曲线是螺旋线. 最后还有 $z = at + C_3$. 从所得到的关系容易用 t 表示 x, y, z.

2.16. 圆周, 在坐标原点切于 (与 $\mathbf{e}$ 共线的) Oz 轴.

2.17. $\arctan 3$.

2.18. $\pi/4$ 和 $\pi/2$.

2.19. $\arctan 3$.

2.20. a) $s=\int_0^x \sqrt{1+y'^2}\,dx=\dfrac{a}{2}(e^{x/a}-e^{-x/a})$;

b) $s=\int_0^x \sqrt{1+y'^2}\,dx=\dfrac{1}{27}((4+9x)^{3/2}-8)$;

c) $s=\int_0^x \sqrt{1+y'^2}\,dx=\dfrac{x}{2}\sqrt{1+4x^2}+\dfrac{1}{4}\ln(2-x+\sqrt{1+4x^2})$;

d) $s=\int_1^x \sqrt{1+y'^2}\,dx=\sqrt{1+x^2}+\ln\dfrac{\sqrt{1+x^2}}{x}-\sqrt{2}-\ln(\sqrt{2}-1)$;

e) $s=\int_0^\varphi \sqrt{r^2+(dr/d\varphi)^2}\,d\varphi=4a\sin\dfrac{\varphi}{2}$;

f) $s=\int_0^t \sqrt{x'^2+y'^2}\,dt=4a\Big(1-\cos\dfrac{t}{2}\Big)$;

g) $s=\int_0^t \sqrt{x'^2+y'^2}\,dt=\dfrac{at^2}{2}$;

h) $s=\int_0^t \sqrt{x'^2+y'^2}\,dt=\dfrac{8a}{3}\sin\dfrac{t}{2}$;

i) $s=\int_0^t \sqrt{x'^2+y'^2}\,dt=\dfrac{3a}{2}\sin^2 t$;

j) $s=\int_0^x \sqrt{1+y'^2}\,dx=\sqrt{1+e^{2x}}+\dfrac{1}{2}\ln\dfrac{\sqrt{1+e^{2x}}-1}{\sqrt{1+e^{2x}}+1}-\sqrt{2}-\ln(\sqrt{2}-1)$;

k) $s=\int_{\pi/2}^t \sqrt{x'^2+y'^2}\,dt=a\ln(\sin t)$.

2.21. $f(\alpha)+f''(\alpha)$, 如果 $f'(\alpha)+f'''(\alpha)>0$.

2.22. $\mathbf{r}(u,v)=((a+b\cos v)\cos u,(a+b\cos v)\sin u,b\sin v)$.

2.23. 设在运动的初始时刻第一条直线同 Ox 轴重合, 而条件中提到的第二条直线同 Oz 轴重合. 那么正螺旋面的方程有形式

$$\mathbf{r}=(v\cos u,v\sin u,ku)$$

这里 v 是螺旋面的点到它的轴 (Oz 轴) 的距离, u 是点的经度.

2.24. $\mathbf{r}=\Big(v,a\cos u\cosh\dfrac{v}{a},a\sin u\cosh\dfrac{v}{a}\Big)$, 其中 u 是经度, v 是曲面的点到悬链面的喉截面的有向距离.

2.25. $\mathbf{r}=\Big(a\ln\tan\Big(\dfrac{\pi}{4}+\dfrac{t}{2}\Big)-a\sin t,a\cos t\cos u,a\cos t\sin u\Big)$.

2.26. 设

$$x=(a+R\cos\theta)\cos\varphi,\quad y=(a+R\cos\theta)\sin\varphi,\quad z=R\sin\theta$$

是环面的参数表示. 这里 R 是经线 (即旋转圆) 的半径, $a > R$ 是经线圆圆心到沿 Oz 轴的旋转轴的距离. 在环面的曲率为负 (在 $K > 0$ 的点切平面与环面不相交) 并且切平面重合的一对点, 有内部坐标 (φ_0, θ_0) 和 $(\varphi_0 + \pi, \pi + \theta_0)$, 其中 $\cos\theta_0 = -R/a$. 为了得到这些点应当利用事实: 这个切平面与平面 xOz 沿与环面的两个对径的经线相切的直线相交. 进而通过直接的计算得到切平面有方程 $-R(x\cos\varphi_0 + y\sin\varphi_0) + \sqrt{a^2 - R^2}\,z = 0$, 而这个平面与环面的交给出方程为

$$
\begin{aligned}
x &= \sqrt{a^2 - R^2}\,\sin\theta\cos\varphi_0 \mp (a\cos\theta + R)\sin\varphi_0, \\
y &= \sqrt{a^2 - R^2}\,\sin\theta\sin\varphi_0 \pm (a\cos\theta + R)\cos\varphi_0, \\
z &= R\sin\theta
\end{aligned}
$$

的两条相交曲线的并. 由此容易得到维拉索圆周的半径 (等于 a) 以及在这个圆周和环面的纬线之间的角: $\arcsin(R/a)$.

3.1. a) 单位球面的方程是 $x^2 + y^2 + z^2 = 1$:

$$
z = \pm\sqrt{1 - x^2 - y^2}, \quad \mathbf{r}(x, y) = (x, y, \pm\sqrt{1 - x^2 - y^2}),
$$

$$
\mathbf{r}'_x = \left(1, 0, \frac{\mp x}{\sqrt{1 - x^2 - y^2}}\right), \quad \mathbf{r}'_y = \left(0, 1, \frac{\mp y}{\sqrt{1 - x^2 - y^2}}\right).
$$

由此得 (对于坐标 z 的符号的任意选取)

$$
g_{11} = \langle \mathbf{r}_x, \mathbf{r}_x \rangle = 1 + \frac{x^2}{1 - x^2 - y^2} = \frac{1 - y^2}{1 - x^2 - y^2},
$$

$$
g_{12} = g_{21} = \langle \mathbf{r}_x, \mathbf{r}_y \rangle = \frac{xy}{1 - x^2 - y^2}, \quad g_{22} = \langle \mathbf{r}_y, \mathbf{r}_y \rangle = \frac{1 - x^2}{1 - x^2 - y^2},
$$

$$
ds^2 = \frac{(1 - y^2)dx^2 + 2xydxdy + (1 - x^2)dy^2}{1 - x^2 - y^2}.
$$

b) 考察球面的参数表示:

$$
x = \sin\theta\cos\varphi, \quad y = \sin\theta\sin\varphi, \quad z = \cos\theta.
$$

由此得到 $\mathbf{r} = (x(\theta, \varphi), y(\theta, \varphi), z(\theta, \varphi))$,

$\mathbf{r}'_\theta = (\cos\theta\cos\varphi, \cos\theta\sin\varphi, -\sin\theta)$,

$\mathbf{r}'_\varphi = (-\sin\theta\sin\varphi, \sin\theta\cos\varphi, 0)$,

$g_{11} = \langle \mathbf{r}'_\theta, \mathbf{r}'_\theta \rangle = 1$, $g_{12} = g_{21} = \langle \mathbf{r}'_\theta, \mathbf{r}'_\varphi \rangle = 0$, $g_{22}\langle \mathbf{r}'_\varphi, \mathbf{r}'_\varphi \rangle = \sin^2\theta$,

$ds^2 = d\theta^2 + \sin^2\theta d\varphi^2$.

c) $ds^2 = \dfrac{4(du^2 + dv^2)}{(1 + u^2 + v^2)^2}$. d) $ds^2 = \dfrac{4(dr^2 + r^2 d\varphi^2)}{(1 + r^2)^2}$. e) $ds^2 = \dfrac{4dwd\bar{w}}{(1 + w\bar{w})^2}$.

3.2. a) $t^2-x^2-y^2=1,\ ds^2=dx^2+dy^2-dt^2$,

$ds^2=\dfrac{(y^2+1)dx^2-2xydxdy+(x^2+1)dy^2}{1+x^2+y^2}$;

b) $\mathbf{r}=(x,y,t),\ t=\cosh\chi,\ x=\sinh\chi\cos\varphi,\ y=\sinh\chi\sin\varphi$,

$ds^2=d\chi^2+\sinh^2\chi d\varphi^2$;

c) $ds^2=\dfrac{4(du^2+dv^2)}{(1-u^2-v^2)^2}$; d) $ds^2=\dfrac{4(dr^2+r^2d\varphi^2)}{(1-r^2)^2}$;

e) $ds^2=\dfrac{4dzd\bar{z}}{(1-z\bar{z})^2}$; f) $ds^2=\dfrac{dzd\bar{z}}{(\mathrm{Im}z)^2}$.

3.3. 提示 证明关于在度量 $ds^2=dx^2+dy^2$ 和 $dl^2=G(x,y)(dx^2+dy^2)$ 下角相等的更一般的断言.

3.18. a) 将在庞加莱模型中解此问题. 利用习题 3.2 d) 的结果:

$$R=\int_0^r\sqrt{\frac{4}{(1-\tau^2)^2}}d\tau=\int_0^r\frac{2}{1-\tau^2}d\tau=\ln\left|\frac{1+\tau}{1-\tau}\right|\Big|_0^r=\ln\frac{1+r}{1-r},$$

由此得到 $r=\dfrac{e^R-1}{e^R+1}$,

$$\begin{aligned}l&=\int_0^{2\pi}\sqrt{\frac{4r^2}{(1-r^2)^2}}d\varphi=\int_0^{2\pi}\frac{2r}{1-r^2}d\varphi\\&=4\pi\frac{(e^R-1)/(e^R+1)}{1-((e^R-1)/(e^R+1))^2}=2\pi\frac{e^{2R}-1}{2e^R}=2\pi\sinh R;\end{aligned}$$

$$\begin{aligned}S&=\int_0^r\int_0^{2\pi}\frac{4\tau}{(1-\tau^2)^2}d\varphi d\tau=4\pi\int_0^{r^2}\frac{dt}{(1-t)^2}\\&=4\pi\frac{1}{1-t}\Big|_0^{r^2}=4\pi\frac{r^2}{1-r^2}=4\pi\frac{(e^R-1)^2}{4e^R}=4\pi\sinh^2\frac{R}{2}.\end{aligned}$$

b) $l=2\pi\sin R,\ S=4\pi\sin^2\dfrac{R}{2}$.

3.19. a) 我们导出点 $(0,y_1)$ 和 $(0,y_2)$ 的距离公式:

$$l=\int_{y_1}^{y_2}\frac{d\tau}{\tau}=\ln|\tau|\big|_{y_1}^{y_2}=\ln\frac{y_2}{y_1},$$

$$\ln\frac{3}{y}=\ln\frac{y}{1},\quad \frac{3}{y}=\frac{y}{1},\quad y^2=3,\quad y=\sqrt{3}.$$

答案: $(0,\sqrt{3})$.

c) 利用对称性考虑, 我们得结论: 直线 $x=0$ 沿直径与我们的圆周相交. 留下的任务是求这个直径的中点:

$$\int_{r_1}^{r_2}\sqrt{\frac{4}{(1+r^2)^2}}dr=2\arctan r|_{r_1}^{r_2}=2\arctan\frac{r_2-r_1}{1+r_1r_2}.$$

$$2\arctan\frac{3-r}{1+3r}=2\arctan\frac{r-1}{1+r},$$

$$-r^2+3r-r+3=3r^2-3r+r-1,$$

$$4r^2-4r-4=0,\quad r_{1,2}=\frac{1\pm\sqrt{5}}{2}.$$

圆周的中心的坐标是 $\left(0,\dfrac{1+\sqrt{5}}{2}\right)$.

3.20. a) 设 $A=0.5+0.5i$, $B=0.9+0.3i$. 求上半平面到单位圆的分式线性变换, 使得 A 转换到 0, 而 B 转换到实轴上的点. 不难求出, 这样的变换可以取为 $\rho\colon z\mapsto\dfrac{(1+3i)z+(1-2i)}{(3-i)z-(1-2i)}$. 这时 $\rho\colon A\mapsto 0,\ B\mapsto\dfrac{1}{2}$.

在庞加莱度量下, 0 和 1/2 之间的距离等于 $\ln 3$ (见习题 3.18). 此时线段 AB 的中点在分式线性变换 ρ 下转换到形式如 $c+0i$ 的点, 这里 $c>0$. 这个点到 0 的距离应当等于 $\dfrac{1}{2}\ln 3$. 由此得 (见习题 3.18) 关于 c 的条件: $\ln\dfrac{1+c}{1-c}=\dfrac{1}{2}\ln 3$. 因此 $c=\dfrac{\sqrt{3}-1}{\sqrt{3}+1}$. 作逆分式线性变换, 我们得到线段 AB 的中点是

$$\rho^{-1}\left(\frac{\sqrt{3}-1}{\sqrt{3}+1}+0i\right)=\frac{3+\sqrt{3}i}{4}.$$

3.21. 设三角形的角等于 α, β 和 γ:

a) $S_\triangle=-\pi+\alpha+\beta+\gamma$; b) $S_\triangle=\pi-\alpha-\beta-\gamma$.

3.27. a) 当 $n\geqslant 2$ 时 (当 $n=2$ 时, 存在正二角形, 它是圆周); b) 当 $n\geqslant 2$ 时 (对于任意 $k>\dfrac{2n}{n-2}$ 存在正 k 角形; 当 $n=2$ 时这是圆周).

3.28. 提示 利用四点共圆的几何判别法和两个特殊复数的幅角的表达式.

3.29. 提示 利用正弦公式和习题 3.18 中的圆周长度的表达式.

3.30. 提示 利用习题 3.21 的结果.

3.31. a) 设 $y_1=OA$, $y_2=OB$. 此时

$$\rho(A,B)=\int_{y_1}^{y_2}\sqrt{\frac{1}{y^2}}\,dy=\ln|y|\Big|_{y_1}^{y_2}=\left|\ln\frac{OB}{OA}\right|.$$

b) 设 O 和 O_1 是实轴同过 A 和 B 的并且直径在实轴上的半圆的交点, 而 O_1 位于 O 的左侧. 进行中心在 O 和半径为 OO_1 的反演 I, 我们把这个圆周映射到竖直直线, 并且 A 和 B 的像的纵坐标将等于 $OO_1\cdot|\tan\alpha|$ 和 $OO_1\cdot|\tan\beta|$, 再利用 a) 和 I 是罗巴切夫斯基平面上的运动这一事实.

c) 用习题 3.5 中的分式线性变换把连结点 A 和 B 的直线转换为竖直直线.

3.32. a) 正确; b) 不正确. 在上半平面的模型上考察点 $1+i,\ -1+i,\ 2i$. 这时, 一方面, 我们知道, 在给定的模型里, 在罗巴切夫斯基度量下的圆周同 "通常" 的圆周一致, 而另一方面, 经过所考察的三个点的圆周有 "切点" 在绝对形上, 因此不是在罗巴切夫斯基平面度量意义下的圆周.

3.33. 例如, 可以在上半平面的模型中考察直线 $\operatorname{Re} z = 0$ 和 $z\bar{z} = 1$ 以及点 $5+i$ 和过此点的直线束.

3.34. a) a 是正六边形的边长, 而 R 是它的外接圆的半径. 按照习题 3.24, 此时有

$$\cosh a = \cosh^2 R - \cos\frac{\pi}{3}\sinh^2 R,$$

$$2\cosh a = 2\cosh^2 R - \sinh^2 R = 1 + \cosh^2 R,$$

$$\cosh a = \frac{1+\cosh^2 R}{2} > \cosh R \quad (R \neq 0), \quad a > R.$$

b) 解法类似 a). 答案: $a < R$.

3.35. a) 根据 3.24 b), 三角形的角的余弦等于 $\dfrac{\cosh a}{\cosh a + 1}$. 根据习题 3.21 b), $S_\triangle = \pi - 3\arccos\dfrac{\cosh a}{1+\cosh a}$.

b) 解法类似. 答案: $S_\triangle = -\pi + 3\arccos\dfrac{\cos a}{\cos a + 1}$.

3.36. a) 显然, 圆周的中心在直线 $x = -1$ 上. 设它的坐标是 $(-1, 4+a)$. 因为从圆的中心到点 $(-1,4)$ 和 $(-1,6)$ 的距离应当相等, 我们就得到方程

$$\ln\frac{6}{4+a} = \ln\frac{4+a}{4}.$$

解之得

$$(4+a)^2 = 24, \quad a = 2\sqrt{6} - 4.$$

于是, 圆心的坐标是 $(-1, 2\sqrt{6})$. 由此容易求得在罗巴切夫斯基度量下的圆周的半径. 留下的是利用习题 3.18 a).

答案: $S = 4\pi\sinh^2\left(\dfrac{1}{4}\ln\dfrac{3}{2}\right) = \left(\dfrac{5}{\sqrt{6}} - 2\right)\pi,\ l = 2\pi\sinh\left(\dfrac{1}{2}\ln\dfrac{3}{2}\right) = \dfrac{\pi}{\sqrt{6}}$.

b) 利用对称性考虑, 我们断言直线 $5x + y = 0$ 沿直径与我们的圆周相交, 直径的长度等于点 $\left(-1+\dfrac{1}{\sqrt{26}}, 5-\dfrac{5}{\sqrt{26}}\right)$ 和 $\left(-1-\dfrac{1}{\sqrt{26}}, 5+\dfrac{5}{\sqrt{26}}\right)$ 之间在习题 3.1 c) 的度量下的距离, 即

$$\int_{-1-\frac{1}{\sqrt{26}}}^{-1+\frac{1}{\sqrt{26}}} \sqrt{\frac{4(1^2+5^2)}{(1+x^2+25x^2)^2}}\,dx = 2\arctan(x\sqrt{26})\Big|_{-1-\frac{1}{\sqrt{26}}}^{-1+\frac{1}{\sqrt{26}}}$$

$$= 2\arctan\frac{1-\sqrt{26}+1+\sqrt{26}}{1-(1+\sqrt{26})(1-\sqrt{26})}$$
$$= 2\arctan\frac{1}{13}.$$

于是, 圆周有半径 $R = \arctan\frac{1}{13}$. 根据习题 3.18 b), 我们得到

$$S = 4\pi\sin^2\frac{R}{2} = 2\pi\Big(1-\frac{13}{\sqrt{170}}\Big), \quad l = 2\pi\sin R = \frac{2\pi}{\sqrt{170}}.$$

4.1. 在习题 a), b), f), g) 中证明并利用曲线 $\mathbf{r} = \mathbf{r}(t)$ 的曲率公式:

$$k = \frac{\big||\dot{\mathbf{r}}|^2\ddot{\mathbf{r}} - (\dot{\mathbf{r}},\ddot{\mathbf{r}})\dot{\mathbf{r}}\big|}{|\dot{\mathbf{r}}|^4} = \frac{|[\dot{\mathbf{r}},\ddot{\mathbf{r}}]|}{|\dot{\mathbf{r}}|^3}.$$

在习题 c), d), e) 中证明并利用对于用极坐标方程 $r = r(\varphi)$ 给定的曲线的曲率的一般公式:

$$k(\varphi) = \frac{|r^2+2(r')^2-rr''|}{(r^2+r'^2)^{3/2}}.$$

a) 1; b) $\frac{a}{y^2}$; c) $\frac{3r}{a^2}$; d) $\frac{3}{4a|\cos(\varphi/2)|}$; e) $\frac{2+\varphi^2}{a(1+\varphi^2)^{3/2}}$;
f) $\frac{1}{3a|\sin t\cos t|}$; g) $\frac{1}{4a|\sin(t/2)|}$.

4.3. a/b^2 和 b/a^2.

4.4. $k = |F_x^2F_{yy} - 2F_xF_yF_{xy} + F_y^2F_{xx}|/(F_x^2+F_y^2)^{3/2}$.

4.5. $k = \dfrac{|P(Q(\partial Q/\partial x) - P(\partial Q/\partial y)) + Q(P(\partial P/\partial y) - Q(\partial P/\partial x))|}{(P^2+Q^2)^{3/2}}$.

4.6. $k(\varphi) = |2(r')^2 - r''r + r^2|/((r')^2+r^2)^{3/2}$.

4.7. $\mathbf{r}(s) = \left(a\cos\frac{s}{\sqrt{a^2+b^2}}, a\sin\frac{s}{\sqrt{a^2+b^2}}, \frac{bs}{\sqrt{a^2+b^2}}\right)$.

4.8. $\mathbf{r}(s) = \frac{s+\sqrt{3}}{\sqrt{3}}\left(\cos\left(\ln\frac{s+\sqrt{3}}{\sqrt{3}}\right), \sin\left(\ln\frac{s+\sqrt{3}}{\sqrt{3}}\right), 1\right)$.

4.9. $\mathbf{r}(s) = \left(\sqrt{\frac{2+s^2}{2}}, \frac{s}{\sqrt{2}}, \ln\left(\frac{s}{\sqrt{2}} + \sqrt{\frac{2+s^2}{2}}\right)\right)$.

4.10. a) $k = \sqrt{2}/(e^t+e^{-t})^2$, $\varkappa = -\sqrt{2}/(e^t+e^{-t})^2$;
b) $k = 2t/(1+2t^2)^2$, $\varkappa = -2t/(1+2t^2)^2$;
c) $k = \frac{\sqrt{2}}{3e^t}$, $\varkappa = -\frac{1}{3e^t}$;
d) $k = \varkappa = \frac{1}{3(t^2+1)^2}$;

e) $k = \dfrac{3}{25|\sin t\cos t|}$, $\varkappa = \dfrac{4}{25\sin t\cos t}$.

4.11. $k = 1/\sqrt{6}$, $\varkappa = 1$.

4.12. $k = \sqrt{6}/9$, $\varkappa = -1/2$.

4.13. $k = \dfrac{\sqrt{y''^2 + z''^2 + (y'z'' - y''z')^2}}{(1 + y'^2 + z'^2)^{3/2}}$, $\varkappa = \dfrac{y''z''' - y'''z''}{y''^2 + z''^2 + (y'z'' - y''z')^2}$;

$$\mathbf{v} = \frac{(1, y', z')}{\sqrt{1 + y'^2 + z'^2}}, \quad \mathbf{b} = \frac{(y'z'' - y''z', -z'', y'')}{\sqrt{y''^2 + z''^2 + (y'z'' - y''z')^2}},$$

$$\mathbf{n} = \frac{(-z'z'' - y'y'', y'' - z'(y'z'' - y''z'), z'' + y'(y'z'' - y''z'))}{\sqrt{(z'z'' + y'y'')^2 + (y'' - z'(y'z'' - y''z'))^2 + (z'' + y'(y'z'' - z'y''))^2}}.$$

4.14. $\mathbf{v} = \dfrac{(2t, -1, 3t^2)}{\sqrt{1 + 4t^2 + 9t^4}}$, $\quad \mathbf{n} = \dfrac{(1 - 9t^4, 2t + 9t^3, 3t + 6t^3)}{\sqrt{(1 - 9t^4)^2 + (2t + 9t^3)^2 + (3t + 6t^3)^2}}$,

$\mathbf{b} = \dfrac{(-3t, -3t^2, 1)}{\sqrt{1 + 9t^2 + 9t^4}}$; $k = \dfrac{2(1 + 9t^2 + 9t^4)^{1/2}}{(1 + 4t^2 + 9t^4)^{3/2}}$, $\varkappa = \dfrac{3}{1 + 9t^2 + 9t^4}$.

4.15. a) $k = \dfrac{a}{a^2 + h^2}$, $\varkappa = \dfrac{h}{a^2 + h^2}$. b) 当 $h = a$ 时.

c) $\mathbf{v} = \dfrac{1}{\sqrt{a^2 + h^2}}(-a\sin t, a\cos t, h)$, $\mathbf{n} = (-\cos t, -\sin t, 0)$,

$\mathbf{b} = \dfrac{1}{\sqrt{a^2 + h^2}}(h\sin t, -h\cos t, a)$.

4.16. 如果圆柱面的圆周的长度等于螺旋线的螺距.

4.18. 提示

$$Y\colon \mathbf{x} = \begin{pmatrix} x^1 \\ x^2 \\ x^3 \end{pmatrix} \mapsto \mathbf{y} \times \mathbf{x} = \begin{pmatrix} y^2x^3 - y^3x^2 \\ y^3x^1 - y^1x^3 \\ y^1x^2 - y^2x^1 \end{pmatrix} = \begin{pmatrix} 0 & -y^3 & y^2 \\ y^3 & 0 & -y^1 \\ -y^2 & y^1 & 0 \end{pmatrix} \begin{pmatrix} x^1 \\ x^2 \\ x^3 \end{pmatrix} = Y \cdot \mathbf{x},$$

所以算子 Y 由反对称矩阵定义:

$$\begin{pmatrix} 0 & -y^3 & y^2 \\ y^3 & 0 & -y^1 \\ -y^2 & y^1 & 0 \end{pmatrix}.$$

4.19. 提示　验证雅可比恒等式

$$\mathbf{x} \times (\mathbf{y} \times \mathbf{z}) + \mathbf{y} \times (\mathbf{z} \times \mathbf{x}) + \mathbf{z} \times (\mathbf{x} \times \mathbf{y}) = 0.$$

由此导出

$$(\mathbf{y}\times\mathbf{z})\times\mathbf{x}=\mathbf{y}\times(\mathbf{z}\times\mathbf{x})-\mathbf{z}\times(\mathbf{y}\times\mathbf{x}).$$

4.21. a) $R^2+4s^2-6as=0$, 当 $0\leqslant t\leqslant\pi/2$ 时;

b) $(27s+8)^2=\left(4+9\cdot\dfrac{36R^2}{(27s+8)^2}\right)^3$;

c) $s=\dfrac{1}{4}\sqrt{\sqrt[3]{4R^2}-1}+\sqrt[3]{2R}+\dfrac{1}{4}\ln\left(\sqrt{\sqrt[3]{4R^2}-1}+\sqrt[3]{2R}\right)$;

d) 参数表示的自然方程:

$$s=\sqrt{1+x^2}+\ln\frac{\sqrt{1+x^2}-1}{x},\quad k=\frac{x}{(1+x^2)^{3/2}};$$

e) $R=a+\dfrac{s^2}{a}$;

f) 参数表示的自然方程

$$s=\sqrt{1+e^{2x}}+\ln\frac{\sqrt{1+e^{2x}}-1}{e^x},\quad k=\frac{e^x}{(1+e^{2x})^{3/2}};$$

g) $R^2+a^2=a^2e^{-2s/a}$;

h) $s^2+9R^2=16a^2$, 当 $0\leqslant\varphi\leqslant\pi/4$ 时;

i) $R^2=2as$;

j) $R^2+s^2-8as=0$, 当 $0\leqslant t\leqslant 2\pi$ 时, 这里 $R=1/k$.

4.22. a) $r=Ce^{a\varphi}$, 对数螺线, 其中 r,φ 是极坐标, $C=ae^{a\arctan a}/\sqrt{a^2+1}$;

b) $x(t)=\dfrac{a}{2}\left(\dfrac{b}{a+b}\sin\dfrac{(a+b)t}{b}+\dfrac{b}{a-b}\sin\dfrac{(a-b)t}{b}\right)$,

$y(t)=\dfrac{a}{2}\left(-\dfrac{b}{a+b}\cos\dfrac{(a+b)t}{b}-\dfrac{b}{a-b}\cos\dfrac{(a-b)t}{b}\right)$, 当 $0\leqslant t\leqslant\dfrac{\pi}{2}$ 时;

c) $\mathbf{r}(s)=\left(\displaystyle\int_0^s\cos\frac{s^2}{2a^2}\,ds,\int_0^s\sin\frac{s^2}{2a^2}\,ds\right)$, 考纽螺线 (Cornu spiral);

d) $x(t)=a\ln\left(\tan\left|\dfrac{\pi}{4}+\dfrac{t}{2}\right|\right)$, $y(t)=\dfrac{a}{\cos t}$, 悬链线, $0\leqslant t\leqslant\dfrac{\pi}{2}$;

e) $r(t)=(a(\cos t+t\sin t),a(\sin t-t\cos t))$, 圆周的渐伸线.

4.23. 提示 $\sqrt{x'(t)^2+y'(t)^2+z'(t)^2}=1$. $y(s)=\mathrm{const}$, $z(s)=\mathrm{const}$.

4.25. $r=Ce^{\pm k\varphi}$, $k=\cot\alpha$, $C=\mathrm{const}$, r,φ 是极坐标.

4.26. $p=|\langle\mathbf{r},\mathbf{n}\rangle|$. 假定 $\langle\mathbf{r},\mathbf{n}\rangle>0$; 此时有 $p=\langle\mathbf{r},\mathbf{n}\rangle$. 由此得

$$\frac{dp}{ds}=\langle\dot{\mathbf{r}},\mathbf{n}\rangle+\langle\mathbf{r},\dot{\mathbf{n}}\rangle=-k\langle\mathbf{r},\mathbf{v}\rangle=-k\langle\mathbf{r},\dot{\mathbf{r}}\rangle.$$

注意到 $\langle\mathbf{r},\mathbf{r}\rangle=l^2$, 即得 $\langle\mathbf{r},\dot{\mathbf{r}}\rangle=l\dot{l}$. 于是

$$\frac{dp}{ds}=-kl\frac{dl}{ds},$$

由此即得所需要的关系.

4.29. 我们把密切圆方程写成形式 $(\boldsymbol{\rho}-\mathbf{r}_0-R_0\mathbf{n}_0)^2=R_0^2$. 由此得到

$$\langle\boldsymbol{\rho}-\mathbf{r}_0,\boldsymbol{\rho}-\mathbf{r}_0\rangle-2R_0\langle\mathbf{n}_0,\boldsymbol{\rho}-\mathbf{r}_0\rangle=0.$$

考察函数

$$\varphi(s)=\langle\mathbf{r}-\mathbf{r}_0,\mathbf{r}-\mathbf{r}_0\rangle-2R_0\langle\mathbf{n}_0,\boldsymbol{\rho}-\mathbf{r}_0\rangle.$$

我们有

$$\varphi'(s)=\langle\mathbf{r}-\mathbf{r}_0,\mathbf{v}\rangle-2R_0\langle\mathbf{n}_0,\mathbf{v}\rangle,$$

$$\varphi''(s)=2+2k\langle\mathbf{n},\mathbf{r}-\mathbf{r}_0\rangle-2R_0k\langle\mathbf{n}_0,\mathbf{n}\rangle,$$

$$\varphi'''(s)=2\dot{k}\langle\mathbf{n},\mathbf{r}-\mathbf{r}_0\rangle-2k^2\langle\mathbf{v},\mathbf{r}-\mathbf{r}_0\rangle-2R_0\dot{k}\langle\mathbf{n}_0,\mathbf{n}\rangle+2R_0k^2\langle\mathbf{n}_0,\mathbf{v}\rangle.$$

于是

$$\varphi'(s_0)=0,\quad \varphi''(s_0)=0,\quad \varphi'''(s_0)=-2R_0\dot{k}(s_0)\neq 0.$$

这就表明当 s 经过 s_0 时, $\varphi(s)$ 改变符号, 随即证明了断言.

4.30. 参见习题 4.29 的解答. 我们有

$$\varphi'(s_0)=\varphi''(s_0)=\varphi'''(s_0)=0,$$

$$\begin{aligned}\varphi^{(4)}(s)=&\,2\ddot{k}\langle\mathbf{n},\mathbf{r}-\mathbf{r}_0\rangle-2k\dot{k}\langle\mathbf{v},\mathbf{r}-\mathbf{r}_0\rangle-4k\dot{k}\langle\mathbf{v},\mathbf{r}-\mathbf{r}_0\rangle-2k^3\langle\mathbf{n},\mathbf{r}-\mathbf{r}_0\rangle\\&-2k^2-2R_0\ddot{k}\langle\mathbf{n}_0,\mathbf{n}\rangle+2R_0k\dot{k}\langle\mathbf{n}_0,\mathbf{n}\rangle+4R_0k\dot{k}\langle\mathbf{n}_0,\mathbf{v}\rangle+2R_0k^3\langle\mathbf{n}_0,\mathbf{n}\rangle,\end{aligned}$$

$$\varphi^{(4)}(s_0)=-2k_0^2-2R_0\ddot{k}_0+2k_0^2=-2R_0\ddot{k}_0\neq 0,$$

这意味着 曲线的点相对于密切圆的距离[①]当 s 经过 s_0 时不改变符号.

4.31. 将认为向量 $\mathbf{a}$ 有单位长度, 而另一个常向量 $\mathbf{b}$ 是这样的, 使得 $\mathbf{a}$ 和 $\mathbf{b}$ 构成平面的标准正交基的正定向. 设 x,y 是点相对于基 $\mathbf{a},\mathbf{b}$ 的坐标. 在 a) 和 b) 中假定 $\dfrac{d\alpha}{ds}>0$.

a) $\dfrac{d\alpha}{ds}=k=\dfrac{1}{f(\alpha)},\ ds=f(\alpha)d\alpha,\ x=\displaystyle\int f(\alpha)\cos\alpha d\alpha,\ y=\int f(\alpha)\sin\alpha d\alpha;$

b) $\dfrac{d\alpha}{ds}=\dfrac{1}{R},\ f'(R)\dfrac{dR}{ds}=\dfrac{1}{R},\ ds=Rf'(R)dR,$

$$x=\int Rf'(R)\cos\left(f(R)\right)dR,\ y=\int Rf'(R)\sin\left(f(R)\right)dR;$$

c) $x=\displaystyle\int f'(\alpha)\cos\alpha d\alpha,\ y=\int f'(\alpha)\sin\alpha d\alpha;$

① 这里曲线的点相对于密切圆的距离, 指的是 $|\mathbf{r}-\mathbf{r}_0-R_0\mathbf{n}_0|-R_0$. ——译者注

d) $x=\int \cos(f(s))\,ds,\ y=\int \sin(f(s))\,ds.$

4.32. 以适当的方式选择坐标系, 把维维亚尼曲线的方程写成形式

$$x^2+y^2+z^2=a^2,\quad \left(x-\frac{a}{2}\right)^2+y^2=\frac{a^2}{4}.$$

为了组成参数方程, 令

$$x-\frac{a}{2}=\frac{a}{2}\cos t,\quad y=\frac{a}{2}\sin t.$$

即得

$$\frac{a^2}{4}(1+\cos t)^2+\frac{a^2}{4}\sin^2 t+z^2=a^2.$$

由此得到 $z=a\sin\frac{t}{2}$ (忽略符号, 因为如果 t 增加 2π, 则 x 和 y 不变而 z 改变符号). 这样一来,

$$\mathbf{r}=\left(\frac{a}{2}(1+\cos t),\ \frac{a}{2}\sin t,\ a\sin\frac{t}{2}\right).$$

切线

$$\mathbf{r}=\left(\frac{a}{2}(1+\cos t)-\lambda\sin t,\ \frac{a}{2}\sin t+\lambda\cos t,\ a\sin\frac{t}{2}+\lambda\cos\frac{t}{2}\right).$$

法平面: $x\sin t-y\cos t-z\cos\frac{t}{2}=0.$

副法线:

$$\mathbf{r}=\left(\frac{a}{2}(1+\cos t)+\lambda(2+\cos t)\sin\frac{t}{2},\ \frac{a}{2}\sin t-\lambda(1+\cos t)\cos\frac{t}{2},\ a\sin\frac{t}{2}+2\lambda\right).$$

主法线:

$$\mathbf{r}=\left(\frac{a}{2}(1+\cos t)-\lambda\left(2\cos t+(1+\cos t)\cos^2\frac{t}{2}\right),\right.$$
$$\left.\frac{a}{2}\sin t-\frac{\lambda}{2}(6+\cos t)\sin t,\ a\sin\frac{t}{2}-\lambda\sin\frac{t}{2}\right).$$

密切平面:

$$x(2+\cos t)\sin\frac{t}{2}-y(1+\cos t)\cos\frac{t}{2}+2z-\frac{a}{2}(5+\cos t)\sin\frac{t}{2}=0.$$

$$\mathbf{v}=\frac{(-\sin t,\cos t,\cos(t/2))}{\sqrt{1+\cos^2(t/2)}},$$

$$\mathbf{n}=\frac{(-\cos^2 t-6\cos t-1,-\sin t(6+\cos t),-2\sin(t/2))}{\sqrt{(\cos^2 t+6\cos t+1)^2+\sin^2 t(6+\cos t)^2+4\sin^2(t/2)}},$$

$$\mathbf{b}=\sqrt{\frac{2}{13+3\cos t}}\left((2+\cos t)\sin\frac{t}{2},-(1+\cos t)\cos\frac{t}{2},2\right);$$

$$k=\frac{1}{a}\sqrt{\frac{13+3\cos t}{2\left(1+\cos^2(t/2)\right)^3}},\quad \varkappa=\frac{12\cos(t/2)}{a(13+3\cos t)}.$$

4.33. 曲线的参数方程: $\mathbf{r}(t)=(\sqrt{2a}\,t,\sqrt{2b}\,t,t^2)$. 这意味着曲线位于平面 $x\sqrt{b}-y\sqrt{a}=0$ 上.

4.34. 考察函数

$$\varphi(s)=\langle\mathbf{b}(s_0),\mathbf{r}(s)-\mathbf{r}(s_0)\rangle,$$

其中 $\mathbf{r}(s_0)=M$. 我们有

$$\varphi'(s)=\langle\mathbf{b}(s_0),\mathbf{v}(s)\rangle,\quad \varphi''(s)=\langle\mathbf{b}(s_0),k(s)\mathbf{n}(s)\rangle,$$
$$\varphi'''(s)=\langle\mathbf{b}(s_0),k'(s)\mathbf{n}(s)-k(s)(-k(s)\mathbf{v}(s)+\varkappa(s)\mathbf{b}(s))\rangle.$$

由此可见

$$\varphi(s_0)=\varphi'(s_0)=\varphi''(s_0)=0,\quad \varphi'''(s_0)=-k(s_0)\varkappa(s_0)\neq 0.$$

这意味着当 s 经过 s_0 时, $\varphi(s)$ 改变符号, 从而证明了断言.

4.35. 设 $k\neq 0$, 即曲线是双正则的. 设所有的密切平面都经过点 $\mathbf{r}_0$. 我们有

$$\langle\mathbf{b},\mathbf{r}_0-\mathbf{r}\rangle=0,\quad \langle-\varkappa\mathbf{n},\mathbf{r}_0-\mathbf{r}\rangle-\langle\mathbf{b},\mathbf{v}\rangle=0,\quad \varkappa\langle\mathbf{n},\mathbf{r}_0-\mathbf{r}\rangle=0.$$

如果 $\varkappa\neq 0$, 则

$$\langle\mathbf{n},\mathbf{r}_0-\mathbf{r}\rangle=0,\quad \langle-k\mathbf{v}+\varkappa\mathbf{b},\mathbf{r}_0-\mathbf{r}\rangle-\langle\mathbf{n},\mathbf{v}\rangle=0,$$

$$\langle\mathbf{v},\mathbf{r}_0-\mathbf{r}\rangle=0,\quad \langle k\mathbf{n},\mathbf{r}_0-\mathbf{r}\rangle-\langle\mathbf{v},\mathbf{v}\rangle=0,\quad \langle k\mathbf{n},\mathbf{r}_0-\mathbf{r}\rangle=1.$$

相反情形. 即 $\varkappa=0$, 这时曲线是平面的, 参见习题 4.43.

4.36. $\dfrac{d}{ds}\mathbf{r}=\mathbf{v}$, $\dfrac{d^2}{ds^2}\mathbf{r}=k\mathbf{n}$, $\dfrac{d^3}{ds^3}\mathbf{r}=-k^2\mathbf{v}+\dot{k}\mathbf{n}+k\varkappa\mathbf{b}$.

4.37. $\dot{\mathbf{b}}=-\varkappa\mathbf{n}$, 由此推出所需要的等式.

4.38. $\varkappa^5\dfrac{d}{ds}\left(\dfrac{k}{\varkappa}\right)$.

4.39. 参见习题 4.36 的答案. 我们有

$$\mathbf{v}'=\mathbf{r}''=k\mathbf{n},\quad \mathbf{v}''=\mathbf{r}'''=-k^2\mathbf{v}+k'\mathbf{n}+k\varkappa\mathbf{b},$$
$$\mathbf{v}'''=\mathbf{r}^{(4)}=-2kk'\mathbf{v}-k^3\mathbf{n}+k''\mathbf{n}+k'(-k\mathbf{v}+\varkappa\mathbf{b})+k'\varkappa\mathbf{b}+k\varkappa'\mathbf{b}-k\varkappa^2\mathbf{n},$$

由此得到所要求的证明.

4.40. $\langle\mathbf{e},\mathbf{n}\rangle=C$, $\langle\mathbf{e},-k\mathbf{v}+\varkappa\mathbf{b}\rangle=0$,

$$\langle\mathbf{e},\mathbf{v}\rangle-\frac{\varkappa}{k}\langle\mathbf{e},\mathbf{b}\rangle=0,\quad \langle\mathbf{e},\mathbf{n}\rangle k=\left(\frac{\varkappa}{k}\right)'\langle\mathbf{e},\mathbf{b}\rangle-\frac{\varkappa^2}{k}\langle\mathbf{e},\mathbf{n}\rangle=0,\quad \langle\mathbf{e},\mathbf{b}\rangle=C\frac{k^2+\varkappa^2}{k(\varkappa/k)'}.$$

再微分一次, 就得到所需要的关系. 由上面导出的关系我们发现可以计算出

$$\mathbf{e} = \frac{\varkappa}{k}\frac{k^2+\varkappa^2}{k(\varkappa/k)'}\mathbf{v} + \mathbf{n} + \frac{k^2+\varkappa^2}{k(\varkappa/k)'}\mathbf{b}.$$

如果关系 $\left(\dfrac{k^2+\varkappa^2}{k(\varkappa/k)'}\right)' + \varkappa = 0$ 满足, 则这个向量是常向量. 这个常向量 $\mathbf{e}$ 与向量 $\mathbf{n}$ 的夹角的余弦等于 $1/|\mathbf{e}| = \mathrm{const}$.

4.41. 设曲线是双正则的. 此时 $\langle \mathbf{e}, \mathbf{v}\rangle = 0$, $k\langle \mathbf{e}, \mathbf{n}\rangle = 0$, 由此得 $\langle \mathbf{e}, \mathbf{n}\rangle = 0$. 如果 $\langle \mathbf{e}, \mathbf{n}\rangle = 0$, 则 $\langle \mathbf{e}, -k\mathbf{v} + \varkappa\mathbf{b}\rangle = 0$, 由此得到 $\varkappa = 0$ (平面曲线).

4.42. 设曲线是双正则的. 此时 $\langle \mathbf{e}, \mathbf{b}\rangle = 0$, $\varkappa\langle \mathbf{e}, \mathbf{n}\rangle = 0$; 由此得到 $\varkappa = 0$. 因为如果 $\varkappa \neq 0$, 则 $\langle \mathbf{e}, \mathbf{n}\rangle = 0$, $\langle \mathbf{e}, -k\mathbf{v} + \varkappa\mathbf{b}\rangle = 0$, $k\langle \mathbf{e}, \mathbf{v}\rangle = 0$, 但是 $\langle \mathbf{e}, \mathbf{v}\rangle \neq 0$, 这表明 $k = 0$, 曲线是直线.

4.43. a) $\dot{\mathbf{v}} = k\mathbf{n} = 0$, $\mathbf{v} =$ 常向量, $\mathbf{r} = \mathbf{r}_0 + \mathbf{v}s$ 是直线;

b) $\langle \mathbf{r}, \mathbf{b}\rangle' = \langle \mathbf{v}, \mathbf{b}\rangle = 0$, $\langle \mathbf{r}, \mathbf{b}\rangle = \langle \mathbf{r}_0, \mathbf{b}\rangle$, 平面曲线;

c) $\dot{\mathbf{b}} = -\varkappa\mathbf{n} = 0$, $\mathbf{b} =$ 常向量.

4.44. $\langle \mathbf{b}, \mathbf{e}\rangle = \mathrm{const}$, $\varkappa\langle \mathbf{e}, \mathbf{n}\rangle = 0$. 进一步参见习题 4.42 的解答.

4.45. a) $f(t) = C_1e^{6t} + C_2e^{-t} + C_3$; b) $f(t) = C_1\sin t + C_2\cos t + C_3$.

4.47. a) $\dfrac{d\bar{s}}{ds} = \left|\dfrac{d\mathbf{v}}{ds}\right| = |k\mathbf{n}| = k$; b) $k \neq 0$, 双正则曲线;

c) 设 $\mathbf{r}' = \mathbf{r}'(s) = \mathbf{v}(s)$ 是闭曲线 $\mathbf{r} = \mathbf{r}(s)$ 的切球面像. 此时 $\mathbf{r}' = \mathbf{r}'(s)$ 是位于单位半径的球面上的闭曲线, 其长度是 $\displaystyle\int |\mathbf{v}'(s)|ds = \int kds$.

方法 I. 假定 $\displaystyle\int kds < 2\pi$, 即曲线 $\mathbf{v}$ 的长度小于大圆的长度. 可以看出, 曲线 $\mathbf{v}$ 整个位于某个半球面上. 这意味着对于一个适当的向量 $\mathbf{e}$ 有 $\langle \mathbf{v}(s), \mathbf{e}\rangle > 0$. 因为曲线 $\mathbf{r}(s)$ 是闭的, 故 $\displaystyle\int \mathbf{v}(s)ds = \int \mathbf{r}'(s)ds = 0$, 由此得到 $\displaystyle\int \langle \mathbf{v}(s), \mathbf{e}\rangle ds = 0$, 矛盾.

方法 II. 因为 $\displaystyle\int \mathbf{v}(s)ds = 0$, 并且曲线 $\mathbf{v}(s)$ 是紧致的, 点 O 属于曲线 $\mathbf{v}(s)$ 的凸包 $\mathrm{conv}(\mathbf{v})$. 我们指出, 对于任意位于单位球面上并且 $O \in \mathrm{conv}(\mathbf{v})$ 的分段正则曲线 $\mathbf{v}$ 有 $\displaystyle\int |\mathbf{v}'|ds \geqslant 2\pi$. 如果 O 是这个凸包的内点, 不难构造新的分段正则的闭曲线 $\widetilde{\mathbf{v}}(s)$, 使得其长度小于 $\mathbf{v}(s)$ 的长度, 并且 $O \in \mathrm{conv}(\widetilde{\mathbf{v}})$, 但是 O 不是凸包 $\mathrm{conv}(\widetilde{\mathbf{v}})$ 的内点. 如果 O 不是 $\mathrm{conv}(\widetilde{\mathbf{v}})$ 的内点, 则令 $\widetilde{\mathbf{v}} = \mathbf{v}$. 我们指出曲线 $\widetilde{\mathbf{v}}$ 的长度不小于 2π. 因为 $O \in \mathrm{conv}(\widetilde{\mathbf{v}})$, 可以找到 s_i, $i = 0, 1, 2, 3$, $0 \leqslant s_0 < s_1 < s_2 < s_3 \leqslant l$, 使得 $O \in \Delta = \mathrm{conv}\,(\widetilde{\mathbf{v}}(s_0), \widetilde{\mathbf{v}}(s_1), \widetilde{\mathbf{v}}(s_2), \widetilde{\mathbf{v}}(s_3))$. 因为 O 不是四面体 Δ 的内点, 它属于它的边界, 不妨说 O 属于边界面 $\Delta_0 = \mathrm{conv}\,(\widetilde{\mathbf{v}}(s_1), \widetilde{\mathbf{v}}(s_2), \widetilde{\mathbf{v}}(s_3))$.

考察过四个点 $\widetilde{\mathbf{v}}(s_1),\widetilde{\mathbf{v}}(s_2),\widetilde{\mathbf{v}}(s_3)$ 和 O 的平面. 该平面交球面于大圆, 这就意味着, 这个大圆的在点 $\widetilde{\mathbf{v}}(s_i)$ 和 $\widetilde{\mathbf{v}}(s_j)$ 之间的弧长不大于连结这两个点的任意曲线的弧长. 特别地, 这个大圆的所有三个弧的长度之和不大于曲线 $\widetilde{\mathbf{v}}(s)$ 的长度. 这就证明了 $\displaystyle\int |\widetilde{\mathbf{v}}'(s)|ds \geqslant 2\pi$.

4.48. $\dfrac{ds^*}{ds} = \left|\dfrac{d\mathbf{n}^*}{ds}\right| = |-k\mathbf{v}+\varkappa\mathbf{b}| = \sqrt{k^2+\varkappa^2},\ \left|\dfrac{d\mathbf{b}}{ds}\right| = |-\varkappa\mathbf{n}| = |\varkappa|.$

4.49. 设 $\mathbf{r}(s)$ 是球面曲线. 我们有

$$\langle \mathbf{r}-\mathbf{m},\mathbf{r}-\mathbf{m}\rangle = R^2,\quad \langle \mathbf{v},\mathbf{r}-\mathbf{m}\rangle = 0,\quad \langle k\mathbf{n},\mathbf{r}-\mathbf{m}\rangle + \langle \mathbf{v},\mathbf{v}\rangle = 0,$$

这表明

$$\langle \mathbf{n},\mathbf{r}-\mathbf{m}\rangle = -\frac{1}{k},\quad \langle \dot{k}\mathbf{n}-k^2\mathbf{v}+k\varkappa\mathbf{b},\mathbf{r}-\mathbf{m}\rangle + \langle k\mathbf{n},\mathbf{v}\rangle = 0,$$

$$\langle \mathbf{b},\mathbf{r}-\mathbf{m}\rangle = \frac{\dot{k}}{k^2\varkappa},\quad \langle -\varkappa\mathbf{n},\mathbf{r}-\mathbf{m}\rangle + \langle \mathbf{b},\mathbf{v}\rangle = \frac{d}{ds}\Big(\frac{\dot{k}}{k^2\varkappa}\Big).$$

由此得到所需要的关系 $\dfrac{\varkappa}{k} = \dfrac{d}{ds}\Big(\dfrac{\dot{k}}{k^2\varkappa}\Big)$. 如果这个关系成立, 则向量 $\mathbf{m} = \mathbf{r} + \dfrac{1}{k}\mathbf{n} - \dfrac{\dot{k}}{k^2\varkappa}\mathbf{b}$ 是常向量. 因为向量 $\mathbf{r}-\mathbf{m}$ 正交于向量 $\mathbf{v}$, 其长度是常量, 故 $\mathbf{r}(s)$ 是球面曲线.

4.50. 设 $\mathbf{r}(s)$ 是曲线 γ 的自然参数表示. 曲线 γ^* 的参数表示有形式 $\mathbf{r}^*(s) = \mathbf{r}(s) + \dfrac{1}{k}\mathbf{n}(s)$. 我们有

$$\frac{d}{ds}\mathbf{r}^* = \mathbf{v} + \frac{1}{k}(-k\mathbf{v}+\varkappa\mathbf{b}) = \frac{\varkappa}{k}\mathbf{b},\quad \frac{d^2}{ds^2}\mathbf{r}^* = \frac{\dot{\varkappa}}{k}\mathbf{b} - \frac{\varkappa^2}{k}\mathbf{n},$$

这表示 $\Big[\dfrac{d}{ds}\mathbf{r}^*, \dfrac{d^2}{ds^2}\mathbf{r}^*\Big] = \dfrac{\varkappa^3}{k^2}\mathbf{v}$;

$$\frac{d^3}{ds^3}\mathbf{r}^* = \Big(\frac{\dot{\varkappa}}{k}\Big)^{\cdot}\mathbf{b} - \frac{\dot{\varkappa}\varkappa}{k}\mathbf{n} - \Big(\frac{\varkappa^2}{k}\Big)^{\cdot}\mathbf{n} - \frac{\varkappa^2}{k}(-k\mathbf{v}+\varkappa\mathbf{b}).$$

我们得到 $\Big(\dfrac{d}{ds}\mathbf{r}^*, \dfrac{d^2}{ds^2}\mathbf{r}^*, \dfrac{d^3}{ds^3}\mathbf{r}^*\Big) = \dfrac{\varkappa^3}{k^2}\mathbf{v}$. 曲率和挠率是

$$k^* = \frac{\Big|\Big[\frac{d}{ds}\mathbf{r}^*, \frac{d^2}{ds^2}\mathbf{r}^*\Big]\Big|}{\Big|\frac{d}{ds}\mathbf{r}^*\Big|^3} = k,\quad \varkappa^* = \frac{\Big(\frac{d}{ds}\mathbf{r}^*, \frac{d^2}{ds^2}\mathbf{r}^*, \frac{d^3}{ds^3}\mathbf{r}^*\Big)}{\Big|\Big[\frac{d}{ds}\mathbf{r}^*, \frac{d^2}{ds^2}\mathbf{r}^*\Big]\Big|} = \frac{k^2}{\varkappa}.$$

4.51. $c(s) = \langle \mathbf{r}(s)-\mathbf{m},\mathbf{r}(s)-\mathbf{m}\rangle,\ c'(s) = \langle \mathbf{v}(s),\mathbf{r}(s)-\mathbf{m}\rangle,$
$c''(s) = k(s)\langle \mathbf{n}(s),\mathbf{r}(s)-\mathbf{m}\rangle + 1,$

$c'''(s) = \langle k'(s)\mathbf{n}(s) - k(s)^2\mathbf{v}(s) + k(s)\varkappa(s)\mathbf{b}(s), \mathbf{r}(s) - \mathbf{m}\rangle.$

4.53. 参见习题 4.51 的解答. 条件 $c'(s_0) = c''(s_0) = 0$ 等价于下列等式:

$$\mathbf{r}(s_0) - \mathbf{m} = -\frac{1}{k(s_0)}\mathbf{n}(s_0) - \lambda\mathbf{b}(s_0),$$

其中 λ 是任意数.

4.54. 参见习题 4.53. 条件 $c'(s_0) = c''(s_0) = c'''(s_0) = 0$ 等价于下列等式:

$$\mathbf{r}(s_0) - \mathbf{m} = -\frac{1}{k(s_0)}\mathbf{n}(s_0) + \frac{\dot{k}(s_0)}{k^2(s_0)\varkappa(s_0)}\mathbf{b}(s_0).$$

从条件 $\sqrt{c(s_0)} = R^*$ 导出半径 R^* 的表达式.

4.55. 设 $\mathbf{r} = \mathbf{r}(s)$ 是球面上的闭曲线. 由于习题 4.53, 曲线的曲率处处为正. 如果 $\varkappa \neq 0$, 则函数 $\dfrac{\varkappa(s)}{k(s)}$ 不改变符号, 根据习题 4.49, 这就意味着函数 $\dfrac{1}{\varkappa k^2}\dfrac{dk}{ds}$ 严格单调, 这与曲线 $\mathbf{r} = \mathbf{r}(s)$ 的闭性矛盾. 所以, 曲线上必存在挠率为 0 的点.

5.1. a) $a^2(\cos^2 v du^2 + dv^2)$; b) $(a^2\sin^2 u + b^2\cos^2 u)\cos^2 v du^2 + 2(a^2 - b^2)\sin u\cos u\sin v\cos v du dv + ((a^2\cos^2 u + b^2\sin^2 u)\sin^2 v + c^2\cos^2 v)dv^2$;

c) $v^2(a^2\sin^2 u + b^2\cos^2 u)du^2 + 2(b^2 - a^2)\sin u\cos u du dv + (a^2\cos^2 u + b^2\sin^2 u + c^2)dv^2$; d) $(a^2\sin^2 u + b^2\cos^2 u)du^2 + c^2 dv^2$.

5.2. a) $ds^2 + 2\langle\mathbf{v}, \mathbf{e}\rangle ds d\lambda + \langle\mathbf{e}, \mathbf{e}\rangle d\lambda^2$; b) $v^2 ds^2 + 2v\langle\mathbf{v}, \boldsymbol{\rho}\rangle ds dv + \langle\boldsymbol{\rho}, \boldsymbol{\rho}\rangle dv^2$;

c) $\left|\mathbf{v} + \lambda\dfrac{d\mathbf{e}}{ds}\right|^2 ds^2 + 2\langle\mathbf{e}, \mathbf{v}\rangle ds d\lambda + d\lambda^2$;

d) $((1 - k\cos\varphi)^2 + \varkappa^2)ds^2 + 2\varkappa ds d\varphi + d\varphi^2$;

e) $\varphi^2 du^2 + (\varphi'^2 + \psi'^2)dv^2$; f) $(a + b\cos v)^2 du^2 + b^2 dv^2$;

g) $du^2 + (u^2 + a^2)dv^2$; h) $((1 - \lambda k)^2 + \varkappa^2\lambda^2)ds^2 + d\lambda^2$;

i) $(1 + \lambda^2\varkappa^2)ds^2 + d\lambda^2$; j) $a^2\cosh^2\dfrac{z}{a}d\varphi^2 + \sinh^2\dfrac{z}{a}dz^2$.

5.3. $a^2\cot^2 u du^2 + a^2\sin^2 u dv^2$.

5.4. $\cos\theta = 2/3$.

5.5. $\cos\theta = 7/9$.

5.6. $\cos\theta = \dfrac{1 - a^2}{1 + a^2}$.

5.7. $\cos\theta = -\sqrt{7}/\sqrt{11}$.

5.8. $l = \pi R$.

5.9. a) $l = \pi R$; b) $l_\alpha = 2\pi R\sqrt{\alpha}$; $\theta = \pi/2$.

5.10. $l = \pi R$.

5.11. $l = 2\pi\alpha$; $\theta = \pi/2$.

5.12. $\cos\theta = \dfrac{2-4a^2}{\sqrt{(4+a^2)(1+16a^2)}}$.

5.13. $\pi/2$.

5.14. $v = \pm\left(\sqrt{u^2+1} + \ln\dfrac{\sqrt{u^2+1}-1}{u}\right) + \text{const}$.

5.15. $v = \dfrac{\tan\theta}{a}\cdot\ln(u+\sqrt{u^2-a^2}) + \text{const}$.

5.16. 两个曲线族 a) $y^2+z^2 = \text{const}$, $xy = az$; b) $x^2+z^2 = \text{const}$, $xy = az$.

5.17. 设球面的方程有形式

$$\mathbf{r} = (a\cos v\cos u, a\cos v\sin u, a\sin v),$$

则斜驶线方程是

$$u = \tan\theta\cdot\ln\left(\tan\left(\frac{\pi}{4}+\frac{v}{2}\right)\right),$$

其中 θ 是给定的角,

$$\mathbf{v} = \cos\theta(-\sin v\cos u - \sin u\tan\theta, -\sin v\sin u + \cos u\tan\theta, \cos v),$$

$$\mathbf{n} = \frac{\cos\theta}{\sqrt{1+\tan^2\theta/\cos^2 v}}\left(-\cos u\cos v + \tan v\sin u\tan\theta - \frac{\cos u}{\cos v}\tan^2\theta,\right.$$

$$\left. -\sin u\cos v - \tan v\cos u\tan\theta - \frac{\sin u}{\cos v}\tan^2\theta, -\sin v\right),$$

$$\mathbf{b} = \frac{(\sin u, -\cos u, \tan\theta/\cos v)}{\sqrt{1+\tan^2\theta/\cos^2 v}};$$

$$k = \frac{\cos\theta}{a}\sqrt{1+\frac{\tan^2\theta}{\cos^2 v}}, \quad \varkappa = \frac{\tan\theta}{a(\cos^2 v+\tan^2\theta)}.$$

5.19. a) 曲线 $u = av^2/2$, $u = -av^2/2$ 和 $v = 1$ 在点 $A(u=0, v=0)$, $B(u = a/2, v = 1)$, $C(u = -a/2, v = 1)$ 相交. 同时, 在曲线 AB (方程是 $u = av^2/2$), AC (方程是 $u = -av^2/2$), BC (方程是 $v = 1$) 上的曲线坐标的微分由关系 $du = avdv$, $du = -avdv$, $dv = 0$ 相联系.

把这些关系代入到第一基本形式即得

在曲线 AB 上, $ds^2 = a^2\left(\dfrac{v^4}{4}+v^2+1\right)$, $ds = a\left(\dfrac{v^2}{2}+1\right)dv$;

在曲线 AC 上, $ds^2 = a^2\left(\dfrac{v^4}{4}+v^2+1\right)$, $ds = a\left(\dfrac{v^2}{2}+1\right)dv$;

在曲线 BC 上, $ds^2 = du^2$, $ds = du$.

在由点 A, B, C 的坐标确定的区间上积分:

$$AB = AC = a\int_0^1 \Big(\frac{v^2}{2}+1\Big)dv = \frac{7a}{6}, \quad CB = \int_{-a/2}^{a/2} du = a.$$

这样一来, 三角形的周长等于 $10a/3$.

b) $\cos A = 1,\ \cos B = \cos C = \dfrac{2}{3}$, 即 $A = 0,\ B = C = \arccos\dfrac{2}{3}$.

c) $S = a^2\Big(\dfrac{2}{3} - \dfrac{\sqrt{2}}{3} + \ln(1+\sqrt{2}\,)\Big)$.

5.20. a) $(v_0^2 + \sinh^2 v_0)/4$; b) $v_0,\ \sinh v_0,\ \sqrt{2}\sinh v_0$; c) $\pi/2,\ \pi/4,\ \pi/4$.

5.21. $S = 2\alpha R^2$, 其中 R 是球面半径.

5.22. $4\pi^2 rR$.

5.23. 设用方程 $y^1 = y^1(x^1, x^2),\ y^2 = y^2(x^1, x^2)$ 在局部坐标中给定映射 $f\colon X \to Y$. 设二次形式 $g = g_{ij}dx^i dx^j$ 和 $h = h_{kl}dy^k dy^l$ 在 X 和 Y 上定义黎曼度量. 映射 f 在 X 上诱导黎曼度量

$$h' = h'_{ij}(x)dx^i dx^j = h_{kl}(f(x))\frac{\partial y^k(x)}{\partial x^i}\frac{\partial y^l(x)}{\partial x^j}dx^i dx^j.$$

映射 f 的共形性等价于度量 g 和 h' 在 X 上共形等价, 即曲线相对于度量 g 的夹角等于它们相对于度量 h' 的夹角. 由此推出存在共形因子 $\lambda(x) > 0$, 光滑地依赖于点, 并且用等式 $h'_{ij} = \lambda(x)g_{ij}(x)$ 联系度量的系数. 由映射 f 诱导的 X 上的面积形式等于 $d\sigma' = \sqrt{\det h'(x)}\,dx^1 \wedge dx^2 = \lambda(x)d\sigma$. 因为 f 保持面积, 故 $d\sigma = d\sigma'$, 于是 $\lambda = 1$. 由此, $h' = g$, 即 f 是局部等距的.

5.25. 设 $S \ni (x, y, z) \mapsto (x_1, y_1, z_1) \in S$. 在从北极到坐标为 ξ, η 的赤道平面的球极平面投影下, 我们有

$$\xi = \frac{x}{1-z}, \quad \eta = \frac{y}{1-z}$$

和

$$x_1 = \frac{2\xi_1}{1+\xi_1^2+\eta_1^2}, \quad y_1 = \frac{2\eta_1}{1+\xi_1^2+\eta_1^2}, \quad z_1 = \frac{\xi_1^2+\eta_1^2-1}{1+\xi_1^2+\eta_1^2}.$$

因为球面到自身的共形映射生成平面 P 到自身的共形映射, 并且保持零点和无穷远点, 故 $\zeta_1 = \xi_1 + i\eta_1 = a\zeta = a(\xi + i\eta)$, 其中 a 是非零复数. 留下的任务就是在前面的公式中把 ξ_1 和 η_1 代换为 $\xi(x, y),\ \eta(x, y)$ 表示的值.

5.26. 双曲抛物面的度量由矩阵函数

$$G = \begin{pmatrix} 1+u^2 & -uv \\ -uv & 1+v^2 \end{pmatrix}$$

给定, 故面积形式等于

$$d\sigma = \sqrt{\det G}\, du \wedge dv = \sqrt{1+u^2+v^2}\, du \wedge dv.$$

形变诱导的度量由矩阵

$$G' = \begin{pmatrix} 1+(u\sin t + v\cos t)^2 & (u\sin t + v\cos t)(u\cos t - v\sin t) \\ (u\sin t + v\cos t)(u\cos t - v\sin t) & 1+(u\cos t - v\sin t)^2 \end{pmatrix}$$

给定; 诱导的面积形式等于

$$d\sigma' = \sqrt{\det G'}\, du \wedge dv = \sqrt{1+u^2+v^2}\, du \wedge dv.$$

于是 $d\sigma = d\sigma'$, 即给定的形变保持面积.

5.27. $\mathbf{R}(u,v) = \left(\sqrt{a^2+u^2}\cos v, \sqrt{a^2+u^2}\sin v, a\ln\dfrac{u+\sqrt{a^2+u^2}}{a}\right)$, 或

$$\mathbf{R}(z,\varphi) = \left(a\cosh\frac{z}{a}\cos\varphi, a\cosh\frac{z}{a}\sin\varphi, z\right).$$

这是悬链面 (悬链线 $x = a\cosh\dfrac{z}{a}$ 的旋转曲面).

5.28. 劈锥曲面度量: $2d\rho^2+2d\rho dv+(\rho^2+1)dv^2$; 旋转双曲面度量: $\dfrac{2r^2-1}{r^2-1}dr^2 +r^2d\varphi^2$. 留下的任务就是检验在所指出的点的对应下, 第二个度量取第一个度量的形式.

5.29. 提示 定义点的对应的第一个方程有形式 $r^2 = \rho^2 + a^2$.

5.30. 螺旋形曲面的度量为

$$(1+F'(u)^2)du^2 + 2aF'dudv + (u^2+a^2)dv^2.$$

旋转面 $\mathbf{r} = (r\cos\varphi, r\sin\varphi, G(r))$ 的度量为

$$(1+G'(r)^2)dr^2 + r^2d\varphi^2.$$

设点的对应由方程 $r^2 = u^2+a^2$, $\varphi = v + H(u)$ 建立. 如果在坐标 (u,v) 中, 第二个度量取第一个的形式, 则此对应即为局部等距. 由此得到关于函数 G 和 H 的条件:

$$G'(r)^2 = F'(u)^2 + \frac{a^2}{u^2}, \quad H'(u) = \frac{a}{u^2+a^2}F'(u).$$

5.32. 提示 取形式为 $\mathbf{r} = \gamma + v\mathbf{e}$ 的柱面方程, 其中 $\mathbf{e}$ 是单位长度的常向量, $\gamma(s)$ 是带自然参数的参数曲线并且在正交于向量 $\mathbf{e}$ 的平面上. 比较这个曲面和平面的第一基本形式.

5.33. 提示 取锥面方程的形式为 $\mathbf{r} = v\mathbf{e}(u)$, 这里 $|\mathbf{e}(u)| = 1$, 再在极坐标系中比较这个曲面和平面的第一基本形式.

5.34. 不存在. 因为柱面和锥面上的对应区域在它们的平面展开上的边界必须对应同样长度的曲线线段, 而对于锥面这样的展开不可能实现.

6.1. a) 我们有

$\mathbf{r}_u = (-R\sin u\cos v, -R\sin u\sin v, R\cos u)$,

$\mathbf{r}_v = (-R\cos u\sin v, R\cos u\cos v, 0)$,

$\mathbf{r}_u \times \mathbf{r}_v = (-R^2\cos^2 u\cos v, -R^2\cos^2 \sin v, -R^2\cos u\sin u)$,

$|\mathbf{r}_u \times \mathbf{r}_v| = R^2\cos u, \quad \mathbf{n} = \dfrac{\mathbf{r}_u \times \mathbf{r}_v}{|\mathbf{r}_u \times \mathbf{r}_v|} = (-\cos u\cos v, -\cos u\sin v, -\sin u)$,

$\mathbf{r}_{uu} = (-R\cos u\cos v, -R\cos u\sin v, -R\sin u)$,

$\mathbf{r}_{uv} = (R\sin u\sin v, -R\sin u\cos v, 0)$,

$\mathbf{r}_{vv} = (-R\cos u\cos v, -R\cos u\sin v, 0)$,

$L = \langle \mathbf{r}_{uu}, \mathbf{n}\rangle = R(\cos^2 u\cos^2 v + \cos^2 u\sin^2 v + \sin^2 u) = R$,

$M = \langle \mathbf{r}_{uv}, \mathbf{n}\rangle = R\,(-\cos u\cos v\sin u\sin v + (-\cos u\sin v)(-\sin u\cos v)) = 0$,

$$N = \langle \mathbf{r}_{vv}, \mathbf{n}\rangle = R\,((-\cos u\cos v)(-\cos u\cos v) + (-\cos u\sin v)(-\cos u\sin v)) \\ = R\cos^2 u.$$

答案: $Rdu^2 + R\cos^2 dv^2$.

b) 我们有

$\mathbf{r}_u = (-a\sin u\cos v, -a\sin u\sin v, c\cos u)$,

$\mathbf{r}_v = (-a\cos u\sin v, a\cos u\cos v, 0)$,

$\mathbf{r}_u \times \mathbf{r}_v = (-ac\cos^2 u\cos v, -ac\cos^2 u\sin v, -a^2\cos u\sin u)$,

$|\mathbf{r}_u \times \mathbf{r}_v| = a\cos u\sqrt{c^2\cos^2 u + a^2\sin^2 u}$,

$$\mathbf{n} = \frac{\mathbf{r}_u \times \mathbf{r}_v}{|\mathbf{r}_u \times \mathbf{r}_v|} = \frac{1}{\sqrt{c^2\cos^2 u + a^2\sin^2 u}}(-c\cos u\cos v, -c\cos u\sin v, -a\sin u),$$

$\mathbf{r}_{uu} = (-a\cos u\cos v, -a\cos u\sin v, -c\sin u)$,

$\mathbf{r}_{uv} = (a\sin u\sin v, -a\sin u\cos v, 0)$,

$\mathbf{r}_{vv} = (-a\cos u\cos v, -a\cos u\sin v, 0)$,

$$L = \langle \mathbf{r}_{uu}, \mathbf{n}\rangle = \frac{1}{\sqrt{c^2\cos^2 u + a^2\sin^2 u}}ac(\cos^2 u\cos^2 v + \cos^2 u\sin^2 v + \sin^2 u) \\ = \frac{ac}{\sqrt{c^2\cos^2 u + a^2\sin^2 u}},$$

$$M = \langle \mathbf{r}_{uv}, \mathbf{n}\rangle = \frac{1}{\sqrt{c^2\cos^2 u + a^2\sin^2 u}}(-c\cos u\cos v(a\sin u\sin v) \\ +(-c\cos u\sin v)(-a\sin u\cos v)) = 0,$$

$$N=\langle \mathbf{r}_{vv},\mathbf{n}\rangle=\frac{1}{\sqrt{c^2\cos^2 u+a^2\sin^2 u}}((-c\cos u\cos v)(-a\cos u\cos v)$$
$$+(-c\cos u\sin v)(-a\cos u\sin v))=\frac{ac\cos^2 u}{\sqrt{c^2\cos^2 u+a^2\sin^2 u}}.$$

答案: $\dfrac{ac}{\sqrt{c^2\cos^2 u+a^2\sin^2 u}}(du^2+\cos^2 u dv^2)$.

c) 我们有

$$\mathbf{r}_u=(-b\sin u\cos v,-b\sin u\sin v,b\cos u),$$
$$\mathbf{r}_v=(-(a+b\cos u)\sin v,(a+b\cos u)\cos v,0),$$
$$\mathbf{r}_u\times\mathbf{r}_v=b(a+b\cos u)(-\cos u\cos v,-\cos u\sin v,-\sin u),$$
$$|\mathbf{r}_u\times\mathbf{r}_v|=b(a+b\cos u),\quad \mathbf{n}=\frac{\mathbf{r}_u\times\mathbf{r}_v}{|\mathbf{r}_u\times\mathbf{r}_v|}=(-\cos u\cos v,-\cos u\sin v,-\sin u),$$
$$\mathbf{r}_{uu}=(-b\cos u\cos v,-b\cos u\sin v,-b\sin u),$$
$$\mathbf{r}_{uv}=(b\sin u\sin v,-b\sin u\cos v,0),$$
$$\mathbf{r}_{vv}=(-(a+b\cos u)\cos v,-(a+b\cos u)\sin v,0),$$
$$L=\langle \mathbf{r}_{uu},\mathbf{n}\rangle=b(\cos^2 u\cos^2 v+\cos^2 u\sin^2 v+\sin^2 u)=b,$$
$$M=\langle \mathbf{r}_{uv},\mathbf{n}\rangle=-\cos u\cos v(b\sin u\sin v)+(-\cos u\sin v)(-b\sin u\cos v)=0,$$
$$N=\langle \mathbf{r}_{vv},\mathbf{n}\rangle=(-\cos u\cos v)(-(a+b\cos u)\cos v)+(-\cos u\sin v)$$
$$\times(-(a+b\cos u)\sin v)=(a+b\cos u)\cos u.$$

答案: $bdu^2+(a+b\cos u)\cos u dv^2$.

d) 我们有

$$\mathbf{r}_u=\left(\sinh\frac{u}{a}\cos v,\sinh\frac{u}{a}\sin v,1\right),$$
$$\mathbf{r}_v=\left(-a\cosh\frac{u}{a}\sin v,a\cosh\frac{u}{a}\cos v,0\right),$$
$$\mathbf{r}_u\times\mathbf{r}_v=\left(-a\cosh\frac{u}{a}\cos v,-a\cosh\frac{u}{a}\sin v,a\cosh\frac{u}{a}\sinh\frac{u}{a}\right),$$
$$|\mathbf{r}_u\times\mathbf{r}_v|=a\cosh\frac{u}{a}\sqrt{\cos^2 v+\sin^2 v+\sinh^2\frac{u}{a}}=a\cosh^2\frac{u}{a},$$
$$\mathbf{n}=\frac{\mathbf{r}_u\times\mathbf{r}_v}{|\mathbf{r}_u\times\mathbf{r}_v|}=\frac{1}{\cosh(u/a)}\left(-\cos v,-\sin v,\sinh\frac{u}{a}\right),$$
$$\mathbf{r}_{uu}=\left(\frac{1}{a}\cosh\frac{u}{a}\cos v,\frac{1}{a}\cosh\frac{u}{a}\sin v,0\right),$$
$$\mathbf{r}_{uv}=\left(-\sinh\frac{u}{a}\sin v,\sinh\frac{u}{a}\cos v,0\right),$$
$$\mathbf{r}_{vv}=\left(-a\cosh\frac{u}{a}\cos v,-a\cosh\frac{u}{a}\sin v,0\right),$$
$$L=\langle \mathbf{r}_{uu},\mathbf{n}\rangle=\frac{1}{a\cosh(u/a)}\left(-\cosh\frac{u}{a}\cos^2 v-\cosh\frac{u}{a}\sin^2 v\right)=-\frac{1}{a},$$
$$M=\langle \mathbf{r}_{uv},\mathbf{n}\rangle=\frac{1}{\cosh(u/a)}\Big((-\cos v)\Big(-\sinh\frac{u}{a}\sin v\Big)$$

$$+(-\sin v)\Big(\sinh\frac{u}{a}\cos v\Big)\Big)=0,$$

$$N=\langle \mathbf{r}_{vv},\mathbf{n}\rangle$$

$$=\frac{1}{\cosh(u/a)}\Big(-\cos v\Big(-a\cosh\frac{u}{a}\cos v\Big)+(-\sin v)\Big(-a\cosh\frac{u}{a}\sin v\Big)\Big)=a,$$

答案: $-\frac{1}{a}du^2+adv^2$.

e) 我们有

$$\mathbf{r}_u=\Big(a\cos u\cos v, a\cos u\sin v, -a\sin u+\frac{a}{\sin u}\Big),$$

$$\mathbf{r}_v=(-a\sin u\sin v, a\sin u\cos v, 0),$$

$$\mathbf{r}_u\times\mathbf{r}_v=(a^2\sin^2 u\cos v-a^2\cos v, a^2\sin^2 u\sin v-a^2\sin v, a^2\cos u\sin u)$$

$$=(-a^2\cos^2 u\cos v, -a^2\cos^2 u\sin v, a^2\cos u\sin u),$$

$$|\mathbf{r}_u\times\mathbf{r}_v|=a^2\cos u\sqrt{\cos^2 u\cos^2 u+\cos^2 u\sin^2 u+\sin^2 u}=a^2\cos u,$$

$$\mathbf{n}=\frac{\mathbf{r}_u\times\mathbf{r}_v}{|\mathbf{r}_u\times\mathbf{r}_v|}=(-\cos u\cos v, -\cos u\sin v, \sin u),$$

$$\mathbf{r}_{uu}=\Big(-a\sin u\cos v, -a\sin u\sin v, -a\cos u-\frac{a\cos u}{\sin^2 u}\Big),$$

$$\mathbf{r}_{uv}=(-a\cos u\sin v, a\cos u\cos v, 0),$$

$$\mathbf{r}_{vv}=(-a\sin u\cos v, -a\sin u\sin v, 0),$$

$$L=\langle \mathbf{r}_{uu},\mathbf{n}\rangle=a\cos u\sin u\cos^2 v+a\cos u\sin u\sin^2 v-a\sin u\cos u-\frac{a\cos u\sin u}{\sin^2 u}$$

$$=-a\cot u,$$

$$M=\langle \mathbf{r}_{uv},\mathbf{n}\rangle=(-\cos u\cos v)(-a\cos u\sin v)+(-\cos u\sin v)a\cos u\cos v=0,$$

$$N=\langle \mathbf{r}_{vv},\mathbf{n}\rangle=(-\cos u\cos v)(-a\sin u\cos v)+(-\cos u\sin v)(-a\sin u\sin v)$$

$$=a\cos u\sin u.$$

答案: $-a\cot u du^2+a\cos u\sin u dv^2$.

f) 我们有

$$\mathbf{r}_u=(\cos v,\sin v,0),\ \mathbf{r}_v=(-u\sin v, u\cos v, a),\ \mathbf{r}_u\times\mathbf{r}_v=(a\sin v, -a\cos v, u),$$

$$|\mathbf{r}_u\times\mathbf{r}_v|=\sqrt{u^2+a^2},\quad \mathbf{n}=\frac{\mathbf{r}_u\times\mathbf{r}_v}{|\mathbf{r}_u\times\mathbf{r}_v|}=\frac{(a\sin v, -a\cos v, u)}{\sqrt{u^2+a^2}},$$

$$\mathbf{r}_{uu}=(0,0,0),\quad \mathbf{r}_{uv}=(-\sin v,\cos v,0),\quad \mathbf{r}_{vv}=(-u\cos v, -u\sin v, 0),$$

$$L=\langle \mathbf{r}_{uu},\mathbf{n}\rangle=0,$$

$$M=\langle \mathbf{r}_{uv},\mathbf{n}\rangle=\frac{a\sin v(-\sin v)+(-a\cos v)\cos v}{\sqrt{u^2+a^2}}=-\frac{a}{\sqrt{u^2+a^2}},$$

$$N=\langle \mathbf{r}_{vv},\mathbf{n}\rangle=\frac{a\sin v(-u\cos v)+(-a\cos v)(-u\sin v)}{\sqrt{u^2+a^2}}=0.$$

答案: $\frac{-2adudv}{\sqrt{u^2+a^2}}$.

g) 用其他变量表示 z, 我们有 $z=f(x,y)$, 这里 $f(x,y)=\dfrac{a^3}{xy}$. 此时

$$f_x=-\frac{a^3}{x^2y},\quad f_y=-\frac{a^3}{xy^2},\quad f_{xx}=\frac{2a^3}{x^3y},\quad f_{xy}=\frac{a^3}{x^2y^2},\quad f_{yy}=\frac{2a^3}{xy^3}.$$

根据曲面 $z=f(x,y)$ 的第二基本形式的公式我们得到

$$\begin{aligned}
\sqrt{1+f_x^2+f_y^2}&=\frac{\sqrt{x^4y^4+a^6x^2+a^6y^2}}{x^2y^2},\\
L=\frac{f_{xx}}{\sqrt{1+f_x^2+f_y^2}}&=\frac{2a^3y}{x\sqrt{x^4y^4+a^6x^2+a^6y^2}},\\
M=\frac{f_{xy}}{\sqrt{1+f_x^2+f_y^2}}&=\frac{a^3}{\sqrt{x^4y^4+a^6x^2+a^6y^2}},\\
N=\frac{f_{yy}}{\sqrt{1+f_x^2+f_y^2}}&=\frac{2a^3x}{y\sqrt{x^4y^4+a^6x^2+a^6y^2}}.
\end{aligned}$$

答案: $\dfrac{2a^3}{\sqrt{x^4y^4+a^6x^2+a^6y^2}}\left(\dfrac{y}{x}dx^2+dxdy+\dfrac{x}{y}dy^2\right)$.

6.4. a) $\mathbf{r}_u=(x',\rho'\cos\varphi,\rho'\sin\varphi)$, $\mathbf{r}_\varphi=(0,-\rho\sin\varphi,\rho\cos\varphi)$. 这里 “ $'$ ” 表示对于 u 求导数. 第一基本形式的矩阵是

$$\mathbf{I}=\begin{pmatrix}(x')^2+(\rho')^2 & 0\\ 0 & \rho^2\end{pmatrix};$$

$$\begin{aligned}
&\mathbf{r}_u\times\mathbf{r}_\varphi=(\rho\rho',-\rho x'\cos\varphi,-\rho x'\sin\varphi),\quad |\mathbf{r}_u\times\mathbf{r}_\varphi|=\rho\sqrt{(x')^2+(\rho')^2},\\
&\mathbf{n}=\frac{\mathbf{r}_u\times\mathbf{r}_\varphi}{|\mathbf{r}_u\times\mathbf{r}_\varphi|}=\frac{(\rho',-x'\cos\varphi,-x'\sin\varphi)}{\sqrt{(x')^2+(\rho')^2}},\\
&\mathbf{r}_{uu}=(x'',\rho''\cos\varphi,\rho''\sin\varphi),\quad \mathbf{r}_{u\varphi}=(0,-\rho'\sin\varphi,\rho'\cos\varphi),\\
&\mathbf{r}_{\varphi\varphi}=(0,-\rho\cos\varphi,-\rho\sin\varphi),\quad L=\langle\mathbf{r}_{uu},\mathbf{n}\rangle=\frac{x''\rho'-x'\rho''}{\sqrt{(x')^2+(\rho')^2}},\\
&M=\langle\mathbf{r}_{u\varphi},\mathbf{n}\rangle=0,\quad N=\langle\mathbf{r}_{\varphi\varphi},\mathbf{n}\rangle=\frac{\rho x'}{\sqrt{(x')^2+(\rho')^2}}.
\end{aligned}$$

第二基本形式: $\dfrac{(x''\rho'-x'\rho'')du^2+\rho x'd\varphi^2}{\sqrt{(x')^2+(\rho')^2}}$.

b) 求旋转曲面的高斯曲率:

$$K=\frac{LN-M^2}{EG-F^2}=\frac{\rho x'(x''\rho'-x'\rho'')}{\rho^2\left((x')^2+(\rho')^2\right)^2}=\frac{x'(x''\rho'-x'\rho'')}{\rho\left((x')^2+(\rho')^2\right)^2}.$$

经线凸侧的朝向由表达式 $\dfrac{d^2\rho}{dx^2}$ 的符号确定. 按照隐函数导数公式计算这个导数,

我们得到

$$\frac{d^2\rho}{dx^2}=\frac{d}{dx}\Big(\frac{d\rho}{dx}\Big)=\frac{d}{du}\Big(\frac{\rho'}{x'}\Big)\frac{du}{dx}=\frac{\rho''x'-\rho'x''}{(x')^2}\frac{1}{x'}=\frac{\rho''x'-\rho'x''}{(x')^3}.$$

比较所得到的公式和对于 K 的公式, 我们求得 $K=-\dfrac{(x')^4}{\rho((x')^2+(\rho')^2)^2}\dfrac{d^2\rho}{dx^2}$. 由此我们得到当 $\dfrac{d^2\rho}{dx^2}<0$ 时, 即当经线的凸侧背向旋转轴时, $K>0$; 当凸侧朝向旋转轴时, $K<0$; 如果经线有拐点, 或正交于旋转轴 $(x'=0)$, 则 $K=0$.

c) 设 $\rho(u)=u$,

$$x(u)=\pm\Big(a\ln\frac{a+\sqrt{a^2-u^2}}{u}-\sqrt{a^2-u^2}\Big),\quad a>0.$$

此时 $\rho'=1,\ \rho''=0$,

$$\begin{aligned}x'&=\pm\Big(-\frac{a}{u}+\frac{a}{a+\sqrt{a^2-u^2}}\frac{-u}{\sqrt{a^2-u^2}}+\frac{u}{\sqrt{a^2-u^2}}\Big)\\&=\pm\Big(-\frac{a}{u}+\frac{-au+u(a+\sqrt{a^2-u^2})}{(a+\sqrt{a^2-u^2})\sqrt{a^2-u^2}}\Big)=\pm\Big(-\frac{a}{u}+\frac{u}{a+\sqrt{a^2-u^2}}\Big)\\&=\pm\Big(-\frac{a}{u}+\frac{u}{a^2-(a^2-u^2)}(a-\sqrt{a^2-u^2})\Big)=\mp\frac{\sqrt{a^2-u^2}}{u},\end{aligned}$$

$$\begin{aligned}&x''=\pm\Big(\frac{1}{\sqrt{a^2-u^2}}+\frac{\sqrt{a^2-u^2}}{u^2}\Big),\\&(x')^2+(\rho')^2=(x')^2+1=\frac{a^2-u^2}{u^2}+1=\frac{a^2}{u^2},\\&x'x''=-\Big(\frac{1}{u}+\frac{a^2-u^2}{u^3}\Big)=-\frac{a^2}{u^3},\\&K=\frac{x'x''}{u\left((x')^2+1\right)^2}=\frac{-a^2/u^3}{u(a^4/u^4)}=-\frac{1}{a^2}.\end{aligned}$$

d) 我们计算旋转曲面的平均曲率:

$$\begin{aligned}H&=\frac{EN+GL-2FM}{EG-F^2}=\frac{\rho x'\left((x')^2+(\rho')^2\right)+\rho^2(x''\rho'-x'\rho'')}{\rho^2\left((x')^2+(\rho')^2\right)^{3/2}}\\&=\frac{x'((x')^2+(\rho')^2)+\rho(x''\rho'-x'\rho'')}{\rho((x')^2+(\rho')^2)^{3/2}}.\end{aligned}$$

e) 我们来求当 $x=u$ 时的方程 $H=0$ 的解. 把 x 的表达式代入到 H 的公式内, 就得到 $H=\dfrac{1+(\rho')^2-\rho\rho''}{\rho(1+(\rho')^2)^{3/2}}$. 从条件 $H=0$ 我们得到方程 $\rho''\rho-(\rho')^2-1=0$. 因为 $\rho>0$, 故 $\rho''>0$. 在对于方程求导数后得到 $\rho'''\rho+\rho''\rho'-2\rho''\rho'=0$. 由此

得到 $\rho'''\rho - \rho''\rho = 0$, $\dfrac{\rho'''}{\rho''} = \dfrac{\rho'}{\rho}$, $(\ln\rho'')' = (\ln\rho)'$. 这样一来, 问题就简化为解微分方程 $\rho'' = C\rho$, 其中 $C = k^2 > 0$, $k > 0$ 是某个常数. 我们所得到的微分方程的一般解有形式

$$\rho(u) = A\cosh ku + B\sinh ku.$$

把这个解代入到原来的方程并且合并同类项得到系数满足的条件

$$1 = \rho''\rho - (\rho')^2 = k^2((A^2 - B^2)\cosh^2 ku + (B^2 - A^2)\sinh^2 ku),$$

由此得到 $k^2(A^2 - B^2) = 1$. 由于对于所有 u 有 $\rho(u) > 0$, 故 $A > 0$. 此时 A 和 B 表示成形式

$$A = \frac{1}{k}\cosh ku_0, \quad B = -\frac{1}{k}\sinh ku_0;$$

$$\rho(u) = \frac{1}{k}(\cosh ku_0 \cosh ku - \sinh ku_0 \sinh ku) = \frac{1}{k}\cosh(k(u - u_0)).$$

这样一来, 当 $x = u$ 时方程 $H = 0$ 的解是函数 $\rho(u) = \dfrac{1}{k}\cosh(k(u - u_0))$, 其中 $k > 0$, 而 u_0 是任意的.

6.7. 在这个习题中用 $\mathbf{m}$ 表示曲面的法向量. 设 $\mathbf{v}, \mathbf{n}, \mathbf{b}$ 是给定曲线的弗雷内标架. 此时 $\mathbf{r}_s = \mathbf{v} + ku\mathbf{n}$, $\mathbf{r}_u = \mathbf{v}$. 第一基本形式的矩阵是

$$\mathbf{I} = \begin{pmatrix} 1 + k^2u^2 & 1 \\ 1 & 1 \end{pmatrix};$$

$$\mathbf{r}_s \times \mathbf{r}_u = ku\mathbf{n} \times \mathbf{v} = -ku\mathbf{b}, \quad |\mathbf{r}_s \times \mathbf{r}_u| = ku, \ \mathbf{m} = \frac{\mathbf{r}_s \times \mathbf{r}_u}{|\mathbf{r}_s \times \mathbf{r}_u|} = -\mathbf{b},$$

$$\mathbf{r}_{ss} = k\mathbf{n} + k_s u\mathbf{n} + ku(-k\mathbf{v} + \varkappa\mathbf{b}) = -k^2u\mathbf{v} + (1 + k_s u)\mathbf{n} + uk\varkappa\mathbf{b},$$

$$\mathbf{r}_{su} = k\mathbf{n}, \quad \mathbf{r}_{uu} = \mathbf{0},$$

$$L = \langle \mathbf{r}_{ss}, \mathbf{m}\rangle = -ku\varkappa, \quad M = \langle \mathbf{r}_{su}, \mathbf{m}\rangle = 0, \quad N = \langle \mathbf{r}_{uu}, \mathbf{m}\rangle = 0.$$

由此得到

$$K = \frac{LN - M^2}{EG - F^2} = 0,$$

$$H = \frac{EN + GL - 2FM}{EG - F^2} = \frac{-ku\varkappa}{k^2u^2 + 1 - 1} = -\frac{\varkappa}{ku}.$$

6.8. 由方程 $z = f(x, y)$ 定义的曲面可以由形式如

$$\mathbf{r}(x, y) = \mathbf{r}(x, y, f(x, y)), \quad \mathbf{r}_x = (1, 0, f_x), \quad \mathbf{r}_y = (0, 1, f_y)$$

的参数方程给定. 第一基本形式的矩阵有形式

$$\mathbf{I}=\begin{pmatrix}1+f_x^2 & f_xf_y\\ f_xf_y & 1+f_y^2\end{pmatrix};$$

$$\mathbf{r}_x\times\mathbf{r}_y=(-f_x,-f_y,1),\quad |\mathbf{r}_x\times\mathbf{r}_y|=\sqrt{1+f_x^2+f_y^2},$$

$$\mathbf{n}=\frac{\mathbf{r}_x\times\mathbf{r}_y}{|\mathbf{r}_x\times\mathbf{r}_y|}=\frac{1}{\sqrt{1+f_x^2+f_y^2}}(-f_x,-f_y,1),$$

$$\mathbf{r}_{xx}=(0,0,f_{xx}),\quad \mathbf{r}_{xy}=(0,0,f_{xy}),\quad \mathbf{r}_{yy}=(0,0,f_{yy}),$$

$$L=\langle\mathbf{r}_{xx},\mathbf{n}\rangle=\frac{f_{xx}}{\sqrt{1+f_x^2+f_y^2}},\quad M=\langle\mathbf{r}_{xy},\mathbf{n}\rangle=\frac{f_{xy}}{\sqrt{1+f_x^2+f_y^2}},$$

$$N=\langle\mathbf{r}_{yy},\mathbf{n}\rangle=\frac{f_{yy}}{\sqrt{1+f_x^2+f_y^2}}.$$

第二基本形式有形式

$$\mathbf{II}=\frac{1}{\sqrt{1+f_x^2+f_y^2}}\begin{pmatrix}f_{xx} & f_{xy}\\ f_{xy} & f_{yy}\end{pmatrix};$$

$$K=\frac{\det\mathbf{II}}{\det\mathbf{I}}=\frac{LN-M^2}{EG-F^2}=\frac{f_{xx}f_{yy}-f_{xy}^2}{(1+f_x^2+f_y^2)^2},$$

$$H=\mathrm{tr}(\mathbf{II}\cdot\mathbf{I}^{-1})=\frac{EN+GL-2FM}{EG-F^2}=\frac{(1+f_x^2)f_{yy}+(1+f_y^2)f_{xx}-2f_xf_yf_{xy}}{(1+f_x^2+f_y^2)^{3/2}}.$$

6.9. 设 $F_z\neq 0$. 此时根据隐函数定理, 在某个邻域内曲面可以有方程 $z=f(x,y)$ 给出, 并且 $z_x=f_x=-\dfrac{F_x}{F_z}$, $z_y=f_y=-\dfrac{F_y}{F_z}$. 我们求函数 f 的二阶导数:

$$\begin{aligned}f_{xx}&=-\frac{\partial}{\partial x}\Big(\frac{F_x}{F_y}\Big)=-\frac{F_{xx}+F_{xz}z_x}{F_z}+\frac{F_x(F_{xz}+F_{zz}z_x)}{F_z^2}\\&=-\frac{F_{xx}-F_{xz}(F_x/F_z)}{F_z}+\frac{F_x(F_{xz}-F_{zz}(F_x/F_z))}{F_z^2}\\&=-\frac{F_{xx}F_z^2-2F_{xz}F_xF_z+F_{zz}F_x^2}{F_z^3},\\f_{xy}&=-\frac{F_{xy}F_z^2-F_{xz}F_yF_z-F_{yz}F_xF_z+F_{zz}F_xF_y}{F_z^3},\\f_{yy}&=-\frac{F_{yy}F_z^2-2F_{yz}F_yF_z+F_{zz}F_y^2}{F_z^3}.\end{aligned}$$

利用习题 6.8 求高斯曲率和平均曲率的结果:

$$K=\frac{f_{xx}f_{yy}-f_{xy}^2}{(1+f_x^2+f_y^2)^2},\quad H=\frac{(1+f_x^2)f_{yy}+(1+f_y^2)f_{xx}-f_xf_yf_{xy}}{(1+f_x^2+f_y^2)^{3/2}},$$

$$1 + f_x^2 + f_y^2 = (F_x^2 + F_y^2 + F_z^2)/F_z^2.$$

$$\begin{aligned}
& f_{xx}f_{yy} - f_{xy}^2 \\
&= \frac{1}{F_z^6}\big((F_{xx}F_z^2 - 2F_{xz}F_xF_z + F_{xz}F_x^2)(F_{yy}F_z^2 - 2F_{yz}F_yF_z + F_{zz}F_y^2) \\
&\quad -(F_{xy}F_z^2 - F_{xz}F_yF_z - F_{yz}F_xF_z + F_{zz}F_xF_y)^2\big) \\
&= \frac{1}{F_z^6}\big((F_{xx}F_{yy}F_z^4 + 4F_{xz}F_{yz}F_xF_yF_z^2 + F_{zz}^2F_x^2F_y^2 - 2F_{xx}F_{yz}F_yF_z^3 \\
&\quad - 2F_{xz}F_{yy}F_xF_z^3 + F_{xx}F_{zz}F_y^2F_z^2 + F_{yy}F_{zz}F_x^2F_z^2 - 2F_{xz}F_{zz}F_xF_y^2F_z \\
&\quad - 2F_{yz}F_{zz}F_x^2F_yF_z) - (F_{xy}^2F_z^4 + F_{xz}^2F_y^2F_z^2 + F_{yz}^2F_x^2F_z^2 + F_{zz}^2F_x^2F_y^2 \\
&\quad - 2F_{xy}F_{xz}F_yF_z^3 - 2F_{xy}F_{yz}F_xF_z^3 + 2F_{xy}F_{zz}F_x^2F_y^2F_z^2 \\
&\quad -2F_{xz}F_{zz}F_xF_y^2F_z - 2F_{yz}F_{zz}F_x^2F_yF_z + 2F_{xz}F_{yz}F_xF_yF_z^2)\big) \\
&= \frac{1}{F_z^4}(F_{xx}F_{yy}F_z^2 + F_{xx}F_{zz}F_y^2 + F_{yy}F_{zz}F_x^2 - F_{xy}^2F_z^2 - F_{xz}^2F_y^2 - F_{yz}^2F_x^2 \\
&\quad + 2F_{xz}F_{yz}F_xF_y + 2F_{xy}F_{xz}F_yF_z + 2F_{xy}F_{xz}F_xF_z \\
&\quad - 2F_{xx}F_{yz}F_yF_z - 2F_{xz}F_{yy}F_xF_z - 2F_{xy}F_{zz}F_xF_y) \\
&= -\frac{1}{F_z^4}\begin{vmatrix} F_{xx} & F_{xy} & F_{xz} & F_x \\ F_{xy} & F_{yy} & F_{yz} & F_y \\ F_{xz} & F_{yz} & F_{zz} & F_z \\ F_x & F_y & F_z & 0 \end{vmatrix},
\end{aligned}$$

由此得到

$$K = -\frac{\begin{vmatrix} F_{xx} & F_{xy} & F_{xz} & F_x \\ F_{xy} & F_{yy} & F_{yz} & F_y \\ F_{xz} & F_{yz} & F_{zz} & F_z \\ F_x & F_y & F_z & 0 \end{vmatrix}}{(F_x^2 + F_y^2 + F_z^2)^2}.$$

设 $F_z > 0$:

$$\begin{aligned}
& (1 + f_x^2)f_{yy} + (1 + f_y^2)f_{xx} - f_xf_yf_{xy} \\
&= -\frac{1}{F_z^5}\big((F_x^2 + F_z^2)(F_{yy}F_z^2 - 2F_{yz}F_yF_z + F_{zz}F_y^2) \\
&\quad + (F_y^2 + F_z^2)(F_{xx}F_z^2 - 2F_{xz}F_xF_z + F_{zz}F_x^2) \\
&\quad -2F_xF_y(F_{xy}F_z^2 - F_{xz}F_yF_z - F_{yz}F_xF_z + F_{zz}F_xF_y)\big) \\
&= -\frac{1}{F_z^5}\big(F_{yy}F_x^2F_z^2 - 2F_{yz}F_x^2F_yF_z + F_{zz}F_x^2F_y^2
\end{aligned}$$

$$
\begin{aligned}
&+F_{xx}F_y^2F_z^2-2F_{xz}F_xF_y^2F_z+F_{zz}F_x^2F_y^2\\
&+(F_{xx}+F_{yy})F_z^4-2(F_{xz}F_x+F_{yz}F_y)F_z^3+F_{zz}(F_x^2+F_y^2)F_z^2\\
&-2(F_{xy}F_xF_yF_z^2-F_{xz}F_xF_y^2F_z-F_{yz}F_x^2F_yF_z+F_{zz}F_x^2F_y^2))\\
=&-\frac{1}{F_z^3}\left((F_{yy}+F_{zz})F_x^2+(F_{xx}+F_{zz})F_y^2+(F_{xx}+F_{yy})F_z^2\right.\\
&\left.-2F_{xy}F_xF_y-2F_{xz}F_xF_z-2F_{yz}F_yF_z\right)\\
=&-\frac{1}{F_z^3}\left((F_{xx}+F_{yy}+F_{zz})(F_x^2+F_y^2+F_z^2)-(F_{xx}F_x^2+F_{yy}F_y^2\right.\\
&\left.+F_{zz}F_z^2+2F_{xy}F_xF_y+2F_{xz}F_xF_z+2F_{yz}F_yF_z)\right),
\end{aligned}
$$

$$
\begin{aligned}
H=&-\frac{F_{xx}+F_{yy}+F_{zz}}{\sqrt{F_x^2+F_y^2+F_z^2}}\\
&+\frac{F_{xx}F_x^2+F_{yy}F_y^2+F_{zz}F_z^2+2F_{xy}F_xF_y+2F_{xz}F_xF_z+2F_{yz}F_yF_z}{(F_x^2+F_y^2+F_z^2)^{3/2}}.
\end{aligned}
$$

平均曲率还可以写成形式

$$
H=\frac{\mathbf{H}(\operatorname{grad}F,\operatorname{grad}F)}{|\operatorname{grad}F|^3}-\frac{\operatorname{tr}\mathbf{H}}{|\operatorname{grad}F|},
$$

其中 $\operatorname{grad}F=(F_x,F_y,F_z)$ 是函数 F 的梯度, 而 $\mathbf{H}$ 既表示二阶导数的矩阵 (海色矩阵), 也表示它所对应的二次型. 如果 $F_z<0$, 则 H 的表达式只不过是改变符号.

6.10. 我们有

$$
\begin{aligned}
&\mathbf{r}_u=\left(\frac{u\cos v}{\sqrt{u^2+a^2}},\frac{u\sin v}{\sqrt{u^2+a^2}},\frac{a}{\sqrt{u^2+a^2}}\right),\\
&\mathbf{r}_v=(-\sqrt{u^2+a^2}\sin v,\sqrt{u^2+a^2}\cos v,0),\\
&\mathbf{r}_u\times\mathbf{r}_v=(-a\cos v,-a\sin v,u),\quad |\mathbf{r}_u\times\mathbf{r}_v|=\sqrt{u^2+a^2},\\
&\mathbf{n}=\frac{\mathbf{r}_u\times\mathbf{r}_v}{|\mathbf{r}_u\times\mathbf{r}_v|}=\frac{(-a\cos v,-a\sin v,u)}{\sqrt{u^2+a^2}},\\
&\mathbf{r}_{uu}=\left(\frac{a^2\cos v}{(u^2+a^2)^{3/2}},\frac{a^2\sin v}{(u^2+a^2)^{3/2}},-\frac{au}{(u^2+a^2)^{3/2}}\right),\\
&\mathbf{r}_{uv}=\left(-\frac{u\sin v}{\sqrt{u^2+a^2}},\frac{u\cos v}{\sqrt{u^2+a^2}},0\right),\\
&\mathbf{r}_{vv}=(-\cos v\sqrt{u^2+a^2},-\sin v\sqrt{u^2+a^2},0),\\
&L=\langle\mathbf{r}_{uu},\mathbf{n}\rangle=\frac{-a\cos v a^2\cos v+(-a\sin v)a^2\sin v+u(-au)}{(u^2+a^2)^2}=-\frac{a}{u^2+a^2},\\
&M=\langle\mathbf{r}_{uv},\mathbf{n}\rangle=\frac{-a\cos v(-u\sin v)+(-a\sin v)u\cos v}{u^2+a^2}=0,
\end{aligned}
$$

$N = \langle \mathbf{r}_{vv}, \mathbf{n} \rangle = -a\cos v(-\cos v) + (-a\sin v)(-\sin v) = a.$

答案: $-\dfrac{a}{u^2+a^2}du^2 + adv^2.$

6.11. 过渡到柱坐标 $x = u\cos v$, $y = u\sin v$, $z = z$. 此时曲面方程可写成

$$x = u\cos v, \quad y = u\sin v, \quad z = a\arctan\frac{y}{x} = av.$$

这样一来, 曲面本身表示的是正螺旋面. 利用习题 6.1 的结果, 我们得到

$$\mathbf{r} = (u\cos v, u\sin v, av), \quad \mathbf{r}_u = (\cos v, \sin v, 0), \quad \mathbf{r}_v = (-u\sin v, u\cos v, a),$$
$$E = 1, \quad F = 0, \quad G = a^2+u^2, \quad L = 0, \quad M = -\frac{a}{\sqrt{u^2+a^2}}, \quad N = 0.$$

于是

$$K = \frac{LN-M^2}{EG-F^2} = -\frac{a^2}{(u^2+a^2)^2}, \quad H = \frac{EN+GL-2FM}{EG-F^2} = 0$$

主曲率 $\lambda_{1,2}$ 是方程 $\lambda^2 - H\lambda + K = 0$ 的根. 因为 $H = 0$, 故

$$\lambda_{1,2} = \pm\sqrt{-K} = \pm\frac{a}{u^2+a^2},$$
$$R_{1,2} = \frac{1}{\lambda_{1,2}} = \pm\frac{u^2+a^2}{a} = \pm\frac{x^2+y^2+a^2}{a}.$$

答案: $R_1 = \dfrac{x^2+y^2+a^2}{a}$, $R_2 = -\dfrac{x^2+y^2+a^2}{a}$.

6.12. 我们有

$\mathbf{r}(u,v) = (\cos v - u\sin v, \sin v + u\cos v, u+v),$

$\mathbf{r}_u = (-\sin v, \cos v, 1), \quad \mathbf{r}_v = (-u\cos v - \sin v, -u\sin v + \cos v, 1),$

$E = \langle \mathbf{r}_u, \mathbf{r}_u \rangle = 2, \quad F = \langle \mathbf{r}_u, \mathbf{r}_v \rangle = 2, \quad G = \langle \mathbf{r}_v, \mathbf{r}_v \rangle = 2+u^2,$

$\mathbf{r}_u \times \mathbf{r}_v = (u\sin v, -u\cos v, u), \quad |\mathbf{r}_u \times \mathbf{r}_v| = \sqrt{2}\,u,$

$\mathbf{n} = \dfrac{\mathbf{r}_u \times \mathbf{r}_v}{|\mathbf{r}_u \times \mathbf{r}_v|} = \dfrac{1}{\sqrt{2}}(\sin v, -\cos v, 1),$

$\mathbf{r}_{uu} = (0,0,0), \quad \mathbf{r}_{uv} = (-\cos v, -\sin v, 0),$

$\mathbf{r}_{vv} = (u\sin v - \cos v, -u\cos v - \sin v, 0),$

$L = \langle \mathbf{r}_{uu}, \mathbf{n} \rangle = 0, \quad M = \langle \mathbf{r}_{uv}, \mathbf{n} \rangle = 0, \quad N = \langle \mathbf{r}_{vv}, \mathbf{n} \rangle = u/\sqrt{2},$

$K = \dfrac{LN-M^2}{EG-F^2} = 0, \quad H = \dfrac{EN+GL-2FM}{EG-F^2} = \dfrac{\sqrt{2}\,u}{2(2+u^2)-4} = \dfrac{1}{\sqrt{2}\,u}.$

曲率 $\lambda_{1,2}$ 是方程 $\lambda^2 - H\lambda + K = 0$ 的根, 故

$$\lambda^2 - \frac{1}{\sqrt{2}\,u}\lambda = 0, \quad \frac{1}{R_1} = \lambda_1 = 0, \quad \frac{1}{R_2} = \lambda_2 = \frac{1}{\sqrt{2}\,u}.$$

答案: $\dfrac{1}{R_1}=0,\ \dfrac{1}{R_2}=\dfrac{1}{\sqrt{2}\,u}$.

6.13. 我们有

$$\mathbf{r}=(u\cos v,u\sin v,u+v),\quad \mathbf{r}_u=(\cos v,\sin v,1),\quad \mathbf{r}_v=(-u\sin v,u\cos v,1),$$

$$E=\langle\mathbf{r}_u,\mathbf{r}_u\rangle=2,\quad F=\langle\mathbf{r}_u,\mathbf{r}_v\rangle=1,\quad G=\langle\mathbf{r}_u,\mathbf{r}_v\rangle=1+u^2,$$

$$\mathbf{r}_u\times\mathbf{r}_v=(\sin v-u\cos v,-\cos v-u\sin v,u),\quad |\mathbf{r}_u\times\mathbf{r}_v|=\sqrt{1+2u^2},$$

$$\mathbf{n}=\frac{\mathbf{r}_u\times\mathbf{r}_v}{|\mathbf{r}_u\times\mathbf{r}_v|}=\frac{1}{\sqrt{1+2u^2}}(\sin v-u\cos v,-\cos v-u\sin v,u),$$

$$\mathbf{r}_{uu}=(0,0,0),\quad \mathbf{r}_{uv}=(-\sin v,\cos v,0),\quad \mathbf{r}_{vv}=(-u\cos v,-u\sin v,0),$$

$$L=\langle\mathbf{r}_{uu},\mathbf{n}\rangle=0,\quad M=\langle\mathbf{r}_{uv},\mathbf{n}\rangle=-\frac{1}{\sqrt{1+2u^2}},\quad N=\langle\mathbf{r}_{vv},\mathbf{n}\rangle=\frac{u^2}{\sqrt{1+2u^2}},$$

$$K=\frac{LN-M^2}{EG-F^2}=-\frac{1}{(1+2u^2)^2},$$

$$H=\frac{EN+GL-2FM}{EG-F^2}=\frac{2u^2+2}{(1+2u^2)^{3/2}}=\frac{2(1+u^2)}{(1+2u^2)^{3/2}}.$$

答案: $K=-\dfrac{1}{(1+2u^2)^2},\ H=\dfrac{2(1+u^2)}{(1+2u^2)^{3/2}}$.

6.14. 我们有

$$\mathbf{r}=(3u+3uv^2-u^3,v^3-3v-3u^2v,3(u^2-v^2)),$$

$$\mathbf{r}_u=(3+3v^2-3u^2,-6uv,6u),\quad \mathbf{r}_v=(6uv,3v^3-3u^2-3,-6v),$$

$$E=\langle\mathbf{r}_u,\mathbf{r}_u\rangle=9((1+v^2-u^2)^2+4u^2v^2+4u^2)=9(u^2+v^2+1)^2,$$

$$F=\langle\mathbf{r}_u,\mathbf{r}_v\rangle=9((1-u^2+v^2)2uv+(-2uv)(v^2-u^2-1)-4uv)=0,$$

$$G=\langle\mathbf{r}_v,\mathbf{r}_v\rangle=9(4u^2v^2+(u^2-v^2+1)^2+4v^2)=9(u^2+v^2+1)^2,$$

$$\mathbf{r}_u\times\mathbf{r}_v=9(2u(u^2+v^2+1),2v(u^2+v^2+1),(u^2+v^2-1)(u^2+v^2+1)),$$

$$|\mathbf{r}_u\times\mathbf{r}_v|=9(u^2+v^2+1)^2,$$

$$\mathbf{n}=\frac{\mathbf{r}_u\times\mathbf{r}_v}{|\mathbf{r}_u\times\mathbf{r}_v|}=\frac{1}{u^2+v^2+1}(2u,2v,u^2+v^2-1),$$

$$\mathbf{r}_{uu}=(-6u,-6v,6),\quad \mathbf{r}_{uv}=(6v,-6u,0),\quad \mathbf{r}_{vv}=(6u,6v,-6),$$

$$L=\langle\mathbf{r}_{uu},\mathbf{n}\rangle=6\cdot\frac{2u(-u)+2v(-v)+(u^2+v^2-1)\cdot 1}{u^2+v^2+1}=-6,$$

$$M=\langle\mathbf{r}_{uv},\mathbf{n}\rangle=6\cdot\frac{2uv+2v(-u)}{u^2+v^2+1}=0,$$

$$N=\langle\mathbf{r}_{vv},\mathbf{n}\rangle=6\cdot\frac{2uu+2vv+(u^2+v^2-1)(-1)}{u^2+v^2+1}=6,$$

$$K=\frac{LN-M^2}{EG-F^2}=-\frac{36}{81(u^2+v^2+1)^4}=-\frac{4}{9(u^2+v^2+1)^4},$$

$$H=\frac{EN+GL-2FM}{EG-F^2}=\frac{(u^2+v^2+1)^2(-6)+(u^2+v^2+1)^2\cdot 6}{81(u^2+v^2+1)^4}=0.$$

答案: $K=-\dfrac{4}{9(u^2+v^2+1)^4}$, $H=0$.

6.17. $H\mathbf{II}-K\mathbf{I}$. 见习题 6.22 的解答.

6.20. 利用曲面的高斯曲率用坐标 (u,s) 表示的显式公式, 其中 u 是沿直母线的坐标, 而 s 是曲线上的自然参数, 直线沿该曲线滑动.

6.21. 正螺旋面的参数方程有形式 $x=u\cos v$, $y=u\sin v$, $z=av$. 这时有

$\mathbf{r}(u,v)=(u\cos v,u\sin v,av)$, $\mathbf{r}_u=(\cos v,\sin v,0)$, $\mathbf{r}_v=(-u\sin v,u\cos v,a)$,

$E=1,\quad F=0,\quad G=a^2+u^2,$

$\mathbf{r}_u\times\mathbf{r}_v=(a\sin v,-a\cos v,u),\qquad |\mathbf{r}_u\times\mathbf{r}_v|=\sqrt{u^2+a^2},$

$$\mathbf{n}=\frac{\mathbf{r}_u\times\mathbf{r}_v}{|\mathbf{r}_u\times\mathbf{r}_v|}=\frac{(a\sin v,-a\cos v,u)}{\sqrt{u^2+a^2}},$$

$\mathbf{r}_{uu}=(0,0,0),\quad \mathbf{r}_{uv}=(-\sin v,\cos v,0),\quad \mathbf{r}_{vv}=(-u\cos v,-u\sin v,0),$

$L=\langle\mathbf{r}_{uu},\mathbf{n}\rangle=0,$

$$M=\langle\mathbf{r}_{uv},\mathbf{n}\rangle=\frac{a\sin v(-\sin v)+(-a\cos v)\cos v}{\sqrt{u^2+a^2}}=-\frac{a}{\sqrt{u^2+a^2}},$$

$$N=\langle\mathbf{r}_{vv},\mathbf{n}\rangle=\frac{a\sin v(-u\cos v)+(-a\cos v)(-u\sin v)}{\sqrt{u^2+a^2}}=0.$$

由此得到 $H=\dfrac{EN+GL-2FM}{EG-F^2}=0$.

6.22. 我们有

$\boldsymbol{\rho}_u=\mathbf{r}_u+a\mathbf{n}_u$, $\boldsymbol{\rho}_v=\mathbf{r}_v+a\mathbf{n}_v$,

$E^*=\langle\boldsymbol{\rho}_u,\boldsymbol{\rho}_u\rangle=\langle\mathbf{r}_u,\mathbf{r}_u\rangle+2a\langle\mathbf{r}_u,\mathbf{n}_u\rangle+a^2\langle\mathbf{n}_u,\mathbf{n}_u\rangle=E-2aL+a^2\langle\mathbf{n}_u,\mathbf{n}_u\rangle.$

类似地,

$$F^*=\langle\boldsymbol{\rho}_u,\boldsymbol{\rho}_v\rangle=F-2aM+a^2\langle\mathbf{n}_u,\mathbf{n}_v\rangle,$$
$$G^*=\langle\boldsymbol{\rho}_v,\boldsymbol{\rho}_v\rangle=G-2aN+a^2\langle\mathbf{n}_v,\mathbf{n}_v\rangle.$$

为了进一步的计算, 我们需要 $\mathbf{n}_u$ 和 $\mathbf{n}_v$ 的显式表达式. 现在就来求它们. 由 $|\mathbf{n}|=1$ 得 $\mathbf{n}_u\perp\mathbf{n}$, $\mathbf{n}_v\perp\mathbf{n}$. 于是

$$\mathbf{n}_u=b\mathbf{r}_u+c\mathbf{r}_v,\quad \mathbf{n}_v=d\mathbf{r}_u+e\mathbf{r}_v,$$
$$-L=-\langle\mathbf{n},\mathbf{r}_{uu}\rangle=\langle\mathbf{n}_u,\mathbf{r}_u\rangle=b\langle\mathbf{r}_u,\mathbf{r}_u\rangle+c\langle\mathbf{r}_v,\mathbf{r}_u\rangle=bE+cF,$$
$$-M=-\langle\mathbf{n},\mathbf{r}_{uv}\rangle=\langle\mathbf{n}_u,\mathbf{r}_v\rangle=b\langle\mathbf{r}_u,\mathbf{r}_v\rangle+c\langle\mathbf{r}_v,\mathbf{r}_v\rangle=bF+cG,$$
$$\begin{pmatrix}-L\\-M\end{pmatrix}=\mathbf{I}\begin{pmatrix}b\\c\end{pmatrix},$$

其中 $\mathbf{I}=\begin{pmatrix}E&F\\F&G\end{pmatrix}$ 是第一基本形式的矩阵.

$$\begin{pmatrix}b\\c\end{pmatrix}=-\mathbf{I}^{-1}\begin{pmatrix}L\\M\end{pmatrix},$$

其中 $\mathbf{I}^{-1} = \dfrac{1}{EG-F^2}\begin{pmatrix} G & -F \\ -F & E \end{pmatrix}$. 类似地,

$$\begin{pmatrix} d \\ e \end{pmatrix} = -\mathbf{I}^{-1}\begin{pmatrix} M \\ N \end{pmatrix}.$$

于是

$$\begin{aligned}\langle \mathbf{n}_u, \mathbf{n}_u \rangle &= (b,c)\,\mathbf{I}\begin{pmatrix} b \\ c \end{pmatrix} = (L,M)\,\mathbf{I}^{-1}\mathbf{I}\,\mathbf{I}^{-1}\begin{pmatrix} L \\ M \end{pmatrix} \\ &= (L,M)\,\mathbf{I}^{-1}\begin{pmatrix} L \\ M \end{pmatrix} = \frac{EM^2 - 2FLM + GL^2}{EG-F^2},\end{aligned}$$

$$\langle \mathbf{n}_u, \mathbf{n}_v \rangle = (L,M)\,\mathbf{I}^{-1}\begin{pmatrix} M \\ N \end{pmatrix} = \frac{EMN - FLN - FM^2 + GLM}{EG-F^2},$$

$$\langle \mathbf{n}_v, \mathbf{n}_v \rangle = (M,N)\,\mathbf{I}^{-1}\begin{pmatrix} M \\ N \end{pmatrix} = \frac{EN^2 - 2FMN + GM^2}{EG-F^F}.$$

另一方面,

$$\begin{aligned}\langle \mathbf{n}_u, \mathbf{n}_u \rangle &= \frac{EM^2 - 2FLM + GL^2}{EG-F^2} \\ &= \frac{GL^2 + ELN - 2FLM + EM^2 - ELN}{EG-F^2} \\ &= \frac{L(GL+EN-2FM) - E(LN-M^2)}{EG-F^2} = LH - EK, \\ \langle \mathbf{n}_u, \mathbf{n}_v \rangle &= \frac{EMN - FLN - FM^2 + GLM}{EG-F^2} \\ &= \frac{M(GL+EN-2FM) - F(LN-M^2)}{EG-F^2} = MH - FK, \\ \langle \mathbf{n}_v, \mathbf{n}_v \rangle &= \frac{EN^2 - 2FMN + GM^2}{EG-F^2} \\ &= \frac{N(GL+EN-2FM) - G(LN-M^2)}{EG-F^2} = NH - GK.\end{aligned}$$

这里的结果与习题 6.17 相对应.

因此,

$$\begin{aligned}E^* &= \langle \boldsymbol{\rho}_u, \boldsymbol{\rho}_u \rangle = E - 2aL + a^2(LH - EK) \\ &= (1 - a^2K)E + a(aH-2)L, \\ F^* &= \langle \boldsymbol{\rho}_u, \boldsymbol{\rho}_v \rangle = F - 2aM + a^2(MH - FK) \\ &= (1 - a^2K)F + a(aH-2)M,\end{aligned}$$

$$
\begin{aligned}
G^* &= \langle \boldsymbol{\rho}_v, \boldsymbol{\rho}_v \rangle = G - 2aN + a^2(NH - GK) \\
&= (1 - a^2K)G + a(aH - 2)N.
\end{aligned}
$$

因为向量 $\mathbf{r}_u, \mathbf{r}_v, \mathbf{n}_u, \mathbf{n}_v$ 正交于向量 $\mathbf{n}$, 所以 $\boldsymbol{\rho}_u, \boldsymbol{\rho}_v$ 正交于 $\mathbf{n}$ 和 $\mathbf{n}^* = \mathbf{n}$.

$$
\begin{aligned}
L^* &= \langle \boldsymbol{\rho}_{uu}, \mathbf{n} \rangle = \langle \mathbf{r}_{uu}, \mathbf{n} \rangle + a\langle \mathbf{n}_{uu}, \mathbf{n} \rangle = L - a\langle \mathbf{n}_u, \mathbf{n}_u \rangle \\
&= L - a(LH - EK) = aKE + (1 - aH)L, \\
M^* &= \langle \boldsymbol{\rho}_{uv}, \mathbf{n} \rangle = \langle \mathbf{r}_{uv}, \mathbf{n} \rangle - a\langle \mathbf{n}_u, \mathbf{n}_v \rangle \\
&= M - a(MH - FK) = aKF + (1 - aH)M, \\
N^* &= \langle \boldsymbol{\rho}_{vv}, \mathbf{n} \rangle = \langle \mathbf{r}_{vv}, \mathbf{n} \rangle - a\langle \mathbf{n}_v, \mathbf{n}_v \rangle \\
&= N - a(NH - GK) = aKG + (1 - aH)N.
\end{aligned}
$$

答案: $E^* = (1 - a^2K)E + a(aH - 2)L$,
$F^* = (1 - a^2K)F + a(aH - 2)M, \quad G^* = (1 - a^2K)G + a(aH - 2)N.$
$L^* = aKE + (1 - aH)L,\ M^* = aKF + (1 - aH)M,\ N^* = aKG + (1 - aH)N.$

6.24. 如所周知, $K^* = \dfrac{L^*N^* - M^{*2}}{E^*G^* - F^{*2}}$. 把习题 6.22 得到的 E^*, F^*, G^*, L^*, M^*, N^* 的显式表示代入这个公式, 并且进行初等计算, 我们得到答案

$$K^* = \frac{K}{1 - aH + a^2K}.$$

6.25. 如所周知, $H^* = \dfrac{E^*N^* + G^*L^* - 2F^*M^*}{E^*G^* - F^{*2}}$. 把习题 6.22 得到的 E^*, F^*, G^*, L^*, M^*, N^* 的显式表示代入这个公式, 并且进行初等计算, 我们得到答案 $H^* = \dfrac{H - 2aK}{1 - aH + a^2K}$.

6.26. a) 设平行曲面 S 和 S^* 由方程 $\mathbf{r} = \mathbf{r}(u, v)$ 和 $\mathbf{r}^* = \mathbf{r}(u, v) + a\mathbf{n}(u, v)$ 给定. 依照习题 6.24 和 6.25, 我们有 $K^* = \dfrac{K}{1 - aH + a^2K}$, $H^* = \dfrac{H - 2aK}{1 - aH + a^2K}$. 由此得到

$$
\begin{aligned}
\frac{H^{*2} - 4K^*}{K^{*2}} &= \frac{(H - 2aK)^2 - 4K(1 - aH + a^2K)}{K^2} \\
&= \frac{H^2 - 4aKH + 4a^2K^2 - 4(K - aKH + a^2K^2)}{K^2} = \frac{H^2 - 4K}{K^2}.
\end{aligned}
$$

b) 极小曲面由方程 $H^* = 0$ 给定. 按照习题 6.25, 有 $H^* = \dfrac{H - 2aK}{1 - aH + a^2K}$. 由此看出方程 $H^* = 0$ 等价于等式 $2a = H/K$ 满足. 因为曲率的比值是常数, 由方程

$$\boldsymbol{\rho}(u, v) = \mathbf{r}(u, v) + \frac{H}{2K}\mathbf{n}(u, v)$$

给定的曲面 S^* 将是极小曲面.

c) 按照习题 6.25, 我们有

$$K^* = \frac{K}{1-aH+a^2K} = \frac{K}{1-H/H+K/H^2} = \frac{K}{K/H^2} = H^2 = \text{const.}$$

d) 按照习题 6.25, 我们有

$$H^* = \frac{H-2aK}{1-aH+a^2K} = \frac{H-2\sqrt{K}}{1-H/\sqrt{K}+K/(\sqrt{K})^2} = -\sqrt{K} = \text{const.}$$

答案: $H^* = -\sqrt{K}$.

6.27. 提示 按照习题 6.26, 对于平行曲面, 关系 $\dfrac{H^2-4K}{K^2} = \dfrac{H^{*2}-4K^*}{K^{*2}}$ 成立. 我们指出, 点是脐点, 当且仅当在该点 $H^2-4K=0$. 由此显然推出结论.

6.28. 这是人们所知道的博内定理. 这里利用习题 6.26 的结果写出一个简单的证明. 给定曲面的度量用等温坐标给出. 在曲面的法线上放置长度为 $a=1/H$ 的线段. 此时对于平行曲面我们有不等式

$$EG-F^2 = \frac{K^2\Lambda^4}{H^4} > 0, \quad E+G = \left(1-\frac{2K}{H^2}\right)\Lambda^2 > 0,$$

其中 Λ 是度量的仿射因子. 我们得到带常高斯曲率的正则曲面. 如所周知, 这样的曲面是球面. 我们指出, 如果曲面不是闭的, 它可能等距于球面的某一部分, 但是不能通过在周围空间内的运动与它重合. 问题在于, 例如, 球面的部分允许非平凡弯曲.

6.29. 我们提醒, 如果 λ_1 和 λ_2 是曲面的主曲率, 而 $H=\lambda_1+\lambda_2$, $K=\lambda_1\lambda_2$, 则 λ_i 是方程 $\lambda^2-H\lambda+K=0$ 的根. 因为 λ_i 是实数, 方程的判别式 $D=H^2-4K\geqslant 0$. 等式 $H^2=4K$ (即 $D=0$) 等价于等式 $\lambda_1=\lambda_2$. 于是, 在脐点, 即 $\lambda_1=\lambda_2$ 的点 (参见图 117), 平均曲率的平方等于四倍的高斯曲率.

6.30. 根据熟知的公式 $H=\operatorname{tr}(\mathbf{II}\cdot\mathbf{I}^{-1})$, 其中 $\mathbf{I}$ 是第一基本形式, 而迹是对于对应矩阵的乘积取的. 于是平均曲率等于算子 $\mathbf{A}$ 的迹, $\mathbf{A}$ 是典范地相对于由形式 $\mathbf{I}$ 给定的度量与形式 $\mathbf{II}$ 匹配. 算子 $\mathbf{A}$ 和形式 $\mathbf{II}$ 以关系 $\mathbf{II}(\mathbf{e}_1,\mathbf{e}_2)=\langle\mathbf{A}\mathbf{e}_1,\mathbf{e}_2\rangle$ 相联系, 这里的数量积 $\langle\cdot,\cdot\rangle$ 是由对称矩阵 $\mathbf{I}$ 给定的. 算子的迹在任意正交基 $\mathbf{e}_1,\mathbf{e}_2$ 中按照公式 $\operatorname{tr}\mathbf{A}=\langle\mathbf{A}\mathbf{e}_1,\mathbf{e}_1\rangle+\langle\mathbf{A}\mathbf{e}_2,\mathbf{e}_2\rangle$ 计算. 于是

$$H=\langle\mathbf{A}\mathbf{e}_1,\mathbf{e}_1\rangle+\langle\mathbf{A}\mathbf{e}_2,\mathbf{e}_2\rangle=\mathbf{II}(\mathbf{e}_1,\mathbf{e}_1)+\mathbf{II}(\mathbf{e}_2,\mathbf{e}_2),$$

这就是要证明的.

6.33. 设 $\mathbf{v}(s)$ 是曲线 γ 的切向量, 而 $\mathbf{n}(s)$ 是曲线 γ 的单位主法向量 (参见图 118). 于是 $\dfrac{d\mathbf{v}}{ds}=k\mathbf{n}$, $\lambda_i=k\langle\mathbf{n},\mathbf{n}_i\rangle$, 其中 $\mathbf{n}_i$ 是 M_i 的单位法向量, 并且 $\mathbf{v}\perp\mathbf{n}$.

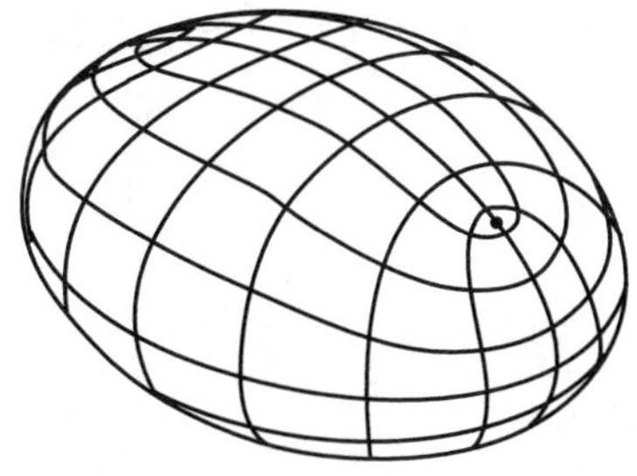

图 117　椭球面上的脐点

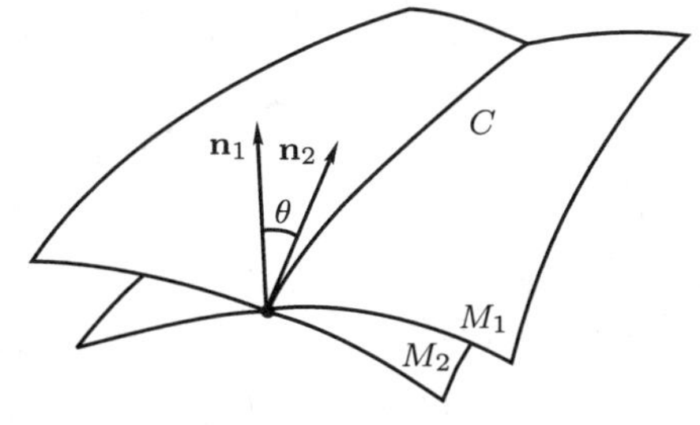

图 118

因为 $\mathbf{v}$ 是曲面 M_1 和 M_2 的切向量, 故 $\mathbf{v}\perp\mathbf{n}_1$, $\mathbf{v}\perp\mathbf{n}_2$. 因此 $\mathbf{n}_1,\mathbf{n}_2,\mathbf{n}$ 位于同一个平面.

1) $\theta=0$. 此时 $\mathbf{n}_1=\mathbf{n}_2$, $\lambda_1=\lambda_2$, 并且

$$\lambda_1^2+\lambda_2^2-2\lambda_1\lambda_2\cos\theta=(\lambda_1-\lambda_2)^2=0=k^2\sin^2\theta.$$

2) $\theta=\pi$, 此时 $\mathbf{n}_1=-\mathbf{n}_2$, $\lambda_1=-\lambda_2$, 并且得到等式 $0=0$.

3) $0<\theta<\pi$, 此时 $\mathbf{n}_1$ 和 $\mathbf{n}_2$ 组成正交于 $\mathbf{v}$ 的空间的正交基, 并且 $\mathbf{n}=a\mathbf{n}_1+b\mathbf{n}_2$. 因此

$$\begin{aligned}\lambda_1&=ka\langle\mathbf{n}_1,\mathbf{n}_1\rangle+kb\langle\mathbf{n}_2,\mathbf{n}_1\rangle=ka+kb\cos\theta,\\ \lambda_2&=ka\langle\mathbf{n}_1,\mathbf{n}_2\rangle+kb\langle\mathbf{n}_2,\mathbf{n}_2\rangle=ka\cos\theta+kb,\\ \lambda_1^2+\lambda_2^2-2\lambda_1\lambda_2\cos\theta&=(ka+kb\cos\theta)^2+(ka\cos\theta+kb)^2\\ &\quad-2(ka+kb\cos\theta)(ka\cos\theta+kb)\cos\theta\\ &=k^2(a^2(1+\cos^2\theta-2\cos^2\theta)+2ab(2\cos\theta\\ &\quad-(1+\cos^2\theta)\cos\theta)+b^2(1+\cos^2\theta-2\cos^2\theta))\\ &=k^2\sin^2\theta(a^2+2ab\cos\theta+b^2)=k^2\sin^2\theta,\end{aligned}$$

这是因为 $1=\langle\mathbf{n},\mathbf{n}\rangle=\langle a\mathbf{n}_1+b\mathbf{n}_2,a\mathbf{n}_1+b\mathbf{n}_2\rangle=a^2+2ab\cos\theta+b^2$.

6.41. 提示　认为曲面的度量有形式 du^2+Gdv^2, 用高斯曲率 K 表示 G.

6.42. 考察下列旋转曲面:

$$x=r\cos\varphi,\quad y=r\sin\varphi,$$

$$z=\frac{1}{2}\left(\arctan\sqrt{-\frac{1+2C+2r}{C+2r}}-\sqrt{-(C+2r)(1+2C+2r)}\right).$$

对于这个曲面, $K=\dfrac{1}{r}$, $ds^2=-\dfrac{1}{C+2r}dr^2+r^2d\varphi^2$. 由此看出当改变数 C 时, 我们就得到在对应点带同样高斯曲率的两两不等距的曲面的单参数族.

6.49. 指出, 曲面的每个点都是平点. 即, 在每个点两个主曲率都是零.

7.1. 作为图卡可以取集合 $U_k^{\pm}$, $k = 0, \ldots, n$, 它们通过不等式如下给定 $U_k^+ = \{x_k > 0\}$, $U_k^- = \{x_k < 0\}$. 作为在 $U_k^{\pm}$ 内定义的坐标函数随之取除 x_k 之外的所有笛卡儿坐标. 最小的图册含有两个图卡.

7.2. 利用 T^2 同胚于乘积 $S^1 \times S^1$, 就归结为前一个习题当 $n = 1$ 时的情形.

7.3. 射影空间 $\mathbb{R}P^n$ 是数组 $(x_0 : x_1 : \cdots : x_n)$ 的等价类的集合, 其中 $x_i \in \mathbb{R}$, $\sum x_i^2 \neq 0$, 而等价关系以方式

$$(x_0 : x_1 : \cdots : x_n) \sim (\lambda x_0 : \lambda x_1 : \cdots : \lambda x_n)$$

给定, 其中 $\lambda \in \mathbb{R}$, $\lambda \neq 0$. 我们在 $\mathbb{R}P^n$ 上引进实解析结构. 为此用 $(n+1)$ 个图卡的集合覆盖 $\mathbb{R}P^n$. 考察数组 $(x_0 : x_1 : \cdots : x_n)$, 其中的 $x_i \neq 0$. 这样的数组的集合自然地与 $\mathbb{R}^n$ 等同, 相应的等同映射正是

$$(x_0 : x_1 : \cdots : x_n) \mapsto \left(\frac{x_0}{x_i}, \ldots, \frac{x_{i-1}}{x_i}, \frac{x_{i+1}}{x_i}, \ldots, \frac{x_n}{x_i}\right).$$

容易看出, 这个对应是完全确定的. 留下的任务是考察从第 i 个图卡到第 j 个图卡的过渡函数. 设 $x_k^{(i)}$ 是第 i 个图卡中的数组 $(x_0 : x_1 : \cdots : x_n)$ 的第 k 个坐标, 而 $x_l^{(j)}$ 是第 j 个图卡中的第 l 个坐标 (为明确计, 设 $i < j$). 此时

$$x_1^{(i)} = \frac{x_1^{(j)}}{x_{i+1}^{(j)}}, \quad \ldots, \quad x_i^{(i)} = \frac{x_i^{(j)}}{x_{i+1}^{(j)}}, \quad x_{i+1}^{(i)} = \frac{x_{i+2}^{(j)}}{x_{i+1}^{(j)}}, \quad \ldots, \quad x_j^{(i)} = \frac{x_{j+1}^{(j)}}{x_{i+1}^{(j)}},$$
$$x_{j+1}^{(i)} = \frac{1}{x_{i+1}^{(j)}}, \quad x_{j+2}^{(i)} = \frac{x_{j+2}^{(j)}}{x_{i+1}^{(j)}}, \quad \ldots, \quad x_n^{(i)} = \frac{x_n^{(j)}}{x_{i+1}^{(j)}}.$$

这样一来, 过渡函数不仅是光滑的, 而且是实解析的.

7.4. 参见习题 7.3.

7.5. a) 图册由带坐标函数 $(x_1, \ldots, x_n)$ 的一个图卡组成.

7.9. 利用局部坐标计算映射的雅可比矩阵.

7.10. 提示　利用复合函数微分法则.

7.12. 提示　秩等于 1.

7.14. 提示　光滑映射的复合是光滑映射.

7.15. 提示　在环面的局部坐标中写出显式表示法向量坐标的公式.

7.16. 直线的齐次坐标光滑依赖于球面上的局部坐标, 而在 $\mathbb{R}P^2$ 中的局部坐标则通过齐次坐标表示.

7.19. 把群 $SO(2)$ 的元素表示为平面绕坐标原点旋转某个角. 群 $O(2)$ 则同胚于 S^1 的两个样本的并集.

7.20. 把群 $SO(3)$ 的元素表示为空间绕某个轴旋转某个角.

7.27. 群 $GL(n,\mathbb{R})$ 和 $GL(n,\mathbb{C})$ 分别是所有实和复矩阵的空间内的开集.

7.34. 当挖去坐标原点时, 坐标原点的任意邻域分裂成不少于 4 个的连通分支, 它不可能在流形上.

7.35. a) 是的; b) 不是.

7.37. 提示 利用两个矩阵乘积的秩的性质.

7.38. $f\colon \mathbb{R}^1 \to \mathbb{R}^1,\ f(x) = x^3$.

7.41. 坐标函数是流形上的光滑函数的特殊情形.

7.43. 利用习题 7.8.

7.51. 参见 §21 的图 88.

7.57. a) 见图 119; b) 参见图 120; c) 参见图 121; d) 参见图 121;

e) 提示 答案依赖于数 p 和 q 的奇偶性. 可以仅利用 a), b) 和 d) 各小题的曲面.

7.58. 参见图 122.

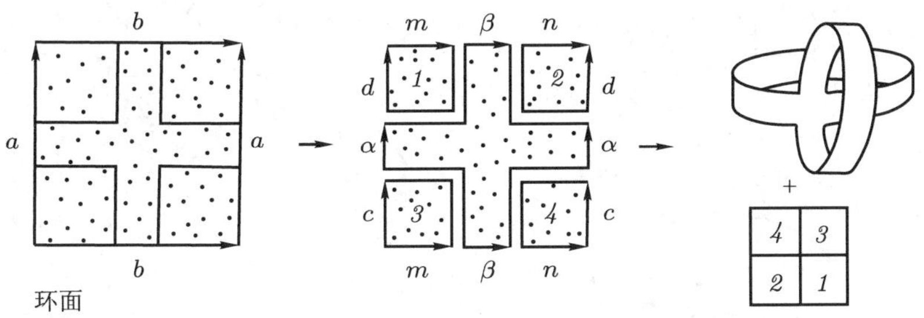

图 119

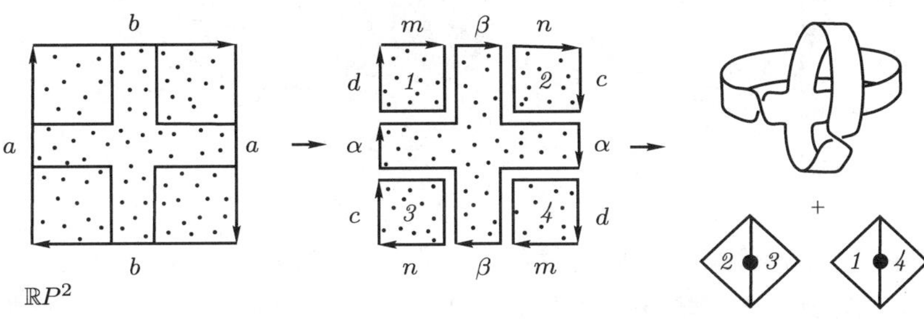

图 120

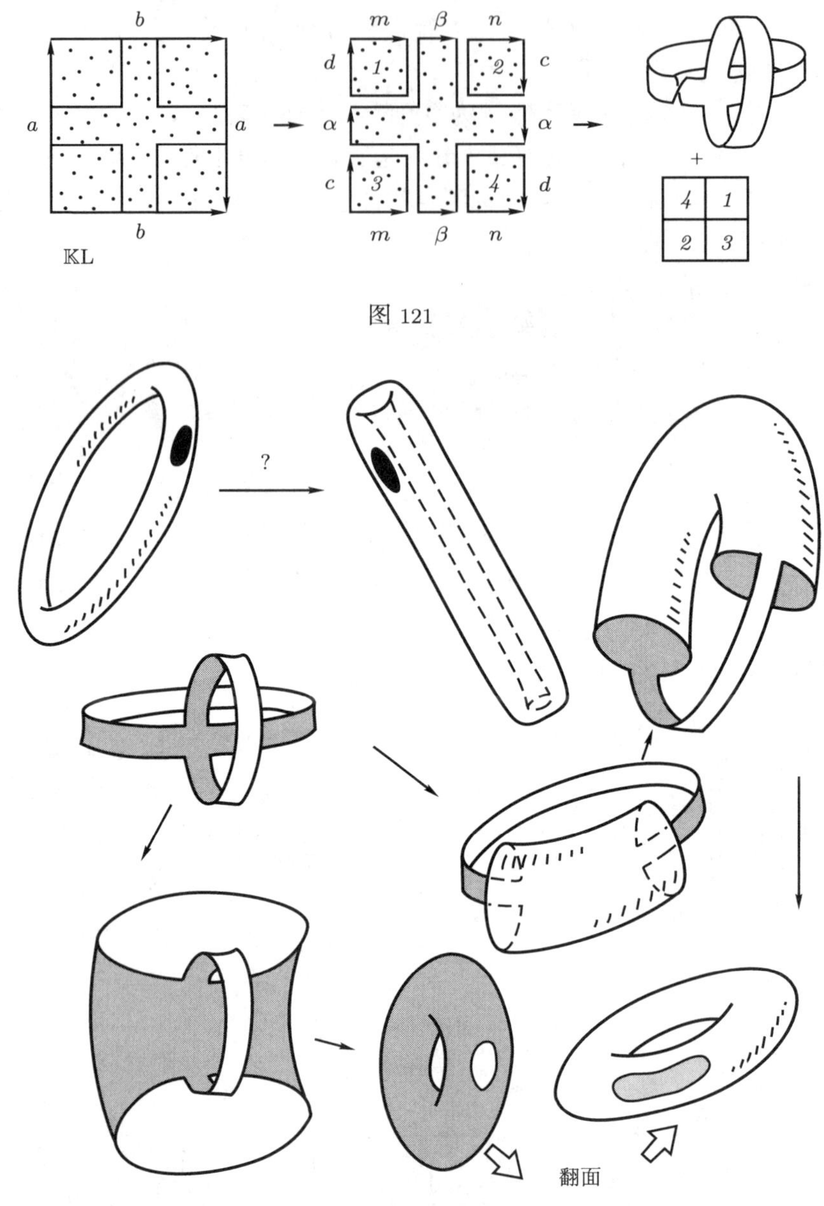

图 121

图 122

7.59. 考察环面被经过旋转轴的平面切割的切口. 设平面 Π 垂直于切口平面, 并且如图所示的那样经过直线 PQ. 所求的平面在两侧与 Π 的距离为 ε. 参见图 123 和 124.

7.60. 参见图 125.

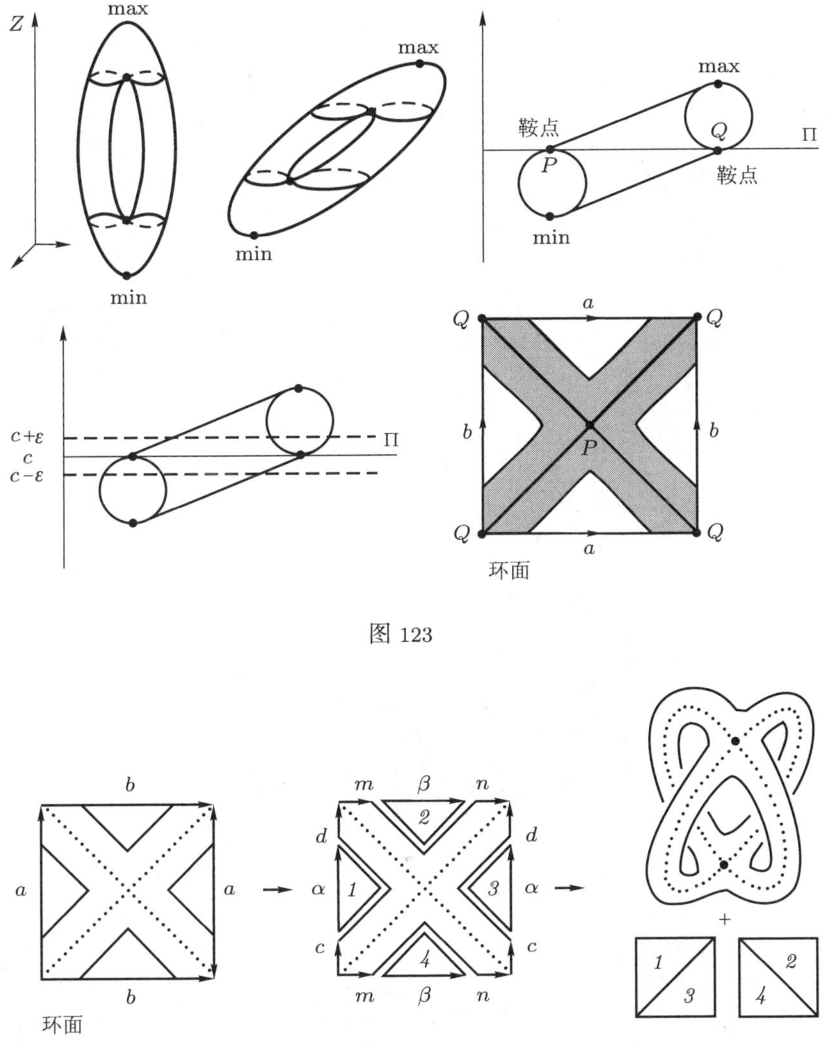

图 123

图 124

7.64. 图 126 和 127 指明了两种答案. 我们指出, 如果曲面不动, 仅让曲线形变 (借助同痕), 则不可以把标记出的一条曲线转换为另一条, 因为它们表示曲面的基本群的不同的元素: a 和 $a \cdot b$.

7.65. 所求的两种形变指明在图 128 和 129 上. 跟前一个习题一样, 一对曲线不可以仅依靠它们的同痕转换到另一对, 因为它们组成曲面的基本群的不同元素对: a, b 和 $a,\ a \cdot b$.

7.66. a) 可以, 在图 130 上指明了形变. b) 不可以. 参见图 131 即可明了.

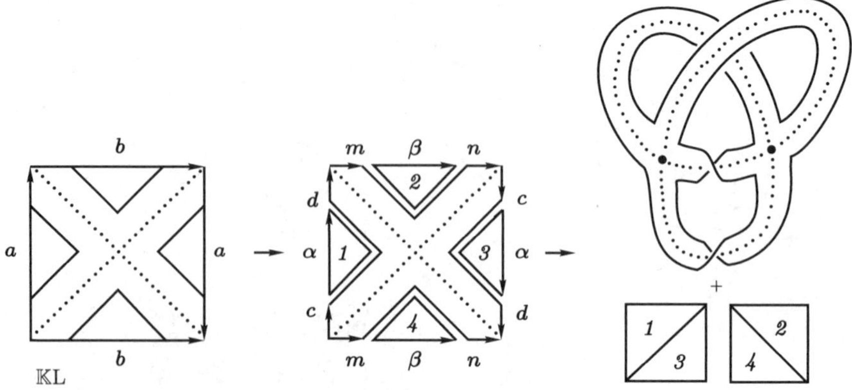

图 125

图 126

8.1. a) $(0,1)$; b) $(0,2)$; c) $(1,1)$; d) $(0,2)$.
8.8. 如果 $\dim V = k$, 则 $\dim V_n^m = k^{n+m}$.

9.2. a) $3/\sqrt{15}$; b) $-7/\sqrt{21}$; c) $e^3/\sqrt{3}$; d) $-2/5$.
9.3. $1/r^2$.

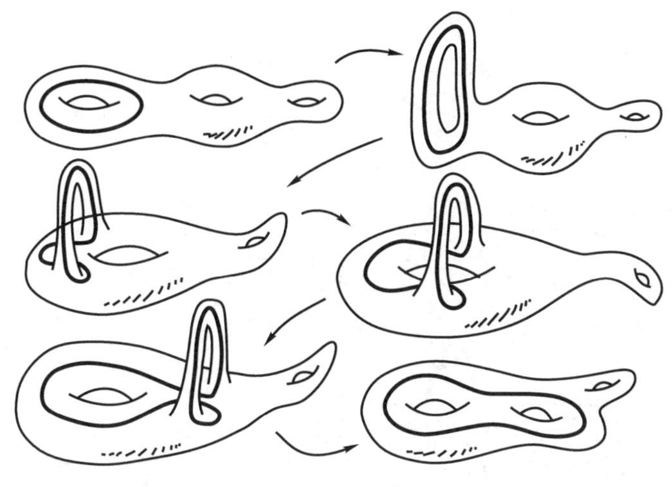

图 127

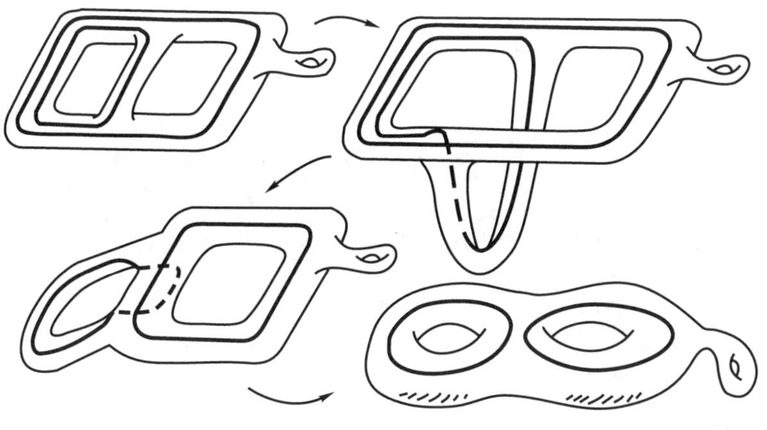

图 128

9.4. 1.

9.11. 检验换位子在两个光滑函数乘积上的作用.

9.17. 考察当 $\xi = \partial/\partial x^1$ 时的情形.

10.9. 提示　参见习题 10.8.

10.12. 将认为坐标 r 为第一个, 而坐标 φ 为第二个. 此时 $\Gamma^1_{11} = \Gamma^1_{12} = \Gamma^1_{21} = 0$, $\Gamma^1_{22} = -r$, $\Gamma^2_{11} = \Gamma^2_{22} = 0$, $\Gamma^2_{12} = \Gamma^2_{21} = 1/r$.

10.13. 将认为坐标 u 为第一个, 而坐标 v 为第二个. 此时 $\Gamma^1_{11} = \dfrac{\lambda_u}{2\lambda}$, $\Gamma^1_{12} =$

图 129

$\Gamma^1_{21}=\dfrac{\lambda_v}{2\lambda}$, $\Gamma^1_{22}=-\dfrac{\lambda_u}{2\lambda}$, $\Gamma^2_{11}=-\dfrac{\lambda_v}{2\lambda}$, $\Gamma^2_{12}=\Gamma^2_{21}=\dfrac{\lambda_u}{2\lambda}$, $\Gamma^2_{22}=-\dfrac{\lambda_v}{2\lambda}$.

10.14. a) $\Gamma^1_{11}=\Gamma^1_{12}=\Gamma^1_{21}=0$, $\Gamma^1_{22}=-\sin\theta\cos\theta$, $\Gamma^2_{11}=\Gamma^2_{22}=0$, $\Gamma^2_{21}=\Gamma^2_{12}=\cot\theta$. 这里, 认为坐标 θ 为第一个, 而坐标 φ 为第二个.

b) $\Gamma^1_{11}=-\dfrac{2x}{1+x^2+y^2}$, $\Gamma^1_{12}=\Gamma^1_{21}=-\dfrac{2y}{1+x^2+y^2}$, $\Gamma^1_{22}=\dfrac{2x}{1+x^2+y^2}$, $\Gamma^2_{11}=\dfrac{2y}{1+x^2+y^2}$, $\Gamma^2_{12}=\Gamma^2_{21}=-\dfrac{2x}{1+x^2+y^2}$, $\Gamma^2_{22}=-\dfrac{2y}{1+x^2+y^2}$. 这里认为坐标 x 为第一个, 而坐标 y 为第二个.

c) $\Gamma^1_{11}=-\dfrac{2r}{1+r^2}$, $\Gamma^1_{12}=\Gamma^1_{21}=0$, $\Gamma^1_{22}=\dfrac{r^3-r}{1+r^2}$, $\Gamma^2_{11}=0$, $\Gamma^2_{12}=\Gamma^2_{21}=\dfrac{1-r^2}{r(1+r^2)}$, $\Gamma^2_{22}=0$. 这里认为坐标 r 为第一个, 而坐标 φ 为第二个.

10.15. a) $\Gamma^1_{12}=\Gamma^1_{21}=-1/y$, $\Gamma^2_{11}=1/y$, $\Gamma^2_{22}=-1/y$, $\Gamma^1_{11}=\Gamma^1_{22}=\Gamma^2_{12}=\Gamma^2_{21}=0$. 这里认为坐标 x 为第一个, 而坐标 y 为第二个.

b) $\Gamma^1_{11}=\dfrac{2x}{1-x^2-y^2}$, $\Gamma^1_{12}=\Gamma^1_{21}=\dfrac{2y}{1-x^2-y^2}$, $\Gamma^1_{22}=-\dfrac{2x}{1-x^2-y^2}$, $\Gamma^2_{11}=-\dfrac{2y}{1-x^2-y^2}$, $\Gamma^2_{12}=\Gamma^2_{21}=\dfrac{2x}{1-x^2-y^2}$, $\Gamma^2_{22}=\dfrac{2y}{1-x^2-y^2}$. 这里认为坐标 x 为第一个, 而坐标 y 为第二个.

c) $\Gamma^1_{11}=\dfrac{2r}{1-r^2}$, $\Gamma^1_{12}=\Gamma^1_{21}=0$, $\Gamma^1_{22}=-\dfrac{r^3+r}{1-r^2}$, $\Gamma^2_{11}=0$, $\Gamma^2_{12}=\Gamma^2_{21}=$

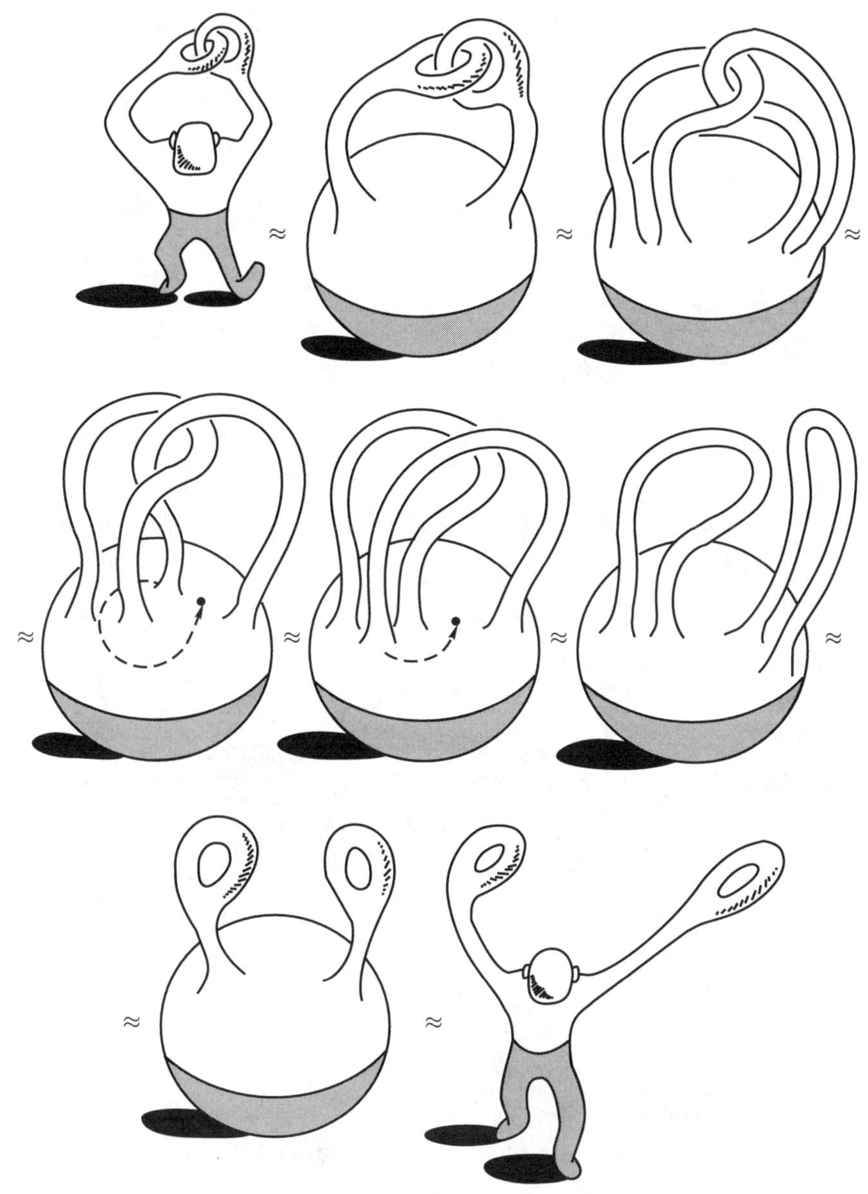

图 130

$\dfrac{1+r^2}{r(1-r^2)}$, $\Gamma_{22}^2=0$. 这里认为坐标 r 为第一个, 而坐标 φ 为第二个.

10.17. 将认为坐标 u 为第一个, 而坐标 v 为第二个. $\Gamma_{11}^1=\dfrac{f'f''+g'g''}{(f')^2+(g')^2}$,

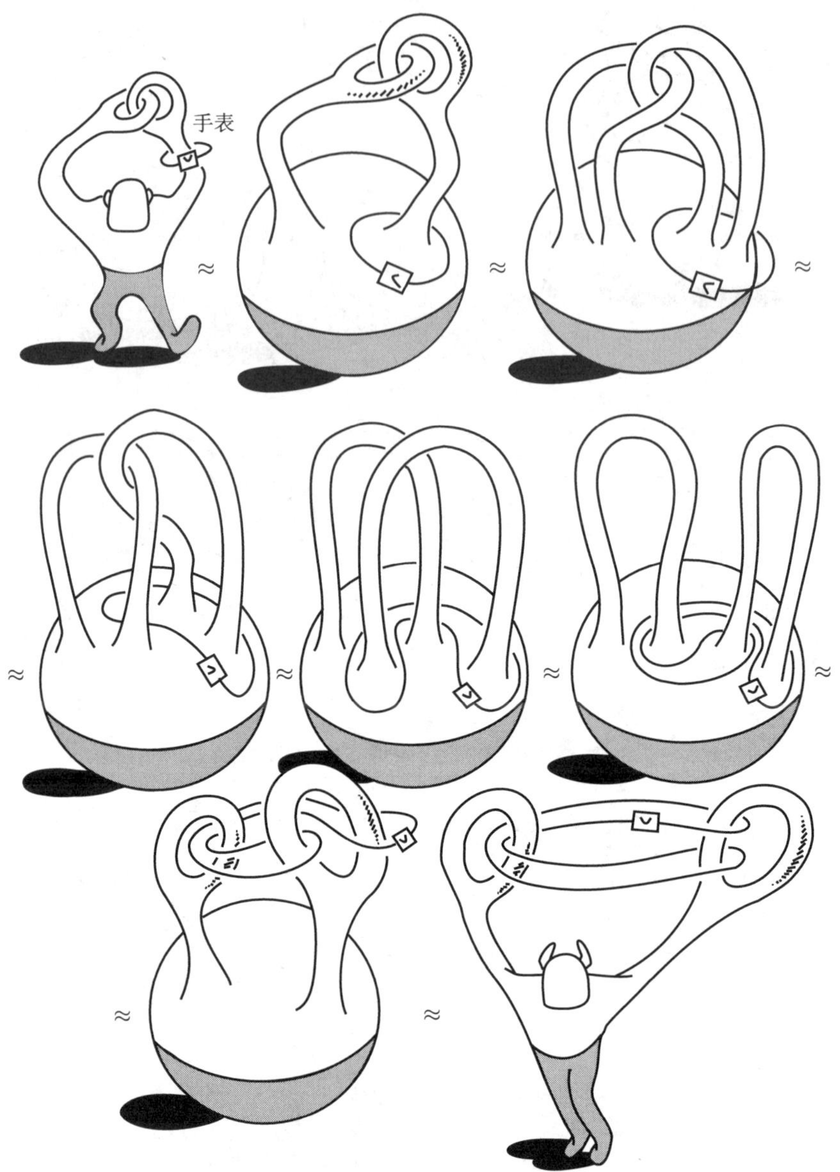

图 131

$\Gamma_{12}^1=\Gamma_{21}^1=0,\ \Gamma_{22}^1=-\dfrac{f'f}{(f')^2+(g')^2},\ \Gamma_{11}^2=0,\ \Gamma_{12}^2=\Gamma_{21}^2=\dfrac{f'}{f},\ \Gamma_{22}^2=0.$

10.18. 将认为坐标 u 为第一个, 而坐标 v 为第二个. $\Gamma_{11}^1=-\dfrac{1}{\cos u\sin u}$, $\Gamma_{12}^1=\Gamma_{21}^1=0,\ \Gamma_{22}^1=-\sin^3 u/\cos u,\ \Gamma_{11}^2=0,\ \Gamma_{12}^2=\Gamma_{21}^2=\cot u,\ \Gamma_{22}^2=0.$

10.19. 将认为坐标 u 为第一个, 而坐标 v 为第二个. $\Gamma^1_{11}=\Gamma^1_{12}=\Gamma^1_{21}=\Gamma^2_{11}=\Gamma^2_{22}=0$, $\Gamma^1_{22}=-\sinh u\cosh u$, $\Gamma^2_{12}=\Gamma^2_{21}=\coth u$.

10.20. 将认为坐标 u 为第一个, 而坐标 v 为第二个. $\Gamma^1_{11}=\dfrac{1}{a}\tanh\dfrac{u}{a}$, $\Gamma^2_{12}=\Gamma^2_{21}=\dfrac{1}{a}\tanh\dfrac{u}{a}$, $\Gamma^1_{12}=\Gamma^1_{21}=\Gamma^2_{11}=\Gamma^2_{22}=0$, $\Gamma^1_{22}=-a\tanh\dfrac{u}{a}$.

10.21. 将认为坐标 u 为第一个, 而坐标 v 为第二个. 度量有形式 $ds^2=du^2+(u^2+h^2)dv^2$. 克里斯托费尔符号的值为: $\Gamma^1_{11}=\Gamma^1_{12}=\Gamma^1_{21}=\Gamma^2_{11}=\Gamma^2_{22}=0$, $\Gamma^1_{22}=-u$, $\Gamma^2_{12}=\Gamma^2_{21}=\dfrac{u}{u^2+h^2}$.

10.24. a) 参数曲线是 $\theta=\theta_0$, $\varphi=t$. 平行移动方程是

$$\frac{d\xi^1}{dt}-\sin\theta_0\cos\theta_0\xi^2=0,\quad \frac{d\xi^2}{dt}+\cot\theta_0\xi^1=0.$$

方程的一般解是

$$\xi^1=-C_1\sin\theta_0\cos(t\cos\theta_0+C_2),\quad \xi^2=C_1\sin(t\cos\theta_0+C_2).$$

b) 参数曲线是 $\theta=t$, $\varphi=\varphi_0$. 平行移动方程是

$$\frac{d\xi^1}{dt}=0,\quad \frac{d\xi^2}{dt}=-\xi^2\cot t.$$

方程的一般解是

$$\xi^1=C_1\frac{1}{\sin t},\quad \xi^2=C_2.$$

10.25. 提示　参见习题 10.23, 还参见图 132; 或利用前一个习题的结果.

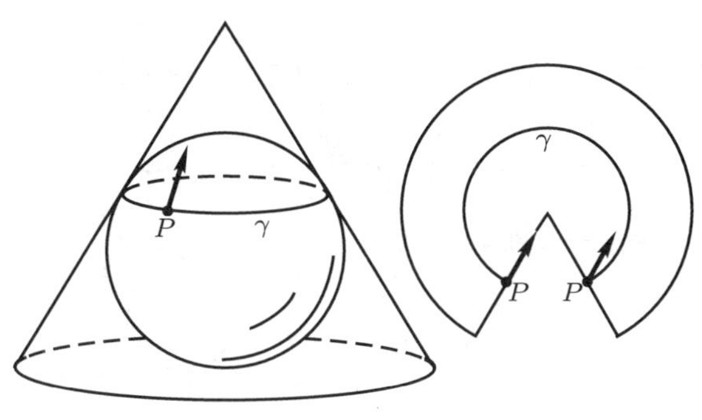

图 132

10.27. 设曲面由函数 f 的图像旋转生成. 此时在起始和结束向量之间的夹角 α 由等式 $\cos\alpha=\cos\dfrac{2\pi}{\sqrt{1+f'^2}}$ 确定.

10.28. 提示　求由纬线的切向量组成的向量场的共变微分.

10.29. 旋转角等于 $2\pi/\sqrt{1+h^2}$.

10.30. a) 参数曲线 $x(t)=x_0$, $y(t)=t$, $t\in(0,+\infty)$. 平行移动方程 $\dfrac{d\xi^1}{dt}-\dfrac{1}{t}\xi^1=0$, $\dfrac{d\xi^2}{dt}-\dfrac{1}{t}\xi^2=0$. 方程的一般解 $\xi^1=C_1t$, $\xi^2=C_2t$.

b) 参数曲线 $x(t)=t$, $y(t)=y_0$, $t\in(-\infty,+\infty)$. 平行移动方程 $\dfrac{d\xi^1}{dt}-\dfrac{1}{y_0}\xi^2=0$, $\dfrac{d\xi^2}{dt}+\dfrac{1}{y_0}\xi^1=0$. 方程的一般解

$$\xi^1=C_1\sin\left(\frac{t}{y_0}+C_2\right),\quad \xi^2=C_1\cos\left(\frac{t}{y_0}+C_2\right).$$

10.31. a) 提示　把球面换成圆锥面并且利用习题 10.23 的结果.

b) 把曲面换成圆柱面.　c) 利用前两小题的结果.

10.36. $\pi+S=\alpha$.

10.37. $\pi-S=\alpha$.

11.7. 根据默尼耶 (Meusnier) 定理, 曲线 γ 在某个点的曲率半径 R 等于测地曲率半径 $R_g=1/k_g$ 在曲线 γ 的密切平面上的投影, 即 $R=|R_g\cos\theta|$. 单位向量 $\mathbf{e}=\mathbf{v}\times\mathbf{m}$ 在曲面的切平面上并且正交于曲线 γ, 向量 $\mathbf{n}$ 是曲线 γ 的单位主法向量. 由此得到 $|\cos\theta|=|\langle\mathbf{e},\mathbf{n}\rangle|$, 因此,

$$k_g=k|\cos\theta|=k|\langle\mathbf{e},\mathbf{n}\rangle|=|\langle\mathbf{e},\dot{\mathbf{v}}\rangle|=|\langle\mathbf{v}\times\mathbf{m},\dot{\mathbf{v}}\rangle|=|\langle\mathbf{m}\times\dot{\mathbf{r}},\ddot{\mathbf{r}}\rangle|.$$

11.16. 假设直母线平行于 Oz 轴. 这时曲面的方程可以取形式

$$\mathbf{r}(u,v)=f(u)\mathbf{e}_1+\varphi(u)\mathbf{e}_2+v\mathbf{e}_3,$$

其中 u 是准线的自然参数. 我们要找形如

$$v=v(u)\tag{$*$}$$

的测地线方程. 此时,

$$\mathbf{m}=[\mathbf{r}_u\times\mathbf{r}_v]=\varphi'\mathbf{e}_1-f'\mathbf{e}_2,$$

$$d\mathbf{r}=(f'\mathbf{e}_1+\varphi'\mathbf{e}_2+v'\mathbf{e}_3)du,$$

$$d^2\mathbf{r}=(f''\mathbf{e}_1+\varphi''\mathbf{e}_2+v''\mathbf{e}_3)du^2,$$

确定测地线的方程有形式 (参见习题 11.8)

$$\begin{vmatrix} \varphi' & -f' & 0 \\ f' & \varphi' & v' \\ f'' & \varphi'' & v'' \end{vmatrix} = 0,$$

或

$$(\varphi'^2 + f'^2)v'' - (\varphi'\varphi'' + f'f'')v' = 0,$$

而 $\varphi'^2 + f'^2 = 1$, 由此

$$\varphi'\varphi'' + f'f'' = \frac{1}{2}(\varphi'^2 + f'^2)' = 0.$$

于是 $v'' = 0$, 即 $v = c_1 u + c_2$. 测地线族的向量方程有形式

$$\boldsymbol{\rho}(u) = f(u)\mathbf{e}_1 + \varphi(u)\mathbf{e}_2 + (c_1 u + c_2)\mathbf{e}_3.$$

我们注意到

$$\cos\theta = \cos(\widehat{\boldsymbol{\rho}_u, \mathbf{e}_3}) = c_1/\sqrt{1 + c_1^2}.$$

因此, 我们求得的测地线是广义的螺旋线. 此外, 直母线是测地线. 上面求得的测地线族之所以不包含它们, 是因为直母线的方程不具有 (*) 中的形式.

11.18. 测地线方程有形式

$$\mathbf{r}(v) = \Big(\frac{C\cos v}{\sin((C_1 \pm v)/\sqrt{2})}, \frac{C\sin v}{\sin((C_1 \pm v)/\sqrt{2})}, \frac{C}{\sin((C_1 \pm v)/\sqrt{2})}\Big).$$

11.19. 考察形式为 $\mathbf{r}(u,v) = u\boldsymbol{\rho}(v)$ 的锥面的参数方程, 我们认为 $|\boldsymbol{\rho}| = 1$, $|\boldsymbol{\rho}'| = 1$. 此时测地线方程有形式 $\mathbf{r}(v) = \dfrac{C_1}{\sin(C - v)}\,\boldsymbol{\rho}(v)$.

11.20. 证明从考察圆锥面的展开面得到. 在展开面上测地线是直线段. 圆锥面上的闭测地线有图 65 所显示的形式. 在自相交点, 测地线与自身的交角异于 0 和 π. 这个角仅依赖于圆锥面的顶角.

11.22. $v = C_1 + \displaystyle\int \frac{C du}{\sqrt{(u^2 + h^2)(u^2 + h^2 - C^2)}}$.

11.23. 将认为沿测地线 v 是 u 的函数. 克里斯托费尔符号有形式 (参见习题 10.13)

$$\Gamma_{11}^1 = \frac{\varphi'_u}{2(\varphi + \psi)}, \quad \Gamma_{12}^1 = \Gamma_{21}^1 = \frac{\psi'_v}{2(\varphi + \psi)}, \quad \Gamma_{22}^1 = -\frac{\varphi'_u}{2(\varphi + \psi)},$$

$$\Gamma_{11}^2 = -\frac{\psi'_v}{2(\varphi + \psi)}, \quad \Gamma_{12}^2 = \Gamma_{21}^2 = \frac{\varphi'_u}{2(\varphi + \psi)}, \quad \Gamma_{22}^2 = \frac{\psi'_v}{2(\varphi + \psi)}.$$

由此得到测地线方程

$$2(\varphi+\psi)\frac{d^2v}{du^2}=\frac{d\psi}{dv}-2\frac{d\varphi}{du}\frac{dv}{du}-\frac{d\psi}{dv}\Big(\frac{dv}{du}\Big)^2,$$

$$0=\frac{d\varphi}{du}+2\frac{d\psi}{dv}\frac{dv}{du}-\frac{d\varphi}{du}\Big(\frac{dv}{du}\Big)^2.$$

第二个方程乘以 $\dfrac{dv}{du}$ 并且与第一个方程相加, 我们得到

$$2(\varphi+\psi)\frac{d^2v}{du^2}=\frac{d\psi}{dv}-\frac{d\varphi}{du}\frac{dv}{du}+\frac{d\psi}{dv}\Big(\frac{dv}{du}\Big)^2-\frac{d\varphi}{du}\Big(\frac{dv}{du}\Big)^3.$$

容易看出, 这个条件等价于等式

$$\frac{d}{du}\Big(\frac{\psi-\varphi(dv/du)^2}{1+(dv/du)^2}\Big)=0.$$

积分这个等式, 我们就得到所求的方程.

11.26. $\ddot{\varphi}+2\dfrac{\rho'(\tau)}{\rho(\tau)}\dot{\varphi}\dot{\tau}=0,\ \ddot{\tau}+\dfrac{\rho'(\tau)}{\rho(\tau)}(\dot{\tau}^2-\dot{\varphi}^2)=0.$

11.29. 提示　利用克莱罗 (Clairaut) 定理.

11.35. a) $a/(a^2+h^2)$; b) 0.

11.36. $\dfrac{\sinh v}{\sqrt{2}\cosh^2 v}$.

11.37. 测地曲率等于 1.

11.40. 经线的测地曲率等于 0, 而纬线的测地曲率等于 $\dfrac{f'(u)}{f(u)\sqrt{1+f'^2(u)}}$.

11.41. 曲线 $v=\mathrm{const}$ 的测地曲率等于 $\dfrac{1}{\sqrt{EG}}\dfrac{\partial\sqrt{E}}{\partial v}$, 而曲线 $u=\mathrm{const}$ 的测地曲率等于 $\dfrac{1}{\sqrt{EG}}\dfrac{\partial\sqrt{G}}{\partial u}$.

12.5. $R=-\dfrac{1}{\lambda}\Delta\ln\lambda$.

12.8. a) $\Gamma^1_{11}=\Gamma^1_{12}=\Gamma^2_{11}=0,\ \Gamma^2_{12}=\dfrac{G_u}{2G},\ \Gamma^1_{22}=-\dfrac{G_u}{2},\ \Gamma^2_{22}=\dfrac{G_v}{2G}$.

b) $K=(\sqrt{G})_{uu}/\sqrt{G}$.

12.9. $K=-\omega_{uv}/\sin\omega$.

13.11. a) $2(z-1)dx\wedge dy\wedge dz$; b) $yzdx\wedge dz+xzdy\wedge dz$; c) $6y^2dx\wedge dy\wedge dz$; d) 0; e) 0; f) 0; g) $df\wedge dg$; h) 0.

13.12. 归结为常系数的问题的情形.

13.22. a) $(2r\cos\theta, -r\sin\theta, 0)$;

b) $\left(6r\sin\theta + e^r\cos\varphi - 1, 3r\cos\theta, -\dfrac{e^r\sin\varphi}{r\sin\theta}\right)$; c) $\left(-\dfrac{2\cos\theta}{r^3}, -\dfrac{\sin\theta}{r^3}, 0\right)$.

13.39. 提示 考察对于形式 ω 的二重向量场 $\mathbf{X}$. 指出, 存在局部坐标系 $(x^1, \ldots, x^n)$, 在这个坐标系中 $\mathbf{X} = \dfrac{\partial}{\partial x^1}$. 再在这个坐标系中考察形式 Ω 和 ω.

14.30. 取空间 l_2 作为空间 X, l_2 的元素是满足条件 $\|x\|^2 = \sum\limits_{n=1}^{\infty}|x_n|^2 < \infty$ 的实数列 $x = (x_1, x_2, \ldots, x_n, \ldots)$. 取在 X 中的单位球作为空间 Y, 单位球是满足条件 $\|x\|^2 = 1$ 的元素 x 的集合. 在 Y 中考察点 x_i 的序列, x_i 的第 i 个位置放置 1, 而其余位置放置 0. 这个无穷序列没有极限点, 因为对于任意不同的 i, j, $\|x_i - x_j\| = \sqrt{2}$. 因此, Y 不是紧致的.

14.44. 未必. 如果紧致拓扑度量空间连通, 它未必是道路连通的. 熟知的例子是平面 (x, y) 上由

$$\left\{y = \sin\frac{1}{x}\right\} \cup \{(x = 0, -1 \leqslant y \leqslant 1)\}$$

给定的点的集合.

14.57. 参见图 133 给出的例子.

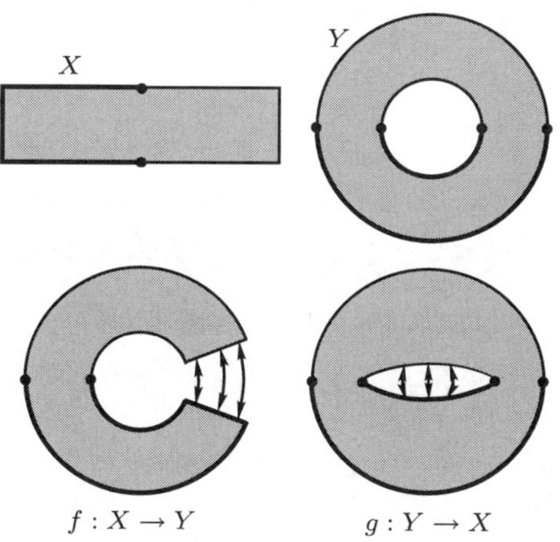

图 133

15.18. a) 向量场 $\operatorname{grad}(\operatorname{Re} z^n)$ 的积分轨线是共轭函数 $\operatorname{Im} z^n = r^n \sin n\varphi$ 的

等位线. 场 grad (Re z^n) 的唯一的奇点是 $z=0$, 因为仅在这个点 $f'(z)=0$. 点 $z=0$ 是退化鞍点. 参见图 134.

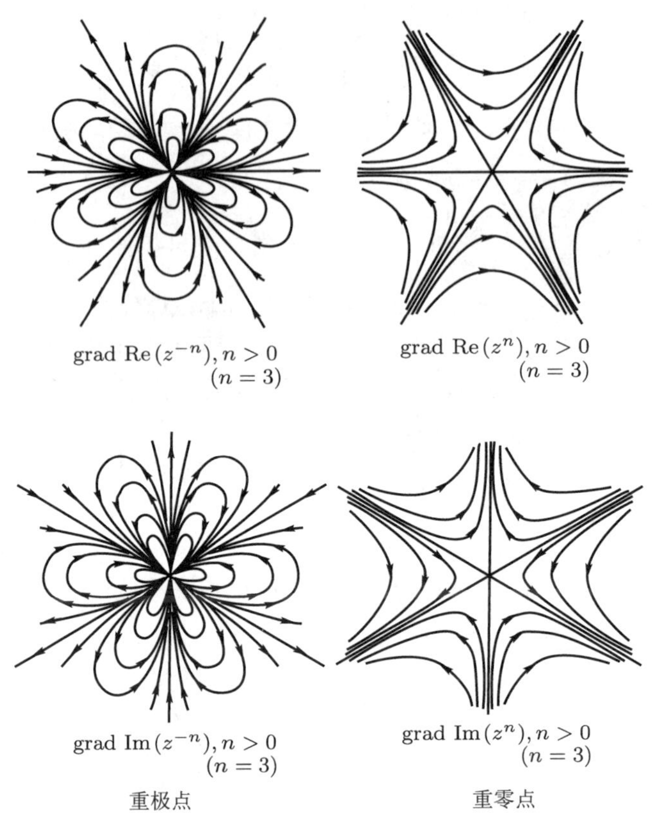

图 134

作函数的微小的扰动 $z^n \to \prod_{i=1}^{n}(z-\varepsilon_i)$. 奇点就分裂为 $n-1$ 个非退化的 2 阶鞍点. 我们来考察在一个奇点的邻近的积分轨线的行为. 展开函数成泰勒级数:

$$f(z)=f(a_i)+f'(a_i)(z-a_i)+\frac{f''(a_i)}{2}(z-a_i)^2+\cdots$$

展开式从 2 阶项开始, 因为 $f'(a_i)=0$. 并且 $f''(a_i)\neq 0$ (非退化临界点), 因为$f''(a_i)=0$ 当且仅当 a_i 是 $f(z)$ 的重根 (同时参见图 137, 138).

b) 对于函数 $f(z)=z+\dfrac{1}{z}$, 转换到极坐标 $(z=\rho e^{i\varphi})$, 我们有

$$\mathrm{Re}\,(f(z))=\left(\rho+\frac{1}{\rho}\right)\cos\varphi,\quad \mathrm{Im}\,(f(z))=\left(\rho-\frac{1}{\rho}\right)\sin\varphi.$$

坐标原点是奇点, 因为函数 $\dfrac{1}{z}$ 在此点不连续. 函数 $f(z)$ 的导数等于 $1-\dfrac{1}{z^2}$, 即

奇点是 $z=1$ 和 $z=-1$. 这两个点是非退化的. 我们考察场 $\operatorname{grad}(\operatorname{Re} f(z))$ 的积分轨线. 它们由方程 $\left(\rho-\dfrac{1}{\rho}\right)\sin\varphi=c$ 给定. 对于进入奇点的积分轨线和离开奇点的积分轨线, 即分界线, 我们有 $c=0$. 由此得到分界线由方程 $\varphi=\pm\pi$ (在实轴上, 由四条分界线组成) 和 $\rho=1$ (在单位圆周上, 由两条分界线组成) 给定. 用类似的方式可以构造场 $\operatorname{grad}(\operatorname{Im} f(z))$ 的分界线, 它由方程 $\left(\rho+\dfrac{1}{\rho}\right)\cos\varphi=2$ 给定, 并且其形状为两个相切的线圈. 参见图 135, 136, 以及图 137.

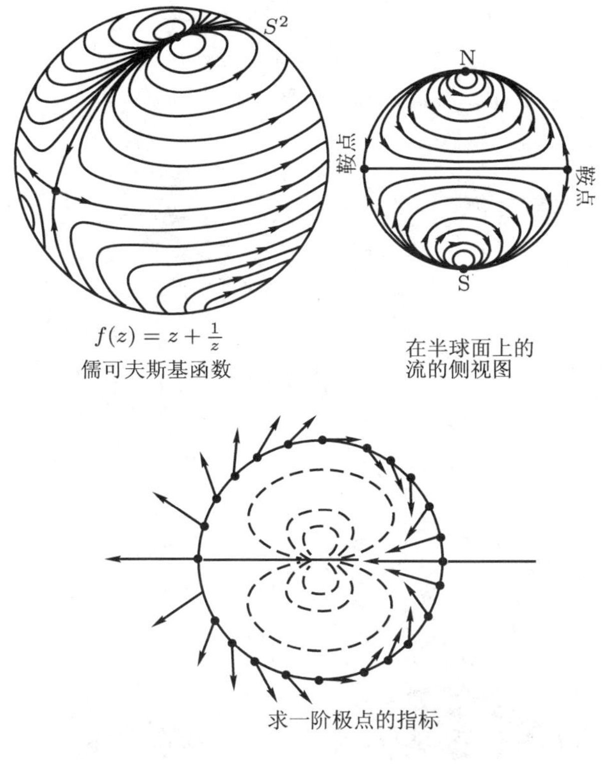

图 135

c) $f(z)=z+\dfrac{1}{z^2}$. 考察 $\operatorname{grad}(\operatorname{Re} f(z))$. 这个场的积分轨线是函数 $\operatorname{Im} f(z)$ 的等位线:

$$\operatorname{Im} f(z)=y-\frac{2xy}{(x^2+y^2)^2}=r\sin\varphi-\frac{\sin 2\varphi}{r^2}.$$

类似得到函数 $\operatorname{Re} f(z)=r\cos\varphi-\dfrac{\cos 2\varphi}{r^2}$ 的等位线.

d) 函数 $f(z)=z+\dfrac{1}{z-2}$ 的奇点是 $z=2$ (极点) 和 $z=1$, $z=3$ (函数 $f'(z)$ 的零点). 因为 $f''(1)\neq 0$ 和 $f''(3)\neq 0$, 奇点 $z=1$ 和 $z=3$ 是非退化鞍点. 在

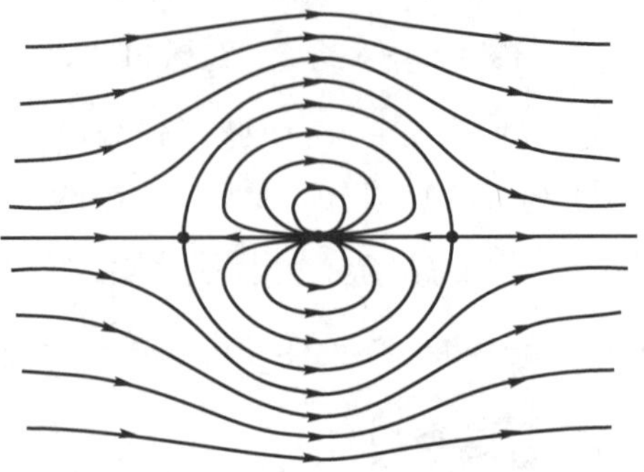

$f(z) = z + \frac{1}{z}$（儒可夫斯基函数）
请绘制第二个流，即共轭流的图

图 136

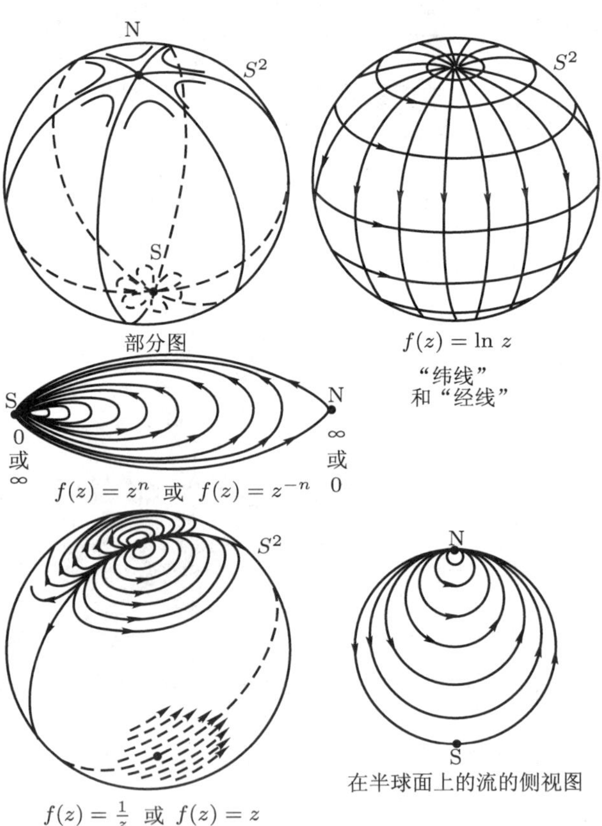

图 137

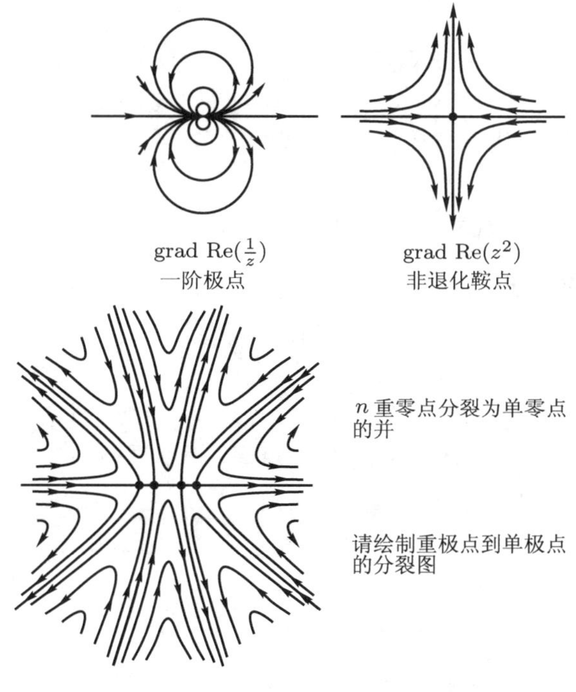

图 138

$z=2$ 的邻域内向量场 grad (Re $f(z)$) 和 grad (Im $f(z)$) 的积分轨线定性地与对于在零点的邻域内的函数 $f(z)=1/z$ 的相应轨线同样安置.

e) 参见图 139. f) 参见图 140.

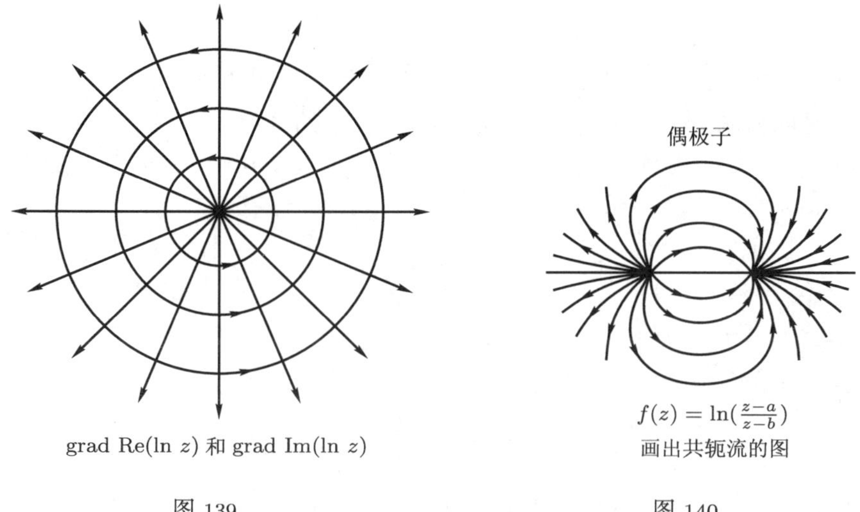

图 139 图 140

h) 函数 $f(z)=z^3(z-1)^{100}(z-2)^{900}$ 的奇点, 即导数 $f'(z)$ 的零点如下: $z_1=0$ 是二阶鞍点, $z_2=1$ 是 99 阶鞍点, $z_3=2$ 是 899 阶鞍点, $z_4\approx 0.005$ 和 $z_5\approx 1.1$ (这是二次方程 $1003z^2-1109z+6=0$ 的根) 是非退化鞍点. 局部地在每个奇点的邻域中积分轨线的状态与在相应阶的鞍点的邻域中的相同.

j) 函数

$$f(z)=1+z^4(z^4-4)^{44}(z^{44}-44)^{444}$$

在点 $z=0$ 的邻域中可以换成

$$\tilde{f}(z)=1+4^{44}44^{444}z^4.$$

在点 $z=0$ 的邻域中曲线状态的定性图没有改变. 而加一个常数不改变轨线的形状, 故可以在零点的邻域中考察函数 $f_1(z)=cz^4$, 其中 $c=4^{44}44^{444}$. 点 $z=0$ 是函数 $f_1(z)$ (从而是函数 $f(z)$) 的退化奇点. 经过适当小的摄动这个奇点分裂为三个非退化奇点.

k) 函数

$$f(z)=\frac{1}{100}\ln\left(\frac{z-2i}{z-4}\right)^3$$

在点 $z=2i$ 和 $z=4$ 有对数奇性. 没有其他奇点.

l) 为了简化函数 $f(z)=1/(z^2+2z-1)$ 的书写, 我们作位移 $w=z+1$. 此时

$$g(w)=f(w-1)=\frac{1}{w^2-2}.$$

点 $w=\pm\sqrt{2}$ 是函数 $g(w)$ 的奇点 (极点). 向量场 $\operatorname{grad}(\operatorname{Re}f(z))$ 和 $\operatorname{grad}(\operatorname{Im}f(z))$ 的奇点与函数 $f'(z)$ 的零点一致. 由此得到 $w=0$ 是奇点, 并且因为 $g''(0)\neq 0$, 此奇点是非退化的.

m) 点 $z=0$ 是函数 $f(z)=\dfrac{2}{z}+21\ln z^2$ 的奇点. 此外, 因为 $f'(1/21)=0$, $z=1/21$ 是向量场 $\operatorname{grad}(\operatorname{Re}f(z))$ 和 $\operatorname{grad}(\operatorname{Im}f(z))$ 的奇点.

n) 点 $z=0$ 是函数 $f(z)=z^5+2\ln z$ 的奇点. 导数 $f'(z)$ 的零点是方程 $z^5=-2/5$ 的根 (正五边形的顶点). 在这些点 $z_1,\ldots,z_5$ 有

$$f(z)\sim f(z_i)+k_i(z-z_i)^2+\cdots,$$

其中 $k_i\neq 0$, $i=1,\ldots,5$.

o) 点 $z=1$ 和 $z=-10i$ 是函数

$$f(z)=2\ln(z-1)^2-\frac{4}{3}\ln(z+10i)^3$$

的奇点. 同时对于 z 的所有值, $f'(z)\neq 0$.

p) 点 $z=0$ 和 $z=i$ 是函数

$$f(z)=\frac{1}{z^3}-\frac{1}{3(z-i)^3}$$

的奇点 (三阶极点). 求导数:

$$f'(z)=-\frac{3}{z^4}+\frac{1}{(z-i)^4}=0.$$

我们得到四个点, 在这些点 $f'(z)=0$:

$$\frac{i\sqrt[4]{3}}{\sqrt[4]{3}-1},\quad \frac{i\sqrt[4]{3}}{\sqrt[4]{3}+1},\quad \frac{i\sqrt{3}+\sqrt[4]{3}}{\sqrt{3}+1},\quad \frac{i\sqrt{3}-\sqrt[4]{3}}{\sqrt{3}+1}.$$

向量场 $\operatorname{grad}(\operatorname{Re} f(z))$ 和 $\operatorname{grad}(\operatorname{Im} f(z))$ 的积分轨线在无穷远点的状态与对于函数 $1/z^4$ 的相应向量场的积分轨线的状态相同.

15.19. a), b) 参见图 141.

15.22. a) 参见图 142.

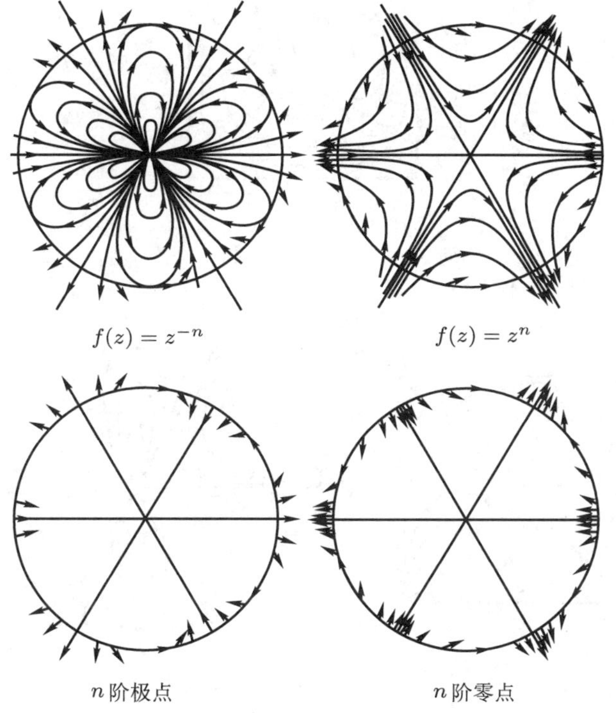

图 141

15.23. a) 参见图 143, 144; b) 参见图 145; c) 参见图 146; d) 参见图 147; e) 参见图 148, 149; f) 参见图 150, 151; g) 参见图 152.

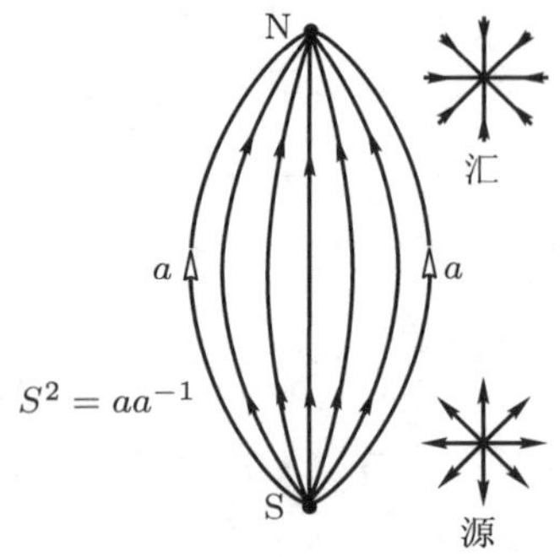

带两个奇点的 S^2 上的向量场

图 142

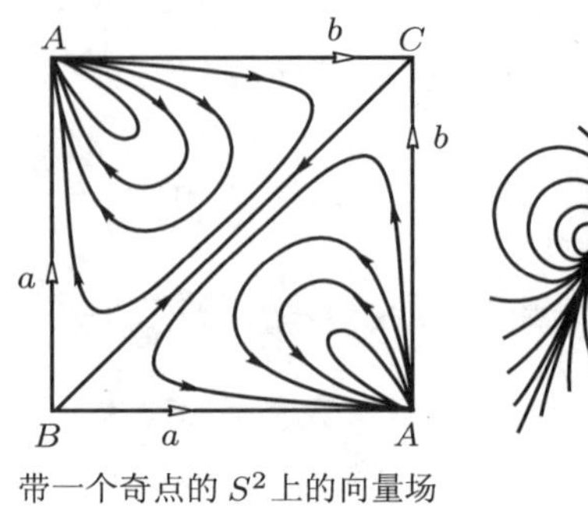

带一个奇点的 S^2 上的向量场

$S^2 = abb^{-1}a^{-1}$

图 143

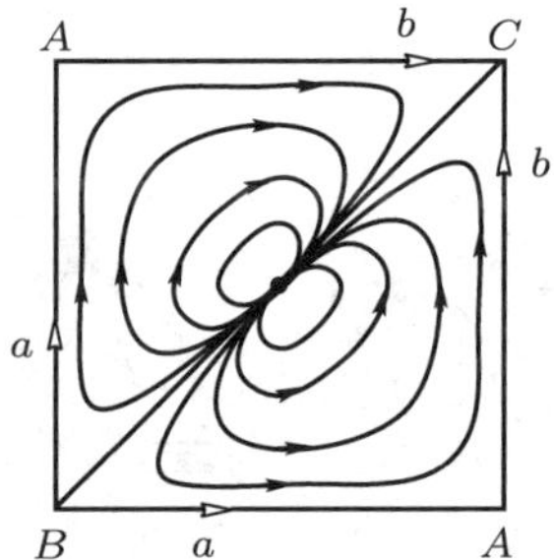

图 144 球面 $S^2 = abb^{-1}a^{-1}$ 上带一个奇点的向量场

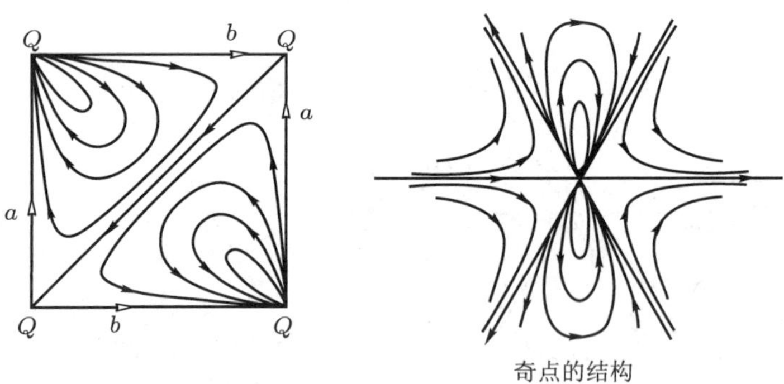

奇点的结构

图 145 环面 $T^2 = aba^{-1}b^{-1}$ 上带一个奇点的向量场

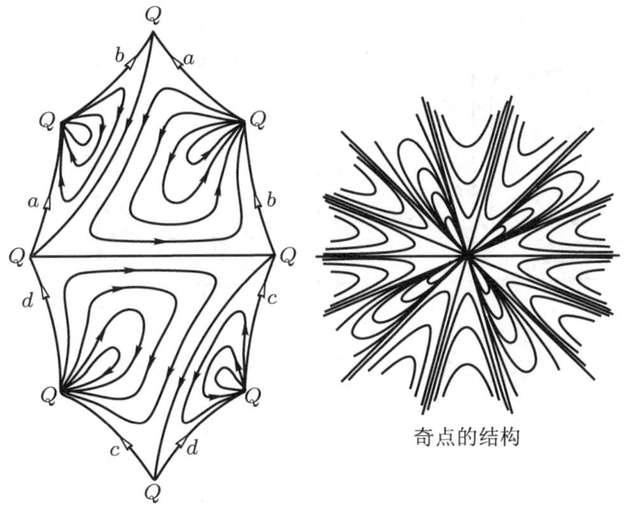

图 146 双环面 $aba^{-1}b^{-1}c^{-1}d^{-1}cd$ 上的向量场

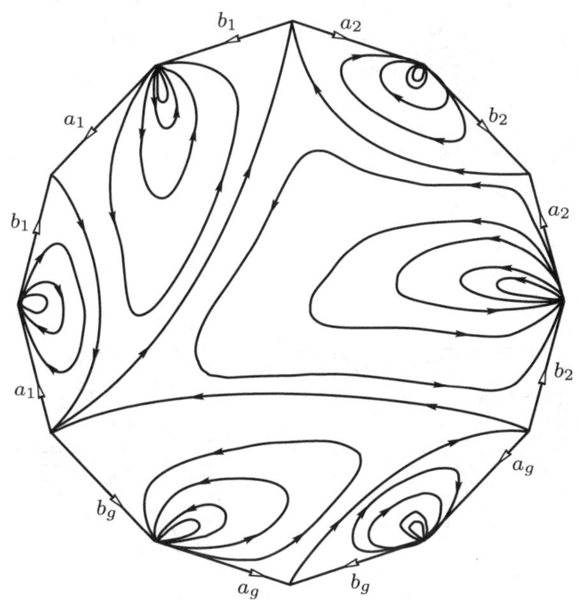

图 147 亏格为 g 的定向曲面 $a_1b_1a_1^{-1}b_1^{-1}\cdots a_gb_ga_g^{-1}b_g^{-1}$ 上带一个奇点的向量场

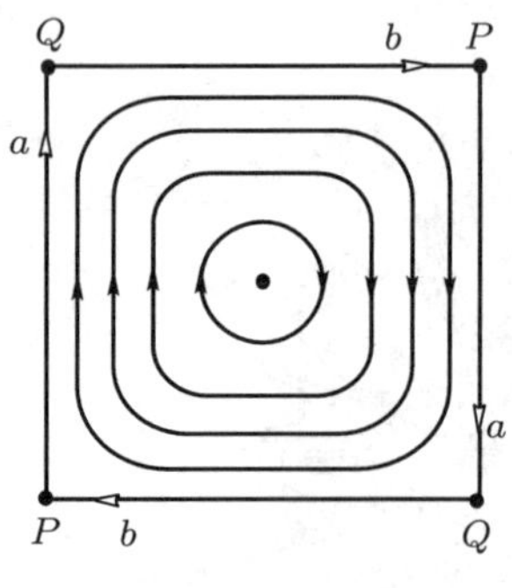

图 148

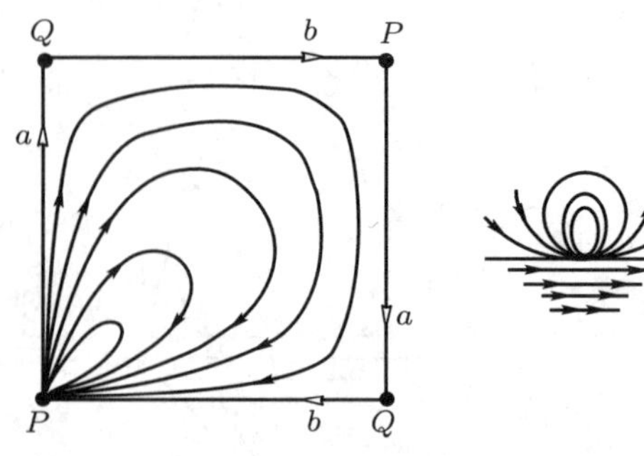

图 149 $\mathbb{R}P^2 = abab$ 上带一个奇点的向量场

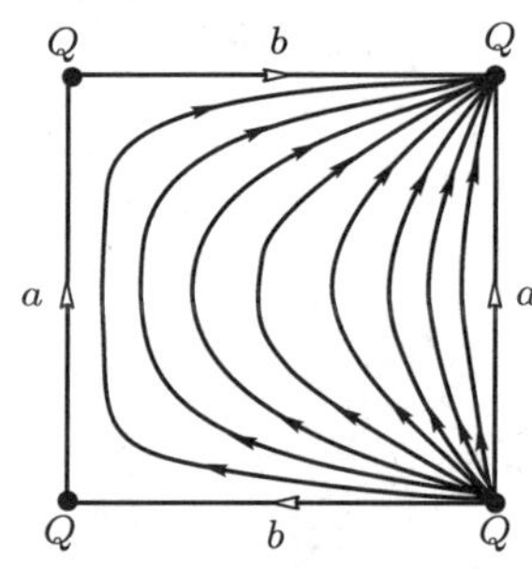

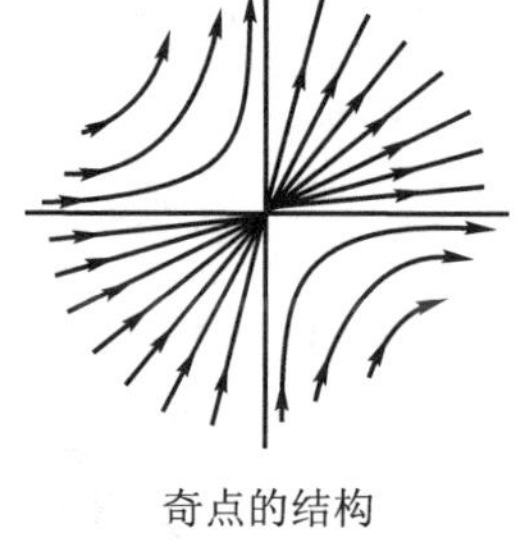

奇点的结构

图 150 克莱因瓶 $\mathrm{KL} = aba^{-1}b$ 上带一个奇点的向量场

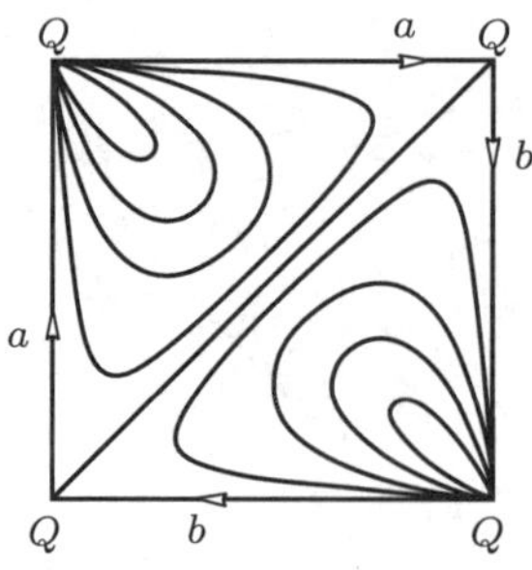

求指标

图 151 克莱因瓶 $\mathrm{KL} = aabb$ 上带一个奇点的向量场

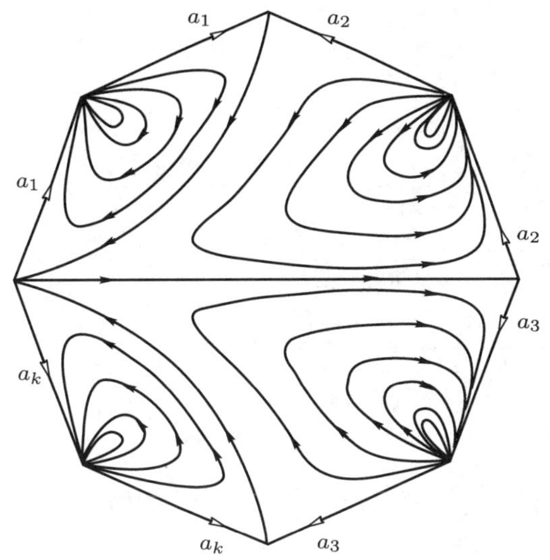

图 152 一般形式的不可定向曲面上带一个奇点的向量场

第二部分

16.1. b) $\dfrac{-a^2}{(\cosh u_1-\cos u_2)^2}$, $\dfrac{-(\cosh u_1-\cos u_2)^2}{a^2}$; c) 是的.

16.2. b) $\dfrac{c^3\sin u_1}{(\cosh u_2-\cos u_1)^3}$, $\dfrac{(\cosh u_2-\cos u_1)^3}{c^3\sin u_1}$; c) 是的.

16.3. b) $c^3(u_2^2-u_1^2)$, $\dfrac{1}{c^3(u_2^2-u_1^2)}$; c) 是的.

16.4. b) $\dfrac{c^3u_1u_2(u_1^2-u_2^2)}{\sqrt{(1-u_2^2)(u_1^2-1)}}$, $\dfrac{\sqrt{(1-u_2^2)(u_1^2-1)}}{c^3u_1u_2(u_1^2-u_2^2)}$; c) 是的.

16.5. $\dfrac{\partial^2V}{\partial\varphi^2}+V$.

16.6. $\dfrac{\partial^2V}{\partial u^2}+2uv^2\dfrac{\partial V}{\partial u}+2v(1-v^2)\dfrac{\partial V}{\partial v}+u^2v^2V=0$,
定义域: $y\neq 0$, 值域: $v\neq 0$.

16.7. $\Big(\dfrac{1}{4}\ln^2(u^2+v^2)+\arctan^2\dfrac{v}{u}\Big)(u^2+v^2)\Big(\dfrac{\partial^2V}{\partial u^2}+\dfrac{\partial^2V}{\partial v^2}\Big)$.

16.8.
$$\Big(\frac{1}{4}\ln^2\frac{(u-u_1)^2+(v-v_1)^2}{(u-u_2)^2+(v-v_2)^2}$$
$$+\arctan^2\frac{(u-u_2)(v-v_1)-(u-u_1)(v-v_2)}{(u-u_1)(u-u_2)+(v-v_1)(v-v_2)}\Big)$$
$$\times\frac{((u-u_2)^2+(v-v_2)^2)((u-u_1)^2+(v-v_1)^2)}{(u_2-u_1)^2+(v_2-v_1)^2}\Big(\frac{\partial^2V}{\partial u^2}+\frac{\partial^2V}{\partial v^2}\Big).$$

16.9. $\dfrac{1}{9(u^2+v^2)\,((u-2)^2+v^2)}\Big(\dfrac{\partial^2V}{\partial u^2}+\dfrac{\partial^2V}{\partial v^2}\Big)$.

17.1. a) 例如: $x=t^2$, $y=t^3$. 参见图 153.

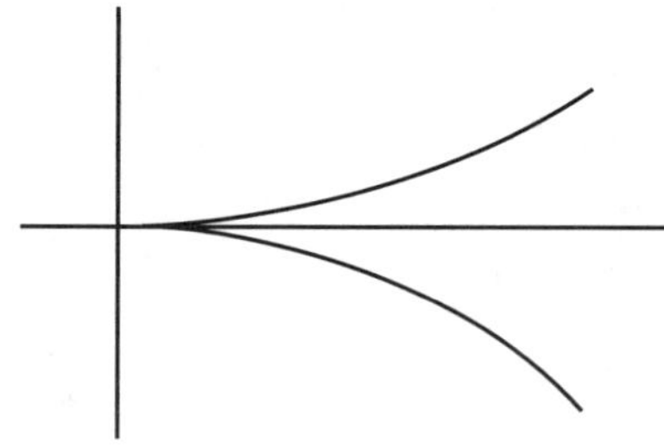

图 153 带解析参数表示的非正则曲线

17.3. a) 例如: $x=t^n/\ln(1/t^2)$, $y=|t|^n/\ln(1/t^2)$.

17.4. a) k 奇数, 而 $n \neq mk$, $m \in \mathbb{N}$; b) k 是奇数, 而 $n = km$, $m \in \mathbb{N}$; c) k 是偶数.

17.5. 如果在曲线从一个平面到另一个平面的转折点的曲率异于零, 则光滑性不超过 C^1, 如果曲率在这个点是零, 则光滑性可以达到 C^∞.

17.6. 对于解析参数表示一个可以取的答案是

$$x = a\cos\varphi\frac{\sqrt{1+\cos^2\varphi}}{\sqrt{2}}, \quad y = a\cos\varphi\frac{\sin\varphi}{\sqrt{2}}, \quad \varphi \in [0, 2\pi].$$

17.7. 不能. 障碍在于正则闭曲线的回转指数.

17.8. a) 轴为 OX 参数 $p = |a|$ 的抛物线 $y^2 = 2ax - 2C$. 当 $a < 0$ 时凹侧朝左, 当 $a > 0$ 时凹侧朝右; b) $y = Ce^{-x/a}$; c) $(x-C)^2 + y^2 = a^2$, 半径为 a, 中心在 OX 轴上的圆周.

17.9. 切线长度为常数的条件写成 $y\sqrt{1+\left(\frac{dx}{dy}\right)^2} = a$. 我们将仅考察在上半平面的曲线, 所以我们令 $|y| = y > 0$. 考察由条件 $\tan\varphi = dy/dx$ 定义的角 φ, $0 < \varphi < \pi$. 把 dx/dy 换成 $\cot\varphi$, 我们得到 $y/\sin\varphi = a$, 或写成 $y = a\sin\varphi$. 由此得到 $dy = a\cos\varphi d\varphi$. 但是从定义角 φ 的条件推得 $dx = \cot\varphi dy$. 把已经得到的 dy 的表达式代入得到 $dx = a\frac{\cos^2\varphi}{\sin\varphi}d\varphi$, 或 $dx = a\left(\frac{1}{\sin\varphi} - \sin\varphi\right)d\varphi$. 逐项积分求得 $x = a\left(\ln\tan\frac{\varphi}{2} + \cos\varphi\right) + C$. 这个曲线的方程可以写成另外的形式:

$$x = \frac{a}{2}\ln\frac{a+\sqrt{a^2-x^2}}{a-\sqrt{a^2-x^2}} - \sqrt{a^2-x^2}.$$

17.10. $y = a^3/(x^2+a^2)$; $x = \cot t$, $y = a\sin^2 t$.

17.11. 提示 对于函数 $\langle \mathbf{a}, \mathbf{r}(t) - \mathbf{r}(t_0)\rangle$ 利用罗尔定理.

17.12. 利用 $|\mathbf{r}_2(t) - \mathbf{r}_1(t)|^2 = \text{const}$ 这个事实, 其中 $\mathbf{r}_1, \mathbf{r}_2$ 分别是两个动点的径向量, 而 t 是时间.

17.13. 令 $\mathbf{r}'/\mathbf{r} = \lambda$; $\lambda(t)$ 是闭区间 $[a,b]$ 上保持定号的连续函数. 我们有 $\mathbf{r}' - \lambda\mathbf{r} = 0$, 由此得到 $\mathbf{r} = \mathbf{a}e^{\int\lambda dt}$. 因为函数 $e^{\int\lambda dt}$ 的导数等于 $\lambda e^{\int\lambda dt}$, 后者在闭区间 $[a,b]$ 上保持符号, 故 $e^{\int\lambda dt}$ 是单调且连续的函数.

17.14. 采用解前一个习题的方法, 将会有 $\mathbf{r}' = \mathbf{a}e^{\int\lambda dt}$, 由此得到

$$\mathbf{r} = \mathbf{a}\int e^{\int\lambda dt}dt + \mathbf{b}.$$

$\int e^{\int\lambda dt}dt$ 的导数等于 $e^{\int\lambda dt} > 0$; 这意味着 $\int e^{\int\lambda dt}dt$ 是 $t \in [a,b]$ 的递增函数.

注释 将用 $[\mathbf{r}]$ 表示由 $\mathbf{r}$ 旋转角 $+\pi/2$ 得到的向量.

17.15. $\boldsymbol{\rho}$ 可以由以下关系中的任何一个定义: $\boldsymbol{\rho} = \mathbf{r}_1 + \lambda[\mathbf{r}_1'] = \mathbf{r}_2 + \mu[\mathbf{r}_2']$, $\mathbf{r}_1 - \mathbf{r}_2 + \lambda[\mathbf{r}_1'] = \mu[\mathbf{r}_2']$, $\langle \mathbf{r}_1 - \mathbf{r}_2, \mathbf{r}_2' \rangle + \langle \lambda[\mathbf{r}_1'], \mathbf{r}_2' \rangle = 0$, $\lambda = \langle \mathbf{r}_2 - \mathbf{r}_1, \mathbf{r}_2' \rangle / |\mathbf{r}_1' \times \mathbf{r}_2'|$. 因此, $\boldsymbol{\rho} = \mathbf{r}_1 + \dfrac{\langle \mathbf{r}_2 - \mathbf{r}_1, \mathbf{r}_2' \rangle}{|\mathbf{r}_1' \times \mathbf{r}_2'|} [\mathbf{r}_1']$.

用坐标写出:

$$\xi = x_1 - \frac{(x_2 - x_1)x_2' + (y_2 - y_1)y_2'}{x_1'y_2' - x_2'y_1'} y_1',$$
$$\eta = y_1 - \frac{(x_2 - x_1)x_2' + (y_2 - y_1)y_2'}{x_1'y_2' - x_2'y_1'} x_1'.$$

17.16. 考察向量 $\lambda[\mathbf{r}_1']$, 其中 $\lambda = \langle \mathbf{r}_2 - \mathbf{r}_1, \mathbf{r}_2' \rangle / |\mathbf{r}_1' \times \mathbf{r}_2'|$; 如果这个向量异于杆的端点 M_1, 那么它的端点落在瞬时旋转中心上. 向量 $\lambda[\mathbf{r}_1']$ 在向量 $\mathbf{r}_2 - \mathbf{r}_1$ 和 $[\mathbf{r}_2 - \mathbf{r}_1]$ 上的投影分别是

$$\frac{\langle \lambda[\mathbf{r}_1'], \mathbf{r}_2 - \mathbf{r}_1 \rangle}{|\mathbf{r}_2 - \mathbf{r}_1|} \quad 和 \quad \frac{\langle \lambda[\mathbf{r}_1'], [\mathbf{r}_2 - \mathbf{r}_1] \rangle}{|\mathbf{r}_2 - \mathbf{r}_1|}.$$

所以动瞬心的方程是

$$x = \frac{\langle \mathbf{r}_2 - \mathbf{r}_1, \mathbf{r}_1' \rangle}{|\mathbf{r}_1' \times \mathbf{r}_2'|} \frac{|\mathbf{r}_1' \times (\mathbf{r}_2 - \mathbf{r}_1)|}{|\mathbf{r}_2 - \mathbf{r}_1|}, \quad y = \frac{\langle \mathbf{r}_2 - \mathbf{r}_1, \mathbf{r}_2' \rangle}{|\mathbf{r}_1' \times \mathbf{r}_2'|} \frac{\langle \mathbf{r}_1', \mathbf{r}_2 - \mathbf{r}_1 \rangle}{|\mathbf{r}_2 - \mathbf{r}_1|},$$

或

$$x = \frac{((x_2 - x_1)x_1' + (y_2 - y_1)y_1') \begin{vmatrix} x_1' & y_1' \\ x_2 - x_1 & y_2 - y_1 \end{vmatrix}}{\begin{vmatrix} x_1' & y_1' \\ x_2' & y_2' \end{vmatrix} \sqrt{(x_2 - x_1)^2 + (y_2 - y_1)^2}},$$

$$y = \frac{((x_2 - x_1)x_2' + (y_2 - y_1)y_2')\,((x_2 - x_1)x_1' + (y_2 - y_1)y_1')}{\begin{vmatrix} x_1' & y_1' \\ x_2' & y_2' \end{vmatrix} \sqrt{(x_2 - x_1)^2 + (y_2 - y_1)^2}}.$$

17.17. $\mathbf{R} = \mathbf{r}_1 + \xi\mathbf{a} + \eta[\mathbf{a}]$, 其中 $\mathbf{a} = \mathbf{r}_2 - \mathbf{r}_1$, $\xi = \mathrm{const}$, $\eta = \mathrm{const}$ (点 M 刚性地固定在杆上); $\mathbf{R}' = \mathbf{r}_1' + \xi\mathbf{a}' + \eta[\mathbf{a}']$. 因为 $|\mathbf{a}| = |\mathbf{r}_2 - \mathbf{r}_1| = \mathrm{const}$, 故 $\mathbf{a}' \perp \mathbf{a}$; 这表明 $\mathbf{a}' = s[\mathbf{a}]$, $\mathbf{r}_2' - \mathbf{r}_1' = s[\mathbf{r}_2 - \mathbf{r}_1]$, $\langle \mathbf{r}_2' - \mathbf{r}_1', [\mathbf{r}_1'] \rangle = s\langle [\mathbf{r}_2 - \mathbf{r}_1], [\mathbf{r}_1'] \rangle$, $\langle [\mathbf{r}_1'], \mathbf{r}_2' \rangle = \langle s(\mathbf{r}_2 - \mathbf{r}_1), \mathbf{r}_1' \rangle$, $s = \dfrac{|\mathbf{r}_1' \times \mathbf{r}_2'|}{\langle \mathbf{r}_2 - \mathbf{r}_1, \mathbf{r}_1' \rangle} = \dfrac{1}{\lambda}$. 于是 $\mathbf{a}' = \dfrac{1}{\lambda}[\mathbf{a}]$, $[\mathbf{a}'] = -\dfrac{1}{\lambda}\mathbf{a}$, $\mathbf{R}' = \mathbf{r}_1' + \dfrac{\xi}{\lambda}[\mathbf{a}] - \eta\lambda\mathbf{a} = \dfrac{1}{\lambda}(\lambda\mathbf{r}_1' + \xi[\mathbf{a}] - \eta\mathbf{a})$. 另一方面,

$$\mathbf{r} = \mathbf{R} - \boldsymbol{\rho} = \mathbf{r}_1 + \xi\mathbf{a} + \eta[\mathbf{a}] - \mathbf{r}_1 - \lambda[\mathbf{r}_1'] = \xi\mathbf{a} + \eta[\mathbf{a}] - \lambda[\mathbf{r}_1'],$$

$$[\mathbf{r}] = \lambda\mathbf{r}_1' - \xi[\mathbf{a}] - \eta\mathbf{a},$$

这表明 $\mathbf{R}' = \dfrac{1}{\lambda}[\mathbf{r}]$, $\omega = \dfrac{1}{\lambda}$.

17.21. $\dfrac{x^2}{(a/\sqrt{2})^2} + \dfrac{y^2}{(b/\sqrt{2})^2}$, 其中 a 和 b 是椭圆的给定半轴.

17.22. $xy = \pm s/2$, 其中 s 是给定的面积.

17.23. $y = ax^2 + \sqrt[3]{\dfrac{9as^2}{16}}$, 其中抛物线由方程 $y = ax^2$ 给定, 而 s 是抛物弓形的面积.

17.24. $\left(x - \dfrac{l}{\cos(\alpha/2)}\right)^2 + y^2 = \left(l \tan\dfrac{\alpha}{2}\right)^2$, 其中 α 是给定的角, 而 l 是三角形的半周长.

17.25. $\dfrac{x^2}{a^2} + \dfrac{y^2}{2a^2} = 1$, 其中 a 是给定圆周的半径.

17.26. $r = (l\cos^3 v, l\sin^3 v)$, 其中 l 是给定的半轴和.

17.27. $x = \dfrac{a}{4}(3\cos v - \cos 3v)$, $y = \dfrac{a}{4}(3\sin v - \sin 3v)$, 这是圆内旋轮线.

17.28. $xy = \pm\dfrac{1}{2}\sqrt{c}$, 其中 c 是给定的面积.

17.29. $(x-c)^2 + y^2 = 4a^2$, 其中 a 是椭圆的长半轴, $c = \sqrt{a^2 - b^2}$.

17.30. $\boldsymbol{\rho} = \mathbf{r} \pm a\dfrac{[\mathbf{r}']}{|\mathbf{r}'|}$.

17.31. $\boldsymbol{\rho} = \mathbf{r} + [\mathbf{r}']\dfrac{|\mathbf{r}'|^2}{|\mathbf{r}' \times \mathbf{r}''|}$; 用坐标表示:

$$\xi = x - y'\frac{x'^2 + y'^2}{x'y'' - x''y'}, \quad \eta = y + x'\frac{x'^2 + y'^2}{x'y'' - x''y'}.$$

17.32. 心脏线.

17.33. $(x+1)/2 = (y-13)/3 = z/6$; $2x + 3y + 6z - 37 = 0$.

17.34. 对于所指出的点 A, 我们有 $t = -1$.

切线: $(x-3)/6 = (y+7)/(-17) = (z-2)/7$.

法平面: $6x - 17y + 7z - 151 = 0$.

17.35. 对于所指出的点 A, 我们有 $t = 1$. 因为 $\mathbf{r}'(1) = 0$, 而 $\mathbf{r}''(1) = (2, 2, 12) \neq 0$, 故切线方向由这后一个向量或与之共线的向量 $(1, 1, 6)$ 确定.

切线: $(x-2)/1 = y/1 = (z+2)/6$.

法平面: $x + y + 6z + 10 = 0$.

17.36. 切线方程:

$$X = x + \lambda\begin{vmatrix} \dfrac{\partial F_1}{\partial y} & \dfrac{\partial F_1}{\partial z} \\ \dfrac{\partial F_2}{\partial y} & \dfrac{\partial F_2}{\partial z} \end{vmatrix}, \quad Y = y + \lambda\begin{vmatrix} \dfrac{\partial F_1}{\partial z} & \dfrac{\partial F_1}{\partial x} \\ \dfrac{\partial F_2}{\partial z} & \dfrac{\partial F_2}{\partial x} \end{vmatrix}, \quad Z = z + \lambda\begin{vmatrix} \dfrac{\partial F_1}{\partial x} & \dfrac{\partial F_1}{\partial y} \\ \dfrac{\partial F_2}{\partial x} & \dfrac{\partial F_2}{\partial y} \end{vmatrix}.$$

法平面:

$$\begin{vmatrix} X-x & Y-y & Z-z \\ \dfrac{\partial F_1}{\partial x} & \dfrac{\partial F_1}{\partial y} & \dfrac{\partial F_1}{\partial z} \\ \dfrac{\partial F_2}{\partial x} & \dfrac{\partial F_2}{\partial y} & \dfrac{\partial F_2}{\partial z} \end{vmatrix} = 0.$$

17.37. $s = 5at.$

17.38. $s = 8\sqrt{2}\,a.$

17.39. $s = 9a.$

17.40. $s = 10.$ 曲线有四个使 $ds/dt = 0$ 的尖点 $t = 0,\ \pi/2,\ \pi,\ 3\pi/2.$

17.42. 必要且充分的条件: $\mathbf{e}' \neq 0,\ (\boldsymbol{\rho}', \mathbf{e}, \mathbf{e}') = 0.$ 包络方程:

$$\mathbf{r} = \boldsymbol{\rho} - \frac{\langle \boldsymbol{\rho}', \mathbf{e}' \rangle}{|\mathbf{e}'|^2}\mathbf{e}.$$

17.43. $\mathbf{r} = \boldsymbol{\rho} + v\mathbf{e}.$

17.44. $\mathbf{r} = v\boldsymbol{\rho}.$

17.45. $\mathbf{r} = \boldsymbol{\rho} + v\boldsymbol{\rho}'.$

17.46. $\mathbf{r}(s,\varphi) = \boldsymbol{\rho}(s) + \mathbf{n}(s)\cos\varphi + \mathbf{b}(s)\sin\varphi.$ 其中 $\mathbf{n}(s)$ 和 $\mathbf{b}(s)$ 分别是主法向量和副法向量.

17.47. $\mathbf{r}(u,v) = (\varphi(v)\cos u, \varphi(v)\sin u, \psi(v)).$ 在特殊情形下,

$$\mathbf{r} = (f(v)\cos u, f(v)\sin u, v)\,.$$

17.48. 如果螺旋线的方程由形式如

$$\boldsymbol{\rho} = (a\cos u, a\sin u, bu)$$

的方程给定, 则 $\mathbf{n} = (-\cos u, -\sin u, 0)$ 是主法向量. 由此求得正螺旋面的方程

$$\mathbf{r} = \boldsymbol{\rho} - \lambda\mathbf{n} = ((a+\lambda)\cos u, (a+\lambda)\sin u, bu) = (v\cos u, v\sin u, bu).$$

17.49. $\mathbf{r} = \boldsymbol{\rho}(s) + \lambda(\mathbf{n}(s)\cos\varphi(s) + \mathbf{b}(s)\sin\varphi(s))$, 其中 $\varphi(s)$ 是变量 s 的任意函数.

17.50. 向量 $\mathbf{n} = (\cos u, \sin u, 0)$ 和 $\mathbf{k} = (0,0,1)$ 定义圆周 $\boldsymbol{\rho} = (a\cos u, a\sin u, 0)$ 的法平面. 在法平面中并且对于向量 $\mathbf{n}$ 的倾角为 u 的向量是向量 $\boldsymbol{\alpha} = \mathbf{n}\cos u + \mathbf{k}\sin u$. 所以所求的曲面的方程是

$$\mathbf{r} = \boldsymbol{\rho} + v\boldsymbol{\alpha} = (a\cos u + v\cos^2 u, a\sin u + v\sin u\cos u, v\sin u).$$

消去参数 u 和 v, 我们求得

$$x = \cot u(a\sin u + z\cos u), \quad y = a\sin u + z\cos u,$$

$$\frac{x}{y} = \cot u, \quad \frac{y^2}{\sin^2 u} = (a + z\cot u)^2, \quad y^2\left(1 + \frac{x^2}{y^2}\right) = \left(a + \frac{xz}{y}\right)^2.$$

这样就得到四阶曲面 $y^2(x^2+y^2) = (ay+xz)^2$.

17.51. $\mathbf{R}(u,v) = (\mathbf{r}(u) + \boldsymbol{\rho}(v))/2$.

17.52. 给定直线的方程是 $\mathbf{r}_1 = (u, 0, h)$. 椭圆的方程是 $\mathbf{r}_2 = (a\cos v, b\sin v, 0)$. 继而有 $\mathbf{r}_1 - \mathbf{r}_2 = (u - a\cos v, -b\sin v, h)$. 因此当 $u - a\cos v = 0$ 时, 我们有 $\mathbf{r}_1 - \mathbf{r}_2 = (0, -b\sin v, h)$. 所求劈锥曲面的方程是

$$\mathbf{r} = (a\cos v, b\sin v, 0) + \lambda(0, -b\sin v, h) = (a\cos v, b(1-\lambda)\sin v, \lambda h).$$

消去参数 λ 和 v, 我们得到隐式的劈锥曲面方程

$$\left(1 - \frac{x^2}{a^2}\right)\left(\frac{z}{h} - 1\right)^2 - \frac{y^2}{b^2} = 0.$$

17.53. $\mathbf{r}_1 = (a, 0, u)$, $\mathbf{r}_2 = \left(0, v, \frac{v^2}{2p}\right)$, $\mathbf{r}_1 - \mathbf{r}_2 = \left(a, -v, u - \frac{v^2}{2p}\right)$. 如果 $u - \frac{v^2}{2p} = 0$, 则 $\mathbf{r}_1 - \mathbf{r}_2 = (a, -v, 0)$, 由此得到

$$\mathbf{r} = \left(0, v, \frac{v^2}{2p}\right) + \lambda(a, -v, 0) = \left(a\lambda, v(1-\lambda), \frac{v^2}{2p}\right),$$

或 $a^2y^2 = 2pz(x-a)^2$.

17.54. 给定圆周的参数方程:

$$\mathbf{r}_1 = (a(1+\cos u), 0, a\sin u), \quad \mathbf{r}_2 = (0, a(1+\cos v), a\sin v).$$

我们求得 $\mathbf{r}_1 - \mathbf{r}_2 = (a(1+\cos u), -a(1+\cos v), a(\sin u - \sin v))$. 于是有 $\sin u - \sin v = 0$, 由此得到: 1) $v = u + 2k\pi$, 2) $v = \pi - u + 2k\pi$. 在第一种情形, $\mathbf{r}_1 - \mathbf{r}_2 = (a(1+\cos u), -a(1+\cos u), 0)$ 平行于 $(1, -1, 0)$. 这样一来, 我们得到椭圆柱面

$$\begin{aligned}\boldsymbol{\rho}(u,\lambda) &= (a(1+\cos u), 0, a\sin u) + \lambda(1, -1, 0)\\ &= (a(1+\cos u) + \lambda, -\lambda, a\sin u).\end{aligned}$$

在第二种情形, $\mathbf{r}_1 - \mathbf{r}_2 = (a(1+\cos u), -a(1-\cos u), 0)$ 平行于 $(1, -1, 0)$, 而组成给定柱形面的第二个曲面由方程

$$\begin{aligned}\mathbf{R}(u,\lambda) &= (a(1+\cos u), 0, a\sin u) + \lambda(a(1+\cos u), -a(1-\cos u), 0)\\ &= (a(1+\lambda)(1+\cos u) + \lambda, -a\lambda(1-\cos u), a\sin u)\end{aligned}$$

给定. 消去参数 λ 和 u, 我们得到

$$z^4+z^2((x-y)^2-2a(x+y))+4a^2xy=0.$$

17.55. $\mathbf{r}_1=\left(\frac{u^2}{2p},u,0\right)$, $\mathbf{r}_2=\left(\frac{-v^2}{2p},0,v\right)$, $\mathbf{r}_1-\mathbf{r}_2=\left(\frac{u^2+v^2}{2p},u,-v\right)$. 向量 $\mathbf{r}_1-\mathbf{r}_2$ 和平面 $y-z=0$ 的平行性给出 $u+v=0$, $v=-u$, $\mathbf{r}_1-\mathbf{r}_2=\left(\frac{u^2}{p},u,u\right)$. 所求的方程:

$$\mathbf{r}(u,v)=\left(\frac{u^2}{2p},u,0\right)+v\left(\frac{u^2}{p},u,u\right)=\left(\frac{u^2}{2p}(1+2v),u(1+v),uv\right).$$

消去参数 u 和 v, 我们得到 $y^2-z^2=2px$, 这是双曲抛物面.

17.56. Oz 轴的方程有形式 $\mathbf{r}_1=(0,0,u)$; 给定曲线的方程是

$$\mathbf{r}_2(v)=\left(b\cos v,b\sin v,\frac{a^3}{b^2\cos v\sin v}\right).$$

由此得到

$$\mathbf{r}_2-\mathbf{r}_1=\left(b\cos v,b\sin v,\frac{a^3}{b^2\cos v\sin v}-u\right),\quad u=\frac{a^3}{b^2\cos v\sin v},$$

$$\mathbf{r}_2-\mathbf{r}_1=(b\cos v,b\sin v,0),$$

那么就有

$$\mathbf{r}=\left(0,0,\frac{a^3}{b^2\cos v\sin v}\right)+\lambda(b\cos v,b\sin v,0)=\left(\lambda b\cos v,\lambda b\sin v,\frac{a^3}{b^2\cos v\sin v}\right).$$

消去参数 λ 和 v, 我们得到 $b^2xyz=a^3(x^2+y^2)$.

17.57. 从条件 $\langle\mathbf{a}+u\mathbf{b}-\boldsymbol{\rho},\mathbf{n}\rangle=0$ 求得 $u=\langle\mathbf{n},\boldsymbol{\rho}-\mathbf{a}\rangle/\langle\mathbf{n},\mathbf{b}\rangle$. 由此得到

$$\mathbf{R}=\boldsymbol{\rho}+\lambda(\mathbf{a}+u\mathbf{b}-\boldsymbol{\rho})=(1-\lambda)\boldsymbol{\rho}+\lambda\left(\mathbf{a}+\frac{\langle\mathbf{n},\boldsymbol{\rho}-\mathbf{a}\rangle}{\langle\mathbf{n},\mathbf{b}\rangle}\mathbf{b}\right).$$

17.58. 取给定椭圆的方程的形式是

$$\mathbf{r}_1=(a,b\cos u,c\sin u),\quad \mathbf{r}_2=(-a,c\cos v,b\sin v).$$

因为向量 $\mathbf{r}_1-\mathbf{r}_2=(2a,b\cos u-c\cos v,c\sin u-b\sin v)$ 平行于平面 xOy, 所以 $c\sin u-b\sin v=0$. 由此得到

$$\sin v=\frac{c}{b}\sin u,\quad \cos v=\pm\frac{1}{b}\sqrt{b^2-c^2\sin^2u},$$

$$\mathbf{r}_1-\mathbf{r}_2=\left(2a,b\cos u\pm\frac{c}{b}\sqrt{b^2-c^2\sin^2u},0\right).$$

所求的方程:

$$\mathbf{R} = (a, b\cos u, c\sin u) + v\left(2a, b\cos u \pm \frac{c}{b}\sqrt{b^2 - c^2\sin^2 u}, 0\right),$$

或

$$\mathbf{R} = \left(a + 2av, b\cos u + v\left(b\cos u \pm \frac{c}{b}\sqrt{b^2 - c^2\sin^2 u}\right), c\sin u\right).$$

17.59. Oz 轴的方程: $\mathbf{p} = (0, 0, v)$. 我们求得

$$\boldsymbol{\rho} - \mathbf{p} = (u, u^2, u^3 - v), \quad u^3 - v = 0, \quad \mathbf{p} = (0, 0, u^3).$$

所求的方程:

$$\mathbf{r} = \mathbf{p} + v(\boldsymbol{\rho} - \mathbf{p}) = (0, 0, u^3) + v(u, u^2, 0) = (uv, u^2v, u^3).$$

17.60. $\mathbf{r} = (bv, av\cos u, (b + a\cos u)(1 - v) + a\sin u)$.

17.61.① 给定的直线的方程: $\boldsymbol{\rho} = (u, 1, 1)$ 和 $\mathbf{p} = (1, v, 0)$. 经过这些直线的任意两个点的直线的方程有形式 $\mathbf{r} = (1-\lambda)(1, v, 0)+\lambda(u, 1, 1)$. 对于这个直线同平面 xOz 的交点有 $(1 - \lambda)v + \lambda = 0$. 这个点应当位于圆周 $x = \cos\varphi$, $y = 0$, $z = \sin\varphi$ 上, 因此 $1 - \lambda + \lambda u = \cos\varphi$, $\lambda = \sin\varphi$. 由此得到 $u = \dfrac{\cos\varphi + \sin\varphi - 1}{\sin\varphi}$, $v = \dfrac{\sin\varphi}{\sin\varphi - 1}$. 留下的任务是组成经过点 $\left(1, \dfrac{\sin\varphi}{\sin\varphi - 1}, 0\right)$ 和 $\left(\dfrac{\cos\varphi + \sin\varphi - 1}{\sin\varphi}, 1, 1\right)$ 的直线的方程. 结果我们得到

$$\begin{aligned}\mathbf{r} &= (1 - \lambda)\Big(1, \frac{\sin\varphi}{\sin\varphi - 1}, 0\Big) + \lambda\Big(\frac{\cos\varphi + \sin\varphi - 1}{\sin\varphi}, 1, 1\Big) \\ &= \Big(1 + \lambda\frac{\cos\varphi - 1}{\sin\varphi}, \frac{\sin\varphi - \lambda}{\sin\varphi - 1}, \lambda\Big).\end{aligned}$$

17.62. $\mathbf{r} = (a(\cos v - u\sin v), a(\sin v + u\cos v), b(u + v))$.

17.63. $c^2(x^2 + y^2)^2 = a^2(x^2 - y^2)(z + c)^2$.

17.64. 将认为在平面 π 上给定了笛卡儿直角坐标 ξ, η. 此时曲线方程 $\boldsymbol{\rho} = \boldsymbol{\rho}(u)$ 可以写成坐标形式: $\xi = \xi(u)$, $\eta = \eta(u)$. 此外, 假定直线 AB 就是空间中的 z 轴, 并且运动平面 π 的 η 轴沿着它滑动. 适当选取 x, y 轴和坐标轴的正方向后, 我们有

$$\mathbf{R}(u, v) = (\xi(u)\cos v, \xi(u)\sin v, \eta(u) + av).$$

17.65. $\mathbf{R}(u, v) = \mathbf{r}(u)+a\mathbf{n}(u)\cos v+a\mathbf{b}(u)\sin v$, 其中 $\mathbf{n}$ 和 $\mathbf{b}$ 是曲线 $\mathbf{r} = \mathbf{r}(u)$ 的主法向量和副法向量; 点 (u, v) 和 $(u, v + 2\pi)$ 重合.

① 原书解答有误, 这里已更正. ——译者注

17.66. 取法线的交点作为径向量的起点, 那么就有 $\langle \mathbf{r}, \mathbf{r}_u \rangle = 0$, $\langle \mathbf{r}, \mathbf{r}_v \rangle = 0$, 由此得到 $|\mathbf{r}|^2 = \text{const}$. 因此给定的曲面是球面或球面的一部分.

17.67. 四面体的体积等于 $9a^3/2$.

17.68. 切平面: $\dfrac{x}{u\sin v} + \dfrac{y}{u\cos v} + \dfrac{z}{\sqrt{a^2-u^2}} = a^2$. 所求的和等于 a^6.

17.69. 在曲线坐标中的交线方程: $u = u_1 \cos(v+v_1)/\cos 2v_1$ (除去母线 $v = v_1$), 其中 u_1, v_1 是切点的坐标; 同一曲线在笛卡儿坐标系中的方程是

$$x = u_1 \frac{\cos(v+v_1)}{\cos 2v_1}\cos v, \quad y = u_1 \frac{\cos(v+v_1)}{\cos 2v_1}\sin v, \quad z = a\sin 2v.$$

它在 xy 平面上的投影的方程:

$$x^2 + y^2 = \frac{u_1}{\cos 2v_1}(x\cos v_1 - y\sin v_1).$$

由于投影是圆周, 那么曲线 (平面曲线) 自身是椭圆.

17.70. 切平面方程

$$Z - xf = \left(f - \frac{y}{x}f'\right)(X - x) + (Y - y)f'$$

或

$$Z = \left(f - \frac{y}{x}f'\right)X + Yf',$$

即所有切平面经过一个点——坐标原点. 不过, 这是显然的, 因为给定的方程是顶点在坐标原点的锥面方程 (z 是 x 和 y 的齐次函数).

17.71. 切平面: $kx\sin u - ky\cos u + vz - kuv = 0$;

法线: $\mathbf{r} = (v\cos u + \lambda k\sin u, v\sin u - \lambda k\cos u, ku + \lambda v)$.

17.72. $\dfrac{X}{x} + \dfrac{Y}{y} + \dfrac{Z}{z} = 3$.

17.73. 设曲线 γ 的方程有形式 $\boldsymbol{\rho} = \boldsymbol{\rho}(s)$. 曲面方程: $\mathbf{r} = \boldsymbol{\rho} + \lambda\mathbf{v}$, 其中 $\mathbf{v}$ 是切于曲线 γ 的单位向量. 我们求得

$$\frac{\partial \mathbf{r}}{\partial s} = \mathbf{v} + \lambda k\mathbf{n}, \quad \frac{\partial \mathbf{r}}{\partial \lambda} = \mathbf{v}, \quad \frac{\partial \mathbf{r}}{\partial \lambda} \times \frac{\partial \mathbf{r}}{\partial s} = \lambda k\mathbf{b};$$

当 $s = \text{const}$ (即在曲线的同一个点) 时, 这最后一个向量有不变的方向 (因为 $\mathbf{b} = \text{const}$). 由此还推出这个曲面在曲线 γ 的所有点的切平面是曲线 γ 的密切平面.

17.74. 曲面方程: $\mathbf{r} = \boldsymbol{\rho} + \lambda\mathbf{n}$;

$$\frac{\partial \mathbf{r}}{\partial s} = \mathbf{v} + \lambda(-k\mathbf{v} + \varkappa\mathbf{b}), \quad \frac{\partial \mathbf{r}}{\partial \lambda} = \mathbf{n}, \quad \frac{\partial \mathbf{r}}{\partial s} \times \frac{\partial \mathbf{r}}{\partial \lambda} = (1 - \lambda k)\mathbf{b} - \lambda\varkappa\mathbf{v}.$$

切平面方程: $\langle \mathbf{R} - \boldsymbol{\rho} - \lambda\mathbf{n}, \mathbf{b} - \lambda k\mathbf{b} - \lambda\varkappa\mathbf{v} \rangle = 0$, 或 $\langle \mathbf{R}, \mathbf{b} - \lambda\varkappa\mathbf{v} \rangle - \langle \boldsymbol{\rho}, \mathbf{b} - \lambda\varkappa\mathbf{v} \rangle + \lambda^2\varkappa = 0$. 法线方程: $\mathbf{R} = \boldsymbol{\rho} + \lambda\mathbf{n} + \xi(\mathbf{b} - \lambda\varkappa\mathbf{v})$.

17.75. 曲面方程: $\mathbf{r} = \boldsymbol{\rho} + \lambda \mathbf{b}$;

$$\frac{\partial \mathbf{r}}{\partial s} = \mathbf{v} - \lambda \varkappa \mathbf{n}, \quad \frac{\partial \mathbf{r}}{\partial \lambda} = \mathbf{b}, \quad \frac{\partial \mathbf{r}}{\partial s} \times \frac{\partial \mathbf{r}}{\partial \lambda} = -\mathbf{n} - \lambda \varkappa \mathbf{v}.$$

切平面方程: $\langle \mathbf{R} - \boldsymbol{\rho} - \lambda \mathbf{b}, \mathbf{n} + \lambda \varkappa \mathbf{v} \rangle = 0$, 或 $\langle \mathbf{R} - \boldsymbol{\rho}, \mathbf{n} + \lambda \varkappa \mathbf{v} \rangle = 0$. 法线方程: $\mathbf{R} = \boldsymbol{\rho} + \lambda \mathbf{b} + \xi(\mathbf{n} + \lambda \varkappa \mathbf{v})$.

17.77. 如果 $\mathbf{a}$ 是给定直线的方向向量, 并且径向量的起点取在这条直线上, 那么向量 $\mathbf{r}$, $\mathbf{a}$ 和 $\dfrac{\partial \mathbf{r}}{\partial u} \times \dfrac{\partial \mathbf{r}}{\partial v}$ 位于一个平面上, 从而

$$\left\langle \mathbf{r}, \mathbf{a} \times \left(\frac{\partial \mathbf{r}}{\partial u} \times \frac{\partial \mathbf{r}}{\partial v} \right) \right\rangle = 0.$$

由此得到

$$\left\langle \mathbf{r}, \frac{\partial \mathbf{r}}{\partial u} \right\rangle \left\langle \mathbf{a}, \frac{\partial \mathbf{r}}{\partial v} \right\rangle - \left\langle \mathbf{r}, \frac{\partial \mathbf{r}}{\partial v} \right\rangle \left\langle \mathbf{a}, \frac{\partial \mathbf{r}}{\partial u} \right\rangle = 0,$$

而这个等式可以写成函数行列式等于零的形式:

$$\frac{\partial |\mathbf{r}|^2}{\partial u} \frac{\partial \langle \mathbf{a}, \mathbf{r} \rangle}{\partial v} - \frac{\partial |\mathbf{r}|^2}{\partial u} \frac{\partial \langle \mathbf{a}, \mathbf{r} \rangle}{\partial u} = 0.$$

由此推出在量 $|\mathbf{r}|^2$ 和 $\langle \mathbf{a}, \mathbf{r} \rangle$ 之间存在函数相关性 $|\mathbf{r}|^2 = f(\langle \mathbf{a}, \mathbf{r} \rangle)$. 令 Oz 轴沿向量 $\mathbf{a}$ 的方向, 我们得到旋转曲面 $x^2 + y^2 = f(z)$.

17.80. 包络: $4z^2\left(\dfrac{x^2}{a^2} + \dfrac{y^2}{b^2}\right) = 1$; 脊线是虚的.

17.81. 包络: $x^2 + \dfrac{a^2}{a^2 + b^2} y^2 + z^2 = a^2$;

17.82. 包络: $(x^2 + y^2 + z^2 - x)^2 = x^2 + y^2$; 脊线退化成点 $(0, 0, 0)$.

17.83. 取曲线方程的形式是 $y^2 = 2px$, $z = 0$ 和 $y^2 = 2qz$, $x = 0$, 我们得到形式如 $y^2 = 2px + 2qz$ 的包络的方程, 包络是带参数 $\sqrt{p^2 + q^2}$ 的抛物柱面.

17.84. 对于 s 微分表达式 $|\mathbf{R} - \boldsymbol{\rho}|^2 = a^2$, 我们得到 $\langle \mathbf{R} - \boldsymbol{\rho}, \mathbf{v} \rangle = 0$. 于是有 $\mathbf{R} - \boldsymbol{\rho} = \lambda \mathbf{b} + \mu \mathbf{n}$. 因为 $|\mathbf{R} - \boldsymbol{\rho}|^2 = a^2$, 所以 $\lambda^2 + \mu^2 = a^2$, 并且可以写成 $\lambda = a \cos \varphi$, $\mu = a \sin \varphi$. 这样一来, 包络的方程是

$$\mathbf{R} = \boldsymbol{\rho} + a(\mathbf{b} \cos \varphi + \mathbf{n} \sin \varphi).$$

17.85. 脊线表示这样的曲线, 它的点由曲线 $\boldsymbol{\rho} = \boldsymbol{\rho}(s)$ 的曲率轴①同球面族的相应的球面相交得到.

17.86. 球面族的方程: $F = (x - b \cos \varphi)^2 + (y - b \sin \varphi)^2 + z^2 - a^2 = 0$. 包络是环面 (四阶曲面)

$$(x^2 + y^2 + z^2 + b^2 - a^2)^2 - 4b^2(x^2 + y^2) = 0.$$

① 曲线的曲率轴是过曲率中心并且垂直于密切平面的直线. ——译者注

这个方程可从方程 $F=0$ 和 $\dfrac{\partial F}{\partial\varphi}=0$ 消去 φ 得到. 在 $a>b$ 的情形脊线退化为两个点 $(0,0,\pm\sqrt{a^2-b^2})$, 而在 $a=b$ 的情形退化成一个点 $(0,0,0)$.

17.87. 族的方程: $x^2+y^2+z^2-2u^3x-2u^2y-2uz=0$. 从这个方程和方程 $3u^2x+2uy+z=0$ 消去 u 求得包络:

$$3x(9x(x^2+y^2+z^2)-2zy)^2+2y(9x(x^2+y^2+z^2)-2zy)\\-(12xz-4y^2)+z(12xz-4y^2)^2=0.$$

为了求脊线, 再把前两个方程添加上方程 $6ux+2y=0$. 于是 $u=-y/3x$, 从而得到脊线方程:

$$27x^2(x^2+y^2+z^2)-4y^3+18xyz=0,\quad y^2-3xz=0.$$

还可以得到脊线的参数公式

$$\mathbf{r}=\Big(\frac{2u^3}{9u^4+9u^2+1},\frac{-6u^4}{9u^4+9u^2+1},\frac{6u^5}{9u^4+9u^2+1}\Big).$$

17.88. $x^{2/3}+y^{2/3}+z^{2/3}=l^{2/3}$.

17.89. $x^{2/3}+y^{2/3}+z^{2/3}=a^{2/3}$.

17.90. $xyz=2a^3/9$.

17.91. 包络 $y^2=4xz$; 脊线退化为坐标原点.

17.92. 脊线是螺旋线:

$$x=C\cos\alpha,\quad y=C\sin\alpha,\quad z=C\alpha.$$

17.93. 设 $\boldsymbol{\rho}=\boldsymbol{\rho}(s)$ 是给定曲线的方程. 密切平面族的方程 $\langle\mathbf{r}-\boldsymbol{\rho},\mathbf{b}\rangle=0$. 对于 s 微分得 $\langle\mathbf{r}-\boldsymbol{\rho},\mathbf{v}\rangle=0$. 特征线是切线 $\langle\mathbf{r}-\boldsymbol{\rho},\mathbf{b}\rangle=0$, $\langle\mathbf{r}-\boldsymbol{\rho},\mathbf{n}\rangle=0$. 包络: $\mathbf{r}=\boldsymbol{\rho}+\lambda\mathbf{v}$, 这是给定曲线的切线组成的曲面. 对于关系 $\langle\mathbf{r}-\boldsymbol{\rho},\mathbf{n}\rangle=0$ 再微分一次, 我们得到 $\langle\mathbf{r}-\boldsymbol{\rho},\mathbf{b}\rangle=0$. 关系 $\langle\mathbf{r}-\boldsymbol{\rho},\mathbf{b}\rangle=0$, $\langle\mathbf{r}-\boldsymbol{\rho},\mathbf{n}\rangle=0$ 一起给出 $\mathbf{r}=\boldsymbol{\rho}$, 即脊线是原曲线.

17.94. 特征线是给定曲线的曲率轴. 包络是由曲率轴组成的曲面. 脊线是给定曲线的密切球面的中心.

17.95. $\langle\mathbf{r},\mathbf{n}'\rangle+D'=0$, $\mathbf{r}=\alpha\mathbf{n}+\beta\mathbf{n}'+\lambda\mathbf{n}\times\mathbf{n}'$, $\alpha=\langle\mathbf{r},\mathbf{n}\rangle=-D$, $\beta=\dfrac{\langle\mathbf{r},\mathbf{n}'\rangle}{|\mathbf{n}'|^2}=-\dfrac{D'}{|\mathbf{n}'|^2}$. 包络的方程: $\mathbf{r}=-D\mathbf{n}-\dfrac{D'\mathbf{n}'}{|\mathbf{n}'|^2}+\lambda\mathbf{n}\times\mathbf{n}'$ (u 和 λ 为参数). 特征线是直线 $u=\text{const}$. 脊线由关于 $\mathbf{r}$ 解方程 $\langle\mathbf{r},\mathbf{n}\rangle+D=0$, $\langle\mathbf{r},\mathbf{n}'\rangle+D'=$

0, $\langle \mathbf{r}, \mathbf{n}'' \rangle + D'' = 0$ 确定:

$$\mathbf{r} = \frac{\langle \mathbf{r}, \mathbf{n} \rangle (\mathbf{n}' \times \mathbf{n}'') + \langle \mathbf{r}, \mathbf{n}' \rangle (\mathbf{n}'' \times \mathbf{n}) + \langle \mathbf{r}, \mathbf{n}'' \rangle (\mathbf{n} \times \mathbf{n}')}{(\mathbf{n}, \mathbf{n}', \mathbf{n}'')}$$
$$= -\frac{D\mathbf{n}' \times \mathbf{n}'' + D'\mathbf{n}'' \times \mathbf{n} + D''\mathbf{n} \times \mathbf{n}'}{(\mathbf{n}, \mathbf{n}', \mathbf{n}'')}.$$

17.96. 所求的可展曲面是与两条抛物线相切的平面的族的包络. 族的方程:

$$X\alpha - 2aY - \left(\frac{\alpha^2}{2b} + \frac{4a^3}{b\alpha}\right) Z + \frac{4a^3}{\alpha} = 0,$$

其中 α 是族的参数.

17.97. 法向量 $\mathbf{n} = (u+v)(\mathbf{i}\sin v - \mathbf{j}\cos v + \mathbf{k})$ 平行于向量 $\mathbf{i}\sin v - \mathbf{j}\cos v + \mathbf{k}$, 如果参数 v 保持常值, 它是不变的. 由此得到 $v = \text{const}$ 是曲面的直母线, 而曲线 $u + v = 0$ 是脊线, 因为在它的每个点法向量 $\mathbf{n}$ 的模等于零.

17.99. 曲线方程 $u = \text{const}$; 脊线:

$$x = 2(a-b)u\cos^2 v, \quad y = 2(a-b)u\sin^2 v,$$

$$z = 2u^2((a-2b)\cos^2 v + (b-2a)\sin^2 v).$$

17.100. $x = 3t,\ y = -3t^2/b,\ z = -t^3/ab.$

17.101. 所求的可展曲面是平面族

$$Xx + Y\sqrt{a^2 - x^2} + Z\sqrt{\frac{a^4}{b^2} - x^2} = a^2$$

的包络, 其中 x 是族的参数.

18.1. a) $\dfrac{1+2m}{4am(1+m)\sin\dfrac{t}{2}}$; b) $\dfrac{y^3|2a^2b - y^3 - 3by^2|}{a(y^4 - 2by^3 + a^2b^2)^{3/2}}$.

18.2. a) $|\cos x|$; b) $\dfrac{1}{6}$; c) $\dfrac{2}{a\pi}$; d) $\dfrac{3}{8a|\sin(t/2)|}$.

18.3. a) $\dfrac{2+\varphi^2}{a(1+\varphi^2)^{3/2}}$; b) $\dfrac{k(k+1)+\varphi^2}{a\varphi^{k-1}(k^2+\varphi^2)^{3/2}}$; c) $\dfrac{1}{\sqrt{1+(\ln a)^2}}$.

18.4. a) $|\sin x|/(1+\cos^2 x)^{3/2}$.

18.5. $k = \dfrac{1}{4}\sqrt{1+\sin^2\dfrac{t}{2}}$.

18.6. a) $\mathbf{r} = \left(\dfrac{a}{2}(\sin 4t + 2\sin 2t), -\dfrac{a}{2}(\cos 4t + 2\cos 2t)\right)$;
b) $\mathbf{r} = (a(2t + \sin 2t), a(2 - \cos 2t))$, 这是旋轮线;

c) $\mathbf{r}=\left(a\cos t, a\ln\left(\tan\left|\frac{\pi}{4}+\frac{t}{2}\right|\right)-a\sin t\right)$, 这是曳物线.

18.10. $9x-27y-z+7=0$.

18.11. 对于密切平面我们求得不含参数 u 的方程 $cx-ay=bc-ad$. 把 x,y 的通过 u 的表达式代入上述方程我们得到恒等式, 由此得出结论: 曲线实际上在密切平面上.

18.12. 密切平面: $6x-8y-z+3=0$.

主法线: $x=1-31\lambda,\ y=1-26\lambda,\ z=1+22\lambda$.

副法线: $x=1+6\lambda,\ y=1-8\lambda,\ z=1-\lambda$.

18.13. $y=1$.

18.14. 切线: $\mathbf{r}=(a\cos t-a\lambda\sin t, a\sin t+a\lambda\cos t, b(\lambda+t))$.

法平面: $ax\sin t-ay\cos t-bz+b^2t=0$.

副法线: $\mathbf{r}=(a\cos t+b\lambda\sin t, a\sin t-b\lambda\cos t, bt+a\lambda)$.

密切平面: $bx\sin t-by\cos t+az-abt=0$.

主法线: $\mathbf{r}=((a+\lambda)\cos t,(a+\lambda)\sin t, bt)$.

18.15. 切线: $x=1+2\lambda,\ y=-\lambda,\ z=1+3\lambda$.

法平面: $2x-y+3z-5=0$. 副法线: $x=1-3\lambda,\ y=-3\lambda,\ z=1+\lambda$.

密切平面: $3x+3y-z-2=0$. 主法线: $x=1-8\lambda,\ y=11\lambda,\ z=1+9\lambda$.

18.17. a) $d\sim k_0\varkappa_0 s^3/6,\ s\to 0$; b) $d\sim k_0^2s^2/2,\ s\to 0$.

18.18. $R=\frac{x}{2}\left(\frac{x^2}{a^2}+\frac{a^2}{2x^2}\right)^2,\ r=-\frac{x}{2}\left(\frac{x^2}{a^2}+\frac{a^2}{2x^2}\right)^2$.

18.19. $v=Ce^{\frac{u\cot\theta}{\sqrt{1+k^2}}}$.

18.20. a) 设 $\mathbf{a}$ 是固定方向的单位向量, 那么 $\langle\mathbf{a},\mathbf{v}\rangle=\cos v$ ($v=\text{const}$). 因为 $\frac{d}{ds}\langle\mathbf{a},\mathbf{v}\rangle=\langle\mathbf{a},\dot{\mathbf{v}}\rangle=0$, 故 $k\langle\mathbf{a},\mathbf{n}\rangle=0$. 除去 $k=0$ (直线) 的情形, 我们得到 $\langle\mathbf{a},\mathbf{n}\rangle=0$. 因此, 法向量垂直于固定方向. 反之, 如果 $\mathbf{n}$ 垂直于固定方向, 则 $\langle\mathbf{a},\mathbf{v}\rangle=\text{const}$.

b) 设 $\varkappa\neq 0$. 从 $\langle\mathbf{a},\mathbf{n}\rangle=0$ 和弗雷内第三公式得到 $\langle\mathbf{a},\dot{\mathbf{b}}\rangle=0$, 于是 $\langle\mathbf{a},\mathbf{b}\rangle=\text{const}$. 反之, 微分这个等式, 我们得到 $\langle\mathbf{a},\mathbf{n}\rangle=0$.

c) 微分等式 $\langle\mathbf{a},\mathbf{n}\rangle=0$, 我们得到 $k\langle\mathbf{a},\mathbf{v}\rangle=\varkappa\langle\mathbf{a},\mathbf{b}\rangle$, 由此得 $\frac{k}{\varkappa}=\frac{\langle\mathbf{a},\mathbf{b}\rangle}{\langle\mathbf{a},\mathbf{v}\rangle}=\text{const}$. 反之, 从弗雷内第一和第三公式推出 $\frac{\dot{\mathbf{v}}}{k}+\frac{\dot{\mathbf{b}}}{\varkappa}=0$, 由此得到 $\frac{\varkappa}{k}\dot{\mathbf{v}}+\dot{\mathbf{b}}=\mathbf{0}$, $\frac{\varkappa}{k}\mathbf{v}+\mathbf{b}=\text{const}=\mathbf{a}$. 与 $\mathbf{n}$ 作数量积便得 $\langle\mathbf{a},\mathbf{n}\rangle=0$.

18.21. 指出, 对于这个曲线 $k/\varkappa=\text{const}$, 再利用习题 18.20.

18.22. 指出 $k/\varkappa=1$, 再利用习题 18.20. 所求的向量是 $\mathbf{e}=\mathbf{v}+\mathbf{b}=(1,0,1)$.

18.24. 根据习题 18.20, $\left(\frac{d}{ds}\mathbf{b}, \frac{d^2}{ds^2}\mathbf{b}, \frac{d^3}{ds^3}\mathbf{b}\right) = 0$, 所以副法向量的球面标线是平面曲线. 又因为它在球面上, 故它是圆周.

18.33. a) 设 $\mathbf{r} = \mathbf{r}(s)$ 是曲线 γ 的带自然参数的方程, 那么曲线 γ^* 以形式 $\mathbf{r}^* = \mathbf{r}(s) + a(s)\mathbf{n}(s)$ 给出, 其中 $\mathbf{n}(s)$ 是曲线 γ 的主法向量, 而 $a(s)$ 是某个数值函数. 显然, 一般说来, s 不是曲线 γ^* 的自然参数. 我们有 $\frac{d}{ds}\mathbf{r}^* = \mathbf{v} + \mathbf{n}\frac{d}{ds}a + a(-k\mathbf{v} + \varkappa\mathbf{b})$. 进而从条件推知 $\left\langle \frac{d}{ds}\mathbf{r}^*, \mathbf{n}\right\rangle = \left\langle \frac{d}{ds}\mathbf{r}^*, \mathbf{n}^*\right\rangle$. 因为向量 $\frac{d}{ds}\mathbf{r}^*$ 平行于向量 $\mathbf{v}^*$, 所以 $\left\langle \frac{d}{ds}\mathbf{r}^*, \mathbf{n}^*\right\rangle = 0$. 这就证明了 $\left\langle \frac{d}{ds}\mathbf{r}^*, \mathbf{n}\right\rangle = 0$. 把 $\frac{d}{ds}\mathbf{r}^*$ 的表达式代入, 我们得到 $\frac{d}{ds}a = 0$. 即 $a = \text{const}$.

b) 从前一个小题的解答推出

$$\frac{d}{ds}\mathbf{r}^* = \mathbf{v}(1 - ak) + a\varkappa\mathbf{b}.$$

对于 s 微分这个等式并且利用弗雷内公式, 我们得到

$$\frac{d^2}{ds^2}\mathbf{r}^* = k\mathbf{n}(1 - ak) + \mathbf{v}\frac{d}{ds}(1 - ak) + a\left(\frac{d}{ds}\varkappa\right)\mathbf{b} - a\varkappa^2\mathbf{n}.$$

我们指出: 向量 $\frac{d}{ds}\mathbf{r}^*$, $\frac{d^2}{ds^2}\mathbf{r}^*$, $\mathbf{n}^*$ 位于曲线 γ^* 的密切平面上. 根据条件 $\mathbf{n} = \pm\mathbf{n}^*$, 所以向量 $\left(\frac{d}{ds}\mathbf{r}^*\right) \times \mathbf{n} = (1 - ak)\mathbf{b} - a\varkappa\mathbf{v}$ 和 $\left(\frac{d^2}{ds^2}\mathbf{r}^*\right) \times \mathbf{n} = \left(\frac{d}{ds}(1 - ak)\right)\mathbf{b} - a\left(\frac{d}{ds}\varkappa\right)\mathbf{v}$ 共线. 因此这些向量的坐标成比例, 即 $\frac{(d/ds)(1 - ak)}{1 - ak} = \frac{a(d/ds)\varkappa}{a\varkappa}$, 这等价于 $\frac{d}{ds}\left(\frac{1 - ak}{\varkappa}\right) = 0$. 由此得到 $\frac{1 - ak}{\varkappa} = b = \text{const}$, 即 $ak + b\varkappa = 1$, 其中 a 和 b 是常数.

18.35. 设原来的曲线有形式 $\mathbf{r} = \mathbf{r}(s)$. 我们指出, 作为同原来的曲线组成贝特朗曲线对的曲线, 可以取 $\boldsymbol{\rho}(s) = \mathbf{r}(s) + a\mathbf{n}(s)$, 其中 $\mathbf{n}(s)$ 是原来曲线的法向量.

容易指出 $\frac{d}{ds}\boldsymbol{\rho} = (1 - ak)\mathbf{v}(s) + a\varkappa\mathbf{b}(s)$, 它垂直于 $\mathbf{n}(s)$. 进而, 容易验证

$$\frac{d^2}{ds^2}\boldsymbol{\rho} = (1 - ak)k\mathbf{n} - a\left(\frac{d}{ds}k\right)\mathbf{v} + a\frac{d}{ds}\varkappa\mathbf{b} - a\varkappa^2\mathbf{n}.$$

为了证明 $\boldsymbol{\rho}(s) = \mathbf{r}(s) + a\mathbf{n}(s)$ 同原来的曲线组成贝特朗曲线对, 只需指出向量 $\frac{d}{ds}\boldsymbol{\rho}$, $\frac{d^2}{ds^2}\boldsymbol{\rho}$ 和 $\mathbf{n}$ 共面, 即平行于一个平面. 为此只需验证向量 $\left(\frac{d}{ds}\boldsymbol{\rho}\right) \times \mathbf{n}$ 和 $\left(\frac{d^2}{ds^2}\boldsymbol{\rho}\right) \times \mathbf{n}$ 成比例. 容易指出

$$\left(\frac{d}{ds}\boldsymbol{\rho}\right) \times \mathbf{n} = (1 - ak)\mathbf{b} - a\varkappa\mathbf{v}, \quad \left(\frac{d^2}{ds^2}\boldsymbol{\rho}\right) \times \mathbf{n} = -a\left(\frac{d}{ds}k\right)\mathbf{b} - \left(\frac{d}{ds}\varkappa\right)a\mathbf{v}.$$

因为 $\dfrac{1-ak}{\varkappa}=b=\text{const}$, 故 $\dfrac{d}{ds}\Big(\dfrac{1-ak}{\varkappa}\Big)=0$. 这个等式可以改写为 $\dfrac{-a(d/ds)k}{1-ak}=\dfrac{a(d/ds)\varkappa}{a\varkappa}$. 由此推知向量 $\Big(\dfrac{d}{ds}\boldsymbol{\rho}\Big)\times\mathbf{n}$ 和 $\Big(\dfrac{d^2}{ds^2}\boldsymbol{\rho}\Big)\times\mathbf{n}$ 成比例.

18.36. 利用习题 18.35. 在其中令 $b=0$, $a=1/k$.

18.39. 设曲线 γ 由自然参数表示 $\mathbf{r}=\mathbf{r}(s)$ 给定, 那么曲线 γ^* 由形式如 $\boldsymbol{\rho}(s)=\mathbf{r}(s)+\lambda\mathbf{b}(s)$ 的方程给定. 因为 γ^* 的副法线平行于 $\mathbf{b}$, 所以 $\Big\langle\mathbf{b},\dfrac{d}{ds}\boldsymbol{\rho}\Big\rangle=0$. 由此得到 $\dfrac{d}{ds}\lambda=0$, 即 λ 是常量. 于是 $\dfrac{d}{ds}\boldsymbol{\rho}=\mathbf{v}-\lambda\varkappa\mathbf{n}$, 进而 $\dfrac{d^2}{ds^2}\boldsymbol{\rho}=k\mathbf{n}-\dot{\lambda}\varkappa\mathbf{n}-\lambda\dot{\varkappa}\mathbf{n}+\lambda\varkappa k\mathbf{v}-\lambda\varkappa^2\mathbf{b}$. 现在注意到 $\Big\langle\dfrac{d^2}{ds^2}\boldsymbol{\rho},\mathbf{b}\Big\rangle=0$, 则得 $\lambda\varkappa^2=0$. 因为曲线 γ 和 γ^* 是不同的, 故 $\varkappa=0$.

18.40. 设 $\mathbf{r}=\mathbf{r}(s)$ 是曲线 γ 的自然参数表示. 我们以形式 $\boldsymbol{\rho}(s)=\mathbf{r}(s)+\lambda(s)\mathbf{n}(s)$ 写出曲线 γ^*, 其中 $\mathbf{n}(s)$ 是曲线 γ 的主法向量, 而 $\lambda(s)$ 是某个数值函数. 我们有 $\dfrac{d}{ds}\boldsymbol{\rho}=\mathbf{v}+\lambda(-k\mathbf{v}+\varkappa\mathbf{b})+\dot{\lambda}\mathbf{n}$. 因为 $\Big\langle\dfrac{d}{ds}\boldsymbol{\rho},\mathbf{b}^*\Big\rangle=0$, 故 $\Big\langle\dfrac{d}{ds}\boldsymbol{\rho},\mathbf{n}\Big\rangle=0$. 由此得到 $\lambda=\text{const}$, 并且 $\dfrac{d}{ds}\boldsymbol{\rho}=\mathbf{v}+\lambda(-k\mathbf{v}+\varkappa\mathbf{b})$. 进而向量 $\dfrac{d^2}{ds^2}\boldsymbol{\rho}=-\lambda\dot{\varkappa}\mathbf{v}+(k-\lambda k^2-\lambda\varkappa^2)\mathbf{n}+\lambda\dot{\varkappa}\mathbf{b}$ 正交于向量 $\mathbf{b}^*=\mathbf{n}$. 由此得 $k-\lambda k^2-\lambda\varkappa^2=0$, 即 $k=\lambda(k^2+\varkappa^2)$.

18.54. 设 k 和 $\varkappa$ 分别是带自然参数 s 的参数表示的原曲线的曲率和挠率, 而 k^* 和 $\varkappa^*$ 分别是其渐屈线的曲率和挠率, 那么

$$k^*=\frac{\sqrt{k^2+\varkappa^2}}{|sk|},\quad \varkappa^*=\frac{\varkappa^2}{sk(k^2+\varkappa^2)}\frac{d}{ds}\Big(\frac{k}{\varkappa}\Big).$$

18.55. 对于广义螺旋线比值 $k/\varkappa$ 是常数. 由此根据习题 18.54 即得所求.

18.56. 我们把垂足曲线写成形式 $\boldsymbol{\rho}(t)=\mathbf{r}(t)+\lambda(t)\mathbf{r}'(t)$. 数值函数 λ 从条件 $\langle\boldsymbol{\rho},\mathbf{r}'\rangle=0$ 求得. 我们有 $\lambda=-\dfrac{\langle\mathbf{r},\mathbf{r}'\rangle}{|\mathbf{r}'|^2}$. 由此得到 $\boldsymbol{\rho}(t)=\mathbf{r}-\mathbf{r}'\dfrac{\langle\mathbf{r},\mathbf{r}'\rangle}{|\mathbf{r}'|^2}$.

18.57. $x=a\Big(\cos t+\dfrac{h^2t}{a^2+h^2}\sin t\Big)$, $y=a\Big(\sin t-\dfrac{h^2t}{a^2+h^2}\cos t\Big)$,

$z=a^2ht/(a^2+h^2)$.

18.65. a) 单位副法向量 $\mathbf{b}=(-1,0,0)$ 平行于轴 Ox. 曲线在所考虑的点的密切平面同平面 xOy 重合. 密切圆的中心位于点 $(0,1,0)$. 这个圆周的半径等于 1. 密切圆可以由方程 $(y-1)^2+z^2=1$, $x=0$ 给定.

b) $\Big(x-\dfrac{1}{2}\Big)^2+(y+3)^2+(z-4)^2=\dfrac{81}{4}$, $2x-2y-z-3=0$.

18.66. 利用习题 18.64. 曲线的曲率半径等于

$$R=\frac{(1+4t^2+9t^4)^{3/2}}{(36t^4+36t^2+4)^{1/2}}.$$

进而

$$\dot{R}=\frac{dR}{ds}=\frac{dR}{dt}\frac{dt}{ds},\quad \frac{ds}{dt}=(1+4t^2+9t^4)^{1/2}.$$

由此得到密切球的半径等于 1/2.

18.67. a) $\dfrac{a^2+h^2}{a}$; b) $(e^t+e^{-t})^2\sqrt{\dfrac{1}{2}+(e^t-e^{-t})^2}$; c) $3\sqrt{2}\,e^t$.

18.69. 螺旋线, 位于圆柱面 $x^2+y^2=h^4/a^2$ 上, 并且螺距为 1.

18.72. 设所考察曲线的参数表示是 $x=x(t),\ y=y(t),\ z=z(t)$. 考察函数

$$\varphi(t)=\begin{vmatrix} x(t)-x(t_0) & y(t)-y(t_0) & z(t)-z(t_0) \\ x'(t_0) & y'(t_0) & z'(t_0) \\ x''(t_0) & y''(t_0) & z''(t_0) \end{vmatrix}.$$

把 $x(t),\ y(t),\ z(t)$ 展开成泰勒级数, 并且使 $\varphi(t)$ 的表达式中的 $(t-t_0)^3$ 的系数等于零. 我们得到

$$\begin{vmatrix} x'''(t_0) & y'''(t_0) & z'''(t_0) \\ x'(t_0) & y'(t_0) & z'(t_0) \\ x''(t_0) & y''(t_0) & z''(t_0) \end{vmatrix}=0.$$

因此所考察的曲线的挠率等于 0.

18.74. $\mathbf{R}=\mathbf{r}+\dfrac{\langle\mathbf{r},\mathbf{n}\rangle}{2k|\mathbf{r}|^2+\langle\mathbf{r},\mathbf{n}\rangle}(\langle\mathbf{r},\mathbf{n}\rangle\mathbf{n}-\langle\mathbf{r},\mathbf{v}\rangle\mathbf{v})$.

18.75. $\mathbf{R}=\mathbf{r}+\dfrac{\mathbf{r}'\times\mathbf{r}}{2|\mathbf{r}|^2(\mathbf{r}'\times\mathbf{r}'')+(\mathbf{r}'\times\mathbf{r})|\mathbf{r}'|^2}(|\mathbf{r}'\times\mathbf{r}|[\mathbf{r}']-\langle\mathbf{r},\mathbf{r}'\rangle\mathbf{r}')$.

18.76. $\mathbf{R}=\mathbf{r}+\dfrac{\langle\mathbf{e},\mathbf{n}\rangle}{2k}\,(\mathbf{n}\langle\mathbf{e},\mathbf{n}\rangle-\mathbf{v}\langle\mathbf{e},\mathbf{v}\rangle)$. 如果曲线由方程 $\mathbf{r}=\mathbf{r}(t)$ 给定, 则

$$\mathbf{R}=\mathbf{r}+\frac{\mathbf{r}'\times\mathbf{e}}{2|\mathbf{r}'\times\mathbf{r}''|}\,(|\mathbf{r}'\times\mathbf{e}|[\mathbf{r}']-\langle\mathbf{r}',\mathbf{e}\rangle\mathbf{r}')\,.$$

如果曲线的方程由 $y=f(x)$ 给定, 则

$$X=x-\frac{(m-lf'(x))^2}{2f''(x)}f'(x)-\frac{(m-lf'(x))\,(l+mf'(x))}{2f''(x)},$$

$$Y=f(x)+\frac{(m-lf'(x))^2}{2f''(x)}-\frac{(m-lf'(x))\,(l+mf'(x))}{2f''(x)}f'(x),$$

其中 $\mathbf{e}=(l,m)$.

18.78. a) 设椭圆由参数形式给定: $x(t)=a\cos t$, $y(t)=b\sin t$, 则椭圆的渐屈线以形式

$$x(t)=\frac{a^2-b^2}{a}\cos^3 t,\quad y(t)=\frac{b^2-a^2}{b}\sin^3 t$$

给定. 曲率半径等于 $(a^2\sin^2 t+b^2\cos^2 t)^{3/2}/(ab)$. 为了求椭圆的渐伸线的方程, 我们把椭圆弧长的表达式写成

$$s(t)=\int\sqrt{a^2\sin^2 t+b^2\cos^2 t}\,dt.$$

我们指出, 这个初等函数的积分积不出来. 利用这个函数我们得到

$$x=a\cos t+(s(t)-C)\frac{a\sin t}{s'(t)},\quad y=b\sin t-(s(t)-C)\frac{b\cos t}{s'(t)},$$

这里 C 是任意常数.

b) 设双曲线的参数表示有下列形式: $x(t)=a\cosh t$, $y(t)=b\sinh t$, 那么渐屈线的方程有形式

$$x=\frac{a^2+b^2}{a}\cosh^3 t,\quad y=-\frac{a^2+b^2}{b}\sinh^3 t.$$

双曲线的曲率半径等于 $(a^2\sinh^2 t+b^2\cosh^2 t)^{3/2}/(ab)$.

c) 抛物线的参数表示有下列形式: $x(t)=t$, $y=\dfrac{t^2}{2p}$. 渐屈线由形如 $x=-\dfrac{t^3}{p^2}$, $y=p+\dfrac{3t^2}{2p}$ 的方程给定. 抛物线的曲率半径等于 $p\Big(1+\dfrac{t^2}{p^2}\Big)^{3/2}$.

d) 这个曲线的渐屈线由形式如 $x=-a\pi+a(t'-\sin t')$, $y=-2a+a(1-\cos t')$, $t'=t+\pi$ 的方程给定. 给定曲线的曲率半径等于 $R=4a\Big|\sin\dfrac{t}{2}\Big|$.

e) 提示　转换到笛卡儿坐标.

渐屈线的方程有下列形式: $x=\dfrac{a}{3}(\cos\varphi-\cos^2\varphi+2)$, $y=\dfrac{a}{3}(1-\cos\varphi)\sin\varphi$. 这个曲线是心脏线. 为了确信这一事实, 只需作代换 $\varphi=\pi-t$, 并且作坐标变换 $X=-\Big(x-\dfrac{2}{3}a\Big)$, $Y=y$. 原曲线的曲率半径等于 $\dfrac{4}{3}a\Big|\cos\dfrac{\varphi}{2}\Big|$.

f) 渐屈线: $X=x-a\sinh\dfrac{x}{a}\cosh\dfrac{x}{a}$, $Y=2a\cosh\dfrac{x}{a}$. 曲率半径: $a\cosh^2\dfrac{x}{a}$. 悬链线的经过其顶点的渐伸线由形式 $\Big(a\Big(\ln\tan\dfrac{t}{2}+\cos t\Big),a\sin t\Big)$ 给定, 即它是曳物线.

g) 渐屈线:

$$x=\frac{a\varphi\cos\varphi}{\varphi^2+2}-\frac{a(\varphi^2+1)}{\varphi^2+2}\sin\varphi,\quad y=\frac{a\varphi\sin\varphi}{\varphi^2+2}+\frac{a(\varphi^2+1)}{\varphi^2+2}\cos\varphi.$$

曲率半径: $a(1+\varphi^2)^{3/2}/(2+\varphi^2)$.

渐伸线:

$$x=a\varphi\cos\varphi-(C+s)\frac{\cos\varphi-\varphi\sin\varphi}{\sqrt{1+\varphi^2}},\quad y=a\varphi\sin\varphi-(C+s)\frac{\sin\varphi+\varphi\cos\varphi}{\sqrt{1+\varphi^2}},$$

其中 $s=a(\varphi\sqrt{1+\varphi^2}+\ln(\varphi+\sqrt{1+\varphi^2}))/2$, 而 C 是任意常数.

18.79. 对数螺线的渐屈线以形式

$$x=-a^\varphi\ln a\sin\varphi,\quad y=a^\varphi\ln a\cos\varphi$$

给定. 容易检验, 这些公式可以用下列方式改写:

$$x=(a^{-\pi/2}\ln a)a^{\frac{\pi}{2}+\varphi}\cos\left(\frac{\pi}{2}+\varphi\right),\quad y=(a^{-\pi/2}\ln a)a^{\frac{\pi}{2}+\varphi}\sin\left(\frac{\pi}{2}+\varphi\right).$$

现在容易验证这些方程给出带同样参数 a 相对于原曲线旋转角 $\pi/2$ 的对数螺线.

18.82. $x=a\cos t+(at-C)\sin y$, $y=a\sin t-(at-C)\cos t$, 其中 C 是任意常数.

18.83. $8r\sin\dfrac{t}{2}$.

18.85. 我们给出星形线的参数表示: $x=R\cos^3\dfrac{t}{4}$, $y=R\sin^3\dfrac{t}{4}$. 渐屈线:

$$x=R\cos\frac{t}{4}\left(\cos^2\frac{t}{4}+3\sin^2\frac{t}{2}\right),\quad y=R\sin\frac{t}{4}\left(\sin^2\frac{t}{4}+3\cos^2\frac{t}{2}\right).$$

通过正交变换 $X=(x-y)/\sqrt{2}$, $Y=(x+y)/\sqrt{2}$, 即通过旋转角 $\pi/4$, 渐屈线的方程转换成形式

$$x=2R\cos^3\left(\frac{t}{4}+\frac{\pi}{4}\right),\quad y=2R\sin^3\left(\frac{t}{4}+\frac{\pi}{4}\right).$$

18.88. 这样的曲线的自然方程: $k=\dfrac{1}{-s+C}$, 其中 C 是任意常数.

18.89. $\rho=\varphi(s)\varphi'(s)$ 和 $\sigma=\varphi(s)+$ const.

18.92. 设曲线 γ 以自然参数方程 $\mathbf{r}=\mathbf{r}(s)$ 给出. 在这种情形下, 曲线 γ^* 由方程 $\boldsymbol{\rho}(s)=\mathbf{r}(s)+\dfrac{1}{k}\mathbf{n}(s)$ 给出, 其中 $\mathbf{n}(s)$ 是曲线 γ 的主法向量. 我们指出, 一般来说, s 并非曲线 γ^* 的自然参数. 我们有

$$\boldsymbol{\rho}'=\frac{\varkappa}{k}\mathbf{b},\quad \boldsymbol{\rho}''=\frac{d}{ds}\left(\frac{\varkappa}{k}\right)-\frac{\varkappa^2}{k}\mathbf{n},\quad \boldsymbol{\rho}'\times\boldsymbol{\rho}''=\frac{\varkappa^3}{k^2}\mathbf{v}.$$

由此得到 $k^*=k$, $\varkappa^*=k^2/\varkappa$.

18.94. $\dfrac{1}{6}\dfrac{(\mathbf{r}',\mathbf{r}'',\mathbf{r}''')}{|\mathbf{r}'\times\mathbf{r}''|}$; 在特殊情形下: $\dfrac{1}{6}k|\varkappa|$.

18.96. 指出, 渐近方向不可能垂直于旋转轴.

18.110. 应当取在弧的端点切线平行的螺旋线的任意弧, 并且用平面曲线连结端点. 自然, 螺旋线弧在端点应当稍许延续, 以便挠率连续过渡到零.

18.133. 利用高斯–博内公式和高斯映射下球面的面积形式的原像的公式.

19.1. 设 a, b, c, x 和 β 分别是直角边, 斜边, 从斜边中点引向 a 的垂线和边 b 的对角, 那么由正弦定理

$$\sinh x = \sinh \frac{c}{2} \sin \beta,$$

而从另一方面,

$$\sinh b = \sinh c \sin \beta, \quad 2\sinh \frac{b}{2} \cosh \frac{b}{2} = 2\sinh \frac{c}{2} \cosh \frac{c}{2} \sin \beta.$$

于是 $\dfrac{\sinh x}{\sinh(b/2)} = \dfrac{\cosh(b/2)}{\cosh(c/2)}$. 再注意到函数 cosh 和 sinh 在 $\mathbb{R}_+$ 上递增即得结论.

19.4. a) π; b) $\pi/2$; c) $\pi/2$; d) $\pi/6$; e) $\pi/2$; f) $\pi/2$; g) $\pi/4$.

19.5. $4 \arcsin \dfrac{1}{\sqrt{5}} - \dfrac{\pi}{2}$.

19.7. $\pi/2$.

19.14. b) $ds^2 = \dfrac{(1-y^2)dx^2 + 2xydxdy + (1-x^2)dy^2}{(1-x^2-y^2)^2}$.

c) $\Gamma^1_{11} = 2\Gamma^2_{12} = 2\Gamma^2_{21} = \dfrac{2x}{1-x^2-y^2}$, $\Gamma^2_{22} = 2\Gamma^1_{12} = 2\Gamma^1_{21} = \dfrac{2y}{1-x^2-y^2}$,

$\Gamma^2_{11} = \Gamma^1_{22} = 0$.

e) 单位圆的弦和直径.

19.16. 考察由 $dx^2 + dy^2 + dz^2 - dw^2$ 给定的伪欧几里得数量积的 $\mathbb{R}^4_1$. 设 C 是锥面 $x^2 + y^2 + z^2 - w^2 = 0$, 那么, $S^2 = C \cap \{w = -1\}$. 在球面 S^2 上的圆周是它的超平面 Π_i: $a_i x + b_i y + c_i z - d_i w = 0$ $(i = 1, 2)$ 的交. 令 $\gamma_i = (a_i, b_i, c_i, d_i)$. 留下的事情是验证 $\cos \varphi = \dfrac{\langle \gamma_1, \gamma_2 \rangle}{|\gamma_1||\gamma_2|}$.

19.17. a) $\dfrac{1}{4}\Big(v + \dfrac{1}{v}\Big)^2 (a^2 \sin^2 u + b^2 \cos^2 u) du^2$

$$+ \frac{1}{2}(b^2 - a^2) \sin u \cos u \Big(v - \frac{1}{v^3}\Big) dudv$$

$$+ \frac{1}{4}\bigg(\Big(1 - \frac{1}{v^2}\Big)^2 (a^2 \cos^2 u + b^2 \sin^2 u) + c^2 \Big(1 + \frac{1}{v^2}\Big)^2\bigg) dv^2;$$

b) $\dfrac{1}{(u+v)^4}(a^2(v^2-1)^2 + 4b^2v^2 + c^2(v^2+1)^2)du^2$

$$+2(a^2(u^2-1)(v^2-1)-4b^2uv+c^2(u^2+1)(v^2+1))dudv$$
$$+\frac{1}{(u+v)^4}(a^2(u^2-1)^2+4b^2u^2+c^2(u^2+1)^2)dv^2;$$

c) $\frac{1}{4}\Big(v-\frac{1}{v}\Big)^2(a^2\sin^2 u+b^2\cos^2 u)du^2+\frac{1}{2}(b^2-a^2)\sin u\cos u\Big(v-\frac{1}{v^3}\Big)dudv$
$+\frac{1}{4}\Big(\Big(1+\frac{1}{v^2}\Big)^2(a^2\cos^2 u+b^2\sin^2 u)+c^2\Big(1-\frac{1}{v^2}\Big)^2\Big)dv^2;$

d) $(p\sin^2 u+q\cos^2 u)v^2du^2+2(q-p)\sin u\cos u du dv$
$+(p\cos^2 u+q\sin^2 u+v^2)dv^2;$

e) $(p+q+4v^2)du^2+2(p-q+4uv)dudv+(p+q+4u^2)dv^2;$

f) $(a^2\sin^2 u+b^2\cos^2 u)du^2+dv^2;$

g) $\Big(\frac{a^2}{4}\Big(1-\frac{1}{u^2}\Big)^2+\frac{b^2}{4}\Big(1+\frac{1}{u^2}\Big)^2\Big)du^2+dv^2.$

19.21. 球面: $ds^2=du^2+R^2\cos^2(u/R)dv^2.$

环面: $ds^2=du^2+\Big(a+b\cos\frac{u}{b}\Big)^2dv^2.$

悬链面: $ds^2=du^2+(a^2+u^2)dv^2.$

伪球面: $ds^2=du^2+e^{-2u/a}dv^2.$

提示 u 是经线的自然参数.

19.22. $ds^2=d\tilde{u}^2+e^{-2\tilde{u}/a}d\tilde{v}^2$, 令 $u=\tilde{v}$, $v=ae^{\tilde{u}/a}$, 我们得到 $ds^2=\frac{a^2}{v^2}(du^2+dv^2)$.

19.26. 设 $r=F(\rho)$ 是待求的依赖关系. 我们有

$$\begin{aligned}ds^2&=(f'^2+g'^2)dr^2+f^2d\varphi^2=(f'^2+g'^2)F'^2d\rho^2+f^2d\varphi^2\\&=\Lambda^2(du^2+dv^2)=\Lambda^2(d\rho^2+\rho^2d\varphi^2),\end{aligned}$$

由此得到方程 $\frac{\rho}{\rho'(r)}=\frac{f}{\sqrt{f'^2+g'^2}}$, 解之得所求的依赖关系

$$\ln\rho=\int\frac{\sqrt{f'^2(r)+g'^2(r)}}{f(r)}dr.$$

把这个公式应用到悬链面即得 $\rho=e^z$, 令 $u=\rho\cos\varphi$, $v=\rho\sin\varphi$, 我们得到

$$x=\frac{1}{2}\Big(u+\frac{u}{u^2+v^2}\Big)=\frac{1}{2}\mathrm{Re}\Big(w+\frac{1}{w}\Big),$$

$$y=\frac{1}{2}\Big(v+\frac{v}{u^2+v^2}\Big)=\frac{1}{2}\mathrm{Re}\Big(-iw+\frac{i}{w}\Big),$$

$$z=\frac{1}{2}\ln(u^2+v^2)=\mathrm{Re}\ln w,\quad w=u+iv,\quad 0<|w|<\infty.$$

19.28. 设曲面 $M^2 \subset \mathbb{R}^3$ 由方程 $x_i = x_i(p,q)$ $(i=1,2,3)$ 给定, 而变量 p 和 q 在平面的某个区域变化. 设 $x_i = x_i(p,q)$ 是实解析函数. 二元组 (p,q) 可以看做曲面 M^2 上点的坐标. 在 M^2 上的曲线 C 由方程

$$p = p(t), \quad q = q(t) \quad (a \leqslant t \leqslant b)$$

给定. 弧长元素通过向量 $\mathbf{x} = (x_1, x_2, x_3)$ 由

$$ds^2 = \langle d\mathbf{x}, d\mathbf{x} \rangle = \langle \mathbf{x}_p dp + \mathbf{x}_q dq, \mathbf{x}_p dp + \mathbf{x}_q dq \rangle$$

表达, 或由

$$\begin{aligned} ds^2 &= \langle \mathbf{x}_p, \mathbf{x}_p \rangle dp^2 + 2\langle \mathbf{x}_p, \mathbf{x}_q \rangle dpdq + \langle \mathbf{x}_q, \mathbf{x}_q \rangle dq^2 \\ &= Edp^2 + 2Fdpdq + Gdq^2 \end{aligned}$$

表达, 其中 $E = \langle \mathbf{x}_p, \mathbf{x}_p \rangle$, $F = \langle \mathbf{x}_p, \mathbf{x}_q \rangle$, $G = \langle \mathbf{x}_q, \mathbf{x}_q \rangle$.

由于弧长元素 ds^2 总是正的, 故 $W^2 = EG - F^2$ 同样是正的. 要找带弧长元素 $ds^2 = \lambda(u,v)(du^2 + dv^2)$ 的坐标系 (u,v). 我们有

$$ds^2 = \Big(\sqrt{E}\,dp + \frac{F+iW}{\sqrt{E}}dq\Big)\Big(\sqrt{E}\,dp + \frac{F-iW}{\sqrt{E}}dq\Big).$$

假定我们可以找到积分因子 $\sigma = \sigma_1 + i\sigma_2$, 使得

$$\sigma\Big(\sqrt{E}\,dp + \frac{F+iW}{\sqrt{E}}dq\Big) = du + idv,$$

随之有

$$\overline{\sigma}\Big(\sqrt{E}\,dp + \frac{F-iW}{\sqrt{E}}dq\Big) = du - idv.$$

并且 $|\sigma|^2 ds^2 = du^2 + dv^2$. 令 $\sigma^2 = 1/\lambda$, 我们就得到待求的等温坐标 (u,v). 于是找到了积分因子就得到了等温坐标, 积分因子把表达式 $\sqrt{E}\,dp + \dfrac{F+iW}{\sqrt{E}}dq$ 转换为全微分. 微分 $du + idv$ 可以写成形式

$$du + idv = \Big(\frac{\partial u}{\partial p} + i\frac{\partial v}{\partial p}\Big)dp + \Big(\frac{\partial u}{\partial q} + i\frac{\partial v}{\partial q}\Big)dq.$$

进而

$$\frac{\partial u}{\partial p} + i\frac{\partial v}{\partial p} = \sigma\sqrt{E}, \quad \frac{\partial u}{\partial q} + i\frac{\partial v}{\partial q} = \sigma\frac{F+iW}{\sqrt{E}}.$$

消去 σ, 我们得到

$$E\Big(\frac{\partial u}{\partial q} + i\frac{\partial v}{\partial q}\Big) = (F+iW)\Big(\frac{\partial u}{\partial p} + i\frac{\partial v}{\partial p}\Big),$$

或
$$E\frac{\partial u}{\partial q}=F\frac{\partial u}{\partial p}-W\frac{\partial v}{\partial p},\quad E\frac{\partial v}{\partial q}=W\frac{\partial u}{\partial p}+F\frac{\partial v}{\partial p}.$$
对于未知函数 $\partial v/\partial p$ 和 $\partial v/\partial q$ 解这个方程组, 我们得到
$$\frac{\partial v}{\partial p}=\frac{F(\partial u/\partial p)-E(\partial u/\partial q)}{\sqrt{EG-F^2}},\quad \frac{\partial v}{\partial q}=\frac{G(\partial u/\partial p)-F(\partial u/\partial q)}{\sqrt{EG-F^2}}. \tag{$*$}$$
类似地,
$$\frac{\partial u}{\partial p}=\frac{E(\partial v/\partial q)-F(\partial v/\partial p)}{\sqrt{EG-F^2}},\quad \frac{\partial u}{\partial q}=\frac{F(\partial v/\partial q)-G(\partial v/\partial p)}{\sqrt{EG-F^2}}.$$
因此 u 满足方程
$$\frac{\partial}{\partial q}\Big(\frac{F(\partial u/\partial p)-E(\partial u/\partial q)}{W}\Big)+\frac{\partial}{\partial p}\Big(\frac{F(\partial u/\partial q)-G(\partial u/\partial p)}{W}\Big)=0.$$
它称为贝尔特拉米–拉普拉斯方程. 如果知道了在点的邻域中的第二组等温坐标 x,y, 那么有 $ds^2=\mu(dx^2+dy^2)$. 用坐标 (x,y) 代替坐标 (p,q), 我们得到 $E=G=\mu$, $F=0$ 和 $\dfrac{\partial v}{\partial x}=-\dfrac{\partial u}{\partial y}$, $\dfrac{\partial v}{\partial y}=\dfrac{\partial u}{\partial x}$.

这样我们得到了柯西–黎曼方程, 由此看出, 函数 u 和 v 是共轭调和函数, 而函数 $f=u+iv$ 是 $z=x+iy$ 的解析函数. 这时贝尔特拉米–拉普拉斯方程就取熟知的拉普拉斯方程的形式 $\partial^2u/\partial x^2+\partial^2u/\partial y^2=0$. 我们称定义在 M^2 上的函数 $f(p,q)$ 为 M^2 上的 *复位势*, 如果它的实部和虚部满足方程 $(*)$. 这样一来, 在流形 M^2 上的复位势的实部和虚部就给出在 M^2 的点的邻域中的等温坐标. 我们指出, 这些坐标是局部的: 一般地说, 它们不能定义在整个 2 维流形上; 当从一个点过渡到另一个点时, 复位势将改变.

19.30. a) 考察球面上的某条曲线 $\varphi=\varphi(\theta)$. 当沿这条曲线运动时罗盘指针同运动方向构成由关系 $\tan\psi=\sin\theta\dfrac{d\varphi}{d\theta}$ 确定的角 ψ. 这里角 ψ 从 y 轴开始按顺时针方向测量. 在地图上我们得到 $\dfrac{dy}{dx}=\tan\Big(\psi+\dfrac{\pi}{2}\Big)=-\dfrac{1}{\tan\psi}$. 从这两个关系推出
$$\sin\theta\frac{d\varphi}{d\theta}=-\frac{dx/d\theta}{dy/d\theta}=-\frac{\partial x/\partial\theta+(\partial x/\partial\varphi)(d\varphi/d\theta)}{\partial y/\partial\theta+(\partial y/\partial\varphi)(d\varphi/d\theta)},$$
$$\Big(\frac{\partial y}{\partial\theta}+\frac{\partial y}{\partial\varphi}\frac{d\varphi}{d\theta}\Big)\frac{d\varphi}{d\theta}\sin\theta=-\frac{\partial x}{\partial\theta}-\frac{\partial x}{\partial\varphi}\frac{d\varphi}{d\theta}.$$
因为这个关系应当在所考虑的点对于 $d\varphi/d\theta$ 的任意值都满足, 那么比较 $d\varphi/d\theta$ 的左右两部分同次幂的系数, 我们得到
$$\frac{\partial y}{\partial\varphi}=0,\quad y=y(\theta),\quad \frac{\partial x}{\partial\theta}=0,\quad x=x(\varphi),$$

$$-\sin\theta\frac{\partial y}{\partial\theta}=\frac{\partial x}{\partial\varphi}.$$

从前面倒数第二行中的两个关系推出这个等式左端只依赖于 θ, 右端只依赖 φ, 所以这个关系的两端应当是常值. 我们令这个常数等于 1. 于是在麦卡托投影中的映射由下列公式给定:

$$x=\varphi,\quad y=-\int\frac{d\theta}{\sin\theta}=\ln\cot\frac{\theta}{2}.$$

b) $ds^2=d\theta^2+\sin^2\theta d\varphi^2=\sin^2\theta(dx^2+dy^2)=\dfrac{dx^2+dy^2}{\cosh^2 y}$.

19.31. $ds^2=\dfrac{dv^2}{(1-v^2/c^2)^2}+\dfrac{v^2d\varphi^2}{1-v^2/c^2}$.

19.32. $ds^2=d\chi^2+\sinh^2 d\varphi^2$.

19.33. $ds^2=\dfrac{d\rho^2+\rho^2d\varphi^2}{(1-\rho^2)^2}$.

19.40. 提示 以三维柱面的形式构造三维空间到四维空间中的等距映射.

19.49. 提示 证明反向的弯曲过程会更好: 度量为 $ds^2=du^2+g^2(u)d\varphi^2$ 的形式如

$$x=g(u)\cos\varphi,\quad y=g(u)\sin\varphi,\quad z=-\int\sqrt{1-g'^2}du$$

的旋转曲面弯曲成形式如 $x=\sqrt{g^2-h^2}\cos(\varphi+hF(u))$, $y=\sqrt{g^2-h^2}\sin(\varphi+hF(u))$, $z=h\varphi+h^2F(u)+G(u,h)$ 的螺旋面 S_h.

解答 a) 和 b) 这两个小题是显然的.

为了证明小题 c), 首先计算一般螺旋面的度量. 我们得到

$$ds^2=(1+f'^2(u))du^2+2hf'(u)dudv+(h^2+u^2)dv^2.$$

作变量替换 $u=u(r)$, $v=H(r)+\varphi$. 用新的变量, 度量呈现出形式

$$\begin{aligned}ds^2=&\big((1+f'^2(u(r)))u'^2(r)+2hf'(r)u'(r)H'(r)+(h^2+u^2(r))H'^2(r)\big)\,dr^2\\&+2\left(hf'(r)u'(r)+(h^2+u^2(r))H'(r)\right)drd\varphi+\left(h^2+u^2(r)\right)d\varphi^2.\end{aligned}$$

为了得到旋转度量, 只需要求

$$hf'(r)u'(r)+(h^2+u^2(r))H'(r)=0,$$

$$(1+f'^2(u(r)))u'^2(r)+2hf'(r)u'(r)H'(r)+(h^2+u^2(r))H'^2(r)=1.$$

我们得到把度量化简为旋转度量 $ds^2=dr^2+G^2(r)d\varphi^2$ 所需要的代换

$$r(u)=\int\sqrt{1+\frac{u^2f'^2(u)}{h^2+u^2}}\,du,\quad H(r)=\int\frac{hf'(u)du}{h^2+u^2},$$

其中 $u=u(r)$, $G^2=h^2+u^2(r)$.

反之, 有了形式如 $ds^2=dr^2+G^2(r)d\varphi^2$ 的度量, 容易适当选取代换 $r=r(u)$, $\varphi=v-H(r)$, 以便得到相应于函数 $f(u)$ 的一般螺旋面的度量.

d) 公式

$$x=\sqrt{g^2(u)-h^2}\cos\left(\varphi+hF(u)\right),$$

$$y=\sqrt{g^2(u)-h^2}\sin\left(\varphi+hF(u)\right),$$

$$z=h\varphi+h^2F(u)+G(u,l)$$

给出需要的弯曲, 其中

$$F(u)=\int\frac{hRdu}{g(g^2-h^2)},\quad G(u)=-\int\frac{gRdu}{g^2-h^2},$$

$R^2=g^2-h^2-g^2g'^2$, 而 h 是数值参数.

e) 因为 $x(u,v;t)=u\cos(v+t)$, $y(u,v,t)=u\sin(v+t)$, $z(u,v,t)=h(v+t)+f(u)$, 那么滑动形变引起全空间的由平行于 Oz 轴的带常速度向量 $\mathbf{v}=(0,0,h)$ 的平动和绕 Oz 轴的带常角速度 1 的转动组成的螺旋运动. 把平动和转动部分分开来写, 从而写出从点 (x,y,z) 到其在时刻 t 的位置的转换规律.

19.50. 设 γ_0: $u=u(t;u_0,v_0)$, $v=v(t;u_0,v_0)$ 是点 (u_0,v_0) 在滑动形变时的轨道. 设点 (u_0,v_0) 对应 $t=0$ 时的值. 在滑动形变引起的等距中, 对于给定的参数值 t, 每一个开始于 (u_0,v_0) 的曲线弧 γ 转换成开始于它的对应于值 t 的点的同一条曲线. 过曲线 γ_0 的点引正交于它的测地线 Γ_t, 并且在它们的每一个上标记同 γ_0 的对应点有某个同值距离 d 的点 $M_t(d)$. 因为对于充分小的任意 t, 点 (u_0,v_0) 的邻域等距于点

$$u=u(t;u_0,v_0),\quad v=v(t;u_0,v_0)$$

的邻域, 故在这个等距之下, 从点 (u_0,v_0) 出发的正交于 γ_0 的测地线 Γ_0 对应同样从点 (u_0,v_0) 出发的测地线 Γ_t, 它在对应的点正交于 γ_0, 由于距离保持, 点 $M_t(d)$ 正是 $M_0(d)\in\Gamma_0$ 的对应点. 因此, 对于各个 d, 点 $M_t(d)$ 将组成点 $M_0(d)$ 的轨道, 用 γ_d 表示这个轨道. 由于在 γ_d 上弧的对应是等距的, 每条曲线 γ_d 的测地曲率保持常值. 取平行测地线 Γ_t 的族和正交于它们的曲线, 即曲线 γ_d 的族之后, 我们引进半测地坐标系. 为了书写简便, 我们保留老的记号 (u,v) 给新坐标. 在半测地坐标系中的长度公式的形式是 $ds^2+G(u,v)dv^2$, 并且曲线 γ_d 对应于 $u=\text{const}$. 计算这条曲线的测地曲率 k_g, 我们得到 $k_g=\dfrac{1}{2G}\dfrac{\partial G}{\partial u}$. 但是因为它沿每条曲线 $u=\text{const}$ 是常数, 故表达式 $\dfrac{\partial\ln G}{\partial u}$ 不依赖于 v, 因此事实上,

$G(u,v)=G(u)$, 而这正好表明 ds^2 是旋转度量.

20.1. a) 我们有

$$\mathbf{r}_u=(a\sinh u\cos v, a\sinh u\sin v, c\cosh u),$$

$$\mathbf{r}_v=(-a\cosh u\sin v, a\cosh u\cos v, 0),$$

$$\mathbf{r}_u\times\mathbf{r}_v=(-ac\cosh^2 u\cos v, -ac\cosh^2 u\sin v, a^2\cosh u\sinh u),$$

$$|\mathbf{r}_u\times\mathbf{r}_v|=a\cosh u\sqrt{c^2\cosh^2 u+a^2\sinh^2 u},$$

$$\mathbf{n}=\frac{\mathbf{r}_u\times\mathbf{r}_v}{|\mathbf{r}_u\times\mathbf{r}_v|}=\frac{(-c\cosh u\cos v, -c\cosh u\sin v, a\sinh u)}{\sqrt{c^2\cosh^2 u+a^2\sinh^2 u}},$$

$$\mathbf{r}_{uu}=(a\cosh u\cos v, a\cosh u\sin v, c\sinh u),$$

$$\mathbf{r}_{uv}=(-a\sinh u\sin v, a\sinh u\cos v, 0),$$

$$\mathbf{r}_{vv}=(-a\cosh u\cos v, -a\cosh u\sin v, 0),$$

$$L=\langle\mathbf{r}_{uu},\mathbf{n}\rangle=\frac{ac(-\cosh^2 u\cos^2 v-\cosh^2 u\sin^2 v+\sinh^2 u)}{\sqrt{c^2\cosh^2 u+a^2\sinh^2 u}}$$

$$=-\frac{ac}{\sqrt{c^2\cosh^2 u+a^2\sinh^2 u}},$$

$$M=\langle\mathbf{r}_{uv},\mathbf{n}\rangle=\frac{1}{\sqrt{c^2\cosh^2 u+a^2\sinh^2 u}}((-c\cosh u\cos v)(-a\sinh u\sin v)$$

$$+(-c\cosh u\sin v)(a\sinh u\cos v))=0,$$

$$N=\langle\mathbf{r}_{vv},\mathbf{n}\rangle=\frac{1}{\sqrt{c^2\cosh^2 u+a^2\sinh^2 u}}((-c\cosh u\cos v)(-a\cosh u\cos v)$$

$$+(-c\cosh u\sin v)(-a\cosh u\sin v))=\frac{ac\cosh^2 u}{\sqrt{c^2\cosh^2 u+a^2\sinh^2 u}}.$$

答案: $\dfrac{ac(-du^2+\cosh^2 u dv^2)}{\sqrt{c^2\cosh^2 u+a^2\sinh^2 u}}$.

b) 我们有

$$\mathbf{r}_u=(a\cosh u\cos v, a\cosh u\sin v, c\sinh u),$$

$$\mathbf{r}_v=(-a\sinh u\sin v, a\sinh u\cos v, 0),$$

$$\mathbf{r}_u\times\mathbf{r}_v=(-ac\sinh^2 u\cos v, -ac\sinh^2 u\sin v, a^2\cosh u\sinh u),$$

$$|\mathbf{r}_u\times\mathbf{r}_v|=a\sinh u\sqrt{a^2\cosh^2 u+c^2\sinh^2 u},$$

$$\mathbf{n}=\frac{\mathbf{r}_u\times\mathbf{r}_v}{|\mathbf{r}_u\times\mathbf{r}_v|}=\frac{(-c\sinh u\cos v, -c\sinh u\sin v, a\cosh u)}{\sqrt{a^2\cosh^2 u+c^2\sinh^2 u}},$$

$$\mathbf{r}_{uu}=(a\sinh u\cos v, a\sinh u\sin v, c\cosh u),$$

$$\mathbf{r}_{uv}=(-a\cosh u\sin v, a\cosh u\cos v, 0),$$

$$\mathbf{r}_{vv}=(-a\sinh u\cos v, -a\sinh u\sin v, 0),$$

$$L = \langle \mathbf{r}_{uu}, \mathbf{n} \rangle = \frac{ac(-\sinh^2 u \cos^2 v - \sinh^2 u \sin^2 v + \cosh^2 u)}{\sqrt{a^2 \cosh^2 u + c^2 \sinh^2 u}}$$

$$= -\frac{ac}{\sqrt{a^2 \cosh^2 u + c^2 \sinh^2 u}},$$

$$M = \langle \mathbf{r}_{uv}, \mathbf{n} \rangle = \frac{1}{\sqrt{a^2 \cosh^2 u + c^2 \sinh^2 u}}((-c \sinh u \cos v)(-a \cosh u \sin v)$$

$$+ (-c \sinh u \sin v)(a \cosh u \cos v)) = 0,$$

$$N = \langle \mathbf{r}_{vv}, \mathbf{n} \rangle = \frac{1}{\sqrt{a^2 \cosh^2 u + c^2 \sinh^2 u}}((-c \sinh u \cos v)(-a \sinh u \cos v)$$

$$+ (-c \sinh u \sin v)(-a \sinh u \sin v)) = \frac{ac \sinh^2 u}{\sqrt{a^2 \cosh^2 u + c^2 \sinh^2 u}}.$$

答案: $\dfrac{ac(du^2 + \sinh^2 u dv^2)}{\sqrt{a^2 \cosh^2 u + c^2 \sinh^2 u}}$.

20.2. 为了确定起见, 假定 $u > 0$, 我们有

$$\mathbf{r}_u = (\cos v, \sin v, 2u), \quad \mathbf{r}_v = (-u \sin v, u \cos v, 0),$$

$$\mathbf{r}_u \times \mathbf{r}_v = (-2u^2 \cos v, -2u^2 \sin v, u), \quad |\mathbf{r}_u \times \mathbf{r}_v| = u\sqrt{1 + 4u^2},$$

$$\mathbf{n} = \frac{\mathbf{r}_u \times \mathbf{r}_v}{|\mathbf{r}_u \times \mathbf{r}_v|} = \frac{1}{\sqrt{1 + 4u^2}}(-2u \cos v, -2u \sin v, 1),$$

$$\mathbf{r}_{uu} = (0, 0, 2), \quad \mathbf{r}_{uv} = (-\sin v, \cos v, 0), \quad \mathbf{r}_{vv} = (-u \cos v, -u \sin v, 0),$$

$$L = \langle \mathbf{r}_{uu}, \mathbf{n} \rangle = 2/\sqrt{1 + 4u^2},$$

$$M = \langle \mathbf{r}_{uv}, \mathbf{n} \rangle = \frac{1}{\sqrt{1 + 4u^2}}((-2u \cos v)(-\sin v) + (-2u \sin v) \cos v) = 0,$$

$$N = \langle \mathbf{r}_{vv}, \mathbf{n} \rangle = \frac{(-2u \cos v)(-u \cos v) + (-2u \sin v)(-u \sin v)}{\sqrt{1 + 4u^2}} = \frac{2u^2}{\sqrt{1 + 4u^2}}.$$

答案: $\dfrac{2}{\sqrt{1 + 4u^2}}(du^2 + u^2 dv^2)$.

20.3. 我们有

$$\mathbf{r}_u = (0, 0, 1), \quad \mathbf{r}_v = (-R \sin v, R \cos v, 0),$$

$$\mathbf{r}_u \times \mathbf{r}_v = (-R \cos v, -R \sin v, 0), \quad |\mathbf{r}_u \times \mathbf{r}_v| = R,$$

$$\mathbf{n} = \frac{\mathbf{r}_u \times \mathbf{r}_v}{|\mathbf{r}_u \times \mathbf{r}_v|} = (-\cos v, -\sin v, 0),$$

$$\mathbf{r}_{uu} = (0, 0, 0), \quad \mathbf{r}_{uv} = (0, 0, 0), \quad \mathbf{r}_{vv} = (-R \cos v, -R \sin v, 0),$$

$$L = \langle \mathbf{r}_{uu}, \mathbf{n} \rangle = 0, \quad M = \langle \mathbf{r}_{uv}, \mathbf{n} \rangle = 0,$$

$$N = \langle \mathbf{r}_{vv}, \mathbf{n} \rangle = (-\cos v)(-R \cos v) + (-\sin v)(-R \sin v) = R.$$

答案: $R dv^2$.

20.4. 为了明确起见, 设 $u > 0$. 我们有

$$\mathbf{r}_u = (\cos v, \sin v, k), \quad \mathbf{r}_v = (-u \sin v, u \cos v, 0),$$

$$\mathbf{r}_u \times \mathbf{r}_v = (-ku \cos v, -ku \sin v, u), \quad |\mathbf{r}_u \times \mathbf{r}_v| = u\sqrt{1 + k^2},$$

$$\mathbf{n} = \frac{\mathbf{r}_u \times \mathbf{r}_v}{|\mathbf{r}_u \times \mathbf{r}_v|} = \frac{1}{\sqrt{1+k^2}}(-k\cos v, -k\sin v, 1),$$

$$\mathbf{r}_{uu} = (0,0,0), \quad \mathbf{r}_{uv} = (-\sin v, \cos v, 0), \quad \mathbf{r}_{vv} = (-u\cos v, -u\sin v, 0),$$

$$L = \langle \mathbf{r}_{uu}, \mathbf{n}\rangle = 0,$$

$$M = \langle \mathbf{r}_{uv}, \mathbf{n}\rangle = \frac{1}{\sqrt{1+k^2}}((-k\cos v)(-\sin v) + (-k\sin v)\cos v) = 0,$$

$$N = \langle \mathbf{r}_{vv}, \mathbf{n}\rangle = \frac{(-k\cos v)(-u\cos v) + (-k\sin v)(-u\sin v)}{\sqrt{1+k^2}} = \frac{ku}{\sqrt{1+k^2}}.$$

答案: $\dfrac{kudv^2}{\sqrt{1+k^2}}$.

20.5. 我们有

$$\mathbf{r} = (u\cos v, u\sin v, f(v)), \quad \mathbf{r}_u = (\cos v, \sin v, 0), \quad \mathbf{r}_v = (-u\sin v, u\cos v, f'),$$

$$E = \langle \mathbf{r}_u, \mathbf{r}_u\rangle = 1, \quad F = \langle \mathbf{r}_u, \mathbf{r}_v\rangle = 0, \quad G = \langle \mathbf{r}_v, \mathbf{r}_v\rangle = u^2 + (f')^2,$$

$$\mathbf{r}_u \times \mathbf{r}_v = (f'\sin v, -f'\cos v, u), \quad |\mathbf{r}_u \times \mathbf{r}_v| = \sqrt{u^2 + (f')^2},$$

$$\mathbf{n} = \frac{\mathbf{r}_u \times \mathbf{r}_v}{|\mathbf{r}_u \times \mathbf{r}_v|} = \frac{1}{\sqrt{u^2 + (f')^2}}(f'\sin v, -f'\cos v, u),$$

$$\mathbf{r}_{uu} = (0,0,0), \quad \mathbf{r}_{uv} = (-\sin v, \cos v, 0), \quad \mathbf{r}_{vv} = (-u\cos v, -u\sin v, f''),$$

$$L = \langle \mathbf{r}_{uu}, \mathbf{n}\rangle = 0, \quad M = \langle \mathbf{r}_{uv}, \mathbf{n}\rangle = -f'/\sqrt{u^2 + (f')^2},$$

$$N = \langle \mathbf{r}_{vv}, \mathbf{n}\rangle = \frac{uf''}{\sqrt{u^2 + (f')^2}}, \quad K = \frac{LN - M^2}{EG - F^2} = -\frac{(f')^2}{(u^2 + (f')^2)^2}.$$

于是 $K = \lambda_1\lambda_2 < 0$, 因此, 主曲率 λ_1 和 λ_2 有不同的符号.

20.6. 设 $\mathbf{v}, \mathbf{n}, \mathbf{b}$ 是给定曲线的弗雷内标架, 那么曲面由方程 $\mathbf{r}(s,u) = \boldsymbol{\rho}(s) + u\mathbf{b}(s)$ 给定, 其中 s 是曲线 $\boldsymbol{\rho}$ 的自然参数. 此时 $\mathbf{r}_s = \mathbf{v} - u\varkappa\mathbf{n}$, $\mathbf{r}_u = \mathbf{b}$,

$$E = \langle \mathbf{r}_s, \mathbf{r}_s\rangle = 1 + u^2\varkappa^2, \quad F = \langle \mathbf{r}_s, \mathbf{r}_u\rangle = 0, \quad G = \langle \mathbf{r}_u, \mathbf{r}_u\rangle = 1,$$

$$\mathbf{r}_s \times \mathbf{r}_u = -\mathbf{n} - u\varkappa\mathbf{v}, \quad |\mathbf{r}_s \times \mathbf{r}_u| = \sqrt{1 + u^2\varkappa^2},$$

$$\mathbf{m} = \frac{\mathbf{r}_s \times \mathbf{r}_u}{|\mathbf{r}_s \times \mathbf{r}_u|} = -\frac{1}{\sqrt{1 + u^2\varkappa^2}}(u\varkappa\mathbf{v} + \mathbf{n}),$$

$$\mathbf{r}_{ss} = k\mathbf{n} - u\dot{\varkappa}\mathbf{n} - u\varkappa(-k\mathbf{v} + \varkappa\mathbf{b}) = uk\varkappa\mathbf{v} + (k - u\dot{\varkappa})\mathbf{n} - u\varkappa^2\mathbf{b},$$

$$\mathbf{r}_{su} = -k\mathbf{n}, \quad \mathbf{r}_{uu} = 0, \quad L = \langle \mathbf{r}_{ss}, \mathbf{m}\rangle = -\frac{ku^2\varkappa^2 + k - u\dot{\varkappa}}{\sqrt{1 + u^2\varkappa^2}},$$

$$M = \langle \mathbf{r}_{su}, \mathbf{m}\rangle = -\varkappa/\sqrt{1 + u^2\varkappa^2}, \quad N = \langle \mathbf{r}_{uu}, \mathbf{m}\rangle = 0,$$

$$K = \frac{LN - M^2}{EG - F^2} = -\frac{\varkappa^2}{(1 + u^2\varkappa^2)^2},$$

$$H = \frac{EN + GL - 2MF}{EG - F^2} = -\frac{k + ku^2\varkappa^2 - u\dot{\varkappa}}{(1 + u^2\varkappa^2)^{3/2}}.$$

答案: $K = -\dfrac{\varkappa^2}{(1 + u^2\varkappa^2)^2}$, $H = -\dfrac{k + ku^2\varkappa^2 - u\dot{\varkappa}}{(1 + u^2\varkappa^2)^{3/2}}$.

20.7. 设 $\mathbf{v},\mathbf{n},\mathbf{b}$ 是给定曲线的弗雷内标架, 那么曲面由方程 $\mathbf{r}(s,u)=\boldsymbol{\rho}(s)+u\mathbf{n}(s)$ 给定, 其中 s 是曲线 $\boldsymbol{\rho}$ 的自然参数. 此时

$$\mathbf{r}_s=\mathbf{v}-ku\mathbf{v}+u\varkappa\mathbf{b}=(1-ku)\mathbf{v}+u\varkappa\mathbf{b},\quad \mathbf{r}_u=\mathbf{n},$$

$$E=\langle\mathbf{r}_s,\mathbf{r}_s\rangle=(1-ku)^2+u^2\varkappa^2,\quad F=\langle\mathbf{r}_s,\mathbf{r}_u\rangle=0,\quad G=\langle\mathbf{r}_u,\mathbf{r}_u\rangle=1,$$

$$\mathbf{r}_s\times\mathbf{r}_u=-u\varkappa\mathbf{v}+(1-ku)\mathbf{b},\quad |\mathbf{r}_s\times\mathbf{r}_u|=\sqrt{(1-ku)^2+u^2\varkappa^2},$$

$$\mathbf{m}=\frac{\mathbf{r}_s\times\mathbf{r}_u}{|\mathbf{r}_s\times\mathbf{r}_u|}=\frac{1}{\sqrt{(1-ku)^2+u^2\varkappa^2}}(-u\varkappa\mathbf{v}+(1-ku)\mathbf{b}),$$

$$\mathbf{r}_{ss}=-u\dot{k}\mathbf{v}+k(1-ku)\mathbf{n}+u\dot{\varkappa}\mathbf{b}-u\varkappa^2\mathbf{n}=-\dot{k}u\mathbf{v}+(k-k^2u-\varkappa^2u)\mathbf{n}+\dot{\varkappa}u\mathbf{b},$$

$$\mathbf{r}_{su}=-k\mathbf{v}+\varkappa\mathbf{b},\quad \mathbf{r}_{uu}=0,\quad L=\langle\mathbf{r}_{ss},\mathbf{m}\rangle=\frac{(\dot{k}\varkappa-k\dot{\varkappa})u^2+\dot{\varkappa}u}{\sqrt{(1-ku)^2+u^2\varkappa^2}},$$

$$M=\langle\mathbf{r}_{su},\mathbf{m}\rangle=\varkappa/\sqrt{(1-ku)^2+u^2\varkappa^2},\quad N=\langle\mathbf{r}_{uu},\mathbf{m}\rangle=0,$$

$$K=\frac{LN-M^2}{EG-F^2}=-\frac{\varkappa^2}{((1-ku)^2)^2+u^2\varkappa^2)^2},$$

$$H=\frac{EN+GL-2MF}{EG-F^2}=\frac{(\dot{k}\varkappa-k\dot{\varkappa})u^2+\dot{\varkappa}u}{((1-ku)^2+u^2\varkappa^2)^{3/2}}.$$

答案: $K=-\dfrac{\varkappa^2}{((1-ku)^2)^2+u^2\varkappa^2)^2}$, $H=\dfrac{(\dot{k}\varkappa-k\dot{\varkappa})u^2+\dot{\varkappa}u}{((1-ku)^2+u^2\varkappa^2)^{3/2}}$.

20.9. 我们有: $\mathbf{r}=\left(\dfrac{a}{2}(u-v),\dfrac{b}{2}(u+v),\dfrac{uv}{2}\right)$, $\quad\mathbf{r}_u=\left(\dfrac{a}{2},\dfrac{b}{2},\dfrac{v}{2}\right)$,

$$\mathbf{r}_v=\left(-\frac{a}{2},\frac{b}{2},\frac{u}{2}\right),\quad E=\langle\mathbf{r}_u,\mathbf{r}_u\rangle=\frac{1}{4}(a^2+b^2+v^2),$$

$$F=\langle\mathbf{r}_u,\mathbf{r}_v\rangle=\frac{1}{4}(b^2-a^2+uv),\quad G=\langle\mathbf{r}_v,\mathbf{r}_v\rangle=\frac{1}{4}(a^2+b^2+u^2),$$

$$\mathbf{r}_u\times\mathbf{r}_v=\frac{1}{4}(b(u-v),-a(u+v),2ab),$$

$$\mathbf{n}=\frac{\mathbf{r}_u\times\mathbf{r}_v}{|\mathbf{r}_u\times\mathbf{r}_v|}=\frac{(b(u-v),-a(u+v),2ab)}{\sqrt{a^2(u+v)^2+b^2(u-v)^2+4a^2b^2}},$$

$$\mathbf{r}_{uu}=(0,0,0),\quad \mathbf{r}_{uv}=(0,0,1/2),\quad \mathbf{r}_{vv}=(0,0,0),\quad L=\langle\mathbf{r}_{uu},\mathbf{n}\rangle=0,$$

$$M=\langle\mathbf{r}_{uv},\mathbf{n}\rangle=\frac{ab}{\sqrt{a^2(u+v)^2+b^2(u-v)^2+4a^2b^2}},\quad N=\langle\mathbf{r}_{vv},\mathbf{n}\rangle=0.$$

我们写出确定曲率线的微分方程:

$$0=\begin{vmatrix}dv^2 & -dudv & du^2\\ E & F & G\\ L & M & N\end{vmatrix}=-M(Gdv^2-Edu^2)$$

$$=\frac{ab\left((a^2+b^2+v^2)du^2-(a^2+b^2+u^2)dv^2\right)}{4\sqrt{a^2(u+v)^2+b^2(u-v)^2+4a^2b^2}},$$

由此得到

$$\frac{du^2}{a^2+b^2+u^2}=\frac{dv^2}{a^2+b^2+v^2}, \quad \frac{du}{\sqrt{a^2+b^2+u^2}}=\pm\frac{dv}{\sqrt{a^2+b^2+v^2}},$$

$$\operatorname{arcsinh}\frac{u}{\sqrt{a^2+b^2}}=\pm\operatorname{arcsinh}\frac{v}{\sqrt{a^2+b^2}}+C,$$

$$\sinh\left(\operatorname{arcsinh}\frac{u}{\sqrt{a^2+b^2}}\mp\operatorname{arcsinh}\frac{v}{\sqrt{a^2+b^2}}\right)=\sinh C,$$

$$\frac{u}{\sqrt{a^2+b^2}}\frac{\sqrt{a^2+b^2+v^2}}{\sqrt{a^2+b^2}}\mp\frac{\sqrt{a^2+b^2+u^2}}{\sqrt{a^2+b^2}}\frac{v}{\sqrt{a^2+b^2}}=\sinh C,$$

这里用到了 $\sinh(x\pm y)=\sinh x\cosh y\pm\cosh x\sinh y$ 和 $\cosh x=\sqrt{1+\sinh^2 x}$. 这样一来, 曲面的曲率线由方程

$$u\sqrt{a^2+b^2+v^2}\pm v\sqrt{a^2+b^2+u^2}=\text{const}$$

给定.

20.10. 熟知 (参见本书第一部分关于螺旋面的相应习题) 有

$E=\langle\mathbf{r}_u,\mathbf{r}_u\rangle=1,\quad F=\langle\mathbf{r}_u,\mathbf{r}_v\rangle=0,\quad G=\langle\mathbf{r}_v,\mathbf{r}_v\rangle=a^2+u^2,$

$L=\langle\mathbf{r}_{uu},\mathbf{n}\rangle=0,\quad M=\langle\mathbf{r}_{uv},\mathbf{n}\rangle=-a/\sqrt{a^2+u^2},\quad N=\langle\mathbf{r}_{vv},\mathbf{n}\rangle=0.$

我们写出确定曲率线的微分方程:

$$0=\begin{vmatrix} dv^2 & -du\,dv & du^2 \\ E & F & G \\ L & M & N \end{vmatrix}=-M(Gdv^2-Edu^2)=-\frac{a\left(du^2-(a^2+u^2)dv^2\right)}{\sqrt{a^2+u^2}}.$$

由此得到 $dv^2=\dfrac{du^2}{a^2+u^2}$, $dv=\pm\dfrac{du}{\sqrt{a^2+u^2}}$. 因此,

$$v=\pm\ln(u+\sqrt{a^2+u^2})+C.$$

20.11. 根据习题 20.10, 螺旋面的曲率线的方程是 $v=\pm\ln(u+\sqrt{a^2+u^2})+C$. 众所周知, 悬链面的第二基本形式有形式 $-\dfrac{adu^2}{u^2+a^2}+adv^2$. 于是第二基本形式在作为等距映射下曲率线的像的曲线的切向量上的值等于

$$-\frac{a}{u^2+a^2}+a\left(\frac{1}{\sqrt{a^2+u^2}}\right)^2=0.$$

如此看来, 螺旋面等距叠合到悬链面时, 螺旋面的曲率线转换为悬链面的渐近线.

20.12. 从条件推知 $\boldsymbol{\rho}(s)$ 是平面曲线. 设 $\mathbf{n},\mathbf{b}$ 是曲线 $\boldsymbol{\rho}(s)$ 的法向量和副法向量. 那么有 $\mathbf{a}=\pm\mathbf{b}$. 我们将认为 $\mathbf{a}=\mathbf{b}$. 由此推知

$$\mathbf{v}\times\mathbf{n}=\mathbf{a},\quad \mathbf{v}\times\mathbf{a}=-\mathbf{n},\quad \mathbf{n}\times\mathbf{a}=\mathbf{v}.$$
$$\mathbf{r}_s=\mathbf{v}+kg\mathbf{v}=(1+kg)\mathbf{v},\quad \mathbf{r}_u=f'\mathbf{a}-g'\mathbf{n},$$
$$E=\langle\mathbf{r}_s,\mathbf{r}_s\rangle=(1+kg)^2,\quad F=\langle\mathbf{r}_s,\mathbf{r}_u\rangle=0,\quad G=\langle\mathbf{r}_u,\mathbf{r}_u\rangle=(f')^2+(g')^2,$$
$$\mathbf{r}_s\times\mathbf{r}_u=-(1+kg)g'\mathbf{a}-(1+kg)f'\mathbf{n},\quad \mathbf{m}=\frac{\mathbf{r}_s\times\mathbf{r}_u}{|\mathbf{r}_s\times\mathbf{r}_u|}=-\frac{f'\mathbf{n}+g'\mathbf{a}}{\sqrt{(f')^2+(g')^2}},$$
$$\mathbf{r}_{ss}=k'g\mathbf{v}+k(1+kg)\mathbf{n},\quad \mathbf{r}_{su}=kg'\mathbf{v},\quad \mathbf{r}_{uu}=f''\mathbf{a}-g''\mathbf{n},$$
$$L=\langle\mathbf{r}_{ss},\mathbf{m}\rangle=-\frac{kf'(1+kg)}{\sqrt{(f')^2+(g')^2}},\quad M=\langle\mathbf{r}_{su},\mathbf{m}\rangle=0,$$
$$N=\langle\mathbf{r}_{uu},\mathbf{m}\rangle=\frac{f'g''-f''g'}{\sqrt{(f')^2+(g')^2}}.$$

曲率线方程有形式:

$$0=\begin{vmatrix}du^2 & -dsdu & ds^2\\ E & F & G\\ L & M & N\end{vmatrix}=(EN-GL)duds.$$

由此看到曲率线是由方程 $s=\text{const}$, $u=\text{const}$ 定义的曲线.

20.13. a)–c) 我们有

$$\mathbf{r}_s=\mathbf{v}-\mathbf{v}ak\cos\varphi=\mathbf{v}(1-ak\cos\varphi),\quad \mathbf{r}_\varphi=-\mathbf{n}a\sin\varphi+\mathbf{b}a\cos\varphi,$$
$$E=\langle\mathbf{r}_s,\mathbf{r}_s\rangle=(1-ak\cos\varphi)^2,\quad F=\langle\mathbf{r}_s,\mathbf{r}_\varphi\rangle=0,\quad G=\langle\mathbf{r}_\varphi,\mathbf{r}_\varphi\rangle=a^2,$$
$$\mathbf{r}_s\times\mathbf{r}_\varphi=-\mathbf{b}a(1-ak\cos\varphi)\sin\varphi-\mathbf{n}a(1-ak\cos\varphi)\cos\varphi,$$
$$|\mathbf{r}_s\times\mathbf{r}_\varphi|=a(1-ak\cos\varphi),\quad \mathbf{m}=\frac{\mathbf{r}_s\times\mathbf{r}_\varphi}{|\mathbf{r}_s\times\mathbf{r}_\varphi|}=-\mathbf{b}\sin\varphi-\mathbf{n}\cos\varphi,$$
$$\mathbf{r}_{ss}=\mathbf{n}k(1-ak\cos\varphi)-\mathbf{v}a\dot{k}\cos\varphi,\quad \mathbf{r}_{s\varphi}=\mathbf{v}ak\sin\varphi,$$
$$\mathbf{r}_{\varphi\varphi}=-\mathbf{n}a\cos\varphi-\mathbf{b}a\sin\varphi,\quad L=\langle\mathbf{r}_{ss},\mathbf{m}\rangle=-k(1-ak\cos\varphi)\cos\varphi,$$
$$M=\langle\mathbf{r}_{s\varphi},\mathbf{m}\rangle=0,\quad N=\langle\mathbf{r}_{\varphi\varphi},\mathbf{m}\rangle=a,$$
$$K=\frac{LN-M^2}{EG-F^2}=-\frac{k\cos\varphi}{a(1-ak\cos\varphi)},$$
$$\begin{aligned}H&=\frac{EN+GL-2MF}{EG-F^2}\\&=\frac{(1-ak\cos\varphi)^2a+a^2(-k(1-ak\cos\varphi)\cos\varphi)}{a^2(1-ak\cos\varphi)^2}=\frac{1-2ak\cos\varphi}{a(1-ak\cos\varphi)}.\end{aligned}$$

d) 曲率线方程

$$0=\begin{vmatrix}d\varphi^2 & -dsd\varphi & ds^2\\ E & F & G\\ L & M & N\end{vmatrix}=(EN-GL)dsd\varphi=a(1-ak\cos\varphi)dsd\varphi.$$

因为 $1-ak\cos\varphi>0$, 故 $dsd\varphi=0$, 从而曲率线有形式 $s=\text{const}$, $\varphi=\text{const}$.

20.14. 我们有: $\mathbf{r}_s = \mathbf{v} + a(-k\mathbf{v} + \varkappa\mathbf{b})\cos\varphi - a\varkappa\mathbf{n}\sin\varphi = \mathbf{v}(1 - ak\cos\varphi)$ $-\mathbf{n}a\varkappa\sin\varphi + \mathbf{b}a\varkappa\cos\varphi, \quad \mathbf{r}_\varphi = -\mathbf{n}a\sin\varphi + \mathbf{b}a\cos\varphi,$

$E = \langle\mathbf{r}_s, \mathbf{r}_s\rangle = (1-ak\cos\varphi)^2 + a^2\varkappa^2, \quad F = \langle\mathbf{r}_s, \mathbf{r}_\varphi\rangle = a^2\varkappa, \quad G = \langle\mathbf{r}_\varphi, \mathbf{r}_\varphi\rangle = a^2,$

$$\mathbf{r}_s \times \mathbf{r}_\varphi = \mathbf{v}(-a^2\varkappa\sin\varphi\cos\varphi + a^2\varkappa\cos\varphi\sin\varphi) + \mathbf{n}(ak\cos\varphi - 1)a\cos\varphi$$
$$+ \mathbf{b}(ak\cos\varphi - 1)a\sin\varphi = -a(1 - ak\cos\varphi)(\mathbf{n}\cos\varphi + \mathbf{b}\sin\varphi),$$

$$\mathbf{m} = \frac{\mathbf{r}_s \times \mathbf{r}_\varphi}{|\mathbf{r}_s \times \mathbf{r}_\varphi|} = -\mathbf{n}\cos\varphi - \mathbf{b}\sin\varphi,$$

$$\mathbf{r}_{ss} = \mathbf{v}(-a\dot{k}\cos\varphi + ak\varkappa\sin\varphi) + \mathbf{n}(-a\dot{\varkappa}\sin\varphi + k(1 - ak\cos\varphi) - a\varkappa^2\cos\varphi)$$
$$+ \mathbf{b}(a\dot{\varkappa}\cos\varphi - a\varkappa^2\sin\varphi), \quad \mathbf{r}_{s\varphi} = \mathbf{v}ak\sin\varphi - \mathbf{n}a\varkappa\cos\varphi - \mathbf{b}a\varkappa\sin\varphi,$$

$\mathbf{r}_{\varphi\varphi} = -\mathbf{n}a\cos\varphi - \mathbf{b}a\sin\varphi, \quad L = \langle\mathbf{r}_{ss}, \mathbf{m}\rangle = a\varkappa^2 - k\cos\varphi + ak^2\cos^2\varphi,$

$M = \langle\mathbf{r}_{s\varphi}, \mathbf{m}\rangle = a\varkappa, \quad N = \langle\mathbf{r}_{\varphi\varphi}, \mathbf{m}\rangle = a.$

曲率线方程

$$0 = \begin{vmatrix} d\varphi^2 & -dsd\varphi & ds^2 \\ E & F & G \\ L & M & N \end{vmatrix} = \begin{vmatrix} d\varphi^2 & -dsd\varphi & ds^2 \\ (1 - ak\cos\varphi)^2 + a^2\varkappa^2 & a^2\varkappa & a^2 \\ a\varkappa^2 - k\cos\varphi + ak^2\cos^2\varphi & a\varkappa & a \end{vmatrix}$$

$$= \begin{vmatrix} d\varphi^2 & -dsd\varphi & ds^2 \\ (1 - ak\cos\varphi)^2 + a^2\varkappa^2 & a^2\varkappa & a^2 \\ k\cos\varphi - \dfrac{1}{a} & 0 & 0 \end{vmatrix} = a(1 - ak\cos\varphi)(d\varphi + \varkappa ds)ds.$$

因为 $1 - ak\cos\varphi > 0$, 故 $ds = 0$ 或 $\dfrac{d\varphi}{ds} = -\varkappa$, 从而曲率线有形式

$$s = \text{const}, \quad \varphi = -\int \varkappa ds + \text{const}.$$

20.15. 我们有: $\mathbf{r}_u = \left(3v^2 - 3u^2 - \frac{1}{3}, 6uv, 2v\right), \ \mathbf{r}_v = \left(6uv, 3u^2 - 3v^2 - \frac{1}{3}, 2u\right),$

$$E = \langle\mathbf{r}_u, \mathbf{r}_u\rangle = \left(3v^2 - 3u^2 - \frac{1}{3}\right)^2 + 36u^2v^2 + 4u^2 = \left(3u^2 + 3v^2 + \frac{1}{3}\right)^2,$$

$$F = \langle\mathbf{r}_u, \mathbf{r}_v\rangle = \left(3v^2 - 3u^2 - \frac{1}{3}\right)6uv + 6uv\left(3u^2 - 3v^2 - \frac{1}{3}\right) + 2v2u = 0,$$

$$G = \langle\mathbf{r}_v, \mathbf{r}_v\rangle = 36u^2v^2 + \left(3u^2 - 3v^2 - \frac{1}{3}\right)^2 + 4u^2 = \left(3u^2 + 3v^2 + \frac{1}{3}\right)^2,$$

$$\mathbf{r}_u \times \mathbf{r}_v = \left(6u^2v + 6v^3 + \frac{2}{3}v, 6u^3 + 6uv^2 + \frac{2}{3}u, \left(\frac{1}{3} + 3u^2 + 3v^2\right)\left(\frac{1}{3} - 3u^2 - 3v^2\right)\right),$$

$$|\mathbf{r}_u \times \mathbf{r}_v| = \left(3u^2 + 3v^2 + \frac{1}{3}\right)^2,$$

$$\mathbf{n} = \frac{\mathbf{r}_u \times \mathbf{r}_v}{|\mathbf{r}_u \times \mathbf{r}_v|} = \frac{(2v, 2u, 1/3 - 3u^2 - 3v^2)}{3u^2 + 3v^2 + 1/3},$$

$\mathbf{r}_{uu} = (-6u, 6v, 0), \quad \mathbf{r}_{uv} = (6v, 6u, 2), \quad \mathbf{r}_{vv} = (6u, -6v, 0),$

$$L=\langle \mathbf{r}_{uu},\mathbf{n}\rangle=\frac{-6u\cdot 2v+6v\cdot 2u}{3u^2+3v^2+1/3}=0,$$
$$M=\langle \mathbf{r}_{uv},\mathbf{n}\rangle=\frac{6v\cdot 2v+6u\cdot 2u+2(1/3-3u^2-3v^2)}{3u^2+3v^2+1/3}=2,$$
$$N=\langle \mathbf{r}_{vv},\mathbf{n}\rangle=\frac{6u\cdot 2v-6v\cdot 2u}{3u^2+3v^2+1/3}=0.$$

曲率线方程

$$0=\begin{vmatrix} dv^2 & -dudv & du^2\\ E & F & G\\ L & M & N\end{vmatrix}=2\Big(3u^2+3v^2+\frac{1}{3}\Big)^2(du^2-dv^2).$$

由此得到 $du^2-dv^2=(du+dv)(du-dv)=0\Longrightarrow u\pm v=\mathrm{const}.$

答案: $u\pm v=\mathrm{const}.$

20.16. 因为 $E=\langle \mathbf{r}_u,\mathbf{r}_u\rangle$, 故 $\mathbf{r}_u=\sqrt{E}\,\mathbf{l}$, $|\mathbf{l}|=1$. 类似地, $\mathbf{r}_v=\sqrt{G}\mathbf{m}$, $|\mathbf{m}|=1$. 曲面的高斯曲率通过第一和第二基本公式以下列方式表达: $K=\dfrac{LN-M^2}{EG}$, 其中 $L=\langle \mathbf{r}_{uu},\mathbf{n}\rangle$, $M=\langle \mathbf{r}_{uv},\mathbf{n}\rangle$, $N=\langle \mathbf{r}_{vv},\mathbf{n}\rangle$; $\mathbf{r}_{uu}=\dfrac{1}{2}\dfrac{E_u}{\sqrt{E}}\mathbf{l}+\sqrt{E}\,\mathbf{l}_u$. 因为 $\langle \mathbf{r}_u,\mathbf{n}\rangle=0$, 故 $L=\sqrt{E}\,\langle \mathbf{l}_u,\mathbf{n}\rangle$. 因为 $\langle \mathbf{l},\mathbf{l}\rangle=1$, 故 $\langle \mathbf{l}_u,\mathbf{l}\rangle=0$. 于是 $\mathbf{l}_u=p_1\mathbf{m}+q_1\mathbf{n}$.

类似地, $N=\sqrt{G}\,\langle \mathbf{m}_v,\mathbf{n}\rangle$, $\mathbf{m}_v=p_2\mathbf{l}+q_2\mathbf{n}$.

随之有 $LN=\sqrt{EG}\,\langle \mathbf{l}_u,\mathbf{n}\rangle\langle \mathbf{m}_v,\mathbf{n}\rangle=\sqrt{EG}\,q_1q_2=\sqrt{EG}\,\langle \mathbf{l}_u,\mathbf{m}_v\rangle$.

同样可有 $M^2=\sqrt{EG}\,\langle \mathbf{l}_v,\mathbf{m}_u\rangle$, 从而得到

$$K=\frac{\langle \mathbf{l}_u,\mathbf{m}_v\rangle-\langle \mathbf{l}_v,\mathbf{m}_u\rangle}{\sqrt{EG}}.$$

$\langle \mathbf{l}_u,\mathbf{m}_v\rangle=\langle \mathbf{l}_u,\mathbf{m}\rangle_v-\langle \mathbf{l}_{uv},\mathbf{m}\rangle$, $\langle \mathbf{l}_v,\mathbf{m}_u\rangle=\langle \mathbf{l}_v,\mathbf{m}\rangle_u-\langle \mathbf{l}_{uv},\mathbf{m}\rangle$, 于是

$$K=\frac{\langle \mathbf{l}_u,\mathbf{m}\rangle_v-\langle \mathbf{l}_v,\mathbf{m}\rangle_u}{\sqrt{EG}}.$$

$$\begin{aligned}\frac{\partial}{\partial v}\langle \mathbf{l}_u,\mathbf{m}\rangle&=\frac{\partial}{\partial v}\Big(\frac{\langle \mathbf{r}_{uu},\mathbf{r}_v\rangle}{\sqrt{EG}}\Big)=-\frac{\partial}{\partial v}\Big(\frac{\langle \mathbf{r}_u,\mathbf{r}_{uv}\rangle}{\sqrt{EG}}\Big)\\&=-\frac{1}{2}\frac{\partial}{\partial v}\Big(\frac{(\partial/\partial v)\langle \mathbf{r}_u,\mathbf{r}_u\rangle}{\sqrt{EG}}\Big)=-\frac{1}{2}\frac{\partial}{\partial v}\Big(\frac{\partial E/\partial v}{\sqrt{EG}}\Big).\end{aligned}$$

在这个计算当中, 我们两次用到了 $\langle \mathbf{r}_u,\mathbf{r}_v\rangle=0$. 类似地,

$$\frac{\partial}{\partial u}\langle \mathbf{l}_v,\mathbf{m}\rangle=\frac{1}{2}\frac{\partial}{\partial u}\Big(\frac{\partial G/\partial u}{\sqrt{EG}}\Big).$$

综合上述结果我们得到

$$K=-\frac{1}{2\sqrt{EG}}\left\{\frac{\partial}{\partial v}\Big(\frac{\partial E/\partial v}{\sqrt{EG}}\Big)+\frac{\partial}{\partial u}\Big(\frac{\partial G/\partial u}{\sqrt{EG}}\Big)\right\}.$$

20.17. 利用第一基本形式为 $ds^2 = Edu^2 + Gdv^2$ 的曲面的高斯曲率的公式 (参见习题 20.16). 这样的曲面的高斯曲率等于

$$K = -\frac{1}{2\sqrt{EG}}\left\{\frac{\partial}{\partial v}\Big(\frac{\partial E/\partial v}{\sqrt{EG}}\Big) + \frac{\partial}{\partial u}\Big(\frac{\partial G/\partial u}{\sqrt{EG}}\Big)\right\}.$$

在此式中令 $E = 1$, 我们得到

$$K = -\frac{1}{2\sqrt{G}}\Big(\frac{\partial G/\partial u}{\sqrt{G}}\Big) = -\frac{1}{2\sqrt{G}}\frac{\partial}{\partial u}\Big(2\frac{\partial\sqrt{G}}{\partial u}\Big) = -\frac{(\partial^2/\partial u^2)\sqrt{G}}{\sqrt{G}}.$$

答案: $K = -\dfrac{1}{\sqrt{G}}\dfrac{\partial^2\sqrt{G}}{\partial u^2}$.

20.18. $K = -\dfrac{1}{2B}\Delta\ln B$, 这里 Δ 是拉普拉斯算子.

20.19. 为了计算高斯曲率可以利用习题 20.17 中推导出来的公式. 我们有 $G(u,v) = e^{2u}$, 由此得到

$$K = -\frac{1}{e^u}\frac{\partial^2 e^u}{\partial u^2} = -1.$$

20.20. 指出, 数量积 $\langle \mathbf{r}_{ij}, \mathbf{r}_k\rangle$ 以及差 $\langle \mathbf{r}_{ij}, \mathbf{r}_{kl}\rangle - \langle \mathbf{r}_{ik}, \mathbf{r}_{jl}\rangle$ 可以由度量表示.

20.24. 考察方程

$$x = r(u)\cos\varphi, \quad y = r(u)\sin\varphi, \quad z = h(u)$$

表示的旋转曲面 M, 其中 $a \leqslant u \leqslant b$, $0 \leqslant \varphi \leqslant 2\pi$. 这个曲面的面积元素等于 $d\sigma = r(u)\sqrt{r'^2 + h'^2}\,dud\varphi$. 我们将找形式如 $x = R(u,\varepsilon)\cos\varphi$, $y = R(u,\varepsilon)\sin\varphi$, $z = H(u,\varepsilon)$ 的形变, 要求它满足面积元素相等的条件

$$r\sqrt{r'^2 + h'^2}\,dud\varphi = R\sqrt{R'^2 + H'^2}\,dud\varphi,$$

令 $R(u,\varepsilon) = \varepsilon r(u)$, $\varepsilon \to 1 - 0$, 那么这个方程有解

$$H(u,\varepsilon) = h(0) + \frac{1}{\varepsilon}\int_0^u \sqrt{(1-\varepsilon^4)r'^2(t) + h'^2(t)}\,dt,$$

此式就定义了满足习题条件的曲面族.

20.27. a) $F_1'^2(w) + F_2'^2(w) + F_3'^2(w) = 0$; b) $ds^2 = \Lambda^2(w)(du^2 + dv^2)$, 其中

$$\Lambda^2 = \frac{|F_1'^2(w)| + |F_2'^2(w)| + |F_3'^2(w)|}{2}.$$

20.29. 提示 利用曲面的三个基本形式之间的联系.

20.38. 按照公式 $K = -\dfrac{1}{2\Lambda}\Delta\ln\Lambda$ 计算高斯曲率 K, 其中 $\Lambda = e^{-2u^2}$, 我们

求得 $K = 2e^{2u^2} > 0$. 度量的非完备性由存在有限长度的趋于无穷远的道路推出, 这条道路正是 $v = 0$. 该度量到 $\mathbb{R}^3$ 的凸曲面中的等距嵌入是不可能的, 这是因为曲面的全曲率

$$\iint K dS = \iint 2e^{2u^2} du dv = \infty,$$

等于它的球面像的面积, 不超过 4π, 矛盾.

22.3. 不可以, 因为在相反的情形下, 在默比乌斯带上存在连续法向量场. 但事实上, 因为高斯曲率是正的, 那么曲面局部地位于切平面的同一侧. 所以可以定义光滑 "外法向量" 场, 而这违背了默比乌斯带的不可定向性.

22.5. 在所指出的条件下可以定义光滑 "外法向量" 场 (参见习题 22.3), 而这与曲面的不可定向性矛盾.

22.6. a) 提示 从无穷远处向着曲面移动平面, 直到跟曲面接触. 考察曲面在切点的高斯曲率.

b) 提示 取半径充分大的球面, 把曲面的内部包围住, 再连续缩小球面的半径直至与球面接触. 考察在切点的高斯曲率.

22.7. 提示 参见习题 22.6.

22.8. 提示 利用高斯–博内定理.

22.10. a) 考察球面的部分: $x^2 + y^2 + z^2 = R^2$, $|z| \leqslant a$, $a < R$. 等同对径点.

b) 提示 求在对于坐标原点中心对称变换下不变的负常曲率的旋转曲面 (参见习题 20.23). 按照与群 $\mathbb{Z}/2$ 对应的作用等同其点.

解法的另一个变种. 在矩形 Π: $-a \leqslant u \leqslant a$, $-b \leqslant v \leqslant b$ 上考察度量 $ds^2 = \cosh^2 v du^2 + dv^2$. 现在按照粘合长度相等的闭区间的方式等同边 $u = -a$ 和 $u = a$, 以便得到默比乌斯带. 容易指出, 在默比乌斯带上, 我们得到了曲率为 -1 的度量. 对于充分小的 b, 这个度量在方程是

$$x = \cosh v \cos u, \quad y = \cosh v \sin u, \quad z = \int_0^v \sqrt{1 - \sinh^2 t}\, dt$$

的明金 (Миндинг) "圈" 上得以实现.

22.14. $\displaystyle\int_{v_1}^{v_2} dv \int_{u_1}^{u_2} (\sqrt{G})_{uu} du.$

22.15. 2π.

22.17. 两层叠合的球面.

22.20. 曲线 $z = \dfrac{1}{8}x^2$, $0 \leqslant x \leqslant 2$, $z = x - \ln x + \dfrac{1}{2} - (2 - \ln 2)$, $x \geqslant 2$[①] 的旋转曲面.

---

① 原文为 $z = \frac{1}{8}x^2$, $0 \leqslant x \leqslant 2$, $z = x - \ln x$, $x \geqslant 2$, 不妥. ——译者注

22.21. 设旋转曲面的参数方程是 $(u\cos v, u\sin v, f(u))$. 它的纬线由方程 $u=\text{const}$ 给定, 而经线由方程 $v=\text{const}$ 给定. 这个曲面的第一基本形式有形式 $ds^2=(1+(f'(u))^2)du^2+u^2dv^2$. 作把 u 换为 U 的变量替换, 这里

$$U=\int\frac{\sqrt{1+(f'(u))^2}}{u}\,du.$$

u 对于 U 的逆依赖关系用 $u=\lambda(U)$ 表示. 在这样的变量替换下第一基本形式取形式 $ds^2=\lambda^2(U)(dU^2+dv^2)$. 我们注意到纬线由方程 $U=\text{const}$ 给定, 而经线由方程 $v=\text{const}$ 给定.

考察坐标为 (x,y), 度量为 $ds^2=dx^2+dy^2$ 的欧几里得平面. 不难验证由公式 $(U,v)\mapsto(x,y)$ 给定的坐标之间的映射具有所要求的性质.

22.23. a) 4π; b) 2π; c) 4π.

22.24. 设在球坐标 φ,ψ 下矩形 P 由不等式 $-\pi\leqslant -a\leqslant\varphi\leqslant a\leqslant\pi$, $-\pi/2<b\leqslant\psi\leqslant c<\pi/2$ 给定, 那么 P 到 $\mathbb{R}^3$ 中的等距映射以下列方式给出:

$$x=\frac{a}{\pi}\cos\frac{\pi}{a}\varphi\cos\psi,\quad y=\frac{a}{\pi}\sin\frac{\pi}{a}\varphi\cos\psi,\quad z=f(\psi)=\int\sqrt{1-\frac{a^2}{\pi^2}\sin\psi}\,d\psi,$$

由此容易建立浸入和度量的解析性.

22.25. 单位球面的度量在球坐标中有形式 $ds^2=\cos^2\psi d\varphi^2+d\psi^2$. 按映射 $(-a,\psi)\to(a,b+c-\psi)$ 进行等同. 余下的事情是显然的.

23.1. 剖分显示在图 154 中.

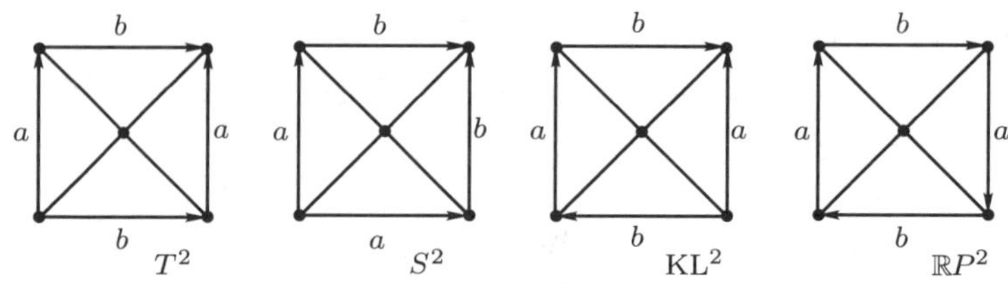

图 154 环面, 球面, 克莱因瓶和射影平面的三角剖分

23.3. 提示 所要求的估计由下列不等式和等式推出:

$$V(V-1)\geqslant 2E,\quad V-E+F=\chi(M),\quad 3F=2E.$$

23.4. a) 参见图 155, 156; b) 参见图 157.

23.5. 环面的最小三角剖分可以用考察由正三角形组成的平面栅格的方法构造 (参见图 158). 应当取如图中所示的由向量 $\mathbf{e}_1$ 和 $\mathbf{e}_2$ 生成的第二个栅格, 这

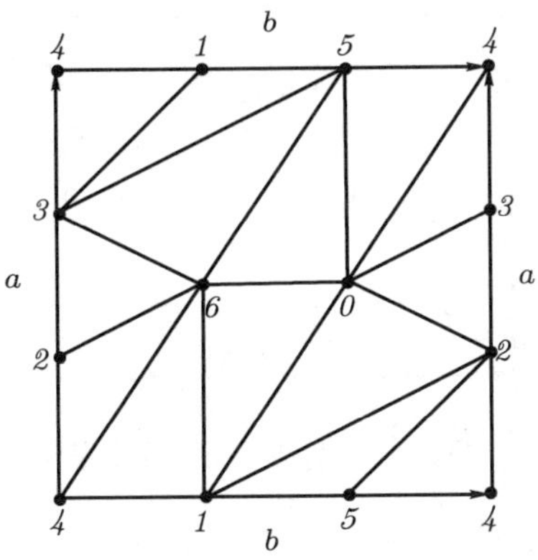

图 155 环面的三角剖分

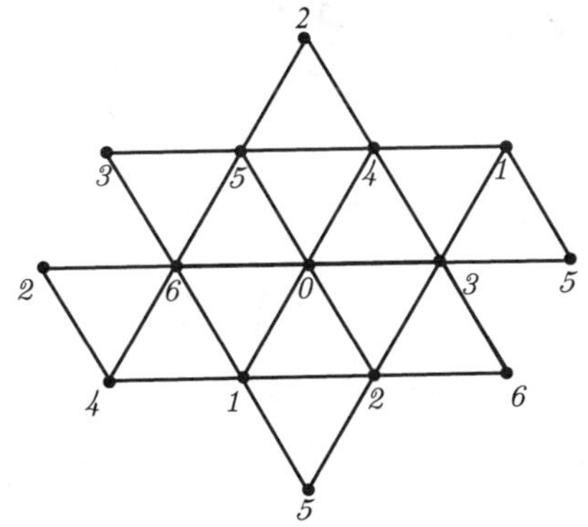

图 156 环面的三角剖分——另一个变种

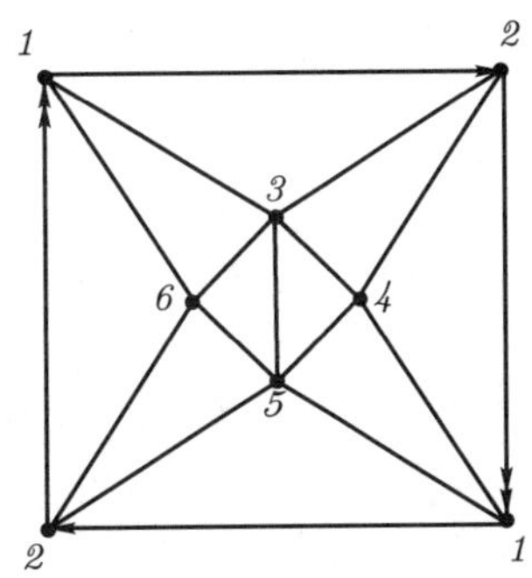

图 157 射影平面的三角剖分

第二个栅格的基本区域是带边 $\mathbf{e}_1, \mathbf{e}_2$ 的平行四边形, 等同它的对边, 我们得到环面, 在这个环面上, 原来的规则栅格给出所求的三角剖分.

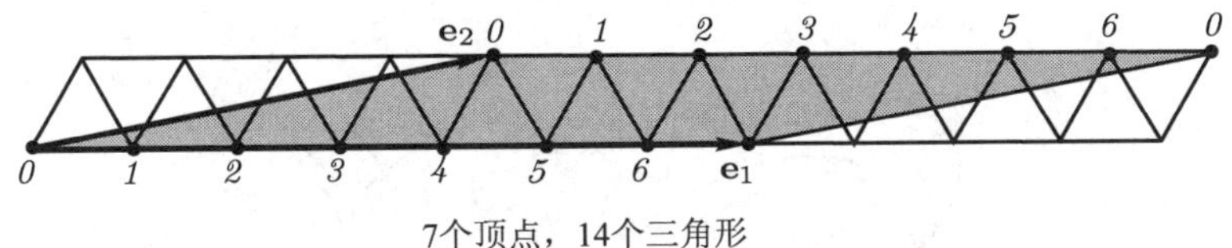

7个顶点，14个三角形

图 158 生成环面的三角剖分的栅格

23.9. 参见图 159.

23.11. 提示 构造如图 160 所示的同胚.

23.12. 参见图 161.

23.13. 参见图 162.

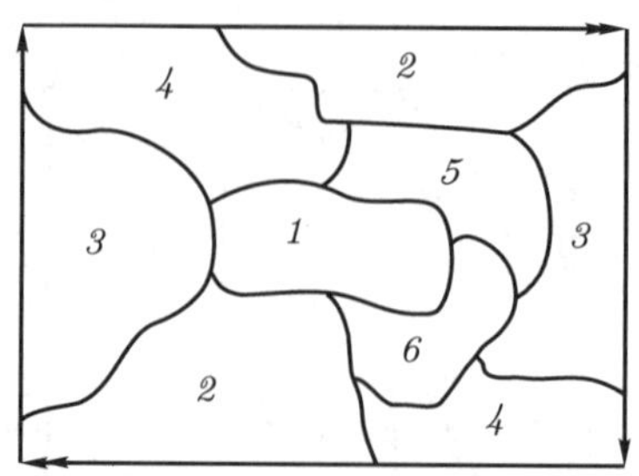

图 159　射影平面上的地图

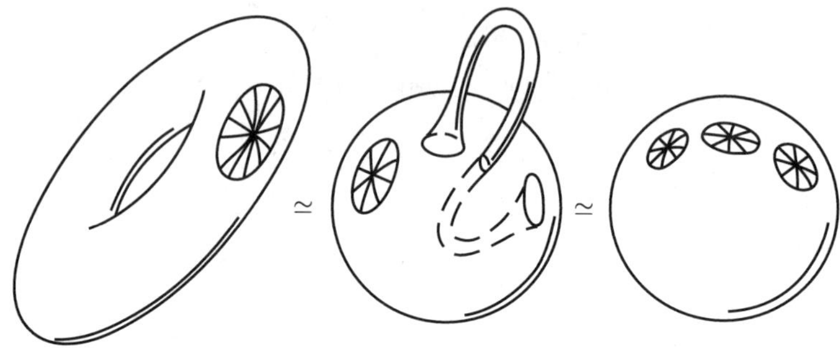

图 160

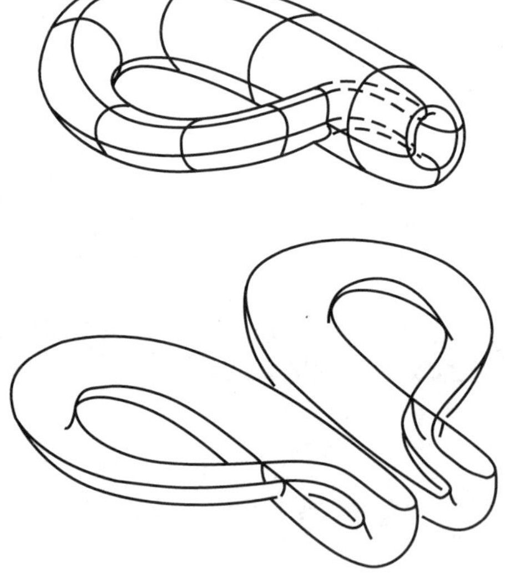

图 161　用两个默比乌斯带粘合成克莱因瓶

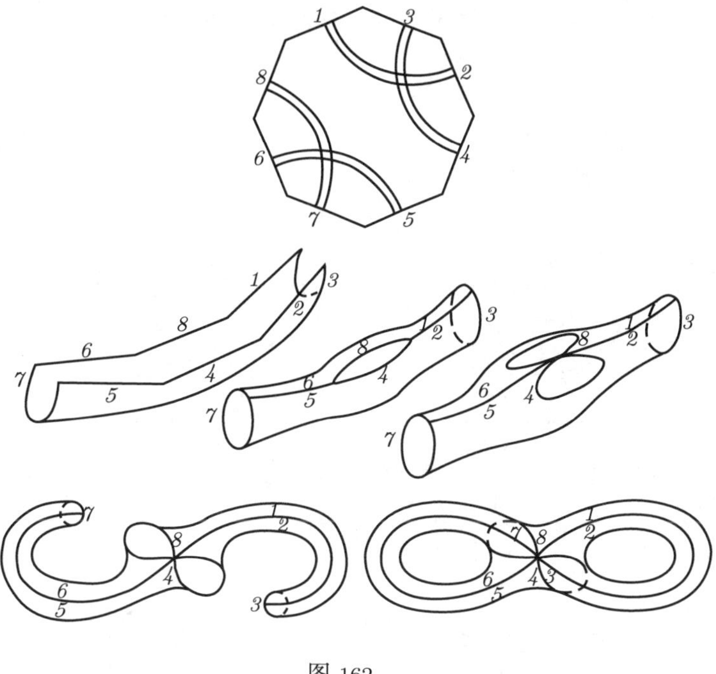

图 162

23.14. 参见图 163.

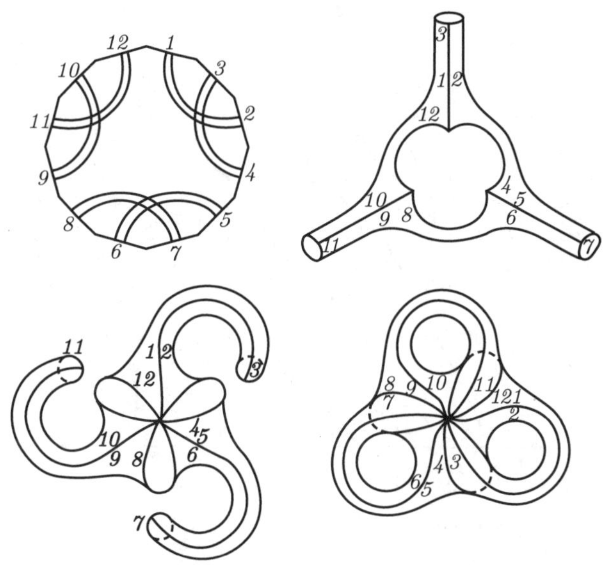

图 163

23.21. 参见图 164. 所求嵌入的更对称的形式描绘在图 165 中.

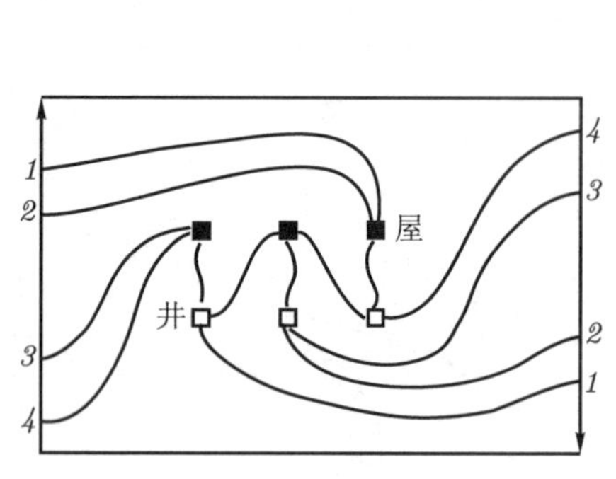

图 164 默比乌斯带上的 "3 屋和 3 井" 图

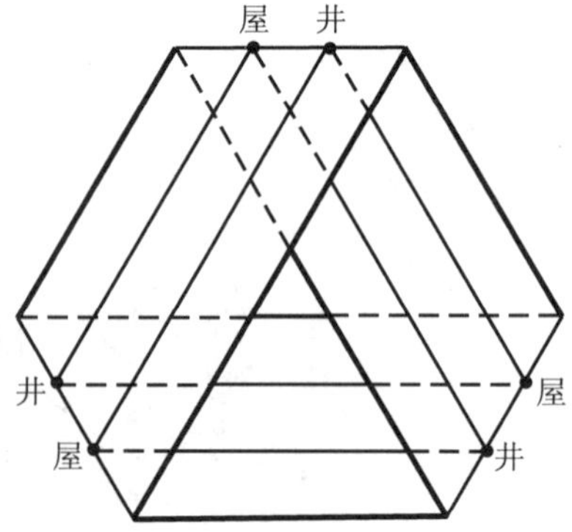

图 165 默比乌斯带上的 "3 屋和 3 井" 图

23.25. 参见图 166.

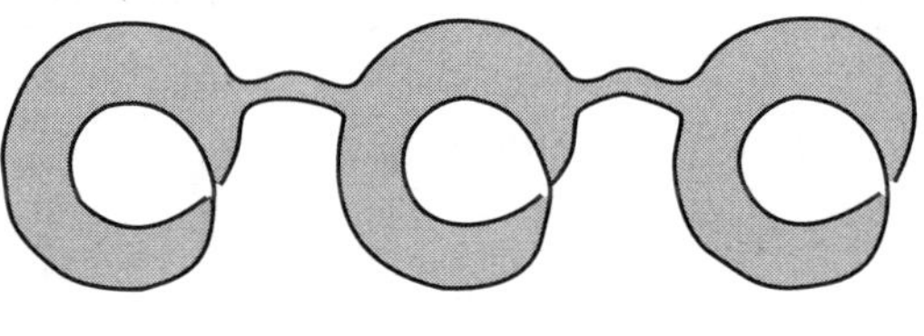

图 166

23.26. 参见图 167.

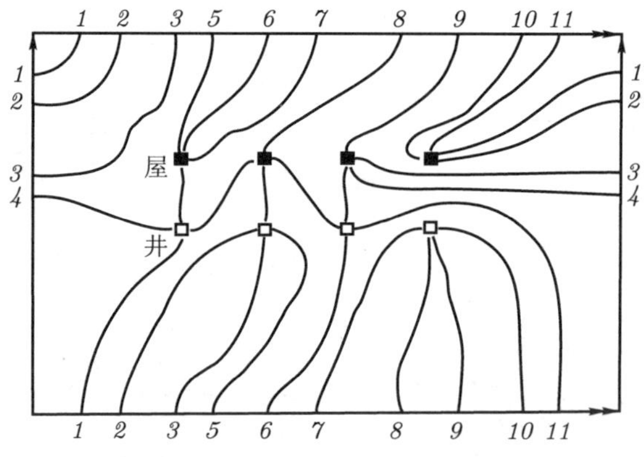

图 167 环面上的 "4 屋 4 井" 图

24.1. 对于表示给定曲线族的方程微分. 我们得到 $c = \dfrac{udu}{vdv}$. 把这个对于 c 的表达式代入曲线族的方程. 我们得到族的曲线的微分方程: $\dfrac{dv}{du} = \dfrac{1+v^2}{uv}$. 代入定义共轭族的微分方程

$$Ldu\delta u + M(du\delta v + dv\delta u) + Ndv\delta v = 0,$$

我们得到 $\dfrac{\delta v}{\delta u} = -1$. 这里 L, M, N 是第二基本形式的系数, (du, dv) 是原来族的曲线的速度向量, 而 $(\delta u, \delta v)$ 是共轭族的曲线的速度向量. 由此共轭族由曲线 $u + v = C_1$ 组成, 这里 C_1 是任意常数.

24.3. 共轭族的曲线的微分方程有形式 $\dfrac{du}{u} = -\dfrac{1}{4}\sin 2v dv$. 积分之我们得到共轭族的曲线方程 $u = Ce^{(1/8)\cos 2v}$, 这里 C 是任意常数.

24.4. 习题条件中所指出的曲线族的共轭性的条件容易归结为微分方程 $f_{xy} = 0$. 于是 $f(x, y) = g(x) + h(y)$, 这里 g 和 h 是单变量的任意光滑函数.

24.5. 在曲面上引进这样的坐标, 使得曲面上的对应点由同样的一对数给定. 从习题的条件得到

$$\begin{aligned}
Ldu\delta u + M(du\delta v + dv\delta u) + Ndv\delta v &= \lambda(E_1 du\delta u + F_1(du\delta v + dv\delta u) + G_1 dv\delta v),\\
L_1 du\delta u + M_1(du\delta v + dv\delta u) + N_1 dv\delta v &= \mu(Edu\delta u + F(du\delta v + dv\delta u) + Gdv\delta v),
\end{aligned}$$

这里 λ 和 μ 都是某个常数. 由此得到

$$\frac{L}{E_1} = \frac{M}{F_1} = \frac{N}{G_1}, \quad \frac{L_1}{E} = \frac{M_1}{F} = \frac{N_1}{G}.$$

24.6. 渐近线方程有形式

$$y^2 - 2xy\frac{dy}{dx} + x^2\left(\frac{dy}{dx}\right)^2 = b^2 + a^2\left(\frac{dy}{dx}\right)^2.$$

由此得到 $y = x\dfrac{dy}{dx} \pm \sqrt{b^2 + a^2\left(\dfrac{dy}{dx}\right)^2}$. 容易看出所得到的方程是克莱罗方程. 解之得到

$$y = C_1 x + \sqrt{b^2 + a^2 C_1^2}, \quad y = C_2 x - \sqrt{b^2 + a^2 C_2^2},$$

其中 C_1 和 C_2 是任意常数. 我们注意到, 单叶双曲面的渐近线是它的直纹线.

24.7. 渐近线的微分方程有形式 $f''(x)dx^2 - f''(y)dy^2 = 0$. 渐近网的正交性写成形式如 $\dfrac{f''(x)}{1+(f'(x))^2} = \dfrac{f''(y)}{1+(f'(y))^2}$ 的等式. 由此直接得到

$$\frac{f''(x)}{1+(f'(x))^2} = a, \quad \frac{f''(y)}{1+(f'(y))^2} = a,$$

其中 a 是某个常数. 解这些方程得到

$$f'(x)=\tan(ax+b),\quad f(x)=-\frac{1}{a}\ln|\cos(ax+b)|+c,$$
$$f'(y)=\tan(ay+b),\quad f(y)=-\frac{1}{a}\ln|\cos(ay+b)|+c.$$

由此得到所求曲面的方程

$$z=\frac{1}{a}\ln\left|\frac{\cos(ax+b)}{\cos(ay+b)}\right|.$$

24.8. 容易指出渐近线的微分方程有形式

$$xydx^2+(x^2-y^2)dxdy-xydy^2=0.$$

这个方程在因式分解后变为 $(xdx-ydy)(xdy+ydx)=0$. 由此直接得到渐近线是 $x^2-y^2=C_1$, $xy=C_2$, 其中 C_1 和 C_2 是任意常数. 经过点 M_0 的渐近线的方程是 $x^2-y^2=-3$.

24.9. $u+v=C_1$, $u-v=C_2$, 其中 C_1 和 C_2 是任意常数.

24.10. 以下列方式参数表示螺旋面:

$$(u\cos v, u\sin v, av).$$

指出渐近线由方程 $u=C_1$ 和 $v=C_2$ 给定, 其中 C_1 和 C_2 是任意常数.

24.15. 以下列方式参数表示曲面:

$$x=\frac{a}{2}(\cos u+\cos v),\quad y=\frac{a}{2}(\sin u+\sin v),\quad z=\frac{b}{2}(u+v).$$

那么渐近线的微分方程有形式 $du^2-dv^2=0$. 由此得到渐近线方程 $u+v=C_1$, $u-v=C_2$, 其中 C_1 和 C_2 是任意常数.

24.17. 我们注意到, 曲面在曲线上的点的切平面与该曲线的密切平面重合. 由此不难推出所需要的断言.

24.18. 采用渐近线网作为曲面的坐标网, 那么渐近线之间的夹角的余弦等于 $\cos\varphi=F/\sqrt{EG}$. 此外,

$$K=\frac{-M^2}{EG-F^2},\quad H=\frac{-FM}{EG-F^2}.$$

由此得到 $\cos^2\varphi=\dfrac{H^2}{H^2-K}$. 随之 $K=-H^2\tan^2\varphi$.

24.19. $v=C_1$, $u^2=C_2\sin\lambda v$.

24.20. $u+v=C_1$, $u-v=C_2$.

24.21. $x = C_1,\ y^2 \sin x = C_2$.

24.22. $x = \dfrac{a}{2}(u+v),\ y = \dfrac{b}{2}(u-v),\ z = \dfrac{1}{2}uv$.

24.24. 如果坐标网是渐近线, 则 $L = N = 0$. 在这种情形下, $K = \dfrac{-M^2}{EG-F^2}$, 而彼得松 (Питирсон)–科达齐方程具有形式

$$2(EG-F^2)M_u - (2F(E_v - F_u) - (EG_u - GE_u))\,M = 0,$$
$$2(EG-F^2)M_v - (2F(F_v - G_u) - (EG_v - GE_v))\,M = 0.$$

由此易得所要求的公式.

24.25. 我们注意到, 由坐标线组成的网是切比雪夫网, 当且仅当 $E_u = G_v = 0$. 取渐近线作为坐标线, 并且利用习题 24.24 的结果.

24.26. 容易证明: 曲面在某个点的切平面对于每条过该点的渐近线都是密切平面. 因此, 渐近线在该点的副法线是曲面的法向量, 即 $\mathbf{m} = \pm\mathbf{b}$, 这里 $\mathbf{b}$ 是渐近线的副法向量, 而 $\mathbf{m}$ 是曲面的法向量. 对于渐近线的弧长微分这个等式, 并且利用弗雷内公式, 我们得到 $\dfrac{d}{ds}\mathbf{m} = \pm\dfrac{d}{ds}\mathbf{b} = \mp\varkappa\mathbf{n}$, 这里 $\mathbf{n}$ 是渐近线的主法向量. 由此得到

$$\varkappa^2 = \left\langle \frac{d}{ds}\mathbf{m}, \frac{d}{ds}\mathbf{m} \right\rangle = \frac{\mathbf{III}}{\mathbf{I}},$$

这里 $\mathbf{I}$ 和 $\mathbf{III}$ 分别表示第一和第三基本形式在渐近线的速度向量的值. 从基本形式之间的关系 $\mathbf{III} = H\mathbf{II} - K\mathbf{I}$, 以及在渐近线上 $\mathbf{II} = 0$ 的事实, 我们得到 $\mathbf{III}/\mathbf{I} = -K$. 由此得到 $\varkappa^2 = -K = |K|$.

24.28. 容易验证, 曲率线的微分方程为 $du^2 - (u^2 + a^2)dv^2 = 0$, 将其积分就得到

$$v = C_1 - \ln(u + \sqrt{u^2 + a^2}), \quad v = C_2 + \ln(u + \sqrt{u^2 + a^2}),$$

其中 C_1 和 C_2 是任意常数.

24.29. 异于平面的柱面的直母线和正交于曲面的母线的平面与曲面的相交所成的曲线, 是该柱面的曲率线.

24.30. 异于平面的锥面的直母线和中心在锥面的顶点的所有可能的球面与锥面相交所成的曲线, 是该锥面的曲率线.

24.31. 利用这样的事实: 仅仅对于球面和平面, 第一和第二基本形式的对应系数成比例.

24.44. 提示　指出, 所有测地线是曲率线. 利用事实: 如果在曲面上的每个点, 对于每个方向, 都存在过此点的一条曲率线在此点沿该方向, 则所有点都是脐点.

24.47. 设 $\mathbf{r}(t) + t\,\mathbf{l}(s)$ 是直纹面在某个渐近参数表示下的向径. 引进新的

坐标 s, τ, 这里 $\tau = t + t(s)$, $t(s) = \int_0^t \langle \mathbf{l}, \dot{\mathbf{r}}' \rangle ds$. 这时就得到所需要的参数表示 $\mathbf{R}(s) + \tau\, \mathbf{l}(s)$, 其中的新的准线有形式 $\mathbf{R}(s) = \mathbf{r}(s) - t(s)\, \mathbf{l}(s)$.

24.48. $ds^2 = du^2 + 2F du dv + dv^2$.

24.49. 直圆柱或它上面的区域.

24.52. 推导出在渐近坐标下的高斯曲率的公式.

24.56. 显然, 任何具有常外在几何的曲面有常高斯曲率和平均曲率. 考察两种情形.

1) $K = 0$. 可展曲面. 如果在曲面上 $H = 0$, 那么这是平面. 设 $H \neq 0$. 把曲面方程以正交渐近参数表示 $\mathbf{r}(s) + t\, \mathbf{l}(s)$, 这时平均曲率按公式 (采用拉舍夫斯基记号)

$$H = C_0 = \frac{A(s)t^2 + B(s)t + C(s)}{1 + 2t\langle \mathbf{r}', \mathbf{l}' \rangle + t^2 \langle \mathbf{l}', \mathbf{l}' \rangle}$$

计算. 因为对于固定的 s, 这个等式可以看做关于 t 的代数函数, 那么就有 (当 $t \to \infty$ 时) $\langle \mathbf{l}', \mathbf{l}' \rangle = 0$, 即向量 $\mathbf{l}$ 是常向量. 又由于参数表示的正交性, 应当有 $\langle \mathbf{l}, \mathbf{r}' \rangle = 0$, 于是准线是平面曲线. 进而得到 $A(s) = (\mathbf{r}'', \mathbf{r}', \mathbf{l}) = \mathrm{const}$, 因此平面曲线 $\mathbf{r}(s)$ 的曲率是常数, 即它是圆周.

2) $K = \mathrm{const} = C_1 \neq 0$. 在曲面上引进曲率线坐标. 此时有 $E = M = 0$ 和 $2H = \dfrac{N}{G} + \dfrac{L}{E} = 2C_2$, $K = \dfrac{LN}{EG} = C_1$. 解这个代数方程组, 我们得到

$$L = E(C_2 \mp \sqrt{H^2 - K}), \quad N = G(C_2 \pm \sqrt{H^2 - K}).$$

现在, 从彼得松–科达齐方程组中的一个方程, 例如 $L_v = C_2 E_v$, 我们得到 $E_v(C_2 \mp \sqrt{H^2 - K}) = C_2 E_v$, 即 $H^2 - K = 0$. 如果 $E_v = 0$, 那么就利用彼得松–科达齐方程组中的另一个方程. 于是曲面所有的点都是脐点, 即曲面是球面.

b) 用矩阵

$$\begin{pmatrix} \cos\alpha & \sin\alpha & 0 & 0 \\ -\sin\alpha & \cos\alpha & 0 & 0 \\ 0 & 0 & \cos\beta & \sin\beta \\ 0 & 0 & -\sin\beta & \cos\beta \end{pmatrix}$$

表示的空间 $\mathbb{R}^4$ 的旋转把点 $(R_1 \cos u_1, R_1 \sin u_1, R_2 \cos v_1, R_2 \sin v_1)$ 的邻域转换到点 $(R_1 \cos u_2, R_1 \sin u_2, R_2 \cos v_2, R_2 \sin v_2)$ 的邻域. 这里 $\alpha = u_1 - u_2$, $\beta = v_1 - v_2$.

24.64. 利用贝尔特拉米–恩尼珀关于负曲率曲面上渐近线曲率的公式.

24.65. 参见上一个题.

24.67. 利用高斯曲率 K 的公式.

25.17. 参见图 168 给出的答案的三个形式.

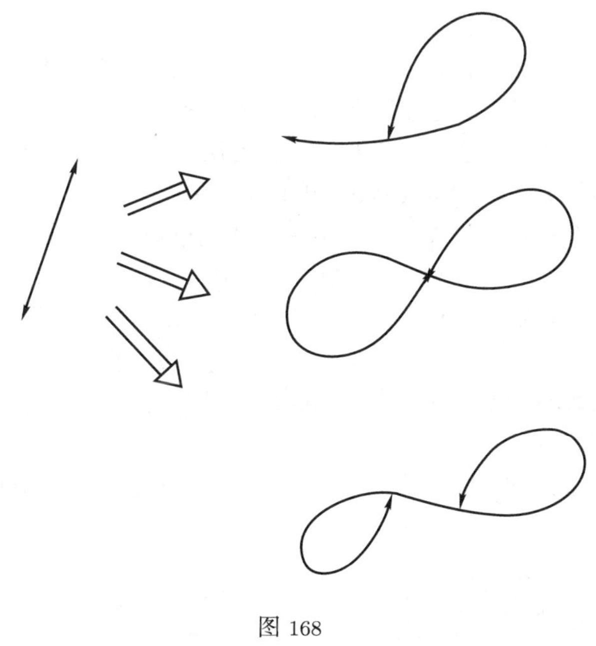

图 168

25.19. 参见图 169.

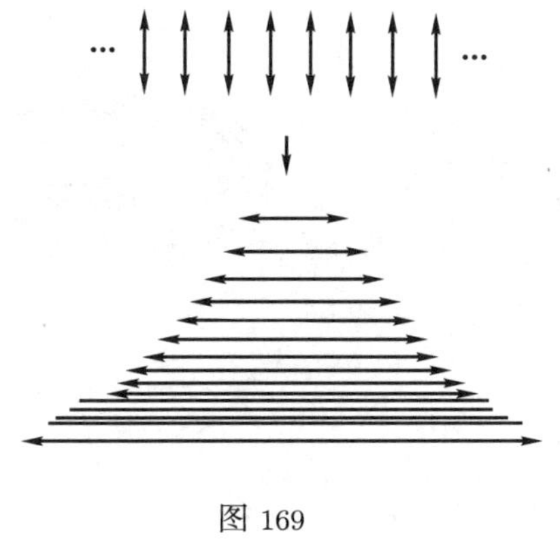

图 169

25.24. 自交点的集合同胚于三圆周束 $S^1 \vee S^1 \vee S^1$. 这个束的顶点是自交的三重点, 而异于顶点的任何点是二重点.

25.25. 题目中构造的法管状邻域的边界 M^2 显然射影对应到 $\mathbb{R}P^2$ 上 (法线段的两个端点对应到位于 $\mathbb{R}P^2$ 上的它的中心). 这样一来, M^2 就是光滑二维紧致闭流形, 它是射影平面的二重覆叠空间. 如果我们证明了这个流形是连通的, 那么就证明了它是球面, 因为 S^2 是 $\mathbb{R}P^2$ 上的唯一的二重覆叠空间.

为了建立连通性, 只需考察 M^2 上的两个点, 它们是同一个法线段的端点, 我们要在 $\mathbb{R}P^2$ 上指出连结这两个点的一条道路. 为了构造这样的道路, 只需考察 $\mathbb{R}P^2$ 上的一个点 T, 它是所考察的线段的中心. 在 $\mathbb{R}P^2$ 上取一个起点和终点都在点 T 的闭道路, 使沿着它滑动的二维标架沿着它运动时改变方向, 并且总保持与 $\mathbb{R}P^2$ 相切. 此时, 给这个标架补充第三个正交于 $\mathbb{R}P^2$ 的向量, 考察当标架沿闭道路连续运动时这个向量的轨迹, 我们就得到连结我们所选定的点的道路.

补充提示 业已构造的二维球面到三维欧几里得空间的浸入能够用来证明著名的拓扑事实——二维球面在 $\mathbb{R}^3$ 中 "里外翻转" 的可能性. 这个问题超出了我们教程的范围, 故仅仅限于简短的说明. 所说的 S^2 的浸入是这样的, 保持在正则浸入类之中, 实现二维球面的内侧和外侧的交换. 事实上, 只需考察球面沿由上面描述的法线段所定义的法向量场的光滑形变. 在这个形变之下, 球面的内侧和外侧交换位置.

25.50. 丛空间结构显示在图 170, 171 中. 其中粗线表示丛的基, 而细线表示纤维.

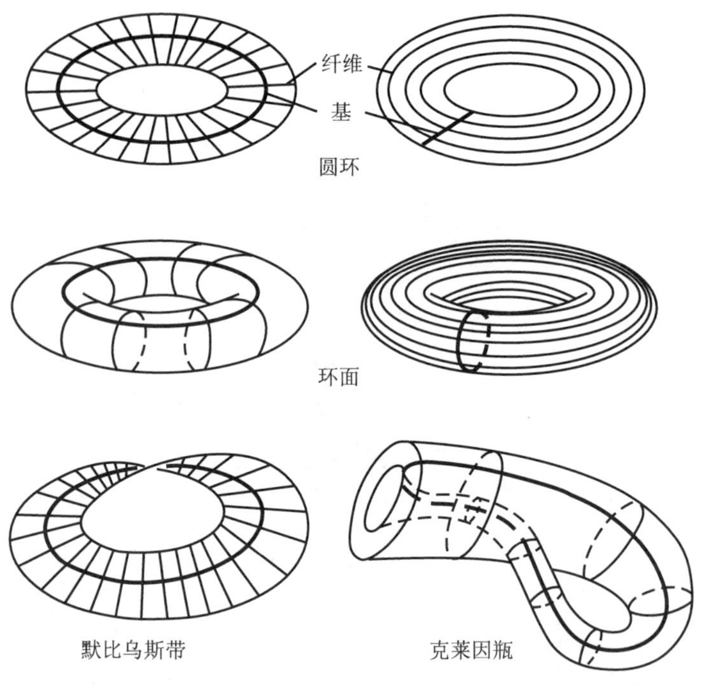

图 170 圆环, 环面, 默比乌斯带, 克莱因瓶

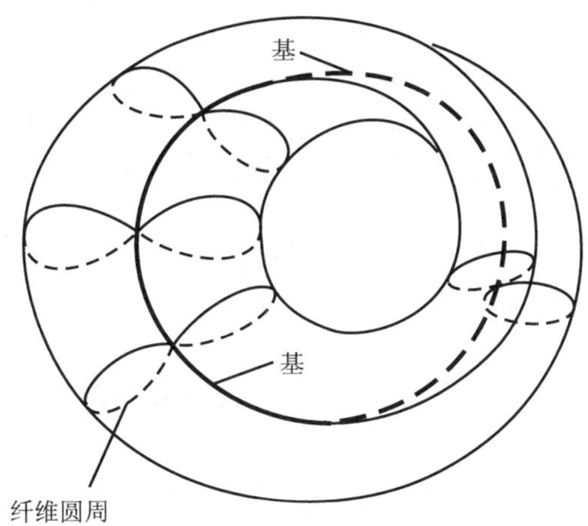

图 171 克莱因瓶

25.58. 考察 $\mathbb{R}^2$ 到 $\mathbb{R}^2$ 中由公式 $(x,y)\mapsto(x^2,y^3)$ 给定的映射. 在这个映射之下, 直线 $x=y$ 转换成半立方抛物线 $y^3=x^2$.

29.1. $3\sqrt{2}/5$.

29.2. $1/4$.

29.3. a) 0; b) $2\sqrt{3}\,(\sqrt{2}+3)/3$; c) 0; d) -2; e) $\pi a^2/\sqrt{a^2+R^2}$.

29.5. $\langle \operatorname{grad} f, \operatorname{grad} g\rangle$.

29.10. a) $(0,x,y-x)$; b) $(0,0,y^2-2xz)$; c) $(0,e^x-xe^y,0)$;
d) $(0,3x^2,2y^3-6xz)$; e) $(0,-x(x+y^2),x^3+y^3)$;
f) $(0,xz^2+yze^{x^2},-2xyz)$; g) $(\sin xz/x,0,-\sin xz/y)$;
h) $(xz/(x^2+y^2),yz/(x^2+z^2),-1)$.

29.11. 利用关于常微分方程组的解的存在唯一性定理.

29.15. 球面 S^3 表示成单位模的四元数群.

29.20. 设 $z_0=x_0+iy_0$ 是向量场 $\operatorname{grad}(\operatorname{Re} f)$ 的奇点, 其中 $f(z)=u(z)+iv(z)$, 即

$$\frac{\partial u}{\partial x}\Big|_{(x_0,y_0)}=\frac{\partial u}{\partial y}\Big|_{(x_0,y_0)}=0.$$

根据柯西–黎曼条件

$$\frac{\partial u}{\partial x}\equiv\frac{\partial v}{\partial y},\quad \frac{\partial u}{\partial y}\equiv-\frac{\partial v}{\partial x},$$

随即得到 $f'_z(z_0)=0$. 反之, 设 $f'_z(z_0)=0$. 因为 $f'_{\bar z}\equiv 0$, 故 $\dfrac{\partial u}{\partial x}(z_0)=\dfrac{\partial u}{\partial y}(z_0)=0$,

即 $\operatorname{grad}(\operatorname{Re} f)(z_0)=0$. 对于场 $\operatorname{grad}(\operatorname{Im} f)$, 证明类似.

29.21. 仅对位于直线 AB 上方的半平面求积分轨线. 函数 $f(x)$ 的等位线是以线段 AB 为弦的圆弧. 向量 $\operatorname{grad} f(x)$ 正交于等位线. 因此, 正交于它的向量是等位线即圆周的切向量, 从而所有连结 AB 两点的圆弧是流 $\mathbf{v}_1(x)$ 的积分轨线.

29.22. 设流 $\mathbf{v}=(P,Q)$ 是无旋的, 即

$$\operatorname{rot}\mathbf{v}=\frac{\partial P}{\partial y}-\frac{\partial Q}{\partial x}\equiv 0 \quad 或 \quad \frac{\partial P}{\partial y}\equiv\frac{\partial Q}{\partial x}.$$

求这样的函数 f, 使得 $P=\partial f/\partial x$, $Q=\partial f/\partial y$. 为此对于 x 从 0 至 x 积分第一个等式:

$$f(x,y)=\int_0^x P dx+g(y).$$

为了求 $g(y)$, 对于 y 微分第二个关系:

$$\begin{aligned}Q(x,y)&=\frac{\partial f}{\partial y}(x,y)=\int_0^x\frac{\partial P}{\partial y}dx+g'(y)\\&=\int_0^x\frac{\partial Q}{\partial x}dx+g'(y)=Q(x,y)-Q(0,y)+g'(y).\end{aligned}$$

这样一来, $Q(x,y)=Q(x,y)-Q(0,y)+g'(y)$. 故有 $g'(y)=Q(0,y)$, 即

$$g(y)=\int_0^y Q(0,y)dy+C.$$

因此,

$$f(x,y)=\int_0^x P(x,y)dy+\int_0^y Q(0,y)dy+C.$$

设 γ_1 和 γ_2 是在平面 (x,y) 上从 $(0,0)$ 到点 (x,y) 的两条道路. 如果 $\operatorname{rot}\mathbf{v}=0$, 则有

$$\int_{\gamma_1}(Pdx+Qdy)=\int_{\gamma_2}(Pdx+Qdy).$$

因此

$$f(x,y)=\int_{\gamma}(Pdx+Qdy)+C,$$

其中 γ 是从 $(0,0)$ 到 (x,y) 的任意道路.

设流还是无源的, 即 $\dfrac{\partial P}{\partial x}+\dfrac{\partial Q}{\partial y}=0$. 考察流 $\mathbf{v}'=(-Q,P)$. 显然, $\operatorname{rot}\mathbf{v}'=0$, 因此存在这样的函数 $a(x,y)$ 和 $b(x,y)$ 使得 $\mathbf{v}=\operatorname{grad} a(x,y)$, $\mathbf{v}'=\operatorname{grad} b(x,y)$. 由于 $\operatorname{div}\mathbf{v}=\operatorname{div}\mathbf{v}'=0$, 我们得到 $a(x,y)$ 和 $b(x,y)$ 都是调和函数, 即 $\Delta a\equiv\Delta b\equiv 0$. 考察函数 $f=a+ib$, 它是复解析的. 这是因为柯西–黎曼方程

$$\frac{\partial a}{\partial x}=\frac{\partial b}{\partial y}=P(x,y),\quad \frac{\partial a}{\partial y}=-\frac{\partial b}{\partial x}=Q(x,y)$$

成立. 函数 f 称为流的复位势.

29.25. 提示 $d\varphi_2$ 同伦于 $d\varphi_1$.

29.32. 在 $\mathbb{R}^4$ 中考察线性微分方程 $\dot{x} = Ax$, 其中

$$A = \begin{pmatrix} 0 & -1 & & \\ 1 & 0 & & \\ & & 0 & -1 \\ & & 1 & 0 \end{pmatrix},$$

而 $x = (x_0, x_1, x_2, x_3)$. 这个方程的位于球面 $S^3 = \{x\colon |x| = 1\}$ 上的积分轨线就构成所求的集合. 显然 $x(t) = e^{At}x(0)$. 如果把 $\mathbb{R}^4$ 看做 $\mathbb{C}^2(z_1, z_2)$, 其中 $z_1 = x_1 + ix_0$, $z_2 = x_3 + ix_2$, 那么经过点 $(z_1, z_2) \in S^3$ 的积分轨线有形式 $(e^{it}z_1, e^{it}z_2)$, 因为 e^{At} 的复写法是 $\begin{pmatrix} e^{it} & 0 \\ 0 & e^{it} \end{pmatrix}$. 令空间 $\mathbb{C}P^1$ (它同胚于 S^2) 的点 $(z_1 : z_2)$ 对应于这条轨线. 这个对应是明确定义了的, 因为在同一条轨线的任意另外的点 $(z_1' : z_2')$, 与 $(z_1 : z_2)$ 的区别仅是一个因子 e^{it}, 因此在 $\mathbb{C}P^1$ 中给出同一个点. 余下的是指出所构造的映射是一对一的和连续的.

30.21. 在 $\mathbb{R}^3$ 中取定一个标准正交标架 $\{\mathbf{e}_1, \mathbf{e}_2, \mathbf{e}_3\}$. 所述系统的任意状态由点 $x \in S^2$ 和速度向量 $\mathbf{v}(x) \in T_x(S^2)$ 单值给定, 其中 $|\mathbf{v}(x)| = c = \text{const} \neq 0$. 映射 $x \to \mathbf{x}$, $\mathbf{v}(x) \to \mathbf{v}(x)/c$ 显然是同胚; 利用这个映射把 x, $\mathbf{v}(x)$ 和它们的像等同. $\mathbf{x}$ 是 $\mathbb{R}^3$ 中起点在点 0 的单位向量, 而 $\mathbf{v}(x)$ 是 $\mathbb{R}^3$ 中的单位向量 (把它的起点移动到 0). $\mathbf{x}$ 和 $\mathbf{v}(x)$ 是正交的. 设 $\mathbf{y} \in \mathbb{R}^3$ 是这样的向量, $|\mathbf{y}| = 1$, 它与 $\mathbf{x}$ 和 $\mathbf{v}$ 正交, 并且组 $\{\mathbf{e}_1, \mathbf{e}_2, \mathbf{e}_3\}$ 和组 $\{\mathbf{x}, \mathbf{v}, \mathbf{y}\}$ 同样定向. 映射 $(\mathbf{x}, \mathbf{v}) \to \{\mathbf{x}, \mathbf{v}, \mathbf{y}\}$ 显然是同胚. 每个组 $\{\mathbf{x}, \mathbf{v}, \mathbf{y}\}$ 一一并且连续地由 $\mathbb{R}^3$ 中把标准正交标架 $\{\mathbf{e}_1, \mathbf{e}_2, \mathbf{e}_3\}$ 转换成标准正交标架 $\{\mathbf{x}, \mathbf{v}, \mathbf{y}\}$ 的线性变换对应的矩阵给定. 这些矩阵组成群 $SO(3) = \{A\colon AA^T = E, \det A = 1\}$. 如此看来, 我们的系统的状态空间同胚于 $SO(3)$. $\mathbb{R}^3$ 任意保持定向的正交变换是绕某个轴的角为 φ 的旋转, 这里 $-\pi < \varphi < \pi$.

30.22. 提示 这样压住球, 使得它同下平面的切点依次描出顶点为 $(0,0)$, $(\pi/2, 0)$, $(\pi/2, \varphi)$, $(0, \varphi)$, $(0,0)$ 的矩形的边界. 指出, 这时球绕过球心平行于轴 Ox 的轴转动了角 φ. 类似实现绕轴 Oy 的角为 ψ 的旋转. 分别用 $A_x(\varphi)$, $A_y(\psi)$ 表示这些旋转. 指出, 这些旋转的合成可以得到群 $SO(3)$ 的任意元素. 参见习题 30.10 关于欧拉角的有关说明.

30.39. 设 G 是有效地作用在 $\mathbb{R}^n$ 上的有限群, 即: 如果对于某个 $x \in \mathbb{R}^n$ 有 $gx = x$, 则 $g = e$. 群 $\mathbb{Z}_k$ 由某个元素 $g \neq e$ 生成, 也有效地作用在 $\mathbb{R}^n$ 上. 考

察空间 $X = G/\mathbb{Z}_k$, 其中 $x \sim y$, 如果 $y = g^l x$. 因为 $\mathbb{R}^n \to X$ 是覆叠映射, 故 $\pi_1(X) = \mathbb{Z}_k$, 当 $i > 1$ 时 $\pi_i(X) = \pi_i(\mathbb{R}^n) = 0$. 这就意味着空间 X 同伦等价于空间 $K(\mathbb{Z}_k, 1)$, 即透镜空间. 而 $K(\mathbb{Z}_k, 1)$ 的同调群在无穷多个维数里是非平凡的, 并且 X 没有维数大于 n 的胞腔. 于是, 为了完成证明仅需证实下列断言: a) 如果在 $\mathbb{R}^n$ 上作用无不动点的离散群 G, 而 $X_G = \mathbb{R}^n/G$ 是轨道空间, 则自然映射 $p\colon \mathbb{R}^n \to X_G$ 是覆叠映射; b) $\pi_1(X_G) = G$. 这些断言的证明留给读者.

32.3. 我们回顾 CW 复形的拓扑定义. 如果 K 是 CW 复形, 那么集合 $F \subset K$ 是闭的, 当且仅当对于所有胞腔 e_i^q, 原像 $(f_i^q)^{-1}(F)$ 在 B^q 中是闭的. 将用 (W) 表示这个拓扑.

假设在空间 X 中有两个拓扑 $\{U_\alpha\}$ 和 $\{V_\beta\}$. 我们称 $\{V_\beta\} \geqslant \{U_\alpha\}$ (强于), 如果对于每个点 $x \in X$ 和每个 $V_{\beta_0} \ni x$, 可以找到 $U_{\alpha_0} \ni x$, 使得 $U_{\alpha_0} \subset V_{\beta_0}$.

假设在 CW 复形 K 中除拓扑 (W) 之外, 还有某个拓扑 $\{U_\alpha\}$. 取任意点 $x \in K$ 和 $U_{\alpha_0} \ni x$. 邻域 U_{α_0} 是两两不相交的开的交集 $(e_i^q \cap U_{\alpha_0})$ 的并集. 考察原像 $(f_i^q)^{-1}(U_{\alpha_0})$. 它在 B^q 中是开集 (这从映射 f_i^q 的连续性推出). 这意味着对于补集 $(K \setminus U_{\alpha_0})$, 原像 $(f_i^q)^{-1}(K \setminus U_{\alpha_0})$ 在 B^q 中对于所有 e_i^q 是闭的. 根据 (W) 的公理推出 $(K \setminus U_{\alpha_0})$ 在 K 中是闭的, 这表明 U_{α_0} 在拓扑 (W) 中是开的, 即 U_{α_0} 属于 (W) 的开集族.

32.25. 克莱因瓶.

32.32. 设 $\alpha_1, \alpha_2 \in H(X', Y)$, $\alpha_1 \sim \alpha_2$. 这表明存在这样的同伦 $F\colon X' \times I \to Y$, 使得 $F(x, 0) = \alpha_1(x)$, $F(x, 1) = \alpha_2(x)$. 令 $F' = F \circ h$, 那么有 $F'\colon X \times I \to Y$, $F'(x, 0) = F(h(x), 0) = \alpha_1(h(x))$, $F'(x, 1) = F(h(x), 1) = \alpha_2(h(x))$. 因此 $\alpha_1 \circ h \sim \alpha_2 \circ h$.

32.34. 设 $S^\infty = \lim\limits_{n\to\infty} S^n$, 其中 S^{n+1} 是在 S^n 上的纬垂. 这样定义的球面 S^∞ 是 CW 复形. 考察 $\alpha \in \pi_i(S^\infty)$ 和 $f \in \alpha$, $f\colon S^i \to S^\infty$, f 把 S^i 中的基点转换成 S^∞ 的基点. 设 $f\colon K \to L$ 是复形 K 到复形 L 中的连续映射, 并且在子复形 $K_1 \subset K$ 上映射是胞腔映射, 那么就存在这样的映射 $g\colon K \to L$, 使得 a) f 同伦于 g; b) g 在 K 上是胞腔映射; c) $f|_{K_1} = g|_{K_1}$; d) 联结 f 和 g 的同伦在 K_1 上恒等. 这个事实意味着对于 f, 存在同伦于它的映射, 它把 S^i 转换到 S^∞ 的 i 维骨架中, 即 S^i 中, 而 $S^i \subset S^{i+1} \subset S^\infty$. 这就表明 $g\colon S^i \to S^{i+1}$. 因为对于 $i < n$ 有 $\pi_i(S^n) = 0$, 故任意映射 $p \in \alpha \in \pi_i(S^\infty)$ 同伦于一个映射, 后者把整个 S^i 转换到 S^n 的基点 (常映射). 这表明映射 $f\colon S^i \to S^\infty$ 同伦于常值映射. 映射 f 是任取的, 因此 $\pi_i(S^\infty) = 0$.

如果 X 和 Y 是胞腔复形, 而映射 $f\colon X \to Y$ 诱导所有同伦群的同构, 则 f

是同伦等价. 作为 f, 我们取映射 $S^\infty \to *$. 因为 S^∞ 的所有同伦群都等于 0, 所以就诱导了它们的同构. 这表明球面 S^∞ 同伦等价于点. 因此 S^∞ 收缩到点.

32.36. 设 $p^{-1}(x_0) = F_0$, $p^{-1}(x_1) = F_1$. 又设 $\varphi_0\colon F_0 \to X$ 是嵌入, 那么 $p \circ \varphi_0\colon F_0 \to x_0 \in Y$. 用道路连结 x_0 和 x_1, 构造 F_0 到 x_0 和 x_1 的映射之间的同伦映射 $\psi_t\colon F_0 \to Y$, $\psi_t(F_0) = \gamma(t)$, 其中 γ 是我们的道路. 那么从提升同伦的公理推出存在提升同伦 (映射族 $\varphi_t\colon F_0 \to X$), 使得 $(p \circ \varphi_t)(F_0) = \gamma(t)$. 从而 $(p \circ \varphi_1)(F_0) = \gamma(1) = x_1$. 由此推出 $\varphi_1(F_0) \subset F_1$. 这样, 通过道路 γ 我们构造了映射 ${}_\gamma\varphi_1\colon F_0 \to F_1$. 我们证明: ${}_\gamma\varphi_1$ 仅依赖于道路 γ 的同伦类, 即如果 γ_1 同伦于 γ_2, 则 ${}_{\gamma_1}\varphi_1$ 同伦于 ${}_{\gamma_2}\varphi_1$. 我们指出, 这里所构造的映射 $F_0 \to F_1$ 不依赖于提升同伦的选取, 其含义是: 任意两个这样的映射同伦. 事实上, 设 φ_t 和 ξ_t 提升 ψ_t, 那么映射 $\varphi_1\colon F_0 \to F_1$ 同伦于 $\varphi_0\colon F_0 \to F_0$, $\varphi_0 = \xi_0$, 而后者同伦于 $\xi_1\colon F_0 \to F_1$. 现在设给定道路族 γ_t. 将要证明 ${}_{\gamma_0}\varphi_1$ 同伦于 ${}_{\gamma_1}\varphi_1$. 我们有映射

$${}_{\gamma_0}\varphi\colon F_0 \times I \to X; \quad (p \circ {}_{\gamma_0}\varphi)(F_0 \times I) = \gamma_0.$$

在 Y 中存在 γ_0 到 γ_1 的同伦, 用这样的映射 $\Phi\colon (F_0 \times I) \times I \to X$, $\Phi|_{(F_0 \times I)\times 0} = {}_{\gamma_0}\varphi$ 提升它. 令 $\Phi|_{(F_0 \times t)\times 1} = f_t$, 显然有 $(p \circ f)(F_0 \times I) = \gamma_1$. 因此, 映射 f_t 可以取做 γ_1 的提升, 并且 $f_1 = {}_{\gamma_1}\varphi_1$. 那么 $\Phi|_{(F_0 \times 1)\times I}$ 是 ${}_{\gamma_1}\varphi_1$ 和 ${}_{\gamma_0}\varphi_1$ 之间的同伦. 进而类似地可以构造对于道路 $-\gamma$ 的映射 ${}_{(-\gamma)}\chi_1\colon F_1 \to F_0$. 余下的事情是证明映射 $({}_{(-\gamma)}\chi_1 \cdot {}_\gamma\varphi_1)\colon F_0 \to F_0$ 同伦于恒等映射. 但是这个映射可以看做由道路 $\gamma + (-\gamma)$ 诱导的映射, 这个道路显然同伦于到一个点的映射.

32.43. 从图 172 看出解答是显然的.

32.44. 设 $S^k \times S^{n-k}$ 是胞腔复形, 它仅有四个胞腔: e^0, e^k, e^{n-k}, e^n. 考察映射 $f\colon S^k \times S^{n-k} \to S^n$, $f(e^0) = *$, $*$ 是 S^n 的某个点, 取它作为 S^n 的零维胞腔.

根据胞腔逼近定理, 存在映射 $g\colon S^k \times S^{n-k} \to S^n$, 它也是胞腔映射, 同伦于 f, 并且在 e^0 上 $f(e^0) = g(e^0)$, 所有连结 f 和 g 的同伦在 e^0 上都与 f 相等. 因为 S^n 仅由两个胞腔组成, 零维的 $(*)$ 和 n 维的, 那么在映射 g 之下, 胞腔 e^k 和 e^{n-k} 转换成 S^n 上的点. 我们得到, 映射 g 仅可能在 n 维胞腔上不等于常映射. 这就表明所有映射 $S^k \times S^{n-k} \to S^n$ 仅相差一个从某一个 n 维胞腔到 $S^k \times S^{n-k}$ 的映射, 也就是到 S^n 的映射, 此映射把所有边界转变为 S^n 上的点 (由于除去点不影响 S^n 的道路连通性). 而这些 $S^n \to S^n$ 的映射建立 $\pi(S^k \times S^{n-k}, S^n)$ 和 $\pi(S^n, S^n)$ 之间的一一对应.

32.56. 设 $(x^1, \ldots, x^n) \to (x^1, \ldots, x^n, 0)$ 是 $\mathbb{R}^n \to \mathbb{R}^{n+1}$ 超平面形式的标准嵌入. 考察 $\mathbb{R}^{n+1}$ 中的两个点 $A = (0, \ldots, 0, 1)$ 和 $B = (0, \ldots, 0, -1)$, 构造顶点分别为 A 和 B 且具有公共底 $M \subset \mathbb{R}^n$ 的锥 $C_A(M)$ 和 $C_B(M)$. 然后注意到子集 $\mathbb{R}^n \setminus M$ 到 $\mathbb{R}^n$ 的任意形变可以延拓为 $\Sigma(\mathbb{R}^n \setminus M)$ 到 $\mathbb{R}^{n+1}$ 的形变.

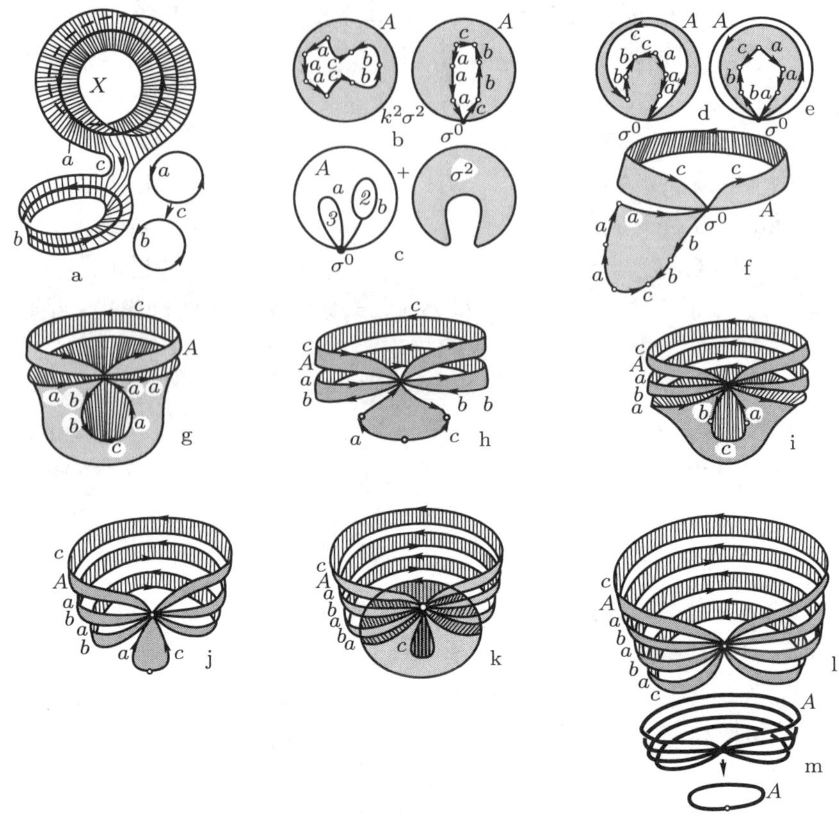

图 172

32.57. 假设与结论相反: $\mathrm{Cat}(M^n) < l(M^n;G)$, 即存在 M^n 的由闭子集 $X_1,\ldots,X_k$ 组成的覆盖, $k < l(M^n;G)$, 它们中的每一个沿 M^n 收缩到点. 由于庞加莱对偶性 $H_k(M^n;G) \cong H^{n-k}(M^n;G)$, 闭链 $y_1,\ldots,y_l$ 对应上闭链 $x_1,\ldots,x_l$; 这时作为所有闭链 $y_1,\ldots,y_l$ 的交集的闭链 $\alpha = y_1\cap\cdots\cap y_l$ 对应上闭链 $x_1,\ldots,x_l$ 的乘积 $h = x_1\wedge\cdots\wedge x_l$. 因为庞加莱对偶算子 D 是同构, 故交集 $y_1\cap\cdots\cap y_l$ 异于零 (即闭链不同调于零). 因为每个子集 X_i $(1\leqslant i\leqslant k)$ 沿 M^n 收缩到点, 故 $H^*(M^n;X_i) = H^*(M^n)$ (这里数 $* > 0$). 于是可以认为闭链 $y_i \in H_*(M^n)$ 同调于闭链 $y_i \in H_*(M^n;X_i)$, 即闭链的承载形 $\overline{y}_i$ 在 $M^n\setminus X_i$ 中, $1\leqslant i\leqslant k$. 由此推出交集 $\overline{y}_1\cap\cdots\cap\overline{y}_k$ (同调于 $y_1\cap\cdots\cap y_k$) 在 (并集) $X_1\cup\cdots\cup X_k$ 的补集中; 由于 $X_1,\ldots,X_k$ 组成 M^n 的覆盖, 于是更加有 $\overline{y}_1\cap\cdots\cap\overline{y}_k\cap\cdots\cap\overline{y}_l \subset M^n\setminus(X_1\cup\cdots\cup X_k) = \emptyset$. 因为闭链的承载集的交集 $\overline{y}_1\cap\cdots\cap\overline{y}_l = \emptyset$, 所以对应的上闭链的乘积 $x_1\wedge\cdots\wedge x_l = 0$, 这与条件 $x_1\wedge\cdots\wedge x_l \neq 0$ 相矛盾. 定理证毕.

32.58. 考察丛 (E,p,X), 其中 E 是空间 X 的所有起点在 x_0 的道路的空间,

而 p 是令每个道路对应它的终点的映射. 这时我们认为空间 E 配备了紧致–开拓扑. 这个丛的纤维是空间 X 在点 x_0 的所有闭路的空间 $\Omega X = \Omega_{x_0}$. 容易看出, 空间 E 沿自身收缩到点 (每个道路沿自己收缩到点). 因此 $\pi_n(E) = 0$, 从而这个丛的同伦序列

$$\cdots \to \pi_{n+1}(E) \to \pi_{n+1}(X) \to \pi_n(\Omega_{x_0}) \to \pi_n(E) \to \cdots$$

生成同构 $\pi_n(\Omega_{x_0}) \approx \pi_{n+1}(X)$, 特别地有 $\pi_1(\Omega_{x_0}) \approx \pi_2(X)$. 当 $n \geqslant 2$ 时, $\pi_n(X)$ 是阿贝尔群.

32.59. 回忆两个定义.

空间 X 称为 *收缩的*, 如果恒等映射 $X \to X$ 同伦于把整个 X 转换为一个点的映射 $X \to X$.

连通空间 X 称为 *单连通的*, 如果 $\pi_1(X) = 0$.

因为空间 X 是收缩的, 所以存在 $\varphi_t\colon X \to X$, φ_0 是恒等映射 $X \to X$, 而 φ_1 是映射 $X \to x_0 \in X$. 因为基本群的定义 (精确到同构) 不依赖于基点, 那么设 $\gamma\colon I \to X$ 是 X 上的任意道路, $\gamma(0) = \gamma(1) = x_0$; $\delta(\tau) \equiv x_0$, $\delta\colon I \to X$. 同一个同伦 $\varphi_t\colon X \to X$ 建立了闭路 γ 和 δ 之间的同伦, 于是 X 上的任意闭路同伦, 即 $\pi_1(X) = 0$.

32.60. 习题的断言由下列两个断言推出:

a) $\pi_1(B_A^1)$ 的所有元素 (B_A^1 是圆束) 表示成元素 η_α^{-1} 和 η_α 的有限乘积的形式, 其中 $\eta_\alpha \in \pi_1(B_A^1)$ 是标准嵌入映射 i_α 的类;

b) 这样的表示精确到约去相继出现的因子 η_α^{-1} 和 η_α 是唯一的.

我们来证明断言 a). 考察映射 $f\colon S^1 \to B_A^1$. 把 S^1 和每个圆周 $S_\alpha^1 \in B_A^1$ 分别表示成三个一维单形 P, Q, R 和 $P_\alpha, Q_\alpha, R_\alpha$ 的和的形式. 根据单纯逼近定理, 映射 f 同伦于复形 S^1 的某个重分到 B_A^1 中的一个单纯映射 F. 映射 F 右乘同伦 φ_t, 这里 φ_0 是恒等映射, φ_1 则转换 P_α, R_α 到基点, 且拉伸 Q_α 成整个 S_α^1. 我们就得到同伦于原来映射的映射 F_1. 映射 F_1 把 S^1 被分割成的相等的部分中的每一个或者转换到一个点, 或者缠绕到 S_α^1 $(\alpha \in A)$ 当中的一个上. 这样的映射的类在 $\pi_1(B_A^1)$ 中表示形式为 $\eta_\alpha^{-1}, \eta_\alpha, e$ 的元素的乘积, e 是基本群的单位元素, 即常映射的类.

转向断言 b). 乘积 $\eta_{\alpha_1}^{\varepsilon_1} \cdots \eta_{\alpha_k}^{\varepsilon_k}$ $(\varepsilon_s = \pm 1)$ 不等于 $\pi_1(B_A^1)$ 的单位元, 其中 $k \geqslant 1$, 不相继出现 η_α 和 η_α^{-1}, 即在 $\pi_1(B_A^1)$ 中不存在任何关系. 在覆叠映射 $p\colon T \to X$ 之下, 每个点的原像 $p^{-1}* = D$ 同群 $\pi_1(X)$ 关于子群 $p_*(\pi_1(T))$ 的陪集的类一一对应. 特别地, 如果 $x_1, x_2 \in T$, $x \in X$, $p(x_1) = p(x_2) = x$, S 是从 x_1 到 x_2 的任何道路, 那么带基点 x 的闭路 $p(S)$ 不同伦于零, 因为不然的话, 将有 $x_1 = x_2$. 设 $\eta = \eta_{\alpha_1}^{\varepsilon_1} \cdots \eta_{\alpha_k}^{\varepsilon_k}$, $\eta_{\alpha_i}^{\varepsilon_i}$ 是按 ε_i 的符号所对应的方向沿束的圆周环绕的

闭路. 取束的 $k+1$ 个样本, 并且把一个置于另一个之上. 在第一个束和第二个束中取 $\eta_{\alpha_1}^{\varepsilon_1}$, 在这两个样本中沿弧段切割, 延拓到它们的投影 π 之后, 十字交叉地连结端点. 类似地利用 $\eta_{\alpha_2}^{\varepsilon_2}$ 连结第二个束和第三个束, 如此下去. 如果字 η 里相继出现两个同样的字母, 则应当从同一个圆周切割两个弧段. 如果 $\varepsilon_i=1$, 第二个操作在第一个之前, 在相反的情形, 则第二个操作在第一个之后. 这样我们就得到了 B_A^1 上的 $(k+1)$ 重覆叠空间. 此时, 道路 η 用从下面的点开始到上面的点终止的道路覆叠. 整个闭路不同伦于零.

32.61. 设 $f\colon Y_1\to Y_2$ 和 $g\colon Y_2\to Y_1$ 是同伦等价, 即 $g\circ f=\mathrm{Id}_{Y_1}$, $f\circ g=\mathrm{Id}_{Y_2}$. 定义映射 $f_*\colon \pi_1(Y_1)\to\pi_1(Y_2)$ 和 $g_*\colon \pi_1(Y_2)\to\pi_1(Y_1)$. (如果 $\alpha\colon S^1\to Y_1$, $\alpha\in\bar\alpha\in\pi_1(Y_1)$, 则 $f_*\alpha$ 是闭路 $f_*\circ\alpha\colon S^1\to Y_2$ 的类.) 因为 $f_*g_*=(f\circ g)_*$, 故 $f_*g_*\colon \pi_1(Y_2)\to\pi_1(Y_2)$, 并且 $g_*f_*\colon \pi_1(Y_1)\to\pi_1(Y_1)$ 是同构. 由此得到 $\pi_1(Y_1)\cong\pi_1(Y_2)$.

32.62. 设 $\pi_1(X)*\pi_1(Y)$ 是 $\pi_1(X)$ 和 $\pi_1(Y)$ 的自由乘积. 再设 $\widehat{X}$ 和 $\widehat{Y}$ 分别是 X 和 Y 的万有覆叠空间. 而 x_0 是 X,Y 和束 $X\vee Y$ 的基点. 以下列方式构造空间 Z: 取 $\widehat{X}$, 考察 $p^{-1}(x_0)$, 其中 $p\colon \widehat{X}\to X$ 是覆叠映射, 并且在每个点 $x_0^i\in p^{-1}(x_0)$ 粘合 $\widehat{Y}$. 我们就等同了 x_0^i 和 $x_0^{i'}$, 其中 $x_0^{i'}$ 是 $p'^{-1}(x_0)$ 的某个点, 而 $p'\colon \widehat{Y}\to Y$ 是覆叠映射. 在 "被粘合上的" 每个样本 $\widehat{Y}$ 中, 在 $p'^{-1}(x_0)$ 的每一个其余的点, 以这样的方式粘合 $\widehat{X}$, 如此下去. 我们以自然的方式定义投影 $p''\colon Z\to X\vee Y$: 每个样本 $\widehat{Y}$ 通过 p' 映射到 Y, 而每个样本 $\widehat{X}$ 通过 p 映射到 X. 显然, 我们得到的空间是在 $X\vee Y$ 上的覆叠空间. 现在来考察 $X\vee Y$ 的基本群. 设 Z 的点 t_1,t_2 属于 $(p'')^{-1}(x_0)$, 连结 t_1 和 t_2 的道路在投影 p'' 之下转换成某个闭路 α, 用以表示 $\pi_1(X\vee Y)$ 中的类 $\tilde\alpha$. 我们指出, 从覆叠的构造和 $\widehat{X},\widehat{Y}$ 的连通性推出, 从 t_1 到 t_2 的道路精确到同伦是唯一的.

设 $\tilde\alpha\in\pi_1(X\vee Y)$ 按生成元 $\tilde c_i\in\pi_1(X)$ 和 $\tilde b_j\in\pi_1(Y)$ 展开, 即令 $\tilde\alpha=\tilde c_{i_1}^{\varepsilon_1}\tilde b_{j_1}^{\sigma_1}\tilde c_{i_2}^{\varepsilon_2}\cdots\tilde b_{j_n}^{\sigma_n}$①. 那么这个表示精确到 $\pi_1(X)$ 和 $\pi_1(Y)$ 中的关系是唯一的. 实际上, 设 $\tilde\beta=\tilde c_{i_1}^{\varepsilon_1}\tilde b_{j_2}^{\sigma_2}\cdots\tilde c_{i_n}^{\varepsilon_n}\tilde b_{j_n}^{\sigma_n}\sim 1$②, 这里不是所有的 ε_k 和 σ_s 都等于零 (我们约化了的字符), 而 1 是在点 x_0 的常闭路. 此时 $\tilde\beta$ 可以用 Z 中的道路覆叠, 从覆叠的形式明显看出这个道路不是闭的, 因此 $\tilde\beta=1$. 我们这就得到了 $\pi_1(X\vee Y)=\pi_1(X)*\pi_1(Y)$. 这个结果也可以从范坎彭 (van Kampen) 关于复形的基本群通过其子复形和交的基本群表示的定理推出.

32.63. 定义 如果 K 是扭结, 则基本群 $\pi_1(\mathbb{R}^3\setminus K)$ 称为 *扭结群*.

我们需要求这个群的余表示. 考察三瓣扭结的上 (下) 余表示. 设 PK 是它的投影. 点 K_i $(i=1,\dots,6)$ 分扭结成交错出现的两类闭连通弧——上行类和下

① 原书为 $\tilde\alpha=\tilde c_{i_1}^{\varepsilon_1}\tilde b_{j_1}^{\sigma_1}\tilde c_{i_2}^{\varepsilon_1}\cdots\tilde b_{j_n}^{\sigma_n}$. ——译者注

② 原书为 $\tilde\beta=\tilde c_{i_1}^{\varepsilon_1}\tilde b_{j_2}^{\varepsilon_2}\cdots\tilde c_{i_n}^{\varepsilon_n}\tilde b_{j_n}^{\sigma_n}\sim 1$. ——译者注

行类. 设 A_1, A_2, A_3 是上行弧, B_1, B_2, B_3 是下行弧, 而 F_3 是带生成元 x, y, z 的自由群. 我们称 $\mathbb{R}^2$ 中的道路 v 是简单的, 如果它是有限个闭直线段的并集, 它的起点和终点属于 PK, 它与 PK 交于有限个点, 这些点既不是 PK 的顶点, 也不是 v 的顶点. 我们令每个道路 v 对应 $v^{\#} \in F_3$, $v^{\#} = x_{i_1}^{\varepsilon_1} \cdots x_{i_l}^{\varepsilon_l}$, 其中 x_{i_k} 是自由群的生成元, 按照 v 怎样从 A_{i_k} 经过, 而令 $\varepsilon_k = 1$ 或 $\varepsilon_k = -1$. 群 $\pi_1(\mathbb{R}^3 \setminus K)$ 的上余表示有形式 $(x, y, z; r_1, r_2, r_3)$, 其中 $r_i = v_i^{\#}$ 是关系. 如所周知, 由这个公式给定的上余表示是 $\pi_1(\mathbb{R}^3 \setminus K)$ 的余表示. 环绕上行段 (x, y, z 为其生成元) 的闭路 v_1, v_2, v_3 满足等式

$$v_1^{\#} = x^{-1}yzy^{-1}, \quad v_2^{\#} = y^{-1}zxz^{-1}, \quad v_3^{\#} = z^{-1}xyx^{-1}.$$

我们得到了余表示 $(x, y, z;\ x = yzy^{-1},\ y = zxz^{-1},\ z = xyx^{-1})$. 代入 $z = xyx^{-1}$ 即得

$$\pi_1(\mathbb{R}^3 \setminus K) = (x, y;\ x = yxyx^{-1}y^{-1},\ y = xyxy^{-1}x^{-1}).$$

于是 $\pi_1(\mathbb{R}^3 \setminus K) = (x, y;\ xyx = yxy)$. 三瓣扭结不能解开, 因为它的型异于平凡扭结的型. 如果扭结 K' 和 K'' 有同样的型, 那么它们的补空间具有同样的基本群. 群 $G = (x, y;\ xyx = yxy)$ 不是无限整群 $\mathbb{Z}$. 实际上, 可以构造同态 $\theta\colon G \to S_3$, 这里 S_3 由轮换 (12), (23) 生成.

设 K' 和 K'' 是连通 n 维单纯复形 K 的连通子复形, 并且 K 的每个单形至少含于这两个子复形中的一个. 设交集 $D = K' \cap K''$ 不空且不连通. 设 F, F', F'', F_D 分别是复形 K, K', K'', D 的基本群. 取 $0 \in D$ 作为闭路的起点. 那么子复形 D 的每个闭路同时是复形 K' 和 K'' 的道路. 这里处于著名的范卡彭定理应用的范围. 群 F 由自由群 $F' \times F''$ 得到, 如果等同对应 F_D 的同一个元素的 F' 和 F'' 的每两个元素, 即令这些元素相等, 这就是要补充群 F' 和 F'' 的生成元之间的关系.

32.64. 我们求以下列方式定义的螺旋扭结的基本群: 在圆柱面的侧面上引彼此距离为 $2\pi/m$ 的母线, 然后上下底相对转动 $2\pi n/m$. 随之把上下底等同. 给 $\mathbb{R}^3$ 添加一个反常点 (∞), 使 $\mathbb{R}^3$ 转换为 S^3. 从 S^3 上除去属于扭结的管状邻域的所有的点. 我们就得到作为扭结的补集的多面体 K. 用扭结所在的环面把 S^3 分成两部分. 复形 K 分裂成两个环体, 在其中的每一个的曲面上, 扭结的管状邻域被除去. 取一个环体作为 K', 另一个 (带无穷远点的) 作为 K''. 多面体 $K'(K'')$ 的基本群 $F'(F'')$ 是带一个生成元 $A(B)$ 的自由群. 生成元 A 可以用多面体 K 的环体 K' 的中间线表示 (类似地处理 B). 两个环体的交集 D 自身则用旋转圆环表示. D 的基本群同样是带一个生成元的自由群, 取圆环的中心线作为它的生成元 C. 群 $F' \odot F''$ 是带生成元 A 和 B 的自由群. 在道路 A 和 B 适当定向

后, 道路 C 看做群 F' 的元素等于 A^m, 看做 F'' 的元素等于 B^n. 我们得到关系 $A^m = B^n$. 这样就得三瓣扭结 γ 的扭结群的余表示 $\pi_1(S^3\backslash\gamma) = \{A, B;\ A^2 = B^3\}$.

我们得到的三瓣扭结的基本群的两个余表示是等价的. 这个事实的验证留给读者.

32.65. 取属于 W 的点 0 作为闭路的基点, 那么 W 的每个闭路同时是复形 Z, Y 的闭路, 即群 $\pi_1(W)$ 的每个元素对应群 $\pi_1(Z)$ 的元素和群 $\pi_1(Y)$ 的元素. 把 Z, Y, W 表示成单纯复形的形式. 用道路连结 X 的每个顶点和 0. 如果顶点在 W 中, 由于 W 的连通性, 道路可以完全在 W 中描绘. 复形 X 的任意维的单形或者含于 $Z\setminus Y$, 或者含于 $Y\setminus Z$, 或者含于 $Y\cap Z$. 这样所有的单形的集合分解成三个不相交的子集 $\overline{Z}, \overline{Y}, \overline{W}$. 群 $\pi_1(X)$ 的生成元 a_i 可以一一对应到复形 X 的棱. 依赖这个棱属于怎样的单纯复形 ($\overline{Z}, \overline{Y}$ 或 $\overline{W}$), 而把 a_i 重新命名为 z_i, y_i 或 w_i. 这样一来, $\pi_1(X)$ 以基本群 $\pi_1(Y)$ 和 $\pi_1(Z)$ 的生成元作为自己的生成元 ($\pi_1(W)$ 的生成元算在 $\pi_1(Y)$ 和 $\pi_1(Z)$ 的生成元里了). 群 $\pi_1(X)$ 中的关系一一对应复形 X 的棱和三角形. 由于复形 X 分割成三个子集, 这些关系也分割成三类. 我们写出关系

$$\varphi_j(w_i, z_i) = 1\ (\text{在 } \overline{Z} \text{ 中}), \quad \varphi_j(w_i, y_i) = 1\ (\text{在 } \overline{Y} \text{ 中}), \quad \psi_j(w_i) = 1\ (\text{在 } \overline{W} \text{ 中}).$$

第三个类型的关系是对于群 $\pi_1(W)$ 定义的; 第二和第三类的关系是对于群 $\pi_1(Y)$ 和 $\pi_1(W)$ 定义的; 第一和第三类关系是对于群 $\pi_1(Z)$ 和 $\pi_1(W)$ 定义的; 最后, 所有三种类型的关系是对于群 $\pi_1(X)$ 定义的. 这些关系可以用下列方式改写:

$$\varphi_j(w_i', z_i) = 1, \quad \psi_j(w_i') = 1, \quad \varphi_j(w_i'', y_i) = 1, \quad \psi_j(w_i'') = 1, \quad w_i' = w_i''.$$

前四个类型的关系定义群 $\pi_1(Z)$ 和 $\pi_1(Y)$ 的自由乘积. 最后的关系意味着群 $\pi_1(Y)$ 和 $\pi_1(Z)$ 的对应 $\pi_1(W)$ 的同一个元素 w_i 的元素应当等同. 证明中利用了 W 是连通的这个事实, 因为在相反的情形下关于群 $\pi_1(X)$ 的断言并不成立.

例 $Z = Y = I$ 是线段, $W = S^0$, $X = S^1$, $\pi_1(X) = \mathbb{Z}$, $\pi_1(Z) = \pi_1(Y) = e$.

32.85. 众所周知, 对于任何子群 $G \subset \pi_1(X)$ 存在覆叠映射 $p\colon \widehat{X}_G \to X$, 使得 $\operatorname{Im} p_*(\pi_1(\widehat{X}_G)) = G$. 在 $\widehat{X}_G$ 上引进乘法. 设 $\hat{e} \in p^{-1}(e)$, 这里 e 是 X 的单位元, $\hat{x}, \hat{y} \in \widehat{X}_G$. 用道路 $\hat{x}_t, \hat{y}_t$ 分别连结 $\hat{e}$ 与 $\hat{x}$ 和 $\hat{y}$: $\hat{x}_0 = \hat{e}$, $\hat{x}_1 = \hat{x}$, $\hat{y}_0 = \hat{e}$, $\hat{y}_1 = \hat{y}$. 设 $p(\hat{x}) = x$, $p(\hat{y}) = y$, 那么 x 和 y 与 e 分别用道路 $p(\hat{x}_t) = x_t$ 和 $p(\hat{y}_t) = y_t$ 连结. 这两个道路在 X 中可以相乘, 即考察道路 $z_t = x_t \times y_t$, 它连结 e 与点 $z_1 = z = xy$. 设 z_t 可以提升到 $\widehat{X}_G$ 中成为道路 $\hat{z}_t$. 令 $\hat{x} \times \hat{y} = \hat{z}_1$. 留下的是验证定义的合理性. 可以证明下列断言. 设 X 是带单位元的广群, $\alpha, \beta \in \pi_1(X, e)$, 那么 $\alpha\beta = \alpha \times \beta$, 其中左乘在 $\pi_1(X, e)$ 中, 而右乘在 X 中.

我们把这个断言的证明留给读者. 而定义的合理性从这个断言直接推出.

32.86. 当 $p>0$ 且 $q>0$ 时, 对于任意 $n<p+q-1$ 有同构 $\pi_n(S^p\vee S^q)\approx\pi_n(S^p)+\pi_n(S^q)$. 因为二元组 $(S^p\times S^q,S^p\vee S^q)$ 是相对 $(p+q)$ 维胞腔, 所以对于 $m<p+q$ 应当有 $\pi_m(S^p\times S^q,S^p\vee S^q)=0$. 因此 $\pi_m(S^p\vee S^q)=\pi_m(S^p)+\pi_m(S^q)$.

如果对于三元组 (X,A,x_0), 二元组 (X,A) 是相对 n 维的, 则当 $0<m<n$ 时 $\pi_m(X,A,x_0)=0$. 其证明留给读者.

32.88. 从弗赖登塔尔 (H. Freudenthal) 定理推出断言: 切除同态 $\pi_m(U,S^n)\to\pi_m(S^{n+1},V)$ 当 $m<2n$ 时是同构, 而当 $m=2n$ 时是满同态, 其中 U 和 V 是 S^{n+1} 的北和南半球面. 我们求 $\pi_3(D^2,\partial D^2)$:

$$\cdots\to\pi_n(\partial D^2)\to\pi_n(D^2)\to\pi_n(D^2,\partial D^2)\to\pi_{n-1}(\partial D^2)\to\cdots$$

当 $n=3$ 时我们有 $\pi_3(\partial D^2)=\pi_3(S^1)=0$, $\pi_3(D^2)=0$, $\pi_2(\partial D^2)=0$. 由此得到 $\pi_3(D^2)\approx\pi_3(D^2,\partial D^2)=0$. 从正合序列得到 $\pi_3(S^2)=\pi_3(S^2,D^2)=\mathbb{Z}$.

32.89. 利用塞尔丛的正合同伦序列证明.

32.90. 利用射影空间的胞腔表示并考察标准覆盖证明.

32.92. 我们来证明 $\pi_1(\mathbb{C}P^n)=0$. 这里 $\mathbb{C}P^n$ 是胞腔复形, 对每个偶维数恰有一个胞腔, 即它没有一维胞腔. 根据带一个零维胞腔的胞腔复形基本群的定理, 我们得到 $\pi_1(\mathbb{C}P^n)=0$. 进而, 球面 S^{2n+1} 带纤维 S^1 覆叠在 $\mathbb{C}P^n$ 上. 事实上, 设 $S^{2n+1}\subset\mathbb{C}^{n+1}$ (标准嵌入), 那么当且仅当 $\sum|z_i|^2=1$ 时, $(z_1,\ldots,z_{n+1})$ 属于 S^{2n+1}. 还有

$$\mathbb{C}P^n=\{(z_1,\ldots,z_{n+1})\text{ 精确到因子}\lambda\},$$

即 $(z_1,\ldots,z_{n+1})$ 和 $\lambda(z_1,\ldots,z_{n+1})$ 定义 $\mathbb{C}P^n$ 中的同一个点. 我们构造映射 $f\colon S^{2n+1}\to\mathbb{C}P^n$, $f(z_1,\ldots)=(z_1,\ldots)$. 它连续, 并且它的像是整个 $\mathbb{C}P^n$. 在 $\mathbb{C}P^n$ 的点 "挂"上 S^{2n+1} 的点的集合: 设 $(z_1,\ldots,z_{n+1})\in\mathbb{C}P^n$, 则 $f^{-1}(z_1,\ldots,z_{n+1})=\{e^{i\varphi}(z_1,\ldots,z_{n+1})\}\subset S^{2n+1}$, 其中 f^{-1} 表示求完全原像, $0\leqslant\varphi\leqslant2\pi$. 事实上, $e^{i\varphi_1}(z_1,\ldots,z_{n+1})$ 和 $e^{i\varphi_2}(z_1,\ldots,z_{n+1})$ 是 $\mathbb{C}P^n$ 的同一个点, 但如果 $\varphi_1\neq\varphi_2$, 在 S^{2n+1} 上是不同的. 留下的是利用丛的正合同伦序列.

32.93. 从关于胞腔映射的定理推出断言.

32.94. 设 $p_X\colon X\times Y\to X$, $p_Y\colon X\times Y\to Y$ 是投影. 我们构造同态: $\varphi\colon\pi_i(X\times Y)\to\pi_i(X)\oplus\pi_i(Y)$ 如下: $\varphi(\alpha)=(p_{X*}\alpha,p_{Y*}\alpha)$. 现在证明 φ 是同态:

$$\begin{aligned}\varphi(\alpha+\beta)&=(p_{X*}(\alpha+\beta),p_{Y*}(\alpha+\beta))\\&=(p_{X*}\alpha,p_{Y*}\alpha)\oplus(p_{X*}\beta,p_{Y*}\beta)=\varphi(\alpha)\oplus\varphi(\beta).\end{aligned}$$

再证明 φ 是单态射. 设 $\varphi(\alpha)=0$, 即 $p_{X*}\alpha=0$, $p_{Y*}\alpha=0$. 于是 $\psi_X=p_X\circ\alpha\colon S^n\to X$ 同伦于常映射, 即存在 $\psi_{X^t}\colon S^n\to X$, 使得 $\psi_{X^0}=\psi_X$, $\psi_{X^1}=*$. 如下

构造同伦 Φ_t: $\Phi_t(\alpha) = (\psi_{X^t}(\alpha), p_{Y*}\alpha)$. $\Phi_1(\alpha)$ 是 S^n 到 $(*) \times Y \subset X \times Y$ 的映射, $(*, p_{Y*}(\alpha)) \in \pi_n((*) \times Y) = \pi_n(Y)$. 而 $p_{Y*}(\alpha)$ 是收缩的球体, 即 α 收缩.

我们证明 φ 是满态射. 设 $\beta \in \pi_n(X)$, $\gamma \in \pi_n(Y)$, 那么 $\alpha = (\beta, \gamma)$ 在映射 φ 下转换为 $\beta \oplus \gamma$.

设给定万有覆叠映射 $E_1 \xrightarrow{p_1} X$, $E_2 \xrightarrow{p_2} Y$. 考察映射 $p_1 \times p_2$: $E_1 \times E_2 \to X \times Y$, $(p_1 \times p_2)(e_1 \times e_2) = (p_1 e_1 \times p_2 e_2)$. 我们断言这是覆叠映射. 证明留给读者.

设 $\gamma_1 \in \pi_1(X, x_0)$, $\gamma_2 \in \pi_1(Y, y_0)$, $\alpha_1 \in \pi_n(X, x_0)$, $\alpha_2 \in \pi_n(Y, y_0)$, 并且设给定球体 α_1 沿 γ_1 的某个同伦 F_t, 使得 $F_0(\alpha_1) = \alpha_1$, $F_1(\alpha_1) = \gamma_1[\alpha_1]$, $F_t(\alpha_1) \in \pi_n(X, \gamma_1(t))$. 类似地, 对于 $\Phi_t(\alpha)$ 有: $\Phi_0(\alpha_2) = \alpha_2$, $\Phi_1(\alpha_2) = \gamma_2[\alpha_2]$, $\Phi_t(\alpha_2) \in \pi_n(Y, \gamma_2(t))$. 我们定义球体 $\alpha = (\alpha_1 \oplus \alpha_2)$ 在 $X \times Y$ 中的沿闭路 $\gamma = (\gamma_1 \oplus \gamma_2)(t)$ 的同伦为 $F_t(\alpha_1) \times \Phi_t(\alpha_2)$. 此时 $F_1(\alpha_1) \times \Phi_1(\alpha_2) = \gamma[\alpha_1] \oplus \gamma_2[\alpha_2]$. 于是

$$[\gamma_1 \oplus \gamma_2][\alpha_1 \oplus \alpha_2] = \gamma_1[\alpha_1] \oplus \gamma_2[\alpha_2],$$

而因为 $X \times Y$ 的任意闭路 γ 和任意球体对于某些 $\gamma_1 \in \pi_1(X)$, $\gamma_2 \in \pi_1(Y)$, $\alpha_1 \in \pi_n(X)$, $\alpha_2 \in \pi_n(Y)$ 有形式: $\gamma_1 \oplus \gamma_2$ 和 $\alpha_1 \oplus \alpha_2$, 从而 $\pi_1(X \times Y)$ 对于 $\pi_n(X \times Y)$ 的作用完全定义.

32.96. 利用霍普夫丛映射 $S^3 \to S^2$. 它以下列方式定义:

$$S^3 = \{(z_1, z_2)\colon |z_1|^2 + |z_2|^2 = 1\} \in \mathbb{C}^2, \quad S^2 = \mathbb{C}P^1,$$

即 $S^2 = \{(z_1, z_2)\colon (\lambda z_1, \lambda z_2) \sim (z_1, z_2)\}$. 我们得到丛映射 $S^3 \to S^2$. 对于这个丛映射写出正合序列

$$\cdots \to \pi_i(S^1) \to \pi_i(S^3) \to \pi_{i-1}(S^1) \to \cdots$$

从序列的性质得当 $i \geqslant 3$ 时 $\pi_i(S^3) = \pi_i(S^2)$. 根据弗赖登塔尔定理, 同态 $\pi_{i-1}(S^{n-1}) \to \pi_i(S^n)$ 当 $i \leqslant 2n-2$ 时是满态射, 而当 $i < 2n-2$ 时是同构, 即同态 $\pi_1(S^1) \to \pi_2(S^2) \to \pi_3(S^3)$ 是同构. 因此, $\pi_3(S^3) = \mathbb{Z}$. 因为当 $i \geqslant 3$ 时, $\pi_i(S^3) = \pi_i(S^2)$, 故 $\pi_3(S^2) = \mathbb{Z}$.

34.21. a) 参见图 173. b) 参见图 174.

考察环面到 $\mathbb{R}^3$ 中的嵌入, 使得它的旋转轴保持水平, 即环面保持 "站立". 在图 174 a 中指出了高度函数的临界水平. 我们开始 "让环面逐渐歪斜". 这时, 对应鞍临界点的临界值愈来愈靠近. 在图 174 b 中显示在某个时刻, 鞍临界点出现在同一个水平上. 高度函数对应的临界等位线被显示出来. 在图 174 c 中显示了原子, 即鞍点临界等位线的邻域.

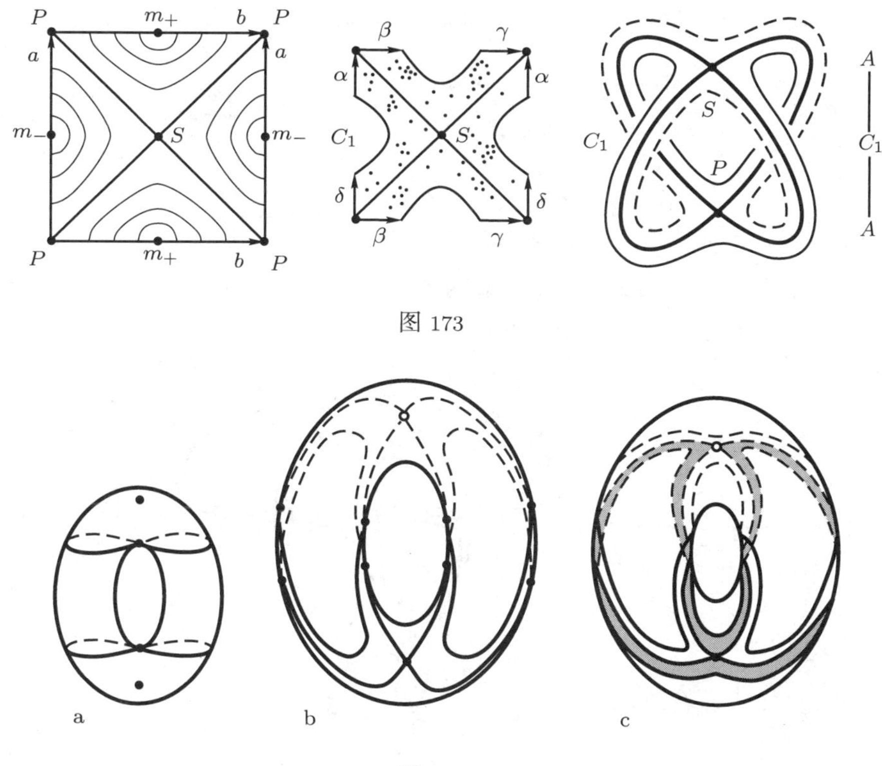

图 173

图 174

34.22. 参见图 175.

34.23. 参见图 176.

34.24. 参见图 177.

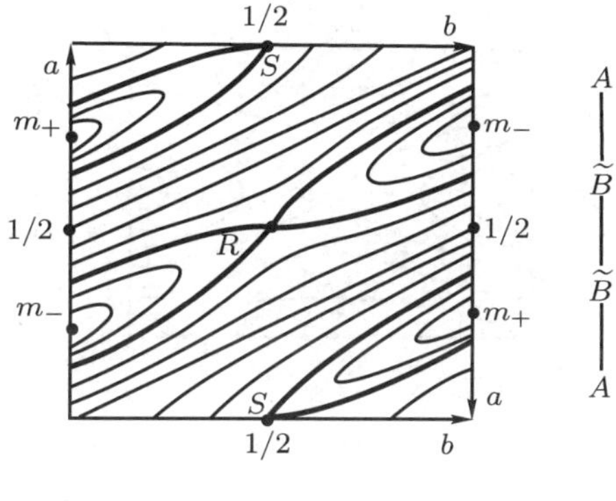

图 175

A——M——A
P
m_+
b
P
a
m_-
S
m_-
a
P
m_+
b
P
β
γ
α
δ
M
δ
α
β
γ
M =

图 176

——$\widetilde{B}$——
−
+
$\widetilde{B}$
P
m_+
b
Q
a
≈
m_-
S
m_-
a
Q
b
m_+
P
P
m_+
b
Q
a
≈
m_-
S
m_-
A
$\widetilde{B}$
A
a
Q
b
m_+
P

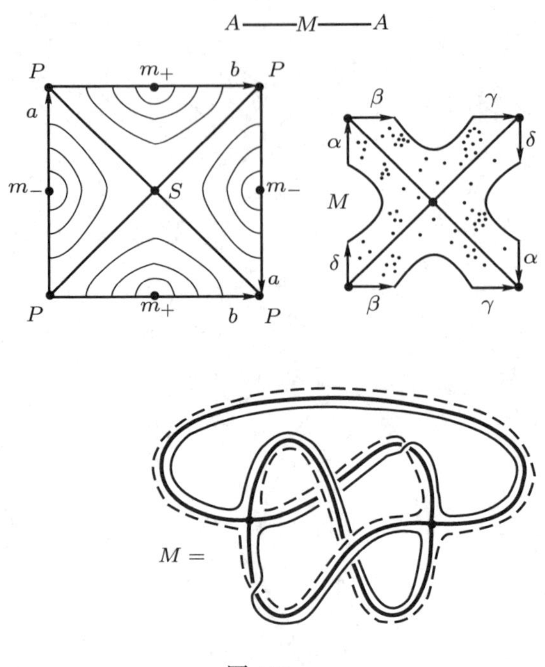

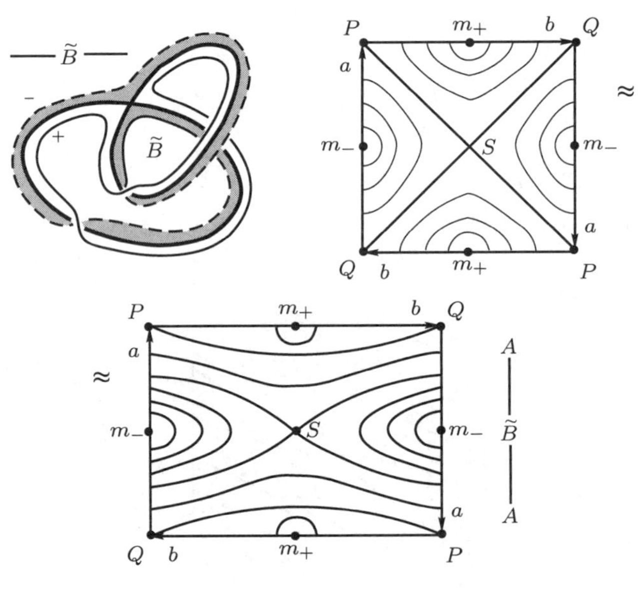

图 177

35.1. 仔细考察作用泛函的欧拉方程, 并且在局部坐标下写出这些方程. 此时应该利用克里斯托费尔符号的显式公式.

35.2. 应该对于两个泛函写出欧拉方程, 然后考察泛函在变量替换时其极值解发生什么变化. 待证的断言从长度泛函不变和作用泛函并非不变推出.

35.3. 证明归结为直接计算. 应当用笛卡尔坐标写出欧拉方程并且利用计算光滑函数的图像的平均曲率的显式公式.

35.4. 证明类似于前一个习题. 这个类似的基础在于两个习题中函数图像的余维数都等于 1, 因此平均曲率张量用同一个函数给出, 这个函数正是平均曲率.

35.5. 利用经典的不等式

$$\left(\int_a^b fgdt\right)^2 \leqslant \left(\int_a^b f^2dt\right)\left(\int_a^b g^2dt\right).$$

35.6. 把被积表达式平方, 并且比较它们.

35.7. 利用在曲线坐标下写出的贝尔特拉米–拉普拉斯方程的局部理论. 从这个理论推出在用解析函数给定的二维曲面上, 局部地总是可以引进共形坐标. 补充上平均曲率等于零的条件, 这些坐标就转变为调和的.

35.8. 例如, 映射 $\mathbf{r}(u,v)=(u,v,u^2-v^2)$.

35.9. a) 提示 设 $r=1$, $\boldsymbol{\omega}_1$, $\boldsymbol{\omega}_2$ 是一对标准正交向量. 需要证明 $\omega(\boldsymbol{\omega}_1,\boldsymbol{\omega}_2)\leqslant 1$, 其中 $\omega(\boldsymbol{\omega}_1,\boldsymbol{\omega}_2)=A(\boldsymbol{\omega}_1,\boldsymbol{\omega}_2)$. 考察

$$H(\boldsymbol{\omega}_1,\boldsymbol{\omega}_2)=(S+iA)(\boldsymbol{\omega}_1,\boldsymbol{\omega}_2)=S(\boldsymbol{\omega}_1,\boldsymbol{\omega}_2)+iA(\boldsymbol{\omega}_1,\boldsymbol{\omega}_2)=iA(\boldsymbol{\omega}_1,\boldsymbol{\omega}_2).$$

由此得到 $|H(\boldsymbol{\omega}_1,\boldsymbol{\omega}_2)|=|A(\boldsymbol{\omega}_1,\boldsymbol{\omega}_2)|\leqslant|\boldsymbol{\omega}_1|\,|\boldsymbol{\omega}_2|=1$. 现在设 $A(\boldsymbol{\omega}_1,\boldsymbol{\omega}_2)=1$, 那么 $H(\boldsymbol{\omega}_1,\boldsymbol{\omega}_2)=i$, 即 $S(i\boldsymbol{\omega}_1,\boldsymbol{\omega}_2)=1$. 因为 $|\boldsymbol{\omega}_2|=|i\boldsymbol{\omega}_1|=1$, 所以 $\boldsymbol{\omega}_2=\boldsymbol{\omega}_1$, 即张在 $\boldsymbol{\omega}_1,\boldsymbol{\omega}_2$ 上的二维平面是复直线. 对于 $r>1$ 需要利用关系 $\Omega^{(2r)}(\boldsymbol{\omega}_1,\boldsymbol{\omega}_2)=\sqrt{\det g_{ij}}$, 其中 g_{ij} 是定义在 2-齐式 $\omega^{(2)}$ 上的反称数量积.

b) 提示 从维尔丁格不等式 (见前面习题 35.9) 和斯托克斯公式推出. 事实上, 考察外 2-齐式

$$\omega=\sum_{k=1}^n dz^k\wedge d\bar{z}^k$$

和

$$\Omega^{(2r)}=\frac{1}{r!}\,\omega\wedge\cdots\wedge\omega\ (r\,次).$$

因为 $d\omega=0$, 故 $d\Omega^{(2r)}=0$. 从斯托克斯公式推出

$$\int_W\Omega^{(2r)}=\int_V\Omega^{(2r)}.$$

积分式中齐式 $\Omega^{(2r)}$ 沿 $2r$ 维子流形应看做 (在局部坐标 $x^1,\dots,x^{2r}$ 下) 形式如

$$\Omega^{(2r)}(\boldsymbol{\omega}_1,\dots,\boldsymbol{\omega}_{2r})dx^1\wedge\dots\wedge dx^{2r}$$

的表达式, 其中 $\boldsymbol{\omega}_1,\dots,\boldsymbol{\omega}_{2r}$ 是子流形 (在 $\mathbb{C}^n=\mathbb{R}^{2n}$ 中欧几里得度量诱导的黎曼度量下) 的切平面的标准正交基. 如果子流形 W 是复的, 则

$$\Omega^{(2r)}(\boldsymbol{\omega}_1,\dots,\boldsymbol{\omega}_{2r})=1 \quad \text{并且} \quad \mathrm{vol}(W)=\int_W \Omega^{(2r)}.$$

如果子流形 V 是一般形式的 (即是实的), 则 $\Omega^{(2r)}(\boldsymbol{\omega}_1,\dots,\boldsymbol{\omega}_{2r})\leqslant 1$, 于是

$$\int_V \Omega^{(2r)}\leqslant \mathrm{vol}(V),$$

这就证明了断言.

c) 在小题 b) 中的计算带有局部特征, 容许在凯勒流形的每个点的邻域中进行. 反之, 斯托克斯公式在任意光滑流形上成立. 我们提醒, 凯勒流形的外 2-齐式是闭的.

35.10. 根据隐函数定理, 一个坐标, 例如 x_n, 可以 (在等位曲面 $F_0=\mathrm{const}$ 上) 表示成其余变量的光滑函数. 在此之后, 把这个函数代入关于泛函 J 的极值函数的欧拉方程.

36.9. 我们指出开球 B^n 和挖去一个点的球面 S^n 同胚. 用关于维数的数学归纳法证明我们的断言. 假设维数 $n=0$, 那么断言显然成立. 设断言对于小于 n 的所有非负整数成立, 那么根据归纳假设, 我们的复形的 $(n-1)$ 维骨架 K^{n-1} 嵌入到欧几里得空间 $\mathbb{R}^N$ 中. 这意味着在 K^{n-1} 上给定了连续实函数 $f_1(x),\dots,f_N(x)$, 使得对于 $x\neq y$ 有 $(f_1(x),\dots,f_N(x))\neq(f_1(y),\dots,f_N(y))$. 设 e_j^n $(j=1,\dots,k)$ 是我们的复形的所有的 n 维胞腔, 那么函数 $f_i(x)$ 在每个胞腔 e_j^n 的边界 (用 ∂e_j^n 表示它) 上定义. 设 e_j^n 同胚于闭球 D^n 的内部 B^n, 那么可以认为函数 f_i 给定在 $D^n\setminus B^n$ 上, 这时它们的连续性保持, 但一一性可能会失去. 我们以下列方式把这些函数从 $D^n\setminus B^n$ 延拓到 B^n 上 (即从 ∂e_j^n 到 e_j^n 上). 设 $z\in B^n$, 并且 $z\neq 0$. 令 $f_i(z)=|z|f_i(z/|z|)$. 如果 $z=0$, 则令 $f_i(z)=0$. 这样我们就把函数 f_i 延拓成在整个复形 K 上的连续函数. 现在定义函数 $g_1^j(x),\dots,g_{n+1}^j(x)$. 在 e_j^n 外令 $g_s^j(x)\equiv 0$, $s=1,\dots,n+1$, 在 e_j^n 上令

$$(g_1^j(x),\dots,g_n^j(x),g_{n+1}^j(x))=\left(\frac{x_1}{|x|}\sin\pi|x|,\dots,\frac{x_n}{|x|}\sin\pi|x|,\cos\pi|x|+1\right).$$

我们用等式

$$F(x)=\big(f_1(x),\dots,f_N(x);g_1^1(x),\dots,g_{n+1}^1(x),\dots,g_1^k(x),\dots,g_{n+1}^k(x)\big)$$

定义 $F\colon K \to \mathbb{R}^{N+k(n+1)}$. 映射 F 是一一的. 断言证毕.

36.11. 设 $e_1, \ldots, e_s$ 是复形 K 的顶点. 在 $\mathbb{R}^{2n+1}$ 中的一般位置取点 $e_1', \ldots, e_s'$, 即对于 $j \leqslant 2n+2$, 任意 j 个点将线性无关. 令每个骨架 $T = |e_{i_0} \cdots e_{i_r}| \subset K$ 对应单形 $T' = |e_{i_0}' \cdots e_{i_r}'| \in \mathbb{R}^{2n+1}$. 由于点 $e_1', \ldots, e_s'$ 在 $\mathbb{R}^{2n+1}$ 中处于一般位置和不等式 $r \leqslant n$, 点 $e_{i_0}, \ldots, e_{i_r}$ 线性无关, 故这个单形存在. 单形组成同构的复形 K', 因为每个顶点对应 K 的一个且仅仅一个顶点.

复形 K 是可三角剖分的. 为了证明这一结论, 我们指出, 任意两个单形 $T_i', T_j' \in K'$ 不相交. 设 $e_{i_0}', \ldots, e_{i_p}'$ 是 T_i' 的顶点; $e_{j_0}', \ldots, e_{j_q}'$ 是 T_j' 的顶点 (某些顶点可能是公共的). 设 $e_{k_0}', \ldots, e_{k_r}'$ 是所有顶点, 它们是 T_i' 和 T_j' 至少一个的顶点. 这些点的个数 $r+1$ 满足不等式

$$r+1 \leqslant (p+1)+(q+1) \leqslant (n+1)+(n+1) = 2n+2.$$

由于点 $e_1', \ldots, e_s'$ 在 $\mathbb{R}^{2n+1}$ 中处于一般位置, 点 $e_{k_0}', \ldots, e_{k_r}'$ 是某个维数不超过 $2n+1$ 的非退化单形 T_0 的顶点. 单形 T_i' 和 T_j' 是 T_0 的边界, 而这就意味着如果它们不同, 必不相交.

36.13. 我们验证, 对于任意 $F \in \exp X$, 可以找到形式如 $O\langle U_1, \ldots, U_n\rangle$ 的集合, 使得 $F \in O\langle U_1, \ldots, U_n\rangle$. 显然 $F \in O\langle X\rangle$. 再来验证: 如果 $O_1 = O\langle U_1, \ldots, U_n\rangle$, $O_2 = O\langle V_1, \ldots, V_k\rangle$, $O_1 \cap O_2 \neq \emptyset$, 则对于任意 $F \in \exp X$ 且 $F \in O_1 \cap O_2$, 可以找到 $O_3 = O\langle W_1, \ldots, W_m\rangle$, 使得 $O_3 \subset O_1 \cap O_2$, 并且 $F \in O_3$.

现在就设 $F \in O_1 \cap O_2$. 对于任意 $i = 1, \ldots, n$ 考察集合 $F_i = U_i \cap F$. 因为 $F \in O_1$, 故 $F_i \neq \emptyset$. 因为 $F \in O_2$, 可以找到 $V_{j_1(i)}, \ldots, V_{j_l(i)}$, 使得 $F_i \subset \cup_{p=1}^{l} V_{j_p(i)}$. 可以认为, $\{V_{j_p(i)}\}$ 是集合 $V_1, \ldots, V_k$ 中与 F_i 相交的所有集合. 把所有集合 $\{V_{j_p(i)}\}$ $(i = 1, \ldots, n)$ 的元素统一编号得到 $W_1, \ldots, W_m$. 根据集合 W_i 的构成, $F \in O\langle W_1, \ldots, W_m\rangle$. 此外, 不难看到, $O\langle W_1, \ldots, W_m\rangle \subset O_1 \cap O_2$. 这样我们就验证了形式如 $O\langle U_1, \ldots, U_n\rangle$ 的集合组成某个拓扑的基, 这正是要证明的.

36.14. 设 X 是 T_1 空间, 它的所有单点子集都是闭的, 因此映射 f 是有明确定义的. 显然, f 是到自己的像 $f(X) = \exp_1 X$ 上的双射. 进而设 $O\langle U_1, \ldots, U_n\rangle$ 是点 $\{x\}$ 在 $\exp X$ 中的邻域. 令 $U = \cap_{i=1}^{n} U_i$. 因为对于所有 i 有 $x \in U_i$, 集合 U 非空. 集合 $O\langle U\rangle$ 是点 $\{x\}$ 在空间 $\exp X$ 中的邻域, 并且 $O\langle U\rangle \subset O\langle U_1, \ldots, U_n\rangle$. 显然, $f^{-1}(O\langle U\rangle) = U$, 因为 $U = f^{-1}(O\langle U\rangle) \subset f^{-1}(O\langle U_1, \ldots, U_n\rangle)$, 所以 f 是连续的. 因为对于 X 中的任何开集 U 有 $f(U) = O\langle U\rangle \cap \exp_1 X$, f 显然是开映射.

36.15. a) 假定 X 是正则空间. 设 $F_1 \in \exp X$, $F_2 \in \exp X$, 并且 $F_1 \neq F_2$. 可以认为 $F_2 \setminus F_1 \neq \emptyset$. 由于空间 X 的正则性, 可以找到点 $x \in F_2 \setminus F_1$ 的邻域 U 和集合 F_1 的邻域 V, 使得 $U \cap V = \emptyset$. 如果 $F_2 = \{x\}$, 那么 $O\langle U\rangle$ 和 $O\langle V\rangle$ 是空间 $\exp X$ 中的点 F_1 和 F_2 的不相交的邻域. 如果 $F_2 \neq \{x\}$, 那么 $O\langle U, X \setminus \{x\}\rangle$

和 $O\langle V\rangle$ 是所要求的邻域. 于是 $\exp X$ 是豪斯多夫空间.

b) 假定 $\exp X$ 是豪斯多夫空间. 设 $x\in X$, F 是 X 的闭子集, $x\notin F$. 点 F 和 $F\cup\{x\}$ 是空间 $\exp X$ 的不同的点. 因此, 可以找到点 F 和 $F\cup\{x\}$ 的不交的各自的邻域 $O\langle U_1,\ldots,U_n\rangle$ 和 $O\langle V_1,\ldots,V_k\rangle$. 令 $V=\cap\{V_i\mid x\in V_i\}$. 我们指出 $V\cap(\cup_{i=1}^n U_i)=\emptyset$. 如若不然, 存在点 $y\in V\cap(\cup_{i=1}^n U_i)$. 点 $y\in\cup_{i=1}^n U_i$, 于是 $\{y\}\cup F\in O\langle U_1,\ldots,U_n\rangle\cap O\langle V_1,\ldots,V_k\rangle$, 这与集合 $O\langle U_1,\ldots,U_n\rangle$ 和 $O\langle V_1,\ldots,V_k\rangle$ 的选取相矛盾. 于是 $V\cap(\cup_{i=1}^n U_i)=\emptyset$, 此外, $x\in V$, 并且 $F\subset\cup_{i=1}^n U_i$. 因此 V 和 $U=\cup_{i=1}^n U_i$ 分别是点 x 和集合 F 的不相交的邻域, 从而 X 是正则的.

36.16. 我们证明条件 a) 和 b) 的等价性. 设 X 是正规的, F 是 X 的闭子集, $O\langle U_1,\ldots,U_n\rangle$ 是它在空间 $\exp X$ 中的邻域. 我们指出, 族 $\{U_1,\ldots,U_n,X\setminus F\}$ 是 X 的开覆盖. 因为 X 是正规的, 根据关于有限开覆盖的挤压引理, 存在空间 X 的闭有限覆盖 $\{F_1,\ldots,F_n,F_{n+1}\}$, 使得 $F_i\subset U_i$, $i=1,\ldots,n$, $F_{n+1}\subset X\setminus F$. 我们指出, 可以给 F_i 补充一个点, 使得 $F_i\cap F\neq\emptyset$ (点可以取自集合 $U_i\cap F\neq\emptyset$), 故可以认为条件 $F_i\cap F\neq\emptyset$ 满足.

因为 X 是正规的, 根据乌雷松引理, 存在 X 上的连续函数 $f_i\colon X\to[0,1]$, $i=1,\ldots,n+1$, 并且 $f_i|_{F_i}\equiv 0$, $f_i|_{X\setminus U_i}\equiv 1$. 对于任意 $t>0$, $i=1,\ldots,n$, 令

$$V_{i,t}=\{x\mid f_i(x)<t\},\quad W_t=O\langle V_{1,t},\ldots,V_{n,t}\rangle.$$

对于闭区间 $[0,1]$ 的任意 q 和 r, 只要 $q<r$, 就有 $\overline{V}_{i,q}\subset V_{i,r}$ (这里以及往后用 $\overline{A}$ 表示集合 A 的闭包). 为了下面的论证, 我们需要两个辅助引理. 对于空间 X 的子集 X_0, 用 $\exp(X_0,X)$ 表示所有这样的集合 $F\subset X_0$, $F\neq\emptyset$, 并且 F 在 X 中是闭的.

引理 1 设 $X_0\subset X$, X 是 T_1 空间, 则

$$\overline{\exp(X_0,X)}^{\exp X}=\exp(\overline{X}_0^X,X).$$

证明 显然, $\exp(X_0,X)\subset\exp(\overline{X}_0,X)$. 我们指出 $\exp(\overline{X}_0,X)$ 在 $\exp X$ 中是闭的, 因此 $\overline{\exp(X_0,X)}\subset\exp(\overline{X}_0,X)$. 再来验证反向包含关系. 设 F_0 是 $\exp(\overline{X}_0,X)$ 的任意的点, 而 $O\langle U_1,\ldots,U_n\rangle$ 是这个点的任意邻域. 我们有 $F_0\subset\overline{X}_0$, 并且对于所有 $i=1,\ldots,n$, $U_i\cap F_0\neq\emptyset$. 因此 $U_i\cap\overline{X}_0\neq\emptyset$, 从而对于所有 i 有 $U_i\cap X_0\neq\emptyset$.

我们取 $x_i\in U_i\cap X_0$. 令 $F=\{x_1,\ldots,x_n\}$, 那么 $F\in\exp(X_0,X)\cap O\langle U_1,\ldots,U_n\rangle$, 即 $\exp(X_0,X)\cap O\langle U_1,\ldots,U_n\rangle\neq\emptyset$. 于是包含关系 $\exp(\overline{X}_0,X)\subset\overline{\exp(X_0,X)}$ 被验证, 引理也就证明了.

引理 2 设 $\{U_1,\ldots,U_n\}$ 和 $\{V_1,\ldots,V_n\}$ 是 T_1 空间 X 的两族开集, 并且对

于任意 $i=1,\ldots,n$ 有 $\overline{V}_i\subset U_i$, 则

$$\overline{O(V_1,\ldots,V_n)}^{\exp X}\subset O\langle U_1,\ldots,U_n\rangle.$$

证明

$$\overline{O(V_1,\ldots,V_n)}=\overline{\exp\left(\bigcup_{i=1}^{n}V_i,X\right)\bigcap\left(\bigcap_{i=1}^{n}(\exp X\setminus\exp(X\setminus V_i,X))\right)}$$

(因为交集的闭包含于闭包的交集)

$$\subset\overline{\exp\left(\overline{\bigcup_{i=1}^{n}V_i}^{X},X\right)}\bigcap\left(\bigcap_{i=1}^{n}\overline{(\exp X\setminus\exp(X\setminus V_i,X))}\right)$$

(根据引理 1)

$$\subset\ \exp\left(\overline{\bigcup_{i=1}^{n}V_i},X\right)\bigcap\left(\bigcap_{i=1}^{n}(\exp X\setminus\exp(X\setminus V_i,X))\right)$$

(根据引理条件)

$$\subset\ \exp\left(\bigcup_{i=1}^{n}U_i,X\right)\bigcap\left(\bigcap_{i=1}^{n}(\exp X\setminus\exp(X\setminus U_i,X))\right)$$

$$=O\langle U_1,\ldots,U_n\rangle.$$

引理 2 证毕.

根据引理 2, 包含关系 $[W_q]\subset W_r$ 满足. 这就意味着空间 $\exp X$ 允许在任意点 F 和任意闭集

$$F_1=\exp X\setminus O\langle U_1,\ldots,U_n\rangle$$

之间的完全分离, 因此 $\exp X$ 是完全正则的.

从条件 b) 推出条件 c) 是显然的.

现在证明从 c) 蕴含 a). 设 F_0 和 F_1 是空间 X 的不相交的非空闭集. 考察

$$W=\exp(X\setminus F_1,X),$$

W 是 $\exp X$ 中的开集, 并且 $F_0\in W$. 由于空间 $\exp X$ 的正则性, 可以找到点 F_0 的这样的邻域 $O\langle U_1,\ldots,U_n\rangle$, 使得 $\overline{O\langle U_1,\ldots,U_n\rangle}^{\exp X}\subset W$. 因此 $F_0\subset\cup_{i=1}^nU_i$. 我们指出 $\overline{\cup_{i=1}^nU_i}\cap F_1=\emptyset$. 假设不然, 那么 $\cup_{i=1}^n(\overline{U}_i\cap F_1)=\cup_{i=1}^n(\overline{U}_i)\cap F_1=\overline{\cup_{i=1}^nU_i}\cap F_1\neq\emptyset$, 从而至少一个指标 $j=1,\ldots,n$, 使得 $\overline{U}_j\cap F_1\neq\emptyset$. 对于每个 $i=1,\ldots,n$, 如果 $i\neq j$, 取 $x_i\in\overline{U}_i$; 如果 $i=j$, 则取 $x_i\in\overline{U}_i\cap F_1$. 令 $F=\{x_i\mid i=1,\ldots,n\}$. 容易验证点 F 在 $\exp X$ 中的任意邻域含有集合

$O\langle U_1,\ldots,U_n\rangle$ 的点, 所以 $F\in\overline{O\langle U_1,\ldots,U_n\rangle}^{\exp X}\subset W=\exp(X\setminus F_1,X)$. 但是 $F\cap F_1\neq\emptyset$. 矛盾.

这就证明了 $\overline{\cup_{i=1}^n U_i}\cap F_1=\emptyset$. 由于 F_0 和 F_1 的任意性, 这就表明空间 X 的正规性.

36.17. 我们指出 $\exp X\setminus\exp_n X$ 在 $\exp X$ 中是开集. 设 $F\in\exp X\setminus\exp_n X$, 那么 $|F|>n$. 设 $x_1,\ldots,x_{n+1}$ 是属于 F 的不同的点. 因为 X 是豪斯多夫的, 对于任意的 i 可以找到点 x_i 的这样的邻域 U_i, 使得对于 $i\neq j$ 有 $U_i\cap U_j=\emptyset$. 令 $W=O\langle X,U_1,\ldots,U_{n+1}\rangle$, 那么 $F\in W$. 此外, $W\cap\exp_n X=\emptyset$, 因为如果 $G\in W$, 则根据集合 $U_1,\ldots,U_{n+1}$ 的选取, 应当有 $|G|>n$. 于是 $\exp X\setminus\exp_n X$ 是开集, 从而 $\exp_n X$ 是闭集.

36.18. 设 x 和 y 是空间 X 的两个不同的点. 令 $F=\{x,y\}$, 则有 $F\in\exp_2 X\setminus\exp_1 X$. 由于 $\exp_1 X$ 在 $\exp_2 X$ 中是闭集, 故 $\exp_2 X\setminus\exp_1 X$ 是开集. 因此, 对于 F 可以找到 F 在 $\exp_2 X$ 中的这样的邻域 $W=\langle U_1,\ldots,U_n\rangle$, 使得 $W\cap\exp_1 X=\emptyset$.

令 $O_x=\cap\{U_i\mid x\in U_i\}$, $O_y=\cap\{U_i\mid y\in U_i\}$. 不难看出, $x\in O_x$, $y\in O_y$, 并且 $O_x\cap O_y=\emptyset$. 于是, X 是豪斯多夫空间, 这正是要证明的.

36.19. a) 设 $V=O\langle V_1,\ldots,V_k\rangle$, 这里 V_i 是 X 中的开集. 我们要证明 $\pi_n^{-1}V$ 是 X^n 中的开集. 设 $x=(x_1,\ldots,x_n)\in\pi_n^{-1}V$. 因为 $\pi_n x\in V$, 不失一般性, 可以认为 $x_1,\ldots,x_{j_1}\in V_1,\ldots,x_{j_{k-1}+1},\ldots,x_{j_k}\in V_k$. 令

$$O=\underbrace{V_1\times\cdots\times V_1}_{j_1}\times\cdots\times\underbrace{V_k\times\cdots\times V_k}_{j_k-j_{k-1}},$$

则 O 是点 x 在 X^n 中的邻域, 使得 $O\subset\pi_n^{-1}V$. 因此 $\pi_n^{-1}V$ 是开集.

b) 设 $\pi_n^{-1}V$ 是开集. 我们要证明 V 是开集. 设 $x=(x_1,\ldots,x_m)\in V$, $m\leqslant n$, 其中 $x_1,\ldots,x_m$ 是 X 中不同的点. 令 $y\in\pi_n^{-1}x$, 则 $y=(y_i^j)$, 其中 $j=1,\ldots,m$, $y_i^j=x_j$. 因为 $\pi_n^{-1}V$ 是开集, 对于任意 $y\in\pi_n^{-1}x$, 可以找到邻域 $O_y=\prod_{i=1}^n O_i^j(y)$, 使得 $O_y\subset\pi_n^{-1}V$. 令

$$O_j=\bigcap_{y\in\pi_n^{-1}x}\left(\bigcap_i O_i^j(y)\right),$$

则 $W=O\langle O_1,\ldots,O_m\rangle$ 是点 x 的开邻域, 并且 $\pi_n^{-1}W\subset\pi_n^{-1}V$, 因此 $W\subset V$, 故 V 是 $\exp_n X$ 中的开集.

36.20. 假定 $[x]\in SP_{G'}^n X=X^n/G'$. 考察点 $(x_1,\ldots,x_n)$, 它是等价类 $[x]$ 的任意一个代表. 为了满足条件 $\pi_{G'G}^n\circ\pi_{G'}^n=\pi_G^n$, 必须满足条件 $\pi_{G'G}^n([x])=[x]_G$, 其中

$$[x]_G=\{x_{\sigma(1)},\ldots,x_{\sigma(n)}\mid\sigma\in G\}.$$

于是映射 $\pi^n_{G'G}$ 的唯一性得以验证. 留下要证明的是此映射不依赖于代表 $(x_1,\dots,x_n)$ 的选择. 假定 $(x_{g(1)},\dots,x_{g(n)})$ 是类 $[x]$ 的另一个代表, 其中 $g\in G'$. 由于 $G'\subset G$, 故 $g\in G$, 由此得到 $(x_{g(1)},\dots,x_{g(n)})\in\{x_{\sigma(1)},\dots,x_{\sigma(n)}|\sigma\in G\}$, 这就是要证明的.

36.21. 假定 $O\subset X^n$ 是开集, $O=\prod_{i=1}^n O_i$. 我们要证明 $\pi^n_G O$ 是开集. 为此, 根据商空间 X^n/G 的拓扑的定义, 只需验证 $(\pi^n_G)^{-1}(\pi^n_G O)$ 是 X^n 中的开集. 事实上,

$$(\pi^n_G)^{-1}(\pi^n_G O)=\bigcup_{\sigma\in G}O_{\sigma(1)}\times\cdots\times O_{\sigma(n)}=\bigcup_{\sigma\in G}\prod_{i=1}^n O_{\sigma(i)}.$$

于是映射 π^n_G 的开性得以验证.

设 $F\subset X^n$ 是闭集. 必须验证 $\pi^n_G F$ 是闭集. 设 $[x]\in SP^n_G X\setminus\pi^n_G F$, 那么 $[x]$ 可以表示成 $[x]=[(x_{\sigma(1)},\dots,x_{\sigma(n)})]$, 其中 $(x_1,\dots,x_n)$ 是类 $[x]$ 的任意代表, 并且对于任意 $\sigma\in G$, $(x_{\sigma(1)},\dots,x_{\sigma(n)})\notin F$. 因为 F 是闭集, 对于任意 $g\in G$, 可以找到集合 O_{x_g}, 它是点 $x_g=(x_{g(1)},\dots,x_{g(n)})$ 的邻域, 使得 $O_{x_g}\cap F=\emptyset$. 可以认为 $O_{x_g}=\prod_{i=1}^n O_i^g$, 并且对于所有 $i=1,\dots,n$ 有 $x_{g(i)}\in O_i^g$. 令 $V_i=\cap_{g\in G}O_i^g$, $V=\prod_{i=1}^n V_i$, 那么对于任意 $g\in G$ 有 $\prod_{i=1}^n V_{g(i)}\cap F=\emptyset$. 因此, $\pi^n_G V\cap\pi^n_G F=\emptyset$. 此外, 根据业已证明的事实, $\pi^n_G V$ 在 $SP^n_G(X)$ 中是开集, 而根据 $[x]$ 和 V 的构成, $[x]\in\pi^n_G V$. 于是 $SP^n_G(X)\setminus\pi^n_G F$ 是开集, 从而 $\pi^n_G F$ 是闭集.

36.22. 我们证明下列一般事实:

引理 *设 X,Y,Z 是拓扑空间, $f\colon X\to Y$, $g\colon Y\to Z$, $h\colon X\to Z$ 是连续映射, 且 $h=g\circ f$, 映射 f 是满射. 如果 h 是开 (闭) 映射, 则 g 也是开 (闭) 映射.*

证明 设 h 是开映射, 我们要证明 g 是开映射. 设 V 是 Y 中的开子集, 那么由于 f 的连续性, $f^{-1}V$ 是开集. 此外因为 f 是满射, 所以 $g(f(f^{-1}V))=g(V)$. 另一方面, 由于 h 是开映射, $g(f(f^{-1}V))=h(f^{-1}V)$ 是开集. 在 h 是闭映射的情形, 证明类似. 引理证毕.

在我们的情形, $f=\pi^n_{G'}$, $g=\pi^n_{G'G}$, $h=\pi^n_G$. 由于习题 36.20, 映射 $\pi^n_{G'G}$ 的存在性得以保证. 映射 $\pi^n_{G'}$ 和 π^n_G 的开性和闭性由习题 36.21 得到. 利用引理即得 $\pi^n_{G'G}$ 的开性和闭性.

36.23. 必须验证, $V\subset\exp_n X$ 是开集, 当且仅当 $q_n^{-1}V$ 在 SP^nX 中是开集. 设 V 在 $\exp_n X$ 中是开集. 我们要验证 $q_n^{-1}V$ 在 SP^nX 中是开集. 为此, 根据 SP^nX 中商拓扑的定义, 必须证明 $(\pi^n)^{-1}(q_n^{-1}V)$ 在 X^n 中是开集. 因为 $\pi_n=q_n\circ\pi^n$, 故 $(\pi^n)^{-1}(q_n^{-1}V)=\pi_n^{-1}V$. 而由于映射 π_n 是商映射, 集合 $\pi_n^{-1}V$ 是开集. 设 $q_n^{-1}V$ 在 SP^nX 中是开集, 那么 $(\pi^n)^{-1}(q_n^{-1}V)$ 在 X^n 中是开集. 而 $(\pi^n)^{-1}(q_n^{-1}V)=\pi_n^{-1}V$, 由于映射 π_n 是商映射, V 在 $\exp_n X$ 中是开集.

36.24. 提示 利用亚历山大引理.

解答 设 X 是紧统, 那么 X 是正则的, 从而 X 是豪斯多夫的 (参见习题 36.15). 我们需要下列辅助引理 (亚历山大引理): 假设在空间 X 中存在这样的预基 $\mathcal{B}$, 使得从空间 X 的任意由这个预基的元素构成的覆盖可以选出有限子覆盖, 则 X 是紧致的.

我们指出, 形式如 $O\langle U\rangle$ 和 $O\langle X, U\rangle$ 的集合组成菲托里斯拓扑的预基. 设 $\mathcal{D}$ 是由这个预基的元素组成的覆盖. 我们指出, $\mathcal{D}$ 包含有限子覆盖. 令 $W = X\setminus\cup\Omega$, 其中 $\Omega = \{V \mid O\langle X, V\rangle \in \mathcal{D}\}$. 如果 $W = \emptyset$, 那么 Ω 是 X 的开覆盖. 由于 X 是紧致的, Ω 包含有限子覆盖 $\{V_1, \ldots, V_n\}$. 那么族 $\{O\langle X, V_1\rangle, \ldots, O\langle X, V_n\rangle\}$ 是空间 $\exp X$ 的覆盖, 由于对于任意点 $F \in \exp X$, 空间 X 的对应的闭集 F 与每个 V_i 相交, 因此 $F \in O\langle X, V_i\rangle$.

如果 W 非空, 那么 W 与 Ω 的任何一个元素都不相交. 因此, 可以找到这样的开集 U, 使得 $O\langle U\rangle \in \mathcal{D}$, 并且 $W \subset U$.

我们指出, Ω 是紧统 $X\setminus U$ 的覆盖. 从它可以选取有限子覆盖 $\{V_1, \ldots, V_n\}$. 那么有限族 $\{O\langle U\rangle, O\langle X, V_1\rangle, \ldots, O\langle X, V_n\rangle\}$ 就是 $\exp X$ 的覆盖, 这是因为对于任意点 $F \in \exp X$ 或者对于某个 i 有 $F \in O\langle X, V_i\rangle$, 或者 $F \cap (\cup_{i=1}^n V_i) = \emptyset$, 而此时就有 $F \subset U$, 因此 $F \in O\langle U\rangle$.

这样, 从 $\mathcal{D}$ 可以选取有限子覆盖, 因此, 根据亚历山大引理, $\exp X$ 是紧统.

36.25. 根据习题 36.24, $\exp X$ 是紧统. 根据习题 36.17, $\exp_n X$ 在 $\exp X$ 中是闭集. 因此 $\exp_n X$ 作为紧统的闭子集是紧统.

36.26. 因为 X 是紧统, 那么根据吉洪诺夫定理, X^n 是紧统. 我们注意 $SP_G^n X$ 是 X^n 在连续映射 π_G^n 下的像, 于是 $SP_G^n X$ 作为紧统 X^n 的连续像是紧统.

36.27. 假定 $\mathcal{B}$ 是空间 X 的拓扑基, 而 F 是 X 的闭子集. 设 $F \in O\langle V_1, \ldots, V_n\rangle$, 其中集合 V_i 是 X 中的开集, $i = 1, \ldots, n$. 对于每个 $i = 1, \ldots, n$, 可以找到这样的 $U_i^{\alpha_i} \in \mathcal{B}$, $\alpha_i \in \mathcal{A}_i$ ($\mathcal{A}_i$ 是某个指标集), 使得 $V_i = \cup_{\alpha_i\in\mathcal{A}_i} U_i^{\alpha_i}$ (根据拓扑基的定义). 那么 $\{U_i^{\alpha_i} \mid i = 1, \ldots, n,\ \alpha_i \in \mathcal{A}_i\}$ 就是闭集 F 的开覆盖. 从它选取有限子覆盖 $W_1, \ldots, W_m$. 不失一般性, 可以认为对于任意 $i = 1, \ldots, m$ 都有 $W_i \cap F \neq \emptyset$.

显然, $F \in O\langle W_1, \ldots, W_m\rangle \subset O\langle V_1, \ldots, V_n\rangle$. 于是, 对于空间 $\exp X$ 中任意的点及该点的任意邻域, 存在形式如 $\in O\langle U_1, \ldots, U_n\rangle$ 的在其中的另一个邻域, 其中 $U_i \in \mathcal{B}$, 而 $\mathcal{B}$ 是空间 X 的基, 这正是要证明的.

36.28. 由于紧统 $\exp X$ 包含 $\exp_n X$, 特别地包含其同胚于 X 的子空间 $\exp_1 X$, 不等式 $w\exp X \geqslant w\exp_n X \geqslant wX$ 成立. 设 $wX = \tau$. 根据习题 36.27, 在 $\exp X$ 中存在基数为 τ 的拓扑基. 因此, $w\exp X \leqslant wX$, 由此得到结论 $w\exp X =$

$w\exp_n X = wX$.

最后, $SP^n_G X$ 是 X^n 的连续像, 并且包含 X, 因此

$$wX = wX^n \geqslant wSP^n_G X \geqslant wX,$$

从而就得到所要证明的.

36.29 1) 不等式 $\rho_H(F_1, F_2) \geqslant 0$ 显然. 设 $\rho_H(F_1, F_2) = 0$. 假定 $F_1 \neq F_2$. 不妨设 $F_2 \setminus F_1 \neq \emptyset$. 取 $x \in F_2 \setminus F_1$. 令 $d = \inf_{y \in F_1} \rho(x, y)$. 因为 F_1 是闭集, 并且 $x \notin F_1$, 故 $d > 0$. 而对于任意 $\varepsilon > 0$ 有 $F_2 \subset O_\varepsilon F_1$, 特别地有 $F_2 \subset O_{d/2} F_1$. 这表明可以找到 $x' \in F_1$, 使得 $\rho(x, x') < d/2$. 此与 d 的选取相矛盾, 因此 $F_1 = F_2$.

2) 显然有 $\rho_H(F_1, F_2) = \rho_H(F_2, F_1)$.

3) 验证三角不等式 $\rho_H(F_1, F_3) \leqslant \rho_H(F_1, F_2) + \rho_H(F_2, F_3)$. 集合 F_2 含于集合 F_1 的 $(\rho_H(F_1, F_2) + \varepsilon)$- 邻域中, 集合 F_3 含于 F_2 的 $(\rho_H(F_2, F_3) + \varepsilon)$- 邻域中. 从关于 ρ 的三角不等式的公理推出, F_3 的任意点距离 F_1 不超过 $\rho_H(F_1, F_2) + \varepsilon + \rho_H(F_2, F_3) + \varepsilon$. 由 ε 的任意性推出关于 ρ_H 的三角不等式.

4) 最后, 显然有 $\rho(x, y) = \rho_H(\{x\}, \{y\})$.

36.30. 设 $S = \{s_1, \ldots, s_m\} \in \exp X$, $m \leqslant n$.

a) 我们指出, 点 S 的在菲托里斯 (Vietoris) 意义下的每个邻域包含该点的在豪斯多夫度量意义下的一个邻域. 设 $O\langle U_1, \ldots, U_k\rangle$ 是点 S 的邻域. 取 $\varepsilon > 0$, 使得对于所有 $i = 1, \ldots, m$ 和 $j = 1, \ldots, k$, 从 $s_i \in U_j$ 推出包含关系 $O_\varepsilon(s_i) \subset U_j$. 设 $T \in \exp_n X$ 是这样的点, $\rho_H(S, T) < \varepsilon$, 那么对于所有的 $t \in T$ 存在 $s_i \in S$, 使得 $\rho(s_i, t) < \varepsilon$, 即对于某个 j 有 $t \in O_\varepsilon(s_i) \subset U_j$. 因此 $T \subset \cup_{i=1}^k U_j$. 此外, 对于每个 U_j 可以取点 $s_i \in U_j$, 使得可以找到满足 $\rho(s_i, t) < \varepsilon$ 的 $t \in T$. 那么就有 $t \in O_\varepsilon(s_i) \subset U_j$. 故对于每个 $j = 1 \ldots, k$ 有 $T \cap U_j \neq \emptyset$. 因此 $T \in O\langle U_1, \ldots, U_k\rangle$. 于是点 S 的 (在度量 ρ_H 的意义下的) ε- 邻域包含在 $O\langle U_1, \ldots, U_k\rangle$ 中.

b) 我们指出, 点 S 的在豪斯多夫意义下的每个邻域包含该点在菲托里斯拓扑意义下的一个邻域. 给定 $\varepsilon > 0$. 令 $U_i = O_\varepsilon(s_i)$, $i = 1, \ldots, m$, 那么从条件 $T \in O\langle U_1, \ldots, U_m\rangle$ 推出 $\rho_H(S, T) < \varepsilon$, 即点 $O\langle U_1, \ldots, U_m\rangle$ 包含在点 S 的 ε- 邻域中.

36.31. 设 (X, ρ) 是度量空间. 对于 $SP^n_G X$ 中的 $[x]$ 和 $[y]$, 令

$$\rho_G([x], [y]) = \min_{\sigma \in G} \max_i \rho(x_i, y_{\sigma(i)}),$$

其中 $(x_1, \ldots, x_n)$ 和 $(y_1, \ldots, y_n)$ 分别是类 $[x]$ 和 $[y]$ 的代表. 显然, ρ_G 不依赖于类 $[x]$ 和 $[y]$ 的代表的选取.

a) 验证 ρ_G 是距离.

1) $\rho_G \geqslant 0$ 是显然的. 我们证明 $\rho_G([x],[y]) = 0$ 等价于类 $[x]$ 和 $[y]$ 重合. 事实上, 如果 $[x]=[y]$, 那么对于 $\sigma = e$, 我们有 $\max_i \rho(x_i, y_{\sigma(i)}) = \max_i \rho(x_i, y_i) = \max_i \rho(x_i, x_i) = 0$ (可以认为对于重合的类 $[x]$ 和 $[y]$ 选取同一个代表, 即 $x_i = y_i$). 反之, 设 $\rho_G([x],[y]) = 0$, 那么可以找到这样的置换 $\sigma \in G$, 使得对于所有的 $i = 1,\ldots,n$ 有 $x_i = y_{\sigma(i)}$, 因此推出类 $[x]$ 和 $[y]$ 重合.

2) 证明 $\rho_G([x],[y]) = \rho_G([y],[x])$. 实际上,

$$\begin{aligned}\rho_G([x],[y]) &= \min_{\sigma\in G}\max_i \rho(x_i, y_{\sigma(i)}) = \min_{\sigma\in G}\max_i \rho(y_{\sigma(i)}, x_i)\\ &= \min_{\sigma\in G}\max_j \rho(y_j, x_{\sigma^{-1}(j)}) = \min_{g\in G}\max_j \rho(y_j, x_{g(j)}) = \rho_G([y],[x]).\end{aligned}$$

3) 验证三角不等式 $\rho_G([x],[y]) + \rho_G([y],[z]) \geqslant \rho_G([x],[z])$. 设

$$\rho_G([x],[y]) = \rho(x_s, y_m), \quad \rho_G([y],[z]) = \rho(y_p, z_l), \quad \rho_G([x],[z]) = \rho(x_k, z_j).$$

再设 $\rho(x_t, z_l) = \max_i \rho(x_i, z_l)$, 那么根据 ρ_G 的定义, 下列不等式满足:

$$\rho(x_k, z_j) \leqslant \rho(x_t, z_l).$$

类似地有 $\rho(y_p, z_l) \geqslant \rho(y_m, z_l)$, $\rho(x_s, y_m) \geqslant \rho(x_t, y_m)$. 从这三个不等式出发我们得到一串不等式

$$\begin{aligned}&\rho_G([x],[y]) + \rho_G([y],[z]) = \rho(x_s, y_m) + \rho(y_p, z_l)\\ &\quad \geqslant \rho(x_t, y_m) + \rho(y_m, z_l) \geqslant \rho(x_t, z_l) \geqslant \rho(x_k, z_l) = \rho_G([x],[z]).\end{aligned}$$

这就是要证明的.

验证 ρ_G 生成 $SP^n_G X$ 的商拓扑. 设 $[x] \in SP^n_G X$, $O_\varepsilon[x]$ 是点 $[x]$ 在度量 ρ_G 下的开邻域. 我们要指出 $O_\varepsilon[x]$ 在 $SP^n_G X$ 中是开集. 为此需要指出, $(\pi^n_G)^{-1}O_\varepsilon[x]$ 在 X^n 中是开集. 设 $y = (y_1,\ldots,y_n) \in (\pi^n_G)^{-1}O_\varepsilon[x]$, 那么 $\min_{\sigma\in G}\max_i \rho(x_i, y_{\sigma(i)}) = \varepsilon_1 < \varepsilon$. 令 $\varepsilon_2 = \varepsilon - \varepsilon_1 > 0$. 设 $V = \{z \in X^n \mid \rho(y_i, z_i) < \varepsilon_2\}$. 我们指出 V 是点 y 在空间 X^n 中的开邻域. 容易验证 $V \subset (\pi^n_G)^{-1}O_\varepsilon[x]$.

现在设 U 是 $SP^n_G X$ 中的开子集, 并且点 $[x]$ 在 U 中. 因为 $(\pi^n_G)^{-1}U$ 在 X^n 中是开集, 对于任意置换 $\sigma \in G$, 可以找到 $\varepsilon_\sigma > 0$, 使得

$$\{y \in X^n \mid \rho(x_{\sigma(i)}, y_i) < \varepsilon_\sigma\} \subset (\pi^n_G)^{-1}U.$$

令 $\varepsilon = \min_{\sigma\in G}\varepsilon_\sigma$, 那么 $O_\varepsilon[x] \subset U$. 于是 ρ_G 是生成 $SP^n_G X$ 的拓扑的度量, 而该拓扑通过商空间 X^n/G 来定义. 这就是要证明的.

36.32. 验证恒等映射 $i\colon \exp X \to (\exp X, \rho_H)$ 连续. 由此就推出习题的断言, 因为紧统的连续的双射是同胚 (我们提醒, 根据习题 36.24, $\exp X$ 是紧统).

设点 F_0 属于 $(\exp X, \rho_H)$. 取定任意的 $\varepsilon > 0$. 对于每个点 $x \in F_0$, 取定点 x 在度量 ρ 下的开 $\dfrac{\varepsilon}{2}$- 邻域 $O_{\varepsilon/2}(x)$. 族 $\{O_{\varepsilon/2}(x) \mid x \in F_0\}$ 是紧统 F_0 的开覆盖. 从它取出有限子覆盖 $\{U_1, \ldots, U_n\}$. 我们指出 $F_0 \in O\langle U_1, \ldots, U_n\rangle$. 设 F 是 $O\langle U_1, \ldots, U_n\rangle$ 的任意的点. 如果 $y \in F$, 那么对于某个 j 有 $y \in U_j$. 我们指出对于所有的 j 有 $F_0 \cap U_j \neq \emptyset$, 并且 $\mathrm{diam} U_j < \varepsilon/2$. 因此, $\rho(y, F_0) < \varepsilon/2$. 由于点 y 是任意选取的, 再结合集合 F 的紧致性推出 $F \subset O_{\varepsilon/2}(F_0)$. 类似地, $F_0 \subset O_\varepsilon(F)$. 因此 $\rho_H(F_0, F) < \varepsilon$. 于是集合 $i(O\langle U_1, \ldots, U_n\rangle)$ 含于点 F_0 的 ε- 邻域中, 从而映射 i 在点 F_0 连续. 由于点 F_0 的任意性, 随即得到映射 i 的连续性, 此即所证.

36.33. 这个断言从习题 36.24–36.26 和 36.29–36.32 推出.

36.34. 记 $I = [0,1]$. 我们指出映射 $\pi_2\colon I^2 \to \exp_2 I$ 把关于对角集 $\Delta = \{(x,x) \mid x \in I\}$ 对称的点等同. 作为等同的结果得到三角形, 而三角形显然同胚于 I^2.

36.35. 映射 $\pi_2\colon H^1 \times H^1 \to \exp_2 H_1$ 把平面 $\mathbb{R}^2$ 的第一象限关于射线 $x = y$ 的对称点等同. 作为这个等同的结果我们得到由满足关系 $x \geqslant 0$ 和 $x \leqslant y$ 的点 $(x,y) \in \mathbb{R}^2$ 组成的空间, 它显然同胚于 H^2.

36.36. 映射 $\pi_2\colon \mathbb{R} \times \mathbb{R} = \mathbb{R}^2 \to \exp_2 \mathbb{R}$ 把平面 $\mathbb{R}^2$ 的关于直线 $x = y$ 的对称点等同. 结果得到由满足 $x \leqslant y$ 的那些点 $(x,y) \in \mathbb{R}^2$ 组成的半平面. 这个半平面同胚于 H^2.

36.37. 把圆周实现为端点等同的闭区间 $I = [0,1]$. 容易看出, 通过等同形式如 $(0,x)$ 的点同形式如 $(1,x)$ 的点, 以及等同形式如 $(x,0)$ 的点同形式如 $(x,1)$ 的点, 从正方形 $I \times I$ 得到 $S^1 \times S^1$. 用 p 表示这个等同映射. 投影 $\pi_2\colon S^1 \times S^1 \to \exp S^1$ 就表示为等同 p 和投影 $\pi_2\colon I \times I \to \exp_2 I$ 的复合.

设 $T = \{(x,y) \in I^2 \mid y \geqslant x\}$. 容易看出, π_2 表示把集合 T 的形式如 $(x,1)$ 的点与该集合形式如 $(0,x)$ 的点等同. 用 $\sim$ 表示这个等同. 于是 $\exp_2 S^1$ 同胚于 $T/\sim$. 不难验证, 空间 $T/\sim$ 同胚于默比乌斯带.

36.38. 设 T 是立方体 I^3 的点的集合, 这些点的坐标满足条件 $x_1 \geqslant x_2$ 和 $x_1 \geqslant x_3$. 容易看出 $I(3)$ 从集合 T 通过等同位于集合 T 的面上的分别满足条件 $x_1 = x_2$ 和 $x_1 = x_3$ 并且在围绕直线 $x_1 = x_2 = x_3$ 旋转角 $2\pi/3$ 时互相转换的点得到. 我们指出这个等同的结果同胚于正方形 I^2 上的锥体, 这个锥本身同胚于 I^3, 此即所证.

36.39. 参见 36.55 的解答.

36.40. 设 T 是立方体 I^3 的坐标满足条件 $x_1 \geqslant x_2 \geqslant x_3$ 的点的集合. 显然, T 是三维单形. 我们指出, $\exp_3 I$ 由 T 通过等同位于这个单形的面 $x_1 = x_2$ 和 $x_2 = x_3$ 的点得到, 这个等同使得点 (t,t,z) 转换成点 (z,z,t). 作为等同的结果我

们得到一个锥, 它同胚于 I^3.

36.41. 我们指出, H^1 同胚于半开区间 $[0,1)$. 令

$$T = \{(x_1, x_2, x_3) \in [0,1)^3 \mid x_1 \geqslant x_2, x_1 \geqslant x_3\}.$$

我们指出, $H^1(3)$ 从 T 通过等同集合 T 的面 $x_1 = x_2$ 和 $x_1 = x_3$ 的点而得到, 这些点当围绕直线 $x_1 = x_2 = x_3$ 旋转 $2\pi/3$ 角时互相转换. 作为等同的结果, 我们得到同胚于没有底面的点的锥体. 容易验证, 这个锥同胚于 H^3.

36.42. 我们指出, H^1 同胚于半开区间 $[0,1)$. 令

$$T = \{(x_1, x_2, x_3) \in [0,1)^3 \mid x_1 \geqslant x_2 \geqslant x_3\}.$$

容易看出, T 同胚于 $SP^3(H^1)$. 另一方面, T 是三维单形, 在其上去掉了一个面的点, 因此, T 同胚于 H^3.

36.43. 我们指出, H^1 同胚于半开区间 $[0,1)$. 令

$$T = \{(x_1, x_2, x_3) \in [0,1)^3 \mid x_1 \geqslant x_2 \geqslant x_3\},$$

那么从 T 通过等同边界 $x_1 = x_2$ 和 $x_2 = x_3$ 的点得到 $\exp_3(H^1)$, 在等同中半开区间 $\{x_2 = x_3 = 0\}$ 转换成半开区间 $\{x_1 = x_2, x_3 = 0\}$, 开区间 $\{x_2 = x_3, x_1 = 0\}$ 转换成开区间 $\{x_1 = x_2 = 1\}$. 作为等同的结果得到没有底面的点的锥体, 它本身同胚于 H^3, 这就是要证明的.

36.44. 我们指出, $\mathbb{R}$ 同胚于 $(0,1)$. 进而, 与习题 36.41 的解答类似, 我们得到 $\mathbb{R}(3)$ 同胚于没有各个面的点的锥体, 即同胚于开球, 它显然同胚于 $\mathbb{R}^3$.

36.45. 我们指出, $\mathbb{R}$ 同胚于 $(0,1)$. 进而, 逐字逐句地重复习题 36.42 的论证, 我们看到, $SP^3(\mathbb{R})$ 同胚于三维单形, 在该单形上去掉了两个面的点, 而这样的单形同胚于 H^3.

36.46. 我们指出, $\mathbb{R}$ 同胚于 $(0,1)$. 进而, 与习题 36.43 的解答类似, 我们得到 $\exp_3(\mathbb{R})$ 同胚于一个锥体, 在该锥体上去掉了底面和侧面的点. 这个集合同胚于开球, 而开球本身同胚于 $\mathbb{R}^3$.

36.47. 设 X 是胞腔空间. 用 X^n 表示 X 的 n 维骨架. 我们需要下列引理.

关于胞腔空间的基本群的定理　*设 X 是具有唯一零维胞腔 e^0, 一维胞腔 $\{e_i^1\}_{i=1}^N$ 和二维胞腔 $\{e_i^2\}_{i=1}^M$ 的胞腔空间. 设 β_j 是群 $\pi_1(X^1)$ 的通过"粘合映射" $g_j\colon S^1 \to X^1$ $(j = 1, \ldots, M)$ 生成的元素, 则 $\pi_1(X, e^0)$ 是带生成元族 $\{e_i^1\}$ 和定义关系组 $\beta_j = 1$ $(j = 1, \ldots, M)$ 的群.*

这个定理的证明可以在有关同伦拓扑的标准教材中找到.

用等同端点的闭区间 $J = [0,1]$ 表示圆周, 那么就从 I^3 通过等同立方体 I^3 的相对的面的点得到 $(S^1)^3$.

设 $T = \{(x_1, x_2, x_3) \in I^3 \mid x_1 \geqslant x_2 \geqslant x_3\}$. 容易看到, T 是三维单形. 令 $A = (0,0,0)$, $B = (1,0,0)$, $C = (1,1,0)$, $D = (1,1,1)$, 那么 A, B, C 和 D 是单形 T 的顶点.

容易看到, $\exp_3(S^1)$ 从 T 通过等同面 ABC 和 BCD 的点以及面 ADC 和 ABD 的点得到: 在前一个等同中, 点 B 与点 A 等同, 点 D 与点 C 等同, 点 C 与点 B 等同; 在后一个等同中, 点 B 与点 C 等同. 我们指出, 在这样的等同之下, 点 A, B, C, D 对应到同一个点. 用 e^0 表示这个点. 此外, 棱 AB, BC, CD, AC 和 BD 对应到一个圆周, 用 α 表示它. 而棱 AD① 对应到一个圆周, 用 β 表示它. 现在不难指出, $\exp_3(S^1)$ 是胞腔空间, 它带零维胞腔 e^0 且带一维胞腔 α 和 β. 根据关于胞腔空间的基本群的定理, $\pi_1(\exp_3(S^1), e^0)$ 是一个群, 它带生成元组 $\{\alpha, \beta\}$ 和定义关系 $\alpha^2 \circ \alpha^{-1} = 1$, $\alpha^2 \circ \beta^{-1} = 1$. 由此我们断言 $\alpha = \beta = 1$, 因此, 群 $\pi_1(\exp_3(S^1), e^0)$ 是平凡的. 余下的只需注意到, 由于 $\exp_3(S^1)$ 的连通性, 基本群不依赖于基点 e^0 的选取. 于是 $\exp_3(S^1)$ 单连通, 这就是要证明的.

36.48. 像习题 36.47 的解答一样, 等同端点的闭区间 $I = [0,1]$ 表示圆周. 令 $T = \{(x_1, x_2, x_3) \in I^3 \mid x_1 \geqslant x_2 \geqslant x_3\}$ 是顶点为 $A = (0,0,0)$, $B = (1,0,0)$, $C = (1,1,0)$, $D = (1,1,1)$ 的单形. 不难看出, $SP^3(S^1)$ 从 T 通过等同面 ABC 和 BCD 得到, 并且棱 AB 与棱 BC 等同, 棱 BC 与棱 DC 等同, 且棱 AC 与棱 BD 等同. 这时容易看出, 所有点 A, B, C, D 对应到一个点, 记之为 e^0. 再记棱 AB, BC 和 CD 对应的圆周为 α, 记棱 AC 和 BD 对应的圆周为 β, 最后, 把 AD 对应的圆周记为 γ.

容易看出, $SP^3(S^1)$ 是胞腔空间, 它有一个顶点 e^0 和一维胞腔 α, β, γ. 根据关于胞腔空间的基本群的定理 (参见习题 36.47 的解答), $\pi_1(SP^3(S^1), e^0)$ 是生成元为 α, β, γ 且定义关系为 $\alpha^2\beta^{-1} = 1$, $\beta\alpha\gamma^{-1} = 1$ 的群. 容易看出, 定义关系组等价于组 $\alpha^2 = \beta$, $\alpha^3 = \gamma$. 于是, 群 $\pi_1(SP^3(S^1), e^0)$ 的任意元素 (以唯一方式) 表示成 α^n $(n \in \mathbb{Z})$ 这种形式, 由此我们得到结论 $\pi_1(SP^3(S^1), e^0) \approx \mathbb{Z}$. 因此 $SP^3(S^1)$ 不是单连通的.

36.49. 令

$$T = \{(x_1, x_2, x_3) \in I^3 \mid x_1 \geqslant x_2,\ x_1 \geqslant x_3\}.$$

不难看出, T 是顶点为 $A = (0,0,0)$, $B = (1,0,0)$, $C = (1,1,0)$, $D = (1,1,1)$, $E = (1,0,1)$ 的多面体. 我们指出, $S^1(3)$ 由 T 通过等同面 AED 和 ACD 得到, 在等同中, 粘合旋转 $2\pi/3$ 角互相得到的点, 特别地, 点 E 与点 C 等同, 我们也等同三角形 ABE, BED, ABC 和 BCD 的点. 用 $\sim$ 表示这个等同, 那么有 $AB \sim BC \sim CD \sim BE \sim ED$, $AC \sim BD$.

① 原书为 BD. ——译者注

分别用 α, β 和 γ 表示在这个等同下棱 AB, AC 和 AD 对应的圆周, 用 e^0 表示 T 的顶点对应的点. 不难看出, $S^1(3)$ 是带顶点 e^0 和一维胞腔 α, β, γ 的胞腔空间. 根据关于胞腔空间的基本群的定理 (参见习题 36.47 的解答), 群 $\pi_1(S^1(3), e^0)$ 是带生成元 α, β, γ 和定义关系 $\alpha^2\beta^{-1} = 1$, $\beta\alpha\gamma^{-1} = 1$ 的群. 这个定义关系组等价于组 $\alpha^2 = \beta$, $\alpha^3 = \gamma$, 因此, $\pi_1(S^1(3), e^0)$ 的任意元素唯一表示成形式 α^n, $n \in \mathbb{Z}$. 从而 $\pi_1(S^1(3), e^0) \approx \mathbb{Z}$, 特别地, $S^1(3)$ 不是单连通的.

36.53. 假定不然: 设存在空间 $\exp_4 I$ 到 $\mathbb{R}^4$ 中的嵌入. 取闭区间 I 的不相交的开子集 $U_1 = (1, 1/3)$, $U_2 = (1/3, 2/3)$, $U_3 = (2/3, 1)$. 令

$$V = \{x \in \exp_4 I \mid x = \{x_1, x_2, x_3\}, \text{并且对于 } i = 1, 2, 3 \text{ 有 } x_i \in U_i\}.$$

不难看出, V 同胚于 $\mathbb{R}^3$. 设 $\mathcal{O} = O\langle U_1, U_2, U_3\rangle$. 令 $W_i = \{x \in \exp_4 I \mid x \in \mathcal{O}, |x| = 4$, 并且 $|x \cap U_i| = 2\}$. 不难指出, 对于每个 i, W_i 同胚于 $\mathbb{R}^4$, 并且 $W_i \cap W_j = \emptyset$, $\forall\, i \neq j$. 此外, 显然, 集合 V 是集合 W_i $(i = 1, 2, 3)$ 的公共边界. 因此, 在 $\mathbb{R}^4$ 中找到了同胚于 $\mathbb{R}^3$ 的集合, 这个集合是三个不相交的都同胚于 $\mathbb{R}^4$ 的集合的公共边界, 这有悖于若尔当定理. 故 $\exp_4 I \not\subset \mathbb{R}^4$, 这正是需要证明的.

36.54. 假设不然: 设 $\exp_4 I$ 是 4 维流形. 考察任意的点 $x = \{x_1, x_2, x_3\} \in \exp_4 I$, 其中 $0 < x_1 < x_2 < x_3 < 1$. 根据我们的假设, 对于点 x 可找到同胚于 $\mathbb{R}^4$ 的邻域. 可以认为, 这个邻域有形式 $\mathcal{O} = O\langle U_1, U_2, U_3\rangle$, 其中 U_1, U_2 和 U_3 分别是点 x_1, x_2 和 x_3 的不相交邻域, 并且 $0 \notin U_1$, $1 \notin U_3$. 设 $V = \{x \in \mathcal{O} \mid |x| = 3\}$. 令 $W = \mathcal{O} \setminus V$. 不难指出, W 有表示 $W = \cup_{i=1}^3 W_i$, W_i 是 W 的既开又闭的子集, 并且 $W_i \cap W_j = \emptyset$, $\forall\, i \neq j$. 于是 W 至少有三个连通分支, 由此得到同胚于 $\mathbb{R}^3$ 的集合, 把空间 $\mathbb{R}^4$ 分成多于两个的连通分支, 这与若尔当定理矛盾. 所得到的矛盾指出 $\exp_4 I$ 不可能是流形, 这正是需要证明的.

36.55. 以下列方式构造映射 $h\colon SP^n I \to I^n$: 对于 $[x] \in SP^n I$, 令 $h([x]) = (x_1, \ldots, x_n)$, 其中 $(x_1, \ldots, x_n)$ 是类 $[x]$ 的表示, 使得 $x_1 \leqslant x_2 \leqslant \cdots \leqslant x_n$. 令 $T^n = \{x \in X^n \mid x_1 \leqslant x_2 \leqslant \cdots \leqslant x_n\}$. 我们指出, T^n 是 n 维闭单形. 于是, h 映射 $SP^n I$ 到 T^n 上.

显然 T^n 同胚于 n 维正方体 I^n. 因此, 我们只需验证 h 是同胚. 映射 h 的单射性和满射性显然. 我们指出 h^{-1} 连续, 这是由于 $h^{-1} \equiv \pi^n|_{T^n}$. 此外, 根据习题 36.26, $SP^n I$ 是紧统. 因此 h^{-1} (作为连续的双射) 是同胚, 随之 h 是同胚.

36.56. 我们指出, H^1 同胚于半开区间 $[0, 1)$. 设 $[x] \in SP^n H^1$, 而 $(x_1, \ldots, x_n) \in [0, 1)^n$ 是类 $[x]$ 的表示, 使得 $x_1 \leqslant x_2 \leqslant \cdots \leqslant x_n$. 令 $h([x]) = (x_1, \ldots, x_n)$, 那么 h 是空间 $SP^n H^1$ 到空间

$$Y = \{x \in [0, 1)^n \mid x_1 \leqslant x_2 \leqslant \cdots \leqslant x_n\}$$

的双射. 我们指出, h 是同胚. 实际上, 因为 $h^{-1} \equiv \pi^n|_Y$, h^{-1} 连续. 现在验证 h 连续. 设 U 是 Y 中的开子集, 那么因为映射 π^n 是开映射, $h^{-1}(U) = \pi^n(U)$ 是开集. 于是 h 是同胚.

再者, 容易看出, Y 是 n 维单形, 在其上抠掉了面 $x_n = 1$ 上的点, 而这样的单形同胚于 H^n, 这正是需要证明的.

36.57. 我们指出, $\mathbb{R}$ 同胚于 $(0,1)$. 像习题 36.56 的解答一样, 构造映射 $h\colon SP^n\mathbb{R} \to Y$, 其中 $Y = \{x \in (0,1)^n \mid x_1 \leqslant x_2 \leqslant \cdots \leqslant x_n\}$. 容易看出, Y 是 n 维单形, 在其上抠掉了面 $x_n = 1$ 和 $x_n = 0$ 上的点; 因此 Y 同胚于 H^n, 这正是需要证明的.

36.59. 设 M 是任意 n 维流形, $n \geqslant 1$. 假定结论不真, 即 $M(4)$ 是 $4n$ 维流形. 设 a 是流形 M 的任意一个点, 而 $U(a)$ 是这个点的同胚于 $\mathbb{R}^4$ 的邻域. 用 M' 表示点 $[x] \in M(4)$ 的集合, 对于这个点可以找到类 $[x]$ 的表示 (x_1, x_2, x_3, x_4), 使得对于所有的 i 有 $x_i \in U(a)$. 我们指出, 根据 $M(4)$ 的拓扑的定义, 子空间 M' 在 $M(4)$ 中是开的, 特别地, 还是流形. 另一方面, 按照邻域 $U(a)$ 的选取, 我们有 $M' = \mathbb{R}^n(4)$. 这样一来, $\mathbb{R}^n(4)$ 是流形的假定就足以导致矛盾.

36.60. 假设不然. 考察任意两个不同的点 $x, y \in M^2$, 那么 $\{x,y\} \in \exp_3 M^2$. 按照我们的假设, 可以找到 $\{x,y\}$ 在 $\exp_3 M^2$ 中的同胚于 $\mathbb{R}^6$ 的一个邻域. 可以认为, 这个邻域有形式 $O\langle U,V\rangle$, 其中 U 和 V 分别是点 x 和 y 的不相交的邻域. 进而, 由于 M^2 是二维流形, 可以认为 U 和 V 同胚于 $\mathbb{R}^2$. 因为 $U \cap V = \emptyset$, 所以 $\exp_1 M^2 \cap O\langle U,V\rangle = \emptyset$. 令

$$A = \exp_2 M^2 \cap O\langle U,V\rangle, \quad B = \{z \in \exp_3 M^2 \mid |z| = 3\} \cap O\langle U,V\rangle,$$

则不难看出, A 同胚于 $\mathbb{R}^4$. 此外, $O\langle U,V\rangle \setminus A$ 不连通. 事实上, $O\langle U,V\rangle \setminus A = B_1 \cup B_2$, 其中

$$B_1 = \{z = \{x_1, x_2, x_3\} \in B \mid x_1 \in U,\ x_2 \in U,\ x_3 \in V\}, \quad B_2 = B \setminus B_1.$$

B_1 的点与 B_2 的点不能用位于 B 中的道路连结.

称空间 X 被自己的子空间 Y 分割, 如果 $X \setminus Y$ 不连通, 那么从上面已经指出的推出, $O\langle U,V\rangle$ 被集合 A 分割. 我们提醒 $O\langle U,V\rangle \approx \mathbb{R}^6$, 而 A 同胚于 $\mathbb{R}^4$, 而这与下列著名定理相矛盾:

定理 空间 $\mathbb{R}^n$ 不能被它的任何维数不超过 $n-2$ 的集合分割.

从得到的矛盾得到结论, $\exp_3 M^2$ 不是流形, 这正是需要证明的.

36.63. 设 $(x,y) \in \mathbb{R}^2$, 令 $z = x + iy$, 把 $\mathbb{R}^2$ 与复平面 $\mathbb{C}$ 等同. 这样一来, 我们需要指出的是 $SP^n\mathbb{C} = \mathbb{C}^n$. 设 $[(z_1, \ldots, z_n)] \in SP^n\mathbb{C}$. 令类 $[(z_1, \ldots, z_n)]$ 对应

多项式 $P(z)=(z-z_1)\cdots(z-z_n)$ 的系数集:

$$[(z_1,\dots,z_n)]\mapsto(a_{n-1},\dots,a_0)\in\mathbb{C}^n.$$

容易看出, 这样得到的映射 $f\colon SP^n\mathbb{C}\to\mathbb{C}^n$ 是满射和单射 (实际上, 复数域上的任意 n 次多项式有 n 个根, 且由它的系数完全确定). 此外, 多项式的系数连续依赖于它的根, 并且反之, 多项式的根是它的系数的连续函数, 由此我们得到结论, 上面构造的映射是同胚, 这正是需要证明的.

36.64. 用 $\overline{\mathbb{C}}$ 表示扩充复平面. 我们指出, 球面 S^2 同胚于 $\overline{\mathbb{C}}$, 因此, SP^nS^2 同胚于 $SP^n\overline{\mathbb{C}}$. 构造映射 $f\colon\overline{\mathbb{C}}^n\to\mathbb{C}P^n$, 令向量 $(z_1,\dots,z_n)$ 以下列方式对应于等价类:

$$[a_0,\dots,a_n]=\{(ca_0,\dots,ca_n)\mid c\in\mathbb{C}\setminus\{0\}\}\in\mathbb{C}P^n.$$

$z_1,\dots,z_n$ 是多项式

$$P(z)=a_0+a_1z+\cdots+a_nz^n$$

的根. 而形式如 $(z_1,z_2,\dots,z_k,\underbrace{\infty,\dots,\infty}_{n-k})$ 的向量对应等价类

$$[a_0,\dots,a_k,0,\dots,0],$$

并且 $z_1,\dots,z_k$ 是多项式 $P(z)=a_0+a_1z+\cdots+a_kz^k$ 的根. 我们要证明: f 是连续的, 闭的和满射的. f 的满射性显然, 因为任意 n 阶多项式在域 $\mathbb{C}$ 上有 n 个根. 如果对于所有的 i, $z_i\neq\infty$, f 在点 $(z_1,\dots,z_n)$ 的连续性从以下事实推出: 由多项式 $P(z)=(z-z_1)\cdots(z-z_n)$ 的系数组成的向量 $(a_0,\dots,a_{n-1},1)$ 看做组 $z_1,\dots,z_n$ 的函数关于变量组 $\{z_1,\dots,z_n\}$ 连续.

作为例子, 我们指出在 $\overline{\mathbb{C}}^2$ 上 f 在点 (z_1,∞) 连续. 设 $z_2\neq\infty$, $z_2\neq0$, 那么

$$f(z_1,z_2)=[z_1z_2,-(z_1+z_2),1]=\Big[z_1,-\Big(\frac{z_1}{z_2}+1\Big),\frac{1}{z_2}\Big],$$

$$\lim_{z_2\to\infty}f(z_1,z_2)=[z_1,-1,0]=f(z_1,\infty),$$

即 f 在点 $(z_1,\infty)\in\overline{\mathbb{C}}^2$ 连续. 在任意 n 个变量的情形下, 其证明是类似的.

映射 f 通过自然的等价关系 $\sim_f\colon x\sim y\leftrightarrow f(x)=f(y)$ 延拓到 $\mathbb{C}^n\cong(S^2)^n$ 上. 容易看出, 这个等价关系与延拓映射 $\pi^n\colon\overline{\mathbb{C}}^n\cong(S^2)^n\to SP^n\overline{\mathbb{C}}$ 的等价关系一致. 我们提醒, f 的像是 $\mathbb{C}P^n$. 于是

$$SP^nS^2=SP^n\overline{\mathbb{C}}\cong\overline{\mathbb{C}}^n/\sim_{\pi^n}\cong\overline{\mathbb{C}}^n/\sim_f\cong\mathbb{C}P^n,$$

这正是需要证明的.

36.65. 像习题 36.63 的解答一样, 我们把 $\mathbb{R}^2 \setminus \{0\}$ 与 $\mathbb{C} \setminus \{0\}$ 等同, 构造映射 $f\colon SP^n\left(\mathbb{R}^2 \setminus \{0\}\right) \to \mathbb{C}^n$. 这个映射的像是所有满足条件 $a_0 \neq 0$ 的向量 $(a_{n-1}, \ldots, a_0)$.

这些向量的集合以自然的方式同胚于乘积 $\mathbb{C}^{n-1} \times (\mathbb{C} \setminus \{0\})$, 而后者同胚于 $(\mathbb{R}^2 \setminus \{0\}) \times \mathbb{R}^{2n-2}$, 这正是需要证明的.

参考文献

[1] Мищенко А.С., Соловьев Ю.П., Фоменко А.Т. Сборник задач по дифференциальной геометрии и топологии.—М.: Изд-во Моск. ун-та, 1981. (有英译本: Mishchenko, A.S., Solovyev, Yu.P., Fomenko, A.T., Problems in Differential Geometry and Topology, Moscow, Mir Publishers, 1985)

[2] Кованцов Н.И. и др. Дифференциальная геометрия, топология, тензорный анализ.—Киев, 1989.

[3] Васильев А.М., Соловьев Ю.П. Дифференциальная геометрия (методические указания).—М.: Изд-во Моск. ун-та, 1988.

[4] Трофимов В.В. Задачи по теории групп и алгебр Ли.—М.: Изд-во Моск. ун-та, 1990.

[5] Рохлин В.А., Фукс Д.Б. Начальный курс топологии (геометрические главы).—М.: Наука, 1977. (有英译本: Fuks, D.B., Rokhlin, V.A., Beginner's Course in Topology, Geometric Chapters, Berlin, Springer-Verlag, 1984)

[6] Розендорн Э. Р. Задачи по дифференциальной геометрии.—М.: Наука, 1971.

[7] Дубровин Б.А., Новиков С.П., Фоменко А.Т. Современная геометрия.—М.: Наука, 1986. (有中译本: 杜布洛文, Б.А., 诺维可夫, С.П., 福明柯, А.Т., 现代几何学: 方法与应用 (第一、二、三卷), 北京, 高等教育出版社, 2006, 2007)

[8] Новиков С.П., Фоменко А.Т. Элементы дифференциальной геометрии и топологии.—М.: Наука, 1987.

[9] Мищенко А.С., Фоменко А.Т. Курс дифференциальной геометрии и топологии.—М.: Факториал Пресс, 2000. (有中译本: 米先柯, А.С., 福明柯, А.Т., 微分几何与拓扑学简明教程, 北京, 高等教育出版社, 2006)

[10] Шварц Дж. Дифференциальная геометрия и топология.—М: Мир, 1970.

[11] Бляшке В. Введение в дифференциальную геометрию.—М: Мир, 1957.

[12] Рашевский П.К. Риманова геометрия и тензорный анализ.—М.: Наука, 1967.

[13] Рашевский П.К. Курс дифференциальной геометрии.—М.: Гостехиздат, 1956.

[14] Торп Дж. Начальные главы дифференциальной геометрии.—М.: Мир, 1982.

[15] Мантуров О.В. Элементы тензорного анализа.—М.: Просвещение, 1991.

[16] Стернберг С. Лекции по дифференциальной геометрии.—М.: Мир, 1970.

[17] Буземан Г. Геометрия геодезических.—М.: Физматгиз, 1962.

[18] Погорелов А.В. Дифференциальная геометрия.—М.: Наука, 1974. (英文版: Pogorelov, A.V., Differential Geometry, Groningen, Noordhoff, 1967)

[19] Погорелов А.В. Внешняя геометрия выпуклых поверхностей.—М.: Наука, 1969. (有英译本: Pogorelov, A.V., Extrinsic Geometry of Convex Surfaces, Translations of Math. Monographs, Vol. 35, Providence: Amer. Math. Soc., 1973)

[20] Александров А.Д. Внутренняя геометрия выпуклых поверхностей.—М.: Гостехиздат, 1948. (有中译本: 亚历山德罗夫, А.Д., 凸曲面的内蕴几何学, 北京, 科学出版社, 1962)

[21] Фиников С.П. Курс дифференциальной геометрии.—М.: Гостехиздат, 1952.

[22] Громол Д., Клингенберг В., Мейер В. Риманова геометрия в целом.—М.: Мир, 1971. (德文版: Gromoll, D., Klingenberg, W., Meyer, W., Riemannsche Geometrie im Grossen, Lecture Notes in Mathematics, No. 55, Berlin, Springer-Verlag, 1968)

[23] Гильберт Д., Кон-Фоссен С. Наглядная геометрия.—М.: Гостехиздат, 1961.

[24] Gerd Fischer. Mathematical Models. В 2-х томах.—Draunschweig/Weisbsden (Germany): Friedr. Vieweg & Sohn.

相关图书清单

序号	书号	书名	作者
1	9787040183030	微积分学教程（第一卷）（第 8 版）	[俄] Г. М. 菲赫金哥尔茨
2	9787040183047	微积分学教程（第二卷）（第 8 版）	[俄] Г. М. 菲赫金哥尔茨
3	9787040183054	微积分学教程（第三卷）（第 8 版）	[俄] Г. М. 菲赫金哥尔茨
4	9787040345261	数学分析原理（第一卷）（第 9 版）	[俄] Г. М. 菲赫金哥尔茨
5	9787040351859	数学分析原理（第二卷）（第 9 版）	[俄] Г. М. 菲赫金哥尔茨
6	9787040287554	数学分析（第一卷）（第 7 版）	[俄] В. А. 卓里奇
7	9787040287561	数学分析（第二卷）（第 7 版）	[俄] В. А. 卓里奇
8	9787040183023	数学分析（第一卷）（第 4 版）	[俄] В. А. 卓里奇
9	9787040202571	数学分析（第二卷）（第 4 版）	[俄] В. А. 卓里奇
10	9787040345247	自然科学问题的数学分析	[俄] В. А. 卓里奇
11	9787040183061	数学分析讲义（第 3 版）	[俄] Г. И. 阿黑波夫 等
12	9787040254396	数学分析习题集（根据 2010 年俄文版翻译）	[俄] Б. П. 吉米多维奇
13	9787040310047	工科数学分析习题集（根据 2006 年俄文版翻译）	[俄] Б. П. 吉米多维奇
14	9787040295313	吉米多维奇数学分析习题集学习指引（第一册）	沐定夷、谢惠民 编著
15	9787040323566	吉米多维奇数学分析习题集学习指引（第二册）	谢惠民、沐定夷 编著
16	9787040322934	吉米多维奇数学分析习题集学习指引（第三册）	谢惠民、沐定夷 编著
17	9787040305784	复分析导论（第一卷）（第 4 版）	[俄] Б. В. 沙巴特
18	9787040223606	复分析导论（第二卷）（第 4 版）	[俄] Б. В. 沙巴特
19	9787040184075	函数论与泛函分析初步（第 7 版）	[俄] А. Н. 柯尔莫戈洛夫 等
20	9787040292213	实变函数论（第 5 版）	[俄] И. П. 那汤松
21	9787040183986	复变函数论方法（第 6 版）	[俄] М. А. 拉夫连季耶夫 等
22	9787040183993	常微分方程（第 6 版）	[俄] Л. С. 庞特里亚金
23	9787040225211	偏微分方程讲义（第 2 版）	[俄] О. А. 奥列尼克
24	9787040257663	偏微分方程习题集（第 2 版）	[俄] А. С. 沙玛耶夫
25	9787040230635	奇异摄动方程解的渐近展开	[俄] А. Б. 瓦西里亚娃 等
26	9787040272499	数值方法（第 5 版）	[俄] Н. С. 巴赫瓦洛夫 等
27	9787040373417	线性空间引论（第 2 版）	[俄] Г. Е. 希洛夫
28	9787040205251	代数学引论（第一卷）基础代数（第 2 版）	[俄] А. И. 柯斯特利金
29	9787040214918	代数学引论（第二卷）线性代数（第 3 版）	[俄] А. И. 柯斯特利金
30	9787040225068	代数学引论（第三卷）基本结构（第 2 版）	[俄] А. И. 柯斯特利金
31	9787040502343	代数学习题集（第 4 版）	[俄] А. И. 柯斯特利金
32	9787040189469	现代几何学（第一卷）曲面几何、变换群与场（第 5 版）	[俄] Б. А. 杜布洛文 等

（续表）

序号	书号	书名	作者
33	9787040214925	现代几何学（第二卷）流形上的几何与拓扑（第 5 版）	[俄] Б. А. 杜布洛文 等
34	9787040214345	现代几何学（第三卷）同调论引论（第 2 版）	[俄] Б. А. 杜布洛文 等
35	9787040184051	微分几何与拓扑学简明教程	[俄] А. С. 米先柯 等
36	9787040288889	微分几何与拓扑学习题集（第 2 版）	[俄] А. С. 米先柯 等
37	9787040220599	概率（第一卷）（第 3 版）	[俄] А. Н. 施利亚耶夫
38	9787040225556	概率（第二卷）（第 3 版）	[俄] А. Н. 施利亚耶夫
39	9787040225549	概率论习题集	[俄] А. Н. 施利亚耶夫
40	9787040223590	随机过程论	[俄] А. В. 布林斯基 等
41	9787040370980	随机金融数学基础（第一卷）事实 • 模型	[俄] А. Н. 施利亚耶夫
42	9787040370973	随机金融数学基础（第二卷）理论	[俄] А. Н. 施利亚耶夫
43	9787040184037	经典力学的数学方法（第 4 版）	[俄] В. И. 阿诺尔德
44	9787040185300	理论力学（第 3 版）	[俄] А. П. 马尔契夫
45	9787040348200	理论力学习题集（第 50 版）	[俄] И. В. 密歇尔斯基
46	9787040221558	连续介质力学（第一卷）（第 6 版）	[俄] Л. И. 谢多夫
47	9787040226331	连续介质力学（第二卷）（第 6 版）	[俄] Л. И. 谢多夫
48	9787040292237	非线性动力学定性理论方法（第一卷）	[俄] L. P. Shilnikov 等
49	9787040294644	非线性动力学定性理论方法（第二卷）	[俄] L. P. Shilnikov 等
50	9787040355338	苏联中学生数学奥林匹克试题汇编 (1961—1992)	苏淳 编著
51	9787040533705	苏联中学生数学奥林匹克集训队试题及其解答 (1984—1992)	姚博文、苏淳 编著
52	9787040498707	图说几何（第二版）	[俄] Arseniy Akopyan

购书网站： 高教书城（www.hepmall.com.cn），高教天猫（gdjycbs.tmall.com），京东，当当，微店

其他订购办法：

各使用单位可向高等教育出版社电子商务部汇款订购。书款通过银行转账，支付成功后请将购买信息发邮件或传真，以便及时发货。购书免邮费，发票随书寄出（大批量订购图书，发票随后寄出）。

单位地址： 北京西城区德外大街 4 号
电　　话： 010-58581118
传　　真： 010-58581113
电子邮箱： gjdzfwb@pub.hep.cn

通过银行转账：
户　　名： 高等教育出版社有限公司
开 户 行： 交通银行北京马甸支行
银行账号： 110060437018010037603

郑重声明

反盗版举报电话 (010) 58581999 58582371 58582488
反盗版举报传真 (010) 82086060
反盗版举报邮箱 dd@hep.com.cn
通信地址 北京市西城区德外大街 4 号
高等教育出版社法律事务与版权管理部
邮政编码 100120